Archiv für Geschichte des Buchwesens
»AGB«

Archiv für Geschichte des Buchwesens

———

Herausgegeben von der
Historischen Kommission
des Börsenvereins des Deutschen Buchhandels e. V.

Redaktion:
Johannes Frimmel, Christine Haug und Carsten Wurm

Band 79

DE GRUYTER

Historische Kommission

Ordentliche Mitglieder

Prof. Thedel v. Wallmoden (Göttingen), Vorsitzender
Prof. Dr. Christine Haug (München), stellvertretende Vorsitzende
Prof. Dr. Achim Bonte (Berlin)
Prof. Dr. Stephan Füssel (Mainz)
Dr. Roland Jaeger (Hamburg/Berlin)
Prof. Dr. Gerhard Lauer (Mainz)
Dr. Christoph Links (Berlin)

Korrespondierende Mitglieder

Prof. Dr. Philip Ajouri (Mainz)
Dr. Bernhard Fischer (Weimar)
Susanne Franzkeit (Basel)
PD Dr. Johannes Frimmel (München)
Ass.-Prof. Dr. Mona Garloff (Innsbruck)
Prof. Dr. Wilhelm Haefs (München)
Florian Hiersemann (Stuttgart)
Dr. Stephanie Jacobs (Leipzig)
Dr. Caroline Jessen (Leipzig)
PD Dr. Thomas Keiderling (Leipzig)
Dr. Thekla Kluttig (Leipzig)
Dr. Michael Knoche (Weimar)
PD Dr. Mark Lehmstedt (Leipzig)
Prof. Dr. Siegfried Lokatis (Leipzig)
Prof. Dr. Wulf D. v. Lucius (Stuttgart)
Prof. Dr. Steffen Martus (Berlin)
Prof. Dr. York-Gothart Mix (München)
Prof. Dr. Corinna Norrick-Rühl (Münster)
Bernd Rolle (Jena)
Prof. Dr. Dr. Patrick Rössler (Erfurt)
Prof. Dr. Wolfgang Schmitz (Köln)
Prof. Dr. Carlos Spoerhase (München)
Prof. Dr. Erika Thomalla (München)
Dr. Volker Titel (Erlangen)
Matthias Ulmer (Stuttgart)
Prof. Dr. Peter Vodosek (Stuttgart)
Dr. Anke Vogel (Mainz)
Dr. Tobias Winstel (München)

Mit 116 Abbildungen und 4 Tabellen

ISBN 978-3-11-125739-6
e-ISBN (PDF) 978-3-11-128026-4
e-ISBN (EPUB) 978-3-11-128037-0
ISSN 0066-6327

Library of Congress Control Number: 2024941917

Bibliografische Information der Deutschen Nationalbibliothek
Die Deutsche Nationalbibliothek verzeichnet diese Publikation in der Deutschen Nationalbibliografie; detaillierte bibliografische Daten sind im Internet über http://dnb.dnb.de abrufbar.

© 2025 Walter de Gruyter GmbH, Berlin/Boston
Redaktion: Johannes Frimmel, München; Christine Haug (verantwortlich), München; Carsten Wurm, Berlin
Satz: jürgen ullrich typosatz, Nördlingen
Druck und Bindung: CPI books GmbH, Leck

www.degruyter.com

Inhalt

Roland Jaeger
»Für Jeden Etwas«
Der Berliner Verlag Neufeld & Henius (1886–1935) —— 1

Katharina Knorr
»Wendepunkte der Weltgeschichte«
Über Anfang und Ende der *Janus-Bücher* aus dem
R. Oldenbourg Verlag —— 51

Hans-Otto Keunecke
**Nürnberger Kupferstecher und Kunsthändler
des 17. Jahrhunderts als Buchverleger** —— 87

Laura Mokrohs
Die »Pflege der Literatur« als »Lebensaufgabe«
Der Buchhändler, Antiquar und Bibliophile Horst Stobbe
(1884–1974) im Netzwerk der literarischen Moderne
in München —— 111

Caroline Jessen
Bücher aus Prag
Zur Überlieferungsgeschichte von Sammlungen
aus Privatbesitz als Herausforderung für Forschungsbibliotheken —— 137

Tobias Christ
Ein »gewagtes Unternehmen«
Zum Zensurstreit um einen »Wehrbauernroman«
aus dem Zentralverlag der NSDAP im Jahr 1944 —— 153

Volker Mergenthaler
Formatwechsel
Karrierestationen einer Erzählung von Christian Munk /
Günther Weisenborn —— 181

Berichte und Miszellen

Hans Altenhein
**Ernst Umlauff (1896–1976) oder der Gang
der Geschäfte** —— 229

Ingo Berensmeyer
The Library and the Garden
Letchworth Garden City and the Origins of
Everyman's Library —— 233

Rezensionen

Erdmann Weyrauch
Ursula Rautenberg und Ute Schneider (Hrsg.):
**Das Buch als Handlungsangebot. Soziale, kulturelle
und symbolische Praktiken jenseits des Lesens** —— 243

Charlotte Krick
Bernhard Fischer / C. Taszus (Hrsg.):
**Friedrich Arnold Brockhaus – Carl August Böttiger.
Briefwechsel 1807–1823** —— 247

Jeffrey Freedman
Annika Haß: **Europäischer Buchmarkt und Gelehrten-
republik. Die Transnationale Verlagsbuchhandlung
Treuttel & Würtz** —— 251

Michael Schikowski
Michael Knoche, Georg Kessler u.a.: **300 Jahre Gräfe
und Unzer** —— 254

Holger Böning (†)
Katharina Grabbe und Christian Schmitt (Hrsg.):
**Kolportageliteratur. Medialität, Mobilität und
Literarizität populärer Texte im 19. Jahrhundert** —— 259

Stephan Kammer
Petra McGillen: **Der Fontane-Workshop. Realismus-
Manufaktur im Zeitalter der Druckmaschinen** —— 262

Clemens Pornschlegel
Kristina Mateescu: **Engagement und esoterische
Kommunikation unterm Hakenkreuz** —— 265

Christoph Links
Patricia F. Blume: **Die Geschichte der Leipziger
Buchmesse in der DDR** —— 269

Anhang

Björn Biester
**Historische Kommission des Börsenvereins des
Deutschen Buchhandels e.V. – Bericht 1. Juni 2023 bis
31. Mai 2024** —— 271

Register —— 273

Anschriften der Autorinnen und Autoren —— 284

Roland Jaeger

»Für Jeden Etwas«

Der Berliner Verlag Neufeld & Henius (1886–1935)

Abstract: The history of the publishing house Neufeld & Henius, Berlin, is presented here for the first time. The company was founded in 1886 by the Jewish business partners Siegfried Neufeld and Sigmar Mehring as a publishing house and antiquarian bookstore Neufeld & Mehring. In addition to publishing books, the main activity was the resale of remainders from other publishers. After Mehring's departure in 1888, Neufeld ran the company alone before making his brother-in-law Julian Henius, who also came from a Jewish family, a partner in 1889. From then on, the publishing house was called Neufeld & Henius and grew primarily through the acquisition of light fiction titles and literature for young readers, which were published in new, often attractively illustrated editions, in various book series, and due to high print runs at affordable prices. After Neufeld's death in 1905, Julian Henius took his son Max Henius (1877–1944) into the publishing house, who from then on successfully expanded it through further acquisitions and new book series, including sheet music albums. While the resale of remainders declined, the publishing house Neufeld & Henius experienced steady growth in the 1920s, which made the publisher wealthy. However, the program was rather commercial and conservative, while the modern themes and authors characteristic of the era were ignored. Henius was baptized as a Christian in 1924 and leaned politically to the right. From 1929 onwards he increasingly published national-conservative titles, some of which even compliant with National Socialism. Nevertheless, the publisher, who was racially classified as Jewish, was expropriated by the National Socialists without compensation in 1934/35 and his successful book titles were transferred to other publishers. Max Henius also lost his villa on the Havel and his apartment in the Tiergartenviertel. In 1943 he was arrested for »not wearing the Jewish star« and was later sent to the Auschwitz concentration camp, where he died in 1944. The once important publishing house Neufeld & Henius has since fallen into oblivion. This article brings it back into the history of the book trade.

Zusammenfassung: Die Geschichte des Verlags Neufeld & Henius, Berlin, wird hier erstmals dargestellt. Das Unternehmen wurde 1886 von den jüdischen Geschäftspartnern Siegfried Neufeld und Sigmar Mehring als Verlags- und Antiquariatsbuchhandlung Neufeld & Mehring gegründet. Neben der Herausgabe eigener Bücher wurde vor allem die Verwertung von Restauflagen anderer Verlage, also das Moderne Antiquariat, betrieben. Nach dem Ausscheiden von Mehring 1888 führte Neufeld die Firma zunächst allein weiter, bis er 1889 seinen ebenfalls aus jüdischer Familie stammenden Schwager Julian Henius zum Partner machte. Der Verlag hieß fortan Neufeld & Henius und wuchs vor allem durch die Übernahme von Titeln der Unterhaltungs- und Jugendliteratur, die in immer neuen, meist attraktiv illustrierten Ausgaben, in verschiedenen Buchreihen und aufgrund hoher Auflagen zu günstigen Preisen herausgebracht wurden. Nach dem Tod von Neufeld 1905 nahm Julian Henius seinen Sohn Max Henius (1877–1944) in den Verlag auf, der ihn fortan durch weitere Zukäufe und neue Buchreihen erfolgreich ausbaute, unter anderem durch Notenalben. Während das Geschäft als Großantiquariat zurückging, erlebte der Verlag in den 1920er Jahren ein stetiges Wachstum, das den Verleger vermögend machte. Allerdings war das Programm eher kommerziell und konservativ ausgerichtet, während die modernen Themen und Autoren der Epoche unbeachtet blieben. Henius hatte sich 1924 christlich taufen lassen und tendierte politisch nach rechts. Ab 1929 verlegte er zunehmend national-konservative, teils sogar mit dem Nationalsozialismus konforme Titel. Gleichwohl wurde der rassisch als Jude eingestufte Verleger von den Nationalsozialisten 1934/35 entschädigungslos enteignet, und seine erfolgreichen Buchtitel gingen an andere Verlage über. Max Henius verlor auch seine Villa an der Havel und seine Wohnung im Tiergartenviertel. 1943 wurde er wegen »Nichttragen des Judensterns« verhaftet und kam später in das KZ Auschwitz, wo er 1944 starb. Der ehemals bedeutende Verlag Neufeld & Henius ist seither in Vergessenheit geraten. Der vorliegende Beitrag holt ihn in die Buchhandelsgeschichte zurück.

Inhalt

1	Einleitung	2
2	Verlagshandlung Neufeld & Mehring	3
3	Verlag von Sigmar Mehring	4
4	Verlag Neufeld & Henius	5
4.1	Exkurs: Großantiquariat und Antisemitismus	7
5	Verlagsprogramm Neufeld & Henius (1889 bis 1905)	9
5.1	*Kikeriki-Collection*	9

5.2	Sprachführer, Wörterbücher, Ratgeber	9
5.3	*Neufelds Volksbibliothek*	10
5.4	*Neufelds Reisebibliothek*	11
5.5	*Deutsche Jugendbibliothek*	11
5.6	Jugendschriften I	12
5.7	Weitere Titel	12
6	Verlagsprogramm Neufeld & Henius (1906 bis 1917)	13
6.1	Musikalien I	15
6.2	Gerstäckers Reiseromane	17
6.3	Geschichtswerke	17
6.4	Jugendschriften II	18
6.5	Weitere Titel	19
6.6	Bibliophiles I	19
7	Verlagsprogramm Neufeld & Henius (1918 bis 1932)	20
7.1	Zeitgeschichte	22
7.2	Musikalien II	23
7.3	Bibliophiles II	25
7.4	Jugendschriften III	26
7.5	*Onyx-Bücher*	28
7.6	*Die Bunten Romane der Weltliteratur*	28
7.7	*Bücherei Ferne Zonen*	30
7.8	*Die Silbernen Bücher*	31
7.9	Weitere Titel	32
7.10	Sachbücher	33
7.11	*Lutz-Romane*	35
7.12	Exkurs: Trianon-Verlag, Berlin/Wien	36
7.13	Exkurs: Heim-Verlag, Basel	36
7.14	National-konservative Titel	37
7.15	Bücher von Luis Trenker	40
7.16	Exkurs: Schutzumschläge von ›higginS‹	41
8	Neufeld & Henius (1933–1935)	42
8.1	Henius & Co. Verlagsgesellschaft	43
8.2	Übernahmen von Verlagstiteln	44
8.3	Verbote von Verlagstiteln	45
8.4	Max Henius	45
9	Entschädigung und Erinnerung	46

1 Einleitung

Zu den Verlagen, die von der Buchhandelsgeschichtsschreibung bisher nicht ihrer zeitgenössischen Bedeutung entsprechend berücksichtigt worden sind, gehört der 1886 in Berlin gegründete Verlag Neufeld & Henius. Dies verwundert nicht nur im Hinblick auf dessen quantitativ erhebliche und kommerziell erfolgreiche, wenngleich überwiegend populärbelletristische und national-konservative Buchproduktion, sondern ebenso angesichts des Schicksals des jüdischen Verlegers Max Henius, der aufgrund nationalsozialistischer Verfolgung 1935 zunächst sein Unternehmen und schließlich 1944 im KZ Auschwitz sein Leben verloren hat. Allerdings ist

Abb. 1: Werbefaltblatt des Verlags Neufeld & Henius, um 1912.

das Programm von Neufeld & Henius neben zahllosen Eigentiteln und häufigen Folgeauflagen aufgrund der Übernahme von Restbeständen und Buchreihen anderer Verlage derart umfangreich und vielgestaltig, dass ein Überblick schwerfällt. Hinzu kommt, dass die Ausgaben oft undatiert sind, was ihre zeitliche Einordnung erschwert. Gleichwohl kann die facettenreiche Geschichte von Neufeld & Henius hier zumindest in den Grundzügen erstmals dargestellt werden.[1] Die Digitalisierung des *Börsenblatts für den Deutschen Buchhandel*

---

[1] Mit Dank an Carola Staniek für die Vorlage von Verlagsmaterialien aus dem Bestand des Deutschen Buch- und Schriftmuseums der Deutschen Nationalbibliothek Leipzig [im Folgenden in Kurzform: DBSM]. Dankenswerte Auskünfte zur Biografie von Max Henius erteilten Elke Vollmer-Henius, Bad Homburg, und insbesondere Angelika Hermes, Koordinierungsstelle Stolpersteine Berlin.

hat dies entscheidend erleichtert, zumal der Verlag dort zu den häufigsten Inserenten zählte.²

2 Verlagshandlung Neufeld & Mehring

Als Gründungsdatum des Verlags Neufeld & Henius gilt der 1. Januar 1886.³ Für diesen Zeitpunkt hatten die beiden aus jüdischen Familien stammenden Teilhaber Siegfried Neufeld (1860–1905) und Sigmar Mehring (1856–1915) bereits am 11. Dezember 1885 im *Börsenblatt* unter der Firmierung Neufeld & Mehring die Eröffnung einer Verlags- und Antiquariatsbuchhandlung an der Wilhelmstraße 121 in Berlin angekündigt: »Wir werden neben unserer Thätigkeit auf dem Gebiete des Verlags besonders dem modernen Antiquariat unser Interesse widmen und uns mit dem Ankauf ganzer Auflagen wie auch mit dem Vertrieb derselben im In- und Auslande beschäftigen.«⁴ Im April 1886 informierten sie dann ihre Verlegerkollegen darüber, »daß wir stets Restauflagen und Remittendenexemplare von Büchern jeder Kategorie gegen Kassa ankaufen. [...] Da wir mit den Sortimentern in keiner Verbindung stehen, sondern unseren Vertrieb durch directe Reisende handhaben, erleidet Ihr Absatz durch unsere Manipulationen keinerlei Beeinträchtigung.«⁵

Siegfried Neufeld wurde in Posen geboren, wo er das Gymnasium besuchte und sich anschließend einem kaufmännischen Beruf zuwandte. Seinen Neigungen entsprechend wechselte er dann jedoch in den Buchhandel.⁶ Zunächst arbeitete er in Berlin als Disponent für die 1877 gegründete Commissions- und Exportbuchhandlung M. Neufeld, die sich im Besitz seines Onkels befand und sich bereits auf dem Gebiet des Modernen Antiquariats, also der Verwertung von Restauflagen anderer Verlage, betätigte.⁷ Neufelds Partner, der aus Breslau stammende Sigmar Mehring, war ein Sohn des schlesischen Malers Siegfried Mehring (1815–

Abb. 2: Verlagskatalog von Neufeld & Mehring, August 1888.

1865). Nach dem Besuch der Realschule arbeitete er zunächst als Lehrling in einem Hanfgeschäft. Später wurde er Buchhalter bei einem Onkel, mit dem er 1879 nach Berlin zog. Seinen literarischen Interessen folgend entschied er sich schließlich für den Verlagsbuchhandel.

Das Verlagsprogramm von Neufeld & Mehring bestand anfangs überwiegend aus Übernahmen fremder Titel. Bereits im Januar 1886 sicherte sich die Firma den Vertrieb der Reihe *Bibliothek für Ost und West* des Verlags Hugo Engel, Wien, für alle nicht österreich-ungarischen Länder.⁸ Im September 1887 wurden vom Verlag E. L. Morgenstern, Leipzig, Bestände und Verlagsrechte an den Schriften von Leopold von Sacher-Masoch erworben.⁹ Ein eigenes Produkt hingegen war der als »Sensation« beworbene Band *Der Anarchismus und seine Träger. Enthüllungen aus dem Lager der Anarchisten* (1887) von Rudolf Emil Martin.¹⁰ Als »Novi-

---

2 www.boersenblatt-digital.de. Ankündigungen und Anzeigen des Verlags Neufeld & Henius im *Börsenblatt* ermöglichen in vielen Fällen die Datierung von dessen Publikationen und damit die Korrektur von fehlerhaft oder unsicher angegebenen Erscheinungsjahren in Bibliothekskatalogen und Antiquariatsangeboten.
3 Würffel, Reinhard: Lexikon Deutscher Verlage von A–Z. Berlin: Grotesk 2000, S. 600–601. – Ders.: Würffels Signet-Lexikon. Berlin: Grotesk 2010, S. 1139. Das dort angegebene Geburtsjahr »1864« für Siegfried Neufeld ist nicht korrekt, recte: 1860.
4 Börsenblatt für den Deutschen Buchhandel [im Folgenden in Kurzform: Bbl.], 11.12.1885, Nr. 286, S. 6389. – Vgl. auch DBSM, Bö-GR/N/183 (https://d-nb.info/1107378915).
5 DBSM, Bö-GR/N/184 (https://d-nb.info/1107358272).
6 Vgl. den Nekrolog im Bbl., 11.11.1905, Nr. 263, S. 10457.
7 Vgl. Gesammt-Verlags-Katalog des Deutschen Buchhandels. Ein Bild deutscher Geistesarbeit und Cultur. Vollständig bis 1880. Erste Abtheilung. Münster in Westfalen: Adolph Russell's Verlag 1881, Sp. 1371–1376.

8 Bbl., 5.1.1886, Nr. 3, S. 55.
9 Bbl., 12.9.1887, Nr. 210, S. 4468.
10 Bbl., 1.3.1887, Nr. 49, S. 1134.

Abb. 3: Rudolf Emil Martin: *Der Anarchismus und seine Träger*, 1887 (Verlag von Neufeld & Mehring).

täten« wurden zu Weihnachten 1887 angekündigt: *Unsere Dichter. Ein Liederstrauß* von Clementine Helm und *Auf Flügeln des Gesanges. Dichterstimmen aus der neudeutschen Lyrik*, zusammengestellt von Elise von Hohenhausen, sowie mehrere Mädchen- und Frauenerzählungen von Clara Cron (d. i. Klara Weise), darunter *Der Liebling* (1887) oder *Regina* (1888).[11] Hinzu kamen weitere Titel, deren Restauflagen nun (mit entsprechender bibliografischer Verwirrung) unter der Verlagsfirmierung Neufeld & Mehring fortgeführt wurden, darunter die zuerst 1866/67 bei E. A. Seemann, Leipzig, erschienene *Geschichte der modernen französischen Malerei* von Julius Meyer. Eine besondere Verbindung zu Frankreich bestand auch durch die beiden Reihen *Bibliothèque classique internationale* und *Bibliotheque classique intéressante* mit französischsprachigen Literatur-Titeln, die in Ko-operation mit dortigen Partnern und daher der Verlagsortangabe ›Paris/Berlin‹ herausgebracht wurden.[12]

Offenbar konnten sich die beiden Partner jedoch nicht auf ein einvernehmliches Verlagskonzept und eine weitere Zusammenarbeit verständigen. Denn bereits im Oktober 1887 wurde die Gesellschaft Neufeld & Mehring Verlag und Antiquariat »durch Übereinkunft der Beteiligten« aufgelöst und von Siegfried Neufeld übernommen.[13]

3 Verlag von Sigmar Mehring

Der ausgeschiedene Sigmar Mehring gründete daraufhin im Mai 1888 unter seinem Namen eine eigene Verlagsbuchhandlung.[14] Im Juli annoncierte er eine »Unterhaltungsbibliothek«, deren Bände sich »durch geschmackvolle Ausstattung und durch wirklich gediegenen Inhalt« auszeichnen sollten.[15] Dazu zählte etwa die »Mädchenschrift« *Die Turmkäte von Köln* (1888) des Jugendschriftstellers Oskar Höcker[16] und *Großstadtkinder oder Der Segen der guten Sitten. Eine Erzählung für die Jugend* (1888) von Julius Pederzani-Weber. Als »Weihnachtsgabe« wurde das Werk *Champagner-Geist. Lieder und Lustspiele französischer Meister in deutscher Uebertragung* veröffentlicht.[17] Im Januar 1889 konnte Mehring dann weitere Titel vorstellen: *Humoristisches Kleeblatt. Drei Erzählungen* von Oskar Justinus, *Närrische Käuze. Theater-Erlebnisse* von Oskar Höcker, *Merkwürdige Geschichten. Humoresken aus dem Ungarischen* von Kohut, *Südfrüchte. Erzählungen moderner italienischer Meister*; *Geschminktes und Ungeschminktes. Geschichten aus Bühne und Welt* von Julius Freund und *Kabinettstücke der modernen französischen Stilistik* in deutscher Übertragung von Paul Heichen.[18]

Im Frühjahr 1889 brachte Mehring die von ihm selbst verfasste sprachwissenschaftliche Studie *Der Reim in seiner Entwicklung und Fortbildung* heraus.[19] Im Mai startete er eine von Hans Brendicke herausgegebene *Bibliothek für Sammler. Anleitungen und Einführungen in alle Sammelgebiete der Kunst und Wissenschaft* (1889) mit einer *Einführung in die Kunde von den Postwertzeichen* (Bd. 1), *Einführung in die Münzkunde* (Bd. 2) und *Einführung in die Kunde*

---

11 Bbl., 6.9.1887, Nr. 205, S. 4364.

12 Vgl. Mälzer-Semlinger, Nathalie: Die Vermittlung französischer Literatur nach Deutschland zwischen 1871 und 1933. Diss. Duisburg-Essen 2009 (dort allerdings Neufeld & Mehring bzw. Neufeld & Henius kaum erwähnt).
13 Bbl., 3.10.1887, Nr. 228, S. 4923; 6.10.1887, Nr. 231, S. 4988.
14 Bbl., 5.5.1888, Nr. 103, S. 2255.
15 Bbl., 18.7.1888, Nr. 164, S. 3605.
16 Bbl., 28.9.1888, Nr. 226, S. 4808.
17 Bbl., 6.12.1888, Nr. 283, S. 6288.
18 Bbl., 9.1.1889, Nr. 7, S. 155.
19 Bbl., 29.4.1889, Nr. 98, S. 2219.

Abb. 4: Sigmar Mehring. (Übersetzung): *Champagner-Geist. Dichtungen französischer Meister*, 1888 (Verlag von Sigmar Mehring).

von den Kupferstichen und verwandten Schwarzdrucken (Bd. 3). Im Oktober kam die Schrift *Das Judenthum und seine Bekenner in Preußen und in den anderen Bundesstaaten* (datiert 1890) des Rechtshistorikers Ludwig Auerbach heraus.[20] Im November 1889 schließlich erschien die von Olga Steiner besorgte Heftserie *Mädchenbühne. Einaktige Lustspiele mit nur weiblichen Rollen*.[21] Im Buchhandel konnte sich dieses heterogene Verlagsprogramm offenbar nicht durchsetzen. Der Verlag von Sigmar Mehring stellte daher seine Tätigkeit ein und wurde 1890 gelöscht. Einige Titel gingen noch an andere Firmen über, darunter die Bücher von Oskar Höcker an den Verlag von Leopold Freund, Breslau.[22]

Fortan trat Sigmar Mehring als freier Schriftsteller, Übersetzer französischer Lyrik und Chansons sowie als Journalist in Berlin hervor.[23] Er wurde Chefredakteur des Berliner Satiremagazins *Ulk* und literarischer Mitarbeiter des *Berliner Tageblatt*. Am 10. Dezember 1915 erlag Mehring im 60. Lebensjahr einem Herzschlag.[24] Sein Sohn, der Schriftsteller Walter Mehring (1896–1981), hatte die meiste Zeit seiner Kindheit und frühen Jugend in der Bibliothek des Vaters verbracht, die mehrere Tausend Bände umfasste. Nach dem Zweiten Weltkrieg widmete er seiner auf der Flucht vor dem NS-Regime verlorenen Bibliothek, die noch auf seinen Urgroßvater zurückging und die ihm sein Vater hinterlassen hatte, das Buch *Die verlorene Bibliothek. Autobiographie einer Kultur* (1952 u. ö.).[25]

4 Verlag Neufeld & Henius

Nach dem Ausscheiden von Sigmar Mehring kam die Firma Neufeld & Mehring in den Alleinbesitz von Siegfried Neufeld, der das Geschäft zunächst unter unveränderter Firmierung weiterführte. Sein Bücherangebot fasste der Verlag im August 1888 in dem 20-seitigen *Verzeichniss der Parthie-Artikel mit einem sich daran anschliessenden Verzeichniss der Verlagswerke* zusammen.[26] Aufgeführt wurden unter anderem 25 Bände der *Bibliothek der Deutschen Nationalliteratur des achtzehnten und neunzehnten Jahrhunderts*, von Brockhaus übernommene Bilder-Atlanten, diverse Bilderbücher und populäre Schriften sowie Romane der Reihen *Bibliothek französischer Humoristen und Realisten* und *Bibliothek französischer Sittenromane*. An eigenen Verlagstiteln kamen Bände der *Bibliothèque classique intéressante*, Schriften von Clara Cron und Novellen von Leopold von Sacher-Masoch hinzu.

Am 1. Januar 1889 trat Julius (genannt Julian) Henius (1849–1917) als Teilhaber ein,[27] woraufhin sich der Firmenname in Neufeld & Henius veränderte.[28] Julian Henius, geboren am 28. März 1849, entstammte einer jüdischen Familie aus dem damals preußischen Thorn (heute Toruń, Polen).[29] Um 1869 ging er nach Hamburg, um dort eine kauf-

---

20 Bbl., 5.10.1889, Nr. 233, S. 5050.
21 Bbl., 12.11.1889, Nr. 264, S. 5968
22 Bbl., 15.10.1890, Nr. 240, S. 5568.
23 Vgl. Heuer, Renate (Red.): Lexikon deutsch-jüdischer Autoren, Bd. 16. München: Saur 2008, S. 409–413.
24 Bbl., 13.12.1915, Nr. 289, S. 1620.
25 Mehring, Walter: Die verlorene Bibliothek. Autobiographie einer Kultur. Icking/München: Kreisselmeier 1964 (erw. und rev. Neuausgabe), S. 11–176.
26 DBSM, Bö-VK/Neufeld & Mehring (https://d-nb.info/1153988119).
27 Bbl., 13.2.1907, Nr. 37, S. 1696.
28 Landesarchiv Berlin, A Rep. 342-02 Amtsgericht Charlottenburg – Handelsregister, 42560 Neufeld & Henius, Verlags-Buchhandlung (1901–1937).
29 Henschel, Carl: Herrn Julian Henius zum 60jährigen Geburtstage am 28. März 1909 (Privatbesitz Elke Vollmer-Henius, Bad Homburg).

Abb. 5: Verlagskatalog von Neufeld & Henius, Oktober 1889.

Abb. 6: Verlagskatalog ›Jugendschriften‹ von Neufeld & Henius, 1904.

männische Tätigkeit aufzunehmen, die jedoch durch seine Teilnahme am Deutsch-Französischen Krieg 1870/71 unterbrochen wurde. Anschließend betrieb Henius in Thorn einen Tabak- und Zigarrenhandel. 1877 heirate er Emma (1857–1921), geborene Neufeld, eine Schwester seines späteren Geschäftspartners. Das Ehepaar Henius bekam zwei Söhne: Max wurde 1878 geboren und Kurt 1882. Als Julian Henius die Verlagspartnerschaft mit seinem Schwager einging, zog die Familie nach Berlin.

Ein auf den 15. Oktober 1889 datiertes Verlagsverzeichnis listete auf nunmehr 24 Seiten das Lieferprogramm des Verlags Neufeld & Henius auf.[30] Es umfasste die Bereiche Geschenkbücher und Wissenschaften, Jugendschriften und Bilderbücher, Romane, Novellen und Humoristica sowie eigene »Verlags-Artikel«. Wie zuvor bei Neufeld & Mehring waren darunter überwiegend bereits vor der eigenen Verlagsgründung erschienene, mithin von anderen Verlagen übernommene Titel, darunter erneut die vielbändige *Bibliothek der Deutschen Nationalliteratur des achtzehnten und neunzehnten Jahrhunderts* (ehemals bei F. A. Brockhaus, Leipzig), die *Bibliothek französischer Humoristen und Realisten* (ehemals bei Gressner & Schramm, Leipzig) und *Goldschmidt's Reisebibliothek* (ehemals bei Albert Goldschmidt, Berlin) sowie *Eckstein's humoristische Bibliothek* und *Eckstein's Reisebibliothek*. Zu den Eigentiteln zählten weiterhin die *Bibliothèque classique internationale*, Erzählungen von Clara Cron und Schriften von Sacher-Masoch sowie ein *Deutsch-Englisches Taschenwörterbuch* und das Fremdwörterbuch *Taschen-Heyse*.

Vier Jahre später gab der *Gesammt-Verlags-Katalog des Deutschen Buchhandels* (1893) einen Überblick zur Buchproduktion von Neufeld & Henius.[31] Genannt wurden unter an-

---

30 Verzeichniss der Parthie-Artikel mit einem sich daran anschliessenden Verzeichniss der Verlagswerke von Neufeld & Henius. Berlin 1889. DBSM, Bö-VK/Neufeld & Henius (https://d-nb.info/1153983516).

31 Gesammt-Verlags-Katalog des Deutschen Buchhandels und des mit ihm im direkten Verkehr stehenden Auslandes. XVI. Ergänzungs-Band, Erste Abtheilung, 2. Theil [Berlin (M) bis Breslau]. Münster in Westfalen: Adolph Russell's Verlag 1893, Sp. 1833–1838.

derem die 27-bändige *Bibliothek interessanter französischer Romane* (1890) und die 12-bändige *Bibliothèque classique intéressante* (1886–87), eine Ausgabe des *Dekameron* (1891) von Giovanni Boccaccio, zahlreiche Erzählungen von Clara Cron (1888–91), der Roman *1793* (2. Aufl. 1894) von Victor Hugo, die zwölfbändige *Kikeriki-Collection* (1890–1892), das Fremdwörterbuch *Der Taschen-Heyse* (1889) und verschiedene Sprachführer. Eine 1895 veröffentlichte Literaturliste wies aus Anlass des Todes von Leopold von Sacher-Masoch auf die über 50 bei Neufeld & Henius erschienenen Titel des Autors hin.[32]

Zur Leipziger Frühjahrsmesse 1890 inserierte der Verlag erneut: »Restauflagen und Remittenden kaufen in jedem Posten gegen Kasse Neufeld & Henius in Berlin«.[33] Dementsprechend wurden Bestände von anderen Verlagen übernommen oder gleich ganze Firmen erworben wie 1895 der Adalbert Fischer's Verlag, Leipzig, der fortan als Adalbert Fischer's Verlag Nachfolger firmierte.[34] Ausdruck des wirtschaftlichen Wachstums von Neufeld & Henius war 1893 der Umzug von der Wilhelmstraße 121 zur Großbeerenstraße 94. Allerdings trennte sich der Verlag auch von unrentabel gewordenen Buchrechten und -beständen, so etwa im Frühjahr 1892 von Werken des Leopold von Sacher-Masoch und Bänden der *Kikeriki-Collection*, die an den Siegfried Frankl Verlag, Berlin, abgegeben wurden.[35] Anfang 1901 teilte die Bibliographische Anstalt Adolph Schumann, Leipzig, mit, dass sie von Neufeld & Henius ebenfalls Titel von Sacher-Masoch und die Bände von *Neufelds Reisebibliothek* erworben habe.[36] Schließlich nahm der Verlag 1901 noch eine Bereinigung seines Lagerbestands vor, indem er Leihbibliotheken größere Posten seiner Unterhaltungsliteratur zu stark reduzierten Preisen anbot.[37]

4.1 Exkurs: Großantiquariat und Antisemitismus

Neben der Herausgabe eigner Verlagstitel, bei denen es sich allerdings zumeist um Neuauflagen zuvor bereits anderswo erschienener oder rechtefreier Werke handelte, war der Betrieb eines Großantiquariats ein wesentliches Betätigungsfeld von Neufeld & Henius.[38] Auf diesem Gebiet nahm die Firma eine hervorgehobene Marktstellung ein.[39] Unterstrichen wurde dies durch das von Neufeld & Henius von 1890 bis 1914 in 25 Jahrgängen kostenlos vertriebene Blatt *Das moderne Antiquariat*.[40] In der monatlich erscheinenden und mit einem abtrennbaren Bestellzettel versehenen Verkaufsofferte wurden sowohl von anderen Verlagen übernommene Restbestände (also eigentlich nicht ›antiquarische‹, sondern verlagsfrische Bücher) als auch eigene Titel beworben und stark preisreduziert beziehungsweise rabattiert angeboten. Die Herausgabe dieses Bulletins durch Neufeld & Henius war zugleich eine Reaktion darauf, dass das *Börsenblatt für den Deutschen Buchhandel* mit Rücksicht auf Verlage und Sortimentsbuchhandel keine Anzeigen des ›Modernen Antiquariats‹, also von ›Ramschern‹, aufnam.

Gegenüber Großantiquariaten, die sich überwiegend in jüdischem Besitz befanden, und deren vor allem vom Sortimentsbuchhandel kritisierten Geschäftspraktiken artikulierten sich nicht zuletzt antisemitische Ressentiments. Diese kamen insbesondere in einer Veröffentlichung von Paul Heichen (1848–1925) zum Ausdruck, der vorübergehend selbst als Buchhändler gearbeitet hatte, aber auch schon als Übersetzer für Neufeld & Mehring tätig gewesen war und sogar verlegerisch mit diesem Verlag kooperiert hatte. Sein unter dem Pseudonym Sally Simon Tilles veröffentlichtes Pamphlet *Die Mischpoke im Berliner Buchhandel. Offener Brief an den Journalisten Dr. Isidor Feilchenfeld von Sally Simon Tilles* (1891) erschien zunächst in der nationalchauvinistischen und antisemitischen Monatsschrift *Das zwanzigste Jahrhundert* (1890–1896),[41] anschließend als eigenständige Ausgabe im Verlag von Hans Lüstenöder, Berlin.[42] Der fiktive Briefempfänger Isidor Feilchenfeld war ein Pseudonym von Erwin Heinrich Bauer (1857–1901), einem deutschbaltischen

---

32 Schriften von Leopold von Sacher-Masoch. In: Nachrichten aus dem Buchhandel, 23.3.1895, Nr. 69, S. 579–582.
33 Bbl., 2.5.1890, Nr. 100, S. 2399.
34 Bbl., 30.11.1895, Nr. 278, S. 6963.
35 Bbl., 15.3.1892, Nr. 62, S. 1595.
36 Bbl., 2.1.1901, Nr. 1, S. 11.
37 Bbl., 25.3.1901, Nr. 70, S. 2427.
38 Vgl. Jäger, Gerhard / Wittmann, Reinhard: Der Antiquariatsbuchhandel. In: Georg Jäger (Hrsg. im Auftrag der Historischen Kommission): Geschichte des deutschen Buchhandels im 19. und 20. Jahrhundert. Das Kaiserreich 1871–1918, Teil 3. Berlin/New York: De Gruyter 2010, S. 195–280, hier S. 270–275 (›Modernes Antiquariat‹).
39 Gleichwohl wird der Neufeld & Henius Verlag nicht erwähnt bei Otto, Peter: Das moderne Antiquariat. Der Resteverkauf im Buchhandel. Gütersloh: Bertelsmann 1967 (Schriften zur Buchmarkt-Forschung, Bd. 8). – Schaumberger, Astrid: Die Entstehung des Modernen Antiquariats im Spiegel des *Börsenblatts für den Deutschen Buchhandel* (1834–1914), des *Organs des Deutschen Buchhandels* (1834–1850) und der *Süddeutschen Buchhändler-Zeitung* (1838–1876). Erlangen: Buchwissenschaft / Universität Erlangen-Nürnberg 2005 (Alles Buch. Studien der Erlanger Buchwissenschaft, Bd. 13).
40 Vgl. die einzig erhaltenen Jahrgänge 1913 und 1914 im DBSM (https://d-nb.info/587047348). 1902 betrug die Auflage 5.000 Exemplare.
41 Heichen, Paul: Die Mischpoke im Berliner Buchhandel. Offener Brief an den Journalisten Isidor Feilchenfeldt, von Sally Simon Tilles. In: Das zwanzigste Jahrhundert. Deutsch-nationale Monatshefte, Jg. 2, 1891/1892, H. 2, S. 213–234.
42 Universitätsbibliothek Frankfurt am Main, urn:nbn:de:hebis:30-180014129004

Abb. 7: Bücherangebotsblatt ›Das moderne Antiquariat‹ von Neufeld & Henius, 1905.

Abb. 8: Bücherangebotsblatt ›Das moderne Antiquariat‹ von Neufeld & Henius, 1913.

Schriftsteller, Journalisten und Übersetzer, der vor allem als deutsch-nationaler und antisemitischer Publizist hervortrat, unter anderem als Begründer und anfänglicher Leiter eben jener Zeitschrift *Das zwanzigste Jahrhundert*.

Im Eigenverlag von Heichen kam ein Jahr später eine zweite Auflage mit abgewandeltem Untertitel heraus: *Die Mischpoke im Berliner Buchhandel. Moment-Photographieen aus den Kreisen unserer israelitischen ›Herren Kollegen‹. Offener Brief an den Journalisten Isidor Feilchenfeld von Sally Simon Tilles* (1892). Darin berichtet der Autor, dass Joseph Jolowicz (1840–1907) aus Posen, »der Matador unter den Ramschjüden« (S. 17) 1876 nach Berlin gekommen sei, um dort »mit M. Neufeld, dem reichen Onkel von Siegfried Neufeld« eine *Commissions- und Exportbuchhandlung* zu gründen (S. 18). Ähnlich abfällig äußerte er sich über Siegfried Neufeld und Sigmar Mehring sowie über Julian Henius und den Verlag Neufeld & Henius (S. 7–9). Im gleichen Jahr ließ Heichen als Sally Simon Tilles erneut im Eigenverlag eine weitere antisemitische Schrift folgen: *Die Israeliten als ›Träger der Kultur‹. Streiflichter auf unsern modernen Bücherhandel und Skizzen etwelcher Jünger desselben. Offener Brief an den Journalisten Dr. Isidor Feilchenfeld* (1892). Auch darin ist von der »Juden-Handelsgesellschaft Neufeld & Henius«

(S. 9) die Rede.[43] Solchen Anfeindungen begegnete der Verlag nicht zuletzt mit der religionsphilosophischen Schrift *Sohar, Talmud und Antisemiten* (1895), in der sich Adolf Rothenbücher (1839–1920), ein protestantischer Lehrer, für eine Vermittlung zwischen Christenheit und Judentum einsetzte[44] – und dafür wiederum von Antisemiten angegriffen wurde.[45]

Zum kontroversen Thema ›Großantiquariat‹, das inzwischen jedoch an Bedeutung verloren hatte, erschien 1911 im *Börsenblatt* eine Artikelserie, in der Jacques Jolowicz rückblickend Neufeld & Henius als positive Erscheinung hervorhob: »Von den später entstandenen Firmen haben nur zwei größere Bedeutung im Großantiquariat erlang: Neufeld & Mehring, später Neufeld & Henius und Gnadenfeld & Co. Besonders Neufeld hat durch seine Tatkraft und durch seine liebenswürdige Persönlichkeit lange Zeit an der Spitze gestanden.«[46]

---

43 Ebd., urn:nbn:de:hebis:30-180014130009.
44 Vgl. die Besprechung in: Die Nation, Jg. 12, 1895, Nr. 23, S. 334.
45 Vgl. Mittheilungen aus dem Verein zur Abwehr des Antisemitismus, Jg. 5, 1895, Nr. 9, S. 70.
46 Jolowicz, Jacques: Das Großantiquariat und seine Ausdehnung. In: Bbl., 7.8.1911, Nr. 181, S. 8939–8941, zit. S. 8939; 8.8.1911, Nr. 182, S. 8982–8983; 18.8.1911, Nr. 191, S. 9283–9284; 5.9.1911, Nr. 206, S. 9941–9943.

5 Verlagsprogramm Neufeld & Henius (1889 bis 1905)

Aufgrund der hohen Titelanzahl, vieler Neuauflagen und -ausgaben sowie der Laufzeit der verschiedenen Bücherreihen lässt sich das Verlagsprogramm von Neufeld & Henius weder vollständig noch in strenger chronologischer Abfolge darstellen. Im Folgenden kommen daher nur die wichtigsten Buchtitel-, -gattungen und -reihen zur Sprache. Da viele der Werke rechtefrei und daher auch bei konkurrierenden Verlagen der Unterhaltungsliteratur erhältlich waren, bemühte sich Neufeld & Henius um eine attraktive Aufmachung und oft künstlerische Illustration seiner Ausgaben, die aufgrund hoher Auflagen gleichwohl zu günstigen Verkaufspreisen angeboten werden konnten. Über die Bücher des Verlags erschließt sich daher auch eine Generation von Illustratoren, die heute weitgehend in Vergessenheit geraten ist (und deren Vertreter deshalb hier, soweit ermittelbar, mit ihren Lebensdaten genannt werden). Ein weiteres Charakteristikum der Buchausgaben von Neufeld & Henius ist der häufig praktizierte Verzicht auf eine Datierung, um die Werke über einen längeren Zeitraum hinweg verkäuflich zu halten.

Zunächst führte der Verlag das Angebot von Neufeld & Mehring weiter. Dazu gehörte etwa der von der Redaktion der *Humoristischen Blätter* herausgegebene *Humoristische Kalender* (1887–1897). Sodann wurden von anderen Verlagen übernommene Titel oder erworbene Rechte durch Neuauflagen in das eigene Verlagsprogramm integriert, das so an Umfang und Konturen gewann. Dabei entstand ein weites Themenspektrum für ein breites Publikum, das von Unterhaltungsliteratur über Jugendschriften bis zu Wörterbüchern und Ratgebern reichte. Die gute und anhaltende Verkäuflichkeit der Titel sorgte für eine entsprechende Resonanz im Buchhandel, dem großzügige Rabatte gewährt wurden. Der eher konservativen Linie des Angebots standen dabei moderne Vermarktungs- und Werbemethoden gegenüber. So ließ Neufeld & Henius beispielsweise 1902 und 1903 ein »Weihnachts-Verzeichnis einer Auswahl vorzüglicher Werke, welche sich zu Festgeschenken eignen« in einer Auflage von jeweils einer Viertelmillion Exemplaren verschiedenen Tageszeitungen beilegen.[47]

5.1 *Kikeriki-Collection*

Mit seiner *Kikeriki-Collection* (1890–1892) knüpfte Neufeld & Henius an vorherige Bibliotheksreihen von Neufeld & Mehring mit Übersetzungen französischer Literatur an (der Rei-

Abb. 9: Charles de Bernard: *Die Frau von vierzig Jahren*, 1890 (Reihe *Kikeriki-Collection*).

hentitel nahm – auch motivisch – auf den gallischen Hahn Bezug).[48] In zwei Serien erschienen zwölf undatierte Oktavbände mit Werken von Balzac, Maupassant, Flaubert und anderen. Am Schluss der Bücher wurde jeweils auf die originalsprachliche Reihe *Bibliothek französischer Romane* und die Wörterbücher des Verlags Neufeld & Henius hingewiesen. Eine Neuauflage der *Kikeriki-Collection* erschien noch als *Collection Makart-Bouquet. Bibliothek interessanter Erzählungen für Reise und Haus* (1892), während einzelne Titel später in *Neufelds Reise-Bibliothek* aufgingen.

5.2 Sprachführer, Wörterbücher, Ratgeber

Eine dauerhafte Umsatzbasis für Neufeld & Henius bildeten Sprachführer und Wörterbücher. Den Auftakt bildete die Rei-

---

47 Bbl., 14.10.1903, Nr. 289, S. 8115.

48 Bbl., 18.8.1890, Nr. 190, S. 4311.

Abb. 10: Werbeplakat für Sprachführer und Wörterbücher des Verlags Neufeld & Henius, um 1910 (Entwurf von Fernand Schultz-Wettel).

Abb. 11: Oswald Marschner: *Takt und Ton in allen Lebenslagen*, 1907.

he *Neufelds fremdsprachliche Taschenwörterbücher* (1888), die als *Neufelds neue fremdsprachliche Taschenbücher* (ab 1889) fortgeführt wurde. Das Spektrum der vertretenen Fremdsprachen reichte von Englisch, Französisch, Italienisch und Spanisch über Böhmisch, Polnisch, Ungarisch bis Russisch und Türkisch. Überarbeitete Neuauflagen brachten die Bände jeweils auf den neuesten Stand. Sie wurden ergänzt durch den *Taschen-Heyse. Ein neues Fremdwörterbuch in neuer Rechtschreibung mit Berücksichtigung der offiziell eingeführten Verdeutschungen* (1889 u. ö.) von Bernhard Klein.[49] Dieser Titel erlebte bis 1914 insgesamt 14 Auflagen mit zusammen 65.000 Exemplaren. Hinzu kamen die Reihe *Neufelds Sprachführer für Haus und Reise* (1899–1909) und *Neufelds Meisterbibliothek zum Selbstunterricht für Sprache und Kontorpraxis*. Für seine Sprachführer und Wörterbücher warb Neufeld & Henius um 1910 unter anderem mit einem Plakat des Grafikers Fernand (Ferdinand) Schultz-Wettel (1872–

1957).[50] Einen praktischen Nutzwert hatten auch *Neufelds Unterrichtsbriefe für das Selbststudium* (ab 1910) mit ihren Hilfestellungen zu Herausforderungen des Alltags, darunter *Das große Formularbuch. Ratgeber für alle Rechtsgeschäfte* (1913).

5.3 Neufelds Volksbibliothek

Ebenfalls dem Selbststudium im Sinne der Volksbildung diente *Neufelds Volksbibliothek* (1896–1901). Die kartonierten Bände, die anfangs schlichte typografische Titel, später motivisch illustrierte Farbumschläge aufwiesen, waren zum Einheitspreis von einer Mark erhältlich. Ihre Themen reichten von Korrespondenz und Buchführung über Reden und Vorträge bis zu Kartenspielen und Zimmer-Gymnastik. Insgesamt sind 24 Titel erschienen. Nach 1901 kamen offen-

---

49 Bbl., 20.2.1889, Nr. 43, S. 944.

50 Abgebildet bei Ruben, Paul (Hrsg.): Die Reklame. Ihre Kunst und Wissenschaft, Bd. 2. Berlin: Paetel 1915, n. S. 160.

Abb. 12: Alfred de Musset: *Zwei Maitressen*, 1897 (3. Aufl., Reihe *Neufelds Reisebibliothek*).

Abb. 13: Ferdinand Schmidt: *Götter und Helden*, um 1905 (8. Aufl., Reihe *Deutsche Jugendbibliothek*).

bar keine neuen Bände mehr hinzu, doch wurden alle Titel bis zum Weltkrieg mehrfach wiederaufgelegt. Die Reihe ergänzte der zuerst 1901 im Verlag Otto Maier, Leipzig, erschienene Benimm-Ratgeber *Takt und Ton in allen Lebenslagen. Plaudereien über den feinen Takt und guten Ton im geselligen Verkehr* (1907) von Oswald Marschner, dessen Gesamtauflage 1922 das 31. Tausend erreichte. 1923 wurden Bestände und Verlagsrechte an *Neufelds Volksbibliothek* an die Rudolph'sche Verlagshandlung, Dresden, abgegeben.[51]

5.4 Neufelds Reisebibliothek

Neufelds Reisebibliothek (1894–1902) war eine literarisch wenig anspruchsvolle Buchreihe, die sich vor allem an die Kundschaft von Reisebuchhandlungen richtete. Sie bestand überwiegend aus militärischen Humoresken von Victor Laverrenz, erotischen Novellen von Leopold von Sacher-Masoch und Übersetzungen galanter Texte aus dem Französischen, darunter *Zwei Maitressen* (1897, 3. Aufl.) von Alfred de Musset. Zwischen 1894 und 1898 erschienen rund 40 Titel, jeweils in mehreren Auflagen. Jeder Band war mit einem illustrierten, vierfarbigen Umschlag nach Originalen des *Kladderadatsch*-Zeichners Gustav Brandt (1861–1919) ausgestattet. 1902 wurden Rechte und Bestände von *Neufelds Reisebibliothek* von der Schreiter'schen Verlagsbuchhandlung, Berlin, übernommen.[52]

5.5 Deutsche Jugendbibliothek

Der Einstieg von Neufeld & Henius in den Markt der Jugendschriften erfolgte um 1902 durch Übernahme der von dem Berliner Lehrer Ferdinand Schmidt (1816–1890) begründeten Reihe *Deutsche Jugendbibliothek*, die zuletzt bei Geibel

---

51 Bbl., 11.5.1923, Nr. 111, Umschlag; 17.5.1923, Nr. 113, S. 3824. – Bibliographische Abteilung des Börsenvereins der Deutschen Buchhändler (Bearb.): Verlagsveränderungen im deutschen Buchhandel 1900–1932. Leipzig: Börsenverein 1933, S. 49.

52 Bbl., 11.2.1902, Nr. 34, S. 1281.

& Brockhaus, Leipzig, erschienen war. Sie wurde von Julius Lohmeyer als Herausgeber neu herausgebracht und fortgeführt, wobei die Bände 1 bis 47 mehrheitlich noch von Schmidt verfasst waren. Insgesamt sind bis zum Weltkrieg über 80 Bände erschienen, zumeist in mehreren Auflagen. Die behandelten Themen reichten von den Nibelungen über griechische Götter und Helden bis zu Wilhelm Tell und Robinson Crusoe, hinzu kamen »Lebensbilder« von Lessing, Moses Mendelssohn, Goethe, Schiller, Alexander von Humboldt und Benjamin Franklin. Daneben erschien eine ebenfalls von Ferdinand Schmidt begründete *Neue Jugendbibliothek* überwiegend mit Titeln zu historischen Größen von Karl dem Großen bis Kaiser Wilhelm I., Martin Luther bis Kolumbus, Fürst Blücher bis Fürst Bismarck.

5.6 Jugendschriften I

1904 brachte Neufeld & Henius einen 20-seitigen Katalog *Hervorragende Jugendschriften* heraus, in dem die nach Altersgruppen sowie Knaben und Mädchen als Zielpublikum gegliederten Märchen-, Sagen-, Abenteuer- und Geschichtsbücher des Verlags vorgestellt wurden.[53] Dazu zählten Werke wie *Das Märchenbuch. Eine Sammlung beliebter und neuer Märchen für die Jugend* (1900), herausgegeben von der Redaktion der *Jugend-Gartenlaube*, *Die schönsten Märchen* (7. Aufl. 1904), *Das Märchenbuch. Eine Sammlung der schönsten Märchen* (1904) und *Im Märchenlande. Eine Sammlung der schönsten Märchen* (5. Aufl. 1904) von Gustav Schalk.

Unter den Textsammlungen von Sagen und Mythen befanden sich Neuauflagen der zuvor bei Voigtländer, Leipzig, erschienenen Bände *Heroen. Griechische Heldensagen für die Jugend* (7. Aufl. 1902, 8. Aufl. 1907) von J. C. Andrä und *Der Olymp. Götterlehre der Griechen und Römer* (2. Aufl. 1905, 3. Aufl. 1907) von Hans Dütschke sowie *Römische Heldensagen für die Jungen* (1904, 2. Aufl. 1909, 3. Aufl. 1910) von Gustav Schalk. Das *Sagenbuch. Eine Sammlung der schönsten Sagen* (1903, 2. Aufl. 1904, 3. Aufl. 1909) von Ferdinand Schmidt enthielt 16 Vollbilder und zahlreiche Textillustrationen von Karl Müller (1865–1942). Durch ihre Ausstattung und günstigen Preise entwickelten sich die Märchen- und Sagentitel von Neufeld & Henius zu Hausbüchern, die wiederholte Nach- und Neuauflagen erlebten.

---

53 Hervorragende Jugendschriften aus dem Verlage Neufeld & Henius. Berlin o.J. (1904). DBSM, Bö-VK/Neufeld & Henius (https://d-nb.info/1153983516).

Abb. 14: *Tausend und eine Nacht. Arabische Erzählungen*, 1905.

5.7 Weitere Titel

Daneben verlegte Neufeld & Henius eine Anzahl von Einzeltiteln, die teils ebenfalls auf Übernahmen oder Neuauflagen beruhten. So wurde etwa die 1879 bei J. G. Bach, Leipzig, erschienene Übersetzung von *Das verlorene Paradies* (1899) von John Milton mit 50 Vollbildern nach Originalen von Gustave Doré (1832–1883) in zweiter Auflage neu herausgebracht. Eine 12. Auflage im 56. bis 60. Tausend erreichte *Dekameron oder die 100 Erzählungen* (1900) von Giovanni Boccaccio. Keineswegs neu war auch die zweibändige Darstellung *Goethe's Leben und Werke* (7. Aufl. 1902) von George Henry Lewes. Wiederaufgelegt wurden ebenso einige »Pariser Sittenbilder« von Alphonse Daudet, darunter dessen Roman *Der Nabob* (2. Aufl. 1905).

Ferner erschienen bei Neufeld & Henius als Übernahme des Verlags Hermann Costenoble, Jena, in vielfachen Auflagen die deutschen Ausgaben der Schriften des italienischen Anthropologen und Sexualwissenschaftlers Paolo (Paul) Mantegazza, darunter *Die Physiologie der Liebe* (11. Aufl. 1901, 14. Aufl. 1911), *Die Physiologie des Weibes* (6. Aufl. 1903, 9. Aufl. 1913), *Die Geschlechtsverhältnisse des Menschen. An-*

Abb. 15: Paul Mantegazza: *Die Geschlechtsverhältnisse des Menschen*, 1910.

thropologisch-kulturhistorische Studien (5. Aufl. 1908) und *Die Hygiene der Liebe* (10. Aufl. 1905). 1910 wies der Verlag den Buchhandel auf einen Verkaufsimpuls hin: »Nach dem Tode Mantegazzas vorzüglicher Schaufensterartikel«.[54]

6 Verlagsprogramm Neufeld & Henius (1906 bis 1917)

Am 9. September 1905 starb der Verleger Siegfried Neufeld mit nur 45 Jahren unerwartet durch einen Schlaganfall. Er wurde auf dem Jüdischen Friedhof Weißensee beigesetzt.[55] Neufeld hatte im Börsenverein dem ›Außerordentlichen Ausschuss zur Revision der Restbuchhandels-Ordnung‹ angehört und sich dort für die Verwertung von Restauflagen im Sinne des ›Modernen Antiquariats‹ eingesetzt.[56] Das *Börsenblatt* widmete ihm zwei Nachrufe, in denen sein Werdegang nachgezeichnet und seine Persönlichkeit gewürdigt wurden.[57]

Julius Henius übernahm den Verlag als nunmehr alleiniger Inhaber, die bisherige Firmierung blieb jedoch bestehen. Mitte 1906 trat sein Sohn Dr. jur. Max Henius (1877–1944) als Gesellschafter in die Firma ein und erhielt Prokura.[58] Max Henius hatte in Berlin die Schule zum Grauen Kloster und anschließend das Askanische Gymnasium besucht. Ab 1898 studierte er Jura in Heidelberg, Bonn und Berlin. 1903 wurde er in Leipzig mit einer erbrechtlichen Dissertation promoviert.[59] Danach war er in Berlin als Referendar tätig und wollte eigentlich Anwalt werden, übernahm dann aber die Leitung des Familienunternehmens, aus der sich sein Vater zurückzog.

Unter Max Henius wurde die Expansion der Firma fortgesetzt, die sich so von der Vergangenheit als Großantiquariat emanzipierte und zunehmend ein eigenständiges Profil als Verlag gewann. Dazu trugen allerdings weiterhin auch Übernahmen von Werken anderer Verlage bei. So wurden um 1909 die Notensammlung *Sang und Klang* und die sprachwissenschaftlichen Titel des B. Behr's Verlags, Berlin, erworben. Letztere umfassten unter anderem *Behr's Sprachführer*, *Heckers Wortschatz für Reise und Unterricht*, die polnisch-deutschen Wörterbücher von Lukaszewski und Mosbach sowie das französisch-polnische Taschenwörterbuch von Pierre Dahlmann. Schließlich konnten 1914 noch Kinder- und Jugendschriften vom Verlag Otto Spamer Verlag, Leipzig, übernommen werden.

In den Jahren vor dem Ersten Weltkrieg erreichte der Verlag Neufeld & Henius den vorläufigen Höhepunkt seiner Entfaltung. Anfang 1911 wurde das 25-jährige Geschäftsjubiläum begangen, zu dem das *Börsenblatt* einen Bericht zum Aufstieg des Verlags brachte: »Aus kleinen Anfängen hat sich die Firma zu einer sehr geachteten und erfolgreichen Verlagsbuchhandlung entwickelt. [...] Unter den beiden Herren [Siegfried Neufeld und Julian Henius] entwickelte sich das Geschäft zu großer Blüte. [...] Seit dem Jahre 1906 bis heute hat die Firma [unter Dr. jur. Max Henius, dem Sohn des heutigen Seniorchefs,] dem Ausbau des Verlages noch größere Aufmerksamkeit als bisher geschenkt.«[60]

---

54 Bbl., 21.8.1910, Nr. 201, S. 9837.
55 Berliner Tageblatt, Jg. 34, Nr. 461, 10.9.1905.
56 Neufeld, Siegfried: Feste Verkaufspreise im Restbuchhandel! In: Bbl., 10.11.1904, Nr. 269, S. 10305.

---

57 Bbl., 13.9.1905, Nr. 218, S. 8006; 11.11.1905, Nr. 263, S. 10457.
58 Berliner Tageblatt, Jg. 35, Nr. 299, 15.6.1906. – Berliner Börsenzeitung, Nr. 275, 15.6.1906, S. 11.
59 Henius, Max: Die Ausgleichung unter den Miterben und die Anrechnung auf den Pflichtteil nach dem B.G.B. Inaugural-Dissertation ... bei der Universität Leipzig. Berlin: Seydel & Co. 1903.
60 Ebd.

Um 1912 wurde neben einem mehrfarbigen Verlagsverzeichnis für Werbezwecke ein kleinformatiges, 12-seitiges Faltblatt veröffentlicht, das unter dem die Bandbreite des Verlagsprogramms charakterisierenden Motto »Für Jeden Etwas« die einzelnen Produktgruppen näher vorstellte. Ausführlicher informierte darüber im gleichen Jahr ein 4-seitiges, von dem Grafiker Friedrich Felger (1882–1960) gestaltetes Faltblatt unter dem Titel *Goldene Bücher aus dem Verlage von Neufeld & Henius, Berlin.*

1914 beteiligte sich die Firma als »Verlagsbuchhandlung und Großantiquariat« in Leipzig an der *Internationalen Ausstellung für Buchgewerbe und Graphik*.[61] Mit Ausbruch des Weltkrieges ging die Titelproduktion allerdings stark zurück. Der Verlag sorgte nun »vaterländisch« für die Ausstattung von Lazaretten mit Lektüre und bewarb zugleich seine Wörterbücher für Soldaten im Ausland. Gegenüber dem Buchhandel mussten wegen steigender Herstellungskosten Preiserhöhungen durchgesetzt werden. Gleichzeitig bemühte sich das Unternehmen weiterhin um »Angebote von Restauflagen mit und ohne Verlagsrecht, sowie ganzer Verlagsgruppen.«[62]

Max Henius diente im Weltkrieg als Frontsoldat und wurde leicht verwundet, 1917 erhielt er die Rote Kreuzmedaille dritter Klasse. In diese Zeit fiel auch der Tod seines Vaters Julian Henius, der am 3. Oktober 1917 im 69. Lebensjahr starb und auf dem jüdischen Friedhof Berlin-Weißensee beigesetzt wurde.[63] Julians Frau Emma Henius starb 1921 im 64. Lebensjahr.[64]

---

61 Amtlicher Katalog: Internationale Ausstellung für Buchgewerbe und Graphik, Leipzig, 1914. Leipzig: Poeschel & Trepte, 1914, S. 295, Nr. 1151.

62 Bbl., 17.1.1916, Nr. 12, S. 320.
63 Berliner Tageblatt, Jg. 46, Nr. 508, 5.10.1917, (S. 6). – Bbl., 6.10.1917, Nr. 234, S. 6584; 9.10.1917, Nr. 236, RT 1136.
64 Berliner Tageblatt, Jg. 50, Nr. 282, 18.6.1921, S. 10.

Abb. 16a–d: Werbeprospekt ›Goldene Bücher aus dem Verlage Neufeld & Henius, Berlin‹, um 1912.

6.1 Musikalien I

Als wichtiger Umsatzfaktor für Neufeld & Henius entwickelten sich Notensammlungen.[65] Denn damit erreichte der Verlag neben dem Buchhandel nicht nur den Musikalienhandel, sondern auch das Ausland. Zwar war er auf dem Feld populärer Notenalben keineswegs allein, erwarb sich dort aber durch gefragte Produkte, intensive Werbung und aktiven Vertrieb eine starke Marktstellung. Das Konzept bestand darin, im Einzelbezug viel teurere Musiknoten in guter Auswahl zusammenzufassen und in attraktiver Ausstattung als preiswerten »Prachtband« anzubieten, zudem als Reihentitel mit Sammelanreiz. Der entsprechende Werbeslogan lautete: »*Sang und Klang* ersetzt eine kostspielige Musik-Bibliothek«. Offenkundig stieß dies beim musikaffinen Bürgertum auf große Nachfrage. Zum Verlagsjubiläum 1911 bilanzierte das *Börsenblatt*: »Den bedeutendsten Erfolg hatte die Firma mit dem im Buch- und Musikalienhandel bekannten Werke *Sang und Klang*, von dem zur Zeit der Übernahme nur ein Band vorlag. Es ist der Firma gelungen, dieses Werk zu einer Popularität zu bringen, wie es bei ähnlichen Werken wohl kaum der Fall ist.«[66]

Grundlage und erster Band war die von S. Stephan Epstein Ende 1899 herausgegebene Klaviernotensammlung *Sang und Klang im XIX. Jahrhundert. Ernstes und Heiteres aus dem Reiche der Töne* (1900), die in der Verlagsanstalt Pallas von Ernst Leonhard in Berlin erschien. Neufeld & Henius übernahm diesen Titel zunächst in Generalvertrieb und machte ihn 1904 zum Auftaktband einer eigenen Serie, wobei der Untertitel ab Band 2 auf *... im XIX. und XX. Jahrhundert* erweitert wurde.[67] Jeder Band umfasste rund 100 Klavierstücke und Lieder sowie einige Musikerbiografien.

---

65 Generell sind Musikalien bibliografisch nur unzureichend erfasst und in Bibliotheken nur unvollständig vorhanden.

66 Bbl., 13.1.1911, Nr. 10, S. 520.
67 Bbl., 14.7.1903, Nr. 160, S. 5505.

Abb. 17: *Sang und Klang im XIX. und XX. Jahrhundert*, Band 3, 1906.

Abb. 18: Engelbert Humperdinck (Hrsg.): *Sang und Klang fürs Kinderherz*, Neue Folge, 1911.

Die Ganzleineneinbände in weißer und blauer Farbvariante wiesen ein reiches Jugendstildekor auf. 1906 waren von Band 1 (1904) bereits das 85., von Band 2 (1905) das 45. und von Band 3 (1906) das 30. Tausend verkauft.[68] Mit Band 4 (1909) erreichte die Gesamtauflage 160.000 Exemplare. Als Ergänzung zu *Sang und Klang* erschien 1907 der Band *Operetten-Strauss. 10 Potpourris der beliebtesten Operetten*, der alsbald eine zweite Auflage mit zusammen 20.000 Exemplaren erlebte.[69]

1908 gründeten Julian und Max Henius die eigenständige Musikverlag Sang und Klang G.m.b.H. Gegenstand des Unternehmens war der Verlag von Musikalien, insbesondere des Musikalbums *Sang und Klang im neunzehnten und zwanzigsten Jahrhundert*.[70] Offenbar diente dies aber nur der wirtschaftlichen Abtrennung, denn die Reihe erschien weiterhin bei Neufeld & Henius. Band 5 kam 1909 heraus,[71] Band 6 folgte 1911.[72] Inzwischen waren bereits eine halbe Million Exemplare verkauft, wozu auch Nachauflagen vorheriger Bände beitrugen. Der Erfolg der Sammlung *Sang und Klang*, die auch in Österreich, der Schweiz, Ungarn und Russland vertrieben wurde, verdankte sich nicht zuletzt einer aufwendigen Werbekampagne. Um die Nachfrage zu steigern, wurden 1911 annähernd drei Millionen Werbeprospekte großen Tageszeitungen beigelegt.[73] Band 7 kam 1912 sogleich mit einer Startauflage von 45.000 Exemplaren heraus,[74] womit der Gesamtabsatz der Reihe auf 650.000 Bände stieg. Als »Ergänzung zu dem Idealmusikalbum Sang und Klang« erschien noch der von Heinrich Binder eingeleitete, als »musikalisches Schlager-Album« annoncierte Band *Lachende Musik. Ein Album der beliebtesten und zeitgemässen Operetten, Tänze, Lieder und Märsche* (1913) mit einer Titelgrafik von Erich Schütz (1886–1937).[75]

---

68 Bbl., 4.10.1906, Nr. 231, S. 9632.
69 Bbl., 11.9.1907, Nr. 212, S. 8957.
70 Bbl., 12.5.1908, Nr. 109, S. 5305.
71 Bbl., 28.9.1909, Nr. 225, S. 11254
72 Bbl., 25.9.1911, Nr. 223, S. 10961.
73 Bbl., 28.9.1911, Nr. 226, S. 11167.
74 Bbl., 8.12.1912, Nr. 235, S. 12056–12057.
75 Bbl., 24.5.1913, Nr. 117, S. 5546–5547; 29.8.1913, Nr. 200, S. 8570–8571.

6.2 Gerstäckers Reiseromane

Seine Marktstellung auf dem Gebiet der Jugendschriften verstärkte der Verlag durch die mehrfach wiederaufgelegten und jeweils neu ausgestatteten Reiseromane und Abenteuerschriften von Friedrich Gerstäcker (1816–1872).[76] Dessen Werke waren zuvor bei Hermann Costenoble, Jena, erschienen. Eine erste eigene Ausgabe von Neufeld & Henius unter dem Titel *Reiseromane und Schriften* (1903–1910) umfasste 45 Bände, die auch einzeln erhältlich waren. Später folgte eine neue Ausgabe als *Weltreiseromane und Erzählungen* (1912) in 10 Bänden, die der Kunstmaler Adolf Wald (1868–1940) mit 120 Vollbildern illustriert hatte. Der 100. Geburtstag von Friedrich Gerstäcker bot dem Verlag 1916 eine willkommene Gelegenheit, dem Buchhandel die bei ihm verfügbaren Werke des Autors in Erinnerung zu rufen.[77]

Nach dem Weltkrieg kamen nochmals eine 12-bändige Ausgabe der *Reiseschriften* (1921)[78] und eine 12-bändige Ausgabe der *Reiseromane* (1924) von Gerstäcker hinzu. Letztere ebenfalls mit Illustrationen von Wald. Darüber hinaus gab es verschiedene Einbandvarianten innerhalb der Reihen und Einzelausgaben bestimmter Titel, die die bibliografische Übersicht der bei Neufeld & Henius erschienenen Werke von Friedrich Gerstäcker erschweren, gleichzeitig aber deren anhaltenden Verkaufserfolg bestätigen.

6.3 Geschichtswerke

Geschichtswerke gehörten ebenfalls zum Verlagsprogramm von Neufeld & Henius. 1909/10 erschien eine durchgesehene und ergänzte Fassung des 1844 begründeten Standardwerks *Fr. Chr. Schlossers Weltgeschichte* in Form von 20 Bänden in 10 Büchern als 27. Auflage im 126. bis 130. Tausend.[79] Wenig später folgte eine 28. Auflage mit nochmals 5.000 Exemplaren. Die mit Schmuckvorsätzen versehenen und reich illustrierten Bände waren in dekoriertem Ganzleinen, Halbfranz und Halbleder gebunden erhältlich. Als »volkstümliche Geschichte aller Zeitepochen« wurde demgegenüber die *Illustrierte Weltgeschichte auf Grund der neuesten Forschungen und eingehender Berücksichtigung der Kulturgeschichte bis zur neuesten Zeit* von Max Manitius, Theodor Rudel und Walter Schwahn beworben, die 1904 mit vier Teilen in zwei umfangreichen Bänden in 10.000 Exemplaren herauskam. Die zweite Auflage von 1911, die mit 700.000 Prospektbeilagen in Tageszeitungen beworben wurde,[80] war bis zum Jahr 1910 aktualisiert. Bis 1932 folgten noch drei weitere Auflagen.

Zeitgeschichtliche Themen behandelten auch Einzelbände wie das zuerst 1889 bei Geibel & Brockhaus erschienene Werk *Deutschlands Einigungskriege 1864, 1866 und 1870–1871* (1907, 3. Aufl.) von Wilhelm Müller und die Kolonialkrieg-Darstellung *Die Helden Afrikas* (1913) von Wilhelm Langheld mit Illustrationen des Kolonialmalers Fritz Nansen (1881–1934). Zurück zur Antike führte der Band *Geschichte der Griechen und Römer im Altertum* (1910) von Walther Schwahn.

Abb. 19: Friedrich Gerstäcker: *Die Goldbarren und andere Erzählungen*, 1921.

---

76 Garzmann, Manfred R. W. / Ostwald, Thomas / Schuegraf, Wolf-Dieter (Hrsg.): Gerstäcker-Verzeichnis. Erstausgaben, gesammelte Werke und Sekundärliteratur ... Braunschweig: Friedrich-Gerstäcker-Gesellschaft 1986, S. 56–57. – Ostwald, Thomas: Bibliografische Anmerkungen. Werkausgaben, Varianten & Kurioses. Erfurt: CPI 2023 (Beiträge zur Gerstäcker-Forschung, Nr. 6), S. 17–18 und 40–42.

77 Bbl., 12.5.1916, Nr. 109, S. 3115.
78 Bbl., 22.12.1921, Nr. 298, S. 14783.
79 Bbl., 13.1.1911, Nr. 10, S. 520.
80 Bbl., 27.3.1911, Nr. 71, S. 3828.

Abb. 20: *Fr. Chr. Schlossers Weltgeschichte*, 1909.

Abb. 21: Egon Hugo Strassburger: Strasburgers Kinder-Kalender 1911, 1911 (Einband von Paul Braunagel).

6.4 Jugendschriften II

Zum wichtigsten Verlagsautor auf dem Gebiet der Jugendschriften avancierte der Lehrer Gustav Schalk, dessen Textversionen von Sagen und Märchen als »klassische Jugendbücher von dauerndem Wert« beworben wurden.[81] Dazu zählten *Walhalla. Germanische Götter- und Heldensagen für Schule und Haus* (1906, 2. Aufl. 1910, 3. Aufl. 1913) mit Textillustrationen und 24 Vollbildern von Max Koch (1859–1930)[82] sowie *Deutsche Heldensage für Jugend und Volk* (10. Aufl. 1910, 15. Aufl. 1920) mit Textillustrationen und 24 Vollbildern von Hermann Vogel (1854–1921). Ebenfalls von Schalk stammten die Bände *Klaus Störtebeker und die Vitalienbrüder. Eine Geschichte aus der Zeit der Hansa* (2. Aufl. 1911), *Die schönsten Märchen aus Tausend und eine Nacht* (1908) mit

acht farbigen Vollbildern und zahlreichen Textillustrationen von Carl Arriens (1869–1952), *Grimm's Märchen (1909) und Das Märchenbuch. Eine Sammlung der schönsten Märchen* (1909) mit Farbbildern von Otto Marcus (1863–1952). Diese Bücher waren zumeist in einer Normal- und einer »Prachtausgabe« erhältlich. Sie erlebten mehrere Nachauflagen und gehörten zu den ›Dauersellern‹ des Verlags.

Dies galt ebenso für die zweibändige Ausgabe der *Märchen* (1913) von Wilhelm Hauff, herausgegeben von Ernst Guggenheim und illustriert von Julie (Haase)-Werkenthin (1882–1960), sowie *Märchen meines Lebens* (1913) von Hans Christian Andersen mit Bildern derselben Künstlerin. Nicht minder erfolgreich waren die von dem Jugendschriftsteller und Volksschullehrer Ferdinand Schmidt verfassten Bände *Die Nibelungen. Gudrun. Zwei Heldensagen* (17. Aufl. 1903, 18. Aufl. 1906, 19. Aufl. 1910) und *Sagenbuch. Eine Sammlung der schönsten Sagen* (1903, 2. Aufl. 1904, 3. Aufl. 1910), beide mit Illustrationen von Karl Müller (1865–1942).

Näher am Zeitgeschehen angesiedelt und »für die reifere Jugend« bestimmt war der zuvor bei Voigtländer, Leipzig, erschienene Band *Klaus Erichsen, Prinz Heinrichs Schiffsjunge. Erzählung für die reifere Jugend* (3. Aufl. 1903)

---

[81] Bbl., 2.3.1912, Nr. 52.
[82] Bbl., 14.3.1907, Nr. 61, S. 2838.

Abb. 22: *Neufelds Knabenbuch*, 1911.

von Otto von Bruneck [Otto Elster] mit Illustrationen von Richard Knötel (1857–1914). Vom selben Autor stammte das Buch *Fritz Ohlsen, Kaiser Wilhelms Unteroffizier. Eine Erzählung aus zwei Kriegen (1864, 1870–71) für die Jugend* (5. Aufl. 1911) mit Illustrationen von Felix Schmidt (1857–1927) und Otto Marcus (1863–1952).

Für junge Leser bot Neufeld & Henius die Kinderbilderbücher *Strasburgers Kinder Kalender* (1910 und 1911) und *Von Drachen, Puppen und Soldaten* (1910) von Egon Hugo Stras[s]burger mit Bildern von Paul Braunagel (1873–1954) und Henri Beecke (1877–1954) sowie *Die zwölf Handwerker* (1910), nach alten Volksreimen herausgegeben von Johannes Trojan, mit Illustrationen von Paul Hey (1867–1952) an.

Der »Unterhaltung und Belehrung [...] für die heranwachsende männliche Jugend« diente – mit Sympathien für das Soldatentum – *Neufelds Knabenbuch* (1911), das mit 500.000 Prospekten beworben wurde.[83] Mädchen hingegen empfahl der Verlag die Lektüre von *Die Allerjüngste. Erzählung für junge Mädchen* (1911) und *Eine von den Jüngsten. Erzählung für junge Mädchen* (1911) von Charlotte Niese empfohlen. »Für die reifere Jugend« schließlich gab es den Band *Frohe Wanderfahrten* (1912) von August Trinius mit Farbtafeln von Willy Planck (1870–1956) und Textillustrationen von Friedrich Holbein (1856–1940).

6.5 Weitere Titel

Neufeld & Henius verlegte auch einige Titel zur Literaturgeschichte. Dazu gehörten Neuauflagen von *Goethes Leben und Werke* (8. Aufl. 1910) von George Henry Lewes sowie dem zuvor bei Krabbe, Stuttgart, erschienenen Doppelband *Schillers Leben und Werke* (1911) von Emil Palleske und Albert Zipper. Ferner kam eine Ausgabe *Gesammelte Schriften* (1910) von Maxim Gorki heraus, deren sechs Teile hier seit 1903 schon als Einzelbände erschienen waren.

Durch Übernahmen gelangten zwei Kunsttitel ins Programm. Der neu herausgebrachte Band *Die Kunst des XIX. Jahrhunderts und der Gegenwart. Ein Grundriß der modernen Plastik und Malerei* (1909) von Berthold Daun war seit 1904 bereits bei anderen Verlagen in Lieferungen erschienen. Die dreibändige *Geschichte der Malerei* von Richard Muther, die nach einem Vorläufer von 1900 in der *Sammlung Göschen*, Leipzig, zunächst 1909 im Verlag Grethlein, Leipzig, erschienen war, legte Neufeld & Henius 1912 wieder auf.[84] Die mit insgesamt 2.800 Textabbildungen ausgestatteten Bände erschienen leinengebunden und als »Prachtausgabe in Ganzleder«, Titel und Einbandzeichnung stammten von Peter Behrens (1868–1940).

6.6 Bibliophiles I

Einzelne Titel von Neufeld & Henius erhielten eine besonders ambitionierte Buchausstattung, die ihnen einen geradezu bibliophilen Charakter verleihen sollte. Dazu zählte die von Ludwig Fulda herausgegebene Neuausgabe von *Tausend und eine Nacht. Arabische Erzählungen* (6. Aufl. 1909, 7. Aufl. 1913) in der Übersetzung von Gustav Weil. Sie erschien in zwei Bänden mit vier Teilen und enthielt 100 Bilder, davon 20 mehrfarbig, von Fernand Schultz-Wettel.[85] Das *Archiv für Buchgewerbe und Graphik* veröffentlichte dazu eine lobende Besprechung im thematischen Kontext der Märchenbuchillustration: »Die Herausgabe der gesamten Märchen von *Tausendundeiner Nacht* machte sich der Ver-

---

83 Bbl., 23.11.1911, Nr. 272, Umschlag und S. 14615.

84 Bbl., 4.6.1912, Nr. 127, S. 6831; 8.6.1912, Nr. 131, Umschlag; 12.6.1912, Nr. 133, S. 7111; 28.8.1912, Nr. 200, S. 9875 und 9878; 28.10.1912, Nr. 248, S. 13005.

85 Bbl., 25.9.1913, Nr. 223, S. 9727.

Abb. 23: Adalbert von Chamisso: *Frauenliebe und Leben*, 1910 (Buchausstattung von Friedrich Klein-Chevalier).

lag Neufeld & Henius, Berlin, zur dankbaren Aufgabe und erschien im letzten Jahr das Kolossalwerk in vollständig neuer Aufmachung auf dem Büchermarkt. [...]«.[86]

Neufeld & Henius bewarb noch drei weitere Titel als »zeitgemäße Geschenkbücher«, weil sich diese durch eine künstlerische Ausstattung auszeichneten: *Frauenliebe und Leben* (1910) von Adalbert von Chamisso mit tafelartigen Farbillustrationen und Jugendstil-Buchschmuck von Friedrich Klein-Chevalier (1861–1938) und *Truggold* (1910) von Rudolf Baumbach mit Illustrationen von Philipp Grotjohann (1841–1892) und Kolorierung durch Curt Agthe (1862–1943) sowie *Liebesfrühling* (1910) von Friedrich Rückert, farbig illustriert und mit Randleisten versehen von Hans Koberstein (1864–1965).[87]

Mit zahllosen Illustrationen und 20 ganzseitigen Farbtafeln reich illustriert war schließlich der großformatige, von Rudolf Presber herausgegebene Leinenband *Das goldene Lachen. Ein humoristischer Familienschatz in Wort und Bild* (September 1912, 2. Aufl. 1912 im 21. bis 30. Tausend), der »mit Beiträgen führender Humoristen der Feder und des Stiftes« angefüllt war.[88]

7 Verlagsprogramm Neufeld & Henius (1918 bis 1932)

Am 21. September 1918 heiratete der Verleger Max Henius mit 40 Jahren Frieda Schaer (1885–1963), die evangelische Tochter eines Schreiners aus Danzig.[89] Zuvor hatte er offenbar im Haus seiner Eltern am Schöneberger Ufer 39 gewohnt. Nach der Eheschließung und dank des wirtschaftlichen Erfolgs seines Verlags bezog er 1919 mit seiner Frau eine großzügige 11-Zimmer-Wohnung im Tiergartenviertel an der Sigismundstraße 5. 1920 konnte Henius zudem mehrere Parzellen in Berlin-Kladow am Sakrower Kirchweg 56–58 erwerben und sich dort 1922/23 von dem Architekten Emil Schuster eine Villa im Landhausstil mit Stallgebäude und Tee-Pavillon errichten lassen.[90] Das Grundstück reichte über die Straße hinweg bis an die Havel. Für seinen Badestrand ließ Henius einen Güterzug mit Sand anfahren und einen Bootssteg für sein Motorboot anlegen.[91]

Da Max Henius starkes Heuasthma hatte, verbrachte er mit seiner Frau im Frühjahr jeweils sechs Wochen auf Helgoland. Seine Allergie war vermutlich auch der Grund, warum er keine eigenen Kinder wollte. Daher adoptierten das Ehepaar den am 10. Januar 1923 in Wilhelmshaven geborenen nichtjüdischen Waisen Harry Friedrich Wilhelm, den sie in Klaus Friedrich Wilhelm umtauften. 1924 ließ sich auch Max Henius christlich taufen, was ihn jedoch nicht davon abhielt, seinen Adoptivsohn nach jüdischem Ritus beschneiden zu lassen. Nach dem Besuch der Grundschule ging Klaus Henius auf das Kaiser-Friedrich-Gymnasium in Berlin-Charlottenburg. Es war vorgesehen, dass er anschließend studieren und dann den Verlag Neufeld & Henius übernehmen sollte.

Max Henius setzte Ausbau und Diversifikation seines Verlags durch weitere Akquisitionen fort. 1920 kaufte Neufeld & Henius den 1905 in Berlin von Wilhelm Stein gegründeten, inzwischen in Breslau ansässigen Allegro Buch- und

---

86 Pleetschke, W.: Der Kult des Märchenbuches. In: Archiv für Buchgewerbe und Graphik, Jg. 57, 1919/20, H. 11/12, S. 317–325, hier S. 321–322.
87 Bbl., 28.11.1910, Nr. 275, S. 14725.

88 Bbl., 9.6.1911, Nr. 131, S. 6942 (Ankündigung); 28.8.1912, Nr. 200, S. 9876 (Auslieferung).
89 Berliner Börsen-Zeitung, Jg. 64, Nr. 475, 10.10.1918, (S. 8).
90 Lödden, Hans-Jürgen: Dr. Max Henius – ein jüdischer Verleger. In: Kladower Forum: Treffpunkte. Frühjahr 2014, S. 32 und 34.
91 Das Landhaus existiert noch und steht unter Denkmalschutz (heutige Adresse: Contessaweg 45), das wasserseitige Grundstück hingegen wurde abgetrennt.

Abb. 24: Titel der 28-seitigen Anzeigenstrecke des Verlags Neufeld & Henius im *Börsenblatt für den Deutschen Buchhandel*, 11. September 1928.

Musikverlag,[92] der 1921 an den Geschäftssitz in der Großbeerenstraße überführt,[93] 1925 jedoch wieder verkauft wurde. 1922 beteiligte sich Henius an dem Musikverlag Rohr, Berlin.[94] Später entstand eine Verbindung mit dem Rondo-Verlag, Berlin, für dessen Titel Neufeld & Henius teils die Alleinauslieferung übernahm.[95] Außerdem erwarb Henius 1920 vom damaligen Besitzer Hermann Michel den 1908 in Berlin gegründeten Verlag der Schillerbuchhandlung, der den bisherigen Namen beibehielt, jedoch 1921 die Schreibweise ›Verlag der Schiller-Buchhandlung‹ erhielt.[96] Daneben wurden weiterhin Geschäfte als Großantiquariat betrieben. Im Frühjahr 1919 beispielsweise empfahl Neufeld & Henius von anderen Verlagen übernommene Restauflagen als »Konfirmations-Geschenke«, darunter die zuerst 1899 bei Bondi, Berlin, erschienene Darstellung *Die deutsche Kunst des 19. Jahrhunderts* (3. Aufl. 1907) von Cornelius Gurlitt: »Alles in eleganter Friedensausstattung«.[97]

Ferner bestand seit etwa 1920 eine Zusammenarbeit mit dem ebenfalls vor allem als Großantiquariat tätigen Verlag von Johannes Knoblauch, Berlin.[98] Bei der Leipziger Frühjahrsmesse stellten beide Verlage gemeinsam aus,[99] zur Herbstmesse auch mit den Neuakquisitionen Verlag der Schillerbuchhandlung und Allegro-Musik-Verlag.[100] Als das Unternehmen jedoch 1923 liquidiert wurde, übernahm Henius die Firma aus der Konkursmasse und gründete gemeinsam mit Knobloch unter der Firmierung Johannes Knoblauch GmbH einen neuen Verlag nebst Großantiquariat.[101] Allerdings ging diese Gesellschaft 1928 abermals in Konkurs.[102]

Anfang 1921 hob der Verlag Neufeld & Henius im *Börsenblatt* seine Expansionsbereitschaft erneut hervor: »Wir sind Käufer ganzer Verlagsgruppen sowie einz. Bestände (Restauflagen) v. Verlagswerken jeder Richtung mit u. ohne Verlagsrecht. Auch Erwerb ganzer Firmen kommt in Frage. Barzahlung kann sofort geleistet werden.«[103] Dementsprechend erbat sich der Verlag zur Leipziger Frühjahrsmesse von Kollegen »Angebote von Restauflagen und Verlagsgruppen«.[104]

Unternehmerisches Ziel war dabei die Stärkung der Position als thematisch breit aufgestellter Publikumsverlag. Die Geschäftstätigkeit als Großantiquariat ging demgegenüber zurück. Dies hing nicht zuletzt mit einem nach dem Weltkrieg eingetretenen Wandel des Publikumsinteresses zusammen, den der Verleger Robert Voigtländer 1927 rückblickend im *Börsenblatt* so beschrieb: »[Die Verwertung von Verlags-Restbeständen] ist in den letzten Jahrzehnten des vorigen Jahrhunderts eine sehr schwungvolle Sache gewesen, und die Reisenden der Groß-Antiquariate, der Fr. Eugen Köhler, Griesbach, Neufeld, Jolowicz, Schwelm, Fock, Strauß u.a. haben glänzende Geschäfte gemacht. [...] Das Ramschgeschäft könnte, soweit es vom Buchhandel abhängt, heute noch gehen, geht aber nicht mehr. Die Einstellung der Deutschen zum Buch hat sich verändert. Man will weniger als ehedem das Gute, auch wenn es alt ist, sondern das Neue, Sensationelle oder gar nur Kitsch.«[105]

---

92 Bbl., 24.2.1920, Nr. 45, S. 2544
93 Bbl., 24.2.1921, Nr. 46, RT S. 229.
94 Berliner Börsen-Zeitung, Jg. 68, Nr. 311, 19.7.1922, S. 10.
95 Bbl., 19.10.1927, Nr. 245, Umschlag.
96 Bbl., 24.2.1921, Nr. 46, RT S. 230.

---

97 Bbl., 24.3.1919, Nr. 55, S. 2046.
98 Bbl., 23.2.1920, Nr. 44, S. 2492.
99 Bbl., 2.3.1922, Nr. 52, S. 2470.
100 Bbl., 24.8.1920, Nr. 189, S. 9125.
101 Berliner Börsenzeitung, Jg. 69, Nr. 313, 9.7.1923, S. 3.
102 Bbl., 5.7.1928, Nr. 154, S. 5718.
103 Bbl., 3.1.1921, Nr. 1, S. 7.
104 Bbl., 3.3.1922, Nr. 9, S. 7
105 Voigtländer, Robert: Ladenpreis oder Katalogpreis? In: Bbl., 27.10.1927, Nr. 252, RT S. 1269–72, zit. S. 1271.

1921 zog die eigene Titelproduktion von Neufeld & Henius wieder an. Die eher kommerzielle und konservative Ausrichtung des Verlagsprogramms setzte sich dabei fort. Es blieb von den modernen Impulsen der Weimarer Republik auffällig unberührt, sowohl thematisch als auch hinsichtlich der Autoren und der Buchgestaltung. Dem Verkaufserfolg tat dies keinen Abbruch, vielmehr bediente der Verlag auch weiterhin ein breites Publikum. Dementsprechend gehören die Titel von Neufeld & Henius zu einem repräsentativen Gesamtbild der Buchproduktion dieser Epoche.

Im Frühjahr 1925 beteiligte sich der Verlag an der *Bugra-Messe* in Leipzig, wo seine Bücher einen »erfreulichen Anblick« boten.[106] Wohl aus diesem Anlass wurde ein mit farbigen Aufnahmen aufwendig illustrierter Katalog *Das gute und schöne Buch* herausgebracht, um insbesondere den Reisebuchhandel über die Verlagswerke zu informieren.[107] Hervorgehoben wurden darin die Ausgaben von Boccaccios *Decameron*, Casanovas *Memoiren* und die Erzählungen aus *Tausend und eine Nacht*, die Reihe der *Onyx-Bücher*, Einzelwerke wie *Das Weib bei den Naturvölkern* und *Die Elektrizität*, die zwölfbändige-Gerstäcker Ausgabe, Sprachführer, Wörterbücher und die *Kaufmännische Korrespondenz* sowie die Notensammlungen *Sang und Klang* und *Der Rhein im Lied*.

Einen weiteren Überblick gab im Herbst 1928 eine 28-seitige, als ›Verlagskatalog‹ titulierte und in diesem Umfang wohl singuläre Anzeigenstrecke von Neufeld & Henius im *Börsenblatt*.[108] Sie bot quasi eine Erfolgsbilanz nach drei Jahrzehnten alleiniger Geschäftsführung von Max Henius, insbesondere der letzten Jahre. Vorgestellt wurden die Reihen *Bunte Romane der Weltliteratur*, *Die Silbernen Bücher*, *Ferne Zonen-Bücher* und *Lutz Kriminal- und Detektivromane*, die sechsbändige Ausgabe der Romane von Friedrich Gerstäcker, das Geschenkwerk *Tausend und eine Nacht*, die »galanten« Titel *Memoiren* von Casanova und *Decameron* von Boccaccio, das humoristische Familienalbum *Goldenes Lachen*, die anthropo- und ethnologischen Titel *Das Weib bei den Naturvölkern* und *Das Weib in der Natur- und Völkerkunde*, Sachtitel wie *Stadion* und *Die Elektrizität*, verschiedene Notenalben der Musikabteilung *Sang und Klang*, einige Jugendschriften sowie das *Neue Handbuch des Deutschen Rechts* und das *Große Orts- und Verkehrs-Lexikon*.

Die 1929 erfolgte Benennung von Max Henius durch die Preußische Justizverwaltung zum Handelsrichter beim Landgericht I Berlin unterstich die wirtschaftliche und gesellschaftliche Stellung des Verlegers.[109] 1930 feierte er das Jubiläum seiner 25-jährigen Tätigkeit im Verlag. Das *Börsenblatt* schrieb dazu »Die Firma, die sich unter seiner Leitung erfolgreich weiterentwickelt und ausgedehnt hat, genießt sowohl als Groß-Antiquariat als auch als Verlag einen guten Namen. […] Auch die ehemals unter anderem Namen bekannten Verlagsgruppen, wie der Spamersche Jugendschriften-Verlag, der Verlag der Lutz'schen Kriminal- und Detektiv-Romane, der Verlag der Schillerbuchhandlung u.a.m., die heute zu Neufeld & Henius gehören, haben zu dem Aufstieg des Hauses beigetragen.«[110] Die Wertschätzung seitens der literarisch anspruchsvolleren Verlegerkollegen dürfte dagegen weniger ausgeprägt gewesen sein. Auch wurde Neufeld & Henius nicht in die gemeinsamen Weihnachtskataloge *Das Buch des Jahres* der Vereinigten Verlegergruppe aufgenommen – oder verzichtete selbst auf eine Beteiligung.

7.1 Zeitgeschichte

In Anknüpfung an seine Weltgeschichten von Schlosser und Manitius brachte Neufeld & Henius nun zur neueren Geschichte das dreibändige Standardwerk *Das Zeitalter des Imperialismus 1884–1914* (1919) des Historikers Heinrich Friedjung heraus. Band 1 erschien bereits Ende 1918 in einer Auflage von 30.000 Exemplaren. Die Buchausstattung stammte von Hugo Steiner-Prag (1880–1945).[111] Verzögert durch den zwischenzeitlichen Tod des Autors[112] folgten die Bände 2 und 3 erst 1922.[113]

Eine fotografische Berichterstattung zum Kriegsgeschehen war zunächst 1915/16 beim Verlag F. Bruckmann, München, in 30 Lieferungen als *Großer Bilder-Atlas des Weltkrieges* erschienen.[114] Neufeld & Henius übernahm dieses Werk 1919/20 und brachte es in drei querformatig kartonierten Bänden neu heraus. Auf 400 Seiten enthielten sie »viele hundert authentische Aufnahmen von allen Kriegsschauplätzen«.

---

106 o.A.: Der deutsche Verlag auf der Bugra-Messe, Frühjahr 1925. In: Archiv für Buchgewerbe und Gebrauchsgraphik, Jg. 62, 1925, S. 130–132, hier S. 130.
107 DBSM, Ee 599, [2] Neufeld & Henius (https://d-nb.info/1104967162).
108 Bbl., 11.9.1928, Nr. 212, Umschlag und S. 7279–7306.
109 Bbl., 3.9.1929, Nr. 204, RT S. 948.
110 Bbl., 7.10.1930, Nr. 233, RT S. 972.
111 Bbl., 19.8.1918, Nr. 192, S. 4246–4247; 13.12.1918, Nr. 288, S. 7206; 16.12.1918, Nr. 290, S. 7265.
112 Bbl., 30.7.1920, Nr. 168, Umschlag.
113 Bbl., 13.5.1922, Nr. 111, S. 5570; 13.6.1922, Nr. 135, S. 6686 und 30.11.1922, Nr. 278, S. 13648.
114 Bbl., 22.10.1915, Nr. 246, S. 6272.

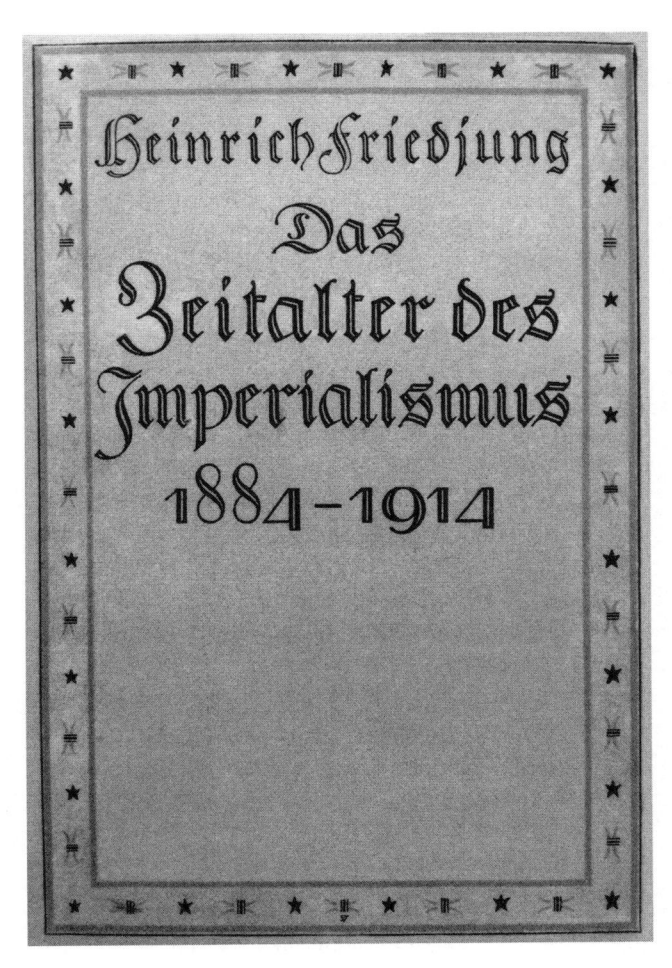

Abb. 25: Heinrich Friedjung: *Das Zeitalter des Imperialismus 1884–1914*, 1919.

7.2 Musikalien II

Die erfolgreiche Notenalben-Serie *Sang und Klang* wurde nach dem Krieg mit den Bänden 8 (1920) und 9 (1922) fortgesetzt.[115] Dazu erschien ein 32-seitiger Werbeprospekt,[116] während dem Buchhandel zu Band 10 (1925)[117] ein Werbeplakat von Wolfgang Ortmann (1885–1967) zur Verfügung gestellt wurde.[118] Band 11 (1927) erhielt ein Inhaltsverzeichnis aller vorherigen Bände.[119] Die Herausgeber der Sammlung wechselten von Siegmund Stephan Epstein (1866–1941, Bd. 1) und Fabian Rehfeld (1842–1920, Bd. 2) über Victor Hollaender (1866–1949, Bd. 3) und Oscar Strauß (1870–1954, Bd. 4) bis zum Komponisten Engelbert Humperdinck (1854–1927, ab Bd. 5). Nach dem Tod des Letzteren übernahm der Komponist, Dirigent und Preußische Generalmusikdirektor Leo Blech (1871–1958) die Herausgabe der Bände 11 und 12 Die Notenalben waren »elegant in Halbleinen gebunden«. Die ersten neun Bände wiesen dabei einheitlich eine noch jugendstilige Einbandgestaltung auf, wobei Sterne unterhalb der Deckelillustration und auf dem Rücken die Bandnummer anzeigten, während die Vorderdeckel der Ganzleinenbände 10 bis 12 typografisch moderner gestaltet waren.

Mit Erscheinen von Band 11 (1928) wurde verkündet, dass die Sammlung *Sang und Klang* bereits »in mehreren Millionen Exemplaren verbreitet« sei. Zusätzlich wurden daraus von dem Musikpädagogen Richard Krentzlin drei Auswahlausgaben nach Schwierigkeitsgrad der Noten für Anfänger und Fortgeschrittene zusammengestellt.[120] Band 12 (1929) begleitete eine separate »Jubiläumsgabe« *Goldene Musik*, die auch einen Rückblick auf 30 Jahre *Sang und Klang* enthielt.[121] Band 13 (1930) schloss die Reihe ab. Für Sammler stand eine als »Albumschrank« bezeichnete hölzerne Buchstütze zur Verfügung.[122]

Nach dem Weltkrieg wurden die Notenalben *Sang und Klang* noch um den von Adolf Weißmann herausgegebenen *Sang-und Klang-Almanach* (1920–1924) ergänzt. Der Oktavband enthielt Beiträge von Musikhistorikern, Musikerporträts, Notenbeilagen und Hinweise auf bei Neufeld & Henius erschienene Musikalien.[123] Zur Ausgabe auf das Jahr 1921 hieß es im *Börsenblatt*: »In der äußeren Ausstattung ein kleines typographisches Meisterwerk, dürfte sich diese Veröffentlichung schnell in der musikliebenden Welt den verdienten großen Liebhaberkreis erwerben.«[124]

In Anknüpfung an den Erfolg der Reihe *Sang und Klang* erschien ferner das zweibändige Kinderliedalbum *Sang und Klang fürs Kinderherz. Eine Sammlung der schönsten Kinderlieder* (1909, Bd. 1; 1911, Bd. 2), herausgegeben von Engelbert Humperdinck, ausgewählt von Victor Blüthgen und Egon H. Stras[s]burger mit farbigen Illustrationen von Paul Hey (1867–1952). Es galt laut Eigenwerbung des Verlags als »das schönste Kinderliedalbum«. 1912 waren bereits 70.000 Exemplare verkauft. Es folgten weitere Auflagen, 1926 erschien vom zweiten Band eine neue Folge.[125] Bis En-

---

115 Bbl., 26.9.1922, Nr 225, S. 10540.
116 Bbl., 28.11.1922, Nr. 276, S. 13436.
117 Bbl., 18.8.1925, Nr. 192, Umschlag und 12404–12405.
118 Bbl., 22.9.1925, Nr. 222, Umschlag.
119 Bbl., 15.9.1927, Nr. 216, S. 7992–7993.
120 Bbl., 11.9.1928, Nr. 212, S. 7298.
121 Urban, Erich: Dreißig Jahre ›Sang und Klang‹. In: Goldene Musik. Sang und Klang-Jubiläumsgabe. Anläßlich des Erscheinens des 12. Bandes allen Sang- und Klang-Freunden gewidmet. Berlin: Neufeld & Henius 1929, S. 25–26.
122 Bbl., 10.9.1929, Nr. 210, S. 6590–6591.
123 Bbl., 15.9.1919, Nr. 200, S. 8621.
124 Loele, Kurt: Almanache auf das Jahr 1921. In: Bbl., 23.2.1921, Nr. 45, RT S. 221–222, zit. S. 222.
125 Bbl., 15.7.1926, Nr. 162, S. 6543.

Abb. 26: *Zum Tanz von heute*, 1927 (Einband von Fritz Löwen).

Abb. 27: *Der Rhein im Lied*, 1930.

de 1926 wurde eine Gesamtauflage von 200.000 Exemplaren erreicht.[126]

Aufgrund des Erfolges von *Sang und Klang* brachte Neufeld & Henius unter dem Titel *Perlen der Musik* eine weitere Serie heraus, die mit Operettenstücken, Liedern, Tänzen, Salonstücken und Märschen mehr zeitgenössisch ausgerichtet war. Die ersten beiden Bände wurden für November 1916 angekündigt,[127] sind aber wohl erst bei Kriegsende erschienen.[128] Im September 1920 folgte ein dritter Band.[129] Die Gestaltung von Einband und Innentitel der drei Leinenbände besorgte Martin Jacoby-Boy (1883–1971). Eine einbändige Neuausgabe von *Perlen der Musik* (1927) wurde als »das moderne Salonalbum« beworben.[130]

Ausdruck der ausgelassenen Tanzbegeisterung in den unmittelbaren Nachkriegsjahren war das von Neufeld & Henius 1921 veröffentlichte Notenalbum *Tanzteufel. 22 ausgewählte mondäne Tanzschlager* [Umschlagtitel: *21 mondäne Tänze*], das durch eine Vereinbarung mit den Originalverlegern zu Stande gekommen war.[131] Es umfasste Ausgaben für Klavier, Violine und Cello. Um 1928 erschien davon eine aktualisierte Neuausgabe mit modernisierter Titelgrafik. »Die überwiegende Mehrzahl der populär gewordenen großen Operetten-, Revue- und Tanzschlager dieser Saison« versammelte der Rondo-Verlag, für den Neufeld & Henius den Alleinvertrieb besorgte, in seinem Album *Schlager zum Tanz-Tee. 25 Operetten-, Revue- und Tanz-Schlager. Original-Ausgaben für Klavier und Gesangstimme mit vollständigen Texten* (1927). Dafür wurde »zugkräftige Kinoreklame in allen Großstädten« gemacht, außerdem erschienen Prospekte und Plakate.[132] Es folgte ein zweiter Band *Zum Tanz-Tee von heute* (1927) mit »24 wirklich bekannten Schlagern«.[133] 1928 erschien noch ein dritter Band.[134]

Darüber hinaus widmete sich Neufeld & Henius dem Liedgut. Vorausgegangen war eine Ausgabe *Der Rhein im Lied. 32 der schönsten und bekanntesten Rheinlieder für Kla-*

---

126 Bbl., 28.11.1927, Nr. 276, S. 11757.
127 Bbl., 30.10.1916, Nr. 253, S. 7250–7251.
128 Bbl., 8.11.1919, Nr. 246, S. 11653.
129 Bbl., 19.2.1920, Nr. 41, Umschlag (Voranzeige); 13.9.1920, Nr. 206, S. 9856.
130 Bbl., 17.11.1927, Nr. 267, S. 11063.

131 Bbl., 15.2.1921, Nr. 38, S. 1745; 25.1.1921, Nr. 20, S. 846–847.
132 Bbl., 17.1.1927, Nr. 13, S. 490–491.
133 Bbl., 3.8.1927, Nr. 179, S. 6832–6833; 19.10.1927, Nr. 245, Umschlag.
134 Bbl., 11.9.1928, Nr. 212, S. 7300.

vier mit Gesangstimme und vollständigen Texten (1923), die für den Originalverleger vertrieben wurde. Der flexibel kartonierte Band war mit einem farbig illustrierten Umschlag versehen.¹³⁵ Zum Jubiläum ›1000 Jahre Deutscher Rhein‹ entstand daraus das Album *Der Rhein im Lied. Eine Sammlung der schönsten Rheinlieder* (1925) mit einem Geleitwort von Walter von Molo. Titelgrafik und Buchschmuck stammten von Wolfgang Ortmann. 1926 erschien eine erweiterte Ausgabe,¹³⁶ 1928 folgte eine Neuauflage.¹³⁷ Die letzte Ausgabe von 1930 wies dann einen fotomontierten Vorderdeckel auf. Russisches Liedgut schließlich versammelte der Band *Wo die Wolga rauscht. Russisches Klavier- und Lieder-Album* (1928).¹³⁸ Umschlaggrafik und Buchschmuck lieferte Fritz Löwen.

7.3 Bibliophiles II

Der Erfolg seiner populären Titel eröffnete dem Verlag die Möglichkeit zu anspruchsvolleren, von namhaften Künstlern illustrierten Editionen, die zugleich Ausdruck der bibliophilen Tendenzen in den unmittelbaren Nachkriegsjahren waren. Die fünfbändige Ausgabe *Lederstrumpf. Erzählungen in der ursprünglichen Form* (1922) von James Fenimore Cooper in der Übersetzung und Bearbeitung von Karl Federn etwa wies Buchschmuck und 40 Tafeln nach Steinzeichnungen von Max Slevogt (1868–1932) auf.¹³⁹ Die einheitlich grünen Halblederbände waren mit kleinen Ledereckchen und Kopfgoldschnitt sowie Titel und Deckelvignette in Goldprägung von Lucian Zabel (1893–1936) ausgestattet. Außerdem gab es eine Luxusausgabe auf van Geldern Bütten in 150 nummerierten Exemplaren.

Ähnlich ambitioniert aufgemacht war die zweibändige Ausgabe des erotischen Klassikers *Decameron* (1924) von Giovanni Boccaccio in der Neubearbeitung von Klabund (d. i. Alfred Henschke).¹⁴⁰ Das Werk schmückten 20 ganzseitige Illustrationen ebenfalls von Lucian Zabel in achtfarbigem Offsetdruck. Es lag in vier preislich abgestuften Ausgaben vor. Die Luxusausgabe A (Nr. 1–150) war in der Presse nummeriert und vom Künstler signiert, auf extra feinem Büttenpapier gedruckt und in handbemaltem Pergamentband gebunden, die Ausgabe B (Nr. 151–350) ebenso,

Abb. 28: Oscar Wilde: *Das Bildnis des Dorian Gray*, 1922 (Buchausstattung von Lucian Zabel).

jedoch ohne Signum des Künstlers. Die Halblederausgabe wurde mit Ledereckchen, Kopfgoldschnitt und blau marmorierten Deckeln im Schuber ausgeliefert. Die Normalausgabe war in rotes Ganzleinen mit Kopfgoldschnitt und goldener Deckelprägung gebunden sowie mit rückendekorierten Schutzumschlägen und einem Pappschuber versehen. Für die Werbung im Buchhandel standen »Musterbände in wirkungsvoller Aufmachung« und vierfarbige Prospekte zur Verfügung. Da die erste Auflage bereits durch Vorausbestellungen vergriffen war, konnte schon im April 1924 eine zweite Auflage erstellt werden.¹⁴¹ Zwölf Illustrationen aus dem Band wurden zudem in einer *Aus einer Traumwelt* (1924) betitelten Mappe angeboten.

Zuvor hatte Zabel schon eine Ausgabe des Buches *Das Bildnis des Dorian Gray* (1922) von Oscar Wilde in neuer Übersetzung von Wilhelm Cremer ausgestattet. Der Halbleinenband war mit Druck in Rot und Prägung in Gold auf dem Vorderdeckel sowie ornamental dekorierten Vorsätzen gestaltet. In vergleichbarer Aufmachung kamen die *Märchen*

---

135 Bbl., 5.4.1923, Nr. 79, S. 2738; 12.12.1923, Nr. 288, S. 8567.
136 Bbl., 17.9.1926, Nr. 217, S. 8214.
137 Bbl., 11.9.1928, Nr. 212, S. 7300.
138 Ebd.
139 Vgl. Habbel, [F. Ludwig]: Die Einheit des illustrierten Buches. In: Offset-, Buch- und Werbekunst, Jg. 2, 1925, H. 3, S. 129–135, hier S. 131 und 147.
140 Bbl., 26.2.1924, Nr. 48, S. 2305 und IT 27.

141 Bbl., 2.4.1924, Nr. 79, S. 4546; 6.4.1925, Nr. 81, S. 5895.

(1922) von Oscar Wilde heraus, ebenfalls übersetzt von Cremer und illustriert von Zabel. Die Vorzugsausgabe von 200 nummerierten Exemplaren war auf van Geldern Bütten gedruckt, vom Künstler signiert und in Halbleder gebunden. Ferner gestaltete Zabel für Neufeld & Henius die Einbände zu den zweibändigen, von Franz Blei eingeleiteten *Memoiren* (1925) von Giacomo Casanova. Die Illustrationen der Farbtafeln hingegen stammten von Fernand Schultz-Wettel: »Farbenfroh und bisweilen leicht pikant, ist jede Abbildung ein echtes Stück des galanten Zeitalters und jede einzelne von dem duftigen, unwiderstehlichen Liebreiz des Rokoko.«[142]

Ferner entwarf Zabel den Einband für das Buch *Der abenteuerliche Simplicissimus. Mit Abbildungen nach alten Meistern* (1923),[143] das bei Neufeld & Henius zuvor bereits in mehreren Auflagen mit wechselnder Einbandgestaltung erschienen war. Auch das Plakat zur Einführung der neuen Verlagsreihe *Die Bunten Romane der Weltliteratur* stammte von Zabel. 1927 wurde der Künstler in der Reihe *Deutsche Buchkünstler und Gebrauchsgraphiker der Gegenwart*, einer Beigabe zur Zeitschrift *Archiv für Buchgewerbe und Gebrauchsgraphik*, gewürdigt, darunter mit Abbildungen seiner Illustrationen und Einbandgestaltungen für Bücher von Neufeld & Henius.[144]

Die Verbindung von Zabel zu dem Verlag und dessen Inhaber Max Henius kam auch durch den von ihm zu Weihnachten 1924 erstellten satirischen Luxusdruck *Das Überbuch Suum Cuique. Patent Zabel. Oder das Vergissmeinnichtsträusschen edler Bildnisse gepflückt im Welthaus Newfield & Surius Berlin* zum Ausdruck.[145] Der aufwendige Ganzlederband weist eine Goldprägung von Titel und sonderbaren Dekorstreifen aus Davidstern und Hakenkreuz auf. Jedes der 25 Exemplare ist in der Presse mit dem Namen des Empfängers versehen.

Besondere Aufmerksamkeit schenkte der Verlag den Ausstattungen seiner Ausgabe von *Tausend und eine Nacht* mit den Illustrationen von Fernand Schultz-Wettel. Zunächst erschien 1920 eine neue Auflage in vier Bänden in Halbleinen und Ganzleinen: »Das mustergültig ausgestattete Werk ist eine Zierde jeder Bibliothek«.[146] 1923 folgte eine Neuauflage, nun in Halbleinen und Halbleder gebunden. Außerdem waren 25 Exemplare handgebunden in Pergament und vom Künstler handkoloriert erhältlich.[147] Fünf Jahre später entschloss sich Neufeld & Henius zu einer zweibändigen Neuausgabe von *Tausend und eine Nacht* (1928), nun jedoch herausgegeben und bearbeitet von den Schriftstellern Waldemar Bonsels und Paul Weiglin. Die beiden Bände lagen in Ganzleinen und Halbleder mit dekorierten Vorsätzen gebunden vor und waren mit 20 auf Tafeln montierten farbigen Illustrationen von Fritz Löwen versehen: »Das Werk ist mit seinen hervorragenden farbigen Wiedergaben kostbarer Bilder, seiner vornehmen Ausstattung und dem verhältnismäßig niedrigen Preis die Ausgabe für den Bücherfreund.«[148] Der vierseitige Werbeprospekt sprach gar von einem »Meisterwerk der Buchkunst«.

7.4 Jugendschriften III

1914 hatte Neufeld & Henius Buchbestände und -rechte des Otto Spamer Verlags, Leipzig, erworben, darunter das umfangreiche Programm an Kinder- und Jugendschriften. Im Dezember 1918 wurde damit geworben, dass man geringe Mengen davon noch »in erstklassiger Friedensausstattung« liefern könne: »[...] es wird noch eine lange Zeit dauern, bis Bücher in gleicher vorzüglicher Ausstattung wieder hergestellt werden können.«[149] Ausgewählte Titel davon wurden schrittweise in neuer Ausstattung wiederaufgelegt. Dazu gehörte etwa *Elfenreigen. Deutsche und nordische Märchen ...* (1916) von Villamaria mit Bilderschmuck von Ludwig Koch-Hanau (1882–1963).[150] Von seinen Sagen- und Märchenbüchern brachte Neufeld & Henius fortlaufend Neuauflagen heraus, darunter *Deutsche Heldensagen für Jugend und Volk* [13. Aufl. 1919, 15. Aufl. 1920] erzählt von Gustav Schalk mit Illustrationen von Hermann Vogel (1854–1921) und *Heroen. Griechische Heldensagen* (11. Aufl. 1921) in der Bearbeitung von Jacob Carl Andrä.[151]

Einen Impuls erhielt das Verlagsprogramm 1926 durch eine Anzahl neuer »Bücher der heranwachsenden Jugend« zu Geschichts- und Abenteuerthemen.[152] Allerdings handelte es sich auch dabei meist nicht um neue Titel, sondern um bewährte, teils auch zuvor schon bei Neufeld & Henius er-

---

142 Bbl., 2.5.1925, Nr. 102, Umschlag.
143 Collin, Ernst: Der Verlegereinband: In: Gebrauchsgraphik, Jg. 1, 1924, H. 11, S. 40–81 hier S. 50.
144 Hellwag, Fritz: Lucian Zabel. [Deutsche Buchkünstler und Gebrauchsgraphiker der Gegenwart Leipzig 1927]. In: Archiv für Buchgewerbe und Gebrauchsgraphik, Jg. 64, 1927, H. 3, S. I–XL, hier Illustrationen S. IV–XV und Bucheinbände S. XXX–XXXIII. – Vgl. zuvor Schubert, Walter F.: Lucian Zabel. Berlin: Zabel 1926, hier S. 20–22 und n. S. 24.
145 DBSM, 1967 C 13 (https://d-nb.info/365647330).
146 Bbl., 30.9.1920, Nr. 221, S. 10607.

147 Bbl., 10.12.1923, Nr. 286, S 8449.
148 Bbl., 6.3.1928, Nr. 56, Umschlag.
149 Bbl., 12.12.1918, Nr. 287, S. 7147.
150 Bbl., 26.10.1916, Nr. 250, S. 7130.
151 Bbl., 3.6.1920, Nr. 119, S. 620; 29.9.1922, Nr. 228, S. 10649.
152 Bbl., 28.9.1926, Nr. 226, IT 35; 13.10.1926, Nr. 239, S. 9427; 28.11.1927, Nr. 276, S. 11758.

Abb. 29: Else Hofmann: *Mädel von heute*, 1920.

Abb. 30: Richard Roth: *Der Burggraf und sein Schildknappe*, 1926 (Einband von Wolfgang Ortmann).

schienene Werke in lediglich neuer Aufmachung. Der Grafiker Wolfgang Ortmann gestaltete dafür einige der Einbände neu. Zu diesen Titeln zählten *Abenteuer des Kapitäns Mago. Eine phönizische Weltfahrt vor 3000 Jahren* (1926) von Karl Oppel sowie *Kuning Hartfest. Ein Lebensbild aus der Geschichte unserer deutschen Ahnen …* (1926) und *Rulaman. Erzählung aus der Zeit der Höhlenmenschen und der Höhlenbären* (1926), beide von David Friedrich Weinland mit Illustrationen von Willy Plank (1870–1956). Hinzu kamen *Der alte Derfflinger und sein Dragoner. Erzählung aus der Zeit des Großen Kurfürsten* (1926) von Georg Hiltl, *Der Burggraf und sein Schildknappe* (1926) ebenfalls von Richard Roth und *Der Große König und sein Rekrut. Lebensbilder aus der Zeit des Siebenjährigen Krieges* (1926) von Franz Otto, alle mit Farbtafeln von Richard Knötel (1857–1914).

Ähnlich aufgemacht waren *Der Bürgermeister von Lübeck. Geschichtliche Erzählung* (1926) von Anton Ohorn mit farbigen Vollbildern von Anton Jarosy (1887–1951), *Kaiser, König und Papst. Historische Erzählung aus der Zeit der Hohenstaufenkämpfe in Italien* (1926) von Richard Roth mit Illustrationen von Wolfgang Ortmann und *Klaus Störtebeker und die Vitalienbrüder. Eine Geschichte aus der Zeit der Hanse* (1926) von Gustav Schalk mit Farbtafeln von F. Lindner. Außerdem legte Neufeld & Henius einige zuvor bei anderen Verlagen erschienene Titel des Jugendschriftstellers Friedrich Meister wieder auf: *Der Schatzsucher im Eismeer*, *Das verschollene Schiff*, *Der Seeteufel* und *Das Sträflingsschiff* (alle 1927). Die »billigen Jugendbücher« des Verlags wurden jedes Jahr intensiv als »Weihnachtsgeschenke für unsere Jugend« beworben: »Wertvoller Inhalt. Schöne Einbände. Farbige Umschläge. Bilder erster Künstler.«[153]

Zwar richteten sich die meisten Titel von Neufeld & Henius an die männliche Jugend, doch gab es im Verlagsprogramm auch Bücher für jüngere Leserinnen. Dazu zählten vor allem die erneut aufgelegten, wenngleich aus der Zeit gefallenen »Mädchenschriften« von Charlotte Niese wie *Die Allerjüngste* (1920) und *Eine von den Jüngsten* (1920) und von Else Hofmann wie *Mädel von heute* (1920) und *Mutters Son-*

---

153 Bbl., 15.11.1926, Nr. 266, S. 11274; 11.10.1927, Nr. 238, S. 91862; 8.11.1927, Nr. 276, S. 11758–60.

nenschein (1927). Der anhaltende Verkaufserfolg solcher Mädchenbücher war schon 1912 in *Westermanns Monatsheften* beklagt worden: »Ausgesprochene Mädchenbücher gibt es in Hülle und Fülle, und alle Proteste gegen die ›Backfischliteratur‹ – denn darauf läuft es im Grunde überall hinaus – haben es nicht fertiggebracht, dieses üble Genre vom Büchermarkt zu vertreiben.«[154]

7.5 *Onyx-Bücher*

1922 startete der Neufeld & Henius Verlag mit den *Onyx-Büchern* eine neue belletristische Buchreihe, in der rechtefreie deutsche Werke und Übersetzungen fremdsprachiger Texte der Weltliteratur veröffentlicht wurden (viele der Titel waren allerdings auch von anderen Verlagen verfügbar): »Mit dieser Bücherei [...] beginnt der Verlag ein Unternehmen, in dem er bestrebt ist, die besten Erzeugnisse der Weltliteratur in mustergültiger Friedensausstattung mit Illustrationen bekanntester Künstler erscheinen zu lassen.«[155] Zunächst kamen sechs Bände heraus, dann folgten schrittweise weitere.[156] Die erste Serie erreichte 1926 rund 40 Bände, die in Halbleinen gebunden waren und in bedrucktem Geschenkkarton geliefert wurden. Ab 1924 fungierte der Schriftsteller Herbert Eulenberg (1876–1949) als Herausgeber der Reihe.[157] Die Bände sind nicht nummeriert, teils auch nicht datiert. Die Titelabfolge ergibt sich vielmehr durch den Eingang der Pflichtexemplare bei der Deutschen Bücherei und aus der Verlagswerbung, in der auch Bandnummern angegeben sind.

Die Titelauswahl ließ allerdings keine klare Linie erkennen. So standen etwa in der ersten Serie *Faust* von Goethe, *Salambo* von Flaubert, *Michael Kohlhaas* von Kleist und die *Kreutzer-Sonate* von Tolstoi, bei der neuen Reihe *Der Amateursozialist* von Shaw, *Heiraten* von Strindberg oder *Rachel van Grooten* von Michaelis nebeneinander. Einbezogen wurden auch die damaligen Erfolgsautoren Rudolf Presber und Walter Bloem, die sich alsbald dem Nationalsozialismus zuwandten. Wie meist bei Neufeld & Henius ging es also auch bei dieser Reihe eher um eine Vermarktungsform, weniger um ein ausgeprägtes literarisches Profil.

In der Verlagswerbung wurde die Reihe gleichwohl als »Geschenk für den anspruchsvollen Buchfreund« bezeichnet und hervorgehoben, »daß jeder Band – fern von fabrikmäßiger Massenproduktion – seiner Eigenart entsprechend gestaltet wurde. Die Texte wurden sorgfältig bearbeitet, teilweise neu übersetzt und in modernen Schriften verschiedenster Art gesetzt. Zum Druck wurde von uns nur allerfeinstes holzfreies Werkdruckpapier verwendet. Jeder Band ist in von Künstlerhand entworfenem Halbleineneinband gebunden und enthält Illustrationen erster Künstler.«[158] Zu den Illustratoren der Reihe gehörten neben Lucian Zabel unter anderen Theodor Hosemann (1807–1875), Robert von Neumann (1888–1976) und Arthur Grunenberg (1880–1952).

Das *Archiv für Buchgewerbe und Gebrauchsgraphik* urteilte 1924 über die Reihe: »Zu einer kleinen Bibliothek wachsen die *Onyx-Bücher* an, die Werke der Weltliteratur in hübschen Einzelausgaben enthalten, denen der Verlag alle Sorgfalt angedeihen läßt. Die geschmackvollen Halbleinenbände, von denen jeder einzelne bei gleichem Format, verschieden in Schmuck und Farbe gehalten ist, machen einen sehr guten Eindruck und sind eine farbenfreudige Zierde des Bücherbordes. Papier und Druck sind ebenfalls recht gut und da auch alle Bände jetzt Fadenheftung aufweisen, kann man diesen stattlichen Bänden nur Lob spenden.«[159]

Von 1929 bis 1930 ließ der Verlag noch eine ›Neue Serie‹ der *Onyx-Bücher* folgen, von der 1929 zunächst 20 erschienen.[160] Allerdings handelte es sich dabei lediglich um eine Auswahl aus der vorherigen, offenbar ausklingenden Serie. Einige der Titel überschnitten sich zudem mit gleichlautenden Bänden der Verlagsreihen *Die silbernen Bücher* und *Die bunten Romane der Weltliteratur*. Die Bände waren nun in Ganzleinen gebunden und wiesen »kostbare wirksame Tiefdruckumschläge« auf, die teils mit Porträtfotos der Autoren illustriert waren.[161] 1930 folgen nochmals acht Bände, bevor die Reihe zum Erliegen kam.[162]

7.6 *Die Bunten Romane der Weltliteratur*

Mit der 1920 erfolgten Übernahme des Verlags der Schiller-Buchhandlung durch Neufeld & Henius trat eine weitere Buchreihe unter dem Titel *Die Bunten Romane der Weltliteratur* hinzu, in der zwischen 1924 und 1930 rund 115 Bände erschienen sind. Die Serie war 1924 mit rund 12 Titeln als *Schiller-Romane* im Verlag der Schiller-Buchhandlung begonnen

---

154 Kinderbücher und Jugendschriften. In: Westermanns Monatshefte, Jg. 56, 1911/12, Bd. 111, 2. Teil, S. 625–629, zit. S. 628.
155 Bbl., 20.6.1922, Nr. 141, S. 6938.
156 Bbl., 10.12.1923, Nr. 286, S. 8469; 6.9.1924, Nr. 210, S. 11661.
157 Bbl., 19.2.1924, Nr. 42, S. 1907.
158 Bbl., 6.12.1924, Nr. 256, S. 18339.
159 Besprechungen / Mitteilungen. In: Archiv für Buchgewerbe und Gebrauchsgraphik, Jg. 61, 1924, H. 4 (Sonderheft Deutsche Pressen- und bibliophile Reihendrucke), S. 493–506, hier S. 500.
160 Bbl., 14.5.1929, Nr. 109, S. 3810–3011.
161 Bbl., 6.6.1929, Nr. 128, S. 4472–4473.
162 Bbl., 5.3.1930, Nr. 54, S. 1807.

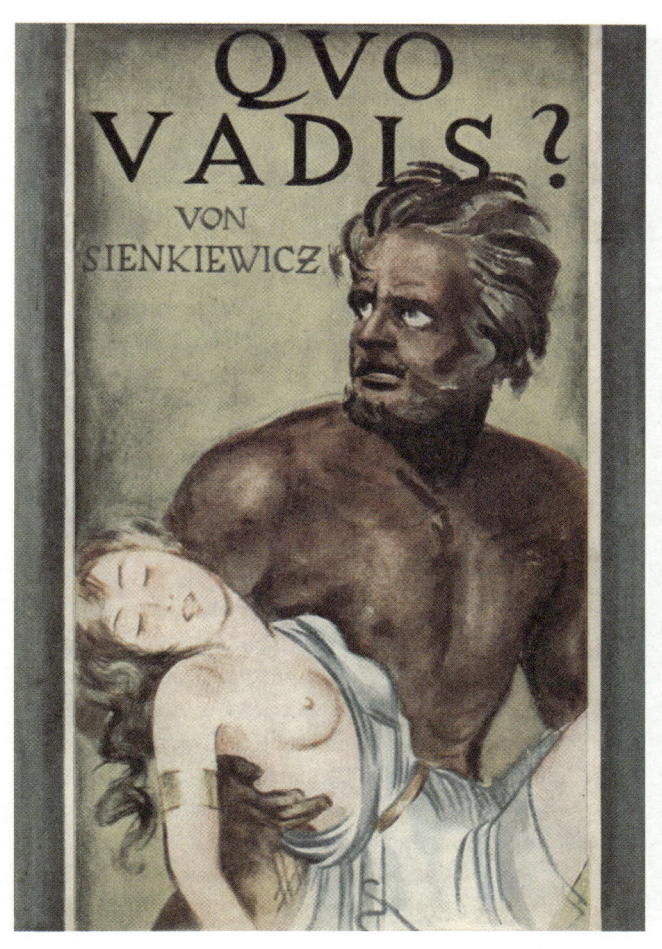

Abb. 31: Henryk Sienkiewicz: *Quo vadis?*, 1924 (Reihe *Die Bunten Romane der Weltliteratur*, Umschlag von Hans Windisch.)

Abb. 32: Antoine François Prévost d'Exilles: *Geschichte der Manon Lescaut und des Chevalier des Grieux*, 1925 (Reihe *Die Bunten Romane der Weltliteratur*, Umschlag von Fritz Löwen).

worden,[163] bevor die Weiterführung als *Die Bunten Romane der Weltliteratur* erfolgte. Den Auftakt dieser »billigen Geschenkbücher« bildeten 12 Titeln im April 1924,[164] weitere Bände kamen in schneller Folge hinzu.[165] Im Oktober 1924 wurde die Reihe mit einem attraktiven Schaufensterplakat von Lucian Zabel beworben, das drei beispielhafte Buchumschläge zeigte.[166] Außerdem standen dem Buchhandel Werbeprospekte in hoher Auflage zur Verfügung.[167] Bis September 1926 waren bereits 77 Titel erschienen.[168] Den weiteren Ausbau begleitete eine intensive Anzeigenwerbung im *Börsenblatt*.[169]

Die Reihe umfasste Romane deutscher und ausländischer Autoren, die rechtefrei waren oder ohnehin zum Programm von Neufeld & Henius gehörten. Entsprechend »bunt« war die Mischung der vertretenen Schriftsteller, die von E. T. A. Hoffmann, Theodor Storm und Gottfried Keller über Victor Hugo und Gustav Freytag bis zu Mark Twain und Paul Mantegazza reichte. Dabei ging es dem Verlag im Wesentlichen um die »bekanntesten und zugkräftigsten Titel«. Ende 1927 erfolgte eine Erweiterung um »beliebte moderne« Autoren, womit nicht etwa die Literatur der die Weimarer Republik repräsentierenden Schriftsteller gemeint war, sondern reaktionäre Erfolgsautoren wie Rudolf Herzog und Rudolf Presber.

Die Bände sind nicht nummeriert, auch findet sich in den Büchern kein Hinweis auf die Reihenzugehörigkeit und

---

163 Bbl., 3.5.1924, Nr. 104, S. 6119.
164 Bbl., 16.4.1924, Nr. 91, S. 5305.
165 Vgl. u. a. Bbl., 26.5.1924, Nr. 123, S. 7524; 11.11.1924, Nr. 265, S. 15909.
166 Bbl., 13.10.1924, Nr. 99, IT S. 6–7. – Deutsches Historisches Museum, Berlin, P 62/506.
167 Bbl., 21.2.1925, Nr. 44, S. 3065.
168 Bbl., 17.9.1926, Nr. 217, S. 8209.

169 Vgl. u. a. Bbl., 7.12.1925, Nr. 285, S. 19601; 6.2.1926, Nr. 31, S. 1301; 19.4.1926, Nr. 90, S. 3965; 26.8.1926, Nr. 198, S. 7486; 27.1.1927, Nr. 22, S. 852.

andere Reihentitel. Eine Übersicht der »in gleicher Ausstattung und zum selben Preis« erschienenen Bände erscheint lediglich auf der Rückseite der Schutzumschläge. Dabei werden allerdings auch Überschneidungen mit den anderen Reihen des Verlags deutlich. Anfangs waren die Halbleinenbände mit schwarzen Deckeln und montiertem farbigem Titelschild ausgestattet. Ausgewählte Titel wurden ab Herbst 1926 auch in Halbleder gebunden angeboten (»5-farbiger Lederrücken mit echtem Goldschnitt«).[170] Dazu gab es grafisch attraktiv illustrierte Schutzumschläge. Von dem Grafiker Hans Windisch (1891–1965) etwa stammten die Umschläge zu *Rätselhafte und unheimliche Geschichten* von Edgar Allan Poe (1923), *Italienische Novellen* (1923) von Henry Beyle de Stendhal, *Madame Bovary* (1924) von Gustave Flaubert und *Quo vadis? Historischer Roman aus der Zeit des Kaisers Nero* (1924) von Henryk Sienkiewicz. Der dem Verlag auch anderweitig verbundene Grafiker Fritz Löwen (1893–1970) lieferte die Umschläge zu *1793. Das Jahr des Schreckens* von Victor Hugo, *Die Götter dürsten* von Anatole France, *Gefährliche Liebschaften* von Pierre Choderlos de Laclos und *Die verlorene Handschrift* (alle 1926) von Gustav Freytag.[171]

Sich bietende Gelegenheiten nutzte Neufeld & Henius zur Werbung für einzelne Titel. So wurde 1926 zum Anlauf des Films *Ben Hur* in deutschen Großstadtkinos besonders auf die in der Reihe verfügbare Buchvorlage hingewiesen.[172] Zur Aufführung des Filmerfolgs *Casanova* erinnerte der Verlag den Buchhandel Ende 1927 an den Band *Casanova. Memoiren aus meinem Liebesleben* (1925): »Sie müssen den Band vorrätig haben. Stellen Sie ihn ins Schaufenster«.[173] Und zum 60. Geburtstag von Gustav Meyrink 1928 wurde dessen Hauptwerk *Der Golem* erneut annonciert.[174]

Ab 1928 erschienen die Bände nicht mehr in beziehungsweise gemeinsam mit dem Verlag der Schiller-Buchhandlung, sondern nur noch unter Neufeld & Henius. Außerdem erfolgte eine Umstellung der Ausstattung auf verschiedenfarbiges Ganzleinen mit Goldprägung.[175] Weiterhin wurden einzelne Titel gezielt beworben, darunter *Die Nibelungen. Des Heldenliedes beide Teile neu erzählt* (1929) von Rudolf Herzog, nun mit nationaler Betonung: »Die klassische Formulierung des deutschesten aller Bücher. Das Weihnachtsbuch des deutschen Volkes!«[176] Im Sommer 1928 umfasste die Reihe bereits 100 Titel.[177] Allerdings waren nicht alle Bände durchgängig lieferbar, einige Titel fielen heraus oder waren ausverkauft.

Anfang 1930 wurde die Reihe in zwei Abteilungen aufgeteilt: ›Moderne Romane‹ zum Mindestverkaufspreis von RM 1.90 und ›Klassische Hausbibliothek‹ zum Mindestverkaufspreis RM 1.65.[178] Im Februar 1930 folgten noch einige neue Titel bis Band 115.[179] Im Frühjahr 1933 wurde eine Fortsetzung als *Bunte Romane der Weltliteratur* begonnen, die aber nur noch sechs Bände erlebte: »Eine Bibliothek zeitgenössischer Schriftsteller in bibliophiler Ausstattung mit künstlerischen Offsetumschlägen, gebunden in Gutenberg-Batistleinen.«[180]

7.7 *Bücherei Ferne Zonen*

Im Januar 1927 stellte Neufeld & Henius im *Börsenblatt* einen »neuen Schlager für den Buchhandel« vor.[181] Gemeint war die *Bücherei Ferne Zonen,* in der »spannende Reiseromane namhafter Autoren« mit reicher Illustrierung erscheinen sollten: »Die farbenprächtige Welt der Exotik, gesehen mit den Augen des Dichters und Abenteurers«. Die Verlagswerbung versprach, »bei niedrigstem Preise, blendender Ausstattung und reichem Buchschmuck ausgezeichnete Romane von großem literarischen Wert dem Publikum nahezubringen«.[182] Die Sammlung war als »billige Reiselektüre« gedacht. Bände waren kartoniert und in verschiedenfarbigem Ganzleinen verfügbar, jeweils »mit packendem Umschlagbild«.

Zunächst erschienen sechs Bände, im Herbst 1927 folgten sechs weitere. Sie sind in den Büchern selbst nicht aufgeführt, eine Titelliste findet sich vielmehr auf der Rückseite der Schutzumschläge und in der Verlagswerbung. Reihentypische Titel waren *Aus der Südsee* von Robert Louis Stevenson, *In Dschungel und Steppe* von Arthur Berger oder *Der Gefangene der Wüste* von Joseph Delmont. Die Mehrzahl der Bände wurde von den Grafikern Wilhelm Repsold (1885–1969) und Will Faber (1901–1987) illustriert. Die farbige Titelgrafik aller Schutzumschläge stammte von Fritz Löwen. 1928 wurde eine Fortsetzung der Reihe angekündigt,[183] die jedoch nicht zustande kam.

---

170 Bbl., 28.9.1926, Nr. 226, IT 35.
171 Jaeger, Roland: Wien – Berlin – London. Der Gebrauchsgrafiker und Buchgestalter Fritz Löwen (Lucien Lowen). In: Aus dem Antiquariat, NF 19, 2021, Nr. 4, S. 138–154.
172 Bbl., 12.11.1926, Nr. 264, S. 11100.
173 Bbl., 12.11.1927, Nr. 264, Umschlag.
174 Bbl., 20.1.1928, Nr. 17, S. 518.
175 Bbl., 28.1.1928, Nr. 24, S. 787–790.
176 Bbl., 10.10.1929, Nr. 236, S. 7871; 7.11.1929, Nr. 259, S. 9211.
177 Bbl., 20.8.1928, Nr. 193, S. 6624; 11.9.1928, Nr. 212, S. 7279.
178 Bbl., 11.1.1930, Nr. 9, S. 199.
179 Bbl., 18.2.1930, Nr. 41, Umschlag.
180 Bbl., 24.3.1933, Nr. 71, S. 1522.
181 Bbl., 27.1.1927, Nr. 22, S. 848–849; 26.2.1927, Nr. 48, Umschlag.
182 Bbl., 16.9.1927, Nr. 217, IT 45.
183 Bbl., 11.9.1928, Nr. 212, S. 7286.

Abb. 33: Arthur Berger: *In Dschungel und Steppe*, 1927 (Reihe *Bücherei Ferne Zonen*, Umschlag von Fritz Löwen).

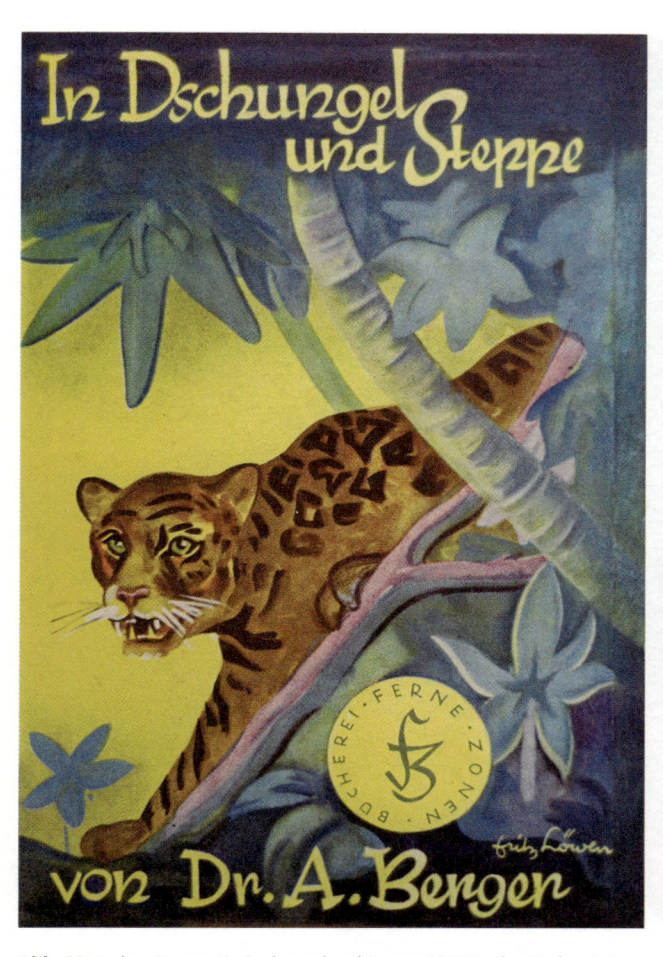

Abb. 34: Ferdinand Duchêne: *Der Kaïd von Beni-Thur*, 1927 (Reihe *Bücherei Ferne Zonen*, Umschlag von Fritz Löwen).

7.8 Die Silbernen Bücher

Im Mai 1928 brachte Neufeld & Henius mit *Die silbernen Bücher* eine weitere Büchersammlung auf den Markt.[184] Dabei handelte es sich allerdings nur um eine Auswahl, also Zweitverwertung von zunächst rund 50 Titeln aus der eigenen Reihe *Die Bunten Romane der Weltliteratur* in etwas aufwendigerer Aufmachung und diese zum Teil ersetzend. Es verband sich damit also erneut keine literarische Ambition, sondern eine Reaktion auf den Wettbewerb im Buchmarkt (etwa die ebenfalls in Halbleder gebundenen Titel der Deutschen Buchgemeinschaft). Die Reihe sei denn auch aus dem »Wunsche des Sortiments nach einem leichtverkäuflichen und hochrabattierten Artikel mit einem außerordentlich niedrigen, aber festen Ladenpreis« entstanden.[185]

Der national-konservative Haus-Autor Rudolf Presber wurde als Herausgeber der Reihe präsentiert: »Neben den ersten Autoren der Gegenwart werden unvergessene Schriftsteller der Vergangenheit vorhanden sein. Die Deutschen voran. Aber auch das Ausland soll in seinen besten Vertretern gelegentlich Wertvolles beisteuern.«[186] Unter den vorgeblich ›modernen‹ Autoren befand sich allerdings kein einziger, der für den Geist der Weimarer Republik stand, vielmehr waren teils bereits zum Nationalsozialismus tendierende national-konservative »Bestseller-Autoren« wie Rudolf Herzog oder eben Rudolf Presber vertreten. Die »Schriftsteller der Vergangenheit« reichten von Balzac, Dumas und Flaubert über Wilhelm Hauff und Theodor Storm bis Oscar Wilde und Zola.

---

[184] Bbl., 4.5.1928, Nr. 103, S. 4092–4093.

[185] Bbl., 11.9.1928, Nr. 212, S. 7283.
[186] Bbl., 14.5.1928, Nr. 111, IT 15.

Wie bei den anderen Reihen des Verlags sind die Bände nicht nummeriert, die Zählung ergibt sich auch hier nur aus der Verlagswerbung und den bibliografischen Mitteilungen im *Börsenblatt*.[187] Die Sammlung wurde mit Anzeigen und Prospekten sowie einem Plakat und »silbernen Preiszetteln« für Sonderfenster als »Höchstleistung auf buchtechnischem Gebiet« beworben.[188] Die Bände waren in »geschmackvolles Halbleder« mit Rückenprägung gebunden und mit wechselnden silbrigen Deckeldekoren versehen (daher der Reihentitel und der Verzicht auf Schutzumschläge). Im Frühjahr 1929 wurden zehn, nun nur noch leinengebundene Bände ergänzt.[189] 1930 folgten einige weitere Titel, die Bänden der Reihe *Onyx-Bücher* entsprachen, danach kam die Reihe zum Erliegen.[190]

7.9 Weitere Titel

Neben seinen Buchreihen veröffentlichte Neufeld & Henius eine Anzahl von Einzeltiteln. Beispielhaft können dafür jene Werke gelten, die 1923 als »gangbare Weihnachtsbücher« beworben wurden.[191] Dazu zählten etwa Neuauflagen von kulturhistorischen Darstellungen wie *Rom. Geschichte des römischen Volkes und seine Kultur* (10. Aufl. 1923) von Wilhelm Wägner in der Neubearbeitung von Otto Eduard Schmidt und *Hellas. Die alten Griechen und ihre Kultur* (11. Aufl. 1923) ebenfalls von Wilhelm Wägner. Zur Abenteuerliteratur gehörten Titel wie *In Dschungel und Steppe. Wanderjahre eines Jägers und Naturforschers* (1921) von Arthur Berger und *Durch Wüstensand und Urwald ...* (1922), herausgegeben von Johannes Henningsen. Hinzu kamen Übernahmen aus dem Verlag Otto Spamer, Leipzig, wie *Die Wunder der Sternenwelt. Ein Ausflug in den Himmelsraum* (7. Aufl. 1923) von Otto Ule, neu herausgegeben von Hans-Hermann Kritzinger, und *Das Buch berühmter Ingenieure. Große Männer der Technik, ihr Lebensgang und ihr Lebenswerk* (2. Aufl. 1923) von Richard Hennig. Ein eigner Titel hingegen war *Magische Kräfte. Geheimnisse der menschlichen Seele* (1922) von Hans-Hermann Kritzinger.

Die Neufassung eines erstmals 1912 erschienenen Buches stellte der von Alexander Moszkowski, dem Herausgeber der *Lustigen Blätter*, eingeleitete Band *Goldenes La-*

Abb. 35: Richard Hennig: *Das Buch berühmter Ingenieure*, 1923.

chen. Eine Lese köstlichen Humors in Wort und Bild (1926) dar. Das in Ganzleinen und Halbleder verfügbare Werk versammelte humoristische Texte und Illustrationen.[192] Die Liste der beteiligten Autoren reichte von Hermann Löns über Joachim Ringelnatz bis Christian Morgenstern, die der Zeichner von Wilhelm Busch über Heinrich Zille bis Fritz Löwen und Walter Trier. Illustrationen aus dem Buch wurden auch für die dem Reisebuchhandel gewidmete, eher scherzhafte Verlagsfestschrift *Quer durch den Kakao. Die neue Revue des Reisebuchhandels am 22. Januar 1927* (1927) verwendet.

Eine Sonderstellung im Verlagsprogramm nahm der Kunstband *Das alte Spanien. Landschaft, Geschichte, Kunst* (1925) des Kunsthistorikers Alfred Kuhn ein.[193] Kuhn lieferte auch das Vorwort zu *Feuer am Rif. 2 Jahre unter Rikabylen* (1925), den nordafrikanischen Reiseeindrücken des Malers Bernd Terhorst (1893–1986).[194] Mit zwei ›Fotobüchern‹ be-

---

187 Vgl. z.B. Bbl., 11.9.1928, Nr. 212, S. 7284.
188 Bbl., 11.9.1928, Nr. 212, S. 7285.
189 Bbl., 25.3.1929, Nr. 71, Umschlag.
190 Die 1935, also erst nach Auflösung des Verlags Neufeld & Henius begonnene Kunstbuch-Reihe *Die Silbernen Bücher* des Verlags Woldemar Klein, Berlin, hat damit nichts zu tun – allerdings war der Reihentitel dafür nun wieder verfügbar.
191 Bbl., 7.12.1923, Nr. 284, S. 8348.

192 Bbl., 20.8.1926, Nr. 193, Umschlag und S. 7316.
193 Bbl., 4.12.1925, Nr. 126, IT.

Abb. 36: Karin Michaelis (Hrsg.): *Das Antlitz des Kindes*, 1931.

mühte sich Neufeld & Henius um Anschluss an die wachsende Bedeutung dieses Genres auf dem Buchmarkt: *Wir Tiere. Erlebnisse und Begebenheiten aus der Welt der Tiere* (1930), herausgegeben von Lola Kreutzberg,[195] und *Das Antlitz des Kindes. Bilder und Studien aus der Welt unserer Kinder* (1931), herausgegeben von Karin Michaelis.[196] Die Auswahl der jeweils 150 Aufnahmen, bei denen allerdings Agenturfotos überwogen, übernahm der Fotopublizist Herbert Starke. Zur Gattung der damals ebenfalls florierenden Reisebildbände steuerte der Verlag den Band *Im sonnigen Süden. Das Italienbuch* (1932) mit Aufnahmen des österreichischen Fotografen Josef B. Malina (1893–1960) bei.

Nicht zuletzt wurde die weibliche Leserschaft bedacht. »An die deutschen jungen Mädchen« richteten sich zwei Romane der holländischen, später dem Nationalsozialismus zugeneigten Autorin Jo van Ammers-Küller, die Neufeld & Henius in deutscher Übersetzung herausbrachte: *Tapfere, kleine Helga* (1932) und *Karin und Lilo. Zwei Mädels von heute* (1932), beide mit Illustrationen von Charlott(e) Bruns-Simon (1911–19??).[197]

7.10 Sachbücher

Neben populärer Belletristik verlegte Neufeld & Henius auch Sachbücher. Dazu zählte etwa der von Spamer übernommene Band *Die Elektrizität. Ihre Erzeugung und ihre Anwendung in Industrie und Gewerbe* (7. Aufl. 1924, 8. Aufl. 1929) von Arthur Wilke,[198] der als »Universalhandbuch für sämtliche Gebiete der Elektrizität« beworben wurde.[199] Eine Neuauflage war ebenso das vierbändige Werk *Der kaufmännische Korrespondent. Praktisches Handbuch der gesamten Handelskorrespondenz* (1924) von Carl Foerster und Honoré Maucher.[200] Der Sportbegeisterung der Zeit trug der umfangreiche, von Carl Diem herausgegebene Band *Stadion. Das Buch von Sport und Turnen, Gymnastik und Spiel* (1928) Rechnung, der bereits die »neuesten Ergebnissen der Amsterdamer Olympiade« enthielt.[201]

Als Standardwerke galten ferner *Henius Großes Orts- und Verkehrs-Lexikon für das Deutsche Reich* (1928), herausgegeben von H. Höpker,[202] und ein zweibändiges, von Willy Gaffrey und Erich Gisbert herausgegebenes *Neues Handbuch des Deutschen Rechts* (1929, 2. Aufl. 1931),[203] das unter dem Motto »Jeder sein eigener Rechtsanwalt« angeboten wurde. Auf einem ebenfalls zuerst bei Spamer erschienenen Titel beruhte das zweibändige, von Fritz Zahn neu herausgegebene Werk *Neues Gartenbuch. Praktische Anleitung für Gartenfreunde und Gärtner zur Anlage und Pflege des Gartens* (6. Aufl. 1926, 7. Aufl. 1928, 8. Aufl. 1930) von Theodor Lange.[204]

Besondere Beachtung fand der *Henius Weltatlas. 100 Haupt- und über 100 Nebenkarten* (1929), den Oswald Muris, Professor für Geographie an der Pädagogischen Akademie zu Hannover, und Otto Wand, Kartograf im Reichsamt für Landesaufnahmen in Berlin, herausgaben. Das im Großquartformat 36 x 26 cm als Ganzleinen- (RM 48) und Halblederband (RM 56) erschienene Werk wurde vielfältig beworben.[205]

---

194 Bbl., 8.9.1925, Nr. 210, Umschlag.
195 BBbl., 8.8.1930, Nr. 182, S. 5652 f.; 20.10.1930, Nr. 244, S. 8058 f.
196 Bbl., 20.10.1930, Nr. 244, S. 8060 f.; 25.2.1931, Nr. 47, S. 1188.
197 Bbl., 3.10.1932, Nr. 231, S. 4188–4189.
198 Bbl., 19.2.1924, Nr. 42, S. 1914.
199 Bbl., 11.9.1928, Nr. 212, S. 7297.
200 Bbl., 19.2.1924, Nr. 42, S. 1914 und 1919.
201 Bbl., 13.12.1928, Nr. 289, S. 11631.
202 Bbl., 23.4.1927, Nr. 94, S. 3956–58; 16.5.1927, Nr. 113, S. 4720–4723.
203 Bbl., 11.9.1928, Nr. 212, S. 7305.
204 Bbl., 28.2.1929, Nr. 50, 1596–1597.
205 Bbl., 22.5.1929, Nr. 115, Umschlag und S. 4026; 23.8.1929, Nr. 195, S. 6096–6097.

Abb. 37: Anzeige im *Börsenblatt für den Deutschen Buchhandel* zum Erscheinen von ›Henius Weltatlas‹, Mai 1929.

Abb. 38: Franz Blei / Richard Kühn: *Die Frau bei den Kulturvölkern*, 1932 (Umschlag von ›higginS‹).

Drei Jahre später folgte als »Atlas für jedermann« eine verkleinerte Ausgabe im Format 18 x 12 cm unter dem Titel *Hansa-Welt-Atlas* (1932), ebenfalls in der Bearbeitung von Oswald Muris.[206] Diese Fassung war in verschiedenen Einbandvarianten erhältlich und kostete vergleichsweise günstige RM 1.50. Dementsprechend hatten sich davon bereits ein Vierteljahr nach Erscheinen über 100.000 Exemplare verkauft.[207]

Anthropologische, ethnologische und wohl auch voyeuristische Leserinteressen verbanden sich bei Büchern, die sich in Wort und Bild mit dem Thema ›Frau‹ befassten. Dazu zählten die anfangs zweibändigen anthropologischen Studien *Das Weib in der Natur- und Völkerkunde* von Heinrich Ploss und Max Bartels, die von 1885 bis 1913 in zehn Auflagen im Th. Grieben Verlag, Leipzig, herausgekommen waren. Als 11., stark vermehrte Auflage brachte Neufeld & Henius das Werk 1927 in nunmehr drei Bänden und einer Bearbeitung durch den Anthropologen und Sexualforscher Ferdinand von Reitzenstein neu heraus.[208] Die mit Goldprägung versehenen Ganzleinen- beziehungsweise Halblederbände umfassten 2.000 Seiten Text mit über 1.000 Abbildungen.

Reitzenstein hatte bei Neufeld & Henius zuvor bereits den eigenen Band *Das Weib bei den Naturvölkern* (1923) veröffentlicht,[209] der als Ganz- und Halbleinenband mit teils intarsierter fotografischer Abbildung auf dem Vorderdeckel vorlag. Von diesem »kulturgeschichtlichen und sexualwissenschaftlichen Standardwerk« erschien mit *Das Weib bei den Naturvölkern. Eine Kulturgeschichte der primitiven Frau* (1931) noch eine Neuauflage mit »240 Bildern nach Fotos«: »Gerade am Naturvolk lassen sich viele Dinge demonstrieren, die selbst moderne ›Aufklärungsbücher‹ nicht klarzulegen vermögen«.[210] Der Ganzleinenband war mit einem

---

206 Bbl., 29.10.1932, Nr. 254, S. 4883.
207 Bbl., 10.2.1933, Nr. 35, S. 746.

208 Bbl., 21.9.1926, Nr. 220, S. 8412–8413 (Ankündigung); 11.9.1928, Nr. 212, S. 7294.
209 Bbl., 21.8.1923, Nr. 194, S. 6264; 12.12.1923, Nr. 288, S. 8563.
210 Bbl., 25.2.1931, Nr. 47, S. 1186.

fotografischen Schutzumschlag ausgestattet. Als Pendant knüpfte daran »eine reichillustrierte völkerkundliche Darstellung der zivilisierten Frau« an: *Die Frau bei den Kulturvölkern* (1932) von Richard Kühn mit einem Nachwort von Franz Blei. Das mit über 120 Bildern in Tiefdruck illustrierte Buch erschien kartoniert und leinengebunden mit fotomontierten Schutzumschlagvarianten in Rot und Grün.[211]

Populäre Natur- und Grenzwissenschaft schließlich boten Bände wie *Werden und Vergehen. Eine Naturgeschichte des Lebens* (1931) von Adolf Heilborn und *Zeichen und Wunder. Ein Führer durch die Welt der Magie* (1933) von Friedrich Mellinger.[212]

7.11 Lutz-Romane

Im Juni 1928 übernahm Neufeld & Henius vom Verlag Robert Lutz, Stuttgart, die populären Reihen und Verlagsgruppen *Lutz Kriminal- und Detektiv-Romane*, *Lutz Meister-Detektiv-Romane*, die *Sherlock-Homes-Serie* von Conan Doyle und die *Detektiv-Gryce-Serie* von A. K. Green sowie die Einzeltitel *Abenteuer des Kapitäns Kettle* von C. J. Cutliffe Hyne und *Abenteuer des Brigardier Gerard* von Conan Doyle.[213] Damit war der Einstieg in den lukrativen Markt der Kriminalliteratur gelungen. Zunächst führte der Verlag die Reihe *Lutz Kriminal- und Detektiv-Romane* fort. Sie bestand aus mehreren Serien und erreichte Ende 1928 mit *Der Tiger* (1928) von Julius Regis den 137. und letzten Band.[214]

Anschließend wurden die Bücher eingezogen und im Februar 1930 zwanzig Titel in veränderter Aufmachung neu herausgebracht: »Die altbekannte und von jeher im Sortiment bevorzugte Kriminalbibliothek LUTZ erscheint in 20 Bänden neu. Moderne Autoren aller Länder, hervorragende Ausstattung und billige Preise zeichnen diese im ganzen Sortiment als gangbar bekannte Serie aus. Die auffälligen, schönen Einbände und die Aufnahme der neuesten, sonst nur in teuren Ausgaben vorhandenen Autoren ermöglichen einen raschen und großen Absatz.«[215] Dabei handelte es

Abb. 39: Ludwig von Wohl: *Der Mann aus der Hölle*, 1931 (Reihe *Der grüne Lutz-Roman*, Umschlag von ›higginS‹).

sich meist um Übersetzungen englischsprachiger Originalausgaben. Die kartonierten Bände lagen in zwei Serien vor – mit rotem Pfeil (RM 1.50) und mit grünem Pfeil (RM 2.00).[216]

Für die Schaufenster wurde dem Sortiment ein »wirksames Plakat von unerhörter Leuchtkraft« zur Verfügung gestellt.[217] Besondere Anzeigen warben für die Kriminalromane *Perlen des Buddha* (1930) von E. Philipp Oppenheim[218] sowie *Die silbernen Ringe* (1931) und *Der Finger Gottes* (1931) von Piet van Eyk.[219] Bis 1933 sind insgesamt 34 (nicht datierte und nummerierte) Bände erschienen.[220] Ergänzt wurden die *Lutz-Kriminalromane* durch die *Sherlock-Homes-Serie* (15 Bände) von Conan Doyle und die *Detektiv-Gryce-Serie* (5 Bände) von A. K. Green. Restbestände der

---

211 Bbl., 14.3.1932, Nr. 62 (fehldatiert »10.3.1932, Nr. 59«), S. 1300–1301.
212 Bbl., 13.10.1934, Nr. 240, S. 4330.
213 Bbl., 8.6.1928, Nr. 131, S. 5033.
214 Bbl., 11.9.1928. Nr. 212, S. 7287–7288.
215 Bbl., 8.2.1930, Nr. 33, S. 976–977; 18.3.1930, Nr. 65, S. 2178–2179.

216 Bbl., 17.5.1930, Nr. 113, S. 43.
217 Bbl., 5.3.1930, Nr. 54, S. 1784.
218 Bbl., 3.7.1930, Nr. 151, S. 5044.
219 Bbl., 2.3.1931, Nr. 51, S. 1369; 22.4.1931, Nr. 92, S. 2633.
220 Schädel, Mirko: Illustrierte Bibliographie der Kriminalliteratur 1796–1945 im deutschen Sprachraum, Bd. 2. Butjadingen: Achilla-Presse 2006, S. 413–414.

Lutz-Kriminalromane gingen 1932 an den Verlag R. Löwit, Wien/Leipzig, der die Reihe später übernahm.[221]

Daneben brachte Neufeld & Henius die Reihe *Der Grüne Lutz-Roman* heraus, die laut Klappentext »die besten Namen des modernen Abenteuer- und Reise-Romans« vereinigen sollte. Zunächst erschienen Neuauflagen von *Durch Meere, Häfen und Spelunken* (1931) von Hans Erasmus Fischer und *Der Mann aus der Hölle* (1931) von Ludwig von Wohl, jeweils kartoniert und in Leinen gebunden mit auffälligen Umschlägen. Das Angebot richtete sich in der Wirtschaftskrise vor allem an Leihbüchereien. Es sollten noch Bände unter anderem von Joseph Delmont und Luis Trenker folgen, die jedoch nicht mehr zu Stande gekommen sind. In Anknüpfung an die 1927 eingestellte Reihe *Ferne Zonen* wurde 1932 schließlich noch eine Reihe von Abenteuerromanen unter dem Titel *Der Grüne Abenteuer-Roman* begonnen, in der bis 1933 neun Bände erschienen sind.[222]

7.12 Exkurs: Trianon-Verlag, Berlin/Wien

Neufeld & Henius stand in Verbindung mit dem Trianon-Verlag, Berlin/Wien, für den die Alleinauslieferung übernommen wurde. In diesem Verlag erschienen einige übersetzte Titel mit erotischem Inhalt – zunächst *Italienische Nächte. Novellen der italienischen Renaissance* (1925) mit farbigen Illustrationen von Fritz Löwen, sodann *Die Abenteuer des Don Juan* (1925) mit farbigen Illustrationen von Wanda Lehre (1896?–1967?). Es folgten Ausgaben von *Nana. Ein Pariser Sittenroman* (1925) von Émile Zola und *Die tolldreisten Geschichten* (1925) von Honoré de Balzac, jeweils mit farbigen Illustrationen von Wolfgang Ortmann, sowie *Gefährliche Liebschaften* von Choderlos de Laclos. Später wurden diese vier Bände, die Titeln der Reihe *Die Bunten Romane der Weltliteratur* entsprachen, von Neufeld & Henius auch gemeinsam als »eine Sammlung köstlicher Meisterstücke der galanten Weltliteratur« in einer Kassette angeboten.[223]

Haupttitel des Trianon-Verlags (mit Copyright bei Neufeld & Henius, Berlin) jedoch war der im März 1930 erschienene Band *Formen der Liebe* von Franz Blei, der als »einzigartiges Werk der sittengeschichtlichen Literatur« und »Kulturgeschichte der erotischen Phantasie« beworben wurde.[224] Das Buch liegt in einer goldgeprägten Ganzleinenausgabe mit fotografisch gestaltetem Schutzumschlag und einer Halblederausgabe mit Rückenvergoldung im Futteral

Abb. 40: Franz Blei: *Formen der Liebe*, 1930 (Trianon-Verlag).

vor. Der 400 Seiten starke Band enthält auf 64 Tafelseiten über 100 Abbildungen nach zeitgenössischen Stichen, Grafiken, Gemälden und Fotografien sowie Farbtafeln. Die Verbindung zum Verlag Neufeld & Henius und dessen Titeln wird durch den Schutzumschlag bestätigt, der auf der vorderen Klappe Illustrationen von Fritz Löwen zu *Tausend und eine Nacht* (1928), auf der hinteren Illustrationen von Fernand Schultz-Wettel zu Casanovas *Memoiren* und von Lucian Zabel zu Boccaccios *Decameron* zeigt.

7.13 Exkurs: Heim-Verlag, Basel

Bereits 1920 hatte Max Henius eine Zweigniederlassung in der Schweiz gegründet, die in Basel ansässig war (Neufeld & Henius Editeurs Bâle). Dort erschienen mit *Miniatures de cinq Siécles* und *Gravures en couleurs galantes et classiques françaises* zwei bibliophile Ausgaben in nummerierter Kleinauflage. Später bestand eine Zusammenarbeit mit dem Heim Verlag, Basel, der für Neufeld & Henius ab 1932 die Auslieferung der Reihe *Romane des Lebens* übernahm. Dabei handelte es sich um »lebenswahre Bücher von Frauenglück und Frauenliebe von beliebtesten und erfolgreichsten

---

221 Verlagsveränderungen 1933 (Anm. 51), S. 49.
222 Bbl., 28.9.1932, Nr. 227, S. 4056.
223 Bbl., 11.9.1928, Nr. 212, S. 7293.
224 Bbl., 19.3.1930, Nr. 66, S. 2234–2235; 31.3.1930, Nr. 76, Umschlag.

Abb. 41: Käte Lindner: *Verschlungene Wege*, 1931 (Heim-Verlag, Umschlag von ›higginS‹).

Frauenschriftstellerinnen«.[225] Die Halbleinenbände waren mit grafisch illustrierten und »mehrfarbig lackierten« Schutzumschlägen ausgestattet. Von 1932 bis 1935 sind offenbar 20 Bände erschienen, überwiegend Romane von trivialen Vielschreiberinnen wie Anny von Panhuys, Gert Rothberg (d. i. Gertrud Jähne) und Liane Sanden (d. i. Lisa Honroth). Die Reihe richtete sich sowohl an den Buchhandel als auch an Leihbibliotheken. Typische Titel waren *Wenn Liebe schweigt …* (1932) von Lisa Honroth oder *Aus Leid erwuchs unsere Liebe* (1934) von Liane Sanden.

Daneben erschienen im Heim-Verlag noch zwei weitere Reihen *Liebesromane* und *Abenteuergeschichten*, deren kartonierte Bände wie *Ein Mädchenschicksal* von Olga Wohlbrück oder *Die Schreckensnacht auf der Südseeinsel* von Arthur von Riha mit fotografischen Umschlägen versehen waren. Diese stammten ebenso wie einige farbgrafische Umschläge der Reihe *Romane des Lebens* von dem auch für Neufeld & Henius tätigen Grafiker ›higginS‹. Über den Verbleib des Heim-Verlags ist nichts bekannt, bereits 1936 war er nicht mehr zu ermitteln.[226]

7.14 National-konservative Titel

Die national-konservative Tendenz des Verlagsprogramms von Neufeld & Henius wurde im Verlauf der 1920er Jahre durch einige zeitgeschichtliche Titel bestätigt. Dazu zählte der umfangreiche, wohl zusammen mit dem Deutschen-National Verlag, Berlin/München, erstellte Band *Deutschland. Vergangenheit und Gegenwart. Richtlinien und Ziele des Deutschen Wiederaufbaues* (1925) von Karl Federn und Joachim Kühn, der auch als Luxusausgabe im Ganzledereinband und mit reicher Vergoldung vorliegt. Gleiches gilt für den von Julius von Pflugk-Harttung zuerst 1907 herausgegebenen Band *Deutsche Gedenkhalle. Bilder aus der vaterländischen Geschichte* (1927),[227] den der Deutsche National-Verlag bereits 1925 wiederaufgelegt hatte. Ähnliche Leserkreise sollte eine 1928 angekündigte Neuauflage der 1926 im Verlag Wilhelm Schille & Co., Karlsruhe erschienenen Biografie *Hindenburg. Das Leben eines Deutschen* von Hans F. Helmolt ansprechen: »Die Persönlichkeit des Reichspräsidenten und sein Wirken für unser Volk stehen nach wie vor im Vordergrund des Interesses. Die Neuauflage kann daher auf weiteren großen Erfolg rechnen. Das Buch ist besonders in nationalen Kreisen leicht verkäuflich […].«[228] Allerdings scheint diese Ausgabe damals nicht zu Stande gekommen zu sein.

Ab Ende der 1920er Jahre erfolgte eine auffällige Zunahme solcher Titel, die aufgrund der politischen Entwicklung in Deutschland und entsprechender Nachfrage im Buchhandel hohe Verkaufszahlen erreichten. Zunächst wurde dabei die Erinnerung an den Weltkrieg wachgerufen. Der großformatige Band *Wir Kämpfer im Weltkrieg. Feldzugsbriefe und Kriegstagebücher von Frontkämpfern aus dem Material des Reichsarchivs* (1929), bearbeitet und herausgegeben von Wolfgang Foerster, war reich illustriert und lag als Leinen- und Halblederausgabe vor. Das gleiche Thema griff das zweibändige Werk *Das Antlitz des Weltkrieges* auf. Der Auftaktband *Fronterlebnisse deutscher Soldaten* (1930, 1933 über 70.000 Exemplare) wurde von Ernst Jünger herausgegeben.[229] Die Fortsetzung *Das Antlitz des Weltkrieges. Hier spricht der Feind! Kriegserlebnisse unserer Gegner*

---

225 Bbl., 26.9.1932, Nr. 225, S. 4001.
226 Verlagsveränderung 1937 (Anm. 266), S. 11.
227 Bbl., 24.11.1926, Nr. 273, S. 11794.
228 Bbl., 11.9.1928, Nr. 212, S. 7306.
229 Bbl., 13.8.1930, Nr. 186, Umschlag und S. 5742–5743; 11.10.1930, Nr. 237, Umschlag.

Abb. 42: Ernst Jünger: *Das Antlitz des Weltkrieges*, 1930.

Abb. 43: Ernst Jünger (Einl.) / Richard Junior (Hrsg.): *Hier spricht der Feind*, 1930 (Umschlag von ›higginS‹).

(1930, Auflage 1933 über 30.000), herausgegeben von Richard Junior, enthielt eine Einleitung von Jünger.[230] Hinzu kam der von Hans Henning Freiherr Grote herausgegebene Band *Vorsicht! Feind hört mit. Eine Geschichte der Weltkriegs- und Nachkriegsspionage* (1930, Auflage 1933 fast 30.000).[231] Alle drei Bände waren fotografisch illustriert und mit fotografischem Schutzumschlag ausgestattet.

Eine populärwissenschaftliche Geschichtsschreibung im nationalen Sinne boten die Werke *Jahrtausende reden … Eine neue Weltgeschichte* (1931, Auflage 1933 fast 20.000)[232] und *Im Strom der Zeit. Völkerschicksale und Weltgeschehen im Laufe der Jahrtausende* (1932) von Paul Seelhoff. In diesem Umfeld erhielt auch die kulturhistorisch ausgerichtete *Sittengeschichte der Inflation. Ein Kulturdokument aus den Jahren des Marksturzes* (1931) von Hans Ostwald eine reaktionäre Note, weil sie wie eine Denunziation der frühen Weimarer Republik wirken musste.[233] Den künftigen Kurs der Politik vermittelte dagegen der Band *Der neue Staat* (1932) des Historikers und politischen Publizisten Walther Schotte mit Vorwort von Franz von Papen und Hindenburg-Porträtgrafik auf dem Umschlag.

In dieses Bild passten zwei Bücher zum Wiedererstarken deutscher Luftfahrt und Rüstung. Der Band *Luftfahrt voran! Das deutsche Fliegerbuch* (1932, Auflage 1933 fast 20.000) wurde von dem Fotografen Josef B. Malina herausgegeben. *Unsere Reichswehr. Das Buch von Heer und Flotte* (1932, bis 1933 fast 30.000 Exemplare) von Albert Benary enthielt ein Geleitwort des Reichswehrministers Wilhelm Groener: »Hier ist ein Buch, das dem Gedanken der Wehrhaftigkeit dienen […] will. […] Das Reichswehrbuch wendet sich […] an das ganze deutsche Volk, das in der Reichswehr ein Unterpfand für den Wiederaufstieg des Vaterlandes erblickt.«[234]

---

230 Bbl., 13.2.1931, Nr. 37, Umschlag.
231 Bbl., 22.10.1930, Nr. 246, S. 8140–8141.
232 Bbl., 25.2.1931, Nr. 47, S. 1187; 17.3.1931, Nr. 64, Umschlag; 24.4.1931, Nr. 94, S. 2680–2681.

233 Bbl., 28.10.1931, Nr. 251, Umschlag
234 Bbl., 27.2.1932, Nr. 49, S. 994–995; 2.3.1932, Nr. 52, S. 1065.

Abb. 44: Josef B. Malina (Hrsg.): *Luftfahrt voran!*, 1932 (Umschlag von ›higginS‹).

Abb. 45: Albert Benary: *Unsere Reichswehr*, 1932 (Werbeblatt).

Das an den Länderbildbänden anderer Verlage orientierte Buch *Unvergängliches Deutschland* (1933) von Walter Bloem und Josef B. Malina sollte ein Panorama bieten, das »das deutsche Wesen in Volkstum, Landschaft und Baukunst offenbart und den Reichtum der deutschen Seele widerspiegelt«.[235] Die fotoillustrierte Textsammlung *Deutsches Land. Das Buch von Volk und Heimat* (1933) wurde unter Mitarbeit von »Schriftstellern aller deutschen Stämme« von dem völkischen Autor Eugen Schmahl herausgegeben. Das Geleitschreiben dazu lieferte der mit dem Nationalsozialismus sympathisierende Schriftsteller Hans Grimm.

Auch die im September 1932 erschienene Neuauflage von *Deutsche Heldensagen für Jugend und Volk* (22. Aufl. 1932) von Gustav Schalk[236] wurde von Neufeld & Henius 1933 nun im nationalen Sinne beworben: »In einer Zeit, in der deutsches Denken und Fühlen wieder zu Ehren gekommen sind, nimmt das köstliche Kulturgut, das die Germanischen Heldensagen bergen, wieder den ersten Platz im Herzen der Jugend ein, den es in Wirklichkeit immer vor den Schätzen anderer Kulturen verdiente.«[237]

Im Mai 1933 empfahl der Verlag die genannten Titel dem Buchhandel im *Börsenblatt* unter der Überschrift ›Buch und Vaterland‹ als »Werke, die jetzt Ihr Geschäft beherrschen«.[238] Die gleiche Tendenz hatte seine mehrseitige Anzeige zu den Herbstneuheiten 1933 mit Büchern wie *Berge und Heimat* von Luis Trenker, *Unvergängliches Deutschland*, dem Kriegsfreiwilligenbuch *Heiliger Frühling* (1933) von Walter Bloem, dem von Heinrich Pfeiffer herausgegebenen Band *Heiß war der Tag. Das Kolonialbuch für das junge Deutschland* (1933), der 23. Auflage von *Deutsche Heldensagen* und der Neuauflage »im Jahre der nationalen Erhebung« von *Germanische Göttersagen. Walhalla* (1933) von Gustav Schalk sowie *Das deutsche Heldenbuch. Von deutscher Ehre und Mannentreue* (1933) von Martin Lezius (Auslieferung für Geibel & Co., Berlin) mit einem Geleitwort von Baldur von Schirach.[239]

---

235   Bbl., 7.10.1933, Nr. 234, S. 4411.
236   Bbl., 23.9.1932, Nr. 223, S. 3924.
237   Bbl., 7.10.1933, Nr. 234, S. 4414.
238   Bbl., 2.5.1933, Nr. 100, S. 2248–2249.
239   Bbl., 7.10.1933, Nr. 234, S. 4409–4418.

Abb. 46: Luis Trenker: *Meine Berge*, 1931 (Umschlag von ›higginS‹).

Abb. 47: Luis Trenker: *Berge im Schnee*, 1932 (Umschlag von ›higginS‹).

7.15 Bücher von Luis Trenker

Ein populärer und äußerst erfolgreicher zeitgenössischer Autor von Neufeld & Henius war Anfang der 1930er Jahre der Bergsteiger, Schriftsteller, Filmregisseur und Schauspieler Luis Trenker (1892–1990). Von ihm erschienen hier mehrere, meist mit Fotografien in Kupfertiefdruck illustrierte Titel, die hohe Auflagen erreichten. Auf *Meine Berge. Das Bergbuch* (unter Mitarbeit von Walter Schmidkunz, 1931, bis 1933 fast 130.000 Exemplare)[240] folgte zum gleichnamigen Film *Berge in Flammen. Ein Roman aus den Schicksalstagen Südtirols* (1931, bis 1933 fast 50.000 Exemplare), als illustrierte Ausgabe davon *Kampf in den Bergen. Das unvergängliche Denkmal der Alpenfront* (1931, bis 1933 über 20.000 Exemplare). Daran knüpften noch *Berge im Schnee. Das Winterbuch* (1932), *Der Rebell. Ein Freiheitsroman aus den Bergen Tirols* (1933, Auflage über 20.000 Exemplare) und *Berge und Heimat. Das Buch von den Bergen und ihren Menschen* (zusammen mit Walter Schmidkunz, 1933) an.[241]

Im April 1934 inserierte der Verlag im *Börsenblatt*, dass die Gesamtauflage seiner Luis Trenker-Titel fast 350.000 Exemplare erreicht habe: »Unabhängig von jeder Konjunktur und Mode haben die Werke von Luis Trenker als echte Volks- und Heimatbücher sich einen dauernden, festen Platz bei dem deutschen Publikum erobert [...]. Die Luis-Trenker-Bücher gehören deshalb zu den Brotartikeln des deutschen Sortiments und dürfen an keinem Lager fehlen«.[242] In seinen 1965 erschienenen Lebenserinnerungen erwähnte Luis Trenker diese Buchveröffentlichungen wohl wegen ihres deutsch-nationalen Verlagskontextes nicht.[243]

---

240 Bbl., 15.3.1932, Nr. 63, S. 1321.
241 Bbl., 7.10.1933, Nr. 234, S. 625.
242 Bbl., 28.4.1934, Nr. 98, S. 48–49.
243 Vgl. Trenker, Luis: Alles gut gegangen. Geschichten aus meinem Leben. Hamburg: Mosaik 1965.

7.16 Exkurs: Schutzumschläge von ›higginS‹

Die Publikationen von Neufeld & Henius waren buchkünstlerisch eher konventionell ausgestattet und ließen wenig Nähe zu den modernen Gestaltungen der späteren 1920er Jahre erkennen. Durchaus zeitgemäß verhielt sich der Verlag jedoch bei der Vermarktung seiner Bücher und der dafür betriebenen Werbung. In diesem Zusammenhang fallen auch einige seiner Schutzumschläge auf, die ab 1929 mit einer Kombination von farbigen Flächen und fotografischen Elementen illustriert oder sogar fotomontiert sind. Sie weisen zumeist die einkopierte Signatur ›higginS‹ (in dieser eigenwilligen Schreibweise) auf, die im Impressum der Bücher nicht wiederholt oder aufgelöst wird.

Von diesem Grafiker stammen beispielsweise die Umschläge zu *Wir Kämpfer im Weltkrieg* (1929), *Das Antlitz des Weltkrieges. Hier spricht der Feind! Kriegserlebnisse unserer Gegner* (1930), *Unsere Reichswehr* (1932), *Die Frau bei den Kulturvölkern* (1932), *Luftfahrt voran! Das deutsche Fliegerbuch* (1932) und *Im Strom der Zeit* (1933). Auch die Umschläge zu den Luis Trenker-Titeln *Meine Berge* (1930), *Berge im Schnee* (1932, in zwei Varianten) und *Der Rebell* (1933) sind von ihm gestaltet. Seine Signatur findet sich ebenso bei einigen Buchanzeigen von Neufeld & Henius im *Börsenblatt*, etwa für *Meine Berge* (1931) und *Berge im Schnee* (1932) von Luis Trenker,[244] *Die Frau bei den Kulturvölkern* (1932)[245] und *Sittengeschichte der Inflation* (1932).[246]

Darüber hinaus entwarf ›higginS‹ Umschläge für den Band *Der Mann aus der Hölle* (1931) von Ludwig von Wohl aus der Serie *Der Grüne Lutz-Roman*. Ferner stammen die meisten Umschläge der Reihe *Romane des Lebens* des Neufeld & Henius verbundenen Heim-Verlags, Basel, von ihm. Allerdings wurde der Grafiker auch für andere Verlage tätig, etwa für die *Iris-Kriminalromane* der Kulturellen Verlagsgesellschaft, Berlin.[247] Zudem bewies er keine Bedenken hinsichtlich des politischen Inhalts der Bücher. So lieferte er etwa den Umschlag für das Buch *Der Marsch auf Berlin. Ein Buch vom Wehrwillen deutscher Jugend* (1932) von Fritz Carl Roegels im Karl Voegels Verlag, Berlin.[248]

Ein Gebrauchsgrafiker namens ›higginS‹ ist jedoch nicht bekannt, weshalb es sich um ein Pseudonym handeln dürfte. Die Vermutung liegt nahe, dass sich dahinter ein Künstler verbarg, der auch zuvor schon für Neufeld & Henius tätig gewesen war. Daher gerät Wolfgang Ortmann in den Blick, der

Abb. 48: Paul Seelhoff: *Jahrtausende reden …*, 193? (Umschlag von ›higginS‹).

in der ersten Hälfte der 1920er Jahre zunächst einer der führenden deutschen Gestalter von Notentiteln gewesen ist.[249] Allerdings brach diese Werkphase um 1925 ab, vermutlich mangels Nachfrage. Stattdessen wandte sich Ortmann nun der Gestaltung von Bucheinbänden und -umschlägen zu. Sein wichtigster Auftraggeber wurde dabei Neufeld & Henius. Offenbar erkannte der Künstler um 1930, dass sein bisheriger grafischer Illustrationsstil nicht mehr zeitgemäß war, weshalb er bei seinen Umschlaggestaltungen nun verstärkt Fotografie als Gestaltungsmittel verwendete.

Eine Bestätigung dafür, dass es sich bei ›higginS‹ um Wolfgang Ortmann handeln dürfte, liefert sein Eintrag als »Ortmann-Higgins, Wolfgang« im Berliner Adressbuch von 1938. Im Übrigen blieb der Künstler auch nach dem Krieg stilistisch anpassungsfähig und unter Pseudonym tätig, nun allerdings nicht mehr als Gebrauchsgrafiker, sondern als kommerzieller Kunstmaler unter dem Phantasienamen ›van Hasselberghe‹.

---

244 Bbl., 24.9.1932, Nr. 224, S. 3979; 9.12.1931, Nr. 285, S. 7245.
245 Bbl., 14.3.1932, Nr. 62 (fehldatiert »10.3.1932, Nr. 59«), S. 1300–1301.
246 Bbl., 28.10.1931, Nr. 251, Umschlag.
247 Bbl., 28.4.1934, Nr. 98, IT 3.
248 Bbl., 7.7.1932, Nr. 156, S. 3007.

---

249 Förster, Evelin: Die Perlen der Cleopatra. Notentitelblätter von 1894 bis 1937 als Spiegel der Gesellschaft. Berlin: Eigenverlag 2020, S. 330.

Abb. 49: Paul Seelhoff: *Im Strom der Zeit*, 1932 (Umschlag von ›higginS‹).

8 Neufeld & Henius (1933–1935)

Offenkundig bestand bei Max Henius ein ambivalentes Verhältnis zu seiner jüdischen Herkunft. Einerseits hatte er sich 1924 christlich taufen lassen, andererseits wurde er in das *Jüdische Adressbuch für Gross-Berlin. Ausgabe 1929/30* aufgenommen.[250] Politisch war Henius zudem nach rechts gerückt. Am 1. März 1933 trat er in die – antisemitisch eingestellte – Deutschnationale Volkspartei (DNVP) ein,[251] die seit Januar 1933 eine Koalition mit der NSDAP bildete (und seit 1928 eigentlich keine ›jüdischen‹ Mitglieder mehr aufnahm). Nach der Ende Juni 1933 erfolgten Auflösung der DNVP traten denn auch die meisten ihrer Mitglieder in die NSDAP ein. Ein irritierendes Foto zeigt die Villa von Henius in Kladow zum 1. Mai 1934 mit Hakenkreuzfahnen dekoriert.[252]

Dies lässt sich nur so deuten, dass sich der Verleger von seinem jüdischen Hintergrund zu distanzieren versuchte und politisch eine national-konservative, in Teilen sogar mit dem Nationalsozialismus sympathisierende Einstellung vertrat. Seine Motive mögen dabei auch gewesen sein, einerseits mit einem entsprechenden Verlagsprogramm vom Zeitgeist wirtschaftlich zu profitieren, andererseits seinen Verlag mit solchen Titeln vor antisemitischen Angriffen zu schützen. Dabei verkannte Henius jedoch die rassistische Ausrichtung der nationalsozialistischen Ideologie – oder war so naiv zu glauben, davon als ›Volljude‹ durch seinen Konfessionswechsel und seinen ›vaterländisch‹ ausgerichteten Verlag nicht betroffen zu sein.

Auch seine DNVP-Mitgliedschaft schützte ihn nicht. Vielmehr verschlechterten sich die beruflichen und privaten Lebensverhältnisse von Max Henius mit der Machtübernahme durch die Nationalsozialisten radikal. Denn um eine in ihrem Sinne institutionalisierte Kulturpolitik zu etablieren, richtete Propagandaminister Joseph Goebbels im September 1933 die berufsständisch organisierte Reichskulturkammer (RKK) ein. Zu ihr gehörte die Reichsschrifttumskammer, die für alle mit Büchern zusammenhängenden Kulturberufe zuständig war, mithin auch für Verleger. Da es sich um eine Zwangsorganisation handelte, musste Mitglied werden, wer auf dem Gebiet des Schrifttums beruflich tätig sein und bleiben wollte. Juden blieben von einer Mitgliedschaft jedoch ausgeschlossen, was einem Berufsverbot gleichkam. Dementsprechend wurde Henius nicht nur die Aufnahme in die Reichsschrifttumskammer verweigert, sondern ihm 1934 auch die Leitung seines Verlages entzogen. Er durfte seine Firma nicht mehr betreten und keine Einsicht in die Geschäftsbücher mehr nehmen, während er gleichzeitig für die Verbindlichkeiten des Verlags haftbar blieb. Der Geschäftsbetrieb wurde zunächst von den ›arischen‹ Prokuristen fortgeführt.

Der eigenständige Verlag der Schillerbuchhandlung war schon zuvor an Neufeld & Henius übergegangen und erlosch 1934.[253] Der ebenfalls Henius gehörende Allegro Verlag, Berlin, ging an den Musikverlag Robert Rühle, Berlin, über.[254] Im Januar 1934 hob Neufeld & Henius die Ladenpreise für einige Buchtitel auf, um deren Restbestände abzuverkaufen.[255] Zur Leipziger Frühjahrsmesse trat der Verlag letztmalig in Erscheinung. Im *Börsenblatt* warb er noch einmal für seine Unterhaltungsbücher und Jugendschriften, die Reihen *Bunte Romane der Weltliteratur* und *Deutsche Kulturbücherei* sowie Werke seiner Autoren Trenker, Jünger, Bloem und Muschler.[256]

---

250 Jüdisches Adressbuch für Gross-Berlin. Ausgabe 1929/30. Berlin: Goedega Verlags-Gesellschaft [1929], S. 130.
251 www.jmberlin.de/1933/de/03_01_mitgliedskarte-der-dnvp-fur-max-henius.php
252 Lödden 2014 (Anm. 90), S. 32

253 Bibliographische Abteilung des Börsenvereins der Deutschen Buchhändler (Bearb.): Verlagsveränderungen im deutschen Buchhandel 1933–1937. Leipzig: Börsenverein 1937, S. 27.
254 Ebd., S. 1.
255 Bbl., 23.1.1934, Nr. 19, S. 289.
256 Bbl., 28.2.1934, Nr. 50, S. 907.

Wenig später wurde der zuvor mit einem Jahresumsatz von rund einer Million Reichsmark profitable Verlag durch politischen Druck entschädigungslos in die Liquidation getrieben. Im August 1934 wurden die Prokuren der Mitarbeiter aufgehoben und das Unternehmen zur Abwicklung in die Wilhelmstraße 18 verlegt.[257] Offiziell endete der Betrieb der Firma Neufeld & Henius Inh. Dr. Max Henius zum 1. Oktober 1935, die Löschung aus dem Handelsregister erfolgte schließlich 1937. Aufgrund dieser Umstände hat sich die ursprüngliche Börsenverein-Mitgliedsakte von Neufeld & Henius ebenso wenig erhalten wie ein Verlagsarchiv.[258]

8.1 Henius & Co. Verlagsgesellschaft

Um zumindest einen Teil seines Verlags zu retten, hatte Max Henius im Frühjahr 1934 noch die Henius & Co. Verlagsgesellschaft m.b.H. gegründet.[259] Allerdings trat er dabei nicht selbst als Inhaber auf, sondern lediglich in Vertretung seines minderjährigen ›arischen‹ Sohnes. Auf das Stammkapital von RM 150.000 zeichneten seine Frau Frieda und sein Sohn je RM 70.000, während sich die bisherigen Verlagsprokuristen Walter Kreienbrink und Arwin Haack mit je RM 5.000 beteiligten. Letztere wurden zudem als Geschäftsführer eingesetzt. Gleichzeitig leistete Max Henius die Verzichtserklärung, »dass ich der Firma Henius & Co, Verlagsgesellschaft mit beschränkter Haftung gegenüber die Verpflichtung übernehme, in der Firma Neufeld & Henius zu Berlin, deren alleiniger Inhaber ich bin, von nun ab keine verlegerische Tätigkeit irgendwelcher Art mehr auszuüben.«[260]

Henius & Co. führte einige Buchtitel und -projekte von Neufeld & Henius fort, darunter die neue Reihe *Deutsche Kulturbücherei* mit *Ausgewählten Werken in einem Bande* von Goethe, Schiller, Shakespeare und Fritz Reuter. Ihr formeller Herausgeber war das NSDAP-Mitglied Martin Löppelmann, Ministerialrat im Preußischen Ministerium für Wissenschaft, Kunst und Volksbildung. Dem Goethe-Band, den der Lehrer Paul Habermann zusammengestellt hatte, stand das Motto »Heil dem Führer!« mit einem Zitat aus *Wilhelm Meisters Wanderjahre* voran. Zur Konzeption der Reihe hieß es im Geleitwort: »Die *Deutsche Kulturbücherei* [...] wird aus der sonst nicht mehr zu überblickenden Fülle

Abb. 50: Reinhold Conrad Muschler: *Das deutsche Führerbuch*, 1934.

des deutschen Schrifttums solche Werke aussondern und zu leicht erschwinglichem Preise darbieten, von denen die Herausgeber glauben, sie gehörten auf das Bücherbrett eines jeden deutschen Volksgenossen.«

Zu den Herbst-Neuerscheinungen von Henius & Co. gehörten *Der Großadmiral. Der Kampf eines großen Deutschen. Ein Tirpitz-Roman* von Wolfgang Loeff, eine nunmehr einbändige Neuauflage von *Sang und Klang fürs Kinderherz* und *Des deutschen Mädels Sagenbuch* von Erna Seemann-Segnitz über »Germanische Frauengestalten«.[261] Ende Oktober 1934 annoncierte der Verlag zum Weihnachtsgeschäft neben der *Deutschen Kulturbücherei* und ›nationalen‹ Jugendbüchern alle Luis Trenker-Titel sowie *Das deutsche Führerbuch. Sieger aus eigener Kraft* (1934) von Reinhold Conrad Muschler, einem begeisterten Nationalsozialisten.[262] Die darin vorgestellten ›Führer‹ reichten vom Großen Kurfürst bis Adolf Hitler.

---

257 Bbl., 2.8.1934, Nr. 178, Umschlag.
258 Sächsisches Staatsarchiv Leipzig, Bestand 21765 Börsenverein der Deutschen Buchhändler zu Leipzig (I), 13 (Mitgliedsakten der buchhändlerischen Firmen). Freundl. Auskunft von Thekla Kluttig, Sächsisches Staatsarchiv, Leipzig vom 11.5.2021.
259 Landesarchiv Berlin, A Rep. 342-02 Amtsgericht Charlottenburg – Handelsregister, 58837 Henius & Co. Verlags GmbH (1934–1941).
260 Ebd.

261 Bbl., 13.10.1934, Nr. 240, S. 4329–4331.
262 Bbl., 28.10.1934, Sondernummer, S. 120–121.

Abb. 51: Martin Lezius: *Deutsche Kämpfer für fremde Fahnen*, 1934 (Umschlag von Boto Arndt).

Außerdem erschienen noch weitere ›vaterländische‹ Titel: *Deutsche Kämpfer für fremde Fahnen. Heldentaten und Schicksale deutscher Soldaten* (1934) von Martin Lezius mit Schutzumschlag von Boto Arndt (1901–1967), *Stätten deutscher Weihe. Zeugen großer Vergangenheit und deutscher Schicksalswende* (1934) ebenfalls von Reinhold Conrad Muschler mit einem Geleitwort des »Reichskulturwalters« Hans Hinkel und *Deutsche Führer, deutsches Schicksal. Das Buch der Künder und Führer des dritten Reiches* (1934) von Hans Heinz Schley. Dazu passend wurde eine Neuauflage von *Deutsche Heldensagen für Jugend und Volk* (23. Aufl. 1934) von Gustav Schalk herausgebracht. Die letzten Titel von Henius & Co. waren zwei Bücher von Luis Trenker: *Bergwelt – Wunderwelt. Eine alpine Weltgeschichte* in Zusammenarbeit mit Walter Schmidkunz (erschienen Herbst 1934, datiert 1935) und *Helden der Berge* (1935) mit Zeichnungen von Wilhelm Kohlhoff (1893–1971).[263]

Trotz dieser dem nationalsozialistischen Zeitgeist verpflichteten Werke verlief das Geschäft von Henius & Co. ohne verantwortlichen Verleger offenbar unbefriedigend, zumal die beiden sich selbst überlassenen Prokuristen in die eigene Tasche gewirtschaftet haben sollen. Kreienbrink und Haack wurden daher im Januar 1935 als Geschäftsführer abbestellt. Kreienbrink gründete daraufhin die Walter Kreienbrink & Co. Verlagsgesellschaft m.b.H., Berlin, in der allerdings wohl nur noch das thematisch einschlägige Buch *Ein Volk steht auf … Ein Buch vom Ursprung, Werden und Durchbruch des deutschen Nationalsozialismus* (1934) von Erich Reicke erschienen ist.

Alle Teilhaber mussten ihre Geschäftsanteile an den Berliner Bankdirektor Martin Schultz als Treuhänder abtreten, der den Verlagsbuchhändler Ernst Dancker als neuen Geschäftsführer berief. Eine Geschäftstätigkeit kam jedoch nicht mehr zustande. Vielmehr stellte die Henius & Co. Verlagsgesellschaft m.b.H. ihren Betrieb 1935 ein. Die Firma wurde Anfang 1936 aufgelöst, während sich die Liquidation und endgültige Löschung bis 1941 hinzogen. Einige Werke gingen zuvor noch an die Verlage Abel & Müller, Leipzig, und A. Anton & Co., Leipzig, über.[264]

Die zu Neufeld & Henius gehörende Deutsche Buch-Vertriebsstelle G.m.b.H., Berlin, wurde ebenfalls aufgelöst. Neue Inhaberin war zunächst Frieda Henius, die nun als Deutsche Buch- und Vertriebsstelle Frieda Henius, Berlin, firmierte.[265] Im Dezember 1935 ging diese Firma käuflich an Kurt Hofmeier über, der sie als Deutsche Buch-Vertriebsstelle Kurt Hofmeier weiterführte.[266]

8.2 Übernahmen von Verlagstiteln

Nachdem Neufeld & Henius die Verlagstätigkeit 1935 eingestellt hatte, wurden dessen Rechte und lieferbaren Werke von anderen Verlagen bereitwillig übernommen, da sie werthaltig und weiterhin gut verkäuflich waren.[267] Dabei handelte es sich statt eines Verkaufs um eine Zwangsverteilung, denn Max Henius hat daraus keine Erlöse erhalten. Das Bibliographische Institut, Leipzig, übernahm die *Deutsche Kulturbücherei*, die es anschließend zu einer 15-bändigen Reihe ausbaute. Hans Jörg Fischer, Berlin, erhielt unter anderem die Werke von Gustav Schalk, während sich die Franck'sche Verlagshandlung, Stuttgart, die Abenteuer-Romane von Conan Doyle sicherte. Der Goten-Verlag, Leipzig, führte die ›nationalen‹ Erfolgstitel *Der Großadmiral* von Loeff, *Heiliger*

---

263 Bbl., 18.10.1934, Nr. 244, S. 4426–4427.
264 Verlagsveränderungen 1937 (Anm. 253), S. 11–12.
265 Bbl., 21.3.1935, Nr. 68, Umschlag.
266 Bbl., 12.12.1935, Nr. 288, Umschlag.
267 Verlagsveränderungen 1937 (Anm. 253), S. 18

Frühling von Bloem und *Das deutsche Führerbuch* von Muschler weiter.[268] Der Verlag Reimar Hobbing, Berlin, sicherte sich das Fliegerbuch *Luftfahrt voran!*, der Verlag F. F. Peters, Berlin, den Band *Wir Kämpfer im Weltkrieg*.

Der Verlag Lange & Meuche, Leipzig, übernahm unter anderem die Werke von Gerstäcker und die Sammlung *Bunte Romane der Weltliteratur*. Justin Moser, München, erhielt die Ausgabe *Tausend und eine Nacht*, C. A. Weller, Stuttgart, das Verlagsrecht an *Das Gartenbuch* von Lange-Zahn, das dort 1939 in 9. Auflage herausgebracht wurde. Der *Hansa-Weltatlas* brachte der Hermann Pfahl Verlag, Leipzig, 1936 neu heraus und ließ 1943 noch eine vierte Auflage folgen. Die Berg-Romane von Luis Trenker wurden in Frühjahr 1935 vom Verlag Th. Knaur, Berlin, übernommen.[269] Sie wurden dafür mit grafisch illustrierten Schutzumschlägen des österreichischen Malers, Architekten und Trenker-Freunds Alfons Walde (1891–1958) neu ausgestattet.[270] Der noch bei Henius & Co. erschienene Band *Bergwelt – Wunderwelt* hingegen ging an den H. Fikentscher Verlag, Leipzig.[271]

Bereits zur Jahreswende 1934/35 hatte die G. Schönfeld'sche Verlagsbuchhandlung, Berlin, zahlreiche Jugendschriften, Sagenbücher und die Reihe *Sang und Klang* sowie weitere Musikalien von Neufeld & Henius ins eigene Programm genommen.[272] Weitere Werke und Wörterbücher erhielt der Josef Singer Verlag Berlin. Nach dessen Liquidation 1938 führte der Verlag A. Anton & Co., Leipzig, einige dieser Titel weiter.[273] 1937 »übernahm« Gustav Paeschke den Axel Juncker Verlag, Berlin, erwarb die Rechte an der Wörterbuchreihe von Neufeld & Henius und betrieb den Axel Juncker Verlag fortan als Fremdsprachenverlag.[274]

8.3 Verbote von Verlagstiteln

Einige Verlagstitel von Neufeld & Henius wurden noch nach der Liquidation des Verlags aufgrund des § 7 der Verordnung »zum Schutze des Deutschen Volkes« vom 4. Februar 1933 verboten. Preußen verfügte 1935 die Einziehung von *Hygiene der Liebe* von Paul Mantegazza[275] und *Das Weib bei den Naturvölkern* von Ferdinand von Reitzenstein,[276] Bayern ordnete 1936 die Beschlagnahme der *Sittengeschichte der Inflation* von Ostwald an.[277] Zu den nun verbannten Büchern zählten auch der Roman *Rachel van Grooten* (1929) von Karin Michaelis, einer Gegnerin Hitlers, und der Lutz-Kriminalroman *Das goldene Kalb* (1930) von Edward Phillips Oppenheim, einem englischen Schriftsteller.[278] Als »Druckschriften, deren Inhalt geeignet ist, die öffentliche Sicherheit oder Ordnung zu gefährden«, wurden auch ›erotische‹ Titel des mit Neufeld & Henius verbundenen Trianon-Verlags verboten: 1934 erkannte das Schöffengericht Berlin die Beschlagnahmung des Buches *Formen der Liebe* (1930) von Franz Blei für rechtens[279] und Preußen veranlasste 1935 die Einziehung der von Edmund Th. Kauer neu übersetzten Werke *Die Abenteuer des Don Juan* (1925) und *Italienische Nächte* (1925).[280]

Aus anderen Gründen kam es im benachbarten Ausland zu Maßnahmen gegen Titel des Verlags Neufeld & Henius. In der Tschechoslowakei wurde 1935 *Das Deutsche Führerbuch* von Muschler wohl wegen seines nationalsozialistischen Inhalts verboten.[281] *Die Frau bei den Naturvölkern* (1932) von Kühn zählte dort ab Mitte 1936 ebenfalls zu den verbotenen deutschen Druckschriften.[282] In Polen wiederum erfolgte 1937 eine Beschlagnahmung des *Hansa Welt-Atlas*, da er offenbar politisch provozierende Kartenbilder enthielt.[283]

8.4 Max Henius

Weil der zuvor vermögende Verleger Max Henius nun ohne regelmäßige Einkünfte war, unterstützte ihn sein bei Heirat zum Protestantismus konvertierter Bruder Kurt, der als Professor für Medizin an der Charité wirkte. Kurt Henius emigrierte 1939 mit Familie nach Luxemburg, woher seine Frau stammte und wo er 1947 verstarb.[284] Ein Stolperstein an seiner letzten Berliner Wohnadresse Landgrafenstraße 9 erinnert an ihn.[285]

Durch den Verlust seines Verlags war Max Henius gezwungen, seine Havel-Villa in Berlin-Kladow zu veräußern. Im Frühsommer 1935 wurde sie weit unter Marktwert an ein Parteigenossen-Ehepaar verkauft und 1938 von diesem mit Gewinn an den Wehrwirtschaftsführer Heinrich List weitergereicht. Im Herbst 1936 musste Henius auch seine Wohnung

---

268 Bbl., 20.3.1935, Nr. 67, S. 1322.
269 Bbl., 26.3.1936, Nr. 73, S. 1546–1547.
270 Bbl., 28.9.1935, Nr. 226, S. 4301; 15.9.1937, Nr. 213, S. 3802–3803.
271 Bbl., 19.9.1935, Nr. 218, S. 4032; 21.3.1936, Nr. 69, S. 1439.
272 Bbl., 3.1.1935, Nr. 2, S. 24.
273 Bbl., 7.5.1938, Nr. 105, S. 2674.
274 Bbl., 27.1.1938, Nr. 22, Umschlag. – Olzog, Dagmar / Hacker, Johann (Hrsg.): Dokumentation deutschsprachiger Verlage. 13. Ausgabe. München: Olzog 1998, S. 198.
275 Bbl., 22.8.1935, Nr. 194, RT S. 684.
276 Bbl., 5.2.1935, Nr. 30, RT S. 100.
277 Bbl., 11.1.1936, Nr. 9, RT S. 40.
278 Vgl. https://verbrannte-und-verbannte.de
279 Bbl., 30.1.1934, Nr. 25, RT S. 88.
280 Bbl., 2.3.1935, Nr. 52, RT S. 168; 11.5.1935, Nr. 108, RT S. 384;
281 Bbl., 11.2.1935, Nr. 38, RT S. 127.
282 Bbl., 6.6.1936, Nr. 129, RT S. 512.
283 Bbl., 19.8.1937, Nr. 190, RT 664.
284 www.dgim-history.de/biografie/Henius;Kurt;1559.
285 www.stolpersteine-berlin.de/de/landgrafenstr/9/kurt-henius –

Abb. 52: Max Henius (1878–1944).

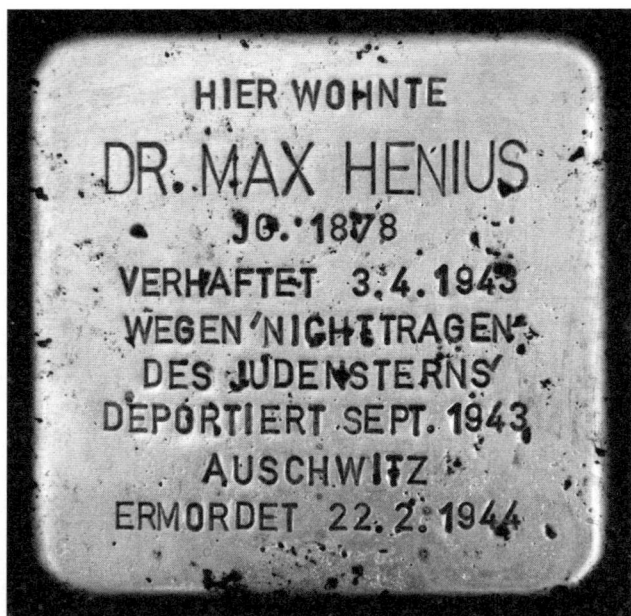

Abb. 53: Stolperstein für Max Henius in Berlin-Friedenau, Dickhardtstraße 6.

in der Sigismundstraße 5 aufgeben. Die aus Antiquitäten und wertvollen Möbeln bestehende Einrichtung wurde versteigert. Die Familie zog nach zwei Interimsunterkünften im Herbst 1936 in eine kleinere Mietwohnung in der Ringstraße (heute: Dickhardtstraße) 6 nach Berlin-Friedenau. Über die Tätigkeit von Henius in den Folgejahren ist nichts bekannt, vermutlich und notgedrungen zog er sich ins Privatleben zurück und verrichtete für den Lebensunterhalt wechselnde Hilfsarbeiten. Offenbar hatte er noch erwogen, nach Dänemark zu emigrieren, da entfernte familiäre Verbindungen nach Kopenhagen bestanden, setzte diesen Plan jedoch nicht um. Angeblich glaubte er nicht daran, dass sich die Herrschaft der Nationalsozialisten lange halten würde. Auch darin täuschte er sich.

Am 3. April 1943 wurde Henius in Berlin wegen »Nichttragens des Judensterns« verhaftet, verurteilt und mit Haft bis zum 3. Juli 1943 in Tegel bestraft. Am Tag seiner Freilassung nahmen ihn Gestapo-Beamte in seiner Wohnung erneut wegen »asozialen Verhaltens« (d.h., weil er Jude war) fest. Über die Arbeitslager Großbeeren und Wuhlheide sowie das Beuthener Polizeigefängnis kam er am 3. September 1943 ins KZ Auschwitz. Durch Ernährungsmangel geschwächt, erkrankte er dort und wurde im Dezember 1943 in den Häftlingskrankenbau verlegt, wo er am 22. Februar 1944 starb. Weil sich seine Frau nicht hindern ließ, nach seinem Verbleib zu forschen, wurde sie zur Reinigung von Anhalter und Lehrter Bahnhof abgestellt (mit anderen »Judenfrauen«), auch wurde ihr nahegelegt, sich von Max Henius scheiden zu lassen, was sie jedoch ablehnte. Ihr Adoptivsohn Klaus Henius diente während des Krieges anfangs im Reichsarbeitsdienst, später bei der Kriegsmarine. 1944 wurde Frieda Henius ausgebombt und verlor ihr verbliebenes Hab und Gut.

9 Entschädigung und Erinnerung

Als Alleinerbin ihres Mannes bemühte sich Frieda Henius, die nach dem Krieg mit ihrem Sohn weiterhin in Berlin lebte, ab 1952 beim dortigen Wiedergutmachungsamt um Rückgabe von Grundstück und Villa in Berlin-Kladow sowie um Entschädigung für den zwangsenteigneten Verlag Neufeld & Henius. Dabei kam naturgemäß nicht zur Sprache, dass dort Anfang der 1930er Jahre auch dem Nationalsozialismus zugeneigte Bücher erschienen waren.

Die neuen Besitzer der Henius-Villa in Berlin-Kladow, der ehemalige Wehrwirtschaftsführer List und dessen Frau, hatten sich nach dem Krieg nach Argentinien abgesetzt. Sie ließen sich durch den in Deutschland lebenden Bruder von

List vertreten, der Widerspruch gegen die Rückgabeforderung von Frieda Henius einlegte. Am Ende eines langwierigen streitigen Verfahrens erhielt die Verlegerwitwe Grundstück und Villa schließlich jedoch 1954 zurück, weil der damalige Zwangsverkauf allzu offenkundig gewesen war.[286]

Für den Unternehmenswert des Verlags Neufeld & Henius, den Frieda Henius angesichts der bis 1933 erzielten Jahresumsätze auf zwei Million Reichsmark schätzte, wurden ihr 1955 eine einmalige Kapitalentschädigung von DM 29.157 und eine monatliche Witwenrente von DM 484 zugesprochen.[287] Mit dem erhaltenen Geld erwarb sie ein Haus in Bad Homburg, in dem sie bis zu ihrem Tod 1963 lebte. Ihr Sohn Klaus Henius erhielt 1959 im Vergleichswege eine Entschädigung für »Schaden am beruflichen Fortkommen« in Höhe von DM 4.000, da ihm im Dritten Reich eine die spätere Übernahme des Verlags qualifizierende Ausbildung »als Adoptivkind eines Juden« verschlossen gewesen beziehungsweise nach Enteignung des Verlags unmöglich war.[288] Er zog ebenfalls nach Bad Homburg, wo er wechselnden Tätigkeiten nachging und 1995 starb.

Ungeachtet seiner erheblichen Bücherproduktion ist der Verlag Neufeld & Henius nach 1945 weitgehend in Vergessenheit geraten. Lediglich das Sammelwerk *Juden im deutschen Kulturbereich* von Siegmund Kaznelson, das eigentlich schon Ende 1934 hätte erscheinen sollen, rief ihn 1959 noch einmal in Erinnerung: »In Berlin war ein bekannter Verlag Neufeld & Henius (gegr. 1886; mit Antiquariat)«.[289] Zur Nichtbeachtung mag beigetragen haben, dass es sich um ein populär-belletristisches, später auch deutlich national-konservatives Verlagsprogramm gehandelt hat, demgegenüber die jüdische Eigentümergeschichte der Firma in den Hintergrund trat. In neueren Veröffentlichungen über jüdische Verleger und Verlage kommen Max Henius und der Verlag Neufeld & Henius jedenfalls ebenso wenig vor wie in bisherigen Darstellungen zur deutschen Buchhandelsgeschichte vom Kaiserreich über die Weimarer Republik bis zum Dritten Reich. Dementsprechend wurde 2018 in einer Studie über belletristische historische Romane zu Neufeld & Henius festgestellt: »Die Informationslage zu diesem Verlag ist leider sehr schlecht.«[290]

Beachtung hatte Neufeld & Henius jedoch im Zusammenhang mit Recherchen zu den Biografien Berliner Juden in Vorbereitung für die Verlegung von Stolpersteinen zu deren Gedenken gefunden. Das zuletzt ideologisch problematische Programm des Verlags wurde dabei allerdings nicht thematisiert. So konnte 2013 die Biografie von Max Henius rekonstruiert und an seiner letzten Wohnadresse Dickhardtstraße (früher Ringstraße) 6 ein Stolperstein für ihn gesetzt werden: »Hier wohnte / Dr. Max Henius / Jg. 1878 / verhaftet 3.4.1943 / wegen ›Nichttragen / des Judensterns‹ / deportiert Sept. 1943 / Auschwitz / ermordet 22.2.1944«.[291] Gedacht wird des Verlegers auch auf dem Jüdischen Friedhof Berlin-Weißensee.[292] Vor dem Grabmal des Erbbegräbnisses Henius (Gräberfeld C 4, Nr. 2464), das Namen und Lebensdaten von Julian und Emma Henius trägt, hatte Frieda Henius bereits in den fünfziger Jahren eine Gedenktafel für ihren in Auschwitz verstorbenen Mann anbringen lassen. Diese wurde später um ihre eigenen Lebensdaten ergänzt, da ihre Urne hier beigesetzt werden konnte.

Eine bleibende Erinnerung an die Tätigkeit des Verlegers Max Henius und seiner Vorgänger stellen schließlich die in vielen Bibliotheken vorhandenen und aufgrund ihrer meist hohen Auflagen auch antiquarisch noch weithin verfügbaren Bücher von Neufeld & Henius dar.[293] Sie bilden zugleich die Grundlage für eine weiterführende buchwissenschaftliche, aber auch zeithistorische Beschäftigung mit diesem in mehrfacher Hinsicht beachtenswerten Verlag.

---

286 Landesarchiv Berlin, B Rep. 025–05 Wiedergutmachungsämter von Berlin Geschäftsstelle 5, 2434/50 (Grundstück Berlin-Kladow, Sakrower Kirchweg 56/58), 2435/50 (Entschädigung für den durch Auflösung der Firma Neufeld und Henius, Berlin, entstandenen Schaden) und 2436/50 (Bibliothek und Einrichtungsgegenstände in der Villa Berlin-Kladow).
287 Berlin, Landesamt für Bürger- und Ordnungsangelegenheiten (LABO), Abt. I – Entschädigungsbehörde, Opfer des Nationalsozialismus, Akte 17.271 (Henius, Frieda).
288 Ebd., Akte 17.272 (Henius, Klaus).
289 Kaznelson, Siegmund: Verlag und Buchhandel. In: Ders. (Hrsg.): Juden im deutschen Kulturbereich. Ein Sammelwerk. Berlin: Jüdischer Verlag 1959 (2., stark erw. Ausg.), 1962 (3. Ausg.), S. 131–146, hier S. 145.

290 Rüden, Stefanie von: Die Geschichtsbilder historischer Romane. Eine Untersuchung des belletristischen Angebots der Jahre 1913 bis 1933. Berlin: Logos 2018 (Geschichtsdidaktische Studien, Bd. 4), S. 254
291 www.stolpersteine-berlin.de/de/dickhardtstr/6/max-henius. – https://dewiki.de/Lexikon/Liste_der_Stolpersteine_in_Berlin-Friedenau
292 Freundl. Auskunft des Jüdischen Friedhofs Weißensee vom 22.11. 2023. – https://commons.wikimedia.org/wiki/File:Henius_-_J%C3%BCdi_scher_Friedhof_Berlin-Wei%C3%9Fensee.jpg
293 Die Staatsbibliothek zu Berlin hat allerdings zahlreiche Kriegsverluste bei Büchern von Neufeld & Henius zu beklagen. – Von einigen Titeln des Verlags gibt es inzwischen Reprints, weitere stehen in digitalisierter Form online zur Verfügung.

Literatur- und Quellenverzeichnis

Archivalische Quellen

Landesarchiv Berlin
 A Rep. 342-02 Amtsgericht Charlottenburg – Handelsregister, 42560 Neufeld & Henius, Verlags-Buchhandlung (1901–1937)
 A Rep. 342-02 Amtsgericht Charlottenburg, Handelsregister, 58837 Henius & Co. Verlags GmbH (1934–1941)
 B Rep. 025–05 Wiedergutmachungsämter von Berlin Geschäftsstelle 5, 2434/50 (Grundstück Berlin-Kladow, Sakrower Kirchweg 56/58), 2435/50 (Entschädigung für den durch Auflösung der Firma Neufeld und Henius, Berlin, entstandenen Schaden) und 2436/50 (Bibliothek und Einrichtungsgegenstände in der Villa Berlin-Kladow)
Berlin, Landesamt für Bürger- und Ordnungsangelegenheiten (LABO), Abt. I – Entschädigungsbehörde, Opfer des Nationalsozialismus
 Akte 17.271 (Henius, Frieda)
 Akte 17.272 (Henius, Klaus)
Deutsches Buch- und Schriftmuseum, Leipzig
 Bö-GR/N/184 (Brief Neufeld & Mehring, 1886)
 Bö-VK/Neufeld & Mehring (Verzeichnis der Parthie-Artikel)
 Bö-VK/Neufeld & Henius (Kataloge und Prospekte, 1889–1929)
 ZC 2180 (Das moderne Antiquariat, 1913–1914)
 1967 C 13 (Das Überbuch suum cuique, 1924).
 Ee 599, [2] Neufeld & Henius (Das gute und schöne Buch, 1925)
Sächsisches Staatsarchiv Leipzig
 Bestand 21765 Börsenverein der Deutschen Buchhändler zu Leipzig (I), 13 (Mitgliedsakten der buchhändlerischen Firmen)

Gedruckte Quellen

Amtlicher Katalog: Internationale Ausstellung für Buchgewerbe und Graphik, Leipzig, 1914. Leipzig: Poeschel & Trepte, 1914, S. 295, Nr. 1151.
Besprechungen / Mitteilungen. In: Archiv für Buchgewerbe und Gebrauchsgraphik, Jg. 61, 1924, H. 4 (Sonderheft Deutsche Pressen- und bibliophile Reihendrucke), S. 493–506.
Bibliographische Abteilung des Börsenvereins der Deutschen Buchhändler (Bearb.): Verlagsveränderungen im deutschen Buchhandel 1900–1932. Leipzig: Börsenverein 1933, S. 49.
Bibliographische Abteilung des Börsenvereins der Deutschen Buchhändler (Bearb.): Verlagsveränderungen im deutschen Buchhandel 1933–1937. Leipzig: Börsenverein 1937.
Börsenblatt für den Deutschen Buchhandel 52 (1885) – 105 (1938).
Collin, Ernst: Der Verlegereinband: In: Gebrauchsgraphik, Jg. 1, 1924, H. 11, S. 40–81.
Gesammt-Verlags-Katalog des Deutschen Buchhandels. Ein Bild deutscher Geistesarbeit und Cultur. Vollständig bis 1880. Erste Abtheilung. Münster in Westfalen: Adolph Russell's Verlag 1881, Sp. 1371–1376.
Gesammt-Verlags-Katalog des Deutschen Buchhandels und des mit ihm im direkten Verkehr stehenden Auslandes. XVI. Ergänzungs-Band, Erste Abtheilung, 2. Theil [Berlin (M) bis Breslau]. Münster in Westfalen: Adolph Russell's Verlag 1893, Sp. 1833–1838.
Für Jeden Etwas aus dem Verlage von Neufeld & Henius, Berlin (Faltblatt um 1912).
Goldene Bücher aus dem Verlage von Neufeld & Henius, Berlin (Faltblatt um 1912).
Habbel, [F. Ludwig]: Die Einheit des illustrierten Buches. In: Offset-, Buch- und Werbekunst, Jg. 2, 1925, H. 3, S. 129–135.
Heichen, Paul: Die Mischpoke im Berliner Buchhandel. Offener Brief an den Journalisten Isidor Feilchenfeldt, von Sally Simon Tilles. In: Das zwanzigste Jahrhundert. Deutsch-nationale Monatshefte, Jg. 2, 1891/1892, H. 2, S. 213–234.
Heichen, Paul: Die Mischpoke im Berliner Buchhandel. Moment-Photographieen aus den Kreisen unserer israelitischen ›Herren Kollegen‹. Offener Brief an den Journalisten Dr. Isidor Feilchenfeldt, von Sally Simon Tilles. Berlin: Heichen 1892
Hellwag, Fritz: Lucian Zabel. [Deutsche Buchkünstler und Gebrauchsgraphiker der Gegenwart Leipzig 1927]. In: Archiv für Buchgewerbe und Gebrauchsgraphik, Jg. 64, 1927, H. 3, S. I–XL.
Henius, Max: Die Ausgleichung unter den Miterben und die Anrechnung auf den Pflichtteil nach dem B.G.B. Inaugural-Dissertation … bei der Universität Leipzig. Berlin: Seydel & Co. 1903.
Henschel, Carl: Herrn Julian Henius zum 60jährigen Geburtstage am 28. März 1909 (Privatbesitz Elke Vollmer-Henius, Bad Homburg).
Hervorragende Jugendschriften aus dem Verlage Neufeld & Henius, Berlin, 1904.
Jolowicz, Jacques: Das Großantiquariat und seine Ausdehnung. In: Bbl., 7.8.1911, Nr. 181, S. 8939–8941, 8.8.1911, Nr. 182, S. 8982–8983; 18.8.1911, Nr. 191, S. 9283–9284; 5.9.1911, Nr. 206, S. 9941–9943.
Jüdisches Adressbuch für Gross-Berlin. Ausgabe 1929/30. Berlin: Goedega Verlags-Gesellschaft [1929].
Kinderbücher und Jugendschriften. In: Westermanns Monatshefte, Jg. 56, 1911/12, Bd. 111, 2. Teil, S. 625–629.
Lödden, Hans-Jürgen: Dr. Max Henius – ein jüdischer Verleger. In: Kladower Forum: Treffpunkte. Frühjahr 2014.
Loele, Kurt: Almanache auf das Jahr 1921. In: Bbl., 23.2.1921, Nr. 45, RT S. 221–222.
Neufeld, Siegfried: Feste Verkaufspreise im Restbuchhandel! In: Bbl., 10.11.1904, Nr. 269, S. 10305.
o. A.: Der deutsche Verlag auf der Bugra-Messe, Frühjahr 1925. In: Archiv für Buchgewerbe und Gebrauchsgraphik, Jg. 62, 1925, S. 130–132.
Neufeld & Henius Verlag, Berlin: Das gute und schöne Buch. Berlin: Neufeld & Henius 1925.
Neufeld & Henius Verlag, Berlin: Verlagskatalog. Wichtige Mitteilungen für das Sortiment. In: Bbl., 11.9.1928, Nr. 212, Umschlag und S. 7279–7306.
Pleetschke, W.: Der Kult des Märchenbuches. In: Archiv für Buchgewerbe und Graphik, Jg. 57, 1919/20, H. 11/12, S. 317–325.
Schädel, Mirko: Illustrierte Bibliographie der Kriminalliteratur 1796–1945 im deutschen Sprachraum, Bd. 2. Butjadingen: Achilla-Presse 2006.
Schubert, Walter F.: Lucian Zabel. Berlin: Zabel 1926.
Trenker, Luis: Alles gut gegangen. Geschichten aus meinem Leben. Hamburg: Mosaik 1965.
Urban, Erich: Dreißig Jahre ›Sang und Klang‹. In: Goldene Musik. Sang und Klang-Jubiläumsgabe. Anläßlich des Erscheinens des 12. Bandes allen Sang- und Klang-Freunden gewidmet. Berlin: Neufeld & Henius 1929, S. 25–26.
Verzeichniss der Parthie-Artikel mit einem sich daran anschliessenden Verzeichniss der Verlagswerke von Neufeld & Henius. Berlin 1889.
Voigtländer, Robert: Ladenpreis oder Katalogpreis? In: Bbl., 27.10.1927, Nr. 252, RT S. 1269–72.

Forschungsliteratur

Förster, Evelin: Die Perlen der Cleopatra. Notentitelblätter von 1894 bis 1937 als Spiegel der Gesellschaft. Berlin: Eigenverlag 2020, S. 330.

Garzmann, Manfred R. W. / Ostwald, Thomas / Schuegraf, Wolf-Dieter (Hrsg.): Gerstäcker-Verzeichnis. Erstausgaben, gesammelte Werke und Sekundärliteratur ... Braunschweig: Friedrich-Gerstäcker-Gesellschaft 1986, S. 56–57.

Ostwald, Thomas: Bibliografische Anmerkungen. Werkausgaben, Varianten & Kurioses. Erfurt: CPI 2023 (Beiträge zur Gerstäcker-Forschung, Nr. 6), S. 17–18 und 40–42.

Heuer, Renate (Red.): Lexikon deutsch-jüdischer Autoren, Bd. 16. München: Saur 2008, S. 409–413.

Jaeger, Roland: Wien – Berlin – London. Der Gebrauchsgrafiker und Buchgestalter Fritz Löwen (Lucien Lowen). In: Aus dem Antiquariat, NF 19, 2021, Nr. 4, S. 138–154.

Jäger, Gerhard / Wittmann, Reinhard: Der Antiquariatsbuchhandel. In: Georg Jäger (Hrsg. im Auftrag der Historischen Kommission): Geschichte des deutschen Buchhandels im 19. und 20. Jahrhundert. Band 1: Das Kaiserreich 1871–1918, Teil 3. Berlin/New York: DeGruyter 2010, S. 195–280.

Kaznelson, Siegmund: Verlag und Buchhandel. In: Siegmund Kaznelson (Hrsg.): Juden im deutschen Kulturbereich. Ein Sammelwerk. Berlin: Jüdischer Verlag 1959 (2., stark erw. Ausg.), 1962 (3. Ausg.), S. 131–146, hier S. 145.

Lödden, Hans-Jürgen: Dr. Max Henius – ein jüdischer Verleger. In: Kladower Forum: Treffunkte. Frühjahr 2014, S. 32 und 34.

Mälzer-Semlinger, Nathalie: Die Vermittlung französischer Literatur nach Deutschland zwischen 1871 und 1933. Diss. Duisburg-Essen 2009.

Olzog, Dagmar / Hacker, Johann (Hrsg.): Dokumentation deutschsprachiger Verlage. 13. Ausgabe. München: Olzog 1998.

Otto, Peter: Das moderne Antiquariat. Der Resteverkauf im Buchhandel. Gütersloh: Bertelsmann 1967 (Schriften zur Buchmarkt-Forschung, Bd. 8).

Rüden, Stefanie von: Die Geschichtsbilder historischer Romane. Eine Untersuchung des belletristischen Angebots der Jahre 1913 bis 1933. Berlin: Logos 2018 (Geschichtsdidaktische Studien, Bd. 4), S. 254.

Schädel, Mirko: Illustrierte Bibliographie der Kriminalliteratur 1796–1945 im deutschen Sprachraum, Bd. 2. Butjadingen: Achilla-Presse 2006.

Schaumberger, Astrid: Die Entstehung des Modernen Antiquariats im Spiegel des Börsenblatts für den Deutschen Buchhandel (1834–1914), des Organs des Deutschen Buchhandels (1834–1850) und der Süddeutschen Buchhändler-Zeitung (1838–1876). Erlangen: Buchwissenschaft / Universität Erlangen-Nürnberg 2005 (Alles Buch. Studien der Erlanger Buchwissenschaft, Bd. 13).

Würffel, Reinhard: Lexikon Deutscher Verlage von A–Z. Berlin: Grotesk 2000.

Würffel, Reinhard: Würffels Signet-Lexikon. Berlin: Grotesk 2010.

Bildquellen

Antiquariat im Kaiserviertel – Wimbauer Buchversand, Dortmund: 42, 43
Antiquariat Löcker, Wien: 3
Deutsche Nationalbibliothek, Deutsches Buch- und Schriftmuseum, Leipzig: 2 ,5, 6, 7, 8
Paul Ruben: Die Reklame, Bd. 2. Berlin 1915: 10
Elke Vollmer-Henius, Bad Homburg: 52
https://commons.wikimedia.org: 53
www.boersenblatt-digital.de: 24, 37
Archiv Roland Jaeger: alle übrigen

Katharina Knorr

»Wendepunkte der Weltgeschichte«

Über Anfang und Ende der *Janus-Bücher* aus dem R. Oldenbourg Verlag

Abstract: When academic paperbacks reached print runs of up to 50.000 copies in the mid-1950s, Rudolf Oldenbourg also decided to publish a series of historical paperbacks. From 1957 Oldenbourg published the *Janus-Bücher. Berichte zur Weltgeschichte*. Oldenbourg based its plans for the academic paperback series on successful academic series from other publishers such as the *Urban books* (Kohlhammer from 1953), the *Kleine Reihe* (Vandenhoeck & Ruprecht from 1954), the *Dalp Taschenbücher* (Francke from 1954) and *Rowohlts deutsche Enzyklopädie*, which was a great success from its launch in 1955.

The *Janus-Bücher* – characterised by »scholarly reliability and lively presentation« – were intended to provide information about turning points in world history and thus make historiographical findings accessible to a broad public with an interest in contemporary historiography.

The two right-wing conservative historians Hellmuth Rößler and Gustav Adolf Rein have been commissioned to publish the book. Both were members of the Ranke Society, which was founded in 1950 around a core of former Nazi historians and from whose ranks the idea of an academic series on political history was brought to Oldenbourg. Horst Kliemann put Rudolf Oldenbourg in touch with Hellmuth Rößler, who was primarily responsible for the series from 1957 onwards and whose declared aim was to use the historical paperbacks to convey an awareness of history to the post-war German public that would enable a more precise understanding of Germany's past.

He came into conflict with Hans Altenhein, who supervised the Janus volumes within the R. Oldenbourg publishing house and – like Karl von Cornides – drew attention from the outset to the questionable motives and aims of the conservative historians from the Ranke-Society as well as to the unprofessional and outmoded conception of the series. Altenhein's criticism relates to the selection of authors as well as the choice of topics and form of presentation.

In the end, those responsible at the publishing house felt that the aim of providing the public with an understanding of world politics through the historical paperbacks had not been achieved. The series is discontinued in 1961.

Zusammenfassung: Als Mitte der 1950er Jahre wissenschaftliche Taschenbücher Auflagenhöhen von bis zu 50.000 Exemplaren erreichen, entscheidet sich auch der R. Oldenbourg Verlag für die Herausgabe einer geschichtswissenschaftlichen Taschenbuchreihe. Ab 1957 erscheinen bei R. Oldenbourg die *Janus-Bücher. Berichte zur Weltgeschichte*. Oldenbourg orientiert sich bei der Planung der wissenschaftlichen Taschenbuchreihe an erfolgreichen wissenschaftlichen Reihen anderer Verlage wie den *Urban-Büchern* (Kohlhammer ab 1953), der *Kleinen Reihe* (Vandenhoeck & Ruprecht ab 1954), der *Sammlung Dalp* (Francke ab 1954) sowie *Rowohlts deutscher Enzyklopädie*, die ab ihrer Einführung 1955 ein großer Erfolg ist.

Die *Janus-Bücher* sollen – ausgezeichnet durch »wissenschaftliche Zuverlässigkeit und lebendige Darstellung« – über Wendepunkte der Weltgeschichte informieren und damit geschichtswissenschaftliche Erkenntnisse einem breiten Publikum mit Interesse an gegenwartsbezogener Geschichtsschreibung zugänglich machen.

Mit der Herausgabe werden die beiden rechtskonservativen Historiker Hellmuth Rößler und Gustav Adolf Rein beauftragt. Beide sind Mitglieder der Ranke-Gesellschaft, die sich 1950 um einen Kern ehemaliger NS-Historiker gegründet hatte und aus deren Reihen die Idee einer wissenschaftlichen Reihe zur politischen Geschichte an den Oldenbourg Verlag herangetragen wurde. Horst Kliemann vermittelt Rudolf Oldenbourg den Kontakt zu Hellmuth Rößler, der die Reihe ab 1957 hauptverantwortlich konzipiert und dessen erklärtes Ziel es ist, mit den historischen Taschenbüchern dem nachkriegsdeutschen Publikum ein Geschichtsbewusstsein zu vermitteln, das ein genaueres Verständnis der deutschen Vergangenheit ermöglicht.

In Konflikt gerät er vor allem mit Hans Altenhein, der die *Janus*-Bände innerhalb des R. Oldenbourg Verlags betreut und – wie auch Karl von Cornides – von Anfang an auf fragwürdige Motive und Ziele der konservativen Historiker aus der Ranke-Gesellschaft sowie auf unprofessionelle und unzeitgemäße Konzeption der Reihe aufmerksam macht. Altenheins Kritik bezieht sich dabei sowohl auf die Auswahl der Autoren wie auch auf Themenwahl und Form der Darstellung.

Das Ziel, dem Publikum mit den historischen Taschenbüchern ein Verständnis der Weltpolitik zu ermöglichen, sehen die Verlagsverantwortlichen schließlich nicht erreicht. 1961 wird die Reihe eingestellt.

Inhalt

1 Einleitung 52
2 Das Taschenbuch als Bildungsmedium 54
3 Wissenschaft im Taschenbuch 54
4 »In Zusammenarbeit« – die Ranke-Gesellschaft und der Verlag R. Oldenbourg 55
5 »Die Herren Professor Rein, Rößler und Franz« – Exkurs über die Herausgeber 57
6 Geschichtswissenschaft für alle 61
7 Geschichte im Taschenbuch 67
8 Autoren und Themen 69
9 Anfang und Ende der *Janus-Bücher* 73
10 Literatur- und Quellenverzeichnis 79
11 Anhang: Brief von Rudolf Oldenbourg an Hellmuth Rößler, 29. November 1956 82

1 Einleitung

Mit den *Janus-Büchern*, die zwischen 1957 und 1961 als wissenschaftliche Taschenbuchreihe erscheinen, unternimmt der R. Oldenbourg Verlag den Versuch, an die Marktverhältnisse der 1950er Jahre anzuschließen und Geschichtswissenschaft einem großen Lesepublikum zugänglich zu machen. 1957 werden die ersten vier Bände veröffentlicht. Schon vier Jahre später, im Herbst 1961, beschließen die Verlagsverantwortlichen, die Reihe wieder einzustellen. Im Verlagsarchiv von R. Oldenbourg in München findet sich eine umfangreiche Korrespondenz zur Planung der Reihe sowie zu den Problemen, die teilweise im Laufe von Produktion und Distribution entstehen, teilweise aber auch schon in den Anfängen der Planung gründen. Die Verlagsarchivalien geben Auskunft über die Entstehung einer wissenschaftlichen Taschenbuchreihe in der Hochzeit des westdeutschen Taschenbuchs Ende der 1950er Jahre und über die Frage, warum es einem renommierten Wissenschaftsverlag wie R. Oldenbourg nicht gelingt, die bereits erfolgreich etablierte Publikationsform Taschenbuch für seine Ziele in gleicher Weise nutzbar zu machen wie viele andere Verlage der Zeit.

Die bisherige Taschenbuchforschung hat sich vor allem aus buchmarkthistorischer Perspektive mit der Rolle und Funktion dieser neuen Publikationsform auseinandergesetzt (vgl. u. a. Bonenberger: *Die Entwicklung der Taschenbuchproduktion*; Göpfert: *Bemerkungen zum Taschenbuch*; Gollhardt: *Das Taschenbuch im Zeitalter der Massenkultur* und Gollhardt: *Taschenbücher*; Rössler: *Aus der Tasche in die Hand* und Rössler: *Pro(roro)vokation*; Ziermann: *Der deutsche Buch- und Taschenbuchmarkt*; Kampmann: *Kanon und Verlag*, Völker: *Das Buch für die Massen*; Fetzer: *Das Taschenbuch*) sowie mit ihrer Materialität (Klimmt/Rössler: *Reihenweise* und Drews: »*Macht unsere Bücher billiger!*«).

Auch in den von Carlos Spoerhase in seinem Plädoyer zur Erforschung des Taschenbuchs entworfenen Traditionslinien (Genreliteratur, kanonische Literatur und Gegenwartsliteratur) hatte das wissenschaftliche Taschenbuch noch keinen Platz (Spoerhase: *Rauchen oder Lesen?*).

In den letzten Jahren ist das wissenschaftliche Taschenbuch aber mit den Arbeiten zu *rowohlts deutscher enzyklopädie* (Döring/Lewandowski/Oels: *rowohlts deutsche enzyklopädie*), zur *edition suhrkamp* (Michalski: *Aufklärung und Kritik* und Michalski: *Die edition suhrkamp*), zur kurzen Geschichte der Reihe *suhrkamp wissen* (Michalski: *suhrkamp wissen*) sowie zur Reihe *suhrkamp Theorie* (Paul: *Suhrkamp Theorie*) immer mehr ins Zentrum des Interesses buch- und bildungsgeschichtlicher Forschung gerückt.

Der vorliegende Beitrag nutzt die Chance, die Geschichte einer wissenschaftlichen Taschenbuchreihe aufgrund fast lückenlos vorliegender Archivalien nachzuvollziehen.[1] Diese geben Aufschluss über die Herausforderungen, vor die sich ein Wissenschafts- und Schulbuchverlag wie R. Oldenbourg bei der Produktion von Taschenbüchern mit geschichtswissenschaftlichen Inhalten gestellt sah sowie über Aushandlungsprozesse zwischen Verlagsmitarbeitern und Autoren über die Vermittlung geschichtswissenschaftlichen Wissens. Anhand der Korrespondenz von Verlagsmitarbeitern, Autoren und Verlegern sowie den konzeptionellen Entwürfen zu der historischen Taschenbuchreihe lässt sich zeigen, dass vor allem der Gestaltungswille rechtskonservativer Historiker aus dem Umkreis der Ranke-Gesellschaft zum Scheitern der Reihe geführt hat.[2] Während die großen Publikumsverleger Ernst Rowohlt und Gottfried Bermann Fischer mit ihren Taschenbuchreihen neue Wege der Wissensvermittlung beschreiten wollen, Aufklärung und Demokratie als Ziele ihrer Bildungsarbeit beschreiben, halten die Herausgeber der *Janus-Bücher* an konservativen Strategien der Geschichtsvermittlung fest: Obwohl Verlagsmitarbeiter wie Hans Altenhein oder Karl von Cornides nachdrücklich auf Reflexion der geschichtswissenschaftlichen Inhalte drängen, internationale Themen und Autoren sowie die Darstellung struktureller Zusammenhänge historischer Entwicklungen fordern, möchten die Herausgeber Hellmuth Rößler und Gustav Adolf Rein vor allem Mitgliedern der Ranke-Gesellschaft eine Plattform bieten, auf der sie ihre geschichtswissenschaftlichen Überzeugungen entfalten können.

Dabei orientieren sich Herausgeber und Verlagsmitarbeiter durchaus an den anderen sehr erfolgreichen zeitge-

---
[1] Besonderer Dank gilt Harald Müller (Bayerisches Wirtschaftsarchiv München) sowie Hans Altenhein für die hilfreiche Unterstützung bei der Rekonstruktion der Ereignisse.
[2] Zur Bedeutung von Verlagsarchiven für die buchwissenschaftliche Forschung vgl. Füssel (Hrsg.): »Ungeöffnete Königsgräber«.

Abb. 1: Sämtliche Bände der Reihe *Janus-Bücher*, Gestaltung von Gerhard M. Hotop.

nössischen Taschenbuchreihen wie den *Büchern des Wissens* aus dem Fischer Verlag oder *rowohlts deutscher enzyklopädie*, deren Herausgeber in der Werbung an den Taschenbüchern hervorheben, dass darin höchste wissenschaftliche Qualität von Fachleuten vermittelt und zu einem geringen Preis allen Interessierten zugänglich gemacht wird.

Die *Janus-Bücher*, so heißt es ab dem ersten Band in der programmatischen Zusammenfassung, wollen über entscheidende Ereignisse der Weltgeschichte berichten. »Namhafte Sachkenner aus dem In- und Ausland« zeigten hier, wie es zu den großen Wendungen in der Vergangenheit kam, die unsere Gegenwart mitbestimmt haben. In dieser Hinsicht sind die JANUS-BÜCHER für unsere Zeit geschrieben.«[3]

›Unsere Zeit‹ sind die 1950er Jahre, in denen Historiker über den ›Verlust der Geschichte‹ diskutieren[4] und sich Taschenbücher als neues Massenmedium auf dem westdeutschen Buchmarkt etablieren. Seit 1950 *Rowohlts Rotationsromane (rororo)*[5] und seit 1952 die Bände der *Fischer Bücherei* auf den Markt gekommen waren, war die Produktion von Taschenbüchern bis 1957 um das Zehnfache gestiegen.[6] Auch das Interesse an wissenschaftlichen Titeln und Sachbüchern war Ende der 1950er Jahre groß.[7]

---

3 Reihenbeschreibung des Verlags am Ende der einzelnen Bände auf den hinteren Seiten.
4 Zur Diskussion über die Grundlagenkrise der Geschichtswissenschaft vgl. u. a. Blaschke/Schulze (Hrsg.): Geschichtswissenschaft und Buchhandel in der Krisenspirale?, S. 6; Heimpel: Der Mensch in seiner Gegenwart; Heimpel: Kapitulation vor der Geschichte?; Heuß: Verlust der Geschichte; Koselleck: Wozu noch Historie? (1970); Nipperdey: Wozu noch Geschichte? (1975); Jeismann: Verlust der Geschichte?
5 1950 lösen die ersten *rororo*-Taschenbücher in kartoniertem Einband mit Klebebindung und mit Leinenrücken die Zeitungsdrucke ab. Die Taschenbücher werden in Erstauflagen von 50.000 Exemplaren, in Serien und regelmäßigen Abständen produziert und zu einem niedrigen Preis von 1,50 DM vertrieben. Von 1950 bis 1952 verkauft Rowohlt 2,4 Millionen Taschenbücher, bis 1960 über 10 Millionen. Vgl. dazu auch: Oels: Rowohlts Rotationsroutine.
6 Vgl. Bonenberger: Die Entwicklung der Taschenbuchproduktion, S. 1393.
7 Vgl. <https://sfb1472.uni-siegen.de/> Das Teilprojekt »Wissenschaft im Taschenbuch 1955–1980« des DFG-Sonderforschungsbereichs »Transformationen des Populären« untersucht die Verbreitungsgeschichte wissenschaftlichen Wissens ab den 1950er Jahren. Es geht von der Hy-

2 Das Taschenbuch als Bildungsmedium

Den Verlegern der Nachkriegszeit ging es bei der Produktion von Taschenbüchern nicht nur um wirtschaftlichen Erfolg, sondern auch um »geistigen Wiederaufbau«[8]. Beschreibungen eines solchen verlegerischen Idealismus findet man in Erinnerungen von Verlegern der großen Publikumsverlage genauso wie in Selbstzeugnissen von Protagonisten aus wissenschaftlichen Verlagen. Mit den Taschenbüchern wollten Verleger nach dem Zweiten Weltkrieg anspruchsvolle Bücher breiten Leser:innenschichten zugänglich machen und damit dem Bildungsnotstand nach dem Zweiten Weltkrieg entgegenwirken.

Gemäß dem eigenen Ideal, das Taschenbuch zum nachkriegsdeutschen Bildungsmedium zu machen, beschlossen die beiden großen Publikumsverlage S. Fischer und Rowohlt Anfang der 1950er Jahre, ihre Taschenbuchprogramme um wissenschaftliche Titel zu erweitern. Damit haben sie einen entscheidenden Beitrag zur Popularisierung wissenschaftlicher Texte nach dem Zweiten Weltkrieg geleistet. Versuche, auch wissenschaftliche Bücher für ein breiteres Publikum interessant zu machen, gab es vor 1950 bereits einige.[9] In den Taschenbüchern der großen Publikumsverlage erreichen die wissenschaftlichen Texte in den 1950er Jahren aber zum ersten Mal Auflagen von über 100.000 Exemplaren innerhalb eines Jahres.[10]

Erklärtes Ziel dieser wissenschaftlichen Taschenbücher war es – so kann man es 1952 Albert Einsteins Vorwort zum ersten Band der *Bücher des Wissens* aus dem Fischer Verlag entnehmen –,

> daß die breite Öffentlichkeit Gelegenheit hat, sich über die Bestrebungen und Ergebnisse der wissenschaftlichen Forschung sachkundig und verständlich unterrichten zu können. Es genügt nicht, daß die einzelnen Resultate durch wenige Fachleute des entsprechenden Teilgebiets anerkannt, weiter bearbeitet und angewendet werden. Die Beschränkung der wissenschaftlichen Erkenntnisse auf eine kleine Gruppe von Menschen schwächt den philosophischen Geist eines Volkes und führt zu dessen geistiger Verarmung.[11]

Die *Bücher des Wissens* sollen »durch gewissenhafte Textausgaben, Einleitungen und Kommentare hervorragender Fachleute sowie durch profunde Darstellungen ganzer Epochen der Welt- und Menschheitsgeschichte ein willkommenes und unentbehrliches Bildungsmittel«[12] sein.

Ernesto Grassi, Herausgeber von *rowohlts deutscher enzyklopädie*, die ab 1955 erscheint, formuliert die gesellschaftlichen Ziele, die er mit den Taschenbüchern verfolgt, ähnlich euphorisch: Er erhofft sich von der Reihe eine »zweite Aufklärung« und ist überzeugt, »daß die heutige Situation zu einer Revision des Begriffs ›Bildung‹ zwingt und neue Formen der Wissensvermittlung verlangt«.[13] Der Mensch stehe – so Grassi – nach dem Zweiten Weltkrieg, herausgerissen aus »Halt und Schutz gewährenden Traditionen«, vor der Notwendigkeit, »sich geistig neu zu orientieren, sich neu zu verantworten«. In dieser Situation bleibt Bildung nicht länger das Privileg einzelner, sondern wird zur Aufgabe aller. Als Methode der Wissensvermittlung, als »Reaktion auf kulturelle Krisen und als Schutz vor geistiger Verlorenheit« wird Bildung, die sich in einem »in den breitesten Schichten vor sich gehenden Prozess von Assimilation, Auslese und Ablehnung geistiger Werte« vollzieht, zur »Fähigkeit die Welt zu deuten«.[14]

3 Wissenschaft im Taschenbuch

Was Ernesto Grassi 1958 mit großen Worten und umfassender Programmatik zusammenfasst, ist zuvor schon vielfach von anderen Verlagsmitarbeitern geäußert und auch umgesetzt worden. Bereits seit Ende des 19. Jahrhunderts hatte z.B. die *Sammlung Göschen* wissenschaftliche Texte bro-

---

pothese aus, dass mit der Verbreitung wissenschaftlicher Texte im Taschenbuch seit Mitte der 1950er Jahre Wissenschaft auf neue Art populär gemacht wird und damit Gehalt und Gestalt wissenschaftlichen Wissens verändert werden. In diesem Zusammenhang werden die Aushandlungs- und Planungsprozesse sowie die Motivation und Ziele von Wissenschaftler*innen und Verlagsakteur*innen beschrieben, die in dieser Zeit großen Einfluss auf die Bildungs- und Wissensgeschichte der BRD nehmen.

8 StABE, Firma 3/85: Protokoll der 29. Sitzung des leitenden Ausschusses der Arbeitsgemeinschaft Pro Helvetia vom 18. April 1944, Verlagsarchivalie zu den *Dalp-Taschenbüchern* aus dem Franke Verlag.
9 Beispiele dafür sind u.a. die *Sammlung Göschen* oder auch Ullsteins *Wege zum Wissen*.
10 *Das Geschichtsbuch von den Anfängen bis zur Gegenwart* von Johannes Hartmann z.B. wird im Jahr seines Erscheinens im S. Fischer Verlag 1955 insgesamt 100.000 Mal gedruckt.

11 Albert Einstein: Vorwort. In: Lincoln Barnett: Einstein und das Universum., S. 5.
12 Werbeanzeige des S. Fischer Verlags in: Bbl. 12 (1957), 8. Februar, S. 313.
13 Grassi: Die zweite Aufklärung. In seiner programmatischen Vorrede zum lexikalischen Registerband der *rde* sieht Grassi die Gesellschaft 1958 in einer »ähnlichen Aufbruchs-Situation« wie im frühen 18. Jahrhundert: »In noch stärkerem Maße als damals sind die überlieferten Grundlagen nicht nur des wissenschaftlichen Denkens in Frage gestellt und erschüttert worden, und zwar diesmal bestimmend durch die mit unserem Jahrhundert einsetzenden umstürzenden, ja, bestürzenden neuen Erkenntnisse auf dem Gebiet der Naturwissenschaften und die aus ihnen resultierenden, fast unheimlichen Fortschritte der Technik auf nahezu allen Lebensgebieten.« (Grassi, S. 10)
14 Grassi, S. 13 ff.

schiert herausgegeben – mit einem ganz ähnlichen Bildungsanspruch, wie Grassi ihn formuliert: »Unser heutiges Wissen in kurzen, klaren, allgemein verständlichen Einzeldarstellungen«, aber »auf streng wissenschaftlicher Grundlage und unter Berücksichtigung des neuesten Standes der Forschung« zu vermitteln und damit eine »übersichtliche Einführung in sämtliche Gebiete der Wissenschaft und Technik« zu geben.[15]

In der Tradition von Reihen wie diesen und orientiert an den massenhaften Verbreitungsmöglichkeiten des neuen Mediums Taschenbuch, haben auch Wissenschaftsverlage seit Anfang der 1950er Jahre wissenschaftliche Reihen im Taschenbuch herausgegeben.[16]

Seit 1953 verlegt z. B. der Kohlhammer Verlag die *Urban Bücher*, die bis heute erfolgreich Wissenschaft im Taschenbuch vermitteln. »Bildung und Weltgewandtheit« werden auch hier als »Ziel und Aufgabe der neuen Reihe« genannt.[17] Die wissenschaftliche Verlagsabteilung des Francke Verlags entscheidet sich 1953 dafür, die *Sammlung Dalp* ab 1954 als *Dalp Taschenbücher* weiterzuführen. Die *Sammlung Dalp*, die »eine Zusammenstellung von Werken aus den verschiedenen Wissenschaften enthält und die sich an den gebildeten Leser wendet«, wurde gegründet, um die Wissenschaft »dem ›Leben‹ nahezubringen«.[18] Die Bände sollen »eine Brücke zwischen der Wissenschaft und breiteren Kreisen sein [...], ohne dass sie aber in einem unerfreulichen Sinne popularisieren.«[19] Nicht ohne Stolz wird in der Verlagskorrespondenz darauf hingewiesen, dass die *Dalp Taschenbücher* bereits 1954 erschienen – »ein Jahr vor Rowohlts Enzyklopädie«[20]. Auch Vandenhoeck & Ruprecht startet 1954 mit der *Kleinen Reihe*. In dieser »billigen Reihe«[21] sollen naturwissenschaftliche und geisteswissenschaftliche Titel erscheinen, die in Erstauflagen von 5.000 bis 10.000 Exemplaren erscheinen und für 2,40 DM verkauft werden.[22] »Jungen Menschen, also schon höheren Schülern, jungen Lehrern, Studenten, aber auch vielen anderen, die sich jung fühlen« sollen darin Informationen »aus den meisten Lebensgebieten« zur Verfügung gestellt werden.[23]

Gemeinsames Ziel der wissenschaftlichen Taschenbuchreihen war es, mündige Leser:innen an wissenschaftlichen Erkenntnissen und Fragestellungen teilhaben zu lassen, ihnen eine eigene Weltdeutung[24] zu ermöglichen und damit – noch unter dem Eindruck der Verbrechen des nationalsozialistischen Regimes – gesellschaftlichen Gestaltungswillen zu wecken.

4 »In Zusammenarbeit«[25] – die Ranke-Gesellschaft und der Verlag R. Oldenbourg

1955, in dem Jahr, in dem Rowohlts und S. Fischers wissenschaftliche Taschenbücher Auflagen von bis zu 50.000 Exem-

---

15 Einleitend heißt es in den Bänden der *Sammlung Göschen* weiter: »Jedes einzelne Gebiet ist vollständig selbständig vertreten, aber dennoch stehen alle Bändchen in innerem Zusammenhange miteinander, so daß das Ganze, wenn es erst einmal vollendet vorliegt, eine große, einheitliche, systematisch sich entwickelnde Darstellung unseres gesamten Wissens bilden dürfte.«
16 Eine Übersicht über weitere Wissenschafts-, Sachbuch- und Ratgeberreihen findet sich bei Klimmt/Rössler: Reihenweise. Die Taschenbücher der 1950er Jahre, Bd. 1, S. 361 ff.
17 <https://shop.kohlhammer.de/urban-taschenbuecher-rh060.html> [zuletzt abgerufen am 6. Januar 2024]
18 StABE, Firma 3/85: Joseph Thomas: Das wissenschaftliche Verlagswesen der Schweiz nach dem Krieg, Zeitungsausschnitt ohne Datum und weitere Angaben.
19 StABE, Firma 3/85: Notiz zur Vorbereitung auf die Feier von 125 Jahren Francke Verlag 1956, ohne Datum. Die *Sammlung Dalp* umfasst in gebundener Form, aber kleinem Format schon seit 1946, was Grassi mit der rde anstrebt: »Die Sammlung Dalp [...] enthält Darstellungen aus allen Gebieten der Wissenschaft. Die einzelnen Bände führen in ganze Disziplinen wie auch in Teilgebiete ein; sie sind von guten Kennern ihres Faches, manche von namhaften Gelehrten verfasst. Die Reihe wendet sich an alle, die ernsthafte und zuverlässige, nicht zu schwer verständliche, aber doch nicht weitgehend vereinfachte Darstellungen wissenschaftlicher Fragen suchen.« StABE, Firma 3/355: Verlagsverzeichnis vom Dezember 1946.

20 StABE, Firma 3/355: Notiz zur Vorbereitung auf die Feier von 125 Jahren Francke Verlag 1956, ohne Datum.
21 SBPK, Nachl. 494/H1/Allgemeines/Kleine Vandenhoeck-Reihe 1953–1955: Helmut Ruprecht: Aktennotiz zur Besprechung mit Hans Heinrich Petersen in Hamburg am 5.3.53 vom 6. März 1953.
22 Die Verlagsverantwortlichen kalkulieren zunächst mit Auflagenhöhen von bis zu 50.000 Exemplaren, haben dann aber Bedenken, ob sich Wissenschaft tatsächlich in so hohen Auflagen verkaufen lässt: »Nach den inzwischen gesammelten Erfahrungen dürfte es fraglich erscheinen, ob bei dem geplanten Niveau der Reihe ein Leserkreis gefunden werden kann, der jemals über 10.000 hinauszubringen ist [...]« (SBPK, Nachl. 494/H1/Allgemeines/Kleine Vandenhoeck-Reihe 1953–1955: V&R (Ho.) an die Firma Claussen & Bosse am 10. Oktober 1953.) Diverse Bände übertreffen die Erwartungen: Carl Friedrich von Weizsäckers *Geschichte der Natur* erreicht 1954 eine Erstauflage von 20.0000 Exemplaren, die zweite Auflage erscheint noch im gleichen Jahr, 1964 sind über 100.000 Exemplare gedruckt.
23 SBPK, Nachl. 494 (Vandenhoeck & Ruprecht) G 1950–1954, 10, Bl. 28–29: Helmut Ruprecht an Hans Thieme am 9. November 1954.
24 Weltdeutung versteht Ernesto Grassi als »Wurzel der Menschwerdung« (Grassi, S. 21). Daher hält er es auch für unumgänglich, dass die Menschen sich einzelne Themen- und Interessensgebiete selbst erschließen. Es ist aus seiner Sicht gerade nicht Aufgabe der Verlage vermeintlich gesichertes Wissen zu »fertigen Systemen« zu fügen und auch gar nicht »möglich, Wissenschaft zu popularisieren« (Grassi, S. 27).
25 BWA, F5/1609: Aktennotiz von Hellmuth Rößler und Horst Kliemann mit dem Betreff: Historische Taschenbuchreihe des Verlages R. Oldenbourg in Zusammenarbeit mit der Ranke-Gesellschaft, 16. Dezember 1955.

plaren erreichen, beginnt der R. Oldenbourg Verlag mit der Planung der wissenschaftlichen Taschenbuchreihe.[26] Als »*der* historische Verlag schlechthin«[27] – wie Gerhard Ritter 1955 an Wilhelm Oldenbourg schreibt –, der in den 1950er Jahren nicht nur unter Historikern eine hohe wissenschaftliche Reputation besaß,[28] erscheint R. Oldenbourg prädestiniert, sich mit einer historischen Reihe am neuen Format zu beteiligen.[29]

Hans Altenhein, der 1954 Vertriebsleiter im R. Oldenbourg Verlag wurde,[30] erinnert sich 2021 daran, wie er auf die Idee »mit diesen Taschenbüchern« kam: »Die gab es ja nun schon überall: Die *Urban-Bücher* bei Kohlhammer, die *Sammlung Dalp* bei Francke, auch Vandenhoeck & Ruprecht mit ihrer *Kleinen Reihe*, die hatten alle schon angefangen. Und ich dachte: Da müssten wir mitmischen.«[31]

Altenhein bespricht die Angelegenheit mit Horst Kliemann[32], der zu dieser Zeit für geisteswissenschaftliche Titel des Verlags verantwortlich ist. Kliemann zeigt sich interessiert. Als langjähriger Vertriebsleiter im R. Oldenbourg Verlag ab 1921 – ab 1941 Verlagsdirektor und ab 1945 geschäftsführender Gesellschafter – hatte Kliemann schon 1925 mit der *Dreiturmbücherei* eine kleine Reihe im Stil der *Insel-Bücherei* angeregt, die »über die Fachwelt hinaus ein breiteres Lesepublikum« erreichen sollte.[33] 1956 vom Börsenverein des Deutschen Buchhandels als ›Förderer des Buches‹ ausgezeichnet, stand Kliemann den Entwicklungen auf dem Buchmarkt interessiert gegenüber und hatte sie auch selbst schon jahrzehntelang mitgestaltet.[34]

---

26 Mit den *Kleinen Schriften* (1906–1914) und der *Historischen Bibliothek* (1905–1923) hatte auch der R. Oldenbourg Verlag schon früher versucht, Wissenschaft populär zu machen. In der Reihe *Kleine Schriften* erschienen Aufsätze und Reden geisteswissenschaftlicher Autoren, die wichtige Ideen der Wissenschaft für ein interessiertes Laienpublikum sowie für Studenten zugänglich machen sollten. Die von Friedrich Meinecke angeregte *Historische Bibliothek* war als »Sammlung kleinerer selbständiger historischer Werke von allgemeinem Interesse« angelegt und wurde ab 1923 als *Beihefte der Historischen Zeitschrift* herausgegeben, da sie als eigenständige Reihe im Verlag kaum erfolgreich war. Vgl. dazu: Wesolowski: Verleger und Verlagspolitik, S. 103 ff.
27 Gerhard Ritter an Wilhelm Oldenbourg am 1. Februar 1955, zit. n. Blaschke: Verleger machen Geschichte, S. 278.
28 Vgl. Blaschke: Verleger machen Geschichte, S. 252: »Die Historiker der 1950er Jahre und die traditionsbewussten Kollegen in den 1960er Jahren publizierten bei Kohlhammer, Westermann, Oldenbourg, Winter und Bruckmann.« Der R. Oldenbourg Verlag gilt den Berufshistorikern bis heute »als treuer, altgedienter Historikerverlag, zumal hier das älteste Fachorgan der Disziplin erscheint, die 1859 gegründete Historische Zeitschrift«. Blaschke: Reputation durch Publikation, S. 611. – Zur geschichtswissenschaftlichen Reputation des R. Oldenbourg Verlags hatte außerdem das von 1903 bis 1931 u.a. von Friedrich Meinecke herausgegebene *Handbuch der mittelalterlichen und neueren Geschichte* beigetragen. Vgl. dazu Wesolowski: Verleger und Verlagspolitik, S. 102.
29 Olaf Blaschke beschreibt die »Konstanz, mit der konfessionelle, politische und sozial engagierte Verlage wieder an alte Traditionen anknüpften. Vandenhoeck machte vor und nach 1945 evangelische Literatur, Schöningh blieb dem katholischen Milieu treu. S. Fischer und andere linke Verlage pflegten ihr Profil nach 1945 umso mehr, während ein Verlag wie Oldenbourg, dem die Produktion nationalsozialistischer Schulbücher anhing, sich mit der traditionsreichen Historischen Zeitschrift bei vornehmlich konservativem Establishment der Historikerzunft verdient machte.« Blaschke: Verleger machen Geschichte, S. 80.
30 Hans Altenhein hatte das zweite Jahr seiner Buchhandelsausbildung im R. Oldenbourg Verlag absolviert und arbeitete dort insgesamt 10 Jahre.
31 Mündliche Mitteilung von Hans Altenhein im Gespräch mit Jörg Döring und Ute Schneider am 8. September 2021.

32 1896 in Böhmen geboren, war Horst Kliemann nach einer Buchhandels- und Antiquariatslehre ab 1921 Mitarbeiter im R. Oldenbourg Verlag. 1941 übernahm Kliemann die Leitung des technischen Verlagszweiges von dem als »politisch unzuverlässig« eingestuften Wilhelm von Cornides. Vgl. dazu Wesolowski: Verleger und Verlagspolitik, S. 332. – Seine Fördermitgliedschaft in der SS hat zu unterschiedlichen Bewertungen seiner Rolle und Einflussmöglichkeiten als Verlagsmitarbeiter des R. Oldenbourg Verlags geführt. Vgl. dazu: Wesolowski, S. 190 f., 267 und 332; Blaschke: Verleger machen Geschichte, S. 131, 257 und 404; Fetzer: Zwischen Firmenschrift und Wissenschaft, *AGB* 67, S. 218 ff.; Fetzer: Zwischen Firmenschrift und Wissenschaft, AGB 68, S. 227; Lembrecht: Die Entwicklung des wissenschaftlichen Verlagswesens, S. 201; Wittmann: Vom »SS-Mann Horst Kliemann«, vgl. u. a. Wittmann: Wissen für die Zukunft, S. 115 f. Zum persönlichen Verhältnis von Günther Franz und Horst Kliemann vgl. Blaschke: Verleger machen Geschichte, S. 433 und 469. Hans Altenhein erinnert sich im Gespräch mit Jörg Döring und Ute Schneider am 8. September 2021: »Horst Kliemann war kein Nazi, aber er fand es praktisch, die ganzen alten Herren zu beschäftigen. Und die hatten ja auch alle Zeit zu schreiben.«
33 Die von Jakob Brunner und Ludwig Hasenclever herausgegebene Dreiturmbücherei erreichte 32 Bände. Vgl. Wittmann: Wissen für die Zukunft, S. 80.
34 Kliemann verfasste selbst verschiedene Texte über den Buchmarkt, darunter *Die Werbung für's Buch. Leitfaden der buchhändlerischen Reklame* (1923), *Der Kaufmannsgeist in literarischen Zeugnissen* (1925); *Die Kartei in Verlag u. Sortiment* (1926); *Wie und wo erfasse ich Käuferschichten? Einteilung der Käufermassen in Interessenschichten als Grundlage des Verkaufs und Produktionsplans* (1928); *Werkzeug und Technik des Kopfarbeiters. Eine Anleitung, praktischer zu arbeiten* (1934); *Der gerechte Ladenpreis. Überlegungen zur Berechnung des Ladenpreises im Buchhandel* (1940); *Praktikum der geistigen Arbeit. Von Tabellen, Karteien und anderen nützlichen Dingen* (1950); *Arbeitshilfen für Buchhändler – Tabellen und Faustzahlen* (1951); *Die Reform der Rechtschreibung und der Buchhandel* (1955). Kliemann engagierte sich nach dem Zweiten Weltkrieg sehr für den Neuaufbau des Buchhandels – sowohl im Bayerischen Verleger- und Buchhändlerverband als auch im Börsenverein Deutscher Verleger- und Buchhändler-Verbände, seit 1955 Börsenverein des Deutschen Buchhandels. Von 1953 bis 1965 war Kliemann Vorsitzender der Historischen Kommission, deren Neugründung er 1953 mit initiierte. 1956 war er an der Konzeption und Gründung des *Archivs für Geschichte des Buchwesens* sowie am Aufbau der Deutschen Bibliothek in Frankfurt am Main beteiligt. Die 1969 gegründete Horst-Kliemann-Stiftung fördert buchhandelsgeschichtliche

Am 7. September 1955 schreibt er in einer Aktennotiz mit dem Betreff »Mayerling«,[35] gerichtet an die Herren Dr. v. Cornides, Dr. Oldenbourg und E. Oldenbourg, in einem Gespräch sei er mit dem Historiker Hellmuth Rößler darin übereingekommen, »dass durchaus die Möglichkeit bestände, quellenmässig fundiert über andere grosse Affären zu berichten«[36]. Kliemann berichtet weiter, dass auf einer der letzten Sitzungen der Ranke-Gesellschaft ähnliche Pläne erörtert worden seien, die bisher nicht ausgeführt werden konnten, weil sich der Musterschmidt-Verlag[37] in Göttingen, der in dieser Zeit die meisten Veröffentlichungen der Mitglieder der Ranke-Gesellschaft betreut, nicht in der Lage sehe, eine solche Reihe herauszugeben.

> Bei dem Plan der Ranke-Gesellschaft handelt es sich um eine Serie von kleinen Schriften, die auch besondere Ereignisse der Geschichte behandeln, daran aber grundsätzliche Fragen der Geschichte und Politik anknüpfen, sodass auf diesem Umweg ein breiteres Publikum dafür in Betracht kommt. Als Beispiel nannte Herr Prof. Rößler den berühmten Selbstmordversuch Napoleons.[38]

Gemeinsam mit dem Historiker Günther Franz hatte Hellmuth Rößler zuvor eine Themenliste für das Projekt erstellt, die jedoch bis dahin nicht konkretisiert wurde. Im Herbst 1955 möchte Rößler diese Themen doch noch einmal mit dem Vorsitzenden der Ranke-Gesellschaft, Gustav Adolf Rein, besprechen. Ein klarer Fokus liegt bei allen bis dahin beteiligten Historikern auf politischer Geschichte.

5 »Die Herren Professor Rein, Rößler und Franz«[39] – Exkurs über die Herausgeber

Der Historiker und promovierte Jurist *Hellmuth Rößler* (1910–1968) war gerade ein Jahr zuvor – im Wintersemester 1954/1955 – zum Inhaber des neuen Lehrstuhls für Neuere Geschichte an der Technischen Universität Darmstadt berufen worden.[40] Rößler hatte ab 1929 Rechts- und Staatswissenschaften sowie Geschichte an den Universitäten Erlangen, Wien und Leipzig studiert. 1933 wurde er in Leipzig promoviert und trat der SA bei. Ab 1935 war Rößler juristischer Sachbearbeiter beim Hauptamt für Volkswohlfahrt der NSDAP-Reichsleitung. 1937 beantragte Rößler die Aufnahme in die NSDAP, ab 1940 war er dort als Mitglied registriert. Er war außerdem Mitglied des Nationalsozialistischen Altherrenbundes sowie des Nationalsozialistischen Rechtswahrerbundes. Mit einer Arbeit zu *Österreichs Kampf um Deutschlands Befreiung*, die 1937 vom Reichsinstitut für Geschichte des neuen Deutschlands gefördert wurde, habilitierte Rößler sich 1941 an der philosophischen Fakultät der Universität Wien bei Heinrich Ritter von Srbik, Wilhelm Bauer und Otto Brunner. Nach seinem Wehrdienst 1941/42 lehrte Rößler zunächst in Wien, 1943 wurde er außerordentlicher Professor in Innsbruck. 1945 wurde er aus dem österreichischen Staatsdienst entlassen. Mit Genehmigung der amerikanischen Militärregierung bot Rößler ab 1948 private Kurse für Geschichtsstudenten in Erlangen an, nachdem eine Einstufung als »Mitläufer« aus dem Jahr 1947 einen Lehrauftrag für ›Wissenschaftliche Politik‹ an der TU Darmstadt 1948 sowie eine Bewerbung auf den entsprechenden Lehrstuhl 1949 dort unmöglich gemacht hatte. 1950 wurde er von der Universität Erlangen zum Privatdozenten für Neuere und Neueste Geschichte ernannt. Nachdem die Berufungshauptkammer Nürnberg Rößler im Oktober 1949

Forschungen und Publikationen. Vgl. dazu: <https://www.deutsche-biographie.de/sfz42813.html> [zuletzt abgerufen am 15. Januar 2024].

35 Die »Affäre Mayerling« bezeichnet den immer noch umstrittenen erweiterten Suizid des Kronprinzen Rudolf von Österreich-Ungarn, Sohn von Kaiserin Elisabeth und Kaiser Franz Joseph I., in der Nacht vom 29. auf den 30. Januar 1889, in der Rudolf im Jagdschloss Mayerling sich selbst und seine Geliebte, die Baroness Mary Vetsera, erschossen haben soll.

36 BWA, F5/1609: Horst Kliemann in einer Aktennotiz vom 7. September 1955.

37 Zu den Veröffentlichungen der Ranke-Gesellschaft im Musterschmidt-Verlag gehören *Das historisch-politische Buch* sowie die Taschenbuchreihe *Persönlichkeit und Geschichte*, die wie die *Janus-Bücher* ab 1957 erscheint. Den 1947 in Göttingen gegründeten Musterschmidt-Verlag beschreibt Olaf Blaschke als rechtskonservativ sowie als »zuverlässige Anlaufstelle für Manuskripte ehemaliger nationalsozialistischer und bekennender nationalkonservativer Historiker« (Blaschke: Historiker machen Geschichte, S. 307), der sich »ohne viel Aufsehen der Pflege von Werken widmen [konnte], die von belasteten Autoren stammten«. (Blaschke, S. 252) Wenn auch nicht »nationalistisch-demokratiefeindlich«, habe der Verlag seine Türen »ehemaligen Nationalsozialisten, Repräsentanten des Regimes und Rasseanthropologen« weit geöffnet: »Schaut man sich das historische Programm bis 1970 genauer an, diente der Verlag als Sammelstelle für Historiker, die sich den NS-Ideen zur Verfügung gestellt hatten [...], aber auch für die Härtefälle, die deshalb ab 1945 zumindest zeitweise keinen Lehrstuhl mehr besaßen: Hellmuth Rößler, Willy Andreas, Gustav Adolf Rein, Günther Franz, Wilhelm Schüßler, und Werner Frauendienst.« (Blaschke, S. 307 f.) Musterschmidt gehört neben Walter de Gruyter, Böhlau und C. H. Beck zu den Verlagen, die in der vom R. Oldenbourg Verlag herausgegebenen *Historischen Zeitschrift* Anfang der 1960er Jahre hinsichtlich seiner Rezensionsquote von 100 % mit am besten abschneidet. Vgl. Blaschke, S. 262, vgl. dazu auch: Vinz/Olzog (Hrsg.): Dokumentation deutschsprachiger Verlage.

38 BWA, F5/1609: Horst Kliemann in einer Aktennotiz vom 7. September 1955.

39 BWA, F5/1609: Horst Kliemann in einer Aktennotiz vom 7. September 1955.

40 Vgl. dazu sowie zu den folgenden biografischen Angaben u.a.: Lukitsch: ›Braune Anfänge‹, S. 152 f. Lukitsch gibt einen ausführlichen Überblick auch über die institutionelle Etablierung Hellmuth Rößlers sowie über nationalsozialistisches Denken innerhalb seiner Texte.

den »Entlasteten« zugeordnet hatte, durfte Rößler ab 1952 wieder im öffentlichen Dienst arbeiten.

Als der Professor für Geschichte 1955 ein Treffen mit Horst Kliemann, Gustav Adolf Rein und Günther Franz zur Planung der *Janus-Bücher* verabredet, steht er mit den Kollegen schon viele Jahre in teils engem Kontakt. Rößler und Franz lernen sich nach eigener Aussage unmittelbar nach Kriegsende kennen.[41] Bereits im Oktober 1948 vereinbart der R. Oldenbourg Verlag – damals vorübergehend Leibniz Verlag – trotz Unsicherheiten aufgrund der Währungsreform mit Hellmuth Rößler die Herausgabe eines Wörterbuchs zur deutschen Geschichte. 1949 wird der Verlagsvertrag mit Rößler geschlossen.[42] Betreut wird die Planung des *Sachwörterbuchs zur deutschen Geschichte* von Horst Kliemann.[43] Hellmuth Rößler hat den Anspruch, einem »wissenschaftlich gebildeten bezw. interessierten Abnehmerkreis […] eine erstmalige Darstellung vieler Probleme und ihre Behandlung nach neuen religions- und geistesgeschichtlichen Gesichtspunkten« nahezubringen.[44] »In der Zeit eines Kulturumbruchs, wie er seit 1919 immer deutlicher geworden war«, erklären Rößler und Franz in ihrem Vorwort, »hielten wir es für nötig, das von der deutschen und europäischen Geschichtswissenschaft erarbeitete Bild unserer Geschichte in sachlicher und umfassender Weise darzustellen.«[45] 1952 erscheint im R. Oldenbourg Verlag zunächst das *Biographische Wörterbuch zur deutschen Geschichte*, das das Sachwörterbuch im Umfang entlasten sollte. Bis zu dessen Erscheinen 1958 arbeiten Rößler und Franz zusammen am *Sachwörterbuch der deutschen Geschichte*.

Kristof Lukitsch belegt in seiner Untersuchung zu den »braunen Anfängen« der Darmstädter Geschichtswissenschaft die »religiöse Deutung der Geschichte, gepaart mit dem Anspruch auf deutsche Vorherrschaft«[46] in Rößlers Texten vor und nach 1945 – »völkisches Denken, Rassismus, Antisemitismus und der Anspruch einer deutschen Vormachtstellung in Europa finden sich zuhauf in Rößlers schriftlichem Werk«[47]. In einer Stellungnahme Rößlers zu Emil Franzels *Geschichte unserer Zeit*, dessen Erscheinen im R. Oldenbourg Verlag Hans Altenhein als Verlagsmitarbeiter gerne verhindert hätte,[48] schreibt Rößler an Horst Kliemann: »Leistungen des Nat.-Soz. wie NSV und WHV kann man nicht einfach als ›Schaustellung der Macht und Größe der Partei‹ abtun, wie es mir überhaupt unmöglich erscheint, am Nat.-Soz. die positiven Elemente zu übersehen, die in diesem Ideengemisch enthalten sind. Schließlich ist es nicht möglich, Deutschland und Hitler eindeutig als Kriegsurheber zu bezeichnen […].«[49]

Lukitsch weist auch darauf hin, dass Personen und Ereignisse, die für die Zeit zwischen 1933 und 1945 eine entscheidende Rolle gespielt haben, in den Wörterbüchern von Rößler und Franz »völlig unkritisch« oder gar nicht dargestellt werden.[50] Das ist Horst Kliemann offensichtlich auch aufgefallen. Er schreibt am 10. Oktober 1956 an Rößler, er freue sich über den Erfolg des SWG, »Kummer«[51] habe ihm allerdings der Artikel über den Nationalsozialismus gemacht.[52]

Vom Mitherausgeber *Günther Franz* (1902–1992) konnte Kliemann in dieser Beziehung nichts anderes erwarten. Der 1902 in Hamburg geborene Historiker, dessen Forschungsinteressen sich hauptsächlich auf die Agrargeschichte und die Geschichte des Deutschen Bauernkrieges bezogen, galt 1955 zwar als ›Mitläufer‹ und damit als ›entlastet‹[53], hatte aber zu den frühen Anhängern Hitlers unter den Histori-

---

41 Vgl. Rößler/Franz: Sachwörterbuch zur deutschen Geschichte, Vorwort, S. V.
42 Vgl. BWA, F5/1516: Verlagsvertrag mit Hellmuth Rößler.
43 Vgl. BWA, F5/1516: Horst Kliemann an Hellmuth Rößler am 25. Oktober 1949: »Man müßte in einem solchen Text wohl insbesondere auf die Neuartigkeit unseres Unternehmens hinweisen. Man müßte nachzuweisen versuchen, daß es so etwas noch nicht gegeben hat. Als einziges deutsches historisches Sachwörterbuch gilt die Enzyklopädie von Herbst, deren fünf Bände ich aber nicht kenne. Es scheint, daß Frankreich und Amerika solche Nachschlagewerke haben und man müßte vielleicht unser Unternehmen mit den Werken von Lalomme, Cheruel, Robinet, Lalor, Jameson vergleichen. Auch müßte man darauf hinweisen, welche Rolle es neben den sonstigen Sachwörterbüchern spielt, die andere Wissenschaften zum Teil in reichem Maße besitzen und die am Rande auch geschichtliches Tatsachenmaterial bringen.«
44 BWA, F5/1516: Hellmuth Rößler an Horst Kliemann am 18. Mai 1950.
45 Rößler/Franz: Sachwörterbuch zur deutschen Geschichte, Vorwort, S. V. Die Programmatik wurde offenbar für die Veröffentlichung 1958 angepasst. In einem Brief vom 9. September 1957 teilt Hellmuth Rößler Horst Kliemann mit, dass das Vorwort nach Absprache mit Günther Franz noch einmal geändert werden solle. »Herr Franz ist der Meinung, daß die im 1. Absatz meines bisherigen Entwurfs enthaltenen politischen Motivierungen für die Entstehung der Wörterbücher für ihn aus persönlichen Gründen nicht tragbar und sachlich nicht zweckmäßig seien […]« BWA F5/1603.

46 Lukitsch: ›Braune Anfänge‹, S. 157.
47 Lukitsch, S. 161 f.
48 Vgl. Hans Altenhein im Gespräch mit Jörg Döring und Ute Schneider am 8. September 2021.
49 BWA, F5/1603: Hellmuth Rößler an Horst Kliemann am 22. Dezember 1952.
50 Vgl. Lukitsch: ›Braune Anfänge‹, S. 160 f.
51 BWA, F5/1603: Horst Kliemann an Hellmuth Rößler am 10. Oktober 1956.
52 Auch Gerhard Ritter hat sich offensichtlich kritisch über die Artikel »Antisemitismus« und »Nationalsozialismus« geäußert. Vgl. u.a. BWA, F5/1603: Hellmuth Rößler an Horst Kliemann am 20. Februar 1957 sowie Horst Kliemann an Hellmuth Rößler am 6. März 1957.
53 1949 zunächst in Marburg als »Minderbelasteter« eingestuft, wird Franz nach Überweisung des Verfahrens in NRW entlastet.

kern gehört.⁵⁴ 1925 hatte Franz über Bismarcks Nationalgefühl bei Arnold Oskar Meyer promoviert, im Mai 1930 habilitierte er sich über den Bauernkrieg bei Wilhelm Mommsen in Marburg.⁵⁵ In seinem Aufsatz »Bauern-Franz und Rassen-Günther« beschreibt Wolfgang Behringer ausführlich politische Überzeugungen von Franz sowie deren Auswirkung auf dessen wissenschaftliche Arbeit und zeigt, dass er sich sowohl in der Einleitung seiner Habilitationsschrift als auch in programmatischen Aufsätzen und Vorträgen zu den »ewigen Werten von Blut und Boden«⁵⁶ bekannte und die Machtergreifung Hitlers als »Vollendung der Ziele des Bauernkriegs von 1925«⁵⁷ interpretierte. Franz war ab 1933 Mitglied der NSDAP, der SA, des Nationalsozialistischen deutschen Lehrerbundes sowie der Nationalsozialistischen Volkswohlfahrt. Im gleichen Jahr unterzeichnete er das »Bekenntnis der deutschen Professoren zu Adolf Hitler«. 1934/35 vertrat er Wilhelm Schüßler auf dessen Lehrstuhl in Rostock. 1934 bemängelte Franz in seinem Gutachten zur Ablösung von Friedrich Meinecke als Herausgeber der *Historischen Zeitschrift*, das er für Wilhelm Oldenbourg erstellte, den großen Anteil nichtarischer Aufsätze.⁵⁸ Ein Jahr später lehrte Franz mittelalterliche Geschichte in Heidelberg, wo er in Ernst Kriecks Zeitschrift *Volk im Werden* die Historiker Walter Goetz, Gustav Mayer und Hans Rosenberg angriff und die Historische Kommission aufforderte, sich von »allen Schlacken zu säubern, [...] um sich voll und ganz den neuen Aufgaben widmen zu können [...]«.⁵⁹ Ingo Haar sieht darin den Versuch, »die Prävalenz der Wissenschaftskonzeption der kritischen Schule des Historismus zu brechen«⁶⁰. 1936 wurde Franz auf einen Lehrstuhl an der Universität Jena berufen. Nachdem er zwei Jahre zuvor von der SA in die SS gewechselt war, bekam er 1937 als SS-Rottenführer eine Stelle beim Rasse- und Siedlungshauptamt der SS. Im persönlichen Stab von Alfred Rosenberg arbeitete Franz ab 1939 auch als Mitarbeiter des SS-Ahnenerbes. Ab 1941 lehrte Franz im Rang eines SS-Untersturmführers an der Reichsuniversität Straßburg als Professor für »Geschichte der Reformation und des Dreißigjährigen Krieges und insbesondere zur Erforschung des deutschen Volkskörpers« und wurde 1943 zuerst zum Ober- und kurz darauf zum Hauptsturmführer befördert. Neben seinen universitären Verpflichtungen war Franz wissenschaftlicher Koordinator in der von Franz Alfred Six geleiteten Abteilung für Grundlagenforschung im SS-Sicherheitsdienst und betreute diverse wissenschaftliche Arbeiten zur Gegnerforschung.⁶¹ Ab 1942 veranstaltete er im Sinne seines Ideals einer politischen Historie Wissenschaftstagungen des Amtes VII für Gegnerforschung zur Diskussion von grundsätzlichen Fragen, zudem regte er diverse Publikationen mit nationalsozialistischem Gedankengut an. Franz versuchte u.a., Rasse als Analysekategorie der Geschichtsschreibung zu etablieren.⁶² Ab Januar 1945 war er hauptamtlich für den SD tätig und offenbar auch in Planungen zum »totalen Kriegseinsatz der deutschen Geisteswissenschaften zur Unterstützung der deutschen Kriegsführung«⁶³ involviert. Dass Franz bis zuletzt versuchte, Hitler propagandistisch zu unterstützen, sieht Behringer in einem Artikel von Franz belegt, den dieser im Mai 1944 in der *Pariser Zeitung* mit dem Titel »Die Heilung aus dem Blut. Deutschlands Erneuerung nach dem Dreißigjährigen Krieg« publizierte.⁶⁴ Nach dem Krieg dauerte es bis 1957, bis Franz wieder auf einen Lehrstuhl in Stuttgart Hohenheim berufen wurde. Das Selbstverständnis von Franz als Historiker, macht Behringer deutlich, wenn er schreibt:

> Günther Franz hatte sich während der zwölf Jahre der NS-Zeit als ›politischer Historiker‹ verstanden, der sein Erkenntnisinteresse und seine Forschungsergebnisse den Vorgaben der Partei unterordnete. Seine Publikationen sind an tagespolitischen Zielen orientiert und von Rassismus und Antisemitismus durchtränkt. Seine Aufsätze [...] offenbaren wie sein Schulungsmaterial in den ›SS-Leitheften‹ den politischen Historiker, der, wie er in einem Leipziger Rundfunkvortrag darlegte, eine ›politische Universität‹ in Diensten des Nationalsozialismus wünscht. Mit Beginn des Holocaust koordinierte Franz im RSHA Forschungen zur ›Lösung der Judenfrage‹. Er legte Wert darauf, daß die historischen Themen nur bis zum 19. Jahrhundert reichten.⁶⁵

---

54 Wolfgang Behringer verweist auf ein Gutachten des Marburger Kollegen Walther Peter Fuchs, das besagt, Franz habe sich »bereits ›vor der Machtergreifung stets zur Rechten und zum Antisemitismus bekannt‹. Behringer: Bauern-Franz und Rassen-Günther, S. 115.
55 Vgl. Behringer, S. 115.
56 Franz zitiert nach Behringer, S. 115.
57 Behringer.
58 Behringer.
59 Günther Franz zitiert nach Matthias Berg: Geschichtswissenschaft und die Last der Vergangenheit. Überlegungen zur Historisierung der Disziplingeschichte im Nationalsozialismus. In: Ehrlich/Heinrich/ Leonhard/Schmid (Hrsg.): Schwirige Erinnerung, S. 84. Vgl. dazu auch: Haar: Historiker im Nationalsozialismus, S. 227 und 233 f.
60 Haar: Historiker im Nationalsozialismus, S. 234.

61 Vgl. Behringer: Bauern-Franz und Rassen-Günther, S. 121. Das Ziel dieser Abteilung, fasst Behringer zusammen, »war keine zweckfreie Forschung, wie Franz 1947 im Kriegsverbrecherprozeß gegen Six in Nürnberg behauptete, sondern laut Arbeitsplan des Amtes III ›eine zweckbestimmte Überwachung der Erkenntnisse des Gegners und seines politischen Verhaltens‹, die man ›zur Veranlassung der Exekutive, zur denkschriftenartigen Unterrichtung von Partei und Staat [und] zur buchmäßigen Veröffentlichung in wissenschaftlichen Reihen‹ verwenden könne.« (Behringer, S. 120)
62 Vgl. Behringer, S. 124 ff.
63 Behringer, S. 128.
64 Behringer, S. 127.
65 Behringer, S. 130 f.

Franz habe »hochpolitische Bücher und Aufsätze« verfasst: »Dies gilt nicht nur für die Publikationen vor 1945, sondern auch für manches danach Veröffentlichte, besonders für den Vortrag »Das Geschichtsbild des Nationalsozialismus und die deutschen Geschichtswissenschaften«, in dem der beinahe Achtzigjährige dreist behauptete, das Fach habe sich von politischen Vereinnahmungen freihalten können.«[66]

Günther Franz wird als »passionierter Akademiker« mit »Organisationstalent« sowie einem großen Netzwerk beschrieben.[67] Als »Paradebeispiel« für die Vernetzungsstrategien von Franz nennt Behringer die »zusammen mit anderen entlassenen Professoren« wie Gustav Adolf Rein und Wilhelm Schüßler 1950 gegründete Ranke-Gesellschaft, die regelmäßig die Zeitschrift *Das historisch-politische Buch* sowie das *Jahrbuch der Ranke-Gesellschaft* herausgab.[68]

Gustav Adolf Rein (1885–1979), habilitiert an der Universität Straßburg 1914, ab 1927 Professor für »Kolonial- und Überseegeschichte und Geschichte des Deutschtums im Ausland«, Unterzeichner des »Bekenntnisses der deutschen Professoren zu Adolf Hitler«, Mitglied der NSDAP ab 1933, war Regierungsdirektor in der Hochschulbehörde, später in der Landesunterrichtsbehörde, wo er mit der »Umstellung der Universität nach politischen Gesichtspunkten«[69] beauftragt war und damit maßgeblich die Gleichschaltung der Universitäten und die Entlassung diverser Professoren betrieb.[70] Von 1934 bis 1938 war er Rektor der Universität Hamburg. Rein setzte sich für die Neugründung des Hamburger Überseeinstituts ein, das er von 1938 bis 1945 leitete und das zur Außenstelle der Hohen Schule der NSDAP wurde.[71] Reins wissenschaftliche Arbeit diente intentional der nationalsozialistischen Kriegspropaganda, wie Arnt Goede am Beispiel diverser Publikationen Reins zeigt.[72] Rein wurde 1945 aus dem Hochschuldienst entlassen und bis zu seinem Tod 1979 nicht wieder eingestellt.

Bereits 1932 hatte Rein seine *Idee der politischen Universität* veröffentlicht, ein Buch, in dem er »die liberale Beliebigkeit und die demokratische Volkshochschultendenz«[73] bekämpft und stattdessen die Umgestaltung der Hochschulen hin zu politischen Institutionen propagiert:

> Die von der deutschen Gegenwart und Zukunft zu fordernde Universität ist die politische Universität. Sie wird in ihrem Kern nicht transzendental, sondern historisch bedingt sein. [...] Im politischen Gestaltungswillen wird der Quellboden ihrer Kraft liegen. Ihre Wissenschaft wird auf die Wirklichkeit des Staates bezogen sein, sie wird sich nicht mit einem abstrakten Staatsbegriff begnügen. Da sie dem Endlichen zugetan sein wird, werden ihre Ziele für uns zu bezeichnen sein als das Anerkanntsein, die Behauptung des Unbedingten in der deutschen Form, die deutsche Macht.[74]

Die Autonomie der Wissenschaft bezeichnet Rein als »eine Form der Entartung«[75], Wissenschaft und Staat seien untrennbar.[76] Internationalität, Entpolitisierung, Neutralität erscheinen ihm »gleichfalls auch von Urbeginn her fragwürdig«[77].

> Die politische Universität bildet sich zwar in einem Zeitalter des Weltstaaten-Systems und des Ansatzes zur Weltwirtschaft, also innerhalb einer universalen weltpolitischen Ordnung: aber sie haftet nicht primär an einer im vorangehenden Zeitalter nur ideal, also unpolitisch gesetzten Menschheit, sondern an den eigentlichen und wesentlichen, an den politischen Wirklichkeiten, den großen Mächten, die deutsche Universität an der Idee der deutschen Macht. Vom Standpunkt des politischen Prinzips einer Universität gesehen darf es demnach nicht dahin kommen, daß in den deutschen Universitäten Positionen gegen die Idee deutscher Staatlichkeit und Macht bezogen und festgehalten werden.[78]

Die Wissenschaft habe die Aufgabe, »dem Geist, der Idee, dem Gestaltungsprinzip, dem Schöpfungswillen des Staates« Form zu geben, »indem sie dieses alles ins Bewußtsein erhebt und als vernünftig erweist.«[79] Mit seinem Konzept des politischen Historikers wollte Rein wissenschaftliches mit politischem Engagement untrennbar verbinden. Sein Politikverständnis war »über seinen Kulturbegriff völkisch und über den deutsch-nationalen Geltungsdrang imperialistisch geprägt«[80].

1950 hatte Gustav Adolf Rein Historiker-Kollegen zur Gründung einer »Gesellschaft für die Aufrechterhaltung der geschichtlichen Wahrheit« und damit der Ranke-Gesell-

---

66 Behringer, S. 131.
67 Behringer, S. 114.
68 Behringer, S. 129.
69 Goede: Adolf Rein, S. 166.
70 Vgl. Goede: »Die Umwidmung eines Lehrstuhls von Philosophie in Rassenbiologie war beispiellos.«
71 Vgl. Goede, S, 169.
72 Vgl. Goede.
73 Gustav Adolf Rein: Die Idee der politischen Universität. Hamburg 1933, S. 36.
74 Rein, S. 10 f. 1935 ergänzt Rein: »Was generell politische Universität heißt, mußte in der deutschen Wirklichkeit als *nationalsozialistische Universität* gestaltet werden.« Rein: Die Universität Hamburg, S. 9.
75 Rein: Die Idee der politischen Universität, S. 20.
76 Vgl. Rein: Die Idee der politischen Universität, S. 29.
77 Rein: Die Idee der politischen Universität, S. 23.
78 Rein: Die Idee der politischen Universität, S. 27. Rein schließt seine Ausführungen mit den Worten: »Durch die Niederlage, die das Reich erlitten ist, ist den Deutschen aufgegeben, wenn anders sie in der Welt überhaupt noch eine Potenz sein wollen und wenn anders die Niederlage überhaupt einen Sinn hat, eine politische Kultur zu bilden.« Rein, S. 39.
79 Rein: Die Idee der politischen Universität, S. 30.
80 Goede: Adolf Rein, S. 164.

schaft eingeladen,[81] »denn, so vertraute er später seinen für den Hausgebrauch verfaßten Memoiren an, ›es war nicht mit anzusehen, wie die Sieger und ihre Freunde in Deutschland das historische Geschehen verfälschten und damit ihre eigene Auffassung von der deutschen Vergangenheit in der Öffentlichkeit zur Geltung brachten.‹«[82]

Die von Manfred Asendorf 1989 in einem Aufsatz über die Ranke-Gesellschaft publizierten Erinnerungen Gustav Adolf Reins belegen eindrucksvoll, wie sich die rechtskonservativen Überzeugungen Reins auf seine Ideen und Tätigkeiten nach Kriegsende ausgewirkt haben.[83]

Eine von der Gesellschaft herausgegebene Zeitschrift (*Das historisch-politische Buch*) sollte »den wissenschaftlichen Kampf aufnehmen gegen die Korrumpierung des deutschen Geschichtsbildes«. In der Absicht, die »Ehre der deutschen Geschichte zu verteidigen« sowie die europäische Geschichtsschreibung von »jeder nationalistischen Verblendung und Vergötzung, von Übermut, Unwissenheit oder Angst und jeglichem Mangel an Vertrauen« zu reinigen. »Vor uns stehen die ungelösten Fragen der wirtschaftlichen, der sozialen, der politischen, der geistig-religiösen Ordnungen der Menschheit.« Dazu sollten »Fragen nach den letzten Sinnzusammenhängen der Geschichte [... d.h.] Geschichts-Philosophie, Geschichts-Theologie und Probleme der Glaubens-Geschichte« in den Arbeitsbereich der Ranke-Gesellschaft aufgenommen werden.[84] In diesem Bestreben habe sich die historische Wissenschaft im Sinne Leopold von Rankes immer um Objektivität und Wahrheit zu bemühen.

Im Januar 1952 hatte die Ranke-Gesellschaft bereits 73 Mitglieder, darunter Wissenschaftler,[85] Politiker, Unternehmer, Rechtsanwälte etc. Als »wichtigste[r] Mitarbeiter«[86] Reins wird Günther Franz bezeichnet, der sein Ideal vom politischen Historiker teilte.

Die Hoffnung der drei Historiker ist es, mit den historischen Taschenbüchern ein großes Publikum für ihren politischen Gestaltungswillen zu gewinnen. Im Gegensatz zum Anspruch Grassis, mit wissenschaftlichen Taschenbüchern eine Grundlage für differenzierte Information und unabhängige Selbstbildung zu schaffen, und anders als Einstein, der durch Verständnis und Erkenntnis den philosophischen und damit kritischen Geist einer Gesellschaft zu stärken hofft, geht es Rein, Rößler und Franz darum, die Leser:innen von politischen Ideen und vermeintlichen Wahrheiten und Notwendigkeiten zu überzeugen.

6 Geschichtswissenschaft für alle

Horst Kliemann schlägt den Verlagsleitern Karl von Cornides, Rudolf Oldenbourg und Eberhard Oldenbourg ein Treffen mit den Herren Franz, Rein und Rößler im Oktober 1955 vor. In der Idee der Ranke-Gesellschaft, eine historische Reihe zu planen, die bedeutende Ereignisse der Geschichte umfasst, sieht Kliemann offensichtlich eine Chance für den R. Oldenbourg Verlag, an die Marktverhältnisse der 1950er Jahre anzuschließen und so historisches ›Wissen‹ einem breiten Publikum zugänglich zu machen. In einem Informationsflyer zu den *Janus-Büchern* wird es später heißen:

> Die Geschichtswissenschaft befindet sich heute in einer problematischen Lage, wie die Historiker selbst deutlich erkennen. Es vermehren sich nicht nur die Quellen der Erkenntnis durch die Soziologie, Religions- und Geistesgeschichte wie durch die Einbeziehung überseeischer Probleme fast unübersehbar, so daß beinah nur noch Spezialistentum denkbar erscheint: es schwindet damit zugleich in einer vorwiegend durch Naturwissenschaft und Technik geprägten Welt die Möglichkeit, den bildungsfähigen Menschen diejenigen Erkenntnisse der Geschichte nahezubringen, die einer Zeit, in der alte Werte absterben und neues Leben

---

81 Als Beteiligte führt Asendorf auf: Karl Alexander von Müller, Hellmuth Rößler, Ernst Anrich, Hermann Aubin, Walther Hubatsch, Erwin Hölzle, Erich Keyser, Wilhelm Schüßler, Reinhard Wittram, Otto Brunner und Werner Conze. Vgl. Asendorf: Was weiter wirkt, S. 44. – »In seiner Besprechung mit den sieben Herren ging es Rein nicht in erster Linie darum, einer vergangenen Zeit nachzutrauern. Der Clou war vielmehr, statt – wie im Jahre 1950 in der bundesdeutschen Politik und Wissenschaft üblich – sich über die NS-Zeit auszuschweigen, sofort in die Offensive zu gehen und mit ideologischen Entlastungsangriffen auf breiter Ebene die Schuld am NS-Regime und an der Entfesselung des Zweiten Weltkriegs möglichst vielen im In- und Ausland anzulasten, nur nicht den in erster Linie verantwortlichen Eliten in Wirtschaft, Politik, Gesellschaft und Bürokratie.« Asendorf, S. 34.
82 Asendorf, S. 31. Zusammen mit Rudolf Buchner und Otto Westphal entwickelte Rein bereits 1942 die Idee, eine historisch-politische Zeitschrift zu gründen und in diesem Zuge »eine ›Mannschaft‹ zusammenzustellen, die ›wirkliche Fühlung miteinander‹ habe und ›politische Historiker besonders der jüngeren Generation‹ an sich zu binden verstehe.« Goede: Adolf Rein, S. 176. – Die Gründung der Ranke-Gesellschaft geht Goede zufolge auf die Hoffnung zurück, die Zeitschrift *Das historisch-politische Buch* über die Gesellschaft finanzieren zu können.
83 Asendorf weist in seinem Aufsatz außerdem darauf hin, dass Gustav Adolf Rein in der Gründungsphase der Ranke-Gesellschaft alte Verbindungen aus seiner Zeit als Rektor der Hansischen Universität und als Mitglied des Hamburger Nationalklubs genutzt habe. »Der Nationalklub war eine elitäre Männervereinigung, die auf vielfältige Weise, streckenweise gemeinsam mit der NS-Bewegung, den Untergang der Weimarer Republik beförderen half und den Aufstieg Hitlers begünstigte. Die Ranke-Gesellschaft wuchs um einen Kern ehemaliger NS-Historiker und früherer Nationalklub-Mitglieder herum.« Asendorf: Was weiter wirkt«, S. 48.

84 Asendorf, S. 31.
85 Besonders stark vertreten waren mit Otto Becker, Michael Freund, Andreas Predöhl und Alexander Scharff die Universität Kiel und mit Werner Conze, Walter Hubatsch und Reinhard Wittram die Universität Göttingen. Vgl. Goede: Adolf Rein, S. 177.
86 Goede, S. 177.

entsteht, nötig sind. Dabei ist das Interesse an einer gegenwartsbezogenen Historie groß, wie der Verlag R. Oldenbourg – heute wie bei seiner Gründung im Jahre 1858 der Geschichte besonders verpflichtet – in den letzten Jahren immer wieder feststellen konnte. Ein Kontakt der historischen Forschung und der Öffentlichkeit ist also nötig und möglich. Allerdings ist dabei die Art der Darstellung historischer Tatsachen und Erkenntnisse entscheidend, so die Befreiung von rein wissenschaftlichem Ballast, eine lebendige Darstellung und eine die Wirkungen bis zur Gegenwart einbegreifende Reflexion.[87]

Karl von Cornides formuliert Kliemann gegenüber seine Zweifel:

> Soeben las ich in der September-Nummer des ›Monat‹ die sehr heftigen Angriffe, die Walther Hofer gegen Prof. Rein und das Jahrbuch der Ranke-Gesellschaft richtet. Ist diese etwa eine Organisation, wegen ihrer politischen Vergangenheit kaltgestellter Historiker? In diesem Falle scheint mir doch eine gewisse Vorsicht ihr und ihren Mitgliedern gegenüber angezeigt. Ich würde kein Bedenken tragen, einzelne dieser Herren für bestimmte Zwecke heranzuziehen, wenn wir sie brauchen. Mit der ganzen Gruppe in Fühlung zu treten würde ich für eher bedenklich halten. Möglicherweise ist der Artikel Hofers doch nur ein erster Vorstoß, der, auf eine Revision des deutschen Geschichtsbildes eingestellten Historikergruppe, die für uns ja zweifellos wichtiger ist, als die Ranke-Gesellschaft, sofern diese das ist, was man nach dem ›Monat-Artikel‹ annehmen muß.[88]

Der Historiker Walther Hofer richtet die Kritik in seinem Artikel »Der mißbrauchte Ranke«[89] auf das Jahrbuch der Ranke-Gesellschaft 1954, in dem sich die Historiker mit dem Thema »Gibt es ein deutsches Geschichtsbild?« auseinandersetzen.[90] Die Ranke-Gesellschaft beruft sich im Vorwort des Bandes auf »Ethos« und »Geschichtsdarstellung« Leopold von Rankes: »Sein Geist soll auch in unserer Begegnung von Vergangenheit und Gegenwart, von Historie und Politik, von Gelehrtentum und Laientum im Bereich des historischen Interesses wirksam werden im Widerstreit gegen jeden Versuch, die Anschauung des Gewesenen propagandistisch zu verfälschen und zu mißbrauchen oder den mannigfaltigen Ressentiments unserer Tage auszuliefern.« Anliegen der Herausgeber sei es, »auf dem Trümmerfeld, in dem wir zu leben bestimmt sind, nicht zu überhören, was von der Geschichte her zu unserem heutigen Dasein gesagt werden kann und gesagt werden muß«[91].

Was Mitte der 1950er Jahre über Geschichte gesagt werden musste, war im Hinblick auf das Selbstverständnis der Historiker wie auch auf verlegerische Konzeptionen keineswegs einhellige Meinung. Politische und moralische Überzeugungen der Verlagsakteure waren nicht selten auch mit einer entsprechenden Geschichtsauffassung verbunden.[92] Während politisch linke Verlage eher bereit waren, die sozialkritischen Geschichtswissenschaften sowie deren Methoden zu unterstützen, setzen rechte Verlage wie z. B. Musterschmidt in dieser Zeit eher auf männerdominierte Personengeschichte. Bei der Planung der *Janus-Bücher* sollten die »Wendepunkte der Weltgeschichte«[93] im Fokus der historischen Beschreibungen stehen. Dass diesem Anliegen auch die rechtskonservativen Interessen der Herausgeber zugrunde liegen, kann die Auseinandersetzung Walther Hofers mit den Reflexionen der Ranke-Verehrer über ein (neues) deutsches Geschichtsbild belegen. Alle historische Arbeit beginne mit der »Erforschung des tatsächlichen Ablaufs der Ereignisse im einzelnen«, so die letzten programmatischen Worte Hermann Rauschnings, dessen »Thesen zu einem Vortrag über den Nationalsozialismus als geschichtliches Phänomen« die Kritik Walther Hofers ebenso erregt wie die Einleitung in den Band von Gustav Adolf Rein.[94] Hofer versteht Reins Rückgriff auf die Versailler Verträge und die Kriegsschuldfrage als »symptomatisch für die geistige Haltung, die in diesen Beiträgen zum Ausdruck«[95] komme: »Es ist ein wesentliches Merkmal der zugrunde liegenden Ideologie, für die gesamte deutsche Entwicklung nach 1920 die Friedensregelung von Versailles verantwortlich zu machen.«[96] Vergeblich, so Hofer, suchten die Leser*innen nach einer Auseinandersetzung mit der nationalsozialistischen Geschichtsauffassung, »die doch wohl irgendwie mit dem Ergebnis von 1945 zusammenhängen dürfte. Dafür spreche Rein vom ›antideutschen Mythos‹, der nach 1945 Triumphe

---

87 BWA, F5/1516: Verlagsprospekt ohne Datum.
88 BWA, F5/1609: Karl von Cornides an Horst Kliemann am 21. September 1955.
89 Hofer: Der mißbrauchte Ranke.
90 Gibt es ein deutsches Geschichtsbild? Konferenz der Ranke-Gesellschaft. Vereinigung für Geschichte im öffentlichen Leben, Jahrbuch der Ranke-Gesellschaft 1954. Frankfurt am Main u. a. 1955. An dem Band beteiligt sind Prof. Dr. Gustav Adolf Rein, Pfarrer Dr. Franz Pahlmann, Prof. Dr. Hellmuth Rößler, Prof. Dr. Ernst Klebel, Prof. Dr. Max Hildebert Boehm, Prof. Dr. Georg von Rauch, Prof. Dr. Ludwig Petry und Dr. Hermann Rauschning.

---

91 Vorwort der Ranke-Gesellschaft. In: Gibt es ein deutsches Geschichtsbild?, S. 7.
92 Vgl. Blaschke: Verleger machen Geschichte, S. 285.
93 BWA, F5/1516: Hans Altenhein: Historische Schriftenreihe. Zwischenbericht vom 5. April 1956. Von diesem Untertitel, der den »Marken-Begriff der Janus-Bücher« näher erläutern sollte, sehen die Herausgeber schließlich ab und entscheiden sich stattdessen für »Berichte zur Weltgeschichte«.
94 Hermann Rauschning: Thesen zu einem Vortrag über den Nationalsozialismus als geschichtliches Problem (mit Zusammenfassung über die Aussprache). In: Gibt es ein deutsches Geschichtsbild?, S. 133–140, hier S. 140.
95 Hofer: Der mißbrauchte Ranke, S. 543.
96 Hofer, S. 543.

gefeiert habe (also nicht etwa vom ›deutschen Mythos‹ und seinen Triumphen vor 1945)«.[97] Tatsächlich sehe Rein keinen prinzipiellen Unterschied zwischen der Verurteilung der Weimarer Republik durch die Nationalsozialisten und der Verurteilung des Nationalsozialismus unter Hitler durch die gegenwärtige Demokratie. Rein versteht Frankreich als Vorbild für das »Einschmelzen aller ihrer ›Revolutionen‹ in das nationalgeschichtliche Bewußtsein«,[98] und Hofer fragt entsetzt: »1933 also auf derselben Ebene wie 1789 oder 1830 oder 1848! Ideen von 1789 gegen Ideen von 1933? Die ›Déclaration des droits de L'homme et du Citoyen‹ gegen die ›Verordnung zum Schutze von Volk und Staat‹? Proklamierung der Menschen- und Freiheitsrechte gegen Suspendierung der Menschen- und Freiheitsrechte?«[99]

Für forschungsethisch verwerflich hält Hofer außerdem, dass in dem Jahrbuch der Ranke-Gesellschaft der Eindruck entstehe, dass in den zehn Jahren seit Ende des Zweiten Weltkriegs keine nennenswerte sachliche und wissenschaftliche Forschung zum Nationalsozialismus stattgefunden habe.[100] Hofer, der seine Dissertation über *Geschichtsschreibung und Weltanschauung* 1950 ebenfalls im R. Oldenbourg Verlag veröffentlicht hatte und darin schon überzeugt formuliert, dass die aus dem Leben gewonnene Weltanschauung des Historikers eine konstitutive Bedeutung für die Wissenschaft, für das geschichtliche Denken und Schaffen des Historikers habe,[101] ist ab 1954 Professor in Berlin und forscht selbst intensiv zur Zeit des Nationalsozialismus sowie zu geschichtswissenschaftlicher Selbstreflexion.[102] 1957, im gleichen Jahr, als auch der erste Band der *Janus-Bücher* im R. Oldenbourg Verlag erscheint, veröffentlicht Hofer im S. Fischer Verlag den Band *Der Nationalsozialismus. Dokumente 1933–1945*, der sich noch im gleichen Jahr 150.000 Mal verkauft.

Die Reflexionen der Ranke-Gesellschaft über ein deutsches Geschichtsbild im Sinne des Wissenschaftsethos und der Objektivität Leopold von Rankes verurteilt Hofer klar. Für eine völlige Verkennung nicht nur des »Wesens der Geschichtsschreibung«, sondern auch der deutschen Geistesgeschichte hält Hofer den Versuch, Rankes historisches Werk in eine »sozusagen ideologiefreie Sphäre« zu stellen: »Ranke war ein konservativer Historiker, und seine Sympathie galt den konservativen Ideen, Persönlichkeiten und Einrichtungen, und nicht den liberalen und demokratischen.«[103]

An Hermann Rauschnings »Thesen zu einem Vortrag über den Nationalsozialismus als geschichtliches Problem« schließlich zeigt sich deutlich die Sehnsucht nach dem »Volkhaften«, das Rauschning in Gegensatz zum »massengesellschaftlich moderne[n] Industriemenschentum« setzt.[104] So sind sich die an dem Jahrbuch beteiligten Historiker der Ranke-Gesellschaft in den an Rauschnings Thesen anschließenden Diskussionen einig: »In einem in der monarchistischen Tradition gebliebenen Deutschland wäre die Diktatur-Herrschaft Hitlers unmöglich gewesen. [...] Der Sturz des Kaisertums bildet die Voraussetzung für die Machtergreifung von 1933. Die Machtergreifung Hitlers wäre auch nicht möglich geworden ohne den Diktatfrieden von Versailles mit seiner moralischen Ächtung der Deutschen.«[105]

Hofer kritisiert an Rauschnings Beitrag, dass ihm die Unterscheidung »zwischen negativen und positiven Seiten, zwischen Hitlerismus, und schöpferischem (!) nationalen Sozialismus und totalitärem Staat [...] ›zur Zeit nicht möglich‹«[106] zu sein scheint. Mit seinen theologischen Bezügen verschleiere Rauschning die wirklichen Verhältnisse und historischen Kausalitäten.

> Wir haben hier die Paradeargumente der ›konservativen Revolution‹ vor uns: die Ablehnung von Demokratie und Revolution, von Amerika und Sozialismus, von Versailles und westlicher Ideenwelt, den inbrünstigen Glauben an die Reichsidee, an den Gedanken der organischen Entwicklung, an die monarchistische Tradition und an die politische Vernunft der Armee. Wenn es auch nicht klar ausgesprochen wird, so wird doch deutlich genug, daß die Demokratie (und in ihrem Gefolge Demagogie und Korruption) die Hauptschuld am Heraufkommen des Nationalsozialismus übernehmen soll.[107]

---

97 Hofer, S. 543.
98 Gustav Adolf Rein: Einführung in das Vorhaben der Konferenz. In: Gibt es ein deutsches Geschichtsbild?, S. 9–16, hier S. 15.
99 Hofer: Der mißbrauchte Ranke, S. 544.
100 Hofer verweist hier auf die Forschung von Hans Herzfeld, Gerhard Ritter, Siegfried Kaehler, Hans Rothfels, Max Braubach, Walter Bussmann und Michael Freund.
101 Vgl. Hofer: Geschichtsschreibung und Weltanschauung, S. 23.
102 Vgl. dazu u.a.: Hofer: Die europäischen Mächte und der Ausbruch des Zweiten Weltkrieges (Habilitation 1952) sowie die daraus entstandene Publikation: Die Entfesselung des Zweiten Weltkrieges.
103 Hofer: Der mißbrauchte Ranke, S. 545.
104 Hermann Rauschning: Thesen zu einem Vortrag über den Nationalsozialismus als geschichtliches Problem, S. 138. Rauschning, der 1934 aus der NSDAP ausgeschlossen wurde und zwischen 1935 über Polen und Frankreich in die USA emigrierte, versuchte bereits 1938 in seinem Buch *Die Revolution des Nihilismus* eine Faschismustheorie aus konservativ-bürgerlicher Sicht aufzustellen. Rauschning versteht darin den Nationalsozialismus als Folge der Entchristlichung der Gesellschaft. Im Jahrbuch der Ranke-Gesellschaft 1954 bezeichnet er ihn als »Endprodukt« und zugleich als den »Versuch gewaltsamer Überwindung der totalen ideologischen Ratlosigkeit und ethischen Normenlosigkeit, in die das Abendland und insbesondere Deutschland in dem dialektischen Prozeß der Demaskierung aller obersten Werte und Normen als bloße Ideologie [...] geraten ist.« (Rauschning, S. 135.)
105 Rauschning, S. 136.
106 Hofer: Der mißbrauchte Ranke, S. 545.
107 »Nur in Parenthese sei die Frage aufgeworfen«, fährt Hofer fort, »ob sich die Ranke-Gesellschaft auch schon mal mit dem Phänomen des Alldeutschtums befaßt hat. Hier könnte sie nämlich den historischen

Zusammenfassend formuliert Hofer:

> Selbstverständlich finden wir auch die angeblichen positiven Leistungen des Nationalsozialismus herausgehoben: sie gehen von der Überwindung der vorangegangenen Staats- und Wirtschaftskrise und der Neubegründung der Autorität bis zum ›Aufstieg Deutschlands zu einer Macht in einer neuen Größenordnung, Erfüllung des Großdeutschen Traumes von 1848 und der Gesamtdeutschen Erwartungen von 1919, dazu auch der Wille zur Verständigung mit England und zur Festigung der Weltstellung des ›Weißen Mannes‹...‹ Wenn dieser Katalog tatsächlicher oder angeblicher Verdienste des Nationalsozialismus in einem Werbeprogramm einer neuen NSDAP stehen würde, brauchte man sich nicht zu wundern. Er ist aber das Erzeugnis einer Diskussion gelehrter Historiker, die zur Reinigung des deutschen Geschichtsbildes beitragen wollen. Daß bei einer solchen geistigen Haltung Hitler nur nebenbei und der Gastod von Millionen von Juden überhaupt nicht erwähnt wird, versteht sich von selbst. [...] Der Beitrag der Ranke-Gesellschaft zur Erforschung des Nationalsozialismus muß daher als völlig verfehlt betrachtet werden.[108]

Horst Kliemann lässt sich von diesen Einwänden nicht nachweislich beeindrucken und Rudolf Oldenbourg bestätigt Kliemanns positiven Eindruck, wenn er am 21. Oktober 1955 an Gustav Adolf Rein schreibt:

> Die Besprechung am 16.10. im Hotel Schottenhammel hat einen nachhaltigen Eindruck auf mich gemacht. Insbesondere aus den von Ihnen so klar vorgetragenen Gedanken ging hervor, daß Sie das Problem, wie man Geschichte wieder einem größeren Kreise von Menschen nahebringen könne, in aller Gründlichkeit durchdacht haben. Ich werde mich sehr dafür einsetzen, daß der in großen Zügen umrissene Plan in unserem Hause weiterverfolgt und, wenn irgend möglich, in die Tat umgesetzt wird.[109]

Den Verleger fasziniert offensichtlich vor allem die Aussicht auf ein breiteres Publikum, dem es ermöglicht werden soll, die Entscheidungen einzelner ›großer Männer‹ in einen historischen Sinnzusammenhang einzuordnen und damit ein ›deutsches Geschichts-Bewusstsein‹ (neu) zu entwickeln. So wird also ein Entwurf gemacht für die neue Reihe – Arbeitstitel: »Entscheidungstage«:

> Nach den Erschütterungen des deutschen Geschichts-Bewusstseins in den vergangenen Jahren regt sich jetzt wieder die Frage nach einem echten Verständnis der deutschen Vergangenheit. In unserer Zeit, in der der große epische Stil der Geschichtsschreibung nur noch wenigen zugänglich ist und die Persönlichkeiten – ausserhalb der Fachkreise – immer seltener werden, welche noch Zeit, Musse und Sammlung aufbringen, mehrbändige geschichtliche Darstellungen zu lesen, will die Ranke-Gesellschaft den Versuch machen, mit der Wendung vom Epischen zum Dramatischen das Interesse an der Geschichte in neuer Weise anzusprechen.
> In der geplanten Schriftenreihe soll gegenüber den gleichsam anonymen Entwicklungs-Linien der historischen Epochen das Moment der verantwortlichen Entscheidung im Gang des Geschehens zur Anschauung gebracht werden; denn die Tendenzen der sozialen Entwicklungsgeschichte und der allgemeinen Kultur-Historie haben das Bewusstsein der persönlichen Verantwortlichkeit im historischen Prozess weitgehend verdunkelt.
> So wie im Drama unmittelbar ein bestimmter Augenblick des Geschehens eingeführt wird, um dieses auf den Punkt der Entscheidung hinzuführen, dabei aber die Gesamtzusammenhänge dieses einzelnen Geschehens deutlich und verständlich gemacht werden müssen, so soll auch in der Behandlung der ›Entscheidungstage deutscher und europäischer Geschichte‹ verfahren werden. Die Ereignisfolge des Tages (oder mehrerer Tage, je nach dem Zusammenhang) ist unmittelbar, so wie der Quellenstand es erlaubt, in erzählender Form gleichsam von Stunde zu Stunde zu berichten, wobei naturgemäss die Charaktere der Handelnden verständlich gemacht werden müssen. Damit verbunden soll aber auch die allgemeine historische Bedeutung des einzelnen Geschehnisses und der jeweiligen verantwortlichen Entscheidungen der teilnehmenden Personen vom Vergangenen her und auf das Zukünftige hin in seinem Sinnzusammenhang aufgezeigt werden. Die geschichtliche Tragweite der einzelnen Entscheidungen muss deutlich werden, unabhängig davon, wie weit diese Tragweite den Handelnden selbst bewusst gewesen ist. (Es darf hier an den Chor in der antiken Tragödie erinnert werden, der reflektierend und deutend das sich Ereignende mit seinen Gedanken begleitet. So soll auch der Historiker in der Darstellung der entscheidungsvollen Tage deutscher und europäischer Geschichte seinem Amte entsprechend verfahren.)
> Je nach den Umständen – das ist eine Raumfrage – können auch einzelne Dokumente dem Text beigegeben werden. Eine besondere Frage besteht hinsichtlich der Beigabe von Bildern und Karten, was eine Kostensache ist. Umfang: 2–4 Bogen; Format: etwa 14,5 zu 21 cm? Verkaufspreis etwa DM 1,80? Honorar?[110]

Kliemann schreibt im Oktober 1955 an Franz und Rößler, dass der R. Oldenbourg Verlag »auf das ernsthafteste«[111] an dem Plan interessiert sei und großen Wert darauf lege, dass die Ranke-Gesellschaft diese Planung mit dem Verlag durchführe. Kliemann beginnt, kalkulatorische Unterlagen zusammenzustellen sowie sich nach einem Reihenherausgeber umzuhören. Er lässt Rudolf Oldenbourg die Bezugsbedingungen der Taschenbücher aus der *Fischer Bücherei* sowie der Rowohlt-Taschenbücher zukommen.

Ansatzpunkt für die Erkenntnis gewinnen, daß die schlimmste Demagogie bereits vor 1918 aus den Kreisen des Alldeutschtums und der späteren ›Vaterlandspartei‹ stammte. In beiden waren anti-demokratische – was zumeist identisch ist mit konservative – Kräfte führend am Werk.« (Hofer, S. 546).
108 Hofer: Der mißbrauchte Ranke, S. 547.
109 BWA, F5/1516: Rudolf Oldenbourg an Gustav Adolf Rein am 21. Oktober 1955.

110 BWA, F5/1516: »Entwurf« zu »einer historischen Schriftenreihe, herausgegeben von der Ranke-Gesellschaft, Vereinigung für Geschichte im öffentlichen Leben«.
111 BWA, F5/1609: Horst Kliemann an Günther Franz und Hellmuth Rößler am 25. Oktober 1955.

Anfang November 1955 kann Kliemann Rößler bereits berichten, dass die zuständigen Verlagsmitarbeiter »fest entschlossen« seien, »den besprochenen Plan der historischen Bändchen zu verwirklichen.« Es seien mittlerweile wirtschaftliche Berechnungen angestellt sowie ein Publikationsplan entworfen worden, und Kliemann bittet Rößler, dem Verlag auch weiterhin als Ansprechpartner der Ranke-Gesellschaft zur Verfügung zu stehen: »Es wäre wohl das netteste.«[112]

Innerhalb des Verlags soll die Reihe von Hans Altenhein betreut werden, den Rudolf Oldenbourg Rößler gegenüber als »äußerst aufgeschlossene[n] und tüchtige[n] junge[n] Mitarbeiter« beschreibt, »von dem ich überzeugt bin, daß seine Arbeit auch Ihnen Freude machen wird«.[113] Als Mitherausgeber der Reihe sind aus der Ranke-Gesellschaft neben Hellmuth Rößler zunächst Günther Franz und Gustav Adolf Rein vorgesehen.

Hans Altenhein beginnt im November 1955 damit, sich mit seiner neuen Aufgabe innerhalb des R. Oldenbourg Verlags vertraut zu machen. Er recherchiert zum Programm der Ranke-Gesellschaft und bezieht sich in einer »Vorbemerkung für die Besprechung mit Herrn Rößler« auf das Jahrbuch der Ranke-Gesellschaft 1954 zum Thema »Gibt es ein deutsches Geschichtsbild?«, Programm und Satzungen der Ranke-Gesellschaft von 1950, Prof. Reins »Geleitwort für die Zeitschrift ›Das Historisch-Politische Buch‹« aus dem Musterschmidt-Verlag, das Mitgliederverzeichnis der Ranke-Gesellschaft einschließlich einer Liste neuer Mitglieder aus dem Jahr 1955 sowie den Artikel Walther Hofers »Der mißbrauchte Ranke«. Nach einer Unterredung mit Rößler am 1. Dezember 1955 äußert Altenhein den Wunsch, »einen Überblick über die Herren Mitglieder der Ranke-Gesellschaft und, soweit diese für die Öffentlichkeit bestimmt sind, über ihre Programmpunkte zu erhalten«[114] und es ergeben sich für ihn folgende Bedenken:

> Die Ranke-Gesellschaft hatte bei ihrer Gründung den Plan gefasst, eine Zeitschrift nach dem Vorbild der »Historisch-politischen Zeitschrift« Rankes herauszugeben und dort ihre Bemühungen um ein neues Geschichtsbild vorzutragen. Dieser Plan führte, in sehr modifizierter Form, zu der Gründung des Referatenblattes »Das Historisch-Politische Buch«, in dessen Besprechungen viele Mitglieder der Ranke-Gesellschaft zu Wort kommen. (Hauptschriftleiter: Prof. Günther Franz). Dem Verlag Musterschmidt, der auch zahlreiche Bücher von Mitgliedern der Ranke-Gesellschaft veröffentlicht hat, fühlt man sich wegen der Übernahme dieser Anfangs wohl nicht rentablen Zeitschrift verbunden. (Dr. Rothe von Musterschmidt ist, neben Dr. Stoll von Diesterweg, Mitglied der Ranke-Gesellschaft).
>
> Da diese Zeitschrift keine zureichende Publikationsmöglichkeit bietet, ist es erklärlich, dass, wohl seit der Tagung 1953, der Plan einer eigenen Schriftenreihe ins Auge gefasst wurde – eben um die Ideen und Ansichten der Ranke-Gesellschaft zu verbreiten. Diese Ideen und Ansichten sind von Dr. Hofer im Monat scharf angegriffen worden, vor allem im Hinblick auf die Geschichte der jüngsten Zeit – ein Thema, bei dem Dr. Hofer als Autor besonders engagiert ist. Grundsätzlich wichtig und nach dem vorliegenden Material sicher zutreffend ist die Formulierung, die Ranke-Gesellschaft bediene sich der Argumente der »Konservativen Revolution«: Überbewertung der Tradition, der Reichsidee, der Armee, der Monarchie – in der Herkunft aus Idealismus und säkularem Christentum. Damit in Zusammenhang steht wohl die Betonung der Personalgeschichte auch in unseren Besprechungen, die Tendenz zu »grossen Männern«. Diese Betrachtungen sind insofern wichtig, als die Ranke-Gesellschaft die geplante Schriftenreihe zunächst durchaus als ihr »Organ« betrachtet. Sollte es beabsichtigt sein, dass die Schriftenreihe die oben geschilderten Tendenzen zeigt, dann kann sich auch der Verlag dem Vorwurf restaurativer Bemühungen schlecht entziehen.
>
> Es gibt zwei Wege, dieser (mir jedenfalls unsympathischen) Gefahr zu entgehen: erstens die vorherige gemeinsame Festlegung des Charakters der Schriftenreihe nach Inhalt, Darstellung und äusserer Form. Der Erfolg dieses Weges ist davon abhängig, inwieweit die Ranke-Gesellschaft entschlossen ist, gewisse geschichtsphilosophische und politische Ansichten mit der Schriftenreihe zu dokumentieren. Ist es so, dann wird sie diese uns zuliebe nicht ändern.
>
> Der andere Weg, den ich schon mit meinem ersten Plan eingeschlagen habe, besteht darin, der Ranke-Gesellschaft von vorneherin klar zu machen, dass wir diese Reihe als selbständiger Verlag unternehmen wollen und notfalls auch alleine durchzuführen in der Lage sind. Wenn sich wirklich grundsätzliche Differenzen ergeben sollten, ist ja damit auch der Vorwurf des Plagiats unmöglich. Eine gewisse Selbständigkeit des Verlages ist aus zwei Gründen sowieso schon nötig: 1. Herr Prof. Rößler, der als Herausgeber fungiert, falls die Honorarfrage zufriedenstellend gelöst wird, kann nach seinen Angaben nicht vor Herbst 1956 für die Reihe tätig sein – damit wäre ein Erscheinen im Jahr 1957 unmöglich. Also wird sich der Verlag bis dahin selbst mit den Vorbereitungen befassen müssen. 2. Eine grundsätzliche Umarbeitung von Historikern gelieferter Manuskripte scheint mir nach wie vor unzweckmässig, das ist auch mit Prof. Rößler besprochen. Die Auswahl der Autoren wird sich deshalb nicht nur nach deren Einstellung, sondern auch nach deren schriftstellerischem Vermögen zu richten haben. Bei der Auswahl können also nicht nur die Absichten der Ranke-Gesellschaft entscheiden, sodass gerade hier dem Verlag die Möglichkeit zu Entscheidungen bleiben muss.
>
> Es ist zu bedenken, dass das Angebot der Ranke-Gesellschaft letzten Endes in der Mitarbeit ihrer Mitglieder besteht. Tatsächlich wird aber nur ein kleiner Teil der etwa 120 Historiker, Offiziere und Industriellen infrage kommen. Die Suche nach geeigneten Autoren bleibt also nach wie vor eine der Hauptaufgaben des Herausgebers und auch des Verlages. Zu fragen ist also vor allem, inwieweit sich Prof. Rößler im Einzelfall an die Ansichten der Ranke-Gesellschaft gebunden fühlt. Es wäre besser, er stünde uns

---

112 BWA, F5/1609: Horst Kliemann an Hellmuth Rößler am 11. November 1955.
113 BWA, F5/1609: Rudolf Oldenbourg an Hellmuth Rößler am 24. November 1955. Vgl. zu Hans Altenhein Altenhein: Das Taschenbuchprojekt.
114 BWA, F5/1516: Hans Altenhein an Gustav Adolf Rein am 2. Dezember 1955.

als Privatmann gegenüber. Auf jeden Fall dürfte, das ist das Ergebnis dieser Überlegungen, der wirklich kleine Anteil der Ranke-Gesellschaft selbst an diesem Unternehmen nicht in der Formulierung »Schriftenreihe der Ranke-Gesellschaft« oder ähnlichem zum Ausdruck kommen.[115]

Altenhein ist gegen den Plan, Günther Franz zum Mitherausgeber der Reihe zu machen, weil er um dessen nationalsozialistische Vergangenheit weiß.[116] Rudolf Oldenbourg und Horst Kliemann bitten Günther Franz daraufhin, als Herausgeber zurückzutreten und verweisen auf seine Herausgeberschaft der Reihe *Persönlichkeit und Geschichte*, die ebenfalls ab 1957 im Musterschmidt-Verlag erscheint.[117] Die Gefahr sei dem Verlag zu groß, dass die »Vereinigung beider Projekte in den gleichen Händen« zu Interessenskonflikten führen könne.[118] Gustav Adolf Rein, der den Verlagsverantwortlichen dagegen »nach keiner der beiden Seiten besonders engagiert«[119] erscheint und der Mitherausgeber bleiben kann, wird von Hans Altenhein über die Änderungen mit dem Hinweis informiert, der Verlag habe Professor Franz einen Brief geschrieben, »in dem wir es aber bei einem Argument bewenden lassen, das uns außer dem politischen noch beschäftigt«[120]. So wenig wie möglich wolle man Professor Franz verärgern, »dem wir als einem alten und bewährten Autor des Hauses verbunden sind«[121]. Als Nachfolger für Franz im Gespräch sind anschließend Heinz Gollwitzer, Percy Schramm und Karl Bosl, über den »gerade hier in München die Meinungen« aber »zumindest geteilt« sind.[122] Für wertvoll hielte Altenhein einen bekannten Herrn beziehungsweise Namen, aber auch ein »aktiver jüngerer Herr« könne dem Verlag in der Angelegenheit von Nutzen sein.[123] Hintergrund dafür war wahrscheinlich die Überlegung, dass ein bekannter und politisch integrer Historiker als Herausgeber der Taschenbuchreihe ein verlässlicherer Qualitätsgarant werden könnte als z. B. Günther Franz mit seiner nationalsozialistischen Vergangenheit. Denn es gehe ihm – so erklärt er Rößler sein Veto gegen Franz – um die Folgen: »Und da genügen tatsächliche einige Querschüsse von Herren mit bekannten Namen, um ein publizistisches Unternehmen in Misskredit zu bringen.«[124]

Einer Aktennotiz vom 16. Dezember 1955 ist zu entnehmen, dass Altenheins Bedenken in die weitere Planung der Reihe einbezogen werden. Einen Tag zuvor hatten Hellmuth Rößler, Rudolf Oldenbourg, Horst Kliemann und Hans Altenhein noch einmal das Thema *Janus-Bücher* besprochen. Dem Verlag erscheint es jetzt »wünschenswert, dass bei der Reihe zwar Autoren aus der Ranke-Gesellschaft in grosser Zahl herangezogen werden, dass darüber hinaus deutsche und ausländische Autoren gewonnen werden, die nicht zur Ranke-Gesellschaft gehören und vielleicht Bedenken hätten, in einer offiziell als Publikation der Ranke-Gesellschaft firmierenden Reihe zu schreiben. Es ergibt sich daraus, dass eine offizielle Herausgeberschaft auf dem Titelblatt vermieden werden soll«. Die Beteiligung der Ranke-Gesellschaft und ihre »Bedeutung als Träger der Reihe« solle am besten dadurch sichtbar gemacht werden, dass die Herausgeber, die der Ranke-Gesellschaft angehören sollen, aufgeführt werden und dass auch bei Autoren, die der Ranke-Gesellschaft angehören, »ein Vermerk über diese Zugehörigkeit unter ihrem Namen auf dem Titelblatt erfolgt«.[125] Vielleicht war es in dieser frühen Planungsphase für die Verlagsverantwortlichen nicht vorstellbar, die Ranke-Gesellschaft namentlich unerwähnt zu lassen, da die

---

115 BWA, F5/1516: Hans Altenhein: Vorbemerkungen für die Besprechung mit Herrn Prof. Rößler, 9. Dezember 1955.
116 Hans Altenhein im Gespräch mit Jörg Döring und Ute Schneider am 8. September 2021: »Der zweite Herausgeber wurde dann Professor Rein. Ich hatte keine Ahnung, wer das ist, und hab zugestimmt. Bald hab' ich gemerkt, dass der Verlag so manche Altlast aus dem NS mit sich herumschleppte.«
117 Vgl. dazu: Klimmt/Rössler: Reihenweise, S. 71 f., sowie Völker: Das Buch für die Massen, S. 211.
118 BWA, F5/1516: Rudolf Oldenbourg und Horst Kliemann an Günther Franz am 24. Februar 1956.
119 BWA, F5/1516: Rudolf Oldenbourg und Horst Kliemann an Günther Franz am 24. Februar 1956.
120 BWA, F5/1516: Briefentwurf ohne Angabe des Verfassers an Gustav Adolf Rein am 24. Februar 1956.
121 BWA, F5/1516: Briefentwurf ohne Angabe des Verfassers an Gustav Adolf Rein am 24. Februar 1956. Günther Franz und Rudolf Oldenbourg haben sich 1946 auf dem Frankfurter Historikertag kennengelernt. Franz ist von der Entscheidung des Verlags tatsächlich enttäuscht. Am 4. März 1956 schreibt er an den Verlag: »Dass Sie mir nach so langer Zusammenarbeit wegen meiner vermeintlichen Bindungen an den Verlag Musterschmidt zugunsten von Herrn Rößler, der erst durch mich mit Ihnen in Verbindung gekommen ist, Ihr Vertrauen entziehen, ist mir schmerzlich und kränkend zugleich.« Zwei Jahre später erinnert er sich jedoch an keinen »Schatten einer Meinungsverschiedenheit, einer Differenz«. In der Festschrift zum 100jährigen Bestehen des R. Oldenbourg Verlags schreibt Franz an Rudolf Oldenbourg, er sei »wenigstens im historischen Sektor einer der Wissenschaftler, mit denen Sie am längsten zusammenarbeiten und mit dem Sie die meisten Verträge abgeschlossen haben und der diese Verträge auch erfüllt hat. Das will viel heißen.« (Günther Franz: Ein Brief – an Stelle einer Ansprache. In: 100 Jahre Oldenbourg. Festvortrag und Ansprachen am 5. Juli 1958, S. 62–63, hier S. 62.
122 BWA, F5/1516: Hans Altenhein an Hellmuth Rößler am 13. März 1956. Vgl. zu den geteilten Meinungen über Karl Bosl u. a.: Kedar/Herde: Karl Bosl im »Dritten Reich«.
123 BWA, F5/1516: Hans Altenhein an Hellmuth Rößler am 13. März 1956.
124 BWA, F5/1516: Hans Altenhein an Hellmuth Rößler ohne Datum.
125 BWA, F5/1609: Aktennotiz von Hellmuth Rößler und Horst Kliemann mit dem Betreff: Historische Taschenbuchreihe des Verlages R. Oldenbourg in Zusammenarbeit mit der Ranke-Gesellschaft, 16. Dezember 1955.

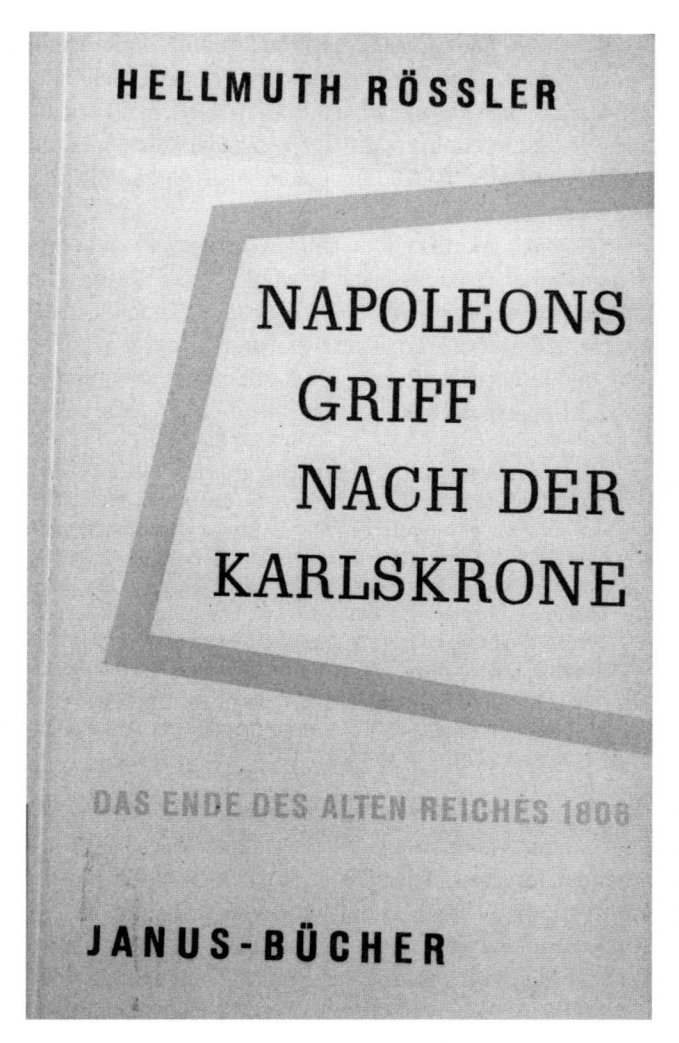

Abb. 2: Cover von Band 3: Hellmuth Rößler: *Napoleons Griff nach der Karlskrone.* 1957. Gestaltung von Gerhard M. Hotop.

Idee der Reihe von deren Mitgliedern an den Verlag herangetragen worden war. Eine Erwähnung der Ranke-Gesellschaft auf dem Titelblatt wird jedoch später nicht verwirklicht. Auch finden sich in den Büchern keine Hinweise auf die Mitgliedschaft von Autoren in der Ranke-Gesellschaft – weder in den von Hellmuth Rößler verfassten Bänden *Napoleons Griff nach der Karlskrone. Das Ende des Alten Reiches 1806* (Bd. 3, 1957) sowie *Ein König von Deutschland. Die Krönung Rudolfs von Habsburg 1273* (Bd. 17, 1960) noch in dem von Gustav Adolf Rein verfassten Band über *Die Reichsgründung von Versailles. 18. Januar 1871* (Bd. 7, 1958).

7 Geschichte im Taschenbuch

Das Programm der *Janus-Bücher* wird im Dezember 1955 noch einmal konkretisiert:

> Die Reihe soll der Verlebendigung historischer Ereignisse dienen, die noch in der Gegenwart bedeutsam sind. Dementsprechend ist auch der Titel der Reihe zu formulieren. Diese Ereignisse sollen nicht nur solche der deutschen Geschichte, sondern auch der europäischen und außereuropäischen Geschichte sein.
> Die Darstellungsform muss an sich weitgehend den Autoren überlassen bleiben. Es soll aber darauf gesehen werden, dass möglichst eine gewisse Gleichmäßigkeit in der Darstellung der Stoffe gewahrt bleibt, etwa in der Weise, dass Ereignis und Sinn, scharf zu charakterisierende Haupt- und Nebenpersonen, dann die Ursachen und schließlich die Folgerungen des Ereignisses dargestellt werden. Die Zugabe einzelner ausgewählter Dokumente und wirkungsvoller Bilder ist in beschränktem Umfang vorgesehen und erwünscht.
> Bei der Auswahl der Autoren muss darauf geachtet werden, dass auch bei einer lebendigen Darstellung die Anstellung von geistigen Reflexionen gewährleistet ist. Eine stilistische Bearbeitung soll dadurch nach Möglichkeit zumindest bei den ersten Werken der Reihe vermieden werden, da sie zwangsläufig zu Differenzen mit den Autoren führt und große Kosten verursacht.[126]

Die Verlagsplanung orientiert sich an den Erfahrungen der anderen, bereits als Herausgeber von Taschenbuchreihen etablierten Verlage wie Fischer und Rowohlt.[127] An Altenhein schreibt Rudolf Oldenbourg am 15. November 1955:

> Die Honorare für Taschenbücher sind fast schon genormt, d.h. es haben sich Verkehrsbräuche internationaler Art herausgebildet, die sich im ganzen gesehen kaum unterscheiden. Um nun festzustellen, was Rowohlt für seine Enzyklopädie bezahlt, habe ich den Herausgeber Professor Grassi selbst gefragt. Demnach zahlt Rowohlt für die ersten 33000 Stücke eine Pauschale von DM 2100.–, für alle weitere 5000 Stücke DM 350.–[128]

Grassi lässt Kliemann auch eine Leseranalyse zukommen, die mit dem Vermerk »Janus« einem Brief von Horst Kliemann an Rudolf Oldenbourg und Hans Altenhein beigelegt ist und belegt, dass vor allem junge Männer aus akademischen Kreisen an den wissenschaftlichen Taschenbüchern interessiert seien.

---

[126] BWA, F5/1609: Aktennotiz von Hellmuth Rößler und Horst Kliemann mit dem Betreff: Historische Taschenbuchreihe des Verlages R. Oldenbourg in Zusammenarbeit mit der Ranke-Gesellschaft, 16. Dezember 1955.
[127] Das bestätigt auch Hans Altenhein im Interview mit Jörg Döring und Ute Schneider am 8. September 2021.
[128] BWA, F5/1609: Rudolf Oldenbourg an Hans Altenhein am 15. November 1955.

Für die Bände wird ein Umfang von 6 bis 8 Bogen vorgesehen, als Einband ein »mehrfarbiger, graphisch gestalteter Kartonumschlag«. Die Cover-Gestaltung übernimmt Gerhard M. Hotop, die Herstellung Reinhard Zimmermann. Im Juni wird ein Muster des Covers vorgestellt, das als »einheitliches Modell für die ganze Reihe« dienen soll – »wobei Farbgebung (auch des Balkens) und Schriftart jeweils wechselt«.[129]

Geplant wird ein Ladenpreis zwischen DM 2,50 und DM 3,20 und ein pauschales Autorenhonorar für die erste Auflage in Höhe von DM 800 – 1.100.[130] Rößler und Kliemann verweisen außerdem auf Verfahren anderer Verlage internationaler Taschenbuchreihen, die mit Normhonoraren von etwa 3 % der 1. Auflage leichter Autoren[131] gewinnen, deren Honorar dann nicht von den Schwankungen des Absatzes betroffen ist. Für jedes weitere 1.000 einer Neuausgabe erhalten die Verfasser dann DM 100. Für das Herausgeberhonorar sind 2 % des Ladenpreises vorgesehen. Die Reihe soll mit vier Bänden beginnen, wobei sichergestellt sein müsse, dass weitere vier Bände im Abstand von zwei Monaten erscheinen könnten.[132]

Eine Preiskalkulation im R. Oldenbourg Verlag ergibt, dass ein Ladenpreis von DM 2,50 nur dann rentabel wäre, wenn die Bücher in einer Erstauflage von mindestens 10.000 Exemplaren gedruckt werden und dass eine Erstauflage von 5.000 Stück nur dann nicht zu einem Verlust führen würde, wenn ein Nachdruck von 5.000 Exemplaren garantiert wäre. Eine verhältnismäßig sichere Lösung für den Verlag seien Preise je nach Umfang zwischen DM 2,80 und DM 3,20 in einer Erstauflage von 7.000 Stück oder ein Einheitspreis von DM 3,00 für Erstauflagen von 3.300 Stück sowie den Nachdruck von 3.000 Stück.

Kliemann rechnet damit, einigen Grossisten »mehr entgegenkommen [zu] müssen als Rowohlt«[133] und verweist im Januar 1956 auf *Die Kleine Reihe* aus dem Vandenhoeck & Ruprecht Verlag, deren Bände in vergleichbarer Ausstattung und ähnlichem Umfang DM 2,40 beziehungsweise DM 3,60 als Doppelband kosten –

> während die sogenannten Doppelbände in keiner Weise den doppelten Umfang aufweisen. Es wäre für uns vielleicht auch zu überlegen, ob wir nicht anstreben sollten, Bändchen im Umfang von etwa 6 Bg. – 100 Seiten zu einem Preis von DM 2,80 herauszugeben und Bändchen, die einen größeren Umfang, etwa bis 140 Seiten haben, als Doppelbände zum Preis von DM 3,60 zu bezeichnen. Die anscheinend billigere Kalkulation bei Vandenhoeck & Ruprecht erklärt sich wohl daraus, dass er mit geringerem Durchschnittsrabatt und geringeren Werbespesen rechnen kann, denn er stützt sich bei seinem Absatz sichtlich auf die klassischen Vertriebsformen über das Sortiment.[134]

Damit entscheidet sich R. Oldenbourg für ähnliche Produktionsparameter wie andere Wissenschaftsverlage für ihr Taschenbuchprogramm der 1950er Jahre. Während die Publikumsverlage S. Fischer und Rowohlt Erstauflagen von 50.000 Exemplaren drucken, bewegen sich die Erstauflagen bei Francke (*Dalp Taschenbücher*) und Vandenhoeck & Ruprecht (*Kleine Reihe*) zwischen 5.000 und 10.000 Exemplaren.

Anzeigen erscheinen »in geisteswissenschaftlichen und pädagogischen Zeitschriften, Tageszeitungen, Studentenzeitungen und Jugendzeitschriften, Sortimenterkatalogen usw. Etwa 40.000 Prospekte wurden teils direkt, teils über das Sortiment verschickt. Rund 2.000 Plakate sind bisher an Buchhandlungen und Studentenheime ausgegeben worden. Eine Rundschreibenaktion an alle Geschichtslehrer läuft zur Zeit noch«[135].

Hans Altenhein informiert Hellmuth Rößler im Januar 1956 über weitere Planungen und bittet Rößler darum, mit der Herausgebertätigkeit so bald wie möglich zu beginnen, d.h., für die Taschenbuchreihe in Frage kommende Autoren verbindlich zu werben sowie die ersten Titel der neuen Taschenbuchreihe sehr genau auszuwählen, »da die ersten Titel zwangsläufig als Programm der Reihe verstanden wer-

---

129 BWA, F5/1609: Hans Altenhein an Gustav Adolf Rein und Hellmuth Rößler am 5. Juni 1957. Für Reins Band zur Reichsgründung in Versailles wird altdeutsche Schrift gewählt.
130 Den Preis kalkuliert Oldenbourg mit Blick auf die *Urban-Bücher* aus dem Kohlhammer Verlag, und die *Kleine Reihe* von Vandenhoeck & Ruprecht. Vgl. dazu BWA, F5/1516: Hans Altenhein an Hans Hansen-Schmidt am 25. April 1957.
131 Tatsächlich sind bei der Planung der Reihe ausschließlich Männer im Gespräch.
132 »Herr Prof. Rößler gab zu bedenken, ob es nicht zweckmäßig sei, dem Vorbild des Musterschmidt Verlags zu folgen und zweimal im Jahr eine größere Anzahl von Bänden herauszubringen. Wir haben uns hier im Verlag diese Frage schon sehr früh gestellt und sind zu der Ansicht gekommen, dass beim Abwägen aller Vor- und Nachteile mehr für die von uns vorgesehene Lösung spricht. Wenn man acht und mehr kleine Bändchen gleichzeitig herausbringt, besteht die Gefahr, dass der einzelne Band von der Presse, vom Buchhandel und schließlich vom Publikum nicht mehr genügend betrachtet wird. Ein nicht geringer Reiz der Serie liegt darin, dass sie <u>ständig</u> Neues bringt. Außerdem ist es gerade ein Charakteristikum der Taschenbuchserien, dass ihr Verkauf nicht auf die beiden traditionellen Stoßzeiten des Buchhandels im Frühjahr und im Herbst beschränkt zu sein braucht. Es ist uns bisher nur eine Serie bekannt, die ihre Neuerscheinungen in der vorgeschlagenen Art zusammenfasst und zwar sind das die Dalp-Taschenbücher von Francke, die dann auch fast regelmäßig zusammenfassend und etwas obenhin rezensiert werden.« BWA, F5/1609: Hans Altenhein an Gustav Adolf Rein und Hellmuth Rößler am 5. Juni 1957.
133 BWA, F5/1516: Preiskalkulation von Horst Kliemann vom 21. Dezember 1955.
134 BWA, F5/1516: Aktennotiz von Horst Kliemann vom 5. Januar 1956.
135 BWA, F5/1516: Hans Altenhein: Bericht über die JANUS-Bücher vom 10. Dezember 1957.

den. Sie müssten also möglichst vielfältige Aspekte eröffnen«.¹³⁶

8 Autoren und Themen

Als Themen, »deren Bearbeitung für den Anfang wünschenswert wäre«, sowie für die Bearbeitung vorgesehene Autoren hatte Rößler zunächst »Das Ende des alten Reiches 1806 (Otto v. Habsburg), Stein und Scharnhorst im Kampf um die Reform (Gerhard Ritter), Der 20.7.1944 oder 1.9.1939 (Gerhard Ritter), Napoleon und Metternich Dresden 1813 (Willy Andreas), Cortez und Karl V. (Hans Dietrich Disselhoff), Die Rückkehr Drakes 1580 (G. A. Rein), Der Fall von Konstantinopel 1453 (Johannes Gaitanides), Die Chinesische Revolution 1911 (Herbert [sic!] Franke)« und »Das Entscheidungsjahr 1917 (Erwin Hölzle)« notiert.¹³⁷

Programmatisch wird im Autoren- wie auch im Herausgebervertrag festgelegt:

> Grundthema der Reihe sollen die Wendepunkte der Weltgeschichte sein. Es müssten also Ereignisse ausgewählt werden, in denen Vorhergegangenes kulminiert und Neues beginnt. Solche Ereignisse wären zunächst erzählend darzustellen, wobei die Absichten, Überlegungen und Taten der handelnden Personen deutlich werden müssen. Erst dann wäre zu zeigen, was dieses Ereignis historisch »bedeutet«, welches sein historischer Ort und Sinn ist, wie es weiterwirkte. Die Themen sollten dem gesamten Bereich der Weltgeschichte entstammen, müssen aber Momente enthalten, die für den Gang der Geschichte bestimmend waren. Entwicklungsreihen einerseits, Episoden andererseits bleiben daher unberücksichtigt. Besonderer Wert wird auf die stilistische Qualität der Darstellung gelegt. Die Bücher der Reihe sollen die sich öffnende Kluft zwischen der auf den engen Kreis der Gelehrten beschränkten Fachwissenschaft und dem Geschichtsbild der Öffentlichkeit schließen helfen.¹³⁸

In den Briefen Hans Altenheins wird mit fortschreitender Umsetzung des Unternehmens ein grundsätzliches Unbehagen an dem Projekt immer deutlicher. »Ich bin darauf hingewiesen worden«, schreibt er im Januar 1956 an Hellmuth Rößler, »dass der Verlag mit dem Risiko ja auch die Verantwortung für die Ausnutzung aller buchhändlerischer Möglichkeiten übernimmt. Dazu gehört auch eine Mitsprache bei der Planung, wie sie bisher möglich war.«¹³⁹ Obwohl Altenhein durch die im Januar 1956 erzielte Einigkeit über den Herausgebervertrag »eine weitgehende Übereinstimmung der Auffassungen bezeugt«¹⁴⁰ sieht, steht er Rößler und den Anliegen der Ranke-Gesellschaft weiterhin skeptisch gegenüber. In einem Zwischenbericht zu den *Janus-Büchern* vermerkt Altenhein:

> Schwierigkeiten bereitete die Herausgeberfrage, da ursprünglich die Ranke-Gesellschaft dieses Unternehmen in ihre Regie nehmen wollte. Es konnte erreicht werden, dass diese problematische Verbindung unterbleibt. Als alleiniger Herausgeber der Janus-Bücher zeichnet nun Herr Professor Rößler, Darmstadt. Dagegen wird die Ranke-Gesellschaft unter der Federführung von Professor Franz als eigenes Unternehmen eine Reihe von kurzen Geschichtsbiographien im Verlag Musterschmidt herausgeben. Wir stehen mit Musterschmidt in Verbindung, beide Reihen sollen sich inhaltlich wie äußerlich voneinander unterscheiden, der Preis wird zwischen beiden Verlagen abgesprochen.¹⁴¹

Hatte Rudolf Oldenbourg die Herausgeberschaft von Günther Franz noch mit der Begründung abgelehnt, dieser könne im Rahmen einer doppelten Herausgebertätigkeit in Konflikt geraten, scheint das Argument für Gustav Adolf Rein nicht von Bedeutung zu sein: Dieser gibt gemeinsam mit Günther Franz ab 1957 die Reihe *Persönlichkeit und Geschichte* im Musterschmidt-Verlag heraus, im R. Oldenbourg Verlag fungiert er entgegen Altenheins Wunsch, Rößler als alleinigen Herausgeber einzusetzen, als zweiter Herausgeber der *Janus-Bücher*.¹⁴²

---

136 BWA, F5/1516: Hans Altenhein an Hellmuth Rößler am 25. Januar 1956.
137 BWA, F5/1609: Aktennotiz von Hellmuth Rößler und Horst Kliemann mit dem Betreff: Historische Taschenbuchreihe des Verlages R. Oldenbourg in Zusammenarbeit mit der Ranke-Gesellschaft, 16. Dezember 1955.
138 BWA, F5/1609: Aktennotiz von Hellmuth Rößler und Horst Kliemann mit dem Betreff: Historische Taschenbuchreihe des Verlages R. Oldenbourg in Zusammenarbeit mit der Ranke-Gesellschaft, 16. Dezember 1955.

139 BWA, F5/1516: Hans Altenhein an Hellmuth Rößler am 25. Januar 1956.
140 BWA, F5/1516: Hans Altenhein an Hellmuth Rößler Anfang 1956 (ohne Datum). »Zu den Aufgaben des Herausgebers gehört es: 1. Den Plan der Reihe im Einvernehmen mit dem Verlag auszuarbeiten 2. Richtlinien für die Bearbeitung der einzelnen Bände zu geben 3. Für die rechtzeitige Ablieferung des Manuskriptes zu sorgen 4. Bei etwaigen Schwierigkeiten in Verhandlungen zwischen Verlag und Verfasser zu vermitteln 5. Die von den Verfassern einzureichenden Manuskripte und Bildvorlagen auf ihre Brauchbarkeit zu prüfen sowie Ergänzungen, Kürzungen oder Korrekturen im Einvernehmen mit den Verfassern vorzunehmen oder durch diese vornehmen zu lassen 6. Die von den Verfassern korrigierten Fahnenabzüge (Korrektur) und Umbruchbogen (Revision) zu überprüfen und an den Verlag weiterzuleiten 7. Jeden einzelnen Band endgültig für druckfertig zu erklären [...] Der Verlag behält sich vor, ein Manuskript, nach Beratung mit dem Herausgeber abzulehnen. Macht der Verlag von diesem Recht Gebrauch, so erlischt der mit dem Verfasser abgeschlossene Verlagsvertrag. Der Verlag behält sich auch die Entscheidung darüber vor, wann er eine Buchreihe als abgeschlossen betrachten will.« BWA, F5/1516: Verlagsvertrag Hellmuth Rößlers, ohne Datum.
141 BWA, F5/1516: Hans Altenhein: Historische Schriftenreihe. Zwischenbericht vom 5. April 1956.
142 In den Verlagskorrespondenzen taucht Gustav Adolf Rein jedoch nur noch selten auf und auch Hans Altenhein erinnert sich 2021, dass

Die Auswahl der Autoren der *Janus*-Bände erfolgt durch Hellmuth Rößler, der dem R. Oldenbourg Verlag immer wieder Kollegen aus der Ranke-Gesellschaft empfiehlt. Aber auch Hans Altenhein, der sich rückblickend selbst als »Tugendwächter«[143] des Projekts beschreibt, schlägt einige Autoren vor, darunter Günter Schütze[144] sowie Altenheins Studienkollegen Wolfgang Mommsen.[145]

Ungefähr ein Jahr lang dauern die Suche nach geeigneten *Janus*-Autoren und die Auseinandersetzungen über ihre jeweilige Eignung an. Aus einem Brief von Hans Altenhein an Hellmuth Rößler vom 27. Dezember 1955 geht hervor, dass Gerhard Ritter zu den ersten beiden vorgeschlagenen Themen leider doch nichts beitragen kann.[146] Rößler möchte Gerhard Ritter unbedingt als Autor unter den ersten drei Bänden wissen,[147] aber eine Arbeit Ritters über den Schlieffen-Plan kommt schließlich schon allein aufgrund ihres Umfangs für das Taschenbuch nicht in Frage.[148] Otto von Habsburg sagt Rößler noch im Januar 1956 ab, da er aufgrund von Vortragsverpflichtungen in Amerika nicht genug Zeit für die Ausarbeitung habe.

Als erste drei Bände der *Janus-Bücher* werden deshalb zunächst festgelegt: »Willy Andreas: Der Staatsstreich Napoleons (1799), Dr. Rothbauer: Die Landung Francos in Spanien (1936), Dr. Hölzle: Versailles 1919 (oder Trotzky und Lenin 1917)«. Verhandlungen werden darüber hinaus geführt mit »Prof. Wolfgang Franke (Chinesische Revolution 1911 – Auszug aus dem in Arbeit befindlichen großen Werk), Prof. Babinger (Eroberung Konstantinopels 1453), Dr. Gaitanides (Konstantin), Dr. Disselhoff (Cortez in Mexiko)«.[149] Die ersten vier Bände sollen am 15. März 1957 erscheinen, danach alle drei Monate zwei Bände.

Im Mai 1956 steht fest, dass Willy Andreas das angekündigte Manuskript nicht einreichen wird.[150] Auch Johannes Gaitanides zieht seine Zusage zurück. Erwin Hölzle, wie Hellmuth Rößler Mitglied der Ranke-Gesellschaft und Oldenbourg-Autor seit 1925,[151] schreibt einen Band über *Lenin 1917: Die Geburt der Revolution aus dem Kriege*, der allerdings erst als sechster *Janus*-Band 1957 erscheinen wird.

»Serie 1«, so plant Hans Altenhein im Mai 1956, sollte dann Hans Dietrich Disselhoff:[152] *Cortez in Mexiko 1521*, Hellmuth Rößler: *Das Ende des Alten Reiches 1806*, Anton M. Rothbauer: *Franco in Spanien 1936* sowie Franz Babinger: *Die Eroberung Konstantinopels 1453* umfassen. Da das Manuskript von Rothbauer vom Verlag schließlich nicht angenommen wird, weil »eine Darstellung aus dem noch weitgehend ungeklärten Problemkreis des spanischen Bürgerkrieges auf dem knappen Raum, auf den wir uns bei den JANUS-Büchern beschränken müssen, einfach unmöglich ist«[153], und Franz Babinger sich offensichtlich nicht für eine Mitarbeit entscheiden kann, wird der Band von Wolfgang Franke über *Chinas kulturelle Revolution 1919* schließlich vorgezogen, da Franke seinen Beitrag »einem ebenfalls für Oldenbourg vorgesehenen grösseren Werk über die Revolution in China entnehmen«[154] kann. Altenhein schlägt als weitere Autoren des R. Oldenbourg Verlags Hellmuth Günther Dahms[155] vor, »der für uns vor drei Jahren eine umfangreiche Geschichte der Vereinigten Staaten schrieb«[156], sowie den Althistoriker

---

Rein »überhaupt nichts gemacht« habe (Hans Altenhein im Gespräch mit Jörg Döring und Ute Schneider am 8. September 2021).
143 Hans Altenhein im Gespräch mit Jörg Döring und Ute Schneider am 8. September 2021.
144 Günter Schütze: Der schmutzige Krieg.
145 Wolfgang Mommsen: Imperialismus in Ägypten.
146 BWA, F5/1609: Hans Altenhein an Hellmuth Rößler am 27. Dezember 1955.
147 BWA, F5/1603: Hellmuth Rößler an Horst Kliemann am 27. Januar 1956.
148 Vgl. dazu BWA, F5/1516: Hans Altenhein an Hellmuth Rößler am 25. Januar 1956.
149 BWA, F5/1516: Hans Altenhein an Hellmuth Rößler am 25. Januar 1956.
150 Der Musterschmidt-Verlag kündigt 1957 ebenfalls einen Band von Willy Andreas zu Richelieu an, der offensichtlich auch nicht erschienen ist. Im R. Oldenbourg Verlag hatte Andreas 1922 *Geist und Staat. Historische Portraits* veröffentlicht, das bis 1960 fünf Auflagen erreicht.

151 Im R. Oldenbourg Verlag hatte Erwin Hölzle 1925 seine Dissertation über *Die Idee einer altgermanischen Freiheit vor Montesquieu: Fragmente aus der Geschichte politischer Freiheitsbestrebungen in Deutschland, England und Frankreich vom 16.–18. Jahrhundert* veröffentlicht, 1931 *Das alte Recht und die Revolution. Eine politische Geschichte Württembergs in der Revolutionszeit 1789–1805* und 1953 *Russland und Amerika. Aufbruch und Begegnung zweier Weltmächte*.
152 Hans Dietrich Disselhoff hatte im R. Oldenbourg Verlag 1953 bereits eine *Geschichte der altamerikanischen Kulturen* veröffentlicht.
153 BWA, F5/1516: Hans Altenhein an Anton M. Rothbauer am 10. Juli 1957. Am 18. April 1957 informiert Hans Altenhein Hellmuth Rößler, Rudolf Oldenbourg und Horst Kliemann bereits darüber, dass Wilhelm von Cornides als Leiter des Forschungsinstituts der Deutschen Gesellschaft für Auswärtige Politik sowie sein Spanien-Referent nach Durchsicht des Manuskripts zu der Überzeugung gelangt seien, dass, »die Rothbauer'sche Arbeit, so verdienstvoll sie in der Idee und in der Lebendigkeit ihrer Darstellung sei, den heutigen Erkenntnissen über die weltpolitische Lage um 1936 nicht genügt«. BWA, F5/1516: Hans Altenhein an Hellmuth Rößler, Rudolf Oldenbourg und Horst Kliemann am 18. April 1957.
154 BWA, F5/1516: Hans Altenhein: Janus-Bücher Zwischenbericht und Programmfragen vom 17. Mai 1956.
155 »Herr Dr. Dahms hat sich am 12.5. endgültig bereit erklärt, an den ›Janus-Büchern‹ mitzuarbeiten. [...] Als Thema schlägt er den Zusammenbruch der französischen Kolonialherrschaft in Nordamerika vor. Vermutlich gibt es noch farbigere Themen.« BWA, F5/1516: Hans Altenhein: Janus-Bücher Zwischenbericht und Programmfragen vom 17. Mai 1956. – In der Reihe der *Janus-Bücher* veröffentlich Hellmuth Günther Dahms 1958 *Roosevelt und der Krieg*.
156 BWA, F5/1516: Hans Altenhein an Rudolf Oldenbourg am 25. April 1956.

Hans Volkmann, der 1953 im R. Oldenbourg Verlag ein Buch über *Kleopatra – Politik und Propaganda* veröffentlicht hatte. Zum Thema ›Afrika‹ erscheint Altenhein z.B. Oskar Splett[157] geeignet. Besonders nachdrücklich empfiehlt Altenhein Moscheh Ya'akov Ben-Gavriêl: »Der Korrespondent der vornehmsten deutschen Tageszeitungen in Israel wäre bereit, über die geschichtlichen Hintergründe der Errichtung des Staates Israel 1948 zu schreiben. Der Verlag befürwortet Thema und Autor sehr. Die Stellungnahme der Herausgeber ist erbeten.«[158] Der Herausgeber Hellmuth Rößler schlägt im Gegenzug Paul Wentzcke vor, ebenfalls Mitglied der Ranke-Gesellschaft, dessen Buch über *Heinrich von Gagern. Vorkämpfer für deutsche Einheit und Volksvertretung* dann aber doch bei Musterschmidt erscheint. Altenhein bittet um die Stellungnahme der Herausgeber, zum Thema ›Das Jahr 1‹ (zur Frühgeschichte des Christentums) Schriftsteller wie Karl August Meissinger, Kurt Lothar Tank oder Peter Bamm anzufragen. Auch »wäre zu prüfen, ob Herr Prof. Carl Burckhardt für die ›Janus‹-Bücher zu gewinnen wäre«[159]. Im Juni 1956 verhandelt Hellmuth Rößler mit Johannes Straub über die ›Eroberung Roms‹ und mit Wolfgang von den Steinen über ›Canossa‹. Georg Stadtmüller, ebenfalls Mitglied der Ranke-Gesellschaft, bietet zur gleichen Zeit seine Mitarbeit an und schlägt ein »Bändchen über ›Napoleons Rußland-Feldzug 1812‹«[160] vor.

Im Juni 1956 ist Altenhein mit der Planung der ersten Bände so weit zufrieden, dass der Eröffnung der Reihe im Frühjahr 1957 nichts mehr im Wege steht und auch für das Jahr 1958 bereits Titel in Aussicht stehen.[161]

Der Konflikt Hans Altenheins mit Hellmuth Rößler verschärft sich jedoch, als Rößler sein Manuskript zum ›Ende des alten Reiches 1806‹ *Napoleons Griff nach der Karlskrone* beim Verlag einreicht. Nach einer Besprechung zwischen Hans Altenhein, Horst Kliemann und Hellmuth Rößler im Herbst 1956 wendet sich Rudolf Oldenbourg persönlich mit einem langen Brief an Hellmuth Rößler. Aus den seitlichen Anmerkungen geht hervor, dass Oldenbourg sich in diesem Zusammenhang ausführlich mit der bisherigen Planung und Korrespondenz zu den *Janus-Büchern* auseinandergesetzt hat.

> Soweit ich sehe [...] reichen derartige Verschiedenheiten bis an den Anfang unserer Zusammenarbeit zurück. Das mag seine Ursache entweder darin haben, daß eine präzise Verständigung in den ersten Aussprachen nicht erzielt wurde, oder darin, daß gewissen Argumenten und Interessen des Verlags nicht das genügende Gewicht beigemessen wurde. Unterschiedliche Auffassungen bestehen meiner Beobachtung nach 1. in den Prinzipien für die Autorenwahl, 2. in der Art der Darstellung, und der entsprechenden Beratung der Autoren, 3. in der Wahl der Themen.[162]

Hellmuth Rößler richtet sich nach Lektüre dieser Abmahnung entrüstet an Horst Kliemann. In einem Brief mit dem ausdrücklichen Vermerk »Persönlich! *Vertraulich!*« verleiht Rößler seinem Unmut darüber Ausdruck, dass Rudolf Oldenbourgs Brief »von falschen Aussagen und ungenügenden Kenntnissen« nur so strotze, dass ihn »ein briefliches Eingehen darauf zu viel Zeit kosten würde«. Rößler könne sich das Ganze nur so erklären, dass Oldenbourg sich bisher »nur am Rande um die *Janus-Bücher* gekümmert« habe und dass er darüber hinaus »irreführende Berichte über unsere Verhandlungen erhielt«. An seiner Antipathie gegenüber Altenhein lässt Rößler keinen Zweifel: Diese irreführenden Berichte könnten »wohl nur von Herrn Dr. A. stammen, dessen bisherige Tätigkeit mir die Zusammenarbeit mit Ihrem Verlag zunehmend erschwert«. Von Horst Kliemann erwartet Rößler, ihm die Zusammenarbeit wieder zu erleichtern: »Ich muß leider aus all dem den Eindruck gewinnen, daß die von Ihnen bisher stets vertretene Linie sachlich unterrichteter Mäßigung im Verlage offenbar nicht mehr die nötige Bedeutung besitzt. Es scheint mir nun weitgehend Ihre Aufgabe, das durchaus erschütterte Vertrauen wieder herzustellen.« Kliemanns Teilnahme an einem Gespräch mit Rudolf Oldenbourg ist von Rößler explizit erwünscht – »aber nicht die des Herrn Dr. Altenhein«[163].

Dem Verleger selbst wirft Rößler in seiner Antwort vom 3. Dezember 1956 verärgert vor, Oldenbourg sei offensichtlich nicht ausreichend über die Sachlage unterrichtet. »Ihr Brief enthält in fast jedem Satz Zeugnisse ungenügender Unterrichtung über die bisherigen Verhandlungen einschließlich der letzten am 8.11. und widerspricht leider auch

---

157 Oskar Splett war von 1957 bis 1970 Generalsekretär der deutschen Afrikagesellschaft.
158 BWA, F5/1516: Hans Altenhein: Janus-Bücher Zwischenbericht und Programmfragen vom 17. Mai 1956. Vgl. dazu: Moscheh Ya'akov Ben-Gavriêl: *Israel.* Am 29. März 1957 bekräftigt Altenhein seine Empfehlung gegenüber Rudolf Oldenbourg und Horst Kliemann: »Das Thema hat den zusätzlichen Vorteil, dass es z. Zt. in Deutschland ebenso interessant wie unbekannt ist. Außerdem böte gerade diese Arbeit in der ersten Serie ein wirksames Gegengewicht gegen andere historisch-politische Tendenzen. Und nur auf diese Weise scheint mir auf die Dauer die Objektivität der JANUS-Bücher realisierbar zu sein.« BWA, F5/1516: Hans Altenhein an Rudolf Oldenbourg und Horst Kliemann am 29. März 1957.
159 BWA, F5/1516: Hans Altenhein: Janus-Bücher Zwischenbericht und Programmfragen vom 17. Mai 1956.
160 BWA, F5/1516: Hans Altenhein an Hellmuth Rößler am 27. Juni 1956.
161 Vgl. BWA, F5/1516: Hans Altenhein an Hellmuth Rößler am 27. Juni 1956.
162 BWA, F5/1516: Hans Altenhein an Hellmuth Rößler am 27. Juni 1956. Zum vollen Wortlaut des Briefes siehe Anhang zu diesem Beitrag.
163 F5/1609: Hellmuth Rößler an Horst Kliemann am 3. Dezember 1956. BWA.

vielfach den bei dem Briefwechsel zwischen Ihrem Verlag und den Herausgebern getroffenen Festlegungen.«[164]

Rudolf Oldenbourg antwortet Rößler am 7. Dezember 1956, seine Vorwürfe seien nicht gerechtfertigt, da er sich ausführlich mit Horst Kliemann und Hans Altenhein zur Sache besprochen und die entsprechenden Akten eingesehen habe, und schlägt Rößler ein Treffen vor. In dieser Angelegenheit legt die Verlagsleitung offensichtlich Wert auf eine endgültige Klärung der Differenzen zwischen Herausgebern und Verlagsmitarbeitern.

Eine von Hans Altenhein zusammengestellte Liste bezüglich der *Janus-Bücher* mit dem Betreff »Korrespondenz und Unterlagen« befindet sich ebenfalls unter den Verlagsarchivalien in München. Die Liste umfasst die Überschriften »1. Erste Verhandlungen und Differenzen«, »2. Herausgeber und Ranke-Gesellschaft«, »3. Jüngere Historiker«, »4. Abgelehnte Historiker«, »5. Form der Darstellung«, »6. Reklamationen der Autoren«, »7. Bevorzugung der deutschen Geschichte des 19. Jahrhunderts«, »8. Themenauswahl« sowie den Vermerk: »Die Ziffern 1–8 entsprechen den 8 Punkten, die in dem beiliegenden Durchschlag des Briefes von Herrn Dr. Oldenbourg an Prof. Rößler eingezeichnet sind.«[165] Auch Horst Kliemann, den Rößler eigentlich als Verbündeten verstand, antwortet am 7. Dezember recht bestimmt:

> Ich glaube, daß Sie in einigen wesentlichen Punkten doch von unrichtigen Voraussetzungen ausgehen. Ohne die Einzelheiten heute anzuschneiden, möchte ich doch darauf hinweisen, dass mir erst aus der Durchsicht Ihres Manuskriptes, die notwendigerweise nach unserer letzten Besprechung erfolgte, klar wurde, dass es sich gar nicht allzu sehr um Einzelheiten handelt, sondern dass der eigentliche Grund unseres Missverständnisses darin besteht, dass Herausgeber und Verlag offensichtlich unterschiedliche Vorstellungen von der Art einer Veröffentlichung in Taschenbuchform haben. Wir haben in den letzten Jahren das Taschenbuchproblem als Verlag natürlich sehr intensiv betrachtet und allerhand Überlegungen angestellt. Dabei wurde uns durchaus klar, dass Taschenbücher ihre eigenen Lebensgesetze haben, die mit anderen Reihen nicht zu vergleichen sind. Nicht jede billige Reihe ist z.B. eine Taschenbuchreihe.[166]

Am 18. Januar 1957 besprechen sich Hellmuth Rößler, Horst Kliemann, Hans Altenhein und Rudolf Oldenbourg zu den *Janus-Büchern*. Die Unterredung sollte »Klarheit verschaffen« über Fragen, »die das Verhältnis zwischen dem Verlag und den Herausgebern der JANUS-Bücher [...] zu belasten imstande sind«.[167] Während dieser Besprechung werden einige Kompromisse gemacht – wie die Prüfung eines Bandes über die Französische Revolution –, aber auch grundsätzliche Unterschiede deutlich, die Geschichtsbild, Wissenschaftsverständnis und die Aufarbeitung für ein Massenpublikum betreffen. »Die Bindung an die Ranke-Gesellschaft«, heißt es im Protokoll, »betrachtet Herr Professor Rößler nicht als Einschränkung der Herausgebertätigkeit, da nach seiner Auffassung die Ranke-Gesellschaft für die deutsche Geschichtswissenschaft repräsentativ ist«. Für Hellmuth Rößler stehen »ältere Gelehrte« für »besondere Fachkenntnisse«. Gleichzeitig wird festgestellt, »dass die Forderung nach einer zusammenfassenden Betrachtung über die weltgeschichtliche Bedeutung der einzelnen Themen nicht von allen Autoren und für alle Themen erfüllt werden kann«.

Dabei bleiben die weiteren Ziele relativ unkonkret: »Der Wunsch des Verlages, Autoren außerhalb der Geschichtswissenschaft heranzuziehen [...], wurde nicht ausführlicher erörtert, wird aber aufrecht erhalten.«[168] Die Aufnahme einer Arbeit von Gustav Adolf Rein zur ›Reichsgründung in Versailles‹ in die *Janus*-Reihe wird vom Verlag akzeptiert und für die zweite oder dritte Serie vorgesehen.

Die weiteren Korrespondenzen zwischen Hellmuth Rößler und den Verlagsverantwortlichen über geeignete Autoren für die *Janus*-Reihe sind sachlich und durchaus freundlich. Diskutiert werden in den folgenden Monaten des Jahres 1957 Hans Wehr und Giselher Wirsing (als nach einem Arabisten als Ergänzung zum Band von Ben-Gavriêl gesucht wird), Helmut Krausnick, Karl Dietrich Bracher (»wir sprachen ja darüber, daß diese beiden Herren sowohl ihrer bisherigen Arbeiten wegen, wie auch als Exponenten wichtiger Institutionen nicht übergangen werden sollten«[169]), Hartmut Schmökel (der sich durch eine »besondere Farbigkeit des Stiles auszeichnet«[170]), Ernst Klingmüller und Werner Otto von Hentig (die Wehr empfiehlt), G. K. Mookerjee (auf den sie

---

164 BWA, F5/1516: Hellmuth Rößler an Rudolf Oldenbourg am 3. Dezember 1956.
165 BWA, F5/1516: Aktennotiz vom 11. Dezember 1956.
166 BWA, F5/1516: Horst Kliemann an Hellmuth Rößler am 7. Dezember 1956.
167 BWA, F5/1516: Notiz über die Besprechung am 18.1.1957 vom 25. Januar 1957.
168 BWA, F5/1516: Notiz über die Besprechung am 18.1.1957 vom 25. Januar 1957.
169 BWA, F5/1516: Hans Altenhein an Hellmuth Rößler am 25. Januar 1957. Altenhein argumentiert Rößler gegenüber ab Januar 1957 mit größerem Selbstbewusstsein. Er schreibt weiter: »Wir würden es sehr begrüßen, wenn auch bei diesen beiden Autoren das Thema so gestellt werden könnte, dass es nicht nur innerdeutsche Bedeutung hat – wie wir das beispielsweise von der Bearbeitung des Ruhrkampfes durch Herrn Professor Wentzcke erhoffen. So wäre es beispielsweise vielleicht möglich, ein Ereignis zu finden, das die Europa-Politik des Dritten Reiches charakterisiert, oder andererseits vielleicht ein Exempel für die Appeasement-Politik.«
170 BWA, F5/1516: Hans Altenhein an Hellmuth Rößler am 25. Januar 1957.

durch einen Artikel in *Christ und Welt* aufmerksam geworden sind, den Herr Kliemann gelesen hatte[171]), Rudolf von Albertini, Friedrich Heer (der »in seinen historischen Betrachtungen eine überaus geistreiche katholische Richtung«[172] vertrete), Paul Kluke, Karl Dietrich Bracher (»Ich hatte bereits vorgeschlagen [Krausnick oder Kluke] oder evtl. auch Herrn Dr. Bracher [...] das vakant gewordene Thema von Herrn Prof. Wentzcke (Ruhrkampf 1923) vorzuschlagen. Herr Prof. Rößler steht diesem Vorschlag zunächst ablehnend gegenüber«[173]), Anton Ernstberger (»Thema: Wallenstein«[174]), Heinz Löwe und Helmut Berve (»beide Alte bzw. Mittelalterliche Geschichte«[175]), Schüßler jun. (Mainz), Georg Schwaiger, Hellmuth Brunner, Karl Dietrich Erdmann, Theodor Eschenburg, Karl Hauck, Oswald Hauser, Georg von Rauch, Fritz Wagner, Adam Wandruszka, Hans Martin Schaller (»Friedrich II.«), Richard Konetzke (Columbus), Karl Heinrich Höfele (Rienzi), Norbert Kamp (Der Friede von Venedig/Barbarossa), Hans Sturmberger (»Vom Hradschin zum Weissen Berg«), Bertold Spuler (»Die goldene Horde«), Hermann Trimborn (»Amerikanische Frühgeschichte«) und Richard Franz Kreutel (»Nahostgeschichte, Timur«).

Vertragsentwürfe werden im April und Mai 1957 versandt an Benno von Wiese (»Schiller und die Französische Revolution«), Hans Volkmann (»Sullas Staatsstreich 88 v. Chr.«), Hartmut Schmökel (»Hammurabi von Babylon«), Alfred Heuß[176] (»Roms Aufstieg zur Weltmacht im Jahr 202 v. Chr.«), Wilhelm Treue (»Die industrielle Revolution«), Helmut Krausnick (»Münchner Konferenz 1938«), Dieter Albrecht (»Wallenstein«), Helmut Berve (»Alexander der Große«), Herbert Michaelis (»Napoleon III.«) sowie an Richard Lorenz (»Türkenjahr 1683«).

Zu einem Angebot von Günther Franz, über Luthers Rolle auf dem Wormser Reichstag zu schreiben, erbittet Altenhein am 3. April 1957 die Meinung der Verlagsleitung.

9 Anfang und Ende der *Janus-Bücher*

Im September 1957 erscheinen die ersten vier Bände der *Janus-Bücher*: Hans Dietrich Disselhoff: *Cortés in Mexiko,* Wolfgang Franke: *Chinas kulturelle Revolution. Die Bewegung vom 4. Mai 1919,* M. Y. Ben-Gavriêl: *Israel. Wiedergeburt eines Staates* und Hellmuth Rößler: *Napoleons Griff nach der Karlskrone. Das Ende des alten Reiches 1806* – in einer Erstauflage von jeweils 6.000 Exemplaren.

Von den 41 innerhalb eines Jahres diskutierten Autoren veröffentlichen nur sechs einen historischen Band in der *Janus*-Reihe: Hans Volkmann: *Sullas Marsch auf Rom. Der Verfall der Römischen Republik* (Bd. 9), Karl Heinrich Höfele: *Rienzi. Das abenteuerliche Vorspiel der Renaissance* (Bd. 10), Hartmut Schmökel: *Hammurabi von Babylon. Die Errichtung eines Reiches* (Bd. 11), Hans Sturmberger: *Aufstand in Böhmen. Der Beginn des Dreißigjährigen Krieges* (Bd. 13), Herbert Michaelis: *Die Einigung Italiens. Triumph und Verhängnis Napoleons III.* (Bd. 18) und Hermann Trimborn: *Eldorado. Entdecker und Goldsucher in Amerika*.

Im Oktober 1957 reicht Gustav Adolf Rein seine Arbeit über die *Reichsgründung in Versailles – 18. Januar 1871* ein.[177] Was Altenhein nach Durchsicht eines ersten Entwurfs im Sommer 1957 bereits als »störend« empfunden hatte, »ist nicht die preußisch-konservative Haltung im allgemeinen; sondern eine gewisse Neigung zu ›Historienmalerei‹, an deren Beliebtheit wir in der heutigen Zeit beträchtliche Zweifel haben. Das Protokoll der Proklamation in Versailles ist wirklich nicht spannungsreich genug, als dass es das Interesse des Lesers an einem Buch wachzuhalten vermöge.«[178] Nachdem »Herausgeber und Verlag« die Arbeit nach »einigen Änderungen und Umstellungen« grundsätzlich akzeptiert haben, wird von Hans Altenhein noch einmal angemerkt: »Persönlich bleiben Bedenken, ob eine so eigentümlich distanzlose Beschreibung der Reichsgründung dem heutigen Leser gerecht wird.«[179]

---

171 Vgl. BWA, F5/1516: Hans Altenhein an Rudolf Oldenbourg und Horst Kliemann am 29. März 1957 zur Vorbereitung auf eine Besprechung mit Hellmuth Rößler am 1. April 1957.
172 BWA, F5/1516: Hans Altenhein an Rudolf Oldenbourg und Horst Kliemann am 29. März 1957 zur Vorbereitung auf eine Besprechung mit Hellmuth Rößler am 1. April 1957. »Sein Hauptwerk *Europäische Geistesgeschichte* (Kohlhammer 1953) ist von Prof. Rößler in der Zeitschrift *Das historisch-politische Buch* als unwissenschaftlich verurteilt worden«, schreibt Altenhein weiter, als sei das ein Qualitätskriterium.
173 BWA, F5/1516: Hans Altenhein an Rudolf Oldenbourg und Horst Kliemann am 29. März 1957 zur Vorbereitung auf eine Besprechung mit Hellmuth Rößler am 1. April 1957.
174 BWA, F5/1516: Notiz von Hans Altenhein vom 3. April 1957.
175 BWA, F5/1516: Notiz von Hans Altenhein vom 3. April 1957.
176 Alfred Heuß' Taschenbuch über den *Verlust der Geschichte* erscheint 1958 in der *Kleinen Reihe* bei Vandenhoeck und Ruprecht.

177 Der ursprünglich angedachte Titel »Deutsche Einheit« wird von Hans Altenhein mit der Begründung abgelehnt, dass er »heute zunächst andere Assoziationen« wecke als 1871. Unter »Anmerkungen zum Text« schreibt Altenhein: »Seite 7 ›... jetzt deutete man die Geschichte des Staates, der in diesem Raum sich geformt hatte, als vom Schicksal für die Wiederherstellung der Einheit Germaniens auserwählt ...‹ Die Geschichte war auserwählt? Solche Unbestimmtheiten werden durch das Pathos nicht ausgeglichen. Sie finden sich mehrfach. Seite 45 ›... die Garde-Landwehr ..., Männer deutscher Urkraft –‹ Solche Formeln aus der zeitgenössischen Rhetorik werden viele Leser heute befremden (›Treitschkes Zorn loderte auf ...‹ etc.)« BWA, F5/1516: Hans Altenhein an Hellmuth Rößler am 18. Juni 1957.
178 BWA, F5/1516: Hans Altenhein an Hellmuth Rößler am 18. Juni 1957.
179 BWA, F5/1609: Hans Altenhein: Anmerkungen zu der Arbeit von Professor Rein über die Reichsgründung 1871 vom 30. Oktober 1957.

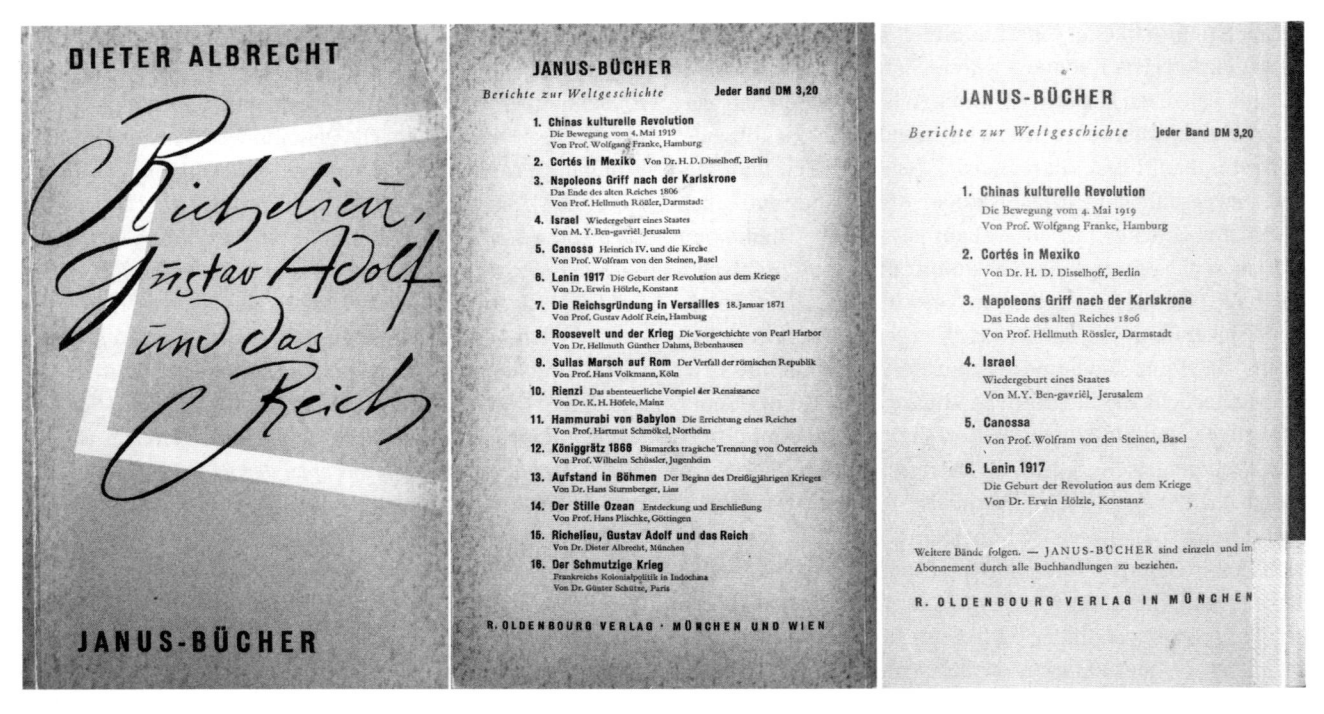

Abb. 3: Cover (vorn und hinten) und Anzeigenseite – Dieter Albrecht: *Richelieu, Gustav Adolf und das Reich*. 1959. Gestaltung von Gerhard M. Hotop.

Als Anregung lässt Altenhein der Verlagsleitung zur gleichen Zeit eine Rezension aus der *Süddeutschen Zeitung* von Curt Hohoff zu Albert Wuchers *Kleiner Papstgeschichte* zukommen, die 1957 im H. Goverts Verlag erschienen war. Das Buch umfasst 176 Seiten und ist in Leinen gebunden. Aus dem Inhalt der Rezension wird ersichtlich, warum Altenhein den Artikel mit dem Vermerk »Anlage zum Bericht über die Janus-Bücher« an Rudolf Oldenbourg schickt: Wucher sei es gelungen, auf kleinem Raum eine lange Geschichte zu erzählen, die bis in die Gegenwart wirke. »Die Schwankungen der Politik, der weltanschaulichen Linie, der historischen Gestalten hat Wucher ohne Beschönigungsversuche so dargestellt, wie der moderne Christ sie sehen zu müssen glaubt.« Unterstrichen hat Altenhein den darauffolgenden Satz: »Dadurch erhält sein Werckchen jene Übereinstimmung mit dem Geist unserer Zeit, der Voraussetzung sein muß, um zu wirken.«[180]

Es war auch erklärtes Ziel der *Janus-Bücher*, entscheidende Ereignisse der Weltgeschichte in Verbindung mit dem Gang der Geschichte zu bringen, und es bestand die Hoffnung von Verlagsseite, »auf diese Weise der Beklemmung zu begegnen, die bei uns Fachleute wie Laien angesichts der immer schneller wachsenden geschichtlichen Stoffmassen befällt«.[181]

Nach Veröffentlichung der ersten vier Bände der neuen Taschenbuchreihe zeigt sich jedoch recht schnell, dass sich die Hoffnung, »intelligenten Lesern [...] durch eine solche auswählende Beschäftigung mit typischen Wendepunkten« eine »Übersicht und ein daraus erwachsendes Verständnis für die Weltpolitik« zu ermöglichen, nicht in dem Maße erfüllt, wie erhofft.[182] Von den 6.000 gedruckten Exemplaren werden im ersten Monat September zwischen 650 (Rößler) und 708 (Ben-Gavriêl) verkauft, im Oktober nur noch zwischen 202 (Disselhoff) und 350 (Ben-Gavriêl), im November zwischen 141 (Disselhoff) und 1.170[183] (Hölzle) und im Dezember zwischen 110 (Disselhoff) und 255 (v. d. Steinen). Meistverkaufter Titel ist schon im ersten halben Jahr, aber auch im Hinblick auf die gesamte Reihe Ben-Gavriêls Buch über Israel.

---

180 BWA, F5/1516: Curt Hohoff: Papst und Vatikan. In: Süddeutsche Zeitung vom 12. Dezember, ohne weitere Angaben.

181 Vgl. dazu BWA, F5/1609: Hans Altenhein an G. K. Mookerjee am 20. März 1957.

182 BWA, F5/1609: Hans Altenhein an G. K. Mookerjee am 20. März 1957.

183 Dieser recht hohe Wert reduziert sich im Folgemonat Dezember 1957 auf 172 verkaufte Exemplare.

Im Dezember 1957 beschreibt Altenhein die »Anteilnahme des Buchhandels« als »relativ gering«[184], ebenso unbefriedigend sind die Reaktionen auf den Versand von Besprechungsexemplaren aus der ersten Serie.[185]

Auch die Akquise weiterer Autoren für die *Janus*-Reihe verläuft schleppend. Eine Arbeit von Wilhelm Schüßler über Königgrätz (1866) erscheint Altenhein »im Umfang nicht zureichend und soll vom Autor noch erweitert werden«. Nach Lektüre dieser Arbeit, die 1958 als Band 12: *Königgrätz 1866. Bismarcks tragische Trennung von Österreich* erscheint, »wäre eher zu empfehlen, daß wir auf diesen Beitrag verzichten«[186]. Außerdem wird von Altenhein beklagt, dass Hellmuth Rößler zu einigen der in Aussicht gestellten Autoren aufgrund persönlicher beziehungsweise politischer Antipathien keine Verbindung aufgenommen habe. »Dagegen wurden von ihm neu gewonnen: Professor Maschke (Tannenberg) und Dr. Preradovic[187] (Ungarn 1867). Beide Herren stehen politisch sichtlich im nationalen Lager.«[188]

Noch im gleichen Jahr, in dem nach langer Planung die ersten Bände der *Janus-Bücher* erscheinen, bemerkt Hans Altenhein: »Angesichts dieser Herausgeberpolitik ist die Fortführung der Reihe ab Ende 1958 quantitativ und qualitativ nicht mehr gesichert.«[189]

Auch die Differenzen zwischen Hans Altenhein als Betreuer der Reihe und Hellmuth Rößler als externem Herausgeber lassen sich kaum noch überbrücken:

> Trotz verschiedener Vermittlungsversuche erweist sich die Verschiedenheit der Ansichten von Verlag und Herausgebern immer wieder als prinzipiell. An sich ist das in historisch-politischen Fragen kein wesentliches Übel, Kompromisse sind möglich und könnten gerade die Universalität des Unternehmens bezeugen.
> Hier zeigt sich aber eine ernstzunehmende Gefahr: die Ansichten der Herausgeber und – deutlicher noch – der meisten der von ihnen geförderten Autoren kollidieren mit dem Zeitgeschmack. (Das wird nicht zuletzt am Stil und Pathos solcher Beiträge fühlbar). Die JANUS-Bücher haben aber als Verlagserzeugnis noch keineswegs ein solches Schwergewicht, dass sie gegen den Strom der Zeit zu schwimmen vermöchten. Auch die Herausgeber müssten verstehen, dass die Reihe kein zweckmässiges Vehikel für pädagogische Bemühungen ist, wenn sie nicht in zureichendem Umfang auch verkauft wird.
> Was im einzelnen dem »heutigen Leser« wichtig ist und was nicht, bleibt natürlich eine spekulative Frage, die ohne Subjektivität nicht beantwortet werden kann. Vielleicht lässt sich aber doch allgemein sagen, dass die Idee der Monarchie, des »Preussentums«, überhaupt die Betrachtung der Welt unter dem Aspekt der deutschen Nationalgeschichte nur beschränkt die Gemüter bewegen. (Man muss es Professor Rößler zugestehen, dass er selbst diese Ideale in seinem Napoleon-Band noch am gefälligsten darzustellen weiß, nämlich nüchtern und ein wenig opalisierend).
> Mag es nun Ansichtssache sein, ob der wirtschaftliche Bestand der Reihe durch (an sich wohlmeinende) Arbeiten wie die von Rein und Schüßler gefährdet wird, so ist es evident, dass durch die einseitige Interessenrichtung der Herausgeber zahlreiche Möglichkeiten ungenützt und unversucht bleiben. Professor Rößler hat es abgelehnt, Arbeiten anzunehmen, die der Verlag ohne oder gegen seine Zustimmung beibringt. Da er selbst, wie die Vergangenheit beweist, außerhalb seines Kreises kaum wesentliche Verbindungen anknüpft oder anknüpfen kann, wird sich an dieser Lückenhaftigkeit des Programms wenig ändern lassen.[190]

Altenhein sieht daher nur zwei mögliche Lösungen: Entweder er wird von der Aufgabe entbunden, die Reihe von der Verlagsseite weiter zu betreuen, oder ihm wird das Recht eingeräumt, mit Autoren direkt zu verhandeln und damit einen größeren Einfluss auf die Autoren- wie auf die Themenwahl auszuüben. Einem internen Bericht Altenheins über eine diesbezügliche Besprechung mit Rößler Ende Dezember 1957 ist zu entnehmen, dass Rößler sich mit Altenheins Bedingungen einverstanden erklärt.[191]

Ab diesem Zeitpunkt verläuft die redaktionelle Zusammenarbeit mit den Herausgebern Rein und Rößler »fast reibungslos, da die Verbindung zu den Autoren fast ausnahmslos vom Verlag direkt übernommen und gepflegt wird«[192].

---

184 BWA, F5/1516: Hans Altenhein: Bericht über die JANUS-Bücher vom 10. Dezember 1957.
185 »Grundsätzliche (und empfehlende) Urteile brachten die *Deutsche Zeitung und Wirtschaftszeitung*, die *Süddeutsche Zeitung*, das *Sonntagsblatt* und einige Schulblätter. Einzelbesprechungen erhielt vor allem Ben-Gavriêl, Israel.« BWA, F5/1516: Hans Altenhein: Bericht über die JANUS-Bücher vom 10. Dezember 1957.
186 BWA, F5/1516: Hans Altenhein: Bericht über die JANUS-Bücher vom 10. Dezember 1957. Als zusätzliche Begründung für das Unbehagen der Verlagsverantwortlichen wird am 30. Dezember 1957 von Hans Altenhein angeführt, die Arbeit sei für den Laien zu voraussetzungsreich. »Dagegen vermisst der Laie eine Vergegenwärtigung der eigentlichen Ereignisse und der Weltsituation. Der Verlag ist zudem der Ansicht, dass historische Schwerpunkte in der (weltgeschichtlichen) Reihe (1806, 1866, 1867, 1871) vermieden werden sollten.« BWA, F5/1516: Hans Altenhein: Zur Planung der JANUS-Bücher. Redaktionsbesprechung mit Herrn Prof. Rößler am 19. und 20. Dezember 1957.
187 Gemeint ist der Historiker Nikolaus von Preradovich.
188 BWA, F5/1516: Hans Altenhein: Bericht über die JANUS-Bücher« vom 10. Dezember 1957.
189 BWA, F5/1516: Hans Altenhein: Bericht über die JANUS-Bücher« vom 10. Dezember 1957.
190 BWA, F5/1516: Hans Altenhein: Bericht über die JANUS-Bücher vom 10. Dezember 1957.
191 »So ist dem Verlag nicht nur die Entscheidungsfreiheit in diesem Unternehmen, sondern auch eine Mitwirkung an der Herausgebertätigkeit ausdrücklich zugebilligt worden. Auf diese Tatsache wäre in Zukunft gegebenenfalls hinzuweisen. Dass sich dazu immer wieder Anlässe bieten werden, kann bei den ausgeprägten Interessen der Herausgeber nicht ausbleiben.« BWA, F5/1516: Interner Bericht über Besprechung mit Prof. Rößler über die JANUS-BÜCHER am 19./20.12.1957.
192 BWA, F5/1516: Hans Altenhein an Rudolf und Eberhard Oldenbourg und Horst Kliemann am 2. Oktober 1959. Altenhein hatte zu diesem Zeit-

Am schleppenden Verkauf der Bände ändert dieses Zugeständnis Rößlers nichts mehr. Die Taschenbücher verkaufen sich langsamer als erhofft. Nach Ablauf des Jahres 1958 stehen den Produktionskosten von 60.000 DM Einnahmen von 40.000 DM gegenüber.[193] Eindeutig Interesse an der Reihe zeigen Altenhein zufolge Höhere Schulen, uneindeutig ist die Einstellung der Student:innen.

Bis zum Erscheinen des 14. Bandes der *Janus-Bücher* im Herbst 1959 hat sich nur Ben-Gavriêls Buch über Israel über 3.000-mal verkauft. Die meisten Bände, deren Erstauflagen 1958 auf 5.500 Exemplare reduziert wurden, bleiben unter 2.000 verkauften Exemplaren. Die Deckungsauflage lag laut Verlagsberechnungen bei 2.500 verkauften Exemplaren und wird nur von vier Bänden erreicht. Insgesamt werden zwischen 1957 und 1959 25.612 *Janus-Bücher* verkauft.

Als sich 1960 durch »eine Kette von Terminverschiebungen der Autoren« ein Manuskript-Engpass ergibt, bietet Hellmuth Rößler an, mit einem Band über Rudolf von Habsburg einzuspringen. Gleichzeitig schlägt Rößler noch einmal vier Autoren vor – Ernst Birke, Werner Frauendienst, Hermann Wiesflecker und Franz Huter. »Vermutlich sind alle vier Herren Mitglieder der Ranke-Gesellschaft.«[194] Altenhein teilt Rößler mit, dass er »nicht sehe, wodurch sich diese Herren besonders als JANUS-Autoren empfehlen«[195]. Stattdessen erscheint Altenhein auch in Hinblick auf inhaltliche Diskussionen mit Rößler eine »kleine Publikationspause«[196] sowie eine Reduzierung der Auflagen auf 4.500 Exemplare angebracht.[197]

Am 16. August 1961 schickt Horst Kliemann einen »Gesamtüberblick der finanziellen Ergebnisse der bisher erschienenen Bände« an Hans Altenhein und Eberhard Oldenbourg: »Leider hat das Unternehmen bisher einen Verlust von über DM 36.000.– ergeben, wobei nicht 1.– DM für die Kostendeckung herauskommt. Nur bei drei Bänden ergibt sich ein kleiner Gewinn und bei vier weiteren Bänden ist ein Teil der Spesen gedeckt. Alle übrigen Bände ergeben einen glatten Verlust. Unter diesen Umständen dürfte uns ja wohl die endgültige Einstellung des Unternehmens nicht schwer fallen.«[198] Fast klingt es bei Kliemann wie eine Erleichterung.

In einem handschriftlichen Vermerk auf dem Brief erklärt Altenhein: »Am 27.9.61 mit E. O. und Kliemann beschlossen: 1) Keine weitere Aktivität 2) Kl. prüft Frage des Verramschens der Bestände«.

Im Oktober 1961 schickt Altenhein einen Briefentwurf zur Vertragsauflösung mit Rein und Rößler an Horst Kliemann. Darin heißt es:

> Bei den in der Zwischenzeit geführten Besprechungen mit Herrn Prof. Rößler haben wir schon betont, daß wir die unzureichende Verbreitung der JANUS-Bücher selber sehr bedauern und zwar nicht nur aus verlagskaufmännischen Gründen, sondern auch aus solchen des allgemeinen Programmes. Unsere geschäftliche Verantwortung lässt es aber leider nicht zu, noch länger zu experimentieren.[199]

Im Dezember 1962 schreibt Hans Altenhein einen Schlussbericht »zu diesem Verlagsunternehmen«, mit dem er acht Jahre zuvor als Vertriebsleiter des Buchverlags beauftragt worden war. Darin fasst er alle Schwierigkeiten noch einmal zusammen, die der Verlag von Beginn der Reihenplanung an mit den Herausgebern Hellmuth Rößler und Gustav Adolf Rein als Interessensvertretern der Ranke-Gesellschaft hatte. Rößler habe auch nach mehrmaligen Gesprächen und Abmahnungen auf seiner »Alleinverantwortlichkeit« bestanden. Das Scheitern der Zusammenarbeit führt Altenhein auch auf die Tatsache zurück, dass der Verlag mangels eines eigenen Lektorats auf die redaktionelle Arbeit der Herausgeber angewiesen war. Dabei habe »die Unvereinbarkeit der Standpunkte« das Unternehmen von Anfang an in Gefahr gebracht. Trotz dieser Schwierigkeiten sei die wirtschaftliche Entwicklung der Reihe zunächst zufriedenstellend gewesen, auch das Echo in der Fach- und Tagespresse sei »stellenweise kritisch, aber ungewöhnlich groß« gewesen.[200]

---

punkt für die *Janus-Bücher* u.a. noch vorgesehen: Herbert Michaelis (Die Einigung Italiens. Triumph und Verhängnis Napoléon III), Willy Schulz-Weidner (Die Gründung von Ghana), Wolfgang Zorn (Die industrielle Revolution in England), Prof. Baykal, Ankara (Der Krimkrieg), Gustav Otruba, Wien (Der Jesuitenstaat in Paraguay), Gunther Wolf (Friedrich II.). Auch von diesen Bänden wird nur der eine von Herbert Michaelis als Band 18 der *Janus-Bücher* veröffentlicht. »Kopfzerbrechen« bereitet Altenhein die Korrespondenz mit Hans-Joachim Schoeps, den der Verlag sich als »so bekannten Autor« gerne sichern würde, der sich aber leider »über den Inhalt des JANUS-Buches keine rechten Vorstellungen macht«. BWA, F5/1609: Hans Altenhein an Hellmuth Rößler am 30. Oktober 1959.
193 Vgl. BWA, F5/1516: Hans Altenhein an Horst Kliemann und Rudolf Oldenbourg am 12. Februar 1959.
194 BWA, F5/1516: Hans Altenhein an Horst Kliemann und Rudolf Oldenbourg am 21. Januar 1960. Birke und Frauendienst waren Mitglieder der Ranke-Gesellschaft (vgl. Verzeichnis der Mitglieder 1962), eine Mitgliedschaft Wiesfleckers und Huters konnte nicht nachgewiesen werden.
195 BWA, F5/1516: Hans Altenhein an Horst Kliemann und Rudolf Oldenbourg am 21. Januar 1960.
196 BWA, F5/1609: Hans Altenhein an Hellmuth Rößler am 10. Februar 1960.
197 BWA, F5/1609: Vgl. Hans Altenhein an Horst Kliemann am 21. April 1960.

198 BWA, F5/1516: Horst Kliemann an Eberhard Oldenbourg und Hans Altenhein am 16. August 1961.
199 BWA F5/1609: Hans Altenhein an Horst Kliemann am 17. Oktober 1961.
200 BWA, F5/1516: Hans Altenhein: Schlussbericht über die *Janus-Bücher* vom 12. Dezember 1962.

Ab Band 16 der *Janus-Bücher* (1959) waren Pressestimmen auf den letzten Seiten der Bände abgedruckt worden: *Westermanns Monatshefte* loben den erfreulich niedrigen Preis der Bücher, die *Süddeutsche Zeitung* die interessante Themenstellung der ersten Bände. *The English Historical Review* versteht die Reihe als Annäherung an eine Weltgeschichte als Abfolge von Problemen internationaler Tragweite. Die *Deutsche Zeitung und Wirtschaftszeitung* aus Stuttgart und der *Süddeutsche Rundfunk* stellen die Verständlichkeit des Textes »bei allem wissenschaftlichen Anspruch« heraus und die *Weltwoche* aus Zürich sieht gar »die Taschenbuch-Idee« mit den *Janus-Büchern* »für das Gebiet der Geschichte in glücklicher Weise verwirklicht«. Sogar Hans Magnus Enzensberger als berühmtester Kritiker wissenschaftlicher Texte im Taschenbuchformat bescheinigt den Herausgebern »außerordentliche Umsicht und guten Instinkt«. Für »grundgescheit« hält Enzensberger das Grundprinzip der Reihe und wünscht ihr großzügige Fortentwicklung.[201] Die *Allgemeine Deutsche Lehrerzeitung* begrüßt die Reihe als wertvollen Beitrag zum Geschichtsunterricht im Hinblick auf die Hessischen Bildungspläne. In Band 17 finden sich dieselben Pressestimmen in Auswahl, auch in Band 18 kommen keine neuen hinzu. In Band 19 und 20 fehlen sie vollständig, in Band 21 wiederholen sich die bereits zuvor abgedruckten. So groß war das Presseecho offenbar über längere Zeit nicht.

Beachtlich scheint aber doch das Urteil Enzensbergers zu sein, der es in einer Sondersendung zu *Wissenschaft und Publizität* am 18. Januar 1960 noch einmal so formuliert:

> Die Janus-Bücher des Oldenbourg Verlages geben über die historische Wissenschaft Auskunft. Die Reihe hat nicht den Ehrgeiz, eine lückenlose Welthistorie zu werden. Sie visiert vielmehr einzelne, allerdings entscheidende, in jedem Fall aber wohlabgegrenzte geschichtliche Ereignisse an und zeigt an ihnen die Arbeit des Historikers im Detail. Bei der ungeheuer angeschwollenen Fülle des Wissensstoffes ist diese Methode des pars pro toto die einzige, die den Laien überhaupt noch an Fragen der historischen Forschung teilnehmen lässt. Sie ist der fragwürdigen Übersicht, die Allgemeinwissen vorspiegelt, statt es zu verschaffen, bei weitem überlegen.[202]

Und auch in seinem populären Text über »Bildung als Konsumgut« setzt Enzensberger die *Janus-Bücher* wie auch die Taschenbuchreihen anderer Wissenschaftsverlage positiv in Kontrast zu den Reihen der »Riesenverlage«:

> Die *Urban-Bücher* (Kohlhammer, Stuttgart), die *Kleine Reihe* bei Vandenhoeck und Ruprecht (Göttingen), die *Dalp-Taschenbücher* (Francke, Bern) und die *Janus-Bücher* des Oldenbourg Verlages (München) sorgen für Minoritäten, für ein begrenztes Publikum, das hohe sachliche Ansprüche stellt und dafür bereit ist, genau zu lesen. Diese höchst verdienstvollen Reihen passen sich durch eine Art von Mimikry dem neuen Büchertyp an, ohne sich den Gesetzen des geistigen Massenkonsums zu unterwerfen. Sie sehen wie Taschenbücher aus, doch werden sie mit den Mitteln der Konsumgüterindustrie weder geplant, noch hergestellt, noch verkauft. Ihr Leserkreis gibt keine Rätsel auf, er beschränkt sich ziemlich genau auf die alten akademischen Berufe, auf Studenten und Gymnasiasten.[203]

Enzensberger lobt die wissenschaftlichen Taschenbuchreihen der Wissenschaftsverlage, weil sie aus seiner Sicht keine ›typischen‹ Taschenbücher sind, weil sie sich im thematischen Aufbau nicht der Masse andienen, weil sie an bildungsbürgerlichen Idealen festhalten – und genau deshalb scheitern sie auch. Die Massentauglichkeit, die Enzensberger an den Taschenbüchern der Publikumsverlage Rowohlt und S. Fischer kritisiert, ist nicht Wesenszug der *Janus-Bücher*. Aus kaufmännischer Sicht wird der *Janus*-Reihe diese Tatsache zum Verhängnis. Bildungsgeschichtlich kann man sie bedauern oder begrüßen.

Altenhein erklärt in seinem Abschlussbericht weiter:

> Die Janus-Bücher waren ausdrücklich als ein Versuch unternommen worden, den sich stets verengenden Markt für die geschichtlichen Werke des Verlages wieder auszuweiten. Es hat sich dabei gezeigt, dass selbst gutverkäufliche Bände nicht über 3.000 und nur in einem Fall über 4.000 verkaufte Exemplare gekommen sind, dass also der Kreis der Historiker im weiteren Sinne wieder erreicht wurde, nicht aber ein allgemein interessiertes Publikum. Zum Beispiel erwies sich die Reihe als ausgezeichnet geeignet für den Geschichtsunterricht der Oberstufe, ohne dass aber der Be-

---

[201] Hans Magnus Enzensberger im Bayerischen Rundfunk 1960. Das in den *Janus-Büchern* immer wieder abgedruckte Zitat stammt wahrscheinlich aus Enzensbergers Rezensionstätigkeit für den Bayerischen Rundfunk in dieser Zeit. In seinem Text über »Bildung als Konsumgut« nennt Enzensberger die *Janus-Bücher* auch in Zusammenhang mit den Taschenbuchreihen anderer Wissenschaftsverlage: »Diese speziellen Reihen sind meist wissenschaftlicher Art. Ihre Auflagen sind relativ klein, sie liegen zwischen fünf- und fünfzehntausend. Ihr Preis liegt meist erheblich über dem der Standardprodukte, wie sie die Riesenverlage liefern.« Enzensberger: Bildung als Konsumgut, S. 161.
[202] Hans Magnus Enzensberger: Wissenschaft und Publizität III. Eine kritische Untersuchung von Hans Magnus Enzensberger. Sechs selbstverständliche Forderungen an eine jede wissenschaftliche Publizistik, Sonderprogramm des Bayerischen Rundfunks, Sendung vom 18. Januar 1960, 22:15–23:00 Uhr. Diese Formulierung ähnelt stark derjenigen, die Altenhein für seine Autorenwerbung verwendet: »Und zwar bereiten wir eine kleine Buchreihe unter dem Serientitel JANUS-Bücher vor, die jeweils in einem abgeschlossenen Bändchen ein entscheidendes Ereignis der Weltgeschichte darstellen und in Verbindung mit dem Gang der Geschichte bringen soll. Wir hoffen, auf diese Weise der Beklemmung zu begegnen, die bei uns Fachleute wie Laien angesichts der immer schneller wachsenden geschichtlichen Stoffmassen befällt. Wir glauben, dass eine Übersicht und ein daraus erwachsendes Verständnis für die Weltpolitik für den intelligenten Leser nur noch durch eine solche auswählende Beschäftigung mit typischen Wendepunkten möglich ist.« BWA, F5/1609: Hans Altenhein an Prof. Mookerjee am 20. März 1957.
[203] Enzensberger: Bildung als Konsumgut.

Abb. 4a–b: Cover des letzten Bandes der Reihe – Band 21: Wolfgang Mommsen: *Imperialismus in Ägypten*. 1961. Gestaltung von von Gerhard M. Hotop.

darf ausreichen konnte. Eine Ausdehnung und Anpassung des Programms an diese Erkenntnisse hätte die personellen und finanziellen Investitionen des Verlages wesentlich und die Lösung von den Herausgebern vorausgesetzt.[204]

Die Herausgeber haben sicher nicht damit gerechnet, dass als erster Band der *Janus*-Reihe 1963 der Band Ben-Gavriêls über Israel vergriffen sein würde. Von einer Neuauflage sieht der Verlag zu diesem Zeitpunkt aber ab.[205]

Im Januar 1964, ein Jahr nachdem Hans Altenhein den R. Oldenbourg Verlag verlassen hatte, um im S. Fischer Verlag Leiter der Redaktion der *Fischer Bücherei* zu werden, schreibt ein Vertriebsmitarbeiter an Rudolf Oldenbourg und Horst Kliemann:

> Vor einigen Tagen sprach ich mit der Akademischen Buchhandlung München, die in München zwei Taschenbuchläden betreibt. Herr Unverhau, der dort die Werbung für die Taschenbücher macht, sagte mir, dass eine Taschenbuchreihe, die nicht mehr produziert, für ihn vollkommen uninteressant ist. Er möchte uns vorschlagen, ihm die JANUS-Bücher so günstig anzubieten, dass er sie mit einem beträchtlichen Nachlass in seinem Taschenbuchantiquariat verkaufen kann. Tatsache ist, dass in diesem Antiquariat sogar neue Bände von Fischer, DTV und Rowohlt […] teilweise mit 50 % Nachlass verkauft werden. Herr Unverhau sagte mir, dass er zwischen 50 und 100 Exemplare je Titel übernehmen könnte.[206]

---

204 BWA, F5/1516: Hans Altenhein: Schlussbericht über die *Janus-Bücher* vom 12. Dezember 1962.

205 An Moscheh Ya'akov Ben-Gavriêl schreibt Kliemann am 6. März 1963: »Ihr Bändchen ›Israel‹, das in der Reihe unserer JANUS-BÜCHER herauskam, ist jetzt als bisher einziger Band der Reihe vergriffen. Im Ganzen gesehen, waren wir von dem Erfolg der JANUS-BÜCHER enttäuscht, sodass wir uns entschlossen haben, die Serie nicht mehr fortzusetzen. Aus diesem Grund möchten wir auch von Ihrem Bändchen ›Israel‹ keine Neuauflage veranstalten und wir halten es für richtig, Ihnen die Verlagsrechte zurückzugeben.« BWA, F5/1516.

---

206 BWA, F5/1516: W. Perthel an Horst Kliemann und Rudolf Oldenbourg am 21. Januar 1964. Nachdem die daraufhin angestellten Bemü-

Deutlich bringt der Buchhändler in seiner Anfrage zum Ausdruck, dass der Wert einer Taschenbuch-Serie – auch einer wissenschaftlichen – darin besteht, dass sie sich entwickelt, dass einzelne Bände Teile einer Reihe von Büchern sind, die den Menschen in der Gegenwart ihres Erscheinens weltanschaulich anschlussfähig erscheinen. Die Anerkennung der Vermittlung geschichtlichen Wissens auf überschaubarem Raum zeigt durchaus der Erfolg, den die *Janus-Bücher* bei Lehrern und Schülern hatte. Und der Hinweis Enzensbergers darauf, dass die Beschreibung einzelner historischer Aspekte im Taschenbuch wissenschaftlich redlicher sei, als auf 100 Seiten Überblicke geben zu wollen über Zeiträume und Themen, für die Oldenbourg 320 Seiten in Leinen bindet, und damit die Frage, ob die Wissenschaft im Taschenbuch die Masse überhaupt wirklich erreicht, ist bedenkenswert. In jedem Fall lässt sich mit der Geschichte der *Janus-Bücher* aus dem R. Oldenbourg Verlag ein Wendepunkt in Verlags- wie auch in der Wissenschaftsgeschichte beschreiben – auch wenn von »allzusymbolischen Bezeichnungen wie Wendepunkte usw. [...] in letzter Zeit immer wieder abgeraten«[207] wurde.

10 Literatur- und Quellenverzeichnis

Archivalische Quellen

Bayerisches Wirtschaftsarchiv (BWA)
    F5: Verlag R. Oldenborg München
Staatsarchiv des Kantons Bern (StABE)
    Firma 3/85: Archiv Verlag und Buchhandlung Francke AG, Bern (1828–1992)
Staatsbibliothek zu Berlin – Preußischer Kulturbesitz, Abt. Handschriften und Historische Drucke (SBBPK)
    Nachl. 494/H1: Vandenhoeck & Ruprecht

Janus-Bände

Bd. 1. Franke, Wolfgang: Chinas kulturelle Revolution. Die Bewegung vom 4. Mai 1919. 1957.
Bd. 2. Disselhoff, Hans Dietrich: Cortés in Mexiko. 1957.
Bd. 3. Rößler, Hellmuth: Napoleons Griff nach der Karlskrone. Das Ende des alten Reiches 1806. 1957.
Bd. 4. Ben-Gavriêl, Moscheh Ya'akov: Israel. Wiedergeburt eines Staates. 1957.
Bd. 5. Von den Steinen, Wolfram: Canossa. Heinrich IV. und die Kirche. 1957.
Bd. 6. Hölzle, Erwin (1957): Lenin 1917. Die Geburt der Revolution aus dem Kriege. 1959.
Bd. 7. Rein, Gustav Adolf (1958): Die Reichsgründung in Versailles. 18. Januar 1871. 1959.
Bd. 8. Dahms, Hellmuth Günther: Roosevelt und der Krieg. Die Vorgeschichte von Pearl Harbor. 1958.
Bd. 9. Volkmann, Hans: Sullas Marsch auf Rom. 1958.
Bd. 10. Höfele, Karl Heinrich: Rienzi. Das abenteuerliche Vorspiel der Renaissance. 1958.
Bd. 11. Schmökel, Hartmut: Hammurabi von Babylon. 1958.
Bd. 12. Schüßler, Wilhelm: Königgrätz 1866. Bismarcks tragische Trennung von Österreich. 1958.
Bd. 13. Sturmberger, Hans: Aufstand in Böhmen. Der Beginn des Dreißigjährigen Krieges. 1959.
Bd. 14. Plischke, Hans: Der Stille Ozean. Entdeckung und Erschließung. 1959.
Bd. 15. Albrecht, Dieter: Richelieu, Gustav Adolf und das Reich. 1959.
Bd. 16. Schütze, Günter: Der schmutzige Krieg. Frankreichs Kolonialpolitik in Indochina. 1959.
Bd. 17. Rößler, Hellmuth: Ein König für Deutschland. Die Krönung Rudolf von Habsburg 1273. 1960.
Bd. 18. Michaelis, Herbert: Die Einigung Italiens. Triumph und Verhängnis Napoléon III. 1960.
Bd. 19. Webster, Thomas: Die Nachfahren Nestors. Mykene und die Anfänge griechischer Kultur. 1961.
Bd. 20. Trimborn, Hermann: Eldorado: Entdecker und Goldsucher in Amerika. 1961.
Bd. 21. Mommsen, Wolfgang: Imperialismus in Ägypten. Der Aufstieg der ägyptischen nationalen Bewegung 1805–1956. 1961.

Gedruckte Quellen

Altenhein, Hans: Das Taschenbuchprojekt. Gesammelte Schriften. Hrsg. von Jörgen Döring / Ute Schneider. Stuttgart: Hiersemann 2024.
Andreas, Willy: Geist und Staat. Historische Portraits. München: R. Oldenbourg 1922.
Barnett, Lincoln: Einstein und das Universum. Frankfurt am Main: Fischer Bücherei 1952.
Bermann Fischer, Gottfried: Bedroht – Bewahrt. Weg eines Verlegers. Frankfurt am Main: S. Fischer 1967.
Disselhoff, Hans Dietrich: Geschichte der altamerikanischen Kulturen. München: R. Oldenbourg 1953.
Enzensberger, Hans Magnus: Bildung als Konsumgut. Analyse der Taschenbuch-Produktion (1958; rev. 1962). In: Hans Magnus Enzensberger: Einzelheiten I. Bewußtseins-Industrie. Frankfurt am Main: Suhrkamp 1962, S. 134–166.
Enzensberger, Hans Magnus: Muss Wissenschaft Abrakadabra sein? In: Die Zeit, Nr. 6/1960. URL: https://www.zeit.de/1960/06/muss-wissen schaft-abrakadabra-sein [zuletzt abgerufen am 7. November 2023].
Enzensberger, Hans Magnus: »Wissenschaft und Publizität«, Sondersendung des Bayerischen Rundfunks am 4. Januar 1960, 11. Januar 1960 und 18. Januar 1960, jeweils von 22:15–23:00 Uhr.
Gibt es ein deutsches Geschichtsbild? Konferenz der Ranke-Gesellschaft. Vereinigung für Geschichte im öffentlichen Leben, Jahrbuch der Ranke-Gesellschaft 1954. Frankfurt am Main u. a.: Diesterweg 1955.

---

hungen der Herausgeber Rein und Rößler, die *Janus-Bücher* 1965 noch vom Musterschmidt-Verlag übernehmen zu lassen, ins Leere gehen, erklären sich beide mit dem verbilligten Verkauf einverstanden.
207 BWA, F5/1609: Hans Altenhein an Gustav Adolf Rein und Hellmuth Rößler am 5. Juni 1957. Vom Untertitel »Wendepunkte der Weltgeschichte«, der den »Marken-Begriff der Janus-Bücher« näher erläutern sollte, sehen die Herausgeber 1957 ab und entscheiden sich stattdessen für »Berichte zur Weltgeschichte«.

Grassi, Ernesto: Die zweite Aufklärung. Enzyklopädie heute, Hamburg: Rowohlt 1958.
Heimpel, Hermann: Der Mensch in seiner Gegenwart. Göttingen: Vandenhoeck & Ruprecht 1954.
Heimpel, Hermann: Kapitulation vor der Geschichte? Gedanken zur Zeit. Göttingen: Vandenhoeck & Ruprecht 1956.
Heuß, Alfred: Verlust der Geschichte. Göttingen: Vandenhoeck & Ruprecht 1959.
Hofer, Walther: Geschichtsschreibung und Weltanschauung. Betrachtungen zum Werk Friedrich Meineckes. München: Oldenbourg 1950.
Hofer, Walther: Die europäischen Mächte und der Ausbruch des Zweiten Weltkrieges (Habilitation). Berlin 1952.
Hofer, Walther: Die Entfesselung des Zweiten Weltkrieges. Darstellung und Dokumente. Stuttgart: Deutsche Verlagsanstalt 1954.
Hofer, Walther: Geschichte zwischen Philosophie und Politik: Studien zur Problematik des modernen Geschichtsdenkens. Basel: Verlag für Recht und Gesellschaft 1956.
Hofer, Walther: Der mißbrauchte Ranke. Konservative Revolution in der deutschen Geschichtsschreibung? In: Der Monat 7 (1955), H. 84 (September), S. 542–547.
Hölzle, Erwin: Die Idee einer altgermanischen Freiheit vor Montesquieu: Fragmente aus der Geschichte politischer Freiheitsbestrebungen in Deutschland, England und Frankreich vom 16.–18. Jahrhundert. München: Oldenbourg 1925.
Hölzle, Erwin: Das alte Recht und die Revolution. Eine politische Geschichte Württembergs in der Revolutionszeit 1789–1805. München: Oldenbourg 1931.
Hölzle, Erwin: Russland und Amerika. Aufbruch und Begegnung zweier Weltmächte. München: Oldenbourg 1953.
Hundert Jahre Oldenbourg. Festvortrag und Ansprachen am 5. Juli 1958. München: Oldenbourg 1958.
Kliemann, Horst: Die Werbung für's Buch. Leitfaden der buchhändlerischen Reklame. Stuttgart: C. E. Poeschel 1923.
Kliemann, Horst: Der Kaufmannsgeist in literarischen Zeugnissen. München u. a.: Oldenbourg 1925.
Kliemann, Horst: Die Kartei in Verlag u. Sortiment. Leipzig: Verlag des Börsenvereins der deutschen Buchhändler 1926.
Kliemann, Horst: Wie und wo erfasse ich Käuferschichten? Einteilung der Käufermassen in Interessenschichten als Grundlage des Verkaufs und Produktionsplans. Wien: C. Barth 1928.
Kliemann, Horst: Werkzeug und Technik des Kopfarbeiters. Eine Anleitung, praktischer zu arbeiten. Stuttgart: Franckh 1934.
Kliemann, Horst: Der gerechte Ladenpreis. Überlegungen zur Berechnung des Ladenpreises im Buchhandel. Stuttgart: Poeschel 1940.
Kliemann, Horst: Praktikum der geistigen Arbeit. Von Tabellen, Karteien und anderen nützlichen Dingen. Stuttgart: Franckh 1950.
Kliemann, Horst: Arbeitshilfen für Buchhändler – Tabellen und Faustzahlen. Stuttgart: Poeschel 1951.
Kliemann, Horst: Die Reform der Rechtschreibung und der Buchhandel. Frankfurt am Main: Börsenverein des deutschen Buchhandels 1955.
Rein, Gustav Adolf: Die Idee der politischen Universität. Hamburg: Hanseatische Verlagsanstalt 1933.
Rein, Gustav Adolf: Die Universität Hamburg als politische Universität. Hamburg: Lütcke & Wulff 1935 (Hamburg im Dritten Reich. Arbeiten der Hamburgischen Verwaltung in Einzeldarstellungen, 2).
Rößler, Hellmuth / Franz, Günther (Hrsg.): Biographisches Wörterbuch zur deutschen Geschichte. München: Oldenbourg 1953.
Rößler, Hellmuth / Franz, Günther (Hrsg.): Sachwörterbuch zur deutschen Geschichte. München: Oldenbourg 1958.
Rowohlt, Ernst: Buch und Masse. In: Aufbau 3 (1947), S. 251–256.
Schwerbrock, Wolfgang: Taschenbücher müssen so sein. Vierzig Taschenbuch-Reihen sorgen für Information. In: Frankfurter Allgemeine Zeitung vom 11. Februar 1960, S. 14.
Verzeichnis der Mitglieder, Ranke-Gesellschaft. Vereinigung für Geschichte im öffentlichen Leben, Hamburg 1962.
Vinz, Curt / Olzog, Günter (Hrsg.): Dokumentation deutschsprachiger Verlage. München: Olzog 1962.

Forschungsliteratur

Asendorf, Manfred: Was weiter wirkt. Die »Ranke-Gesellschaft – Vereinigung für Geschichte im öffentlichen Leben«. In: Zeitschrift für Sozialgeschichte des 20. und 21. Jahrhunderts, 4 (1999), S. 29–61.
Behringer, Wolfgang: Bauern-Franz und Rassen-Günther. Die politische Geschichte des Agrarhistorikers Günther Franz (1902–1992). In: Winfried Schulze / Otto Gerhard Oexle (Hrsg.): Deutsche Historiker im Nationalsozialismus. Frankfurt am Main: Fischer Taschenbuch Verlag 1999, S. 114–141.
Berg, Nicolas: Der Holocaust und die westdeutschen Historiker. Erforschung und Erinnerung, 3. Aufl. Göttingen: Wallstein 2004.
Blaschke, Olaf / Schulze, Hagen (Hrsg.): Geschichtswissenschaft und Buchhandel in der Krisenspirale? Eine Inspektion des Feldes in historischer, internationaler und wirtschaftlicher Perspektive. München: Oldenbourg 2006 (Historische Zeitschrift, Beihefte, hrsg. von Lothar Gall, 42).
Blaschke, Olaf: Reputation durch Publikation. Wie finden deutsche Historiker ihre Verlage? Eine Umfrage. In: Geschichte in Wissenschaft und Unterricht. Zeitschrift des Verbandes der Geschichtslehrer Deutschlands 55 (2004), H. 10, S. 598–620.
Blaschke, Olaf: Verleger machen Geschichte. Buchhandel und Historiker seit 1945 im deutsch-britischen Vergleich. Göttingen: Wallstein 2010.
Bonenberger, Hansheinrich: Die Entwicklung der Taschenbuchproduktion in der Bundesrepublik Deutschland von 1950 bis 1957. [Gekürzte Wiedergabe der Diplomarbeit des Verf.] In: Bbl. 16 (1960), Nr. 68, S. 1389–1398.
Döring, Jörg / Oels, David / Lewandowski, Sonja: rowohlts deutsche enzyklopädie: Wissenschaft im Taschenbuch 1955–68. Hannover: Wehrhahn 2017 (Non Fiktion. Arsenal der anderen Gattungen, 2/2017).
Drews, Jörg (Hrsg.): »Macht unsere Bücher billiger!« Die Anfänge des deutschen Taschenbuchs 1946 bis 1963; Begleitband zur Ausstellung in der Kreisbibliothek Eutin vom 19. Oktober 1994 bis 27. Januar. Bremen: Edition Temmen 1994.
Ehrlich, Susanne / Heinrich, Horst-Alfred / Leonhard, Nina / Schmid, Harald (Hrsg.): Schwierige Erinnerung: Politikwissenschaft und Nationalsozialismus. Beiträge zur Kontroverse um Kontinuitäten nach 1945. Baden-Baden: Nomos 2015.
Felsch, Philipp: Theorie verlegen. 1963–1979. In: Carlos Spoerhase / Caspar Hirschi (Hrsg.): Bleiwüste und Bilderflut. Geschichten über das geisteswissenschaftliche Buch. Wiesbaden: Harrassowitz 2015 (Kodex 5), S. 105–121.
Felsch, Philipp: Der lange Sommer der Theorie. Geschichte einer Revolte 1960–1990. München: C. H. Beck 2016.
Fetzer, Günther: Zwischen Firmenschrift und Wissenschaft – Ein Überblick über neuere Verlagsgeschichten. In: AGB 67 (2012), S. 215–232.
Fetzer, Günther: Zwischen Firmenschrift und Wissenschaft – Ein Überblick über neuere Verlagsgeschichten II. In: AGB 68 (2013), S. 220–231.
Fetzer, Günther: Das Taschenbuch. Geschichte – Verlage – Reihen. Tübingen: Narr Francke Attempto Verlag 2019.

Füssel, Stephan (Hrsg.): »Ungeöffnete Königsgräber«: Chancen und Nutzen von Verlagsarchiven. Wiesbaden: Harrassowitz 2013 (Mainzer Studien zur Buchwissenschaft, 22).

Goede, Arnt: Adolf Rein – Von der »Politischen Universität« zur Ranke-Gesellschaft. In: Rainer Nicolaysen / Axel Schildt (Hrsg.): 100 Jahre Geschichtswissenschaft in Hamburg. Berlin/Hamburg: Reimer 2011 (Hamburger Beiträge zur Wissenschaftsgeschichte, 18), S. 161–180.

Göpfert, Herbert G.: Bemerkungen zum Taschenbuch. In: Heinrich Gonski et al. (Hrsg.): Der Deutsche Buchhandel in unserer Zeit. Göttingen: Vandenhoeck & Ruprecht 1961, S. 102–109.

Gollhardt, Heinz: Das Taschenbuch im Zeitalter der Massenkultur. Vom Bildungskanon zum »locker geordneten Informationschaos«. In: Georg Ramseger (Hrsg.): Das Buch zwischen gestern und morgen. Georg von Holtzbrinck zum 11. Mai 1969. Stuttgart: Deutscher Bücherbund 1969, S. 122–132.

Gollhardt, Heinz: Taschenbücher. In: Heinz Ludwig Arnold (Hrsg.): Literaturbetrieb in Deutschland. München: Edition Text und Kritik Boorberg 1971, S. 117–134.

Haar, Ingo: Historiker im Nationalsozialismus. Deutsche Geschichtswissenschaft und der »Volkstumskampf« im Osten. Göttingen: Vandenhoek & Ruprecht 2000.

Hillgruber, Andreas: Gediegenheit und Informationsreichtum neben einigen Pannen. Biographisches Wörterbuch zur deutschen Geschichte. In: Frankfurter Allgemeine Zeitung, 11. März 1974, Nr. 59, S. 6.

Iggers, Georg G.: Geschichtswissenschaft im 20. Jahrhundert. Göttingen: Vandenhoeck & Ruprecht 1996.

Jeismann, Karl-Ernst: Verlust der Geschichte? Zur gesellschaftlichen und anthropologischen Funktion des Geschichtsbewusstseins in der gegenwärtigen Situation (1977). In: Wolfgang Jacobmeyer / Erich Kosthorst (Hrsg.): Geschichte als Horizont der Gegenwart. Über den Zusammenhang von Vergangenheitsdeutung, Gegenwartsverständnis und Zukunftsperspektiven. Paderborn: Schöningh 1985, S. 11–25.

Kampmann, Elisabeth: Kanon und Verlag: Zur Kanonisierungspraxis des Deutschen Taschenbuch Verlags. Berlin: De Gruyter 2012.

Kedar, Benjamin Z. / Herde, Peter: Karl Bosl im »Dritten Reich«. Berlin u. a.: De Gruyter 2016.

Klimmt, Reinhard / Rössler, Patrick: Reihenweise. Die Taschenbücher der 1950er Jahre und ihre Gestalter, 2 Bde. Hamburg u. a.: Achilla Presse 2016.

Koselleck, Reinhart: Wozu noch Historie? In: Wolfgang Hardtwig (Hrsg.): Über das Studium der Geschichte. München: Deutscher Taschenbuchverlag 1990, S. 347–365.

Lembrecht, Christina: Die Entwicklung des wissenschaftlichen Verlagswesens in Deutschland im 19. und 20. Jahrhundert. Forschungsergebnisse und Desiderate. In: AGB 68 (2013), S. 197–213.

Lerchenmüller, Joachim: Die Geschichtswissenschaft in den Planungen des Sicherheitsdienstes der SS. Der SD-Historiker Hermann Löffler und seine Denkschrift »Entwicklung und Aufgaben der Geschichtswissenschaft in Deutschland«. Bonn: Dietz 2001.

Lukitsch, Kristof: ›Braune Anfänge‹: Die Darmstädter Geschichtswissenschaft der Nachkriegszeit«. In: Christof Dipper / Jens Ivo Engels (Hrsg.): Karl Otmar von Aretin. Historiker und Zeitgenosse. Frankfurt am Main: Peter Lang 2015, S. 149–172.

Michalski, Claudia: suhrkamp wissen. Anatomie einer gescheiterten Reihe. In: Zeitschrift für Ideengeschichte VIII/1 (2014), S. 118–126.

Michalski, Claudia: Aufklärung und Kritik. Die edition suhrkamp und das geisteswissenschaftliche Taschenbuch. In: Carlos Spoerhase / Caspar Hirschi (Hrsg.): Bleiwüste und Bilderflut. Geschichten über das geisteswissenschaftliche Buch. Wiesbaden: Harrassowitz 2015 (Kodex 5), S. 21–36.

Michalski, Claudia: Die edition suhrkamp 1964–1980. Geschichte, Texte und Kontexte, Berlin/Boston: De Gruyter 2021.

Nipperdey, Thomas: Wozu noch Geschichte? In: Wolfgang Hardtwig (Hrsg.): Über das Studium der Geschichte. München: Deutscher Taschenbuch Verlag 1990, S. 366–387.

Oels, David: Rowohlts Rotationsroutine: Markterfolge und Modernisierung eines Buchverlags vom Ende der Weimarer Republik bis in die fünfziger Jahre. Essen: Klartext 2003.

Paul, Morten: Suhrkamp Theorie: eine Buchreihe im philosophischen Nachkrieg. Leipzig: Spector Books 2022.

Raphael, Lutz: Geschichtswissenschaft im Zeitalter der Extreme. Theorien, Methoden, Tendenzen von 1900 bis zur Gegenwart. München: C. H. Beck 2010.

Rössler, Patrick: Aus der Tasche in die Hand. Rezeption und Konzeption literarischer Massenpresse. Taschenbücher in Deutschland 1946–1963. Karlsruhe: Engelhardt & Bauer 1997.

Rössler, Patrick: Pro(roro)vokation – Die bunten Farben des Massengeschmacks. Der Rowohlt Verlag und das frühe deutsche Taschenbuch. In: Günther Häntzschel (Hrsg.): Neue Perspektiven der deutschen Buchkultur der fünfziger Jahre. Ein Symposion. Wiesbaden: Harrassowitz 2003, S. 119–154.

Schöttler, Peter (Hrsg.): Geschichtsschreibung als Legitimationswissenschaft 1918–1945. Frankfurt am Main: Suhrkamp 1997.

Schulze, Winfried: Deutsche Geschichtswissenschaft nach 1945. München: Oldenbourg 1989.

Schulze, Winfried / Oexle, Otto Gerhard (Hrsg.): Deutsche Historiker im Nationalsozialismus. Frankfurt am Main: Fischer Taschenbuchverlag 1999.

Seidelmann, Wolf-Ingo: Prof. Dr. Günther Franz: »Ich war aus Überzeugung Nationalsozialist«. In: Wolfgang Proske (Hrsg.): Täter, Helfer, Trittbrettfahrer. NS-Belastete aus der Region Stuttgart. Gerstetten: Kugelberg Verlag 2019, S. 151–181.

Spoerhase, Carlos: Rauchen oder Lesen? Zur Erforschung der Geschichte des Taschenbuchs. In: AGB 72 (2017), S. 239–243.

Spoerhase, Carlos / Hirschi, Caspar (Hrsg.): Bleiwüste und Bilderflut. Geschichten über das Geisteswissenschaftliche Buch. Wiesbaden: Harrassowitz 2015 (Kodex 5).

Völker, Daniela: Das Buch für die Massen. Taschenbücher und ihre Verlage. Marburg: Tectum 2014.

Wesolowski, Tilmann: Verleger und Verlagspolitik. Der Wissenschaftsverlag R. Oldenbourg zwischen Kaiserreich und Nationalsozialismus. München: Martin Meidenbauer 2010.

Wiggershaus-Müller, Ursula: Nationalsozialismus und Geschichtswissenschaft. Die Geschichte der Historischen Zeitschrift und des Historischen Jahrbuchs 1933–1945. Hamburg: Kovač 1998.

Wittmann, Reinhard: Ein konservativer Verlag im dritten Reich – das Beispiel Oldenbourg. In: Klaus G. Saur (Hrsg.): Verlage im »Dritten Reich«. Frankfurt am Main: Klostermann 2013.

Wittmann, Reinhard: Vom »SS-Mann Horst Kliemann« und der »Selbstgleichschaltung« Oldenbourgs. Anmerkungen zur aktuellen Verlagsgeschichtsschreibung«. In: AGB 70 (2015), S. 263–268.

Wittmann, Reinhard: Wissen für die Zukunft. 150 Jahre Oldenbourg Verlag. München: Oldenbourg 2008.

Ziermann, Klaus: Der deutsche Buch- und Taschenbuchmarkt 1945–1995. Berlin: Wissenschaftsverlag Volker Spiess 2000.

https://shop.kohlhammer.de/urban-taschenbuecher-rh060.html [zuletzt abgerufen am 6. Januar 2024].

https://www.deutsche-biographie.de/sfz42813.html [zuletzt abgerufen am 15. Januar 2024].

11 Anhang: Brief von Rudolf Oldenbourg an Hellmuth Rößler, 29. November 1956

Bayerisches Wirtschaftsarchiv, F5/1516

Herrn
Prof. Dr. H. R ö ß l e r

D a r m s t a d t

Wilhelm Glässingstraße 11

29.11.1956
Dr.O./M

Sehr geehrter Herr Professor !

Es hat mir ausserordentlich leid getan, daß ich bei Ihrem letzten Besuch in München nicht anwesend sein konnte. Mit Spannung habe ich mir daher von den Herren Kliemann und Altenhein über das Ergebnis Ihrer Besprechung berichten lassen. Die beiden Herren haben mittlerweile auch das Manuskript Ihrer Arbeit "Das Ende des alten Reiches" gelesen und ich selbst habe daraufhin diese Arbeit ein erstes und dann ein zweites Mal durchgearbeitet.

Ich will versuchen, aufgrund dieser Eindrücke meine Stellungnahme zu verschiedenen Fragen der JANUS-Bücher niederzulegen. Dabei möchte ich von vornherein zu berücksichtigen bitten, daß ich mir sehr wohl der Grenzen meiner persönlichen Beurteilung bewußt bin. Sollte ich diese Grenzen Ihrer Meinung nach überschreiten, so bitte ich Sie, dies mit meinem lebhaften und zwangsläufigen Interesse an den diskutierten Fragen zu erklären.

Ich habe, um es vorweg zu nehmen, den Eindruck, daß zum Thema JANUS-Bücher zwischen den Herren Herausgebern und dem Verlag Meinungsverschiedenheiten bestehen. Soweit ich sehe - ich habe mich immer wieder über den Fortgang der Arbeiten zu unterrichten versucht - reichen derartige Verschiedenheiten bis zum Anfang unserer Zusammenarbeit zurück. Das mag seine Ursache entweder darin haben, daß eine präzise Verständigung in den ersten Aussprachen nicht erzielt wurde, oder darin, daß gewissen Argumenten und Interessen des Verlags nicht das genügende Gewicht beigemessen wurde.

Unterschiedliche Auffassungen bestehen meiner Beobachtung nach

   1. in den Prinzipien für die Autorenwahl,

   2. in der Art der Darstellung, und der entsprechenden Beratung
      der Autoren

   3. in der Wahl der Themen.

- 2 -

2   29.11.56   Herrn Prof. Rößler

Zu 1.) Wir haben von Anfang an unmißverständlich betont, daß wir es nicht für richtig halten, die JANUS-Bücher als Schriftenreihe der Ranke-Gesellschaft zu erklären. Selbst nachdem darüber schon Einigkeit erzielt war, haben wir uns der Bestellung von Herrn Prof. Rein gegenüber sehr reserviert verhalten, und zwar nicht aus persönlichen, sondern aus den gleichen Gründen des Gesamtprogramms. Es schien uns den Zielen der Reihe zu widersprechen, wenn sie von vornherein mit den speziellen Belangen und Absichten einer bestimmten Gesellschaft identifiziert würde. Im Gespräch bestand auch zunächst Einigkeit darüber, daß Autoren aus wirklich allen Richtungen vorgesehen werden sollen, wobei der Verlag besonders Wert legte auf die Beteiligung junger Historiker und auch Publizisten. Auch Sie selbst wünschten offenbar keine Einengung und schrieben am 16.1.56 an Herrn Prof. Rein, daß die Deklarierung der Reihe als eine Veröffentlichung der Ranke-Gesellschaft "uns um die Mitarbeit mancher guter Persönlichkeiten bringen würde". Trotzdem haben Sie eben diese Lösung nach vorhergegangenen Besprechungen mit den Professoren Franz und Rein am 19.2. erneut vorgeschlagen. Uns gegenüber haben Sie wieder offengelassen, daß Sie gegebenenfalls bereit seien, die Herausgabe allein zu übernehmen. Als aber von einer Beteiligung von Herrn Prof. Franz abgesehen wurde, empfahlen Sie ausdrücklich die Hinzuziehung eines anderen Mitgliedes der Ranke-Gesellschaft. Schließlich machten Sie Ihre weitere Mitarbeit von der endgültigen Bestellung Herrn Prof. Reins abhängig, der wiederum, wie die bisherige Entwicklung zeigt, seine Herausgebertätigkeit wohl mehr als nominell betrachtet.

Es muß also für uns den Anschein haben, als sei die Bindung der Herausgeber an die Ranke-Gesellschaft stärker als die an den Verlag. Und das kommt unserer Ansicht nach in der Wahl der bisher von Ihnen vorgeschlagenen Autoren durchaus zum Ausdruck. Auf jeden Fall handelt es sich bei Ihren Vorschlägen durchwegs um ältere Universitätsprofessoren, während Sie unser besonderes Anliegen, jüngere Historiker in- und ausserhalb der Universität heranzuziehen, allein mit dem Hinweis auf den Sohn von Herrn Prof. Schüßler beantworteten.

Es hat sich aber auch gezeigt, daß von Seiten der Herren Herausgeber nicht nur bestimmte Präferenzen, sondern auch bestimmte Abneigungen vorliegen. Ich habe mit Bedauern erfahren, daß Sie bei Ihren letzten Besprechungen die Mitarbeit von heute so prominenten Historikern, wie es die Professoren Heimpel, Herzfeld und Hofer beispielsweise sind, rundweg ablehnten. Meiner Ansicht nach könnten wir uns aber schon aus rein psychologischen Gründen gratulieren, wenn Herr Professor Heimpel auch nur ein Vorwort zu der Reihe schreiben würde – in die Diskussion über fachliche Qualitäten möchte ich mich natürlich nicht einlassen. Ich halte es aber im Interesse der Reihe für geradezu unabdingbar, daß, wenn schon Universitätsprofessoren herangezogen werden, auch das Max Planck Institut für Geschichte und die Freie Universität Berlin Berücksichtigung finden.

– 2 –

Rö. an Rein 16.1.56 – Anl. z.Schrb. Rö. an RO 16.1.56

RO an Rein 24.2.56

Rö. an RO 19.2., 22.2., 27.2. 12.4., 9.3., 8.10.56

Titelgebung: Rö an RO 16.8.56

Rö an RO 8.6.56

Heimpel: Rö an RO 9.3.56
Rö. an RO 8.6.56 (über Ersatzmann f. Prof. Franz)

3 29.11.56 Herrn Prof. Rößler

Darüberhinaus meine ich, daß man auch in Kreisen, wie denen um das Institut für Zeitgeschichte und selbst um die Zeitschrift "Neue politische Literatur" etwa nach geeigneten Autoren zu suchen hätte. Eine stärkere Beteiligung von Herren mit publizistischer Erfahrung scheint mir ausserordentlich wichtig.

Zu 2.) Über die Art der Darstellung in den JANUS-Büchern wurde bereits verschiedentlich debattiert. Sie ist ja eigentlich auch der Kern der ganzen Idee. Gewisse Meinungsverschiedenheiten sind hier schon ausgetragen worden, z.B. damals, als Sie sich dafür einsetzten, die Arbeit von Herrn Prof. Ritter über den Schlieffen-Plan - und sei es in Doppelbänden - in die Reihe aufzunehmen. Es war damals schon klar, daß dieses Werk die Definition der JANUS-Bücher, zumindest wie wir sie verstehen, nicht erfüllen würde. Aufgrund derselben Definition wurden von den Herausgebern die geplanten Arbeiten von Prof. Disselhof, Dr. Rothbauer und Dr. Gaitanides zunächst für ungeeignet erklärt, wobei Letzterer absprang, als er diese Unstimmigkeiten spürte. Es bestand also damals schon Anlaß zu der Vermutung, daß das Kriterium der richtigen Darstellungsform nicht von beiden Seiten gleichmäßig angewendet wurde. Daß wir über die Darstellung des Stoffes entweder verschiedener Meinung sind, oder daß diesem, meiner Meinung nach entscheidenden Punkt weniger Beachtung geschenkt wird, scheint mir leider auch aus Ihrem soeben vorgelegten eigenen Manuskript hervorzugehen. Schon über die Wahl des Themas bin ich persönlich nicht ganz glücklich, weil ich mir nicht vorstellen kann, daß es heute einem breiteren Publikum noch hinreichend gegenwärtig und problematisch erscheint. Sosehr ich mich persönlich - und so geht es auch den anderen Herren im Verlag - dann doch von dem hochinteressanten Inhalt Ihrer Arbeit belehren lassen dürfte, fürchte ich eben doch, daß aus eigener Initiative nicht viel Laien dazugreifen werden. Ich glaube aber auch, um wieder zum Problem der Darstellung zurückzukommen, daß der Band aus diesem Grunde kaum die Reihe bei ihrer Eröffnung in der richtigen Weise repräsentieren würde. Es handelt sich hier natürlich nicht um irgendwelche stilistische Details, sondern ich glaube, daß die Art Ihrer Darstellung für den Leserkreis, den wir uns vorgestellt haben, zu voraussetzungsreich und zu reflektiert ist. Der Sinn des ganzen Unternehmens ist aber davon abhängig, ob wir über den Kreis der bisherigen Leser historischer Literatur hinauskommen oder nicht.

Auch bei den Autoren scheint nicht überall eine klare Vorstellung über die Art der Darstellung zu bestehen. Es liegen uns bereits Anfragen der Herrn Prof. Straub und wiederum von Herrn Dr. Dahms vor, die uns einen nochmaligen Kontakt mit den Autoren in allernächster Zeit dringend geboten erscheinen lassen, damit wir den Eingang unannehmbarer Manuskripte soweit wie irgendmöglich verhindern.

Zu 3.) Es ist nur zu verständlich, daß Sie an Ihren Spezialgebieten, wie z.B. der politischen Geschichte des 19. Jahrhunderts besonders interessiert sind. Es ist auch an sich nichts dagegen zu sagen,

-4-

RO an Rössler 25.1.56
Rö. an RO 7.2.56
RO an Rö. 4.4.56
Rö an RO 10.4.56
RO an Rö. 11.6.56

Siehe Korresp. mit Dr. Dahms und Prof. Straub

RO an Rö 17.2.56
Rö. an RO 6.6.56

4   29.11.56   Herrn Prof. Rößler

daß Herr Prof. Rein sich besonders von der Geschichte des Kaiserreiches angezogen fühlt (das Interesse an aussereuropäischen Fragen war bei Herrn Prof. Rein trotz seines früheren Lehrgebietes am Anfang sehr kühl). Sie haben aber auch, wie ich höre, bei Ihrem letzten Besuch Ihr Desinteressement an der französischen Revolution erklärt. Sosehr auch diese Ansicht zu respektieren ist, für den Charakter und für die verlegerischen Aussichten der Reihe aber halte ich Sympathien und Antipathien für ungünstig. Auf diese Weise sind wir uns über verschiedene Vorschläge nicht einig geworden. Ich erinnere an die abgelehnten Arbeiten von Dr. Splett und Dr. Gaitanides, sowie an die von Anfang an bestehende Reserve der Herren Herausgeber gegenüber Herrn Ben-gavriel. Alle diese Ablehnungen wurden mit der Themenstellung begründet. Andererseits haben wiederum wir gewisse von den Herausgebern vorgeschlagenen Themen nicht zu akzeptieren vermocht. Auf diesem Wege scheint mir aber eine fruchtbare und befriedigende Zusammenarbeit auf die Dauer gefährdet zu sein. Offenbar liegen hier doch grundsätzliche Verschiedenheiten in der Auffassung vor. Die Reihe hat aber nur dann einen Sinn, und darüber waren wir uns ursprünglich einig, wenn sie das Interesse eines breiteren Publikums an historischen Ereignissen weckt. Es ist unzweifelhaft, daß dies nur erreicht werden kann mit einem sehr vielfältigen, und die aktuen Fragen und Lesewünsche eingehenden Programms in leichter und fasslicher Darstellung. Es ist unserer Meinung nach nicht möglich, von solchen Gegebenheiten abzusehen und den Versuch zu machen, bestimmte historische Auffassungen zu verbreiten.

Ich hielt mich für verpflichtet, sehr geehrter Herr Professor, diese Gedanken ganz offen auszusprechen. Es wäre für beide Teile unheilvoll, wenn wir uns nicht von vorneherein ganz klar auf die gemeinsamen Ziele und Absichten einigen könnten. Demgegenüber wäre es ein weit geringeres Unheil, wenn bei einer grundsätzlichen Verschiedenheit der Auffassungen die Pläne revidiert werden müßten. Sie werden verstehen, daß der Verlag, der das gesamte wirtschaftliche Risiko übernimmt, seine Investitionen an Arbeitskraft und Kapital nur dann verantworten kann, wenn nach seiner Auffassung alles getan wird, was für die Realisierung der Reihe einfach vorausgesetzt werden muß. Es darf daher keine Zweifel darüber geben, daß dem Verlag die Festlegung und die tatsächliche Durchführung einer Grundkonzeption zugestanden werden muß. Deshalb möchte ich Sie bitten, das Interesse und Bestimmungsrecht des Verlags anzuerkennen und im Sinne des mit den Herausgebern abgeschlossenen Vertrages allein die fachlichen Notwendigkeiten der JANUS-Bücher im Auge zu haben und Ihre Tätigkeit in der gemeinsam festgelegten, im notwendigen Interesse des Verlags liegenden Richtung zu erstrecken. Eine politische Formierung der Reihe, etwa in der Richtung, wie sie von Ihnen bei Ihrem Besuch mit dem Wort "konservativ" umschrieben wurde, verstößt meiner Ansicht nach gegen das gemeinsame Ziel und gegen die getroffenen Abmachungen.

-5-

Rö an RO 7.2.56
Rö an RO 10.4.56
Korrespondenz über Ben-gavriel (Rö an RO 25.6., 9.7.56)
Dr. Kaufmann: RO an Rö. 25.5.
Prof. Stauffer: Rö an RO 8.6.56

5   29.11.56   Herrn Prof. Rößler

Ich bitte Sie, sehr geehrter Herr Professor, mir diese offenen Worte nicht zu verübeln. Ich möchte noch einmal wiederholen, daß ich mir keinerlei historisch-fachliches Urteil anmaße, wohl aber werden Sie verstehen, daß ich die Meinung des Verlags das vertreten muß, wo es um die Planung und wirtschaftliche Sicherung eines recht ausgedehnten Verlagsprojektes geht, hinter dem der Name unseres Hauses stehen soll _ und das zu einem Zeitpunkt, zu dem, wie ich glaube, noch Zeit zu einer gemeinsamen Besinnung ist.

Wir haben hier im Hause nach Lektüre Ihres Manuskriptes diese Fragen gemeinsam besprochen und ich würde mich freuen, bald Ihre Meinung dazu zu erfahren.

Ich verbleibe für heute mit verbindlichen Grüßen

Ihr sehr ergebener

(Dr. R. Oldenbourg)

Hans-Otto Keunecke

Nürnberger Kupferstecher und Kunsthändler des 17. Jahrhunderts als Buchverleger

Abstract: The imperial city of Nuremberg managed to keep direct combat operations away from itself in the Thirty Years' War. This fact allowed -in view of the general crisis- to maintain a relatively favourable environment for printing and illustrating books. The most important technique in book illustration was the copper engraving. As a result this led to a distinct participation of the engravers in the book production process and finally led some engravers and art dealers to become themselves as publishers. These entrepreneurs of the 17th century were able to show a considerable book production. This article publication presents these businessmen in short biographical outlines and discusses their publishing activities in detail. The officially licensed Nuremberg booksellers, that were also involved in the market as publishers, resisted the new unpleasant competitors in the field of book production and sales; however, they had no success – as far as can be determined.

Zusammenfassung: Der Reichsstadt Nürnberg gelang es im Dreißigjährigen Krieg, direkte Kampfhandlungen von sich fernzuhalten. So konnte für den Buchdruck und für die Buchausstattung mit Abbildungen ein angesichts der allgemeinen Krisensituationen verhältnismäßig günstiges Umfeld entstehen. Wichtigste Technik bei der Buchillustration wurde in Nürnberg der Kupferstich, und das führte zu einer entsprechend stärkeren Beteiligung der Kupferstecher bei der Herstellung von Büchern und brachte schließlich einige Kupferstecher und Kunsthändler dazu, selber als Verleger tätig zu werden. Diese Unternehmer konnten im Verlauf des 17. Jahrhunderts eine bisweilen beachtliche Bücherproduktion vorlegen. Sie werden in kurzen biographischen Abrissen vorgestellt, und ihre Verlegertätigkeit wird näher behandelt. Die amtlich konzessionierten Nürnberger Buchhändler, die am Marktgeschehen auch als Verleger beteiligt waren, wehrten sich gegen die neuen unliebsamen Mitbewerber auf dem Feld der Buchproduktion und des Buchverkaufs; sie hatten damit aber – soweit feststellbar – keinen Erfolg.

Inhalt

1	Einleitung	87
2	Stadtregiment und Buchwesen	88
3	Kupferstich und Buchdruck	89
4	Die einzelnen Kupferstecher und Kunstführer. Leben und Werk	91
4.1	Balthasar Caymox	91
4.2	Peter Isselburg	92
4.3	Paulus Fürst	93
4.4	Jacob (II.) von Sandrart	95
4.5	Johann Hoffmann	96
4.6	Joachim von Sandrart	98
4.7	Georg Scheurer	101
4.8	David Funck	102
4.9	Johann Jacob von Sandrart	103
4.10	Christoph Weigel d. Ä.	103
5	Zusammenfassung	104
6	Literatur- und Quellenverzeichnis	106
7	Abkürzungen	109

1 Einleitung

Der Bücherverlag als eigenständiger Funktionsbereich innerhalb des Buchwesens ist bekanntermaßen das Ergebnis einer Entwicklung über lange Zeiträume hinweg.[1] Zunächst lagen die entsprechenden Aufgaben in den Händen der Druckereibesitzer, die als Drucker-Verleger die Organisation der Finanzierung, der Herstellung und des Vertriebs von Büchern besorgten. Dann wurden diese Aufgaben auch von Buchhändlern als Sortimenter-Verleger wahrgenommen. In Nürnberg – vielleicht auch an anderen Orten mit einem etablierten Kunsthandel, wobei man zuerst sicher an Augsburg zu denken hätte – trifft man im 17. Jahrhundert aber mit den Kupferstechern und Kunsthändlern (»Kunstführern« in den zeitgenössischen Quellen) noch auf eine dritte Berufsgruppe, aus deren Kreis Einzelne als Buchverleger in Erscheinung treten. Die Kunsthändler der Reichsstadt waren buchtechnischen Herstellungsverfahren schon von ihrer Ware her verbunden. Sie boten zwar auch Gemälde an, ihr Hauptgeschäft jedoch bestand in Erzeugnissen der Druckgraphik. Hier waren Kupferstiche die wichtigsten und am meisten gehandelten Objekte.

---

[1] Buske, H.: Verlag, in: LGB², Bd. 8. Stuttgart 2014, S. 62–64 u. Buske, H.: Verleger. In: ebd., S. 86–87; jeweils mit umfangreichen Literaturangaben.

In Nürnberg hatte die Bedeutung des Kupferstichs als Medium der Druckgraphik und vor allem seine Verwendung in der Buchillustration – wie weiter unten noch zu zeigen sein wird – in der ersten Hälfte des 17. Jahrhunderts deutlich zugenommen, und damit gewann die Gruppe der Kupferstecher und Kunsthändler an Gewicht auf dem Gebiet des Buchwesens und der graphischen Gewerbe.

Da die Buchproduzenten aus diesem Kreis keine eigenen typographischen Pressen betrieben, werden sie definitionsgemäß im entsprechenden Standardwerk von Christoph Reske zur Geschichte des Buchdrucks nicht berücksichtigt.[2]

Die Buchproduzenten unter den Kupferstechern und Kunsthändlern finden sich zwar sämtlich – mit Ausnahme von Joachim von Sandrart, der als Selbstverleger einen Sonderfall darstellt und als solcher in die hier vorgelegte Studie mit einbezogen wurde – in einer Aufstellung von Josef Benzing über die Verleger dieses Zeitraumes; die dortigen Angaben zu diesem Personenkreis sind aber sehr knapp gehalten. Der Autor konnte sich seinerzeit bei seiner Skizzierung der Verlagstätigkeit der jeweiligen Unternehmen nur auf eine Auswertung der Messkataloge und auf Sekundärliteratur stützen.[3] Die modernen Recherchemöglichkeiten des VD 17 etwa standen ihm noch nicht zur Verfügung. Sie geben jetzt die Möglichkeit, die Buchproduktion der einzelnen Verleger genauer darzustellen.

Das neueste, von Manfred Grieb herausgegebene Nürnberger personengeschichtliche Nachschlagewerk für den Bereich der Kunst und ihrer Nachbargebiete bietet mittlerweile fundierte biographische Angaben auch zu Druckern und Verlegern. Dort finden sich zwar Kupferstecher und Kunsthändler, ihre Tätigkeit als Produzenten von Büchern aber konnte bei der Begrenzung des Platzes für die einzelnen Lexikonartikel nicht näher behandelt werden.[4] Auch von daher findet eine Untersuchung dieser Berufsgruppe als Buchverleger und die Darlegung ihrer entsprechenden Aktivitäten ihre Berechtigung.

2 Stadtregiment und Buchwesen

Bei der näheren Betrachtung der Nürnberger Verhältnisse ist als erstes ein Blick auf die rechtlichen Rahmenbedingungen für das Buchgewerbe und damit auf das Stadtregiment sinnvoll; denn die Frage, welcher Berufszweig welche Druckwerke produzieren und/oder vertreiben durfte, war zunächst eine Sache der städtischen Aufsichtsbehörden. Bei der Erteilung neuer Gewerbekonzessionen war man grundsätzlich zurückhaltend. Der Rat folgte dem »Prinzip der auskömmlichen Nahrung«.[5] Man beschränkte die einzelnen Betriebe in ihren Wachstumsmöglichkeiten, und man sah darauf, das Entstehen größerer Einheiten zu unterbinden, um die Existenz der etablierten Unternehmungen zu sichern und diese vor Konkurrenz zu schützen. Zwar gehörten die Buchdrucker, Buchhändler, Briefmaler und Formschneider nicht zu den Handwerkern, sondern man zählte ihre Tätigkeiten zu den freien Künsten, aber auch hier achtete man darauf, die Zahl der Betriebe zu limitieren.[6]

So wurde 1571 angestrebt, die Anzahl der zu diesem Zeitpunkt tätigen zehn Buchdrucker, fünf Formschneider und siebzehn Briefmaler (Buchhändler werden nicht erwähnt) auf fünf Buchdrucker, fünf Formschneider und sechs Briefmaler zu reduzieren.[7] 1574 wurde die Zahl der Drucker durch Konzessionierung von Valentin Fuhrmann und Valentin Geissler auf sieben erhöht und dann festgeschrieben.[8] In der Buchdruckerordnung von 1673 wurde die Anzahl dieser Betriebe auf sieben plus zwei in Altdorf begrenzt.[9] Vergleichbare Maßnahmen ergriff der Rat ab 1687 auch für die Buchhandlungen, deren Anzahl von 15 durch natürlichen Abgang auf acht herabgesetzt werden sollte.[10] Diese Absichtserklärung ließ sich offensichtlich nicht ohne weiteres verwirklichen; am Ende des Jahrhunderts gab es immer noch 15 konzessionierte Buchführer.

Ein weiterer Bereich der städtischen Aufsicht betraf die Inhalte der Druckerzeugnisse; sie wurden unter politischen Gesichtspunkten geprüft, und der Rat konnte Herstellung und Vertrieb erlauben oder untersagen.[11] Dabei nahm man Rücksicht auf andere Landesherren und auswärtige Handelspartner, deren Wohlwollen man sich nicht verscherzen wollte; es galt, die nach vielen Orten hin bestehenden guten Handelsbeziehungen nicht zu gefährden. Das war beständi-

---

2 Reske: Buchdrucker.
3 Benzing: Verleger.
4 Grieb: Künstlerlexikon.

5 Kellenbenz: Gewerbe und Handel, S. 177. Der Rat wollte erreichen, dass »jeder Meister seines täglichen Brotes sicher war.« Lentze: Gewerbeverfassung, S. 269.
6 Diefenbacher/Fischer-Pache: Buchgewerbe, S. 22, Regest Nr. 143: der Status als freie Kunst für das Gewerbe der Buchdrucker noch einmal ausdrücklich bestätigt durch Ratsbeschluss am 8.2.1633.
7 Diefenbacher/Fischer-Pache: Buchgewerbe, S. 6, Regest Nr. 54.
8 Diefenbacher/Fischer-Pache: Buchgewerbe, S. 7, Regest Nr. 59.
9 Die Stadt Altdorf gehörte zum Nürnberger Hoheitsgebiet. Die Verfügung liegt gedruckt vor: Eines Wol-Edlen, Gestrengen und Hochweisen Raths des Heil. Reichs Stadt Nürnberg Erneuerte Ordnung und Artickel, Wie es fürterhin auf denen Buchdruckereyen und mit Verlegung der Bücher dieser Stadt gehalten werden solle. Nürnberg: Michael Endter 1673. Danach Textwiedergabe bei Diefenbacher/Fischer-Pache: Buchgewerbe, S. 34–41, Regest Nr. 204.
10 Diefenbacher/Fischer-Pache: Buchgewerbe, S. 47, Regest Nr. 237 u. 238; S. 48, Regest Nr. 240; S. 49, Regest Nr. 246.
11 Müller: Zensurpolitik.

ge Sorge der reichsstädtischen Obrigkeit, die dabei nicht nur das Gemeinwohl, sondern auch die eigenen Interessen im Auge behielt; denn die Familien der Ratsmitglieder waren zumeist selber im Fernhandel geschäftlich tätig.

Zudem sah man in den Produkten des Buchdrucks ein Gefahrenpotential für die innere Ordnung. Sozialkritische Druckschriften stifteten Unruhe oder ließen doch entsprechende Befürchtungen entstehen, und man sorgte sich, dass obrigkeitskritische und religionspolitisch bedenkliche Schriften den Eindruck erwecken könnten, die Reichsstadt betreibe eine gegen Kaiser und Reich gerichtete Politik. Vor allem diese letztgenannte Überlegung und die Furcht vor möglichen Interventionen des Kaisers bestimmte die reichsstädtische Zensurmaßnahmen. Für die Reformationszeit etwa hat man der Zensur die Funktion »Werkzeug der reichsstädtischen Außenpolitik« zugeschrieben.[12]

Um die Zensuranordnungen in der Praxis besser durchsetzen und um die einzelnen Betriebe des Buchgewerbes besser beaufsichtigen zu können, verpflichtete man die Unternehmer des Buchgewerbes – und bisweilen auch die angestellten Geschäftsführer – alljährlich wieder neu durch Eidschwur auf die für sie gültigen obrigkeitlichen Bestimmungen. Aus der schriftlichen Dokumentation dieser Vereidigungen ergaben sich so für jedes Jahr neu verfertigte Listen für die hierher gehörigen Berufsgruppen. Diese offizielle Zusammenstellung bezeichnet man in der reichsstädtischen Aktenüberlieferung und in der Forschung üblicherweise als »Ämterbüchlein«. Darin wurden von 1513 bis 1547 zunächst nur die Buchdrucker, ab 1527 auch die Formschneider, ab 1548 auch die Briefmaler und die Buchführer aufgenommen.[13]

Damit hatte man zunächst alle für Herstellung und Vertrieb von zensurrelevanten Stücken zuständigen Branchen des Buchgewerbes erfasst und mit den Briefmalern und Formschneidern auch die beiden Berufszweige, die Einblattdrucke herstellten bzw. für die dabei verwendeten Illustrationen die Technik des Holzschnitts einsetzten.

3 Kupferstich und Buchdruck

Dieses letztgenannte Verfahren verlor im 17. Jahrhundert an Bedeutung und stattdessen wurde der Kupferstich die wichtigste Technik auf dem Gebiet der Druckgraphik. Das galt gleichermaßen für Einblattdrucke wie für die Illustrationen, die man einem Buch als einem umfangreicheren Druckwerk beigab. Dieser Vorgang lässt sich in Nürnberg anhand der folgenden Tabelle anschaulich machen.[14]

Tab. 1: Nürnberger Drucke mit Kupferstichen und mit Holzschnitten.

Zeitspanne	A	B	B´	C	D
1600–1610	8,70 %	12,50 %	7,25 %	8	9
1611–1620	9,80 %	8,60 %	4,99 %	20	12
1621–1630	9,60 %	7,80 %		16	4
1631–1640	16,20 %	8,10 %		27	1
1641–1650	19,70 %	9,60 %		48	0
1651–1660	23,70 %	10,40 %		28	1
1661–1670	27,50 %	12,60 %		35	0
1671–1680	29,60 %	12,20 %		28	0
1681–1690	34,20 %	7,20 %		33	5
1691–1700	29,30 %	5,30 %		20	2

Spalte A: Anteil der Drucke mit Kupferstich-Illustration(en) an der Gesamtproduktion
Spalte B: Anteil der Drucke mit Holzschnitt-Illustration(en) an der Gesamtproduktion
Spalte B´: Anteil der Drucke mit Holzschnitt-Illustration(en) an der Gesamtproduktion (ohne Kalender)
Spalte C: Einblattdrucke mit Kupferstichen (in absoluten Zahlen)
Spalte D: Einblattdrucke mit Holzschnitten (in absoluten Zahlen)

Diesem Bedeutungsverlust des Holzschnitts entsprechend zeigt die Anzahl der mit seiner Herstellung befassten Kunsthandwerker in der ersten Hälfte des 17. Jahrhunderts eine abnehmende Tendenz. In den Folgejahren bilden die Formschneider nur eine sehr kleine Gruppe.

---

12 Weichselbaumer: Druckzensur, S. 83.
13 STAN, Rst. Nbg., Rep. 62. Eine Edition dieser Aufstellungen erstellt von Lore Sporhan-Krempel u. Theodor Wohnhaas. Bearb. u. mit Registern versehen von Manfred H. Grieb. In: Diefenbacher/Fischer-Pache: Buchgewerbe, S. 571–739. Dazu Peter Fleischmann: Mit einem Beitrag über Wesen und Zweck und dem Gesamtverzeichnis der im Staatsarchiv Nürnberg vorhandenen Ämterbüchlein und aller darin verzeichneten Ämter und Berufe. Ebd. S. 559–569.

14 Quelle: VD 17, Stand April 2020.

Tab. 2: Anzahl der Formschneider in Nürnberg laut Ämterbüchlein.

1590	9	1650	3
1595	8	1655	3
1600	7	1660	4
1605	8	1665	3
1610	11	1670	3
1615	10	1675	3
1620	7	1680	3
1625	6	1685	2
1630	5	1690	1
1635	1	1695	2
1640	1	1700	3
1645	2		

Die zunächst immer noch erstaunlich große Anzahl von Werken, die mit Holzschnitten versehen waren, wird auf die zahlreichen Kalender zurückzuführen sein, die in Nürnberg hergestellt wurden.[15] Bei deren Bebilderung setzte man weiterhin auf den Holzschnitt, wie sich aus dem Vergleich der Spalten B und B´ ergibt. Er hatte den Vorzug, mit dem Text zusammen in einem Arbeitsgang gedruckt werden zu können und konnte helfen, die Herstellungskosten gering zu halten, was bei der Massenware Kalender besonders wichtig war. Nach den Angaben des VD 17 gehörten von den 12.082 Titeln, die von 1600 bis 1700 in Nürnberg produziert wurden, 1.947 zur Gruppe der Kalender, wenn man diese Publikationsform nach Stichwort ermittelt, 1.163 sind es, wenn man den Gattungsbegriff als Suchwort verwendet. Bei 485 Exemplaren der 1.947 Kalender sind Holzschnitte verzeichnet. Insgesamt wurden in Nürnberg 1.161 Veröffentlichungen mit Holzschnitten hergestellt, und die 485 Kalender machten davon einen Anteil von knapp 42 % aus. Damit ist fast die Hälfte der in Spalte B aufgelisteten Anteile den mit Holzschnitten versehenen Kalendern zuzurechnen.

Die in der Literatur gemeinhin vorgetragene Ansicht, dass der Aufschwung des Kupferstichs als Mittel der Buchillustration in Deutschland erst um die Mitte des 17. Jahrhunderts, also nach dem Dreißigjährigen Krieg, begonnen habe,[16] trifft in dieser Form für Nürnberg nicht zu. Hier wurden die Bedrückungen des Großen Krieges nicht in demselben Maße spürbar wie in anderen vergleichbaren Reichsstädten, wie etwa in Augsburg. Dem Nürnberger Rat war es mit seiner vorsichtig zwischen den gegnerischen Seiten lavierenden Haltung und mit massiven Geldzahlungen an alle Parteien gelungen, seine Stadt vor direkten militärischen Einwirkungen zu schützen. Nürnberg erlebte in den ersten Kriegsjahren sogar einen wirtschaftlichen Schub, der auch die Buchproduktion beförderte. Die Herstellung von literarischen Werken konnte in Nürnberg in der ersten Hälfte des 17. Jahrhundert, abgesehen von einer Depressionsphase 1633–1636, die von der Pest ausgelöst wurde, unvermindert weiter erfolgen. Die Anzahl der Drucke konnte im Vergleich zur Zeit vor dem Großen Krieg sogar erhöht werden.[17] Dabei wurde der Kupferstich in Nürnberg schon in der ersten Hälfte des 17. Jahrhunderts zur führenden Technik bei Buchillustration und Einblattdrucken.

Der Nürnberg Rat trug dieser Entwicklung Rechnung und nahm bei seinen Zensurüberlegungen ab 1633 auch die Kupferstecher und Kunsthändler in den Blick. Als man in diesem Jahr Unregelmäßigkeiten im Verhalten einiger Buchdrucker und Buchführer festgestellt hatte, nahm man sich zunächst vor, die jährliche Eidesleistung der dazu Verpflichteten genauer zu kontrollieren. Dann ergriff man die Gelegenheit und plante darüber hinaus, »inskünftig die Kupferstecher und Kunstführer ebenmäßig alle Jahr zu den Pflichten erfordern und nicht weniger als die Formschneider und Briefmaler uff die Ordnung schwören lassen.«[18]

Bei diesem Beschluss hatte man kein genaues Datum für den Vollzug festgelegt, und es sollte noch drei Jahre dauern, bis die beiden genannten Berufe in die regelmäßige eidliche Verpflichtung der Buchproduzenten und -verkäufer einbezogen wurden. Dieser zeitliche Abstand zwischen Beschluss und Durchführung ist sicher vor dem Hintergrund der medizinischen Katastrophensituation dieser Jahre zu sehen. Von 1632 bis 1634 wurde Nürnberg von der Pest heimgesucht, und man zählte insgesamt über 35.000 Seuchentote.[19] Die Buchproduktion sank ab 1631 dramatisch ab und fiel im Folgejahr erstmals seit 1618 unter das Vorkriegsniveau, das erst 1637 wieder erreicht und dann allerdings übertroffen wurde.[20]

Daher erfolgten erst 1636 die schon 1633 festgelegten Neuaufnahmen der Kupferstecher und Kunstführer. Zunächst wurden beide Berufsgruppen gemeinsam aufgelistet, und ab 1665 erhielt dann jeder Gewerbezweig eine eige-

---

15 Matthäus: Kalenderwesen.
16 Rücker: Buchgraphik S. 96.

17 Keunecke: Nürnberger Buchproduktion. Darin z.B. auf S. 143 die graphisch veranschaulichten Produktionszahlen von Nürnberg und Augsburg im Vergleich.
18 Diefenbacher/Fischer-Pache: Buchgewerbe, S. 23, Regest Nr. 144: Ratsverlass vom 10. August 1633. Der Ratsbeschluss als Insert abgedruckt bei Jegel, Handwerksrecht, S. 331–332.
19 Endres: Nürnbergs Stellung, S. 32; Endres: Endzeit, S. 279. Vgl. auch Diefenbacher / Endres: Stadtlexikon, S. 804.
20 Keunecke: Nürnberger Buchproduktion, S. 147.

ne Kategorie.[21] Die jahrgangsweise geführten Ämterbüchlein mit den Listen der im Buchgewerbe Tätigen liegen bis 1558 mit Lücken und von da ab bis 1806 vollständig vor.

Der Beginn der Eintragungen der Kupferstecher und Kunsthändler im Ämterbüchlein erhielt wahrscheinlich einen Anstoß durch den konkreten Fall einer erstmaligen Geschäftskonzessionierung für den Kunsthändler Paulus Fürst. Der Kunsthändler und -verleger Balthasar Caymox war 1635 gestorben, und Paulus Fürst wollte das Unternehmen fortführen. Das wurde ihm genehmigt, und es ist gut denkbar, dass dieser Eintritt von Paulus Fürst in das Geschäftsleben als Kunsthändler Veranlassung für den Rat war, der Absichtserklärung von 1633 eine konkrete Maßnahme folgen zu lassen und die Kupferstecher und Kunstführer nun tatsächlich in das entsprechende offizielle Verzeichnis aufzunehmen.

Die folgende Aufstellung ordnet die Namen der Buchverleger aus diesem Personenkreis nach dem Datum ihres ersten Auftretens in der Reichsstadt. Mit Balthasar Caymox und Peter Isselburg gehören auch zwei Kupferstecher aus der Zeit vor 1636 in diese Gruppe.

4 Die einzelnen Kupferstecher und Kunstführer. Leben und Werk

4.1 Balthasar Caymox

Balthasar Caymox (Caimochs, Keimox) (*6.1.1561 in Brabant † 7., beerd. 11.3.1635 in Nürnberg, Johannisfriedhof, Grab Nr. 2001, Epitaph noch vorhanden).[22]

Balthasar Caymox war hauptsächlich auf dem Gebiet des Kunsthandels und hier vor allem auf dem Sektor der druckgraphischen Einzelblätter tätig. Er wurde 1590 als »hendler mit gemalten und gestochnen kunststücken und kremerei« gegen eine Gebühr von 10 Gulden aufgenommen,[23] was einen beachtlichen Vermögensstatus von mehr als 500 Gulden bedeutet.[24] Er gehörte zu jenen Glaubensflüchtlingen, die ab der Mitte des 16. Jahrhunderts den Niederlanden den Rücken kehrten und Aufnahme in anderen Ländern suchten. Auch in Nürnberg bildete sich eine Kolonie aus niederländischen Réfugiés, darunter Hubertus Caymox, Johann Caymox, Peter Caymox, Cornelius d. Ä. Caymox und Cornelius d. J. Caymox, wobei das Verwandtschaftsverhältnis von Balthasar Caymox zu den verschiedenen anderen Trägern dieses Namens noch weitgehend ungeklärt ist.[25]

Im Ämterbüchlein ist Caymox nicht nachweisbar; dort werden Kunsthändler erst ab dem Jahr 1636 erfasst.[26] In den Messkatalogen findet er sich in den Jahren von 1617 bis 1630 insgesamt sechsmal.

Das VD 17 nennt 28 Titel von ihm in der Zeit von 1605 bis 1630, die sämtlich mit zahlreichen Kupferstichen ausgestattet sind. Darunter finden sich einige besonders erwähnenswerte Werke. So schon 1597 Johann Si(e)bmachers *Schön neues Modelbuch*, das als das ansehnlichste deutsche Musterbuch gilt.[27] Davon sind bis 1640 sieben neue Ausgaben erschienen, zumeist bei Caymox' Nachfolger Paulus Fürst.

1613 publizierte Caymox eine Astrolabiumsbeschreibung von Franz Ritter, die Christoph Lochner für ihn druckte: *Astrolabium. Das ist: Gründliche Beschreibung unnd Unterricht [...]*.[28] Das umfangreiche Emblem-Werk des Altdorfer Theologen und späteren Nürnberger Stadtbibliothekars Johann Saubert, gestochen durch Peter Isselburg und gedruckt bei Simon Halbmaier, erschien 1625–1630 bei Caymox in vier Teilen: *Dyōdekas Emblematum Sacrorum*.[29]

Vom *Neu Kunstlich Fechtbuch* des Salvator Fabris, herausgegeben von Sebastian Heußler, schreibt das VD 17 ihm drei Ausgaben zu. Die erste dabei genannte aus dem Jahr 1615 ist aus dieser Aufzählung herauszunehmen, denn sie ist im Verlag des Herausgebers erschienen: *Gedruckt zu Nuernberg bey Ludwig Lochner. In Verlegung Sebastian Heußler*.[30] Die dieser Angabe widersprechende Zuweisung des VD 17 beruht offensichtlich auf dem Vermerk *Bei Balthasar Caimox zu finden*, der sich auf dem Titelblatt des 1. Teils findet. Diesen Zusatz trägt jedoch nur das Wolfenbütteler Exemplar, und er wurde ganz offensichtlich später angebracht.[31] Wohl aber gehören zu Balthasar Caymox' Ver-

---

21 Die Kunstführer und Kupferstecher sind in die Edition von Lore Sporhan-Krempel und Theodor Wohnhaas (vgl. Anm. 13) leider nicht mit aufgenommen worden.
22 Sporhan-Krempel/Wohnhaas: Nürnberger Buchhandel, Sp. 1030 mit dem 7.3.1635 als Begräbnisdatum. Benzing: Verleger, Sp. 1112. Geburts-, Sterbe- und Begräbnisdaten nach Grieb: Künstlerlexikon, S. 220. Grab auf dem Johannisfriedhof Nr. 2001. Zahn: Inschriften, S. 558, Nr. 289. Keunecke: Nürnberger Buchproduktion, S. 160–161.
23 Hampe: Ratsverlässe, S. 187, Nr. 1075. Die Angabe zur Aufnahmegebühr bei Grieb: Künstlerlexikon, S. 220.
24 Düll: Bürgerrecht, S. 36. Schultheiss: Bürgerrecht, S. 189–190.
25 Pilz: Niederlande, S. 67–69. Eine Stammtafel mit drei Filialgenerationen bietet Tacke: »Der Mahler Ordnung«, S. 643, Taf. 9.
26 Die Angabe bei Grieb: Künstlerlexikon, S. 220, wonach Balthasar Caymox von 1590 bis 1635 als Buchhändler im Ämterbüchlein aufgeführt wird, muss auf einem Irrtum beruhen; Caymox findet sich dort nicht (vgl. die entsprechende Edition bei Anm. 13).
27 VD16 S 6256.
28 VD17 39:122596F.
29 VD17 23:233341K.
30 VD17 23:267689Q. Bezzel: Heußler, S. 189, Nr. II.1.2.
31 Signatur: 280 Quod. (2).

lagsprogramm die beiden folgenden Ausgaben des Fechtbuches von 1617 und 1630.[32]

Da das VD 17 die Einzelbände eines Gesamtwerkes separat verzeichnet und auch Titelvarianten gesondert zählt, ist die Gesamtmenge der Caymox'schen literarischen Erzeugnisse kleiner als die Zahlenangabe im VD 17 es zunächst erscheinen lässt. Als Buchverleger hat er (neben einem Einblattdruck) lediglich sieben verschiedene Titel und von diesen im Einzelfall mehrere Bände oder Auflagen herausgebracht. Das ist eine schmale Buchproduktion, wenn man bedenkt, dass Caymox von 1590 bis 1635 in Nürnberg tätig war.

Trotz der überschaubaren Bedeutung dieses Geschäftsfeldes innerhalb seiner gesamten Unternehmungen ist Caymox aber in der Entwicklung des Verlegergewerbes wie andere Kunsthändlerkollegen des 17. Jahrhunderts auch eine erwähnenswerte Persönlichkeit. Er finanzierte und organisierte die Herstellung von Büchern ohne eine eigene Druckerei zu besitzen und ohne – nach den damals üblichen Kriterien amtlicher Erfassung – der Berufsgruppe der Buchhändler anzugehören.

Als Unternehmer war Balthasar Caymox offensichtlich erfolgreich. So konnte er 1620 für 2.800 fl. ein Haus in der Zistelgasse (jetzt: Albrecht-Dürer-Straße 22) erwerben, das zuvor dem Goldschmied und Graphiker Christoph Jamnitzer gehört hatte.[33]

4.2 Peter Isselburg

Peter Isselburg (Eisselburg, Iselburg, Isselburger, Ysselburg) (* ca. 1568/80 in Köln † um 1630 in Bamberg oder in Nürnberg).[34]

Isselburg war vornehmlich als Kupferstecher und nur eher nebenbei als Kunsthändler und Verleger tätig. Er kam um 1612 nach Nürnberg.[35] Als Katholik konnte er nicht Nürnberger Bürger werden; er erhielt jedoch ein befristetes Aufenthaltsrecht und arbeitete zunächst bei Balthasar Caymox, ab 1614 selbständig. Konfessionelle Bedenken behinderten seine Kunstausübung nicht; 1617 schuf er ein Gemälde zum Reformationsjubiläum, für das der Rat ihm sechs Guldengroschen zahlte, und im nächsten Jahr fertigte er ein Kupferstichporträt von Martin Luther.[36]

Ab 1620 ist eine vermehrte Produktion von Flugblättern festzustellen. Sein gesamtes graphisches Werk wird auf 450 Blatt geschätzt. 1622 wird er einige Male wegen anstößiger Abbildungen verwarnt, und er musste Nürnberg in diesem Jahr verlassen. Er ging nach Bamberg, von wo aus er aber noch Nürnberger Aufträge ausführte. Zum hundertjährigen Jubiläum der Confessio Augustana stellte er Kupferstiche her, die er dem Rat vorlegte; der zahlte ihm im Juni 1630 sechs Reichstaler für die Blätter auf das »jüngst gehaltene evangelische dank- und jubelfest«.[37] Vielleicht war Isselburg da wieder nach Nürnberg zurückgekehrt.

Im Ämterbüchlein ist er nicht verzeichnet; die Kupferstecher und Kunsthändler werden erst ab 1636 erfasst. In den Messkatalogen begegnet er 1617 und 1620 mit je einem Titel als Verleger.

Das VD 17 kennt 30 Titel aus der Zeit von 1612 bis 1630, bei denen er mitwirkte, zumeist als Illustrator. Nur bei sieben Titeln begegnet er auch als Drucker oder Verleger. Fünf dieser Stücke sind Einblattdrucke, zwei sind Monographien. Das erste Buch, *Emblemata politica*, ein Abbildungswerk mit 32 Kupferstichen, hält das Bildprogramm der Wandbemalung des großen Saales im Nürnberger Rathaus fest. Eine Ausgabe gibt Isselburg als Stecher und Hans Philipp Walch als Drucker an und eine zweite Peter Isselburg als Drucker, weswegen man ihn für diese Edition auch als Verleger ansehen kann.[38]

Der zweite Titel ist ein Werk über die Handhabung der Schuss- und Stichwaffen bei den Soldaten des Prinzen von Oranien, das Isselburg 1620 herausbringt: »In Verlegung Peter Iselburgen«.[39] Der Rat erwarb einige Exemplare für die Kriegsstube.[40] Eine weitere Ausgabe wird 1628 von Balthasar Caymox verlegt.[41]

Als Bücherproduzent hat Peter Isselburg keine herausragende Bedeutung erlangt, aber er steht gemeinsam mit Balthasar Caymox am Anfang einer Entwicklung im 17. Jahr-

---

32 VD17 75:652456V und VD17 12:655210A; Bezzel: Heußler, S. 190, Nr. II.3. und Nr. II.4).
33 Grieb: Künstlerlexikon, S. 220.
34 Sporhan-Krempel/Wohnhaas: Nürnberger Buchhandel, Sp. 1047. Pilz, Kurt, »Isselburg, Peter«. In: NDB 10 (1974), S. 201–202 [Online-Version]; URL: https://www.deutsche-biographie.de/pnd118556045.html#n_dbcontent. Benzing: Verleger, Sp. 1178. Tacke: »Der Mahler Ordnung«, S. 723. Grieb: Künstlerlexikon, S. 723. Diefenbacher/Endres: Stadtlexikon, S. 482–483. Keunecke: Nürnberger Buchproduktion, S. 163–164.
35 Paas: From respected guest, S. 294, wonach Isselburgs letzter Druck in Köln auf 1612 zu datieren ist und sein erstes Blatt in Nürnberg aus demselben Jahr stammt.

36 Hampe: Ratsverlässe, S. 515, Nr. 2934 u. S. 517, Nr. 2946.
37 Hampe: Ratsverlässe, S. 540, Nr. 3066. Diefenbacher/Fischer-Pache: Buchgewerbe, S. 415, Nr. 2565.
38 VD17 12:643638K und VD17 23:233402W. Nach den Zerstörungen des Zweiten Weltkriegs ist das Buch von Isselburg die wichtigste Quelle, um sich ein Bild von der historischen künstlerischen Ausgestaltung des Rathaussaales zu machen.
39 VD17 12:654151Z und VD17 23:277510Y.
40 Hampe: Ratsverlässe, S. 530, Nr. 3023.
41 VD17 39:124326H.

hundert, in deren Verlauf Nürnberger Kunsthändler und Kupferstecher die Aufgaben von Buchverlegern übernehmen. Von daher findet seine Aufnahme in die hier vorgelegte Aufstellung ihre Berechtigung.

4.3 Paulus Fürst

Paulus Fürst (≈ 7.2.1608 in Nürnberg †10., beerd. 11.9.1666 in Nürnberg, Johannisfriedhof, Grab Nr. 2001).[42]

Er wurde im Ämterbüchlein von 1637 bis 1664 in der Gruppe der Kunstführer und Kupferstecher verzeichnet. Nachdem man die beiden Berufe ab dem Jahr 1665 getrennt hatte, wurde er 1665 und 1666 als Kunstführer eingetragen.[43] Da von einer Ausbildung oder Tätigkeit Fürsts als Kupferstecher nichts weiter bekannt ist, wird man ihn auch für die Zeit von 1637 bis 1664 den Kunstführern zurechnen dürfen.

Er heiratete 1637 Susanna Helena, eine Enkelin von Balthasar Caymox, und übernahm dessen Firma. Sein Hauptgeschäft waren Kupferstiche, oft in der Gestalt eines mit längerem Text versehenen Flugblattes, dazu traten Bilderbögen; in der Literatur sind weit über 400 Stück bekannt. Dieser intensiven Produktion wegen hat man ihn zeitgenössisch als »Bildermann« tituliert.[44]

Dabei war Fürst darauf bedacht, eine spezifisch protestantisch-konfessionelle Ausrichtung seiner Graphikproduktion zu vermeiden; auch Drucke mit Heiligenbildern gehörten zu seinem Verlagsprogramm.[45] Die von ihm produzierten Blätter sind im VD 17 nur zu einem kleinen Teil aufzufinden, da Einblattdrucke – wie bekannt – dort nur verzeichnet werden, wenn sie einen entsprechend großen Textanteil aufweisen. Zu den Einzelblättern treten zahlreiche Buchpublikationen, vor allem, aber nicht nur Illustrationswerke.[46]

Das VD 17 führt von ihm 187 Veröffentlichungen in den Jahren von 1636 bis 1666 auf. Die Einträge zeigen in den ersten zehn Jahren seiner Tätigkeit von 1636 bis 1645 nur 36 Publikationen, während in den beiden folgenden Dekaden 71 Titel (1646 bis 1655) bzw. 82 Werke (1656–1666) von ihm aufgeführt werden. Fürst hat also in der ersten Zeit nach seinem Einstieg in das Caymox'sche Unternehmen zunächst die Tradition des Hauses mit dem Verlag von Illustrationswerken, Kupferstichen und Radierungen weitergeführt und sich erst dann vermehrt als Buchverleger betätigt. Will man seine Leistung auf diesem Gebiet würdigen, muss man von den 187 Stücken, die im VD 17 aufgezählt werden, 69 Einblattdrucke abrechnen. Es bleibt dann aber eine immer noch stattliche Anzahl von 118 Werken.

Die Buchmessen beschickte Fürst von 1639 bis 1651 insgesamt achtmal. Ein Abgleich der im VD 17 gelisteten Werke mit den Titeln, die er zu den Buchmessen anbot, zeigt, dass es allenfalls zwei bis drei Veröffentlichungen gibt, die man im VD 17 vermissen könnte. Insofern bieten die dortigen Zahlenangaben hinsichtlich der Buchhandels- und Verlegertätigkeit von Paulus Fürst eine sichere Datengrundlage.

Auch bei den Buchpublikationen knüpfte er zunächst an die Geschäfte seines Vorgängers an. Drei Titel aus den ersten Jahren waren zuvor schon in erster Auflage bei Caymox erschienen: Ritters *Astrolabium*,[47] das *Speculum solis* desselben Autors[48] und Sauberts *Emblemata*.[49] Bei diesen Veröffentlichungen machten die Illustrationen einen wesentlichen Teil des Buches aus, und Fürst konnte die vorhandenen Kupferplatten aus den Beständen von Balthasar Caymox wiederverwenden und so kostengünstige Neuauflagen generieren.

Illustrationen bildeten auch den Hauptteil bei zwei weiteren großen Unternehmungen. Die Neuauflage von Meisners *Thesaurus philopoliticus* (deutscher Titel: *Politisches Schatzkästlein*). Die erste Ausgabe war 1623 bis 1631 in Frankfurt am Main bei Eberhard Kieser erschienen, und

---

42 Sporhan-Krempel/Wohnhaas: Nürnberger Buchhandel, Sp. 1048. Benzing: Verleger, Sp. 1138. Diefenbacher/Endres: Stadtlexikon, S. 314–315. Grieb: Künstlerlexikon, S. 436. Keunecke: Buchverlag, Buchdruck und Buchhandel, S. 212–214; dort Taufdatum versehentlich mit 17.2. angegeben. Keunecke: Nürnberger Buchproduktion, S. 161–162; dort mit entsprechend ungenauem Geburtsdatum »ca. 17.02«. Schmäschke: Papierener Barock, S. 246–249. Die Untersuchung nimmt den Herausgeber von Kupferstichblättern in den Blick; der Buchverleger wird nicht behandelt.
43 STAN, Rst. Nbg., Rep. 62, Nr. 156–185.
44 Kirchhoff, Fürst, S. 359.
45 Dass Fürst auch katholische Marktorte wie Wien, Linz und Graz aufsuchte, erschließt sich aus einer Nachricht von 1654. Da gab er an, wohin man Wappen für die von ihm geplante Neuausgabe des Sibmacherschen Wappenbuchs senden könne : »entweder hieher nach Nürnberg oder in Marcktszeiten nach Leipzig auff das Bilderhauß in Aurbachs Hoff oder zu Franckfurt in der Meßzeit im Barfüßer Creutzgang oder in Marcktszeiten zu Wien uff dem Hof feilhabend oder in dem Marckt zu Lintz heraußen am Wasser feilhabend oder in Grätzer Marcktszeiten allda bey H. Sebastian Haubt zu erfragen.« Abdruck bei Burger: Beiträge zur Firmengeschichte, S. 169. Schottenloher: Bücher bewegten die Welt, S. 290 mit einem modernisierten Text. Wiedergabe auch bei Hennicke: Andachtsgraphik des 17. Jahrhunderts, S. 35.
46 Paas: Deutsche Graphikproduktion in Nürnberg, S. 134, bezeichnet Fürst neben Wolfgang Endter d. Ä. und Jacob von Sandrart als einen der drei wichtigsten Nürnberger Unternehmer auf dem Gebiet der Druckgraphik und des illustrierten Buches.
47 VD17 39:119023N et al.
48 VD17 23:324363R.
49 VD17 1:079060H et al.

Fürst hatte nach dessen Tod (1631) die Druckvorlagen erworben. Seine Edition brachte er unter dem Titel *Sciographia Cosmica* und ab Bd. 2 als *Libellus novus politicus emblematicus civitatum* auf den Markt.[50] Die gegenüber der Erstausgabe um 30 Blätter gekürzte Publikation umfasste insgesamt acht Bände mit jeweils 100 Kupferstichen, was pro Band einem Buchumfang von 200 Seiten entspricht. Fürst ist es dann wohl nicht gelungen, das umfangreiche Werk auch zügig zu vermarkten; eine weitere Auflage in seinem Haus erschien erst vier Jahrzehnte später 1678 unter der Geschäftsführung seiner Witwe.

Das zweite hier zu nennende Werk ist das Wappenbuch des Nürnberger Graphikers Johann Si(e)bmacher.[51] Dieser hatte 1605 den ersten und 1609 einen zweiten Band herausgebracht,[52] und seine Witwe hatte das Werk nach seinem Tode mit zwei Neuausgaben 1612 und 1630 fortgesetzt.[53] Fürst kaufte 1653 die Kupferplatten und die restlichen Exemplare des ausgedruckten Werkes an und veranstaltete ab 1655 seinerseits einen Neudruck.[54] Weitere Editionen folgten bei seinen Erben und deren Nachfolge-Verlagen. So verbindet sich die Geschichte dieses bis heute immer wieder neu aufgelegten und benutzten Heraldik-Klassikers eng mit dem Namen von Paulus Fürst.

Unter den Buchproduktionen des Fürst'schen Verlags finden sich aber durchaus auch Veröffentlichungen, die nur wenige Abbildungen aufweisen, bisweilen ist der Buchschmuck auf das Titelkupfer beschränkt. Hier steht dann nicht mehr die Illustration im Mittelpunkt des Buches, und Fürst tritt mit solchen Publikationen in direkten Wettbewerb mit den Sortimenter-Verlegern seiner Zeit.

Etliche dieser Bücher entstanden in Zusammenarbeit mit Autoren aus dem Kreis des Pegnesischen Blumenordens.[55] Schon vor der Gründung dieser Gruppe, die sich ab dem Jahr 1644 formierte, gab es eine Kooperation mit einem Schriftsteller aus diesem Kreis. Georg Philipp Harsdörffers *Trincir-Büchlein*[56] erschien mit leicht veränderten Titelfassungen ca. 1640 und 1642.[57] 1652 kam dann eine weitere Ausgabe heraus.[58] Harsdörffer wurde der Textlieferant aus dem Kreis der Pegnitzschäfer, der besonders viel bei Fürst publizierte: insgesamt sechzehn Titel einschließlich jener, bei denen er nur Beiträger war.

Angesichts der von ihm verlegten 118 Werke und angesichts der darunter befindlichen Einzeltitel von Gewicht, von denen einige knapp vorgestellt wurden, kann man Fürst als einen produktiven und wichtigen Buchverleger ansehen. Sicher war die bloße Anzahl der von ihm in Verkehr gebrachten Einzelblätter mit weit über 400 Stück deutlich höher als die Anzahl seiner Buchpublikationen, aber diese Tatsache rechtfertigt nicht das Urteil: »sein Buchverlag war im Vergleich zu dem seiner Flugblätter ganz gering.«[59]

Als Verleger musste Fürst auch den Vertrieb seiner Bücher organisieren. Einen Teil davon brachte er vielleicht über Buchhändler auf den Markt, die als Kommissionäre tätig wurden. Angesichts des Umfangs seiner Buchproduktion und der Menge der daraus resultierenden, auf den häufig besuchten Messen eingetauschten Werke anderer Verleger muss er aber auch als Buchhändler am Ort aktiv gewesen sein. Bisweilen nennt er sich selber auch »Kunst- und Buchhändler«, z.B. 1663 in Daniel Wülfers *Historia des Heiligen Propheten Elisae*[60] und in Johann Michael Dilherrs *Hohe Schul des höchsten Lehrers*[61] und 1664 in Samuel Spörls *Gottes Hand des Türken Widerstand*[62]. Im selben Jahr erscheint er als »Biblio-technopola« in Georg Andreas Böcklers *Architectura curiosa*[63].

Seine Geschäftspraxis für die Produktion und den Vertrieb von Büchern war der eines Sortimenter-Verlegers vergleichbar. Amtlich aber galt er nie als Buchhändler. Der Rat der Reichstadt hat ihn nicht, wie später bei Johann Hoffmann praktiziert, entsprechend neu oder zusätzlich zur Erfassung bei den Kunstführern als Buchführer klassifiziert, konzessioniert und im Ämterbüchlein eingetragen. Man untersagte ihm aber den Buchhandel auch amtlicherseits offensichtlich nicht. Das ist insofern bemerkenswert, als der Rat gemeinhin sehr auf eine Limitierung der Buchhandlungen achtete und auch die offiziell zugelassenen Buchhändler selber darauf sahen, Konkurrenten auszuschalten. Allerdings bestand das Hauptinteresse des Rates in Bezug auf Buchproduktion und -distribution in der Aufsicht über die dort erzeugten und verbreiteten Buchinhalte. Diese Kontrolle war im Falle von Fürst dadurch sichergestellt, dass Fürst bereits als Kunstführer im Ämterbüchlein eingetragen war und von daher dieselben Zensurverpflichtungen zu erfüllen hatte wie die Buchdrucker und Buchhändler.

---

50 VD17 12:655095E u. ab 1638 VD17 23:289538K.
51 Keunecke: Sibmacher, Johann; in: LGB², Bd. 7. Stuttgart 2007, S. 78. Diefenbacher/Endres: Stadtlexikon, S. 975–976. Grieb: Künstlerlexikon, S. 1435. Tacke: »Der Mahler Ordnung«, S. 574–576.
52 VD17 1:085772D u. VD17 12:650477G.
53 1612: VD17 23:289409S u. 1630: VD17 75:706682Y u. VD17 75:706683F.
54 VD17 3:604926V.
55 Zur Zusammenarbeit der Pegnitzschäfer mit Paul Fürst auf dem Gebiet der Flugblattproduktion vgl. Paas: The changing landscape, S. 47.
56 Schnabel: Vorschneidekunst und Tafelfreuden.
57 VD17 23:298591U, VD17 23:298595Z u. VD17 12:628372P.
58 VD17 23:286183U.

59 Deneke: Johann Hoffmann, S. 313.
60 VD17 39:128054P.
61 VD17 3:303071E.
62 VD17 23:234584Y.
63 VD17 32:675717N.

Abb. 1: *Türckische und Ungarische Chronica*. Verlegt von Paul Fürst, Nürnberg 1663. Titelblatt. Quelle: Erlangen, Universitätsbibliothek, Signatur: H00/40Hist. 1363.

Öffentliche Anerkennung erfuhr er 1646 mit der Wahl zum »Genannten«, mithin zum Mitglied des Größeren Rates. Dieses Amt übte er bis zu seinem Ableben 1666 aus.[64]

Ein gewichtiger Mitbewerber entstand seinem Unternehmen, als Jacob von Sandrart 1656 von Regensburg nach Nürnberg übersiedelte und beispielsweise Birken als Autor abwarb. Auch Johann Hoffmann, der 1658 in Nürnberg damit begann, Flugblätter zu produzieren, bedrohte mit seinen Veröffentlichungen das Fürst'sche Geschäft. Diesen neuen Konkurrenten war Fürst nicht gewachsen.[65] Ein Prozess gegen seinen Schwager, den er 1660 verlor, beförderte den Niedergang seines Verlags und seiner Kunsthandlung; 1666 nahm er sich das Leben.[66]

4.4 Jacob (II.) von Sandrart

Jacob (II.) von Sandrart (* 31.5.1630 † 15.8., beerd. 19.8.1708 in Nürnberg, Johannisfriedhof. Grab Nr. C3b, Epitaph noch vorhanden).[67]

Stammtafel Sandrart[68]
(Ausschnitt)

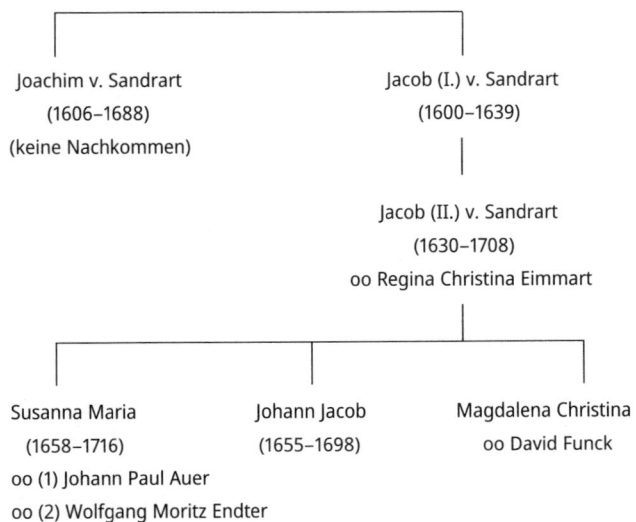

- Joachim v. Sandrart (1606–1688) (keine Nachkommen)
- Jacob (I.) v. Sandrart (1600–1639)
  - Jacob (II.) v. Sandrart (1630–1708) oo Regina Christina Eimmart
    - Susanna Maria (1658–1716) oo (1) Johann Paul Auer oo (2) Wolfgang Moritz Endter
    - Johann Jacob (1655–1698)
    - Magdalena Christina oo David Funck

Jacob von Sandrart hatte 1654 in Regensburg Regina Christina Eimmart, Tochter des Malers und Graphikers Georg Christian Eimmart d. Ä., geheiratet und zog mit ihr 1656 nach Nürnberg. 1674 beschloss der Rat, ihm das Bürgerrecht zu erteilen.[69] Im Folgejahr wurde er als Neubürger in das entsprechende Verzeichnis eingetragen.[70] Öffentliche An-

---

64 Roth: Verzeichniß aller Genannten, S. 127. Zur Sozialgruppe der Genannten und ihrer politischen Rolle vgl. Schall: Die Genannten.
65 Ein Hinweis auf finanzielle Schwierigkeiten ist vielleicht auch darin zu sehen, dass Fürst in der Zeit von Juni 1647 bis Dezember 1662 mit 547 fl. bei der Handelsgesellschaft Viatis-Peller in der Kreide stand; es ist nicht klar, ob der Betrag ausgeglichen wurde. Seibold: Die Viatis und Peller, Anhang S. XXX.
66 Hampe: Paulus Fürst, S. 8–9. Dort erstmals in der Literatur der Hinweis auf den Suizid des Kunsthändlers und Buchverlegers.
67 Sporhan-Krempel/Wohnhaas: Nürnberger Buchhandel, Sp. 1067. Benzing: Verleger, Sp. 1252. Diefenbacher/Endres: Stadtlexikon, S. 922. Hagen/Tacke: Sandrart, Jakob von. Grieb: Künstlerlexikon, S. 1294. Curtius: Die Künstlerfamilie Sandrart, S. 58–69.
68 Stammtafeln zu den Familien Sandrart und Eimmart bei Sporhan-Krempel: Susanna Maria Sandrart, Sp. 997–1002.
69 Der entsprechende Ratsbeschluss vom 13. Mai 1674 abgedruckt bei Sporhan-Krempel, Lore: Susanna Maria Sandrart, Sp. 977.
70 STAN, Amts- und Standbücher Nr. 300/V: Jacob Sandrart, Kunsthändler und Kupferstecher mit einem Vermögen von 600 fl. Das Einbürgerungsjahr 1675 bei Sporhan-Krempel/Wohnhaas: Nürnberger Buchhandel, Sp. 1067.

Abb. 2: Jacob (II.) v. Sandrart und seine Gemahlin Regina Christina, geb. Eimmart. Kupferstich von Bernhard Vogel. Gedenkblatt auf die verstorbenen Eltern im Auftrag der Tochter Susanna Maria Sandrart, verheir. mit Wolfgang Moritz Endter. Quelle: Erlangen, Universitätsbibliothek, Handschriftenabteilung, Porträtsammlung.

erkennung erfuhr er 1691 durch seine Ernennung zum Gassenhauptmann beim Weinmarkt-Viertel.[71]

Sandrart betätigte sich vor allem als Kunsthändler und Kupferstecher. Von ihm stammen unter anderem 30 Landkarten.[72] Ein besonderer Schwerpunkt seiner Tätigkeit lag auf Porträts, von denen er mehr als 400 Stück verfertigte. 1662 gründete er gemeinsam mit Elias von Gedeler (Goedeler) und dem Patrizier Joachim Nützel die Nürnberger Malerakademie, die als »Akademie der bildenden Künste« in Nürnberg immer noch besteht. Sie nahm einen wesentlichen Aufschwung ab 1673/74, als sich Joachim von Sandrart, der Onkel von Jacob von Sandrart, in Nürnberg niederließ und die Akademie reorganisierte.[73]

Er wurde im Ämterbüchlein von 1660 bis 1664 in der Gruppe der Kunstführer und Kupferstecher verzeichnet. Nach der Trennung der beiden Berufe ab dem Jahr 1665 wurde er von 1665 bis 1693 als Kupferstecher eingetragen.[74]

Das VD 17 kennt 23 Titel von ihm aus den Jahren von 1657 bis 1694. Auf den Buchmessen war er 1657 und 1667 vertreten. Seine Verlagsproduktion umfasste vor allem Einblattdrucke und Illustrationswerke.[75] Daneben lassen sich drei erwähnenswerte Monographien mit einem erheblichen Textanteil feststellen. Der *Donau-Strand* des Pegnitzschäfers Sigmund von Birken, eine Beschreibung historischer Stätten am Donaulauf aus dem Jahr 1664, verkaufte sich blendend, und Sandrart produzierte bis zum Jahr 1694 zehn [!] Ausgaben.[76] 1686 gab er eine historische Beschreibung Venedigs heraus,[77] von der 1687 und 1688 Neuauflagen erschienen. Und im letztgenannten Jahr brachte er eine vergleichbare Chronik Russlands auf den Markt.[78]

Am Rande bemerkt sei seine Beteiligung am Vertrieb der *Teutsche[n] Academie der Edlen Bau-, Bild- und Mahlereykünste*, des Hauptwerkes seines Onkels Joachim von Sandrart. Sowohl den ersten Band von 1675 wie den zweiten von 1679 konnte man bei ihm in Nürnberg erwerben.[79]

4.5 Johann Hoffmann

Johann Hoffmann/Hofmann (≈ 17.3.1629 Frankenberg/ Sachsen † 27., beerd. 31.3.1698 in Nürnberg, Johannisfriedhof, ehemals Grab Nr. 1 C a).[80]

Johann Hoffmann heiratete 1655 und wurde im Folgejahr gegen eine Zahlung von 4 fl. als Bürger aufgenommen.[81] Er war zunächst als »Händler« tätig und auch 1658 gilt er noch ohne weitere Spezifizierung als »Handelsmann«.[82] Genauere Kenntnis von der Art dieser Geschäftsausübung besitzen wir da noch nicht. Ab 1661 wird er als amtlich konzessionierter Kunsthändler greifbar. Anfang des Jahres 1666 versuchte er, eine Druckerei einzurichten; die dafür nötige Erlaubnis wurde ihm aber verweigert.[83] Erst 1674 gelang es ihm, zusätzlich zur Gewerbeerlaubnis als Kunstführer eine Konzession als Buchführer zu erhalten.[84]

---

71 Sporhan-Krempel: Susanna Maria Sandrart, Sp. 979. Grieb: Künstlerlexikon, S. 1294.
72 Meurer/Stopp: Topographica, S. 10.
73 Diefenbacher/Endres: Stadtlexikon, S. 54–55.
74 STAN, Rst. Nbg., Rep. 62, Nr. 179–212.
75 Paas: Deutsche Graphikproduktion, S. 134, hat ihn zusammen mit Paul Fürst und Wolfgang Endter d. Ä. zu den drei wichtigsten Nürnberger Unternehmern auf dem Gebiet der Druckgraphik und des illustrierten Buches gerechnet.

76 VD17 23:300062T. Paas: The publication of a seventeenth-century bestseller.
77 VD17 39:133436U.
78 VD17 23:242299W.
79 Bd. 1: VD17 3:608226Z et al., Bd. 2: VD17 1:080150W. Vgl. weiter unten bei Anm. 107, 112 u. 113.
80 Deneke: Johann Hoffmann. Sporhan-Krempel/Wohnhaas: Nürnberger Buchhandel, Sp. 1046. Benzing, Sp. 1173. Paas: Hoffmann. Diefenbacher/Endres: Stadtlexikon: S. 455. Grieb: Künstlerlexikon, S. 682.
81 Grieb: Künstlerlexikon, S. 682.
82 Deneke: Johann Hoffmann, S. 337 u. 338.
83 Diefenbacher/Fischer-Pache: Nürnberger Buchgewerbe, S. 378–379, Nr. 2389.
84 Dazu hatte er sich 1673 – hinter dem Rücken des Nürnberger Stadtregiments – ein kaiserliches Buchhandelsprivileg besorgt, was zu einer Beschwerde der Nürnberger Buchhändler beim Rat der Stadt führte. Die Stadtoberen jedoch knickten angesichts eines gültigen kaiserlichen Privilegs ein und schlugen eine gütliche Einigung vor. Die konnte trotz einiger Versuche schließlich nicht erzielt werden und nachdem Hoff-

Abb. 3: Johann Hoffmann. Kupferstich von Engelhard Nunzer. Quelle: Deutsches Buch- und Schriftmuseum der Deutschen Nationalbibliothek Leipzig, Grafische Sammlung / Bibliothek des Börsenvereins der Deutschen Buchhändler zu Leipzig, Bö-Bl/P/1269.

Er wurde im Ämterbüchlein von 1660 bis 1664 in der Gruppe der Kunstführer und Kupferstecher verzeichnet. Nach der Trennung der beiden Berufe ab dem Jahr 1665 wurde er bis 1697 als Kunstführer eingetragen.[85] Als Buchführer findet man ihn dort zusätzlich von 1675 bis 1697.[86]

In der Literatur wird Hoffmann häufig als Kupferstecher geführt. Die Zuweisung dürfte auf die erwähnte Eintragung im Ämterbüchlein der Jahre 1661 bis 1664 zurückzuführen sein, die unter der Rubrik »Kunstführer und Kupferstecher« erfolgte. Daraus hat man auf eine Ausbildung oder Tätigkeit als Kupferstecher geschlossen. Eine dahingehende Ausbildung oder entsprechende Arbeiten von ihm sind allerdings bisher nicht bekannt geworden. Man sollte ihn also nicht unter die Kupferstecher rechnen.

Auf den Buchmessen ist er von 1663 bis 1698 nachweisbar. Eine frühere Anwesenheit in Frankfurt und Leipzig, die der Rat ihm bereits 1659/60 erlaubte,[87] hat sich in den Messkatalogen nicht niedergeschlagen. Der Grund wird darin liegen, dass er in diesen frühen Jahren nur Flugblätter und Kalender anbieten konnte und diese Formatgruppe in die Messkataloge nicht aufgenommen wurde.

Ab 1675, nach seiner Zulassung als Buchführer, kann man ihn zu den Sortimenter-Verlegern rechnen. Daher sind im Rahmen der hier vorgelegten Untersuchung vor allem die fünfzehn Jahre von 1660 bis 1674 zu betrachten. In dieser Zeitspanne ist Johann Hoffmann nur als Kunsthändler zugelassen, aber tätig ist er in dieser Phase auch als Buchverleger.

Das VD 17 verzeichnet von ihm 775 Titel, davon 167 für die Jahre von 1658 bis 1674. Unter diesen letzteren finden sich 13 Einblattdrucke, vier Kleindrucke von bis zu acht Seiten Umfang, bei denen jeweils ein Kupferstich ausführlich erläutert wird, dann als Besonderheit zwei Kartenspiele und neun Kalender mit einem Umfang bis zu 16 Seiten. Es bleibt also noch eine stattliche Produktion von 139 Titeln konventioneller Bücher, die er als Kunsthändler-Verleger herausbrachte. Dazu gehören historische Publikationen ebenso wie theologische Werke und Gesangbücher. Hoffmann verlegte u. a. den *Nidersächsische[n] Lorbeerhayn* des Pegnitzschäfers Sigmund von Birken, 1669 gedruckt von Christoph Gerhard in Nürnberg,[88] und in demselben Jahr von Georg Neumark, dem Dichter des Kirchenliedes *Wer nur den lieben Gott lässt walten*, das Buch *Der neusprossende teutsche Palmbaum*, eine umfangreiche Veröffentlichung über die *Fruchtbringende Gesellschaft*, gedruckt von Joachim Heinrich Schmidt in Weimar.[89]

Wegen unerlaubten Nachdrucks und Übertretung der Zensurbestimmungen geriet er häufig in Konflikt mit den Aufsichtsbehörden. Diese Vorgänge häufen sich in den letz-

---

mann, der aus irgendeinem Grund gute Beziehungen zum Reichshofrat unterhielt, sich noch einmal Unterstützung aus Wien und ein kaiserliches Reskript verschafft hatte, gestattete der Rat ihm im August 1674, einen »offenen Buchladen« zu führen und beschloss, ihn inskünftig auch bei den Buchführern im Ämterbüchlein aufzunehmen. Zu diesen Vorgängen s. Diefenbacher/Fischer-Pache: Nürnberger Buchgewerbe, S. 381–382, Nr. Nr. 2408, 2410, 2411, 2413 u. 2414.

85 STAN, Rst. Nbg., Rep. 62, Nr. 179–216.
86 So die Buchführer, Buchdrucker, Briefmaler und Formschneider erfassende Teil-Edition des Ämterbüchleins (Vgl. Anm. 13), S. 647–655

87 Deneke: Johann Hoffmann, S. 338.
88 VD17 23:231785D.
89 VD17 3:005143H. Das Werk gilt als wichtige Quelle für die Geschichte dieser Sprachakademie. Diecks: Neumark, Georg. Die Einzelheiten der Drucklegung bei Eichacker: Die rechtliche Behandlung des Büchernachdrucks, S. 140–144. Ebd., S. 174–174, werden die näheren Umstände bei der Produktion von Neumarks Gebetbuch *Des christlichen Frauenzimmers geistliche Perlenkrone* (VD17 23:706764F) im Verlag von Johann Hoffmann dargestellt.

ten zwei Jahrzehnten seines Schaffens, die aber hier – da er in dieser Zeit als Sortimenter-Verleger zu gelten hat – außer Betrachtung bleiben.

Einen Hinweis auf den Erfolg seiner unternehmerischen Tätigkeit gibt ein Immobilienerwerb im Jahr 1683. Hoffmann wurde für 2.600 fl. Eigentümer eines Hauses gegenüber der städtischen Waage (jetzt: Waaggasse 11, Ecke Winklerstraße).[90] Öffentliche Anerkennung erfuhr er 1675 durch seine Berufung als »Genannter« und damit zum Mitglied des Größeren Rates. Dieses Amt übte er bis zu seinem Ableben 1698 aus.[91]

4.6 Joachim von Sandrart

Joachim von Sandrart (*12.5.1606 in Frankfurt a. M., 1653 Erhebung in den Adelsstand, † 14.10., beerd. 18.10. 1688 in Nürnberg, Johannisfriedhof, Grab Nr. C 3b, Epitaph noch vorhanden)[92]

Im Ämterbüchlein erscheint er nicht; als Teilnehmer an den Messen ist er ebenfalls nicht nachweisbar.

Sandrart ging u.a. 1620–1622 bei Peter Isselburg in Nürnberg als Kupferstecher in die Lehre. Er wandte sich anschließend der Malerei zu und bildete sich in den Niederlanden und in Italien fort. 1649 wurde er nach Nürnberg berufen, um dort die aus Anlass des Friedenskongresses zusammengekommenen Diplomaten und Offiziere zu porträtieren. Im Anschluss arbeitete er in Wien für den Kaiserhof und schuf zudem wichtige Altarbilder im süddeutschen Raum. 1670 nahm er seinen Wohnsitz in Augsburg und übersiedelte dann 1673 nach Nürnberg. Hier entstanden in der Folgezeit seine Buchproduktionen.

Materielle Sicherheit verlieh ihm das von seinem Schwiegervater 1644 ererbte Landgut Stockau. Bedeutende Einkünfte erzielte er mit seinen Arbeiten im Zusammenhang mit dem Nürnberger Friedensexekutionskongress. Für das bekannte Gemälde des Friedensmahls[93] erhielt er vom Auftraggeber Pfalzgraf Carl Gustav von Zweibrücken ein Honorar von 2.000 Gulden und eine schwere Goldkette im Wert von 200 Dukaten.[94] Der Rat, dem das Bild vom Auftraggeber

Abb. 4: Joachim v. Sandrart. Kupferstich von Philipp Kilian. Quelle: Erlangen, Universitätsbibliothek, Handschriftenabteilung, Porträtsammlung.

als Geschenk überlassen wurde, verehrte dem Künstler zusätzlich ein »Praesent«.[95] Die zahlreichen Porträts, die er in Nürnberg verfertigte, wurden gut bezahlt. Sandrart selber nennt 80 Bildnisse von schwedischen Offizieren, deren jedes ihm 50 Taler Honorar einbrachte.[96] Auch nach 1648/49 war er ein sehr gut beschäftigter Künstler.

Sein wirtschaftlicher Wohlstand wird auch an anderen Stellen sichtbar. Einem calvinistischen Glaubensgenossen lieh er zwischen 1679 und 1685 mehrere Hundert Gulden.[97] Seinem Großneffen Johann Jacob finanzierte er mit über

---

90 Grieb: Künstlerlexikon, S. 682.
91 Roth: Verzeichniß aller Genannten, S. 127. Zur Sozialgruppe der Genannten und ihrer politischen Rolle vgl. Schall: Die Genannten.
92 Pilz: Nürnberg und die Niederlande, S. 124–127. Diefenbacher/Endres: Stadtlexikon, S. 922–923. Grieb: Künstlerlexikon, S. 1294–1295. Klemm: Sandrart, Joachim von, in: NDB. Curtius: Die Künstlerfamilie Sandrart.
93 Neuhaus, Helmut: Zwischen Krieg und Frieden.
94 Sandrart in seiner Selbstbiographie »Lebenslauf und Kunstwerke des wohledlen und gestrengen Herrn Joachims von Sandrart«. In: Peltzer: Sandrart, S. 38.

---

95 Peltzer: Sandrart, S. 38. Genaueres teilt Sandrart nicht mit; üblich war in solchen Fällen ein Geldgeschenk. Vgl. auch Pilz: Nürnberg und die Niederlande, S. 125. Grote: Joachim von Sandrart, S. 11.
96 Peltzer: Sandrart, S. 38. Pilz: Nürnberg und die Niederlande, S. 125, Grote: Joachim von Sandrart, S. 11.
97 Klemm: Joachim von Sandrart in Nürnberg, S. 141.

1.000 Gulden den Ankauf eines Hauses.[98] Bei der Bayerischen Landschaft hatte er ein Kapital von 6.000 Gulden stehen.[99]

Für das VD 17 gilt er bei 11 Titeln von 1679 bis 1685 als Drucker/Verleger. Das VD 17 unterscheidet diese beiden Funktionen bekanntermaßen nicht. Da Sandrart aber nicht über eine eigene Druckerei verfügte, darf man ihn bei allen dortigen Nennungen als Verleger ansprechen. Da er bei jedem dieser Bücher auch der Autor bzw. der Herausgeber war, muss man ihn bei diesen Publikationen als Selbstverleger ansprechen.

Angehörige dieser Gruppierung wurden in der hier vorgelegten Untersuchung grundsätzlich nicht berücksichtigt. Eine Ausnahme schien bei Joachim von Sandrart aber gerechtfertigt. Zunächst dürfen die von ihm produzierten Titel ihrem Gehalt nach einen herausgehobenen Rang beanspruchen und besonders gilt dieses für seine *Teutsche Academie der Edlen Bau-, Bild- und Mahlereykünste,* die unter Mitwirkung des Pegnitzschäfers Sigmund von Birken entstand.[100] Sie gilt als »eines der bedeutendsten Sprachdenkmäler des Barockzeitalters« und als »Grundstein der deutschen Kunstgeschichtsschreibung«[101] und war » bis Ende 18. Jh. das maßgebliche Handbuch im dt. Künstleratelier […] und zugleich die wichtigste Quelle für Grünewald, Elsheimer, Liss und zahlreiche andere dt. Maler des 17. Jh., aber auch für das röm. Kunstleben um 1630. «[102]

Zudem sind die *Teutsche Akademie* und die Folgepublikationen vom Niveau der künstlerischen Ausstattung und von der Qualität des Textdrucks her so aufwendig, dass der Buchhistoriker solche Stücke nicht unbeachtet lassen kann.[103] Auch von daher scheint es angemessen, den Maler und Kupferstecher Joachim von Sandrart als (Selbst-)Verleger dieser herausragenden Nürnberger Veröffentlichungen des 17. Jahrhunderts in die Gruppe der Buchproduzenten mit einzubeziehen.

So ergibt sich auch die Möglichkeit, mit der *Teutschen Akademie* ein Hauptstück des barocken Nürnberger Buchgewerbes unter dem Gesichtspunkt von Verlag und Vertrieb mit in den Blick zu nehmen und dabei auch vorhandene unscharfe und unrichtige Feststellungen zurechtzurücken.

Was den Vertrieb der beiden Teile des großen Werkes aus den Jahren 1675 und 1679 angeht, so sind die Verhältnisse eindeutig.[104] Joachim von Sandrart übertrug diese Aufgabe professionellen Kunst- und Buchführern. Dass er dabei auch auf zwei Kunsthändler aus seiner Verwandtschaft zurückgriff, kann man sicherlich gut nachvollziehen. Für die Auslieferung an Großkunden und sicher auch für den Verkauf an Einzelinteressenten gibt er die entsprechenden Namen auf den Titelblättern der Bände an. In Nürnberg waren das sein Neffe Jacob [II.] Sandrart und die Brüder Michael und Johann Friedrich Endter.[105] An den beiden bedeutenden Messeorten übernahmen den Verkauf in Frankfurt sein Großneffe Johann [Jacob],[106] wiederum die Endter-Brüder und »Matthaei Merians Sel. Erben«, womit die Söhne von Matthäus d. Ä., die Brüder Caspar und Matthäus d. J., gemeint sind,[107] und in Leipzig, für das ein eigenes Titelblatt gedruckt wurde, konnten sich potentielle Kunden an den Nürnberger Kunsthändler David Funck und dessen Sortimenter-Kollegen Christoph Riegel wenden.

Ganz ähnliche Verhältnisse sind später bei drei weiteren Büchern von Joachim von Sandrart zu beobachten.

---

98 Klemm: Joachim von Sandrart in Nürnberg, S. 144.
99 Klemm: Joachim von Sandrart in Nürnberg, S. 145, Anm. 39. Die reformierte Gemeinde unterstützte Sandrart ab 1675 jährlich mit 30 fl. Vgl. Neidiger: Die Entstehung der evangelisch-reformierten Gemeinde in Nürnberg, S. 244. Die bei Grieb: Künstlerlexikon, S. 1295 aufgeführte Zahlung von insgesamt 2.049 fl. an die reformierte Gemeinde geht zurück auf Neidinger, S. 244. Die dortige Angabe dürfte auf einer Fehlinterpretation des entsprechenden Archivales beruhen. Vgl. Klemm: Sandrart in Nürnberg, S. 141. Danach meint die dortige Formulierung »Mein Joachim von Sandrarts Ausgaben« nicht den persönlichen Donator, sondern den Verwalter des Gemeindefinanzen.
100 Klemm: Sigmund von Birken und Joachim von Sandrart. Die Arbeit bietet auch Informationen zu Honorarzahlungen Sandrarts an Birken.
101 Diefenbacher/Endres: Stadtlexikon, S. 1070.
102 Klemm: Sandrart, Joachim von. In: NDB, S. 427.
103 Schreurs: Unter Minervas Schutz.

104 Meurer: Zu Herstellung, Vermarktung und Verkauf der *Teutschen Academie.* Hier finden sich u.a. Angaben über Werbemaßnahmen und die Nennung des in einem konkreten Fall bekannten Verkaufspreises (10 ½ fl). Die verschiedenen Kommissionäre, die in Nürnberg und an den Messeorten Frankfurt und Leipzig den Verkauf, bzw. Tauschvorgänge für den Verleger Sandrart abwickelten, werden nicht erwähnt.
105 Die Führung der Unternehmensgeschäfte des Hauses Endter im Buchhandelsbereich lag zu dieser Zeit hauptsächlich noch in den Händen ihrer Mutter Kunigunde, der Witwe von Georg d. J. Endter (1585–1629). Erst nach deren Tod im Jahr 1676 übernahmen die beiden Brüder Michael und Johann Friedrich, die zunächst nur für die Druckerei zuständig waren, auch hier die Leitung. Sporhan-Krempel: Buchdruck in Nürnberg im 17. Jahrhundert, S. 27. Vgl. auch Sporhan-Krempel: Genealogie, Sp. 513–516. Dort eine übersichtliche Darstellung der Familienverhältnisse auf mehreren Stammtafeln. Grieb: Künstlerlexikon, S. 344 (zu Georg d. J. Endter), S. 345 zu Johann Friedrich Endter (1617–1682) und zu Michael Endter (1613–1682).
106 Nach dessen Ableben fanden sich 1698 in seinem Bücherlager zwei Bände des ersten Teiles der *Teutschen Academie* und ein Exemplar der *Iconologia Deorum* von 1680 (VD17 3:312576U), für die Johann Jacob ebenfalls den Vertrieb im Auftrag seines Großonkels übernommen hatte. Peltzer: Nachlassinventar, S. 159.
107 Matthäus d. J. war Schüler von Sandrart in Frankfurt und Amsterdam gewesen. Er hielt sich später zeitgleich mit seinem ehemaligen Lehrer während des Friedenskongresses in Nürnberg auf und fertigte ebenfalls Porträts der dort versammelten Persönlichkeiten an. So berichtet Sandrart selber in: Sandrart, Academie, hrsg. v. Peltzer, S. 200.

Die *Sculpturae veteris admiranda* von 1680 (»sumtibus autoris«) wurden in Frankfurt wiederum von den Endter-Brüdern und ebenfalls von seinem Großneffen Johann Jacob von Sandrart vertrieben.[108] Für die *Iconologia Deorum* aus demselben Jahr (»in Verlegung des authoris«) galten in Frankfurt auch wieder dieselben Verkaufsadressen, und in Leipzig übertrug der Autor-Verleger wie schon beim zweiten Band der *Teutschen Academie* den Verkauf bzw. die Auslieferung Christoph Riegel.[109] Die *Academia nobilissimae artis pictoriae*, die drei Jahre darauf erschien (»sumtibus autoris«), nannte als Ansprechpartner für den Erwerb in Frankfurt wieder Johann Jacob von Sandrart und das Haus Endter, diesmal allerdings »Michaelis ac Johan. Friderici Endterorum Haeredes«; die beiden Brüder waren 1682 verstorben.[110]

In der Frage, wer als Verleger der *Teutschen Akademie* anzusehen sei, hat sich die Literatur zunächst auf die entsprechenden Erscheinungsvermerke gestützt. Der 1675 erschienene erste und der 1679 erschienene zweite Band nennen in keiner der dafür herangezogenen Titelvarianten einen ausdrücklich als solchen bezeichneten Verleger. Die Erscheinungsvermerke lauten für Bd. 1:

»Nürnberg/ Bey Jacob von Sandrart/ auch in Frankfurt/ bey Matthaeus Merian/ zu finden«, dann: »Nürnberg/ Bey Jacob Sandrart/ auch in Franckfurt/ bey Matthaei Merians Sel. Erben zu finden« und »Nürnberg/ Bey Jacob Sandrart/ auch in Frankfurt/ bey Michael und Johann Friderich Endtern/ zu finden«.[111]

Für Bd. 2 lauten sie:

»Nürnberg/ Bey Jacob von Sandrart auch Michael und Johann Friedrich Endtern/ zu Franckfurt/ bey Johann von Sandrart/ zu finden«, dann: »Nürnberg/ Bey Jacob von Sandrart auch Michael und Johann Friedrich Endtern/ zu Franckfurt/ bey Johann von Sandrart/ zu finden« und »Leiptzig/ Bey David Funcken/ und Christoff Riegel von Nürnberg zu finden«.[112]

Nach diese Formulierungen könnte man – wenn man über keine weiteren Angaben verfügt – eine ganze Reihe von Personen als Verleger ansehen.

Es gibt noch eine vierte Variante zu Bd. 2: »Nürnberg/ Gedruckt durch Christian Sigismund Froberger/ in Verlegung des Authoris, Zu finden in Franckfurt bey Michael und Johann Friedrich Endter und Johann von Sandrart«.[113] Danach ist zumindest für den zweiten Band Joachim von Sandrart eindeutig als (Selbst-)Verleger gekennzeichnet. Diese Version des Titelblatts ist aber sehr selten, bislang kennt das VD 17 nur ein Exemplar in Jena, so dass sie wohl deshalb keinen Eingang in die älteren Überlegungen zur Frage der Verlegerschaft gefunden hat.

So hat z.B. Sponsel 1896 Merian d. J. als Verleger bezeichnet, und für Peltzer galten 1925 für den zweiten Band von 1679 die Brüder Michael und Johann Friedrich Endter und Johann von Sandrart als Verleger.[114] Auch Pilz lässt 1952 diesen zweiten Band 1679 bei den beiden Endter in Nürnberg und Johann von Sandrart in Frankfurt erscheinen.[115]

Redenbacher hat solche Auffassungen 1975 als korrekturbedürftig erkannt und entsprechend zurückgewiesen.[116] Er hat die Endter und die beiden jüngeren Sandrart richtig als Kommissionäre identifiziert und sieht den Autor Joachim von Sandrart als (Selbst-)Verleger. Dabei zieht er als Beleg die lateinische Bearbeitung von 1683 an, auf deren Titelseite es heißt »sumtibus autoris«. Redenbacher kannte offensichtlich die oben erwähnte, seltene Titelvariante des zweiten Teils der *Akademie* von 1679 mit dem Vermerk »in Verlegung des Authoris« nicht, sonst hätte er sicher nicht darauf verzichtet, diese Stelle anzuführen. Er stützt seine These zudem auf die Mitteilung Sandrarts von »unglaublich großen baaren Ausgaben« bei der Herstellung des Werks und auf eine Bemerkung in Sandrarts Biographie, er habe »die Teutsche Academie der Edlen Mahlereykunst in offenbaren Druck verfärtiget und verleget«.

Nach dieser Beweisführung muss man als überholt bezeichnen, was Leßmann noch 1991 feststellte: »Der *Zweite Haupttheil der Teutsche Academie* von 1679 sowie die lateinische Ausgabe von 1683 wurden unter anderem von Michael und Johann Friedrich Endter in Frankfurt verlegt.«[117]

Dass der Autor Joachim von Sandrart auch der Verleger seiner *Teutschen Academie* gewesen ist, hat Susanne Meurer 2006 noch einmal – allerdings ohne die Arbeit von Redenbacher zu berücksichtigen – vorgetragen.[118] Sie führt Belege aus der Korrespondenz des Autors mit Sigmund von Birken an, aus denen hervorgeht, dass Sandrart erhebliche finanzielle Aufwendungen für die Herstellung der *Academie* hat machen müssen, und sie weist – allerdings sehr allgemein – darauf hin, dass Sandrart sich in seinen späteren

---

108 VD17 3:610296P.
109 VD17 3:312576U.
110 VD17 23:000561N.
111 VD17 3:608226Z, VD17 1:079794W u. VD17 107:739993B.
112 VD17 1:080150, VD17 1:080147T u. VD17 3:318809P.
113 VD17 27:735174L.

114 Sponsel: Sandrarts Teutsche Academie, S. 110. Dort gilt Merian d. J. als »Frankfurter Verleger« der *Teutschen Academie*. Peltzer: Sandrart S. 147, Anm. 84: Hier werden von Peltzer für den zweiten Band von 1679 die Brüder Michael und Johann Friedrich Endter und Johann von Sandrart als Verleger angegeben (Jacob unterschlägt er dabei).
115 Pilz: Nürnberg und die Niederlande, S. 126.
116 Redenbacher, S. 312–313.
117 Leßmann, S. 45.
118 Meurer: »In Verlegung des Autoris«.

Werken (»on the title-pages of his later works«) selbst als Verleger bezeichnet hat.[119]

4.7 Georg Scheurer

Georg Scheurer (≈ 26.10.1642 in Nürnberg, † 6.9.1705 in Nürnberg)[120]

Scheurer, der Sohn eines Nürnberger Schreib- und Rechenmeisters, hatte in Altdorf und in Straßburg studiert; es ist nicht bekannt, dass er einen akademischen Grad erlangt hätte. 1676 versuchte er, im Buchgewerbe in Nürnberg Fuß zu fassen.[121] Das Vorhaben scheiterte, der Rat erteilte ihm lediglich eine Konzession für den Kunsthandel; von 1676 bis 1705 – im letzten Jahr wird er gestrichen – steht er als Kunstführer im Ämterbüchlein.[122] Für 1676 ist ein Verkaufsstand in den städtischen Lauben unter dem Rathaus belegt.[123] 1677 erlaubte man ihm zudem eine Tätigkeit als Antiquar »des alten, gebundenen Bücherhandels«.[124]

Das VD 17 kennt 34 Veröffentlichungen von ihm aus den Jahren von 1676 bis 1694. In den Messkatalogen erscheint er von 1679 bis 1686 mit 43 Titeln.

Obwohl nur als Kunsthändler konzessioniert brachte er 1677 einen Kalender als Verleger auf den Markt[125] und provozierte damit eine Beschwerde seiner Drucker- und Händlerkollegen; denn der Kalenderdruck war besonders einträglich und ein beliebtes Produkt im Nürnberger Buchgewerbe. Die Eingabe hatte Erfolg, und der Rat untersagte Scheurer bei Strafe, Bücher, Kalender oder Zeitungen zu drucken oder zu verlegen. Daran hielt Scheurer sich jedoch nicht, und er wurde trotz des Verbots als Verleger tätig.

Bei den Titeln, die er in der Folgezeit herausbrachte, handelte es sich nur in ganz wenigen Fällen um Einblattdrucke oder um Stücke geringen Umfangs. Man hat es bei Scheurer'schen Produktionen fast durchweg mit Büchern zu tun, bei denen der Text im Mittelpunkt steht und die Bebilderung – soweit vorhanden – nur eine Beigabe darstellt

und die Ausstattung mit Kupferstichen sich oft auf das Frontispiz beschränkt. Georg Scheurer hielt sich in den beiden Punkten an die obrigkeitlichen Vorgaben, insofern er sich nie als Drucker von Texten betätigte und dass er in den von ihm verlegten Büchern nie die Berufsbezeichnung »Buchführer« verwendete. Entweder beließ er es bei der Angabe »Kunsthändler« und/oder er vermerkte seine Eigenschaft als Verleger des entsprechenden Werkes. Diese verbotswidrige Gewerbetätigkeit hatte – soweit bekannt – keine obrigkeitlichen Sanktionen zur Folge. Das ließe sich daraus erklären, dass der Rat vor allem ein Aufsichtsinteresse an den durch das Buchgewerbe erzeugten und verbreiteten Buchinhalten hatte. Diese Kontrolle war bei Scheurer wie im vergleichbaren Fall bei Paulus Fürst dadurch sichergestellt, dass er bereits als Kunstführer im Ämterbüchlein eingetragen war und von daher dieselben Zensurverpflichtungen zu erfüllen hatte wie die Buchdrucker und Buchhändler.

Für Scheurer gedruckt haben in Nürnberg Andreas Knorz, von dem wir bislang neun Titel kennen, und Johann Michael Spörlin, bei dem – soweit bisher ermittelbar – ein Werk entstand. Bisweilen ließ er seine Verlagswerke auch bei Abraham Lichtenthaler in Sulzbach herstellen. Ein Buch mit einem regional einschlägigen Thema druckte Jeremias Kretschmann in Ansbach für ihn und ein weiteres, dessen Text von dem Rothenburger Rektor Friedrich Lips stammte, nahm dort Friedrich Gustav Lips für Scheurer unter die Presse.

Georg Scheurer war – wie dargelegt – ein Buchproduzent, der nur über eine Zulassung als Kunsthändler und Antiquar verfügte und ohne eigenen Druckereibetrieb und ohne Konzession für den Buchhandel das Verlegen von Büchern in größerem Maßstab unternahm. Er finanzierte die Herstellung der Bücher selber, wie aus den entsprechenden Formulierungen in vielen seiner Bücher hervorgeht, und er organisierte den Vertrieb seiner Verlagsobjekte selber. So besuchte er mit den von ihm produzierten Werken die Büchermessen der Jahre von 1679 bis 1686. Dass er die dort eingetauschten Titel auch im Einzelverkauf vor Ort anbot, ist als selbstverständlich anzunehmen. Eine Möglichkeit für den Verkauf stand ihm als Kunsthändler für druckgraphische Blätter schließlich bereits zur Verfügung. Einen Verkaufsstand betrieb er – wie erwähnt – in den städtischen Gewölben unter dem Rathaus.

Scheurer zielte mit seinen Veröffentlichungen offensichtlich auf das Kaufinteresse eines breiteren Publikums. Viele seiner Drucke haben aktuelle Ereignisse, auch solche mit Sensationscharakter wie Kometenerscheinungen, zum Thema. Unter seinen Buchproduktionen gibt es kaum Werke von wissenschaftlichem oder literarischem Gewicht. So finden sich nur zweimal Mitglieder des Pegnesischen Blumenordens als Autoren bei ihm. Hervorzuheben sind allen-

---

119 Meurer: »In Verlegung des Autoris«, S. 422.
120 Sporhan-Krempel/Wohnhaas: Nürnberger Buchhandel, Sp. 1068. Benzing: Verleger, Sp. 1256. Paul: Reichsstadt und Schauspiel, S. 595 u. 618. Grieb: Künstlerlexikon, S. 1323. Keunecke: Nürnberger Antiquariatsbuchhandel S. 159.
121 Diefenbacher/Fischer-Pache: Nürnberger Buchgewerbe (wie Anm. 6), S. 487, Nr. 3164 und 3165.
122 STAN, Rst. Nbg., Rep. 62, Nr. 195–224.
123 Keunecke: Antiquariatsbuchhandel, S. 159.
124 Matthäus: Zur Geschichte des Nürnberger Kalenderwesens, Sp. 1301. Zu Scheurers Tätigkeit als Antiquar vgl. Keunecke: Antiquariatsbuchhandel, S. 159.
125 VD17 75:698081U.

falls Neuauflagen von wenigen Titeln des 1557 verstorbenen Humanisten Kaspar Brusch.

Ergänzend ist zu bemerken, dass Scheurer ab 1685 für eine kurze Zeit auch auf dem Gebiet des Schauspiels aktiv wurde, damit jedoch keinen Erfolg hatte. 1688 endete das Intermezzo als Prinzipal eines eigenen Theaterensembles; zurück blieben erhebliche Schulden. 1692 wurde er als Notar zugelassen und ab diesem Jahr bis zu seinem Tod in dieser Gruppe – zusätzlich zu dem Eintrag bei den Kunstführern – im Ämterbüchlein vermerkt.[126]

4.8 David Funck

David Funck/Funckh/Funk (≈ 15.10.1642 in Nürnberg, beerd. 22.1.1709 in Nürnberg, Johannisfriedhof, Grab Nr. 106).[127]

Funck hatte seine Berufslaufbahn etwa 1658 als Lehrling bei Paulus Fürst begonnen, in dessen Unternehmen er anschließend und damit insgesamt 16 Jahre verblieb. 1679 heiratete er Magdalena Christina Sandrart und wurde so der Schwiegersohn von Jakob (II.) Sandrart (1630–1708) und der Schwager von Johann Jacob Sandrart (1655–1698). Über seinen Bruder Johann Caspar (*1650) und seine Schwester Regina Catharina (1647–1694) war er mit der Künstlerfamilie Dietzsch verwandtschaftlich verbunden.[128]

Funck gilt als bedeutende Verleger- und Händlerpersönlichkeit auf dem Gebiet der Druckgraphik.[129] Er machte sich aber auch einen Namen als Herausgeber von Landkarten; Johann Baptist Homann, der seinen berühmten kartographischen Verlag 1702 gründete, arbeitete für ihn und gravierte insgesamt 17 Blätter in seinem Auftrag; er war vermutlich zunächst bei David Funck angestellt.[130]

Als Kunstführer steht David Funck von 1682 bis 1709 im Ämterbüchlein; der letzte Eintrag nennt bereits seine Witwe.[131] Seine Arbeit als Buchproduzent wurde in der Literatur bislang kaum gewürdigt.

Das VD 17 verzeichnet 40 Titel von ihm für die Zeit von 1679 bis 1700. Der Codex nundinarius weist Messebesuche von ihm für 1680, 1684 und 1689 nach.

Funck war zuweilen auch als Kommissionär für Produkte anderer Verleger tätig. Die dabei benutzte Formulierung »zu finden bei« im Impressum ist in der Literatur als Verlegervermerk missverstanden worden. So zum Beispiel bei dem berühmten *Raupenbuch* von Maria Sybilla Merian, das 1679 in Nürnberg herauskam.[132] Dort heißt es im Erscheinungsvermerk: »In Nürnberg zu finden bey Johann Andreas Graffen, Mahlern/ in Frankfurt und Leipzig bey David Funken.« Das Titelblatt aber teilt mit: »selbst verlegt von Maria Sybilla Gräffinn«.[133]

Ganz Ähnliches gilt für den zweiten Band, der 1683 in Frankfurt erschien, den wiederum die Autorin selber verlegte und der – jetzt allerdings mit veränderter Ortsangabe – in Frankfurt bei Graff und in Leipzig und Nürnberg bei Funck angeboten wurde.[134]

Die durch seine Ehe begründete Verwandtschaft mit der Familie Sandrart erklärt sicher seine Beteiligung an der *Teutschen Akademie*, dem Großprojekt von Joachim von Sandrart, dem Onkel seines Schwiegervaters. Beim zweiten Band, der 1679 herauskam, war Funck – was weiter oben bereits erwähnt wurde – wie beim *Raupenbuch* von Maria Sybilla Merian nicht als Verleger, sondern als Kommissionär tätig, der das Werk in Leipzig vertrieb: »Leiptzig, Bey David Funcken, und Christoff Riegel von Nürnberg zu finden. Gedruckt bey Christian Sigismund Froberger. Anno Christi M.DC.LXXIX.«[135]

Vergleichbares gilt für zwei Bücher aus dem Verlag von Johann Jacob von Sandrart. Der *Heilige Sonntags-Handel* des Pegnitzschäfers Sigmund von Birken von 1681[136] und die Erinnerungsschrift aus dem Kreis der Ordensmitglieder auf dessen Ableben *Die betrübte Pegnesis* von 1684[137] waren beide bei David Funck in Frankfurt und in Leipzig – sicherlich gemeint zu den Messezeiten – erhältlich. Funck bezeichnete sich dabei wie auch bei anderen Publikationen als »Kunst- und Buchhändler«.

Funck konzentrierte sich bei seinen eigenen Verlagswerken keineswegs nur auf Illustrationsbände. Er pro-

---

126 Paul: Reichsstadt und Schauspiel, S. 617.
127 Sporhan-Krempel/Wohnhaas: Nürnberger Buchhandel, Sp. 1039. Benzing: Verleger, Sp. 1139. Grieb: Künstlerlexikon, S. 439–440. Meurer/Stopp: Topographica.
128 Ludwig: Nürnberger naturgeschichtliche Malerei, S. 324 u. S. 331.
129 Reynst: Friedrich Campe, S. 10: »David Funck gilt in der Spätzeit des Jahrhunderts nach Johann Hoffmann als der rührigste Verleger von Flugblättern und volkstümlichen Kupferstichen.«
130 Diefenbacher/Heinz/Bach-Damaskinos: »auserlesene und allerneueste Landkarten«, S. 34 u. S. 50. Eine gründliche Würdigung der Kartendrucke und Veduten von David Funck mit Abbildungen bei Meurer/Stopp: Topographica.
131 STAN, Rst. Nbg., Rep. 62, Nr. 201–228.

132 VD17 23:292909S.
133 Als Verleger dieses Bandes wird Funck irrtümlich bei Ludwig: Nürnberger naturgeschichtliche Malerei, S. 324 angegeben. So auch bei Grieb: Künstlerlexikon, S. 440. Johann Andreas Graff fälschlicherweise als Verleger genannt bei Meurer/Stopp: Topographica, S. 13. Dort wird David Funck allerdings korrekt der Messevertrieb für diesen Band wie für den folgenden des Jahres 1683 zugeschrieben.
134 VD17 12:651546Q.
135 VD17 3:318809P.
136 VD17 23:286940P.
137 VD17 23:284180N.

duzierte eine ganze Reihe von Büchern, die vorwiegend Text enthielten. Einen Schwerpunkt legte er dabei auf Werke zur historischen Landeskunde, z.B. Spaniens, der Schweiz, Frankreichs, Englands und Österreichs.[138] Diese Werke gehörten inhaltlich zwar größtenteils zu von ihm gedruckten Karten, stellten aber allein von ihrem Umfang her, der bisweilen mehrere hundert Seiten umfasste, klassische Buchpublikationen dar.

4.9 Johann Jacob von Sandrart

Johann Jacob von Sandrart (* 20.3.1655 in Regensburg † 24.3., beerd. 27.3.1697 in Nürnberg).[139]

Johann Jacob war der Sohn von Jacob (II.) von Sandrart, bei dem er seine Ausbildung erhielt. Reisen führten ihn nach Rom und Venedig; ab 1680 ist er in Nürnberg nachweisbar, wo er in diesem Jahr heiratete. Er war vornehmlich als Kupferstecher und als Kunsthändler und -verleger tätig.

Im Ämterbüchlein wurde er nicht verzeichnet.[140]

An den Messen nimmt er von 1681 bis 1687 teil. Im VD 17 finden sich unter seinem Namen 33 Einträge von 1675 bis 1698, darunter drei Einblattdrucke und 14 Einträge von Werken seines Großonkels Joachim von Sandrart, bei denen er als Kommissionär beteiligt war. Zwei Titel der genannten 33 kamen bei seinen Erben heraus. Von den verbleibenden 14 Titeln weisen sieben einen deutlichen oder sogar überwiegenden Textanteil auf, so dass man Sandrart von daher als Buchverleger ansprechen kann. Dieses Geschäftsfeld kann angesichts der geringen Menge der von ihm verlegten Bücher nur einen kleinen Bereich seiner buch- und druckunternehmerischen Tätigkeit ausgemacht haben. Dass er hier insgesamt sehr erfolgreich war, zeigt sich am Wert seines Nachlasses in Höhe von 4.820 fl. Sein Bücherlager wurde dabei mit 3.720 fl. veranschlagt und sein Haus mit 1.100 fl.[141]

Das bei seinem Ableben gefertigte Inventar seines Unternehmens unterrichtet auch über die bei ihm noch auf Lager befindlichen Bücher seiner Verlagstätigkeit. Viele der in der Abteilung »Bücher und Kupfferstuck« aufgezählten Stücke sind der Überschrift entsprechend druckgraphische Einzelblätter, einige davon koloriert. Dazu treten einige »Büchlein«, die sich als gedruckte Werke im VD 17 nicht ermitteln ließen und bei denen es sich den vorgefundenen Angaben nach um reine Abbildungswerke handeln dürfte. Acht Titel stellen Veröffentlichungen mit einem wesentlichen Anteil an typographisch gesetztem Text dar und ließen sich im VD 17 auffinden. Darunter zweimal der erste Band von seines Großonkels *Teutscher Academie* und ein Exemplar der *Iconologia Deorum*.[142]

Eine gewisse Besonderheit stellt die ebenfalls unter den hinterlassenen Werken vorhandene Ausgabe von Ovids *Metamorphosen* dar. Das Buch war schon ausgedruckt, aber noch nicht ausgeliefert. Daher fand sich hiervon noch die Gesamtauflage von 568 Exemplaren (195 mit Kupfern, 373 ohne Kupfer) vor, dazu Kupferstiche für 35 Stücke. Die Erben haben das Titelblatt entsprechend (um-)formuliert (»Zu finden bey des Verlegers seel. Erben«) und den Band in dieser Form noch im Todesjahr des Erblassers dem Markt zugeführt.[143] Der Vertrieb dieser so neu geschaffenen Ausgabe lief auch über die Kommissionäre Georg Andreas Endter (50 Exemplare) und Christoph Weigel (14 Exemplare).[144]

4.10 Christoph Weigel d. Ä.

(Johann) Christoph Weigel d. Ä. (*9.11.1654 in Marktredwitz, † 5., beerd. 12.2.1725 in Nürnberg)[145]

Christoph Weigel erhielt seine Ausbildung als Kupferstecher in Augsburg. Es folgten Tätigkeiten in Wien und Frankfurt und ab 1697 in Regensburg. Dort erschien auch 1698 sein Hauptwerk *Abbildung der gemein-nützlichen Haupt-Stände*, das seinen Namen bis heute lebendig erhält. Aber schon von Regensburg aus, als er bereits als wohlhabend galt, knüpfte er enge Beziehungen zu Nürnberg, wo ihm 1698 das Bürgerrecht zugesagt wurde, das er 1699 erhielt. Die dabei geleistete Gebührenzahlung in Höhe von 10 fl. belegt ein Mindestvermögen von 500 fl.[146]

Nach den Anfängen in den Jahren 1698 und 1699 entfaltete Weigel in Nürnberg im folgenden Jahrhundert eine rege und bedeutende Tätigkeit als Kupferstecher, Kunsthändler und Verleger von Druckgraphik und von Büchern. Von

---

138 Eine Auflistung mit detaillierten Beschreibungen und Abbildungen bei Meurer/Stopp: Topographica, S. 103–139.
139 Sporhan-Krempel/Wohnhaas: Nürnberger Buchhandel, Sp. 1067. Benzing, Verleger, Sp. 1253. Hagen/Tacke: Sandrart, Johann Jakob von. Grieb: Künstlerlexikon, S. 1295. Curtius: Die Künstlerfamilie Sandrart.
140 STAN, Rst. Nbg., Rep. 62.
141 Peltzer: Nachlassinventar, S. 148.
142 VD17 3:312576U (»in Verlegung des authoris«); Peltzer: Nachlassinventar, S. 159.
143 VD17 23:300987T.
144 Peltzer: Nachlassinventar, S. 162.
145 Sporhan-Krempel/Wohnhaas: Nürnberger Buchhandel, Sp. 1068. Benzing: Verleger, Sp. 1294. Bauer: Christoph Weigel. Diefenbacher/Endres: Stadtlexikon, S. 1163. Grieb: Künstlerlexikon, S. 1634–1635.
146 Bauer: Christoph Weigel, Sp. 781. Zur Bürgeraufnahme allgemein Vgl. weiter oben Anm. 25.

Abb. 5: Christoph Weigel d. Ä. Schabkunstblatt von Bernhard Vogel. Quelle: Erlangen, Universitätsbibliothek, Handschriftenabteilung, Porträtsammlung.

1698 bis 1724 wird er sowohl bei den Kunstführern wie auch bei den Kupferstechern im Ämterbüchlein eingetragen.[147]

Weigel beschäftigte zahlreiche Stecher und ließ in Nürnberg bei Johann Ernst Adelbulner und Lorenz Bieling drucken; Werke für den katholischen Markt ließ er – um der protestantischen Zensur in Nürnberg auszuweichen – in der Würzburger Offizin von Johann Jobst (Hiob) Hertz herstellen.[148] Er produzierte als Verleger neben druckgraphischen Blättern oder Werken, die überwiegend aus Abbildungen bestanden, zahlreiche Bücher mit großem Textanteil.

Allein für die beiden Jahre 1699 und 1700 finden sich im VD 17 für den Verlagsort Nürnberg 22 Titel. Aus dieser Gruppe muss man drei Titel von ca. 1650, 1654 und 1693 ausscheiden, die ganz offensichtlich nicht hierhergehören. Bei 13 Einträgen hat man nur eine ungefähre Datierung (ca. 1700) vorgenommen; sie können gut auch erst später publiziert worden sein.

Die verbleibenden sechs Einträge betreffen zwei verschiedene Publikationen. Einmal *Etwas für alle* von Abraham a Santa Clara, das einiger Varianten wegen insgesamt fünf Einträge erhalten hat[149] und die *Bilderlust* von Gregor Andreas Schmidt. Die im VD 17 herangezogene Ausgabe von 1697 hat als Verlagsort Regensburg und ist daher nicht mitzuzählen.[150] Wohl aber gehört hierher die zweite Ausgabe von 1698, die in Nürnberg erschien.[151]

Hier nicht zu behandeln ist die umfangreiche Tätigkeit des Kupferstechers und Kunsthändlers Weigel als Buchverleger im folgenden Zeitabschnitt des 18. Jahrhunderts. Öffentliche Anerkennung fand Christoph Weigel durch seine Aufnahme in den Größeren Rat als »Genannter« im Jahr 1716. Dieses Amt übte er bis zu seinem Tod 1725 aus.[152]

5 Zusammenfassung

Keiner der hier behandelten Buchverleger hatte die Absicht, sich als »reiner« Verleger zu betätigen oder gar den Beruf des Verlegers als selbständiges Gewerbe zu etablieren. Sie arbeiteten als Bücherproduzenten, weil es sich für sie als geschäftspraktisch sinnvoll erwies. Damit reagierten sie auch auf eine allgemeine Entwicklung, die dem Kupferstich eine immer größer werdende Rolle bei der Buchgestaltung zuwies. Fünf von ihnen hatten ihren Berufsweg mit einer Ausbildung als Kupferstecher begonnen. Vier Buchunternehmer, Paulus Fürst, Georg Scheurer, Johann Hoffmann und David Funck, nahmen den Kunsthandel ohne vorherige Ausbildung als Kupferstecher auf.

Die Belieferung der Buchdrucker mit Blättern für die Illustration der von den Stechern hergestellten Werke war nur ein Teil ihres Geschäftes. Noch umfangreicher und für den wirtschaftlichen Erfolg noch bedeutender waren für die Stecher und Händler zumeist Einblattdrucke, die in großer Zahl und jeweils in hoher Auflage produziert wurden und am Markt gute Aufnahme fanden.

Das Gewerbe hatte Konjunktur, und wer es ergriff, konnte auf eine günstige Auftragslage rechnen. Der Handel mit Druckgraphik bot offensichtlich gute Verdienstmöglichkeiten, und auch ohne Ausbildung als Kupferstecher konnte man hier einsteigen, wie die Beispiele von Paulus Fürst, Johann Hoffmann, Georg Scheurer und David Funck zeigen.

---

147 STAN, Rst. Nbg., Rep. 62, Nr. 217–219 für die Jahr 1698 bis 1700. Die weiteren Einträge und auch die Verwechslungen mit Christoph Weigels Bruder Johann Christoph genauer untersucht bei Bauer: Christoph Weigel, Sp. 781, Anm. 247.
148 Bauer: Christoph Weigel, Sp. 971.

149 VD17 23:230243F u.a.m.
150 VD17 39:122940Z.
151 VD17 23:300976D, Variante: VD17 12:655673K.
152 Roth: Verzeichniß aller Genannten, S. 127. Zur Sozialgruppe der Genannten und ihrer politischen Rolle vgl. Schall: Die Genannten.

Für eine erfolgreiche Handelstätigkeit kam es dann darauf an, das Angebot zu erweitern. Man übernahm auch von anderen Künstlern hergestellte Stücke, gab Blätter bei ihnen in Auftrag und wurde zum Kunstverleger.

Die Vermarktung der Kunstblätter konnte auf dem Weg über die Buchmessen geschehen, auf denen auch solche Stücke gehandelt wurden und die deswegen beispielsweise auch von den beiden Kupferstechern Caymox und Isselburg besucht wurden. Zumindest Teile der Produktion aber mussten im Einzelhandel vertrieben werden, wofür den Kupferstechern wie den Kunstführern Ladengeschäfte ebenso zur Verfügung standen wie ephemere Verkaufsstände, die von den Anbietern druckgraphischer Blätter im Umkreis von Rathaus und Hauptmarkt genutzt wurden.[153] Dabei nahmen sie offensichtlich auch andere Druckwerke mit in ihr Angebot auf und setzten sich damit naturgemäß in Konkurrenz zu den vorhandenen und offiziell zugelassenen Buchhändlern, die in ihren Ladengeschäften und an ihren Verkaufsständen den Buchhandel – amtlicherseits genehmigt – betrieben. Es ist nicht verwunderlich, dass die Nürnberger Buchhändler sich gegen die neuen, unliebsamen Mitbewerber auf dem Feld des Buchverkaufs zu wehren suchten.

So beschweren sie sich 1632 beim Rat darüber, dass die »kunsthandler, kupferstecher und gradierer, als die bishero mit keiner pflicht, wie wir jährlich [...] belegt, und gleichwohl neben ihrn kunststücken und gemälden gedruckte bücher, traktätlein und zeitungen führen, [...] offentlich auflegen, jederman feilbieten und ohne unterscheid der personen verkaufen.«[154] Unterzeichnet haben die Petition Abraham Wagenmann, Simon Halbmaier, Johann Friedrich Sartorius, Michael Külsner, Hanns Lieb, David Kauffmann, Christian Hass und Johannes Günzel. Das waren bis auf einen (Hans Lauer) sämtliche zu jenem Zeitpunkt amtlich konzessionierten Buchführer und darüber hinaus die Drucker Wagenmann und Sartorius.

Die Buchhändler beanstandeten nicht nur, dass die Kunsthändler ihr Sortiment im Platzhandel unzulässigerweise auf Bücher und kleinere Druckwerke ausgedehnt hatten, sondern sie bemängelten auch, dass man die Kupferstecher und Kunstführer im Gegensatz zu ihnen selber bislang nicht alljährlich auf die entsprechenden Bestimmungen der reichsstädtischen Obrigkeit verpflichtet hatte. Diese letztere Kritik wurde alsbald gegenstandslos. Denn der Rat bezog von 1636 an – wie erwähnt – die Kupferstecher und Kunstführer in seine Zensurkontrollen mit ein und ließ sie entsprechend in das Ämterbüchlein eintragen.

Das Wettbewerbsproblem zwischen Buch- und Kunsthandel aber blieb bestehen, und das Eindringen der Kunsthändler in den Büchermarkt ließ sich nicht mehr aufhalten. Es war mehr und mehr üblich geworden, Büchern Illustrationen beizugeben, um sie für den Leser und Kunden attraktiver erscheinen zu lassen. Selbst der Pegnitzschäfer Georg Philipp Harsdörffer, der als Autor doch eigentlich von der zunehmenden Attraktivität der Bücher hätte profitieren sollen, beklagte sich über Auswüchse: »Bey dieser Zeit ist fast kein Buch verkaufflich ohne einen Kupfertitel, welcher dem Leser desselben Inhalt nicht nur mit Worten, sondern auch mit einem Gemähl vorbildet.«[155]

Die Kulturkritik, die der Worturheber hier an der Bebilderung von Texten übte, richtete sich auf den einzelnen, die Titelei des Buches schmückenden Kupferstich. Diese Blätter wurden traditionell von den Radierern und Stechern zugeliefert, die solche Produkte ebenso herstellten wie Drucke, die als Einzelstücke auf den Markt gebracht wurden.

Vom Einzelblatt, das man selber oder das ein Fachkollege im Auftrag schuf, war der Weg nicht weit zu einem Band, der mehrere Kupferstiche zusammenfasst. So entstanden Bücher, die zahlreiche Illustrationen und wenig Text enthielten, der den Abbildungen dann oft in Kupferstichtechnik hinzugefügt wurde, was den Vorteil des einfachen Drucks für Bild und Text in einem Arbeitsgang bot. Damit bewegte sich der Kunsthändler zunächst noch im Bereich seines eigentlichen Gewerbes und griff nur am Rand auf das Geschäftsfeld des Buchverlegers über. Die Abbildungswerke und vor allem die Kunstblätter blieben für seine Unternehmungen die wichtigste Ware. Auf diese Weise sicherte er zunächst den wirtschaftlichen Erfolg seines Geschäftes. So hielten es beispielsweise Balthasar Caymox und Peter Isselburg, in vergleichbarer Weise am Anfang seiner Laufbahn auch Paulus Fürst.

Zu den reinen Illustrationswerken traten dann auch Bücher, die vorwiegend (typographisch gesetzten) Text enthielten und denen die Abbildungen nurmehr beigegeben waren. Jetzt wurde der Kunsthändler zum Buchverleger und trat in direkten Wettbewerb mit den Drucker-Verlegern und den Sortimenter-Verlegern.

Die Brüder Johann Andreas und Wolfgang Endter d. J. formulierten ihre Bedenken dagegen 1669 in einem Brief an Kaiser Leopold I.:

> Die Kunsthändler, Kupfferstecher, Kupfferdrucker, Formschneider etc. belangend, wern insonderheit denen Kunsthändlern da-

---

153 Keunecke: Buchverlag, Buchdruck und Buchhandel, S. 228–231 u. ders.: Nürnberger Buchproduktion, S. 170–172.
154 Diefenbacher/Fischer-Pache: Buchgewerbe, S. 341–342, Regest Nr. 2159.

155 Georg Philipp Harsdörffer: Frauenzimmer Gesprechspiele. Sechster Teil. Nürnberg: Wolfgang Endter 1646. Dort in der »Vorrede den Titel und Inhalt deß sechsten Theils der Gesprächsspiele behandelnd« [unpag.] § 10.

rumb einzubinden, daß selbige bey ihrer Handthierung und Kunstführerey sich halten solten, weilen die Erfahrung bezeugt, daß bisshero non sine insigni Reipublicae literariae damno viel und manche so wohl Theologische als auch Historische undt politische Bücher mit unnothwendigen Kupffern angefüllet und denenselben dadurch ein scheinbahres ansehen gegeben worden, nur zu dem Ende, damit die Kunsthändler denen Buchführern auff solche weiß ihr Stück Brod entziehen, sich in den Buchhandel einschleichen und solche Handthierung verstümplen wollen, daß auch dahero mancher Buchhändler öffters gleichsamb ist gezwungen worden, auff Kupffer inventiones zugedencken, und ein werk damit nolens volens zu vertheuern [...]. Jedoch wollen bey diesem puncto wir Endts unterschriebene [...] bezeugt haben, daß wir denen Kunsthändlern, Kupfferstechern und dergleichen Künstlern, die diejenige Kupfferstücke, so eine nothwendige Beschreibung, welche einig und allein ins Kupffer zu stechen ist, erfordern, zu verkauffen zu benehmen gedencken solten, worbey selbige unbetruckt, woferne nur die descriptiones nicht darbey bey einer ordentlichen Schrifft der Druckerey gedruckt [sind].[156]

In dieser Beschwerde geht es nicht mehr nur um den Wettbewerb auf dem Feld des Buchhandels, der 1632 noch im Mittelpunkt der Klagen stand. Jetzt wird auch die Buchproduktion seitens der Kupferstecher, mithin ihre Verlegertätigkeit auf diesem Gebiet, kritisiert. Die Buchhändler müssen sich nicht nur der Konkurrenz auf dem Gebiet des Bücherverkaufens erwehren – jedenfalls so die Klage –, sondern sie sehen sich auch in ihrer Funktion als Verleger bedrängt, die ihre Druckwerke jetzt auch mit Illustrationen ausstatten müssen, um konkurrenzfähig zu bleiben. Und die Petenten wehren sich dagegen, dass Kupferstecher und -händler ihre Produkte mit erläuternden Texten versehen, die auf typographischen Pressen gedruckt sind. Denn damit – das wird allerdings nicht ausdrücklich formuliert – wird der Weg zum (konventionell gedruckten) Buch eröffnet, und die Kunsthändler werden zu Konkurrenten der Buchhändler.

Die Denkschrift der Endter-Brüder blieb ohne merkliche Auswirkung. Bis zum Ende des Jahrhunderts sind offensichtlich keine entsprechenden obrigkeitlichen Anordnungen erfolgt, mit denen die von den Endter-Brüdern monierte Geschäftspraxis der Kupferstecher und Kunstführer hätte eingeschränkt werden können. Jedenfalls weist die vorliegende Quellenedition keine derartigen Maßnahmen des Rates aus.[157]

Die hier näher vorgestellten Kupferstecher und Kunsthändler eröffneten für das Bücherverlegen neue Möglichkeiten. Einzelne Buchverleger beginnen, sich von den beiden klassischen Ausgangsfunktionen, dem Buchdruck und dem Buchhandel, zu lösen. Auch Buchunternehmer, die keinem dieser beiden Berufszweige anhängen, verlegen Bücher; sie tragen das finanzielle Risiko, organisieren die Herstellung und besorgen den Vertrieb. Ob hier eine Entwicklung begonnen hat, die sich im folgenden Jahrhundert fortgesetzt hat, bedarf weiterer Untersuchung.

Immerhin ließen sich ohne größeren Aufwand zumindest zwei Beispiele anführen. Neben dem bereits erwähnten Christoph Weigel wäre Johann Michael Seligmann zu nennen.[158] Auch diese beiden Kunsthändler und -verleger haben – obwohl amtlich nicht als Buchdrucker oder -händler zugelassen – neben ihren reinen Illustrationswerken auch konventionelle Bücher verlegt. Das könnte auf ein Fortbestehen der in dieser Studie für das 17. Jahrhundert beschriebenen Verhältnisse auch im folgenden Zeitabschnitt hindeuten.

6 Literatur- und Quellenverzeichnis

6.1 Ungedruckte Quellen

Staatsarchiv Nürnberg
    Bestand Reichsstadt Nürnberg
    Rep. 62: Ämterbüchlein
    Amts- und Standbücher Nr. 300/V: Neubürgerlisten

6.2 Gedruckte Quellen

Diefenbacher, Michael / Fischer-Pache, Wiltrud (Hrsg.): Das Nürnberger Buchgewerbe. Buch- und Zeitungsdrucker, Verleger und Druckhändler vom 16. bis zum 18. Jahrhundert. Bearb. von Manfred H. Grieb. Mit einem Beitrag von Peter Fleischmann. Aus Archiven zusammengestellt v. Lore Sporhan-Krempel u. Theodor Wohnhaas. Nürnberg: Stadtarchiv 2003 (Quellen und Forschungen zur Geschichte und Kultur der Stadt Nürnberg, 31).

Eines Wol-Edlen, Gestrengen und Hochweisen Raths des Heil. Reichs Stadt Nürnberg Erneuerte Ordnung und Articul, Wie es fürterhin auf denen Buchdruckereyen und mit Verlegung der Bücher dieser Stadt gehalten werden solle. Nürnberg: Michael Endter 1673.

Roth, Johann Ferdinand: Verzeichniß aller Genannten des Größern Raths. Nürnberg 1802. Nachdruck, hrsg. und kommentiert v. Peter Fleischmann. Neustadt a. d. Aisch: Verlag für Kunstreproduktionen 2002.

Schwetschke, Gustav: Codex nundinarius Germaniae literatae bisecularis. Bd. 1: Von dem Erscheinen des ersten Meß-Kataloges im Jahre 1564 bis zu der Gründung des ersten Buchhändler-Vereins im Jahre 1765. Halle: Schwetschke 1850.

Zahn, Peter: Die Inschriften der Friedhöfe St. Johannis, St. Rochus und Wöhrd zu Nürnberg. Teilband II: 1581–1608. München: Druckenmüller 2008 (Die deutschen Inschriften 68. Münchener Reihe, Bd. II. Die Inschriften der Stadt Nürnberg 2).

---

156 Oldenbourg: Endter, S. 101–102. Danach auszugsweiser Abdruck, der die hier zitierten Teile enthält, bei Bauer: Weigel, Sp. 728–729.
157 Diefenbacher/Fischer-Pache: Buchgewerbe.
158 Zu Seligmann neuestens Müller-Ahrndt: Künstler der Naturgeschichte, S. 66–67 u. passim.

6.3 Forschungsliteratur

Barock in Nürnberg 1600–1750. Aus Anlass der Dreihundertjahrfeier der Akademie der bildenden Künste. Ausstellung im Germanischen Nationalmuseum (Anzeiger des Germanischen Nationalmuseums 1962).

Bauer, Michael: Christoph Weigel (1654–1725), Kupferstecher und Kunsthändler in Augsburg und Nürnberg. In: AGB 23 (1982), Sp. 693–1186. Zugl. Diss. Frankfurt a. M. 1980.

Benzing, Josef: Die deutschen Verleger des 16. und 17. Jahrhunderts. Eine Neubearbeitung. In: AGB 18 (1977), Sp. 1077–1322.

Bezzel, Irmgard: Sebastian Heußler (1581–nach 1645). Ein Nürnberger Drucker, der ein Fechtbuch und ein Fahnenbüchlein verfasste. In: Gutenberg-Jahrbuch 1998, S. 180–190.

Burger, Konrad: Beiträge zur Firmengeschichte des deutschen Buchhandels aus den Messkatalogen. In: AGDB 20 (1898), S. 168–195.

Curtius, Andreas: Die Künstlerfamilie Sandrart. In: Matthias Henkel / Ursula Kubach-Reutter (Hrsg.): 1662–1806. Die Frühzeit der Nürnberger Kunstakademie. Nürnberg: Museen der Stadt Nürnberg 2012, S. 58–69.

Deneke, Gertie: Johann Hoffmann. Ein Beitrag zur Geschichte des Buch- und Kunsthandels in Nürnberg. In: AGB 1 (1958), S. 337–364.

Diecks, Thomas: Neumark, Georg. In: NDB 19 (1999), S. 165–166 [Online-Version]; URL: https://www.deutsche-biographie.de/pnd118587404.html#ndbcontent.

Diefenbacher, Michael / Heinz, Markus / Bach-Damaskinos, Ruth: »auserlesene und allerneueste Landkarten«. Der Verlag Homann in Nürnberg 1702–1848. Nürnberg: Tümmels 2002 (Ausstellungskatalog des Stadtarchivs Nürnberg. Nr. 14).

Diefenbacher, Michael / Endres, Rudolf (Hrsg.): Stadtlexikon. Nürnberg: Tümmel 1999.

Düll, Günther: Das Bürgerrecht der freien Reichsstadt Nürnberg vom Ende des 13. Jahrhunderts bis zum Anfang des 16. Jahrhunderts. Diss. Erlangen (Masch.-Schr.) 1952.

Eichacker, Thomas: Die rechtliche Behandlung des Büchernachdrucks im Nürnberg des 17. Jahrhunderts. Berlin: Duncker & Humblot 2013 (Schriften zur Rechtsgeschichte, 162). Zugl. Diss. Passau 2011.

Endres, Rudolf: Endzeit des Dreißigjährigen Krieges. In: Gerhard Pfeiffer (Hrsg.): Nürnberg. Geschichte einer europäischen Stadt. München: C. H. Beck 1971, S. 273–279.

Endres, Rudolf: Nürnbergs Stellung im Reich im 17. Jahrhundert. In: John Roger Paas (Hrsg.): Der Franken Rom. Nürnbergs Blütezeit in der zweiten Hälfte des 17. Jahrhunderts. Wiesbaden: Harrassowitz 1995, S. 19–45.

Gerstl, Doris (Hrsg.): Georg Philipp Harsdörffer und die Künste. Nürnberg: Carl 2005.

Grieb, Manfred H. (Hrsg.): Nürnberger Künstlerlexikon. Bildende Künstler, Kunsthandwerker, Gelehrte, Sammler, Kulturschaffende und Mäzene vom 12. bis zur Mitte des 20. Jahrhunderts. 4 Bde. München: Saur 2007.

Grote, Ludwig: Joachim von Sandrart und Nürnberg. In: Barock in Nürnberg 1600–1750. Aus Anlass der Dreihundertjahrfeier der Akademie der bildenden Künste. Ausstellung im Germanischen Nationalmuseum (Anzeiger des Germanischen Nationalmuseums 1962), S. 10–21.

Hagen, Friedrich von / Tacke, Andreas: Sandrart, Jakob von. In: NDB 22 (2005), S. 427–428 [Online-Version]; URL: https://www.deutsche-biographie.de/pnd116801298.html#ndbcontent.

Hagen, Friedrich von / Tacke, Andreas: Sandrart, Johann Jakob von. In: NDB 22 (2005), S. 428–429 [Online-Version]; URL: https://www.deutsche-biographie.de/pnd115749438.html#ndbcontent.

Hampe, Theodor: Beiträge zur Geschichte des Buch- und Kunsthandels in Nürnberg. II. Paulus Fürst und sein Kunstverlag. In: Mitteilungen aus dem Germanischen Nationalmuseum 1914/1915, S. [3]–127.

Hampe, Theodor: Nürnberger Ratsverlässe über Kunst und Künstler im Zeitalter der Spätgotik und Renaissance. Bd. 2. Wien/Leipzig: Graeser 1904.

Hennicke, Hendrik: Andachtsgraphik des 17. Jahrhunderts. Eine Studie zu den religiös-erbaulichen Kupferstichen Paulus Fürsts. Mag.-Arb. Erlangen 1999.

Jegel, August: Alt-Nürnberger Handwerksrecht und seine Beziehungen zu anderen. Neustadt a. d. Aisch: Schmidt 1965.

Jensen, Christoph: Die Druck- und Verlagsproduktion der Offizin Wolfgang Endter und seiner Erben (1619–72). Stuttgart: Hiersemann [2021] (Bibliothek des Buchwesens, 30). Zugl. Diss. Erlangen 2019.

Kellenbenz, Hermann: Gewerbe und Handel am Ausgang des Mittelalters. In: Gerhard Pfeiffer (Hrsg): Nürnberg. Geschichte einer europäischen Stadt. München: C. H. Beck 1971, S. 176–186.

Keunecke, Hans-Otto: Buchverlag, Buchdruck und Buchhandel in Nürnberg 1640–1650. In: Dirk Niefanger / Werner Wilhelm Schnabel (Hrsg,): Johann Klaj (um 1616–1656). Akteur, Werk, Umfeld. Berlin/Boston: De Gruyter 2020, S. 197–233.

Keunecke, Hans-Otto: Nürnberger Antiquariatsbuchhandel im 17. Jahrhundert und Deutschlands ältester Antiquariatskatalog. In: AdA NF 19 (2021), H. 4, S. 155–163.

Keunecke, Hans-Otto: Nürnberger Buchproduktion und Buchhandel in der Zeit des Dreißigjährigen Krieges. In: LJB 28 (2020), S. 127–174.

Keunecke, Hans-Otto: Sibmacher, Johann. In: LGB2, Bd. 7. Stuttgart: Hiersemann 2007, S. 78.

Kirchhoff, Albrecht: Paul Fürst, der »Bildermann« von Nürnberg 1655 In: AGDB 14 (1891), S. 359–360.

Klemm, Christian: Joachim von Sandrart. Kunstwerke und Lebenslauf. Berlin: Deutscher Verlag für Kunstwissenschaft 1986.

Klemm, Christian: Joachim von Sandrart in Nürnberg. In: Mitteilungen des Vereins für Geschichte der Stadt Nürnberg 72 (1985), S. 136–146.

Klemm, Christian: Sandrart, Joachim von. In: NDB 22 (2005), S. 425–427 [Online-Version]; URL: https://www.deutsche-biographie.de/pn_d118794396.html#ndbcontent.

Klemm, Christian: Sigmund von Birken und Joachim von Sandrart. Zur Entstehung der *Teutschen Academie* und zu anderen Beziehungen zwischen Literat und Maler. In: John Roger Paas (Hrsg.): Der Franken Rom. Nürnbergs Blütezeit in der zweiten Hälfte des 17. Jahrhunderts. Wiesbaden: Harrassowitz 1995, S. 289–313.

Kluxen, Andrea: Die Geschichte der Kunstakademie in Nürnberg 1662–1998. In: Jahrbuch für fränkische Landesforschung 59 (1999), S. 167–207.

Lentze, Hans: Nürnbergs Gewerbeverfassung im Mittelalter. In: Jahrbuch für fränkische Landesforschung 24 (1964) S. 207–281.

Leßmann, Sabina: Susanna Maria von Sandrart (1658–1716). Arbeitsbedingungen einer Nürnberger Graphikerin im 17. Jahrhundert. Hildesheim/Zürich/New York: Olms 1991 (Studien zur Kunstgeschichte, 59). Zugl. Diss. Bonn. 1989.

Ludwig, Heidrun: Nürnberger naturgeschichtliche Malerei im 17. und 18. Jahrhundert. Marburg: Basilisken-Presse 1998 (Acta biohistorica. Schriften aus dem Museum und Forschungsarchiv für die Geschichte der Biologie. II). Zugl. Diss. TU Berlin 1993.

Matthäus, Klaus: Zur Geschichte des Nürnberger Kalenderwesens. Die Entwicklung der in Nürnberg gedruckten Jahreskalender in Buchform. In: AGB 9 (1969), Sp. 965–1396. Zugl. Diss. Erlangen 1968.

Meurer, Peter H. / Stopp, Klaus: Topographica des Nürnberger Verlages David Funck. Alphen aan den Rijn: Canaletto / Repro Holland 2006.

MEURER, Susanne: »In Verlegung des Autoris«. Joachim von Sandrart and the Seventeenth-Century Book Market. In: The library. The transactions of the Bibliographical Society. 7. Folge, 7 (2006), S. 419–449.

MEURER, Susanne: Zu Herstellung, Vermarktung und Verkauf der *Teutschen Academie*. In: Anna Schreurs (Hrsg.): Unter Minervas Schutz. Bildung durch Kunst in Joachim von Sandrarts *Teutscher Academie*. Wolfenbüttel: Herzog August Bibliothek 2012 (Ausstellungskataloge der Herzog August Bibliothek, 95), S. 113–121.

MÜLLER, Arnd: Zensurpolitik der Reichsstadt Nürnberg. Von der Einführung der Buchdruckerkunst bis zum Ende der Reichsstadtzeit. In: Mitteilungen des Vereins für Geschichte der Stadt Nürnberg 49 (1959), S. 66–169.

MÜLLER-AHRNDT, Henriette: Die Künstler der Naturgeschichte. Eine Studie zur Kooperation von Kupferstechern, Verlegern und Naturforschern im 18. Jahrhundert. Petersburg: Imhof 2001. Zugl. Diss. München, LMU 2020.

NEUHAUS, Helmut: Zwischen. Krieg und Frieden, Joachim Sandrarts Nürnberger Friedensmahl-Gemälde von 1649/50. In: Helmut Altrichter (Hrsg.): Bilder erzählen Geschichte. Freiburg i. Br.: Rombach 1995, S. 167–199.

NEIDIGER, Hans: Die Entstehung der evangelisch-reformierten Gemeinde in Nürnberg als rechtsgeschichtliches Problem. In: Mitteilungen des Vereins für Geschichte der Stadt Nürnberg 43 (1952), S. 225–340.

NIEFANGER, Dirk / SCHNABEL, Werner Wilhelm (Hrsg.): Johann Klaj (um 1616–1656). Akteur, Werk, Umfeld. Berlin: Boston: De Gruyter 2020.

OLDENBOURG, Friedrich: Die Endter. Eine Nürnberger Buchhändlerfamilie (1590–1740). München/Berlin 1911. Zugl. Diss. Leipzig.

PAAS, John Roger: The changing landscape of the competitive Nuremberg print trade. The rise and fall of Paulus Fürst (1608–1666). In: Specialist markets in the early modern book world, ed. by Richard Kirwan and Sophie Mullins. Leiden/Boston: Brill 2015, S. 35–63.

PAAS, John Roger: Deutsche Graphikproduktion in Nürnberg zu Harsdörffers Lebzeiten. In: Doris Gerstl (Hrsg.): Georg Philipp Harsdörffer und die Künste. Nürnberg: Carl 2005, S. 127–142.

PAAS, John Roger: From respected guest to persona non grata. The engraver and broadsheet publisher Peter Isselburg in Nuremberg 1612 to 1622. In: German Life and Letters 48 (1995), S. 292–310.

PAAS, J[ohn] R[oger]: Hoffmann, Johann. In: LGB2, Bd. 3. Stuttgart: Hiersemann 1991, S. 504.

PAAS, John Roger: The publication of a seventeenth-century bestseller: Sigmund von Birken's »Der Donau-Strand« (1664). In: John L. Flood / William A. Kelly (ed.): The German Book, 1450–1750. Studies presented to David L. Paisey in his retirement. London 1995, S. 233–145.

PAAS, John Roger: Zusammenarbeit in der Herstellung illustrierter Werke im Barockzeitalter: Sigmund von Birken (1626–1681) und Nürnberger Künstler und Verleger. In: Wolfenbütteler Barocknachrichten 24 (1997), S. 217–239.

PAUL, Markus: Reichsstadt und Schauspiel. Theatrale Kunst im Nürnberg des 17. Jahrhunderts. Tübingen: Niemeyer 2002 (Frühe Neuzeit, 69). Zugl. Diss. Erlangen 1999.

PELTZER, A[rthur] R[udolf] (Hrsg.): Sandrart, Joachim von. Joachim von Sandrarts Academie der Bau-, Bild- und Mahlerey-Künste von 1675. München: Hirth 1925.

PELTZER, R[udolf] A[rthur]: Sandrart Studien. II. Das Nachlaßinventar des Nürnberger Kunstverlegers Johann Jakob von Sandrart von 1698. In: Münchner Jahrbuch der bildenden Kunst N. F. Bd. 2 (1925), S. 147–165.

PFEIFFER, Gerhard (Hrsg.): Nürnberg. Geschichte einer europäischen Stadt. München: C. H. Beck 1971.

PILZ, Kurt: Isselburg, Peter. In: NDB 10 (1974), S. 201–202 [Online-Version]; URL: https://www.deutsche-biographie.de/pnd118556045.html#ndbcontent.

PILZ, Kurt: Nürnberg und die Niederlande. In: Mitteilungen des Vereins für Geschichte der Stadt Nürnberg 43 (1952), S. 1–153.

REDENBACHER, Fritz: Sandrarts »Teutsche Academie«. Kunstgeschichte im Barockzeitalter. In: Jahrbuch für fränkische Landesforschung 34/35 (1974/75). Festschrift für Gerhard Pfeiffer. S. 309–323.

RESKE, Christoph: Die Buchdrucker des 16. und 17. Jahrhunderts im deutschen Sprachgebiet. Auf der Grundlage des gleichnamigen Werkes von Josef Benzing, 2. überarb. u. erw. Aufl. Wiesbaden: Harrassowitz 2015 (Beiträge zum Buch- und Bibliothekswesen, 51).

REYNST, Elisabetth: Friedrich Campe und sein Bilderbogen-Verlag in Nürnberg. Mit einer Schilderung des Nürnberger Kunstbetriebes im 18. und in der ersten Hälfte des 19. Jahrhunderts. Nürnberg: Stadtbibliothek 1962. Zugl. Diss. Berlin, Univ. 1943.

ROTH, Johann Ferdinand: Geschichte des Nürnbergischen Handels. T. 3. Leipzig: Böhme 1801.

RÜCKER, Elisabeth: Buchgraphik. In: Barock in Nürnberg 1600–1750. Aus Anlass der Dreihundertjahrfeier der Akademie der bildenden Künste. Ausstellung im Germanischen Nationalmuseum (Anzeiger des Germanischen Nationalmuseums 1962), S. 96–97.

SANDRART, Joachim von: Joachim von Sandrarts Academie der Bau-, Bild- und Mahlerey-Künste von 1675. Hrsg. und kommentiert von A[rthur] R[udolf] Peltzer. München: Hirth 1925.

SCHALL, Kurt: Die Genannten in Nürnberg. Nürnberg: Stadtarchiv 1971 (Nürnberger Werkstücke zur Stadt- und Landesgeschichte, 6). Zugl. Jur. Diss. Erlangen 1971.

SCHMÄSCHKE, Frederike: Papierener Barock in Nürnberg. Ein Blick auf den Nürnberger Kupferstich der 1640er Jahre, In: Dirk Niefanger / Werner Wilhelm Schnabel (Hrsg.): Johann Klaj (um 1616–1656). Akteur, Werk, Umfeld. Berlin/Boston: De Gruyter 2020, S. 235–258.

SCHNABEL, Werner Wilhelm: Vorschneidekunst und Tafelfreuden. Georg Philipp Harsdörffer und sein »Trincierbuch«. In: Doris Gerstl (Hrsg.): Georg Philipp Harsdörffer und die Künste. Nürnberg: Carl 2005, S. 158–174.

SCHOTTENLOHER, Karl: Bücher bewegten die Welt. Eine Kulturgeschichte des Buches. Stuttgart: Hiersemann 1968.

SCHREURS, Anna (Hrsg.): Unter Minervas Schutz. Bildung durch Kunst in Joachim von Sandrarts *Teutscher Academie*. Wolfenbüttel: Herzog August Bibliothek 2012 (Ausstellungskataloge der Herzog August Bibliothek Nr. 95).

SCHULTHEISS, Werner: Das Bürgerrecht der Königs- und Reichsstadt Nürnberg. Beiträge zur Verfassungsgeschichte der deutschen Städte. In: Festschrift für Hermann Heimpel zum 70. Geburtstag am 19. September 1971. Bd. 2. Göttingen: Vandenhoeck u. Ruprecht 1972 (Veröffentlichungen des Max-Planck-Instituts für Geschichte, 36/II), S. 159–194.

SEIBOLD, Gerhard: Die Viatis und Peller – Beiträge zur Geschichte ihrer Handelsgesellschaft. Köln; Wien: Böhlau 1977 (Forschungen zur internationalen Sozial- und Wirtschaftsgeschichte, 12).

SPONSEL, Jean Louis: Sandrarts Teutsche Academie kritisch gesichtet. Dresden: Hoffmann 1896.

SPORHAN-KREMPEL, Lore: Buchdruck und Buchhandel in Nürnberg im 17. Jahrhundert. In: Paul Raabe (Hrsg.): Bücher und Bibliotheken im 17. Jahrhundert in Deutschland. Hamburg: Hauswedell 1980 (Wolfenbütteler Schriften zur Geschichte des Buchwesens, 6), S. 25–37.

SPORHAN-KREMPEL, Lore: Susanna Maria Sandrart und ihre Familie. Eine Nürnberger Kupferstecherin und Zeichnerin im Zeitalter des Barock. In: AGB 21 (1980), Sp. 965–1004.

Sporhan-Krempel, Lore / Wohnhaas, Theodor: Zum Nürnberger Buchhandel und graphischen Gewerbe im 17. Jahrhundert. In: AGB 13 (1973), Sp. 1021–1080.

Sporhan-Krempel, Lore: Zur Genealogie der Familie Endter in Nürnberg. In: AGB 8 (1967), Sp. 505–532.

Steiner, Harald: Das Autorenhonorar. Seine Entwicklungsgeschichte vom 17. bis 19. Jahrhundert. Wiesbaden: Harrassowitz 1998 (Buchwissenschaftliche Beiträge aus dem Deutschen Bucharchiv München, 59). Zugl. Diss. Erlangen.

Tacke, Andreas (Hrsg.): »Der Mahler Ordnung und Gebräuch in Nürnberg«. Die Nürnberger Maler(zunft)bücher ergänzt durch weitere Quellen, Genealogien und Viten des 16., 17. und 18. Jahrhunderts. Berlin; München: Deutscher Kunstverlag 2011.

Weichselbaumer, Nikolaus Julius: Zur Funktion der Druckzensur in Nürnberg während der Reformation. In: Zeitschrift für bayerische Kirchengeschichte 86 (2017), S. 76–83.

7 Abkürzungen

AGDB	Archiv für Geschichte des deutschen Buchhandels
LGB[2]	Lexikon des gesamten Buchwesens, zweite Auflage
LJB	Leipziger Jahrbuch zur Buchgeschichte
NDB	Neue Deutsche Biographie
STAN, Rst. Nbg.	Staatsarchiv Nürnberg, Bestand Reichsstadt Nürnberg
VD 17	Verzeichnis der im deutschen Sprachraum erschienenen Drucke des 17. Jahrhunderts

Laura Mokrohs

Die »Pflege der Literatur« als »Lebensaufgabe«

Der Buchhändler, Antiquar und Bibliophile Horst Stobbe (1884–1974) im Netzwerk der literarischen Moderne in München

Abstract: Horst Stobbe is repeatedly mentioned in research on book culture in the publishing city of Munich around 1900. As a bookseller, publisher and bibliophile, he was active in Munich from 1906 until his death in 1974, in particular with his »Bücherstube« but also as the author of numerous informative antiquarian catalogues on figures and networks of literary modernism and as a central member of Munich's bibliophile scene. However, there have been no scholarly contributions to date that take a look at his entire oeuvre, as well as his own sparsely documented activities during the National Socialist era. This article addresses this gap by analysing Stobbe's estate at the Bayerische Staatsbibliothek, including sources preserved in other archives.

Zusammenfassung: Immer wieder findet in der Forschung zur Buchkultur in der Verlagsstadt München um 1900 Horst Stobbe Erwähnung. Als Buchhändler, Verleger und Bibliophile wirkte er von 1906 bis zu seinem Tod 1974 in der bayerischen Hauptstadt, insbesondere mit seiner »Bücherstube«, aber auch als Verfasser zahlreicher informationsreicher Antiquariatskataloge zu Figuren und Netzwerken der literarischen Moderne und als zentrales Mitglied der Bibliophilen-Szene Münchens. Wissenschaftliche Beiträge, die sein gesamtes Schaffen, wie auch die von ihm selbst sparsam dokumentierten Aktivitäten in der Zeit des Nationalsozialismus, in den Blick nehmen, stehen bisher aber aus. Dieser Lücke begegnet der vorliegende Beitrag, der den Nachlass Stobbes in der Bayerischen Staatsbibliothek auswertet und in anderen Archiven erhaltene Quellen einbezieht.

Inhalt

1 Vorbemerkung 111
2 Die Bücherstube – Ein neues Konzept. 113
3 Horst Stobbe – Aktivitäten und Netzwerke 117
3.1 Netzwerk der Literaten – das übernommene Netzwerk 117
3.2 Netzwerk der Buchkünstler – das erträumte Netzwerk 122
3.3 Netzwerk der Bibliophilen – das befreundete Netzwerk 124
4 Horst Stobbe Bücherstube in der Promenadestraße – Festhalten am Ruf der Kunststadt München 125
5 Horst Stobbe in der NS-Zeit – fragwürdige Spuren. 127
6 Die Nachkriegszeit – Anknüpfen an Vergangenes . 134
7 Literatur- und Quellenverzeichnis 134

1 Vorbemerkung

Horst Stobbe (1884–1974) war mit seiner »Bücherstube« als Buchhändler, Verleger und Bibliophile eine zentrale Figur für das literarische Leben der Münchner Moderne. Gleichwohl findet sich noch keine umfassende Darstellung seines Wirkens. In den Blick zu nehmen gilt er nicht nur als Buchhändler, Verleger und Bibliophile, sondern auch – weit bevor dieser Begriff geprägt wurde – als Literaturvermittler, der es sich zum Ziel machte, mit Ausstellungen, Lesungen, Festen und weiteren Veranstaltungsformaten sowie mit der spezifischen Einrichtung seines Geschäftes, Literatur, die ihm am Herzen lag, bekannt zu machen. Darüber hinaus erbrachte er einen wichtigen Beitrag zur Erweiterung des »Verständnis für das innen wie außen schöne Buch«, wie er es selbst nannte. Über die spezifische Leistung dieser Einzelaktivitäten hinaus muss er besonders als Netzwerker der Münchner Moderne gesehen werden, der unterschiedliche Kreise zusammenbrachte und zum fruchtbaren gegenseitigen Austausch anregte. Nicht außer Acht gelassen werden darf auch Stobbes Position in der Zeit des Nationalsozialismus. Anders als viele seiner Kontaktpersonen im literarischen und künstlerischen Netzwerk trat er im Mai 1933 der NSDAP bei und war von August 1933 bis Juli 1935 Leiter des Verlages der Deutschen Arbeitsfront (DAF). Die DAF wurde nach der Zerschlagung der freien Gewerkschaften als Einheitsverband der Arbeitnehmer und Arbeitgeber gegründet und nahm als Konzern schnell in einer Reihe von Branchen, auch im Verlagswesen und Buchhandel, eine marktbeherrschende Stellung ein.

An einzelnen Stellen wird in der Forschung bereits auf die Innovationskraft einerseits und auf die problematische Rolle Stobbes während der NS-Zeit anderseits verwiesen, umfangreichere Veröffentlichungen zu ihm stehen jedoch noch aus. Dieser Beitrag soll einen Schritt in diese Richtung machen und durch eine Auswertung des Nachlasses von Stobbe, sowie mit den Informationen aus Selbstbeschreibungen, Zielsetzungen und Anekdoten, die in den Vorworten seiner Almanache, Kataloge und an anderer Stelle erschienen sind, sein Wirken nachzeichnen und ihn als Vertreter eines neuen Typus von Buchhändler um 1900 einordnen.[1] Dabei bleibt zu beachten, dass Informationen teils nur aus Stobbes Selbstaussagen oder aus von ihm herausgegebenen Publikationen gewonnen werden können und daher mit kritischer Distanz gesehen werden müssen. Auch bei der Arbeit mit dem Nachlass darf nicht übersehen werden, dass vermutlich Lücken – insbesondere in den Jahren von 1933 bis 1945 – und thematische Häufungen im dokumentarischen Material zur Geschichte der Bücherstube darauf beruhen, dass Stobbe bewusst entschied, was er für bewahrens- und erzählenswert hielt. Noch zu untersuchen ist in einigen Aspekten, inwieweit sich das von Stobbe geschaffene Selbstbild mit anderen Quellen deckt. Dies bleibt Ziel weiterer Forschung.

In Band 1: *Das Kaiserreich* der *Geschichte des deutschen Buchhandels im 19. und 20. Jahrhunderts* geht Christine Haug im Beitrag *Bücher- und Lesestuben als Vermittlungsinstanz der literarischen Moderne – das Beispiel München* auf die Sortimentsbuchhändler Horst Stobbe, Heinrich Jaffe und Jakob Lindauer ein. Sie verweist dabei auf die zusätzlich zum Sortimentsgeschäft eingerichteten Bücher- und Lesestuben, die sich »durch die Verbindung von Lese- und Ausstellungsraum, ihr ausgewähltes künstlerisch-literarisches Programm« sowie durch die »Gestaltung der Verkaufsräumlichkeiten«, in denen die Kunden selbst im Bücherangebot schauen können, anstatt ihre Wünsche an der Ladentheke zu erfragen, auszeichnen und betont deren Rolle als »literarische[ ] Kristallisationspunkte[ ] einer Stadt«.[2]

Ein weiterer Hinweis auf Stobbe findet sich im Band 3: *Drittes Reich* der Buchhandelsgeschichte. Jan-Pieter Barbian weist hier knapp auf Stobbes Zeit als Leiter des Verlages der Deutschen Arbeitsfront in den Jahren 1933 bis 1935 hin.[3] Reinhard Wittmann geht in *Hundert Jahre Buchkultur in München* ebenfalls auf die Bücherstube sowie die Position Stobbes im Verlag der Deutschen Arbeitsfront ein. Ein Eintrag zu Stobbe findet sich auch in den von der Berlinischen Galerie online verfügbar gemachten Vorarbeiten zu einem »Lexikon des Kunsthandels der Moderne im deutschsprachigen Raum 1905–1937« von Werner J. Schweiger, das jedoch aufgrund von dessen Tod 2011 nicht abgeschlossen wurde und somit unveröffentlicht blieb.[4] Die Darstellung gibt auf Basis einer umfassenden Sammlung von Anzeigen Stobbes in verschiedenen Zeitschriften eine knappe Chronologie zu den Geschäften Stobbes und enthält eine Übersicht über die von Stobbe verlegten Titel.

Einen wichtigen Quellenbestand bildet der Nachlass Stobbes in der Bayerischen Staatsbibliothek. Enthalten sind drei Mappen mit einer von Stobbe selbst oder in seinem Umfeld angelegten Dokumentation mit Fotos, Einladungskarten, Broschüren und Erinnerungsstücken zur Geschichte seiner Buchhandlungen, Publikationen Stobbes, Korrespondenz und Fotos und Ausschnittsammlungen zu Schriftstellern aus Stobbes Netzwerk, ein Album mit Exlibris und kleineren grafischen Arbeiten sowie das Gästebuch der Bücherstube. Eine umfangreiche Sammlung von Antiquariats- und Versteigerungskatalogen von Horst Stobbe findet sich im Deutschen Literaturarchiv Marbach.[5] Zahlreiche Kataloge sowie einzelne Briefe besitzt das Literaturarchiv der Monacensia im Hildebrandhaus in München, u.a. Briefe von und an Michael Georg Conrad. Außerdem liegt hier ein von Stobbe verfasstes und dem Direktor der Münchner Stadtbibliothek Hans Ludwig Held (1885–1954) zu dessen Dienstjubiläum 1945 gewidmetes 10-seitiges Typoskript zur Geschichte der Bücherstube, bei dessen Auswertung der Entstehungszeitpunkt 1945 – besonders im Hinblick auf die Lücken in der Darstellung der Jahre ab 1933 – zu beachten ist.[6] Angaben zur Firmengeschichte lassen sich über dieses Material hinaus anhand der erhaltenen Mitgliederakten vom Börsenverein des Deutschen Buchhandels abgleichen.[7] Im Bundesarchiv Berlin finden sich in den Reichskulturkammer-Akten einzelne Hinweise auf Stobbes Aktivitäten während der NS-Zeit.[8] Ein schmaler Ordner mit Aufzeichnungen Stobbes unter dem Titel *Erinnerungen aus Kindheit und Jugend in meiner Heimat in um Elbing* findet sich im Archiv der Ost- und Westpreußen-

---

1 Herangezogen wurden für den vorliegenden Beitrag auch zwei am Institut für Deutsche Philologie der Ludwig-Maximilians-Universität entstandene Abschlussarbeiten, die im Hinblick auf die Sichtung des Nachlasses wichtige Vorarbeiten leisteten. Die 2010 am Zentrum für Buchwissenschaft entstandene Diplomarbeit *Leseorte in München um 1900 mit besonderer Fokussierung auf die »Bücherstube«* von Bernadette Biechteler nimmt Stobbe vor dem Hintergrund des literarischen Lebens in der Kunststadt München in den Blick und widmet sich besonders dem Konzept der Bücherstube. Die 2014 an der Arbeitsstelle für Literatur in Bayern entstandene Magisterarbeit *»Wo nur gute Geister wohnen« Der Beitrag des Münchner Kulturbuchhändlers Horst Stobbe im literarischen Leben in München* von Sarah Bischof untersucht die Sortimentsbuchhändler Heinrich Jaffe und Horst Stobbe und erschließt auf Basis der Auswertung der Quellen die Wichtigkeit von Stobbes Tätigkeit als Kulturbuchhändler.
2 Haug: Bücher- und Lesestuben, S. 149.
3 Barbian: Der Buchmarkt, S. 188.

4 Schweiger: Die Bücherstube am Siegestor Horst Stobbe.
5 Für die umsichtige Bereitstellung von Material und anregende Gespräche sei an dieser Stelle Caroline Jessen ganz herzlich gedankt.
6 HLH M 69: Stobbe: Die Geschichte der Bücherstube.
7 DNB Museum/Studiensammlungen: HA/BV 97.2,898, Börsenverein: Mitgliedsakte Bücherstube Horst Stobbe, 1955–1981; SStA, 21765 Börsenverein (I), Nr. F 08980: Stobbe Bücherstube, Horst, Buchhandlung und Antiquariat, Kunsthandel, München, 1937–1949.
8 BArch, R_9361-II_984621_Stobbe,Horst.

stiftung in Bayern e. V., deren Ehrenpräsident Stobbe in seinen letzten Lebensjahren war.⁹

Aus den 1950er und 1960er Jahren sind einige von Stobbe selbst verfasste Erinnerungsartikel zur Bücherstube und den verschiedenen bibliophilen Vereinigungen, in von ihm verlegten Broschüren und Katalogen, aber auch in Zeitschriften wie *Das Antiquariat* oder *Imprimatur* vorhanden.¹⁰ Zu Stobbes 75. Geburtstag 1959, zu seinem 80. Geburtstag 1964 und anlässlich seines Todes 1974 erschienen im *Börsenblatt für den Deutschen Buchhandel / Aus dem Antiquariat*, sowie in der regionalen und überregionalen Presse mehrere Artikel über Stobbe und sein Schaffen.¹¹

2 Die Bücherstube – Ein neues Konzept

Der am 30. Mai 1884 im damals zu Westpreußen gehörenden Elbing geborene Horst Stobbe kam 1906 nach München.¹² Zuvor absolvierte er eine Buchhändlerlehre in der Bonschen Buchhandlung im ehemaligen Königsberg (Pr.) und war dann für zwei Jahre in Theodor Schulze's Buchhandlung und Antiquariat in Hannover tätig. Bildlich gefasst sind die ersten Stationen von Stobbes Leben in einem vom Königsberger Grafiker Karl Fincke entworfenen Exlibris für Stobbe, das 1906 im Artikel *Buchhändler-Exlibris* im *Börsenblatt* Beachtung findet:

> Den Charakter traulicher Wohnlichkeit trägt das Zeichen des Herrn Horst Stobbe (im Hause: Theodor Schulzes Buchhandlung) in Hannover. Es gewährt den Blick in ein mäßig großes Wohnzimmer, durch dessen Fenster man die Silhouette der Geburtsstadt des Bucheigners erblickt. Ein an der Wand befestigtes Bücherregal, darunter auf einem Tisch ein aufgeschlagenes Buch, ein alter hochlehniger Großvaterstuhl, vervollständigen den Eindruck der Beschaulichkeit sowie die Vorliebe des Besitzers zu Büchern.¹³

Nach München kam Stobbe, um in der Buchhandlung für Medizin und Naturwissenschaft Ottmar Schönhuth in der Schwanthalerstraße eine Stelle anzutreten. Diese war 1904 vom Inhaber Ottmar Schönhuth im Handelsregister eingetragen worden.¹⁴ Die rückblickend abgefassten Erinnerungen Stobbes zeigen, dass es ihm bei der Entscheidung für

---

9 Archiv der Ost- und Westpreußenstiftung in Bayern e. V.: Stobbe: Erinnerungen Aus Kindheit und Jugend in meiner Heimat in um Elbing.
10 Stobbe: Entstehung, S. 373 f.; Stobbe: Begegnungen; Stobbe: Gesellschaft der Münchner Bibliophilen; Stobbe: Gesellschaft der Münchner Bücherfreunde.
11 Adolph: Zum 75. Geburtstag, S. 695-698; Klinckowstroem: Horst Stobbe 80 Jahre. S. 1073f.
12 Vgl. Adolph: Zum 75. Geburtstag, S. 695-698, und Hollweck: Stobbe 90 Jahre, S. 4.
13 Börsenblatt 73 (1906) Nr. 235 vom 9. Oktober, S. 9819.
14 Börsenblatt 71 (1904) Nr. 174 vom 2. Juli, S. 5749.

Abb. 1: Exlibris für Horst Stobbe von Karl Fincke. Bildquelle: privat.

die Stelle weniger um die spezielle Buchhandlung als vielmehr um die Stadt München ging:

> Was er sah war nicht das, was er von der Buchhandlung erwartete, die das Feld seiner künftigen Tätigkeit sein sollte. Aber München war die Losung gewesen. Erst Boden fassen, alles andere werde sich ergeben. Am Tage darauf überschritt er pünktlich um 8 Uhr die Schwelle des Geschäfts und trat vor seinen neuen Arbeitgeber. Auch der innere Betrieb enttäuschte ihn, der junge Buchhändler hatte in seinem jugendlichen Idealismus sich das Bild einer Münchener Buchhandlung anders vorgestellt, aber er harrte aus und tat seine Pflicht. In den freien Stunden wanderte er durch die Strassen der Stadt. Ihr Anblick bereitete ihm keine Enttäuschung.¹⁵

Horst Stobbe hatte der Ruf der Kunst- und Literaturstadt, den München in diesen Jahren ausstrahlte, angelockt. München zählte zwischen 1900 und 1915 bis zu 141 Verlage und Sortimenter.¹⁶ Angeregt von den zahlreichen neuen Ideen zu Buchhandel und Verlagswesen, auf die er hier traf, schob er bald die anfängliche Enttäuschung über seine neue Arbeitsstätte beiseite und begann die Buchhandlung nach sei-

---

15 HLH M 69: Stobbe: Die Geschichte der Bücherstube.
16 Wittmann: Verlage in Schwabing, S. 159.

nen Vorstellungen umzugestalten. Im Juli 1909[17] konnte er dann gemeinsam mit seinem Kollegen Alfred Dultz die Buchhandlung übernehmen, wie den Kunden in einem Werbeblatt mitgeteilt wurde:

> Alfred Dultz und Horst Stobbe zeigen ergebenst an, daß sie die Buchhandlung Ottmar Schönhuth käuflich erworben haben. Ihr größtes Bestreben wird es sein, das Geschäft in den bisherigen bewährten Bahnen weiterzuführen und es zu einem modernen Unternehmen auszubauen. Sie werden sich stets bemühen, den weitesten Anforderungen der geschätzten Kunden gerecht zu werden und richten an Sie die Bitte, der neuen Leitung der Firma auch in Zukunft Ihr Vertrauen und Wohlwollen zu schenken.[18]

Während darin Veränderungen des Unternehmens nur vorsichtig angedeutet werden, zeigt sich das Bemühen, die bisherigen Kunden zu halten, indem betont wird, dass Medizin und Naturwissenschaft »wie früher als Spezialität gepflegt« werden sollen, aber künftig auch Wert »auf ein reichhaltiges Lager schöner Literatur, Buchkunst etc. gelegt« werde. Dieser Wandel in der inhaltlichen Ausrichtung lässt sich in den erhaltenen Dokumenten auch an anderer Stelle erkennen. Zwar wurde im Sommer 1910 noch ganz der ursprünglichen Ausrichtung der Buchhandlung gemäß der Titel *Das medizinische München. Ein Almanach für Studierende und Ärzte* veröffentlicht, in der Antiquariatsanzeige auf der letzten Seite findet sich neben medizinischen Standardwerken nun auch ein Angebot für verschiedene »Kunstblätter«, darunter eine Mappe des bedeutenden Zeichners und Illustrators Alfred Kubin (1877–1959) mit der Bemerkung: »Nicht nur die Verehrer Kubin'scher Kunst, sondern auch alle Mediziner seien auf diese Mappe aufmerksam gemacht«.[19]

Noch vor der Gründung von Stobbes Bücherstube 1912 kündigte sich im Zuge der Umgestaltung der Firma Ottmar Schönhuth Nachf. (Stobbe, Dultz & Co.) ab 1909 vor allem ein wichtiger Wandel in Bezug auf die Gestaltung der Geschäftsräume und die Zugänglichkeit der Bücher an, indem es heißt: »Die Neuerscheinungen werden […] in unserm Lesezimmer zur allgemeinen Benutzung ausliegen.«[20]

In seinen Erinnerungen beschreibt Stobbe als »grosse[s] Erlebnis« der ersten Zeit in München vor allem den Besuch der Ausstellung *München 1908*, bei dem sich ihm in »Architektur, Kunst, Handwerk und Theater, in der Gestaltung von Garten- und Raumanlagen« »der schöpferische Geist führender Münchner Künstler« offenbarte. Insbesondere »studierte er die Abteilung ›das Buch‹« und »beobachtete die durch die Räume flutende Menge und die Wirkung, die das Buch auf sie ausübte«.[21] Hier festigte sich seine künftige Vorstellung von einer zeitgemäßen Buchhandlung. Die Ausstellung *München 1908* präsentierte auf der Theresienhöhe im Freigeländer und in sechs Hallen Neues aus Architektur, Malerei, Wohnkunst, Kunstgewerbe, Handwerk und Industrie und war mit rund 3 Millionen Besuchern ein erfolgreiches Großereignis. Sie kann als Vorläuferin der *Deutschen Gewerbeschau München* von 1922 gesehen werden.[22]

Der Katalog *Die Ausstellung München 1908. Eine Denkschrift* nennt die Zielsetzung der Schau:

> […] man konnte wieder sehen, daß der künstlerische Geschmack nicht etwas zu sein braucht, was an besonders bevorzugte Einzeldinge von außen herangetragen wird, sondern daß er den Dingen als etwas ganz Selbstverständliches innewohnen kann […]. Was uns vor allem nottut, das ist […] die Möglichkeit für jeden, sich mit anständigen Dingen zu umgeben: aus dieser Gesinnung heraus muß die Ausstellung »München 1908« verstanden werden.[23]

Es klingen hierin deutlich Ideen des 1907 in München gegründeten Deutschen Werkbundes an, auch personell gibt es einige Überschneidungen. Ein eigner Raum der Ausstellung war dem Buchhandel gewidmet. Im Katalog heißt es zu diesem recht knapp: »Der Raum hat die Stimmung einer vornehmen Bibliothek; durch die Einfachheit der Verhältnisse, durch die Strenge des auf dem durchlaufenden Gesims der eingebauten Eichenschränke ruhenden Tonnengewölbes ist eine sehr starke Wirkung erreicht.«[24] Stobbe erinnerte sich später vor allem an die Möglichkeit, in behaglichen Sitzmöbeln »mit dem ausgestellten Buche in direkte Fühlung« zu treten.[25] Auf dem ebenfalls im Katalog abgedruckten Foto des Raumes fällt auch vor allem ein großer Tisch zentral im Raum ins Auge.[26]

Grundlage für solche neuen Gedanken zur Möblierung von Buchhandlungen und den damit einhergehenden veränderten Möglichkeiten für die Kundschaft sind die einschneidenden Veränderungen, die der Buchmarkt in den Jahren vor 1900 erfahren hat. Seit der zweiten Hälfte des 19. Jahrhunderts hatten sich im Zuge der Industrialisierung

---

17 Im *Börsenblatt* wird der Verkauf erst im September angezeigt, ist aber auch hier schon auf den 2. Juli 1909 datiert: »Ottmar Schönhuth in München. Die Buch- und Antiquariatshandlung wurde seitens der Herren Horst Stobbe und Alfred Dultz ohne Aktiva und Passiva käuflich erworben, die das Geschäft unter der Firma Ottmar Schönhuth Nachf. (Stobbe, Dultz & Co.) weiterführen.« Börsenblatt 76 (1909) Nr. 205 vom 4. September, S. 10043.
18 BSB, Ana 470.C.V.1: Werbeblatt Ottmar Schönhuth (Dultz & Stobbe) München Buchhandlung und Antiquariat.
19 BSB, Ana 470.C.V.1.
20 BSB, Ana 470.C.V.1: Werbeblatt Ottmar Schönhuth (Dultz & Stobbe) München Buchhandlung und Antiquariat.

21 HLH M 69: Stobbe: Die Geschichte der Bücherstube.
22 Moser: Deutsche Gewerbeschau.
23 München 1908, S. IX.
24 München 1908, S. XIII.
25 Stobbe: Entstehung, S. 373/1.
26 München 1908, S. 61.

technische Neuerungen in der Papierproduktion, im Druck,- Gieß- und Setzverfahren und der Buchbinderei entwickelt, welche die Massenproduktion möglich machten.[27] Mit der Aufhebung der Privilegien der Buchbinder setzte sich zunehmend der Verlegereinband durch.[28] Dies bildete die Grundlage für Konzepte wie das von Stobbes Bücherstube. Während es bis zur Mitte des Jahrhunderts für die Käufer üblich war, die Bücher ungebunden zu kaufen und selbst binden zu lassen und diese daher im Geschäft an der bis dahin dominierenden Ladentheke verkauft wurden, entwickelten sich zunehmend die Praxis der Einbandgestaltung, die der Kundschaft auch die eigenständige Orientierung an den Regalen ermöglichte.[29] Christine Haug verweist in diesem Zusammenhang auch auf die ähnlich wie Stobbe arbeitenden Sortimentsbuchhändler Heinrich Jaffe und Jakob Lindauer und zahlreiche weitere Neugründungen von Bücher- und Lesestuben, die sich durch die Verbindung von Lese- und Ausstellungsraum und ihr ausgewähltes Programm auszeichneten.[30] So konnte sich um die Jahrhundertwende auf Basis der vorherigen buchhandelsgeschichtlichen Entwicklungen ein neuer Typus von Sortimentsbuchhändler entwickeln, dem Stobbe zuzuordnen ist.

Den beim Besuch der Ausstellung *München 1908* so stark empfundenen »Geist« eines fortschrittlichen Münchens wollte Stobbe selbst auch in seiner Buchhandlung verbreiten. 1911 trennte er sich von seinem Gesellschafter Dultz, und schon im Jahr darauf, Weihnachten 1912, unternahm er eine weitgreifende Umgestaltung des Geschäfts. »Kurzerhand räumte er seine Theke beiseite, gruppierte die Regale um und schaffte so Raum für einen Tisch und ein paar bequeme Sessel.«[31] Im Weihnachtsgeschäft 1912 führte er dann auch in einer Mitteilung an die Kunden den Begriff »Bücherstube« ein:

> [...] die Zeiten, wo der eifrige Bücherkäufer sich stundenlang im Allerheiligsten eines Buchhändlers aufhielt und die Schätze durchstöberte, aus denen er sich die Gefährten seiner Einsamkeit heraussuchen durfte, sind längst vorbei. Die alten heimlichen Bücherstuben kennen wir nur noch aus den Erzählungen unsere Großväter oder aus alten Tagebuchblättern. Wer heute vielleicht eine freie Stunde dazu benutzen möchte, um sich über Neuerscheinungen zu unterrichten oder Raritäten zu studieren, fürchtet Käufern und Verkäufern im Wege zu stehen und verzichtet lieber. Für Freunde guter Lektüre und beschaulicher Muße habe ich in meinen Geschäftsräumen eine Bücherstube eingerichtet, die im Geiste dem früheren, im Stil dem modernen Geschmack entspricht, und lade alle Bücherfreunde zum Besuche ein. In meiner Bücherstube liegen alte und neue Bücher aus, Seltenheiten und bibliophile Zeitschriften, die viel Interessantes bieten.[32]

Immer wieder betonte Stobbe, dass sich sein Angebot keineswegs nur an Käufer richte, sondern ihm Bücherfreunde, die lediglich in den Zeitschriften blättern oder Neuerscheinungen anschauen wollten, ebenso willkommen seien. In seinen Katalogen finden sich Hinweise wie »Ich bitte um Ihren Besuch, der Sie in keiner Weise zu einem Kauf verpflichtet«.[33] Auch wird beispielsweise in einem Katalog von 1913, dem zweiten Heft von *Die Bücherstube* der Anspruch der Kataloge, einen Überblick über die Themen zu bieten und so die behandelten Verlage, Autoren oder Buchkünstler zu fördern, anstatt wirtschaftliche Absichten in den Vordergrund zu stellen: »Mehr als die Organisation einer nach rein kaufmännischen Grundsätzen geleiteten Buchhandlung erlauben würde, widmen wir uns der Förderung ehrlichen Strebens nach guten und besten Leistungen auf dem Gebiete der Buchkultur.«[34]

Mit der Einführung der Gewerbefreiheit 1869 hatten sich Zugang und Bildungsvoraussetzungen zum Beruf des Buchhändlers erheblich erweitert, was innerhalb der Sortimentsbuchhändler zu Diskussionen über das Berufsethos führte, die sich zwischen den Polen »Kaufmann« und »Geistesarbeiter«, rund um die Frage nach kaufmännischen Absichten oder höheren kulturellen, idealen und ethischen Zielen abspielten.[35] Beeinflusst waren diese Diskussionen auch durch die Situation des Buchhandels um 1900, der hier einen Höhepunkt seines Produktionsvolumens erreicht hatte. Die technischen Rahmenbedingungen ermöglichten die industrielle Fertigung hoher Auflagen zu verhältnismäßig günstigen Preisen, was den Markt vergrößerte, aber auch den Konkurrenzdruck wachsen ließ.[36] Durch Reformen des Buchhandels, wie die »Krönersche Reform« von 1887 oder die »Buchhändlerische Verkehrsordnung« des Börsenvereins von 1888, wurden zwar die Rahmenbedingungen gefestigt, dennoch blieb die Frage nach der Abwägung zwischen wirtschaftlichen und kulturellen Absichten zentral. Im Verlagswesen bildete sich daraufhin um 1900 der Typus des Kulturverlegers heraus, der sich bewusst von der wirtschaftlich orientierten Massenproduktion der Pressekonzerne und Großverleger abwendete und stattdessen kulturell anspruchsvolle Literatur in qualitativ hochwertiger Ausstattung an die Leserschaft vermitteln wollte. Charakteristisch ist auch seine partnerschaftliche Zusammenarbeit

---

27 Vgl. Kuhbander: Unternehmer zwischen Markt und Moderne, S. 35.
28 Vgl. Jäger: Das Barsortiment, S. 680.
29 Vgl. Kuhbander: Unternehmer zwischen Markt und Moderne, S. 37.
30 Vgl. Haug: Bücher- und Lesestuben, S. 149.
31 BSB, Ana 470.C.V.1.
32 BSB, Ana 470.C.V.1.
33 BSB, Ana 470.C.V.1.
34 Stobbe: Die Bücherstube. Zweites Heft. Kunstgeschichte.
35 Jäger: Verbreitender Buchhandel, S. 79.
36 Vgl. Wittmann: Geschichte, S. 295.

mit den Autoren und der oft enge bzw. freundschaftliche Austausch – auch inhaltlicher Natur.[37] In ihrem Selbstverständnis arbeiteten sie im Dienst von Ideen, während finanzielle Beweggründe suspekt schienen.[38] Birgit Kuhbander verwies bereits in ihrer Studie zum Kulturverleger darauf, dass der Kulturverleger nicht nur im Antagonismus zwischen Kultur und Kommerz gesehen werden sollte, sondern es neben der Gewinnmaximierung auch andere unternehmerische Ziele geben kann, wie die Qualität des Angebots oder das Ansehen in der Öffentlichkeit.[39]

Analog zum aufgezeigten Typus des Kulturverlegers können Buchhändler, deren Selbstverständnis und Zielsetzung sich ebenso wandelt als »Kulturbuchhändler« verstanden werden. Dies gilt insbesondere, wenn man noch eine weitere unternehmerische Funktion als prägend für den Kulturverleger hinzuzieht – die Durchführung und Umsetzung von Innovationen.[40] Dabei handelt es sich besonders für die Bücherstuben und ihre neuen Einrichtungs- und Verkaufskonzepte um ein zutreffendes Merkmal. Konkret für München verweist Christine Haug auf die Spezifika eines im Schwabinger Bohememilieu entstandenen Typus des literarischen Kleinverlegers, der eigene Vertriebswege entwickelte und mit den Bücherstuben »das Kultursortiment als Pedant zum Kulturverlag« herausbildeten.[41] Auf diese Einordnung Stobbes als »Kulturbuchhändler« wird im Folgenden anhand weiterer Einzelaspekte zurückgegriffen.

Endgültig verwirklichen konnte Stobbe seine Vorstellung von der Bücherstube mit dem Umzug in die Räume in der Ludwigstraße 17a. Direkt am künftig namensgebenden Siegestor bezog er hier 1917 die sechs Zimmer einer Parterrewohnung unterhalb der »Pension Doering«. Von 1916 bis 1926 fand sich die »Bücherstube am Siegestor« unter dieser Adresse. Im *Börsenblatt* wurde anlässlich des Umzugs auch der Grundgedanke der Bücherstube noch einmal vorgestellt:

> Eine neue Gestalt hat nun dem Buchhandel der Münchner Buchhändler Horst Stobbe in seiner »Bücherstube am Siegestor« gegeben. Er ging dabei von dem Grundsatz aus, dem Buchfreunde einen stillen und heimischen Ort zu bieten, in dem er sich zuvor mit den Objekten vertraut machen könne, bevor er zur Wahl sich entschließe. Die »Bücherstube« umfasst eine Reihe von Zimmern, die das Maß intimer Wohnräume nicht überschreiten. In wohnlicher Vornehmheit ausgestattet, geben sie dem Wählenden Abgeschlossenheit gegen die Störungen des Verkehrs und geschäftlichen Betriebes.[42]

Die ungestörte Beschäftigung des Kunden mit den Büchern stand also im Mittelpunkt. Darüber hinaus legte Stobbe großen Wert auf Beratung und eine literaturvermittelnde und geschmacksbildende Funktion seiner Bücherstube. Aufschluss über die Rolle, die Stobbe dem Kundengespräch beimaß, gibt auch eine Anzeige, die er im August 1917 im *Börsenblatt* schaltete. Er suchte hier einen »tüchtigen ersten Sortiments-Gehilfen« und stellt folgende Anforderung: »Der Herr muß in der modernen Literatur, besonders auf dem Gebiet der Bibliophilie, möglichst auch in der modernen Graphik beschlagen, gewandt im Umgang mit dem feinsten Publikum und überhaupt in der Lage sein, den Chef zu vertreten.«[43]

Neben dem persönlichen Gespräch sollten in den neuen Räumlichkeiten die Möblierung und die gesamte Atmosphäre die Möglichkeit zur vertieften Beschäftigung mit den angebotenen Büchern und Zeitschriften bieten. Die Einrichtung mit Sitzgelegenheiten und Tischen, an denen Lektüre ausgelegt war, arbeitet Christine Haug als eines der wesentlichen Kriterien für die hohe Besucherdichte und damit den Treffpunktcharakter und die Bedeutung der Bücher- und Lesestuben für das literarische Leben einer Stadt heraus.[44]

Stobbes in der Ausstellung *München 1908* gewachsene Vorstellung einer zeitgemäßen Buchhandlung zeigte sich auch an der Innenausstattung der neuen Räumlichkeiten. Entworfen wurde die Raumausstattung von Karl Bertsch (1883–1933), der als Architekt an der damaligen Ausstellung beteiligt gewesen war.[45] Ausgeführt wurde die Ausstattung von den Deutschen Werkstätten für Handwerkskunst Dresden-Hellerau und München.[46] Auf die durch die Wahl der Innenausstatter deutlich werdende Verbindung Stobbes zur Reformbewegung des Kunstgewerbes wird auch im folgenden Kapitel im Rahmen seiner Bestrebungen zur Buchkunst noch einmal Bezug genommen. In den neuen Räumen verdichteten sich Stobbes Aktivitäten rund um Ausstellungen, Bibliophilie und Buchkunst, was ebenfalls seinem Konzept der Bücherstube entsprach und im Folgenden näher in den Blick genommen wird.

---

37 Vgl. Wittmann: Geschichte, S. 304.
38 Vgl. Jäger: Die Verlegerpersönlichkeit, S. 220.
39 Vgl. Kuhbander: Unternehmer zwischen Markt und Moderne, S. 17.
40 Vgl. Kuhbander: Unternehmer zwischen Markt und Moderne, S. 18.
41 Haug: E. W. Bonsels-Verlag, S. 32.
42 Stobbe: Entstehung, S. 374.

43 Börsenblatt 84 (1917) Nr. 202 vom 30. August, S. 5734.
44 Vgl. Haug: Bücher- und Lesestuben, S. 149.
45 München 1908, S. 61.
46 Vgl. Schweiger: Die Bücherstube am Siegestor Horst Stobbe.

Abb. 2: Die Bücherstube am Siegestor in den 1920er Jahren. Bildquelle: Münchner Stadtbibliothek / Monacensia, HLH M 69.

3 Horst Stobbe – Aktivitäten und Netzwerke

3.1 Netzwerk der Literaten – das übernommene Netzwerk

Der entscheidende Schritt für Stobbes Vernetzung in den Kreisen der literarischen Moderne Münchens war der Kauf der Bibliothek des verstorbenen Otto Julius Bierbaum im Jahr 1910 noch zu Stobbes Zeit im Laden Ottmar Schönhuth Nachf. in der Schwanthalerstraße. Der Schriftsteller und Journalist Otto Julius Bierbaum (1865–1910) hatte als zentrale Figur der Münchner Moderne und besonders durch seine Beteiligung an den Zeitschriften *Moderne Blätter*, *Die Insel* und *PAN* eine beachtliche Sammlung zeitgenössicher Literatur hinterlassen.[47] Wenn Stobbe selbst 1954 in seinem Erinnerungstext *Begegnungen mit Dichtern*[48] diesen Erwerb als ausschlaggebend für den Ausbau des »Antiquariates nach der literarischen Seite hin« einordnete, griff er damit wohl noch zu kurz, denn mit der Bibliothek übernahm er auch indirekt viele Kontakte Bierbaums. Stobbe selbst beschrieb unter anderem, wie der Bohemien und Sammler

---

[47] Vgl. Rose: Otto Julius Bierbaum, S. 273-287.
[48] BSB, Ana 470.C.V.1.

Abb. 3: Anzeige von Rolf von Hoerschelmann. Bildquelle: Bayerische Staatsbibliothek.

Rolf von Hoerschelmann (1885–1947) schon am Tag nach dem Ankauf von Bierbaums Bibliothek zu ihm kam, daraus einen »Band von Hofmannsthal mit einer handschriftlichen Widmung« erstand und ihm von da eng verbunden war.[49] In den Dokumenten zur Bücherstube findet sich auch eine von Hoerschelmann zu dieser Zeit für Stobbes Geschäft entworfenen Werbeanzeige.

Stobbe wusste die Bekanntheit Bierbaums geschickt als Werbung für sein Geschäft einzusetzen. 1911, kurz nach dem Ankauf, veröffentlichte Stobbe den Katalog Nummer 31[50] *Deutsche und fremdländische Literatur, Erstausgaben, Literarische Seltenheiten, Illustrierte Bücher, Curiosa, Kunst, Kulturgeschichte, Bücher mit Widmungen aus dem Nachlasse von Otto Julius Bierbaum*, dessen Umschlag ein ganzseitiges Bild Bierbaums sowie seine Unterschrift zierte. »Der Katalog hatte dank der Persönlichkeit des früheren Besitzers vor allem in literarischen Kreisen starke Beachtung gefunden«, und »es kamen Bestellungen, viele, sogar sehr viele«.[51] Im Nachlass Stobbes findet sich unter anderem eine Bestellung des naturalistischen Schriftstellers Michael Georg Conrad (1846–1927) vom 11. April 1911, die sich direkt auf den Katalog bezieht. Von Conrad, der Stobbe verbunden blieb, ging »die Ermutigung aus, weiter die ›Moderne‹ zu pflegen«.[52] Damit wird in den Erinnerungen Stobbes ein zentraler Aspekt angesprochen, denn Bierbaums Nachlass

---

49 Stobbe: Begegnungen mit der Bibliothek, S. 222.
50 Stobbe setzte bei der Nummerierung seiner regelmäßig erscheinenden Antiquariatskataloge die Nummerierung seines Vorgängers fort.
51 Stobbe: Begegnungen mit der Bibliothek, S. 223.
52 Stobbe: Begegnungen mit der Bibliothek, S. 222.

erfüllt noch über den Wert der einzelnen Bücher und die Rolle, die er für Stobbes Bekanntwerden spielt, hinaus, eine kulturgeschichtliche Funktion, die Stobbe spät erkennt:

> Binnen weniger Wochen war der Bestand dahingeschmolzen. Erst dadurch kam es mir zum Bewußtsein, dass diese Bücher mit den persönlichen Widmungen von Bahr, Dehmel, Gumppenberg, Halbe, Heymel, Holz, Liliencron, Maeterlinck, Rilke, Scheerbart, Wedekind u. a. eigentlich etwas Einmaliges waren, das man selbst als etwas Geschlossenes hätte behüten sollen.[53]

Obwohl das Bewusstsein darüber, dass die Bibliothek in ihrer Geschlossenheit als Zeugnis zur Literaturgeschichte erhaltenswert gewesen wäre, erst nach dem Verkauf der Bücher einsetzte, nahm Stobbe eine damit verbundene Funktion in den Folgejahren sehr ernst. Er wurde zum »Antiquar der Moderne«, dessen Sammeltätigkeit und vor allem dessen daran anschließende sorgfältige Erstellung von Katalogen und wissenschaftlichen Bibliografien – u. a. zu den Schriftstellern Oskar Panizza (1853–1921) und Frank Wedekind (1864–1918), die beide mit ihren obrigkeits- und gesellschaftskritischen, provokanten Werken zu den herausragenden Vertretern der Münchner Moderne zählen – von nicht zu unterschätzendem Wert für die Literaturgeschichtsschreibung ist. Stobbe »durchsuchte die Lager der Kulturverleger Albert Langen, Schuster und Loeffler, Georg Müller, Axel Juncker, Dr. E. Albert u. a. nach interessanten und ersten Veröffentlichungen« und sprach einzelne Dichter, besonders Vertreter des Naturalismus, konkret an, worauf »Dehmel, Hesse, Scheerbart, Holz und andere« ihm »schon damals selten gewordene Bücher« sandten. In der Hoffnung auf Widmungsexemplare und Handschriften löste er sogar in der Schweiz bei einem Spediteur eingelagerte Reisekörbe des anarchistischen Schriftstellers Erich Mühsam (1878–1934) aus, deren Inhalt jedoch weit hinter den Hoffnungen zurückblieb.[54] Auch kunsthistorische Buchbestände, wie etwa die von Gabriel von Max (1840–1950), Adolf Bayersdorfer (1842–1901), Konservator bei der Direktion der Centralgemäldegalerien, und Wilhelm Schmidt (1842–1915), Direktor der Graphischen Sammlung Münchens, oder Bücher von anderen Vertretern der literarischen Moderne in München, u. a. Georg Schaumberg (1855–1931), Eduard Graf von Keyserling (1855–1918) und Ernst von Wolzogen (1855–1934), kaufte Stobbe gezielt auf.

Aus dieser Sammeltätigkeit entstanden beispielsweise Katalog Nummer 33, *Moderne Dichtung. Katalog von Erstausgaben und Seltenheiten der deutschen Literatur seit Nietzsche*, sowie 1912 Katalog Nummer 40, *Die Moderne Literatur in Erstausgaben, Seltenen Drucken, Handschriften und Bildnissen 1880–1910*, der ein wichtiges Dokument zur literarischen Moderne in München darstellt. In der vom Schriftsteller und Kritiker Franz Blei (1871–1942) verfassten Vorbemerkung heißt es: »Dieser Katalog erster Ausgaben von Schriftwerken aus der Zeit von 80 Mitte bis zum Anfang des neuen Jahrhunderts ist in seinen Namen und Buchtiteln etwas wie eine Art Regesten dieser neueren Literatur in der Form eines Preisverzeichnisses.«[55] Vom Journalisten und Schriftsteller Ferdinand Hardekopf (1876–1954), der zur jüngeren expressionistischen Generation gehörte, wurde der literarhistorische Wert des Katalogs in der *B. Z. am Mittag* entsprechend gewürdigt:

> So hat jetzt der Münchner Antiquar Stobbe einen hübschen Katalog über die moderne Literatur von 1880 bis 1910 herausgegeben, der wirklich so etwas wie die Quintessenz einer Zeit in Titeln ist. Franz Blei hat ein skeptisches Vorwort dazu geschrieben und etliche Photographien zeigen Szenen aus der »Moderne« Maienblüte. Wie lange ist das alles schon her! Da sitzen zu Anfang der neunziger Jahre, um einen Gartentisch und einen Samowar herum die Herren Bierbaum, Panizza, M. G. Conrad, v. Gumppenberg, Schaumberg und Schaumberger [...].[56]

Das Ende des Zitats verweist auf eine andere Besonderheit des Katalogs, die dessen dokumentarischen Charakter zeigt. Stobbe bebilderte ihn nämlich mit Fotos und Karikaturen der zentralen Schriftsteller, neben dem hier genannten Gruppenbild der »Gesellschaft für modernes Leben« finden sich Abbildungen und Zeichnungen von Hermann Bahr, Otto Julius Bierbaum, Richard Dehmel, Otto Erich Hartleben, Erich Mühsam und Peter Hille, Arno Holz und Johannes Schlaf, Detlev von Liliencron, Heinrich Mann, Oskar Panizza und Frank Wedekind, die allesamt zu den häufig zitierten und in Publikationen verwendeten Bildern zur Münchner Literaturszene um 1900 gehören. Unter den literarisch aktiven Zeitgenossen Stobbes scheint der Katalog nicht nur zu Sammelzwecken, sondern auch aus inhaltlichem Interesse Eingang in die Bücherregale gefunden zu haben. Dies lässt sich an der Tatsache ablesen, dass er sich beispielsweise in der Bibliothek des expressionistischen Schriftstellerpaars Emmy Hennings (1885–1948) und Hugo Ball (1886–1927) im Schweizerischen Literaturarchiv erhalten hat, die beide ob ihrer ständigen Finanznot in ihren Münchner Jahren mit großer Wahrscheinlichkeit nicht zum engeren Kundenkreis von Stobbe gehörten, den Katalog aber dennoch mit in die Schweiz nahmen.[57]

---

53 Stobbe: Begegnungen mit Dichtern, S. 5.
54 Stobbe: Begegnungen mit der Bibliothek.
55 Blei: Moderne Dichtung, S. 6.
56 Zitiert nach Stobbe: Begegnungen mit Dichtern.
57 Vgl. SLA, SLA-HEN-D-02-a/04: Bibliothek Emmy Hennings.

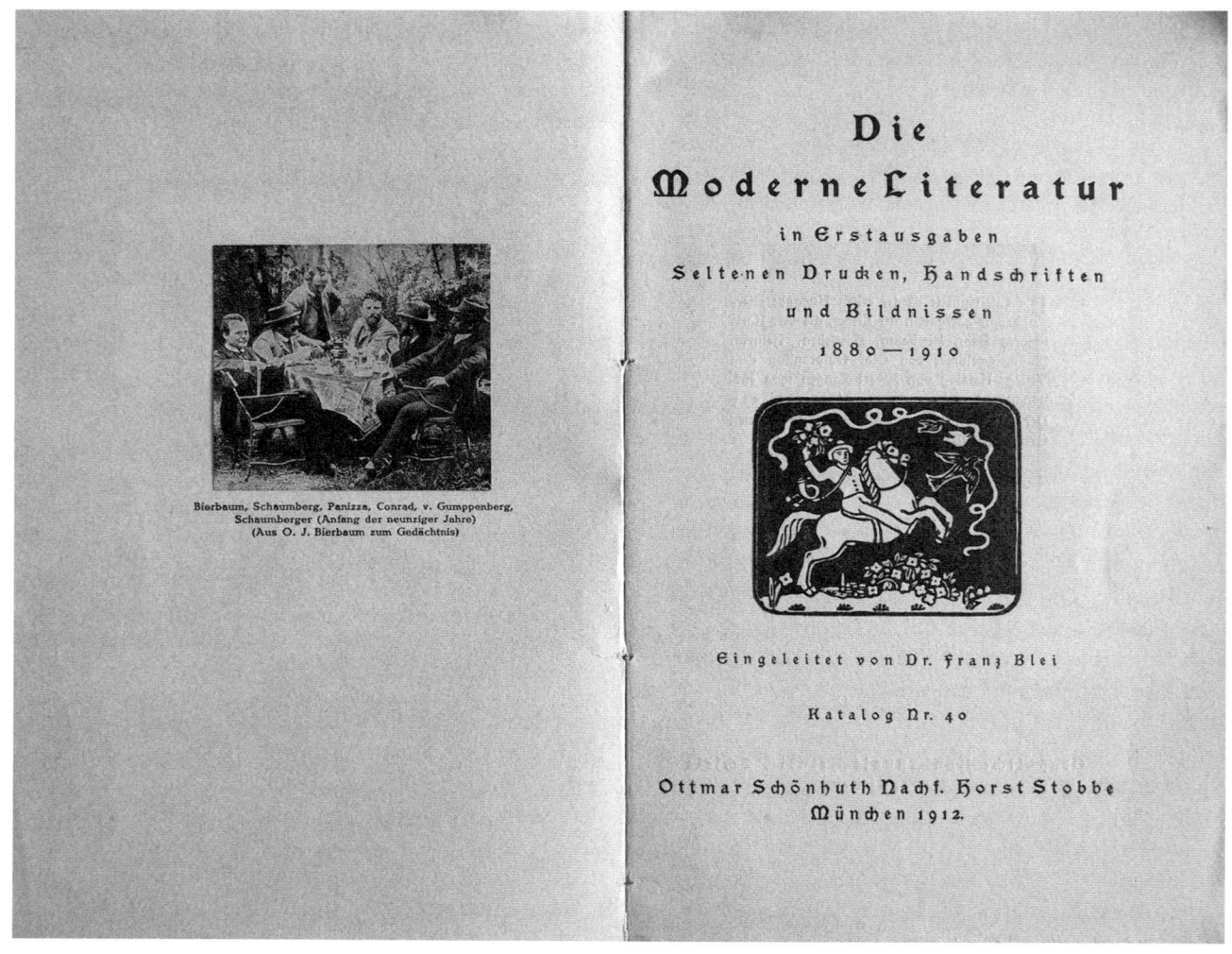

Abb. 4: Die Moderne Literatur in Erstausgaben, Seltenen Drucken, Handschriften und Bildnissen 1880–1910. Katalog, Horst Stobbe 1912.

Schon für die Zeit nach der Umgestaltung des ersten Geschäftes in der Schwanthalerstraße beschrieb Stobbe in seinen Erinnerungen einen regen Verkehr von Literaten und Verlegern in seinen Räumen:

> [...] um den kleinen Tisch sammelten sich oft Dichter mit Freunden. Hellinggrath gab hier vor einer kleinen George-Schar Proben aus seiner Hölderlin Ausgabe, Wolfskehl erschien mit Melchior Lechter, Gundolf und anderen des Kreises. Katharina Kippenberg führte Rilke ein. Rilke war mit Regina Ullmann und der »Benvenuta« hier oft zu Gaste. Benvenuta brachte Albrecht Schäffer und dieser wieder andere Freunde mit. Alfred Kubin wurde ein häufiger Gast. Anton Kippenberg, Eugen Diederichs, Ernst Rowohlt, Ernst Poeschel, Walter Tiemann und der Münchener F. H. Ehmcke gehörten zum Freundeskreis der Bücherstube.

Den Schriftstellern diente die Bücherstube also als Treffpunkt – wollte man sich nicht in der eigenen Wohnung verabreden, so fand man hier eine ruhigere Stimmung als in den Münchner Lokalen.[58]

Mit seiner Entscheidung, sein Geschäft ans Siegestor zu verlegen, näherte sich Stobbe auch räumlich diesen Kreisen seiner Geschäftspartner, Kunden und weiterer Vertreter des modernen Münchens. Die Bücherstube wurde so Teil einer sich in Schwabing um 1900 etablierenden Szene von Kleinverlagen, Literatur- und Kunstbuchhandlungen. Wobei hier zu differenzieren ist zwischen dem Umfeld der Boheme in Schwabing und der Maxvorstadt, das für günstige Mieten, Pensions- und Untermiet-Zimmer rund um die Kunstakademie bekannt und mit Namen wie Franziska zu Reventlow

---

58 HLH M 69: Stobbe: Die Geschichte der Bücherstube, S. 5.

und Erich Mühsam verbunden war, und einem ebenfalls stark vertretenen Umfeld von vermögenden Privatgelehrten und arrivierten Schriftstellern, die teils hohe Mieten zahlten, um in Schwabing am Puls der Moderne zu leben. Schwabing verfügte genauso über exklusive und hochpreisige Wohnungen, etwa für Karl Wolfskehl in der Leopoldstraße oder Thomas Mann in der Franz-Joseph-Straße.[59] Reinhard Wittmann verweist darauf, dass es eine vergleichbare Konzentration von Antiquariaten, Verlagen und Buchhandlungen mit rund 70 Firmen auf so kleinem Raum wie in Schwabing außer in Leipzig nirgends im Kaiserreich gab.[60] Im oben zitierten Ausschnitt aus seinen Erinnerungen verweist Stobbe mit der Nennung von Katharina und Anton Kippenberg, Eugen Diederichs und Ernst Rowohlt auf die für sein Sortiment wichtigen Kulturverleger. Die Anfänge des Insel-Verlags mit der Gründung der buchkünstlerischen Zeitschrift *Die Insel* fand in Alfred Walter Heymels (1878–1914) Wohnung in der Leopoldstraße 4 statt.[61] Auch nach der Übersiedlung des Verlags nach Leipzig 1905 blieb sein Umfeld, allen voran Anton Kippenberg selbst, stark im Netzwerk Stobbes verankert.

Ein weiterer Kreis findet sich um den Sammler Hans von Weber (1872–1924), der 1926 in der Adalbertstraße 76 seinen Verlag für Kunst und Literatur gründete, aus dem 1908 der Hyperion-Verlag wurde.[62] Zu seinem Umfeld gehörten ebenfalls aktiv an Stobbes Publikationen vertretene Künstler und Schriftsteller wie Alfred Kubin oder Franz Blei. Auch zur 1909 von Hans von Weber gegründeten Zeitschrift *Zwiebelfisch* war die Verbindung eng. In der Umgebung finden sich in diesen Jahren die für die Münchner Literaturszene bedeutenden Verlage E. W. Bonsels und Heinrich F. S. Bachmair. Über die Abteilung »Bücher, die die Bücherstube empfiehlt« im Almanach lassen sich Rückschlüsse auf das Sortiment Stobbes ziehen, und daraus lässt sich auch die Annahme bestätigen, dass die umliegenden Klein- und Kulturverleger bei ihm vertreten sind. Empfohlen werden u. a. Bücher von Georg Müller, Albert Langen, E. Piper, Delphin, Kurt Wolff, aber auch von Kulturverlegern außerhalb Münchens wie Eugen Diederichs, Erich Reiss, Gustav Kiepenheuer oder dem Insel-Verlag.[63] Zu den Kunden der Bücherstube wiederum zählen zahlreiche in München lebende Schriftsteller, wie Rainer Maria Rilke, Max Halbe, Michael Georg Conrad, Rolf von Hoerschelmann, Franz Blei, Thomas Mann, Karl Wolfskehl oder Stefan Zweig. Deren Werke finden sich auch in den Empfehlungslisten im Almanach.

Auch im Textteil liefern die Almanache, die Stobbe 1911, 1918 und 1920–1922 herausgab, ein Bild seines literarischen Netzwerks. Während der erste Almanach mit dem Titel *Bücher-Almanach für das Jahr 1911* stärker in Richtung Buchkunst orientiert war, zeigen die Almanache, die ab 1918 unter dem Titel *Almanach der Bücherstube* erschienen, das Zusammenspiel von Stobbes literarischen Kontakten und seinen guten Verbindungen zu Illustratoren und Buchkünstlern. Der Almanach von 1918 etwa enthält Beiträge von Wilhelm Matthießen, Adolf von Hatzfeld, Max Pulver, Rainer Maria Rilke, Alfred Wolfenstein, Rolf von Hoerschelmann, Max Reinhardt, Heinrich Mann, Alfred Neumann, Otto Zarek, Felix Braun, Johannes von Guenther, Thomas Mann, Max Krell, Otto Zoff, Kurt Martens, Wilhelm Hausenstein, Heinrich Jost und Curt Morek. Ein Vorwort oder einen programmatischen Text enthielt der Band nicht, dieser folgte im zweiten Jahrgang:

> Der »Almanach der Bücherstube« wollte in neuem Rahmen das Verständnis für das innen wie außen schöne Buch wecken und wach halten. Erstveröffentlichungen zeitgenössischer Dichter sicherten dem ersten Jahrgang literarischen Wert. […] Der heute vorliegende zweite Jahrgang des Almanachs ist im Charakter seinem Vorgänger gleich, für die folgenden Jahrgänge ist eine wesentliche Erweiterung des Umfangs vorgesehen.[64]

Während das Geleitwort für die ersten beiden Jahrgänge besonders den literarischen Wert hervorhebt, bedeutet die hier schon angekündigte Änderung für die nächsten Jahrgänge eine stärkere Hinwendung zur Buchkunst. In der Gestaltung der Titelbilder zeichnet sich diese auch schon bei den Almanachen von 1918 und 1919 ab, für die Stobbe den renommierten *Simplicissimus*-Zeichner Th. Th. Heine (1867–1948) und den Maler Bruno Goldschmitt (1881–1964) gewinnen konnte.

Vergleicht man die Almanache mit den Kriterien, die Ulrike Erber-Bader für Almanache herausarbeitet, wobei ihr Schwerpunkt auf den weiter verbreiteten Verlagsalmanachen liegt, so fällt auf, dass in Stobbes Almanachen der werbliche Aspekt wesentlich weniger wichtig ist.[65] Dies schließt an seine Grundidee der Bücherstube an, Raum zu schaffen für den Austausch über Literatur und das Interesse für diese zu wecken, während die Kaufabsicht der Kunden in den Hintergrund tritt.

Birgit Kuhbander verweist im Hinblick auf den Kulturverleger auf Ulf Diederichs Beschäftigung mit der verlegerischen Arbeit von Eugen Diederichs und hält als ein Merkmal des Kulturverlegers die dezidiert programmatische Ausrichtung des Verlags fest, die sich in der ständigen Ver-

---

59 Vgl. Krauss: Schwabingmythos und Bohemealltag, S. 293.
60 Wittmann: Verlage in Schwabing, S. 160.
61 Vgl. Wittmann: Verlage in Schwabing, S. 167.
62 Vgl. Wittmann: Verlage in Schwabing, S. 167.
63 Vgl. z. B. Stobbe: Almanach der Bücherstube auf das Jahr 1918.

64 Stobbe: Almanach der Bücherstube auf das Jahr 1920, Vorwort.
65 Vgl. Erber-Bader: Deutschsprachige Verlagsalmanache.

Abb. 5: *Almanach der Bücherstube*, Stobbe 1918, Titelzeichnung von Th. Th. Heine.

stärkung dieser Bemühungen durch Kataloge, Zirkulare und Anzeigen zeigt.[66] Analog dazu kann man Stobbe als Kulturbuchhändler einordnen, wie seine Almanache, Kataloge und Mitteilungsblätter zeigen.

3.2 Netzwerk der Buchkünstler – das erträumte Netzwerk

Enge Kontakte pflegte Stobbe zu zahlreichen wichtigen Grafikern und Buchkünstlern seiner Zeit. Ab 1911 organisierte er regelmäßig Ausstellungen zu Grafik und Buchkunst, so Weihnachten 1911 eine Ausstellung mit Grafiken, Zeichnungen, Radierungen und Exlibris von Hubert Wilm (1887–1953). Der Künstler, der u.a. in der *Jugend* veröffentlichte und als Nachfolger im Atelier des Boheme-Künstlers Albert Weisgerber (1878–1915) in der Theresienstraße als Wer-

begrafiker aktiv war, hatte kurz zuvor das erste Signet für Stobbes Bücherstube entworfen, das einen auf einem Buch sitzenden Pelikan darstellt. Auch der Buchschmuck des ersten Almanachs von 1911 stammte von ihm.

In Stobbes Erinnerungen heißt es: »Eine Ausstellung löste allmonatlich die andere ab. Die grossen Buchkünstler, Illustratoren, die Pressen, Schriftgiessereien, Verleger, Graphiker und Schriftkünstler haben an dieser Stelle ihre Werke gezeigt.«[67] Auch wenn sich die hier beschriebene Dichte im Wechsel der Ausstellungen in der Erinnerung etwas verklärt haben mag – zumindest lässt sie sich anhand der erhaltenen Einladungskarten zu den Ausstellungen so nicht nachweisen –, ist der hier von Stobbe gegebene inhaltliche Überblick über seine Ausstellungstätigkeit aufschlussreich. Deutlich wird, dass die Ausstellungen anders als die Kataloge keiner literarischen Ausrichtung folgten, sondern sich auf die Buchgestaltung konzentrierten. Anlässlich der Eröffnung seiner ersten Bücherstube in der Schwanthalerstraße veranstaltete Stobbe zum Jahreswechsel 1911/12 die Ausstellung »Neue deutsche Buchkunst«, die sich der regen buchkünstlerischen Bewegung der vergangenen Jahre in München mit der Zeitschrift *Pan*, den Publikationen des Insel-Verlags, Stefan Georges *Blättern für die Kunst* sowie Veröffentlichungen der Kulturverleger Eugen Diederichs, Georg Müller und dem Hyperion-Verlag widmete. Als Ziel der Ausstellung formulierte Stobbe, einen »Überblick über die Leistungen unserer jungen Buchkultur« geben zu wollen. Die Tatsache, dass er dazu auch Musterbeispiele englischer Pressen und Werke von William Morris zeigte,[68] macht deutlich, wie sehr für ihn der wissenschaftliche Vollständigkeitsanspruch gegenüber der werblichen Anregung seiner Kunden überwog. Auch wollte er mit der Ausstellung Bekanntheit erlangen im Kreis der Münchner Grafiker rund um den Deutschen Werkbund, der ihn bei der Ausstellung 1908 so beeindruckt hatte: »Die Einladungen ergingen an Sammler und an jene schöpferischen Kräfte Münchens, die bei der Ausstellung München 1908 mitgewirkt hatten. Das war der Kreis des Münchner Bundes, zu dem er damals die ersten Fühler ausstreckte.«[69]

Nach dem Umzug in die Ludwigstraße, zur Zeit der Bücherstube am Siegestor, intensivierte er seine Ausstellungstätigkeit noch einmal. Auch das Platzangebot seines Geschäftes war hier besser auf die Ausstellungen zugeschnitten. Gleich im Jahr 1916 zeigte er eine Ausstellung der Einbände des Münchner Buchbinders Karl Ebert (1869–1949), eine Ausstellung der Gemälde und Grafiken des Münchner Künstlers

---

66 Vgl. Kuhbander: Unternehmer zwischen Markt und Moderne, S. 15.
67 HLH M 69: Stobbe: Die Geschichte der Bücherstube.
68 HLH M 69: Stobbe: Die Geschichte der Bücherstube.
69 HLH M 69: Stobbe: Die Geschichte der Bücherstube.

Abb. 6: Ankündigung der Emil Preetorius-Ausstellung in der Bücherstube, 1916, Zeichnung von Preetorius. Bildquelle: Münchner Stadtbibliothek / Monacensia, HLH M 69.

Bruno Goldschmitt sowie Plastiken des Bildhauers Bernhard Halbreiter (1881–1940), eine Ausstellung mit Zeichnungen des Kriegsmalers Adolf Jutz (1887–1945) sowie eine Schau mit den illustrativen Arbeiten von Emil Preetorius (1883–1973). Nicht zuletzt mit dieser bewies er, dass er aktuelle Trends und Entwicklungen auf dem Gebiet der Buchgestaltung im Blick hatte. So stellte er Preetorius genau zu der Zeit aus, die in der Forschung heute als Höhepunkt von dessen illustrativem Schaffen betrachtet wird.[70] Die auf der Ankündigung der Ausstellung verwendete Zeichnung von Preetorius ist im Nachlass Stobbes auch als Exlibris für ihn selbst erhalten.[71]

In seinen *Münchner Erinnerungen* beschrieb Preetorius, dass Stobbe »eine große, schön dargebotene Ausstellung all' [s]einer illustrativen Arbeiten« machte, bei der er auch Rilke kennenlernte, mit dem er »so manche geistig bewegte Stunde, zumal in der Betrachtung künstlerischer Dinge« erlebte.[72] Hier zeigt sich, wie die Bücherstube zur Vernetzung zwischen Schriftstellern und Buchgestaltern beitrug. Preetorius hingegen war für Stobbe selbst ein interessanter Kontakt. Er gründete 1909 gemeinsam mit Paul Renner (1878–1956) die Münchner Schule für Illustration und Buchgewerbe, übernahm im Jahr darauf die Leitung der Münchner Lehrwerkstätten, wurde 1912 Mitglied des Deutschen Werkbundes, war 1914 Mitorganisator der großen internationalen Buchausstellung Bugra in Leipzig und gehörte damit genau zu den Kreisen, zu denen Stobbe Anschluss suchte.

Eine Ausstellung zu F. H. Ehmcke (1878–1965) im März 1917 festigte einen weiteren wichtigen Kontakt von Stobbe. Zur Ausstellung erschien ein Katalog mit farbigem Umschlag aus unterschiedlichen, »für die Diederichschen Märchen der Weltliteratur entworfenen Buntpapieren«, der ein ausführliches Vorwort des Kunsthistorikers Joseph Popp (1867–1932) enthält und einen Überblick über das Schaffen des Grafikers, Buchgestalters, Schriftkünstlers und Illustrators Ehmcke gibt.[73] Ehmcke hatte bereits nach dem Umzug der Bücherstube für Stobbe das neue Signet gestaltet. Stobbe und er arbeiteten auch in der Folge immer wieder zusammen.

Ebenfalls im Jahr 1917 verantwortete Stobbe die Ausstellung *Münchner Buchkunst* auf der *Münchner Kunstausstellung* im Glaspalast.[74] Die hier ausgestellten Künstler überschneiden sich mit den Ausstellungen in der Bücherstube. Gezeigt wurden Handeinbände von Karl Ebert, der viel für den Hans von Weber Verlag arbeitete, Beispiele für die Buchausstattung von F. H. Ehmcke, illustrierte Bücher von Künstlern aus dem Umfeld des Albert Langen Verlags und seines *Simplicissimus*, u. a. von Bruno Goldschmitt, Olaf Gulbransson (1873–1958), Th. Th. Heine, Bruno Paul oder Emil Preetorius, und Buchumschläge, etwa von Paul Renner, Ignatius Taschner und Max Unold.

Mit der Erstellung der Ausstellung war Stobbe vom Münchner Bund, dem regionalen Zweig des Deutschen Werkbunds, beauftragt worden. Aus dem Dezember 1917 ist im Nachlass ein Schreiben des Vorsitzenden des Münchner Bundes erhalten, in dem Stobbe für die »aufopferungsvolle Mitwirkung« an der Ausstellung gedankt wurde.[75] Stobbe war nun also fest mit den Kreisen verbunden, die ihn in seinen ersten Jahren in München beim Besuch der Ausstellung *München 1908* zu seinem künftigen Tun angeregt hatten. Auch an der *Deutschen Gewerbeschau München* 1922 war Stobbe mit der Ausstellungseinheit *Das schöne Buch* beteiligt.

---

70 Vgl. Kästner: Der Buchkünstler Emil Preetorius, S. 14.
71 BSB, Ana 470, F. 1.
72 Preetorius: Alte Münchner Notizen, S. 179.
73 Vgl. Popp: Ausstellung F. H. Ehmcke. 7.
74 Münchner Buchkunst. Ausstellung im Glaspalast, Ana 470 A. 1.
75 BSB, Ana 470.C.V.1: Muenchner Bund, an Stobbe, 10. Dezember 1917.

3.3 Netzwerk der Bibliophilen – das befreundete Netzwerk

Zu Stobbes engerem Umfeld zählten auch namhafte Bibliophile Münchens. Die Pflege dieses Netzwerkes begann Stobbe schon direkt im Jahr der Geschäftsübernahme 1909, wie es in dem Erinnerungstext für Hans Ludwig Held heißt: »Im gleichen Jahr wurde er Mitglied der Weimarer und Münchener Bibliophilen«.[76] Die bibliophile Bewegung fand im Schwabing der Prinzregentenzeit viele Anhänger, sodass 1907 die Gesellschaft der Münchner Bibliophilen, eine selbstständige Vereinigung mit enger Bindung an die reichsweite Gesellschaft der Bibliophilen, gegründet wurde.[77] Zu den Gründungsmitgliedern gehörten etwa die Verleger Hans von Weber und Georg Müller, der Antiquar Emil Hirsch (1866–1954), die Autoren Franz Blei und Karl Wolfskehl sowie der Literaturhistoriker Carl Georg von Maassen (1880–1940) – allesamt wurden sie zu wichtigen Kontakten für Stobbe. 1912 wurde dieser für kurze Zeit Sekretär der Gesellschaft, bis sie sich 1913 auflöste, wohl weil die feuchtfröhlichen Treffen inhaltlich und personell zerfransten.[78] Die Kontakte blieben aber bestehen, und in der Nachkriegszeit intensivierten sich auch die Treffen wieder. Im Gästebuch von Carl Georg von Maassen findet sich im April 1919 ein gemeinsamer Eintrag von Carl Graf Klinckowstroem und Horst Stobbe, der auf Planungen für das 1920 umgesetzte gemeinsame Projekt der Zeitschrift *Der grundgescheute Antiquarius* hinweist. Im Gästebuch ergänzte Stobbe den Eintrag Klinckowstroems »Es lebe der grungescheute Antiquarius« um den Zusatz »Das gleiche wünscht, falls er selbst dabei leben bleibt Horst Stobbe«.[79]

Parallel zum Engagement in den Gesellschaften unterstützte Stobbe bibliophile Interessen insbesondere durch verschiedene von ihm verlegte Publikationen. Ab Herbst 1919 erschien im Horst Stobbe Verlag die Zeitschrift *Die Bücherstube. Blätter für Freunde des Buches*, herausgegeben von Ernst Schulte Strathaus (1881–1968). Inhaltlich ging es hier vor allem um eine Abgrenzung zwischen »Bibliophilie und Pseudobibliophilie, Buchkunst und Afterbuchkunst«, wie Schulte Strathaus es formulierte.[80] In Stobbes Almanach von 1920 wurde die Zielsetzung sachlicher formuliert:

> [...] der immer mehr um sich greifende Wunsch dem Guten zu dienen und der immer mehr um sich greifenden Verflachung der Buchkunst energisch entgegenzutreten, führten zur Gründung der Zeitschrift »Die Bücherstube«. [...] Vornehmstes Ziel der »Bücherstube« ist: Die wahre Buchkunst zu pflegen, eine falsche spekulierende Kunst in ihren Auswüchsen und wilden Trieben zu bekämpfen.

Es ging vor allem darum, sich gegen Neureiche zu positionieren, die in der Zeit nach Kriegsbeginn begannen, Bücher als Wertanlage zu sammeln.[81] Geplant waren sechs Hefte pro Jahrgang. Aufgrund von Rohstoffknappheit und der beginnenden Inflation erschienen die Hefte jedoch nur schleppend, der erste Jahrgang von Oktober 1919 bis Januar 1921, wie auch der zweite Jahrgang von April 1922 bis August 1923 zählten jeweils nur vier Hefte. Ab dem zweiten Jahrgang wurde Günther Hildebrandt Mitherausgeber. Im Herbst 1922 gab Stobbe aufgrund der sich verschärfenden Inflation die verlegerische Verantwortung ab. Mit dem dritten Jahrgang veränderte sich auch das Gesicht der Zeitschrift, und Schulte Strathaus wurde von Paul Renner abgelöst.[82] 1926/27 endete das Erscheinen der Zeitschrift. In den Jahren, in denen *Die Bücherstube* bei Stobbe erschien, war auch sein *Almanach der Bücherstube* eng mit der Zeitschrift verbunden, sollte »eine Art Jahrbuch von ihr werden, das Rechnung ablegen wird von dem Erreichten«.[83]

Gleichzeitig wie *Die Bücherstube* entstand bei Stobbe die Zeitschrift *Der grundgescheute Antiquarius*, die im Wechsel mit ihr ebenfalls sechsmal pro Jahr erscheinen sollte und von Carl Georg von Maassen herausgegeben wurde. Im Vergleich zur *Bücherstube* sollten hier die eher unterhaltsamen und humorvollen Texte zu allen Bereichen der Bibliophile versammelt werden. Das Erscheinen wurde nach dem zweiten Jahrgang allerdings wieder eingestellt.

Im März 1923 meldeten sich F. H. Ehmcke, Ernst Schulte Strathaus, Horst Stobbe und Kurt Wolff mit einem Schreiben zur Gründung der Gesellschaft der Münchner Bücherfreunde und luden die Interessenten zur Gründungsversammlung in den Kurt Wolff Verlag.[84] 1923 wurde dann die *Gesellschaft der Münchner Bücherfreunde* gegründet, bei der Stobbe Schriftführer wurde und deren monatliche Zusammenkünfte und Veranstaltungen in seinen Räumen stattfanden.[85] Neben Stobbe gehörten Carl Georg von Maassen, Carl Graf Klinckowstroem, Ernst Schulte Strathaus, Rolf von Hoerschelmann, Hanns Floerke, Heinrich Ehlers, Günther Hildebrandt und Willy Wiegand zu den Mitgliedern. Die Gesellschaft kam zu angeregten und kurzweiligen Abenden und Veranstaltungen zusammen. Im November 1924 etwa fand eine Jubiläums-Abend zu Ehren des Insel-Verlags statt,

---

76 HLH M 69: Stobbe: Die Geschichte der Bücherstube.
77 Vgl. Neumann: Hundert Jahre, S. 33 f. und Köstler, 2009, S. 262.
78 Vgl. Köstler, https://www.autographen.org/index.php?id=51.
79 Münchner Stadtbibliothek / Monacensia, Album 12: Gästebuch von Carl Georg Maassen.
80 Vgl. Sarkowski: Die Bücherstube, S. 81.

81 Vgl. Sarkowski: Die Bücherstube, S. 81.
82 Vgl. Sarkowski: Die Bücherstube, S. 83.
83 Stobbe: Almanach 1920, Vorwort.
84 BSB, Ana 470.C.V.1: Gesellschaft der Münchner Bücherfreunde an Unbekannt, 12. März 1923.
85 Eva-Maria Herbertz: Schwabylon, S. 83-85.

Abb. 7: Seiten aus einem Werbeblatt der Bücherstube Stobbe von 1929, die die Räumlichkeiten in der Promenadestraße zeigen. Bildquelle: Münchner Stadtbibliothek / Monacensia, HLH M 69.

in dessen Nachgang sich Anton Kippenberg für die »Glückwunschadresse [bedankte], die die Gesellschaft Münchner Bücherfreunde mir von ihrem letzten Inselabend (freilich war es wohl schon der Inselmorgen) sandte«.[86] Bei den sogenannten Bibliophilen-Abenden gab es unter anderem Vorträge über Th. Th. Heine (gehalten von Heinrich F. S. Bachmair) oder zu Alfred Kubin.

Die Münchner Bücherfreunde waren auch Mitveranstalter literarischer Faschingsfeste. Im Februar 1925 wurde gemeinsam mit dem Bund Deutscher Gebrauchsgraphiker und der Ehmcke-Klasse der Kunstgewerbeschule ein E. T. A. Hoffmann-Fest organisiert. In Stobbes Bücherstube wurden nicht nur die Karten dafür verkauft, sondern auch eine Kostümberatungsstelle eingerichtet. Begleitend veranstalte Stobbe in der Bücherstube eine Ausstellung mit Kostümentwürfen und historischen Bildern der Hoffmannschen Zeit, die in der Einladung zum Fest angekündigt wurde.[87] Im Jahr darauf veranstalteten die Münchner Bücherfreunde in den Räumen der Bücherstube das Fest »Zauber im Zauberberg«.

4 Horst Stobbe Bücherstube in der Promenadestraße – Festhalten am Ruf der Kunststadt München

Während aus der ersten Hälfte der 1920er Jahre bereits viele Aktivitäten Stobbes in der Darstellung seiner Netzwerke

---

86 BSB, Ana 470.C.V.1: Anton Kippenberg an Horst Stobbe, 10. November 1924.

87 BSB, Ana 470.C.V.1.

Abb. 8–10: Von Stobbe in seinen Erinnerungen von 1945 nachgezeichnete Signets der Bücherstube. Bildquelle: Münchner Stadtbibliothek / Monacensia, HLH M 69.

erwähnt sind, ist nach der Sichtung der Dokumentation im Nachlass für die zweite Hälfte der 1920er Jahre eine Abnahme der Aktivitäten festzuhalten. Auch scheint Stobbes Tun nicht mehr von Innovationen geprägt zu sein, sondern stattdessen vom Festhalten am Gewohnten. 1926 musste Stobbe aufgrund des Verkaufes des Hauses am Siegestor umziehen. Neue Räumlichkeiten fanden sich in der Promenadestraße 12, im Porcia-Palais.

Ab dem Umzug nannte sich das Geschäft »Horst Stobbe Bücherstube«. Auch das Signet musste erneuert werden, zeigte das bisherige doch das Siegestor. Das neue Signet wurde von Bruno Goldschmitt entworfen und stellt einen Adler dar, der auf einem Baumstumpf »horstet« und seine kleinen Nachkommen betrachtet.[88]

In seinen Erinnerungen beschrieb Stobbe die neuen Räume:

> Im alten Porcia-Palais in der Promenadestrasse von Zuccali 1693 für die Fugger erbaut und von Cuvillies für die Freunde Karls VII. umgebaut, richteten wieder die Deutschen Werkstätten zwei gewölbte durch einen schön geschwungenen Bogen verbundene Räume für die Bücherstube her. Hier wurde das nun einmal festgelegte Programm weitergeführt, Ausstellungen und Versteigerungen fanden statt, die Bibliophilen zogen auch mit, Dichter lasen aus ihren Werken und die Freunde des schönen Buches trafen sich hier, wie einst am Siegestor.[89]

Diese Beschreibung lässt deutlich ein Festhalten am bereits Bestehenden erkennen. Anders als beim letzten Umzug nutzte Stobbe die räumliche Veränderung nicht für Neuerungen. Während ein Faktor für die verminderte Aktivität sicherlich die wirtschaftliche Lage zum Ende der Weimarer Republik ist, so ist als weiterer Faktor die zunehmende »geistige und ideologische Zersplitterung und Polarisierung« des gesamten Literaturpublikums in Betracht zu ziehen.[90]

Mit einer gewissen Verklärung scheint Stobbe dagegen an seinem zentralen Thema, der Münchner Moderne und der Literatur der Schwabinger Künstlerkreise festgehalten zu haben. 1930 veranstaltete er die Ausstellung »Dichter und Dichterleben in München (1880–1930)«, eines der wenigen Großereignisse dieser Zeit in der Bücherstube, das in Dokumentation und Erinnerungstexten Erwähnung findet. Anhand des Fotos der Ausstellung kann deren inhaltliche Zusammenstellung erschlossen werden. Gezeigt wurden demnach fast ausnahmslos Dokumente aus der Hochphase der Schwabinger Boheme um 1900. Zu erkennen sind etwa Th. Th. Heines Darstellung von Marya Delvard von 1901, die als Plakatmotiv der »Elf Scharfrichter« bekannt wurde, ein Plakat der »Gesellschaft für beschränkte Kunst« von Fritz Erler aus dem Jahr 1902 sowie ein weiteres Plakat aus seiner Serie für den Cococello Club, Bilder und Karikaturen unter anderem von Otto Julius Bierbaum, Frank Wedekind und Ludwig Thoma, ein Titelblatt der Zeitschrift *PAN*, eine umfangreiche Sammlung von Programmheften der »Elf Scharfrichter« und eine Serie von Zeichnungen der Stammgäste des Café Stefanie von Ernst Stern von 1902. Die Analyse der Fotografie deckt sich auch mit einer Rezension zur Ausstellung von Ernst Heimeran in den *Münchner Neuesten Nachrichten* vom 4. Februar 1930.[91] Heraufbeschworen wird hier also das Bild eines vergangenen Schwabings, ungeachtet dessen, dass die Schwabinger Boheme eigentlich schon um 1910 als vergangen gelten kann und häufig nur noch als museale Projektion herbeizitiert wurde, wie Waldemar Fromm feststellt.[92]

---

88 BSB, Ana 470.C.V.1.
89 HLH M 69: Stobbe: Die Geschichte der Bücherstube.
90 Wittmann: Geschichte, S. 308.
91 Adolph: Horst Stobbe, S. 119f.
92 Vgl. Fromm: Topographie, S. 135 und S. 149.

Abb. 11: Aufnahme aus der Ausstellung »Dichter und Dichterleben«, 1930, Bildquelle: Münchner Stadtbibliothek / Monacensia, HLH M 69.

Beim Vergleich der Gästelisten von Vernissage und Finissage der Ausstellung ist sogar eine konservative bis völkische Wende erkennbar. Waren bei der Eröffnung noch Vertreter der literarischen Moderne anwesend, wie etwa Thomas Mann, Max Halbe, Karl Wolfskehl, Otto Falckenberg, Ernst von Wolzogen und Joachim Ringelnatz, so scheint das literarische Publikum zum letzten Ausstellungstag nahezu komplett ausgetauscht gewesen zu sein. Anwesend waren nun die Dichter Paul Alverdes, Hans Brandenburg, Gottfried Kölwel, Ernst Penzoldt, Eugen Roth, Ruth Schaumann, Kuni Tremel-Eggert, Josef Magnus Wehner, Hans Carossa, Rudolf G. Binding und Ina und Willy Seidel – ein Spektrum von konservativen Autoren bis hin zu Autoren, die keinerlei Berührungsängste mit dem frühen Nationalsozialismus hatten. Ab 1924 lässt sich in kulturellen Debatten in der Stadt München ein zunehmender Druck der politischen Rechten sowie die Rede vom Ende der Kunststadt feststellen.[93] Schon mit der Niederschlagung der Revolution 1919 kam es zu einer Abwanderungswelle von Künstlern und Wissenschaftlern nach Berlin, die sich in den 1920er Jahren fortsetzte. Das kulturelle Leben Münchens wurde zunehmend »modernitätskritisch-konservativ mit fließendem Übergang zu nationalistisch-völkischen Positionen«,[94] was sich auch im Umfeld der Bücherstube verfolgen lässt.

1931 zog die Bücherstube erneut um und befand sich nun im Maffei-Palais am Promenadeplatz 8, der 1933 in Ritter von Epp-Platz umbenannt wurde.

5 Horst Stobbe in der NS-Zeit – fragwürdige Spuren

Eine klare schriftliche Äußerung Stobbes zu seiner politischen Haltung in der NS-Zeit ist nicht bekannt. Deshalb sollen an dieser Stelle nur die wenigen Spuren, die sich zu seinem Handeln in den Jahren 1933 und 1945 in den Archiven finden lassen, verfolgt werden. Zum jetzigen Zeitpunkt

---

93 Fromm: Literarisches Leben, S. 40f.

94 Fromm: Literarisches Leben, S. 40f.

muss das Aufspüren weiterer Quellen ein Desiderat bleiben. Die in den konsultierten Archiven erhaltenen Dokumente ermöglichen keine eindeutige Bewertung von Stobbes Handeln. Das 1945 abgefasste Erinnerungsbuch Stobbes für Hans Ludwig Held enthält zumindest eine annähernd konkrete Aussage zu Stobbes sonstigem Schweigen über die Jahre ab 1933, dort heißt es: »Die hier [im Maffei Palais] verbrachte Zeit liegt noch zu nahe, um aus ihr Geschichte zu machen. In der Nacht vom 24. zum 25. April 1944 wurde das Maffeihaus mit der Bücherstube und ihren gesamten Schätzen das Opfer eines Terrorangriffes.«[95] Aufschlussreich ist, dass Stobbe hier aus seiner Perspektive von 1945 die alliierten Bombardements als »Terrorangriff« bezeichnet.

In den im Nachlass vorhandenen chronologisch angelegten Materialzusammenstellungen und dem Gästebuch der Bücherstube sind die dokumentierten Ereignisse ab 1933 von geringer Zahl. Offen bleibt, ob Ereignisse bewusst nicht aufgenommen wurden, also der im Zitat oben formulierten Haltung, noch nicht über die direkte Vergangenheit zu berichten, Folge geleistet wurde, oder ob es tatsächlich ruhiger um Horst Stobbes Bücherstube geworden war.

Aus den wenigen im Nachlass vorhandenen Materialien zu Veranstaltungen der Bücherstube ab 1930 geht dennoch deutlich hervor, dass sich Stobbe in den Jahren vor 1933 bereits an konservativ-nationale Kreise annäherte und nach 1933 immer wieder mit Vertreter:innen des NS-Literaturbetriebs zusammenarbeitete. Inwieweit seine Verbindungen tatsächlich gingen und welche politische Haltung dahinterstand, darüber kann schwer eine abschließende Aussage getroffen werden.

Das erhaltene Foto der Finissage der bereits angesprochenen Ausstellung *Dichter und Dichterleben in München 1880–1930* aus dem Jahr 1930 zeigt neben Horst Stobbe Paul Alverdes, Ernst Penzoldt, Willy Seidel, Dora Brandenburg-Polster, Josef Magnus Wehner, Gottfried Kölwel, Kuni Tremel-Eggert, Eugen Roth, Ruth Schaumann und Hans Brandenburg. Vermutlich ist halb hinter Stobbe versteckt noch Oskar Maria Graf zu sehen. Zumindest unterzeichnete er im Gästebuch den Eintrag zur Veranstaltung. Damit wäre ein Autor, in der Runde gewesen, der sich später mit seinem Aufruf »Verbrennt mich!« (1933) offen kritisch gegen das NS-Regime und seinen Literaturbetrieb stellte und ins Exil ging. Mit Paul Alverdes, Willy Seidel und Josef Magnus Wehner ist dagegen eine Mehrheit von Autoren vertreten, die in den folgenden Jahren keine Berührungsängste mit dem nationalsozialistischen Literaturbetrieb hatten. Wehner und Seidel etwa gehörten zu den 88 Autoren, die im Oktober 1933 das »Gelöbnis treuester Gefolgschaft« für Adolf Hitler unterzeichneten. Mit Kuni Tremel-Eggert war eine Autorin anwesend, die sich 1933 antisemitisch positionierte, Mitglied mehrere NS-Organisationen wurde und erfolgreiche Romane im Eher-Verlag veröffentlichte.

Keine Aufklärung findet sich im Nachlass über die Aktivitäten Stobbes für den Verlag Deutsche Arbeitsfront, auf die Wittmann und Barbian bereits hingewiesen haben.[96] Auch hier bleibt offen, ob es sich um bewusste Auslassungen Stobbes handelt. Im Mai 1933 wurde nach der Zerschlagung der freien Gewerkschaften, die von Robert Ley geleitet wurde, die Deutsche Arbeitsfront als Einheitsverband der Arbeitnehmer und Arbeitgeber gegründet und wurde schnell zur mitgliederstärksten und finanzkräftigsten Organisation des NS-Systems. Als Unternehmenskomplex besaß die DAF in einer Reihe von Branchen, auch im Verlagswesen und Buchhandel, bald eine marktbeherrschende Stellung.[97] Stobbe war von August 1933 bis Juli 1935 als Leiter des Verlages der DAF eingesetzt,[98] nachdem er am 1. Mai 1933 der NSDAP beigetreten war.[99] In den Unterlagen im Bundesarchiv Berlin finden sich außer Stobbes Erwähnung seiner Tätigkeit für die DAF in einem im Oktober 1942 an die Reichsschrifttumskammer gesendeten Lebenslauf keine weiteren Informationen dazu: »Vom Juli 1933 bis September 1935 war ich im Auftrag der Partei als Leiter des Verlages der DAF tätig.«[100] Der Verlagskonzern der DAF setzt sich aus drei Großunternehmen zusammen: der Hanseatischen Verlagsanstalt und dem Langen-Müller-Verlag, die schon davor im Besitz des rechtskonservativen Deutschnationalen Handlungsgehilfen-Verbands gewesen waren, und als Neuschöpfung dem Zentralverlag.[101] Der Langen-Müller-Verlag war aus den Überresten des Albert Langen-Verlags und des Georg Müller-Verlags hervorgegangen, viele seiner Autoren, die führende Positionen im NS-Literaturbetrieb einnahmen, waren schon vor 1933 Hausautoren. Dazu zählen etwa Hanns Johst, Hans Friedrich Blunk oder Erwin Guido Kolbenheyer.[102] Nicht dokumentiert ist, wie Stobbe zu seiner Position im Verlag kam, allerdings war Ley, der 1934 Reichsorganisationsleiter der NSDAP wurde, sein Schwager. Einen weiteren Kontakt gab es über Ilse Pröhl, Freundin von Rudolf Hess, die seit 1921 Mitglied der NSDAP war und neben ihrem Studium

---

95 HLH M 69: Stobbe: Die Geschichte der Bücherstube.

96 Vgl. Wittmann: Hundert Jahre Buchkultur, S. 157, und Barbian: Der Buchmarkt, S. 188.
97 Vgl. Hachtmann: Das Wirtschaftsimperium, S. 9.
98 SpkA, K 1782, Stobbe Horst, Meldebogen aufgrund des Gesetzes zur Befreiung von Nationalsozialismus und Militarismus, unterzeichnet von Horst Stobbe am 25.4.1946.
99 BArch, R_9361-II_984621_Stobbe,Horst: Parteistatistische Erhebung, Fragebogen für Parteimitglieder, 1939.
100 BArch, R_9361-II_984621_Stobbe,Horst.
101 Vgl. Hachtmann: Das Wirtschaftsimperium, S. 267.
102 Vgl. Hachtmann: Das Wirtschaftsimperium, S. 292.

Horst Stobbe Bücherstube, München

Ritter-von-Epp-Platz 8 (früher Promenadeplatz). Bank: Merck, Finck & Co., München. Postscheck München 1805. Fernruf 10849

```
                        Lebenslauf
                        ==============

Ich bin am 30.V.1884 in Elbing als Sohn des Kaufmanns
Hermann Stobbe geboren.Besuchte daselbst das Gymnasium und
erlernte 1903-06 in Königsberg den Buchhandel.Seit 1906
in München,kaufte ich dort am 1.VII.1909 die Buchhandlung
Ottmar Schönhuth,ab 1.X.1916 lautete die Firma Bücherstube
am Siegestor und ab 1.IV.1926 Horst Stobbe Bücherstube.

1920 leitete ich die Abstimmungsarbeiten für Ost-u.West-
preussen südlich der Donau und erhielt als Anerkennung
den Schlesischen Adlerorden II.Klasse.1919 begründete ich
die Zeitschrift"Die Bücherstube " und "Der grundgescheute
Antiquarius".An eigenen Arbeiten gab ich heraus eine
Wedekind-Bibliographie,eine Panizza-Bibliographie,eine
Bibliographie der deutschen Pressen,dann "Versuch einer
Baugeschichte der St.Nikolaikirche in Elbing im Mittelalter",
ferner kleinere Beiträge für das Elbinger Jahrbuch.
Vom Juli 1933 bis September 1935 war ich im Auftrag der
Partei als Leiter des Verlages der DAF.tätig.Seit 1909
bin ich bei der Weimarer und bei der Münchener Bibliophi-
len Gesellschaft Mitglied,bei der letzteren langjährig im
Vorstand.
```

Abb. 12: Lebenslauf, den Horst Stobbe im Oktober 1942 an die Reichskulturkammer schickte. BArch, R9361-II_984621_Stobbe,Horst.

und der Tätigkeit für die NSDAP im Antiquariat Julius Halle und bei Stobbe arbeitete. Stobbe entließ sie jedoch 1927 wegen Unpünktlichkeit und eigenmächtigem Urlaubnehmen.[103] Möglich ist auch ein Kontakt Stobbes über Ernst Schulte Strathaus, mit dem Stobbe an mehreren seiner bibliophilen Publikationen zusammengearbeitet hatte und dessen Texte u. a. im Almanach gedruckt wurden. Schulte Strathaus war schon seit den frühen 1920er Jahren mit Ilse Pröhl befreundet und von 1935 bis 1941 Amtsleiter für Kunst- und Kulturfragen im Stab von Rudolf Hess.

Ab Anfang Juni 1933 fand in der Bücherstube die Ausstellung »Die Deutsche Schrift« statt, bei der laut der im Nachlass erhaltenen Einladungskarte Bücher und Einzeldrucke von der Kunstgewerbeschule, den Gebr. Klingspor und Wilhelm Gerstung gezeigt wurden. Eine Klingspor-Ausstellung hatte Stobbe schon 1931 veranstaltet. Auch das Thema Schrift war nichts Neues für Stobbe, erwähnenswert ist jedoch der folgende Zusatz auf der Einladungskarte: »Zum Besuch dieser Ausstellung, die durch die Fachschaft für

---

[103] Görtemaker: Rudolf Hess, S. S. 227.

Schrift und Buchkunst der Ortsgruppe Offenbach a.M. des Kampfbundes für Deutsche Kultur veranstaltet ist, laden wir ein. Kampfbund für deutsche Kultur. Ortsgruppe München«[104] Nicht mehr die Vertreter der literarischen Moderne prägten jetzt also das Programm der Bücherstube, sondern mit dem Kampfbund ist eine der frühen, bereits 1928 gegründeten nationalsozialistischen Organisationen, die sich dezidiert gegen die literarische Moderne wandte,[105] zu Gast in Stobbes Räumen.

Auffällig ist in diesem Kontext, dass sich schon ab Ende der 1920er Jahre in Stobbes Ausstellungen keinerlei Spuren der in München blühenden typografischen Avantgarde rund um Paul Renner, Jan Tschichold und Georg Trump finden. Einzig Paul Renner war den Unterschriften im Gästebuch nach 1931 Teilnehmer eines Abends mit Gästen aus dem Umfeld der Münchner Bücherfreunde. Renners 1927 veröffentlichte Schrift »Futura« wurde von völkischen Anhängern der Frakturschrift zu dieser Zeit vehement abgelehnt.[106] Beim Vortragsabend »Kampf um München als Kulturzentrum« positionierte sich Renner klar für moderne und demokratische Positionen in Gegnerschaft zu einem rückwärtsgewandten »falsche[n] Kunstbegriff«.[107] Dies verdeutlicht, dass das Thema Schrift durchaus Teil von einer Auseinandersetzung zwischen Gegnern und Befürwortern nationalistisch-völkischer Positionen war, in der Stobbe sich mit der Veranstaltung des Kampfbunds positionierte. Wenn auch in der Praxis der Gestaltung nicht viel Aufmerksamkeit darauf verwendet wurde, setzte sich in den Jahren 1933 und 1934 und auch schon zum Ende der Weimarer Republik der »Bund für Deutsche Schrift« stark für die Frakturschrift ein.[108]

Eine weitere Veranstaltung in Stobbes Räumen ist die Ausstellung *Die Straße* im Sommer 1935, über die es auf der im Nachlass vorhandenen Einladungskarte heißt: »In der Ausstellung ›Die Straße‹ zeige ich Literatur und Alte Graphik zur Geschichte der Straße.«[109] Es liegt die Vermutung nahe, dass Stobbe mit dieser Themensetzung Bezug nimmt auf die gleichnamige Ausstellung, die im Sommer 1934 mit großem Aufwand als Teil der NS-Propaganda für den Autobahnbau in München stattfand.[110] Die Einladungskarte gibt auch Aufschluss über die derzeitigen Programmschwerpunkte in Stobbes Geschäft, aufgeführt sind die Themengebiete: »Schöne Literatur / Kunstgeschichte / Geschichte / Rassenkunde und Familienforschung / Nationalsozialismus / Alte und Neue Graphik / Städteansichten / Seltenheiten / Moderne Buchkunst«.[111] Ein Foto der Bücherstube, das mit Hinweis auf die Ausstellung ebenfalls im Nachlass enthalten ist, zeigt die Präsentation von Hitlers *Mein Kampf* neben seinem Portraitfoto an prominenter Stelle im Geschäft.[112]

Auch zu den 1936 im Rahmen der »Buchwoche« bei Stobbe durchgeführten Signierstunden mit den Autoren und Autorinnen Rudolf G. Binding, Georg Britting, Hans Carossa, Otto Ehrhart-Dachau, Ruth Schaumann, Josef Magnus Wehner und Heinrich Zillich sind an entsprechender Stelle im Nachlass Fotografien abgelegt.

Nicht im Nachlass dokumentiert, aber aus den Akten der Reichsschrifttumskammer im Bundesarchiv ersichtlich ist, dass Stobbe spätestens in den 1940er Jahren über die Gesellschaft der Münchner Bücherfreunde auch in Kontakt mit Rudolf Buttmann stand. Buttmann war, wie Stobbe in seiner Funktion als Schriftführer und Kassenwart der Reichsschrifttumskammer in Anmeldeunterlagen für den Verein 1942 mitteilt, zu diesem Zeitpunkt zweiter Vorsitzender des Vereins. Damit ist Stobbe eng verbunden mit einer der zentralen Figuren des nationalsozialistischen Kulturbetriebs in München. Buttmann, ab 1935 Generaldirektor der Bayerischen Staatsbibliothek, war seit 1925 NSDAP-Mitglied und setzte sich früh öffentlich für die Nationalsozialisten ein.

In seinem ebenfalls den Anmeldeunterlagen der Gesellschaft der Münchner Bücherfreunde bei der Reichsschrifttumskammer beigelegten kurzen Lebenslauf betont Stobbe besonders sein Engagement für Ost- und Westpreußen: »1920 leitete ich die Abstimmungsarbeiten für Ost- u. Westpreussen südlich der Donau und erhielt als Anerkennung den Schlesischen Adlerorden II. Klasse.«[113] Das Engagement für die Ost- und Westpreußen-Stiftung bietet eine weitere Spur zu Material über die wenig dokumentierten Jahren der NS-Zeit, denn wiederholt wird in Zeitungsartikeln aus diesem Umfeld, wie etwa im *Ostpreußenblatt* von 1974, auf Stobbes Arbeit an seinen Memoiren hingewiesen.[114] Im Archiv der Ost- und Westpreußenstiftung in Bayern e.V. ist ein kleiner Bestand an Materialien zu Stobbe erhalten, zum Memoiren-Projekt finden sich hauptsächlich Anfänge, die sich mit Erinnerungen an Kindheit und Jugend in Elbing beschäftigen. Für die dreißiger Jahre wird allerdings von einem Besuch

---

104 BSB, Ana 470.C.V.1.
105 Vgl. Piper: Kampfbund für deutsche Kultur (KfdK).
106 Vgl. Wittmann: Hundert Jahre Buchkultur, S, 134.
107 Renner: Kampf um München, S. 128-135.
108 Haefs: Buchherstellung, S. 238.
109 BSB, Ana 470.C.V.1.
110 Schütz: Reichautobahn und Anke Gröner: Gemälde zur Reichsautobahn.
111 BSB, Ana 470.C.V.1.
112 BSB, Ana 470.C.V.1.
113 BArch, R_9361-II_984621_Stobbe,Horst.
114 Radtke: Ein Herold unserer Heimat, S. 17.

Horst Stobbes gemeinsam mit seinem Sohn anlässlich der Goldenen Hochzeit seiner Eltern berichtet, auf die eine Schilderung folgt, wie Stobbes Sohn 1944 in Ostpreußen fällt. Aus dieser Beschreibung lässt sich neben der patriotischen Verbundenheit Stobbes mit Ostpreußen durchaus auch eine Zustimmung zu Hitlers Politik in Ostpreußen herauslesen:

> Lieber Sohn! Du hast es wohl wie geahnt, daß auch du einmal auf ostpreußischer Erde in der Reihe vieler Kameraden, die für Deutschland fielen, deine letzte Ruhe finden solltest. [...] Weihnachten 1930 legte ich Dir ein Buch über Elbing unterm Baum und schrieb darin die Worte: »Meinem lieben Sohn Hermann zur Erinnerung an unsere gemeinsame Fahrt in meine Heimat [...]. Behalte diese Stätte in teuerem Andenken und mögest wenigstens Du den Tag erleben, an dem diese Erde wieder mit der großen deutschen Heimat verbunden wird!«
> Im September 1939 hat der Führer die Vereinigung Ostpreußens mit dem Mutterlande vollzogen. Am 29. Juli ist Hermann im Kampf für Ostpreußen gefallen. [...] Teurer Sohn, hätte ich je ahnen können, daß Deine Liebe zu Ostpreußen, die ich so freudig in Dir erweckt habe, einst mit deinem Blute besiegelt werden müsste. [...] Wir Eltern wissen es am besten, was wir in Dir verloren haben. Über alle Trauer erhebt uns das stolze Bewußtsein: Mit Dir hat einer der Besten sein Leben für das Vaterland gegeben.
> München, Weihnachten 1944
> Horst Stobbe[115]

1944 verlor Stobbe nicht nur den Sohn, sondern es wurde auch das Gebäude der Bücherstube am Promenadeplatz im April des Jahres von Bomben zerstört. Dem Börsenverein teilte er am 1. Mai 1944 mit, dass seine Bücherstube »ein Opfer des letzten Terror-Angriffs geworden ist«.[116] Im Juni 1944 veröffentlichte Stobbe im *Börsenblatt* seine neue Adresse: Reinekestraße 54.[117] Dem Fragebogen für Parteimitglieder von 1939 nach handelt es sich hierbei um Stobbes Privatadresse.[118] Auf einer Werbekarte im Nachlass heißt es:

> Meine Bücherstube befindet sich bis auf weiteres München IX, Reinekestraße 54. Haltestelle Großhesselohe der Straßenbahnlinien 15 und 23. Ihre Bücherwünsche bitte ich mir schriftlich oder fernmündlich bekanntzugeben, Ihr Besuch ist mir auch willkommen, wenn Ihnen der Weg nicht zu weit ist. Heil Hitler![119]

---

115 Archiv der Ost- und Westpreußenstiftung in Bayern e. V., Stobbe: Erinnerungen Aus Kindheit und Jugend in meiner Heimat in um Elbing.

116 SStA, 21765 Börsenverein (I), Nr. F 08980: Horst Stobbe an Verlag des Börsenvereins, 1.5.1944.
117 Börsenblatt 111 (1944) Nr. 44 vom 7. Juni, S. 407.
118 BArch, R_9361-II_984621_Stobbe,Horst: Parteistatistische Erhebung, Fragebogen für Parteimitglieder, 1939.
119 BSB, Ana 470.C.V.1.

Abb. 13: Parteistatistische Erhebung, Fragebogen für Parteimitglieder, 1939. BArch, R9361-II_984621_Stobbe,Horst.

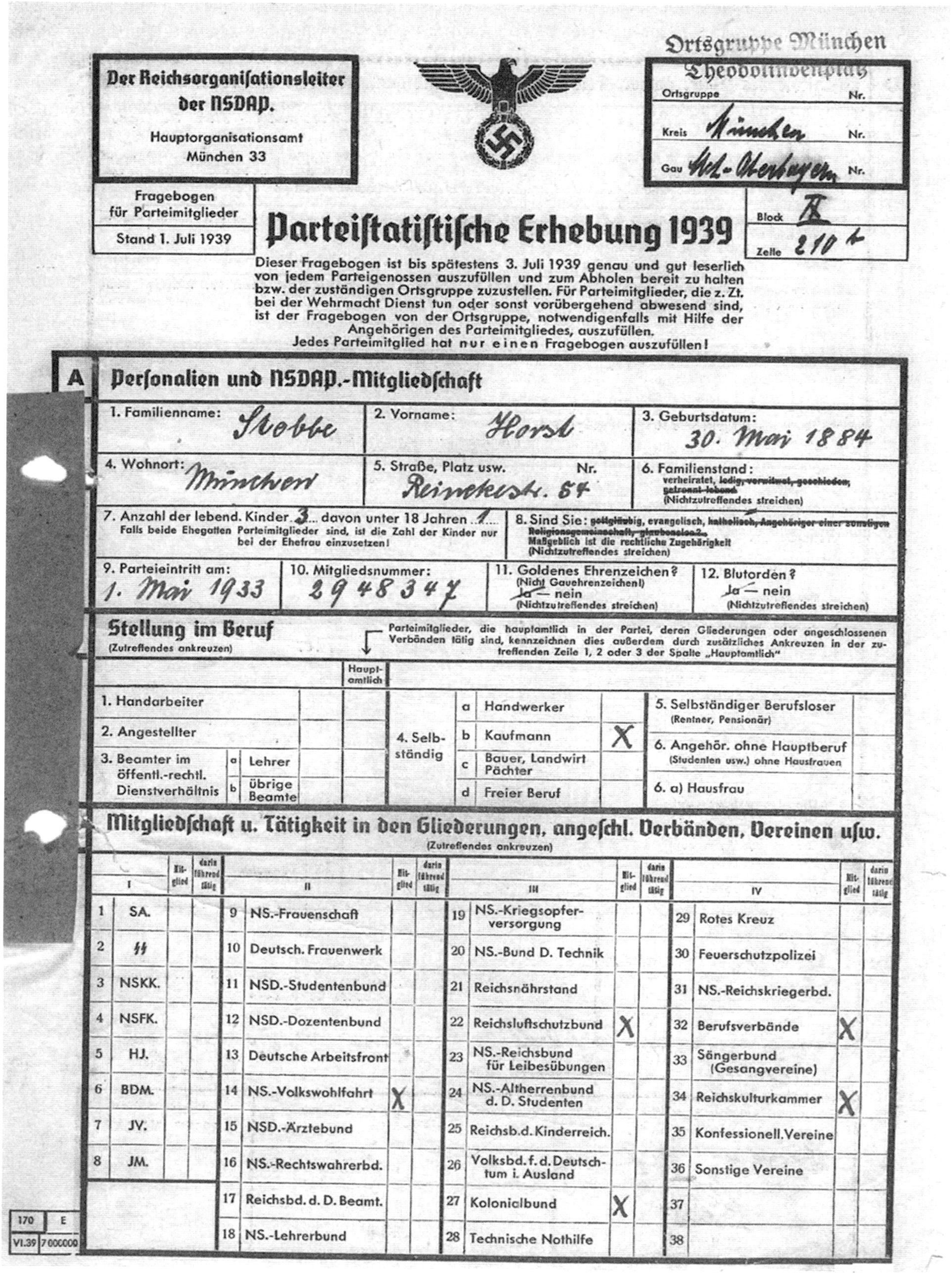

D | Tätigkeit als Polit. Leiter, Leiterin d. NS.-Frauensch., Walter, Walterin od. Wart

Nur auszufüllen von zur Zeit tätigen Politischen Leitern, Leiterinnen der NS.-Frauenschaft, Waltern, Walterinnen oder Warten!

Sofern mehrere Aufgaben in Personalunion erfüllt werden, ist nur ein Amt oder Sachgebiet anzugeben. Welche Tätigkeit einzutragen ist, soll jeder auf Grund der höchsten politischen Dienststellung oder des Umfanges der Arbeit oder der Wichtigkeit der Tätigkeit selbst bestimmen!

1. Dienststelle, in der die Tätigkeit ausgeübt wird (z. B. Ortsgruppe, Ortswaltung DAF, Kreisfrauenschaftsleitung, Gauamtsleitung für Volkswohlfahrt usw.):

2. Genaue Angabe des Amtes, der Abteilung oder des Sachgebietes (z. B. Organisation, Kasse, Propaganda, Zellenleiter, Blockobmann): (Nicht sonstige nachgeordnete Stellen benennen!)

3. Dienststellung (nicht Dienstrang!) (z. B. Leiter eines Amtes, Leiter einer Stelle, Leiter einer Abteilung, Zellenwalter, Blockleiter):

4. Wie wird die vorgenannte Tätigkeit ausgeübt?
Hauptamtlich — ehrenamtlich
(Nichtzutreffendes streichen)

5. Wird der angegebene Dienst innerhalb der Wohn-Ortsgruppe ausgeübt
ja — nein
(Nichtzutreffendes streichen)

Wenn nein, in welcher
a Ortsgruppe: (Ortswaltung)
b Kreisleitung: (Kreiswaltung)
c Gauleitung: (Gauwaltung)

E | Dienstkleidung und eigene Ausrüstung als Politischer Leiter

An Dienstkleidung und eigener Ausrüstung sind vorhanden:
(Zutreffendes ankreuzen)

						a braun	b grau
1	Stiefel (schwarz)	6	Dienstmantel	11	Brotbeutel und Feldflasche		
2	Schuhe und Gamaschen	7	Dienstmütze Wehrmachtsschnitt IV				
3	Diensthose (hellbraun)	8	Leibriemen (hellhavannabr. 60 mm br.)	12	Tornister		
4	Dienstbluse (hellbraun)	9	Pistole PPK. mit Tasche				
5	Dienstrock (hellbraun)	10	Kochgeschirr	13	Zeltbahn		

F | Sportabzeichen
(Zutreffendes ankreuzen)

1 SA.-Sportabzeichen (Wehrsportabzeichen)
2 Reichssportabzeichen

Ich versichere, alle Angaben vollständig und wahrheitsgemäß gemacht zu haben.

München den 1. Juli 1939   Frau M. Stobbe für Horst Stobbe
                                                Unterschrift

Fragebogen eingesammelt und überprüft:	Bearbeitungsvermerk der Ortsgruppe oder Kreisleitung:	Raum für weitere Bearbeitungsvermerke
München den 1.7. 1939	den 1939	
Unterschrift	Unterschrift	

6 Die Nachkriegszeit – Anknüpfen an Vergangenes

Die Fortsetzung der am Anfang des letzten Kapitels zitierten Passage aus Stobbes Erinnerungen zu seiner Einschätzung der Nachkriegssituation zeigt, dass er den Wiederaufbau nicht als Neubeginn oder Chance zur Aufarbeitung der Jahre der NS-Zeit verstand, sondern möglichst an Traditionen aus der Hochphase der Bücherstube anknüpfen wollte.

> [...] Die Stätten einstiger Tätigkeit waren ausgelöscht. Häuften sich auch von Woche zu Woche die Hiobsnachrichten von neuen Schicksalsschlägen, der Geist des alten München ist unvernichtbar, so lange die Stadt seiner Tradition getreu bleibt. Dann wird eines Tage der Wundervogel Phönix verjüngt aus der Asche der Trümmer hervorgehen. Auch der alte gute Geist der Bücherstube wird in neuen Geschlechtern fortleben.[120]

Stutzig macht auch eine Passage im Begleitschreiben, mit dem Stobbe am 1.8.1945 das eben zitierte Erinnerungsbuch an Hans Ludwig Held, Bibliotheksdirektor und als Kulturbeauftragter eine der maßgeblichen Figuren des kulturellen Wiederaufbaus in München, schickte:[121] »Die kleine Geschichte meiner Bücherstube, die ich Ihnen heute [...] überreiche, ist in der Eile nicht so geworden, wie ich es gewünscht hätte. Ich hätte sie gerne noch einmal überarbeitet, aber ich habe meinen letzten Bogen weißes Papier verbraucht.«[122] Die Betonung von Papiermangel und Eile lesen sich wie der Versuch, über die Lücken in der Biografie hinwegzutäuschen.

In einem weiteren Brief vom Dezember 1945 findet sich eine interessante Passage: »Jetzt da man von Frieden in der Welt spricht, musste ich von meinen geliebten Büchern Abschied nehmen. [...] Meine Buchhandlung ist verkauft, die Bücher sind in Kisten verpackt.«[123] Dieser Verkauf des Geschäfts wird in anderen Erinnerungen und Texten nicht weiter erklärt.

Die Spruchkammerakten zu Horst Stobbe zeigen, dass sich Oberregierungsrat Hans Karpfhammer im November 1947 dafür einsetzte, dass das Spruchkammerverfahren gegen Stobbe schnell durchgeführt werde, damit dieser wieder tätig werden könne.[124] Seinen »Meldebogen auf Grund des Gesetzes zur Befreiung von Nationalsozialismus und Militarismus vom 5. März 1946« hatte Stobbe bereits am 25. April 1946 eingereicht und hierin seine Parteimitgliedschaft sowie die Tätigkeit für den Verlag der DAF angegeben. Aus dem Meldebogen geht auch hervor, dass Stobbes Beschäftigung zu diesem Zeitpunkt von der »Property Control Branch« abgelehnt war.[125] Mit Bescheid vom März 1948 wird eine Geldsühne von 2.000 Reichsmark festgesetzt und Stobbe als Mitläufer eingestuft.[126]

1950 eröffnete Stobbe einen neuen Laden im Neubau der Notarkasse in der Ottostraße 10, davor gab es ein kurzes Intermezzo in kleinen Räumen im Radspielerhaus, Hackenstraße 7. In dieser Zeit wurden wieder regelmäßig Kataloge verschickt. Darin ist die Tendenz unverkennbar, an die erfolgreichen Jahre nach dem Kauf der Bierbaum-Sammlung anzuknüpfen, wie auch der Versuch, das positive Münchenbild dieser Zeit wieder aufzugreifen. 1959 erschien der Katalog *Von Weimar bis Schwabing. Deutsche Literatur in Erstausgaben seltener und schöner Drucken. 1750–1950*. Das Vorwort des Kataloges wie zahlreiche anderen Texte aus der Nachkriegszeit von Stobbe enthalten kurzweilige Schilderungen seiner Begegnungen mit den Autoren und Bibliophilen der Münchner Moderne. Eingeleitet wird der Katalog mit den Versen von Karl Wolfskehl: »Büchern bin ich zugeschworen, / Bücher bilden meine Welt. / Bin an Bücher ganz verloren, / bin von Büchern rings umstellt.«[127]

Parallel zu seinen Aktivitäten in der Bücherstube engagierte sich Stobbe in den Nachkriegsjahren in der Ost- und Westpreußenstiftung, deren Ehrenpräsident er mit 88 Jahren wurde.[128] Im Geschäft wurde er in den letzten Jahren in der Ottostraße altersbedingt zunehmend von seiner Tochter Elisabeth unterstützt.[129] Aus der Zeit nach Stobbes Tod finden sich in der Mitgliederakte beim Börsenverein weitere von ihr unterzeichnete Dokumente, die die Bücherstube betreffen, bis sie das Geschäft 1980 verkaufte.[130]

7 Literatur- und Quellenverzeichnis

Archivalische Quellen

Berlin
Bundesarchiv (BArch)
R 9361-II/984621: NSDAP-Parteikorrespondenz, Stobbe, Horst
R 9361-V/11256: Bestand Reichskulturkammer, Stobbe, Horst
NSDAP-Mitgliederkarteikarte: Stobbe, Horst

---

120 HLH B 441. Horst Stobbe an Hans Ludwig Held, 30.12.1945.
121 Vgl. zu Held: Krauss: Nachkriegskultur, S. 13–28.
122 HLH B 441. Horst Stobbe an Hans Ludwig Held, 1.8.1945.
123 HLH B 441. Horst Stobbe an Hans Ludwig Held, 30.12.1945.
124 SpkA, K 1782, Stobbe Horst.

125 SpkA, K 1782, Stobbe Horst, Meldebogen aufgrund des Gesetzes zur Befreiung von Nationalsozialismus und Militarismus, unterzeichnet von Horst Stobbe am 25.4.1946.
126 SpkA, K 1782, Stobbe Horst.
127 Stobbe: Weimar bis Schwabing, S. 3.
128 Der Westpreuße, Jg. 26, 17, 1974.
129 Vgl. Von Klinckowstroem: Horst Stobbe 80 Jahre.
130 DNB Museum/Studiensammlungen: HA/BV 97.2,898, Börsenverein: Mitgliedsakte Bücherstube Horst Stobbe, 1955–1981.

Bern
Schweizerisches Literaturarchiv (SLA)
    HEN-D-02-a/04: Bibliothek Emmy Henning

Leipzig
Deutsche Nationalbibliothek (DNB)
    DNB Museum/Studiensammlungen: HA/BV 97.2,898: Mitgliedsakte Bücherstube Horst Stobbe, 1955–1981, Börsenverein des Deutschen Buchhandels
Sächsisches Staatsarchiv (SStA)
    21765 Börsenverein der Deutschen Buchhändler zu Leipzig (I), Nr. F 08980: Stobbe Bücherstube, Horst, Buchhandlung und Antiquariat, Kunsthandel, München, 1937–1949

München
Archiv der Ost- und Westpreußenstiftung in Bayern e.V.
    Horst Stobbe: Erinnerungen Aus Kindheit und Jugend in meiner Heimat in um Elbing (Typoskript)
Bayerische Staatsbibliothek (BSB)
    Ana 470, A-G: Stobbe, Horst
Münchner Stadtbibliothek / Monacensia
    HLH M 69: Horst Stobbe: Die Geschichte der Bücherstube Horst Stobbe (Typoskript)
    HLH B 441: Briefe von Horst Stobbe an Hans Ludwig Held
    Album 12: Gästebuch von Carl Georg Maassen
Staatsarchiv München
    SpkA K1782, Stobbe Horst

Gedruckte Quellen

BLEI, Franz: Vorwort. In: Die Moderne Literatur in Erstausgaben, Seltenen Drucken, Handschriften und Bildnissen. 1880–1910. München: Horst Stobbe 1912.
Der Westpreuße, Jg. 26, 17, 1974.
Die Ausstellung München 1908. Eine Denkschrift. München: Bruckmann 1908.
HOLLWECK, Ludwig: Münchener Notizbuch: Horst Stobbe 90 Jahre. In: Münchener Stadtanzeiger, Nr. 43, 1974, S. 4.
KLINCKOWSTROEM, Carl Graf von: Horst Stobbe 80 Jahre. In: Börsenblatt (Frankfurt) 20 (1964) Nr. 43 vom 29. Mai.
POPP, J.: Ausstellung F. H. Ehmcke. München: Bücherstube am Siegestor Horst Stobbe 1917.
PREETORIUS, Emil: Alte Münchner Notizen. In: Eva von Freeden / Rainer Schmitz (Hrsg.): Sein Dämon war das Buch. Der Münchner Verleger Georg Müller. München: Allitera Verlag 2014, S. 176–179.
RADTKE, Heinz: Ein Herold unserer Heimat. Von der Ostpreußenhilfe 1915 bis heute dabei: Horst Stobbe in München. In: Das Ostpreußenblatt. Unabhängige Wochenzeitung für Deutschland, 8. Juni 1974, S. 17.
RENNER, Paul: Vortrag auf der Veranstaltung Kampf um München als Kulturzentrum im Jahr 1926. In: Waldemar Fromm / Laura Mokrohs (Hrsg.): Der Schöpfer der Futura. Der Buchgestalter, Typograf und Maler Paul Renner. München: Volk Verlag 2019, S. 128–135.
STOBBE, Horst: Almanach der Bücherstube auf das Jahr 1920. München: Horst Stobbe 1919.
STOBBE, Horst: Die Bücherstube. Zweites Heft. Kunstgeschichte. Neuerwerbungen und wichtige Neuerscheinungen. München: Horst Stobbe 1913.
STOBBE, Horst: Entstehung der ersten Bücherstube. In: Das Antiquariat. Halbmonatsschrift für alle Fachgebiete des Buch- und Kunstantiquariats, VIII. Jahrgang, Nr. 19/20. Wien: Walter Krieg Verlag 1952, S. 373–374.
STOBBE, Horst: Begegnungen mit Dichtern. Der Gesellschaft der Bibliophilen e. V. zum 55. Jahrestag in München. München: Horst Stobbe 1954.
STOBBE, Horst: Von Weimar bis Schwabing. Deutsche Literatur in Erstausgaben, seltenen und schönen Drucken. 1750–1950. Antiquariatskatalog 132. München: Horst Stobbe 1959.
STOBBE, Horst: Die Gesellschaft der Münchner Bibliophilen 1907–1913. In: Imprimatur, N. F. 6 (1969), S. 33–50.
STOBBE, Horst: Die Gesellschaft der Münchner Bücherfreunde 1919–1931. In: Imprimatur, N. F. 7 (1972), S. 45–72

Forschungsliteratur

ADOLPH, Rudolf: Zum 75. Geburtstag von Horst Stobbe. In: Börsenblatt (Frankfurt am Main) 15 (1959), S. 695–698.
ADOLPH, Rudolf: Sammler in Bayern II. Horst Stobbe. In: Bibliophile Profile Band VII. Aschaffenburg: Paul Pattloch Verlag 1964.
BARBIAN, Jan-Pieter: Der Buchmarkt: Marktordnung und statistische Marktdaten. In: Ernst Fischer / Reinhard Wittmann / Jan-Pieter Barbian (Hrsg.): Geschichte des deutschen Buchhandels im 19. und 20. Jahrhundert. Band 3: Drittes Reich, Teil 1. Berlin/Boston: De Gruyter 2015, S. 161–196.
BIECHTELER, Bernadette: Leseorte in München um 1900 mit besonderer Fokussierung auf die »Bücherstube«. Diplomarbeit, München: Zentrum für Buchwissenschaft 2010.
BISCHOF, Sarah: »Wo nur gute Geister wohnen«. Der Beitrag des Münchner Kulturbuchhändlers Horst Stobbe im literarischen Leben in München. Magisterarbeit, München: Arbeitsstelle für Literatur in Bayern 2014.
ERBER-BADER, Ulrike: Deutschsprachige Verlagsalmanache des 20. Jahrhunderts. Eine Bibliographie. Marbach: Deutsche Schillergesellschaft 2001.
FROMM, Waldemar: Literarisches Leben in der Maxvorstadt – eine kurze Geschichte der Treffpunkte und Kreise 1850 bis 1968. In: Klaus Bäumler / Waldemar Fromm / Harry Oelke / Hubert Schuler (Hrsg.): Die Maxvorstadt. Historische Betrachtungen zu einem KulturViertel. München: Allitera Verlag 2015, S. 29–44.
FROMM, Waldemar: Topographie und Erinnerung. Chronotopoi der Maxvorstadt der 1920er Jahre in autobiographischen Texten. In: Klaus Bäumler / Waldemar Fromm (Hrsg.) Topographie und Erinnerung, Erkundungen der Maxvorstadt. München: Volk Verlag, 2017, S. 133–153.
GÖRTEMAKER, Manfred: Rudolf Hess. Der Stellvertreter. München: C. H. Beck 2023.
GRÖNER, Anke: »Ziehet die Bahn durch deutsches Land«. Gemälde zur Reichsautobahn von Carl Theodor Protzen. Köln: Böhlau 2022.
HACHTMANN, Rüdiger: Das Wirtschaftsimperium der Deutschen Arbeitsfront. 1933–1945. Göttingen: Wallstein Verlag 2012.
HAEFS, Wilhelm: Buchherstellung und Buchgestaltung. In: Ernst Fischer / Reinhard Wittmann / Jan-Pieter Barbian (Hrsg.): Geschichte des deutschen Buchhandels im 19. und 20. Jahrhundert. Band 3: Drittes Reich, Teil 1. Berlin/Boston: De Gruyter 2015, S. 229–257.
HAUG, Christine: Bücher- und Lesestuben als Vermittlungsinstanz der literarischen Moderne – das Beispiel München. In: Georg Jäger (Hrsg.): Geschichte des deutschen Buchhandels im 19. und 20. Jahrhundert. Band 1: Das Kaiserreich 1871 – 1918, Teil 3. Berlin/New York: De Gruyter 2010, S. 159–166.
HAUG, Christine: Der E. W. Bonsels-Verlag (1904–1927) – ein literarischer Kleinverlag in Schwabing um 1900. In: Sven Hanuschek (Hrsg.): Wal-

demar Bonsels. Karrierestrategien eines Erfolgsschriftstellers. Wiesbaden: Harrassowitz 2012, S. 27–42.

Herbertz, Eva-Maria: »Der heimliche König von Schwabylon«. Der Graphiker und Sammler Rolf von Hoerschelmann in Selbstzeugnissen und Bilddokumenten. München: Allitera 2005.

Jäger, Georg: Die Verlegerpersönlichkeit – ideelle Interessen, wirtschaftliche Erfolge, soziale Stellung. In: Georg Jäger (Hrsg.): Geschichte des deutschen Buchhandels im 19. und 20. Jahrhundert. Band 1: Das Kaiserreich 1871 – 1918, Teil 1. Berlin/New York: De Gruyter 2010, S. 216–244.

Jäger, Georg: Das Barsortiment. In: Georg Jäger (Hrsg.): Geschichte des deutschen Buchhandels im 19. und 20. Jahrhundert. Band 1: Das Kaiserreich 1871 – 1918, Teil 2. Berlin/New York: De Gruyter 2010, S. 78–176.

Jäger, Georg: Verbreitender Buchhandel. In: Georg Jäger (Hrsg.): Geschichte des deutschen Buchhandels im 19. und 20. Jahrhundert. Band 1: Das Kaiserreich 1871 – 1918, Teil 3. Berlin/New York: De Gruyter 2010, S. 679–699.

Kästner, Herbert: Der Buchkünstler Emil Preetorius. In: Michael Buddeberg (Hrsg.): Emil Preetorius. Ein Leben für die Kunst (1883–1973). München: Hirmer 2015. S. 12–25.

Klinckowstroem, Carl Graf v.: Horst Stobbe 80 Jahre. In: Börsenblatt (Frankfurt) 43 (1964), S. 1073 f.

Köstler, Eberhard: Bücher, Bücher, Bücher, Bücher. Aus der Blütezeit der Münchner Bibliophilie. In: Imprimatur, Neue Folgen XXI (2009), S. 260–282.

Köstler, Eberhard: Aus der Blütezeit der Schwabinger Bibliophilie. https://www.autographen.org/index.php?id=51. [abgerufen am 12.02.2024].

Kraus, Marita: Schwabingmythos und Bohemealltag. Eine Skizze. In: Friedrich Prinz / Marita Kraus (Hrsg.): München – Musenstadt mit Hinterhöfen. Die Prinzregentenzeit 1886 bis 1912. München: C. H. Beck 1988, S. 292–294.

Kraus, Marita: Nachkriegskultur in München. Münchner städtische Kulturpolitik 1945–1954. München: R. Oldenbourg 1985.

Kuhbander, Birgit: Unternehmer zwischen Markt und Moderne. Verleger und die zeitgenössische deutschsprachige Literatur an der Schwelle zum 20. Jahrhundert. Wiesbaden: Harrassowitz 2008.

Moser, Eva: Deutsche Gewerbeschau, München, 1922, publiziert am 11.05.2006. In: Historisches Lexikon Bayerns, URL: http://www.historisches-lexikon-bayerns.de/Lexikon/Deutsche_Gewerbeschau,_München,_1922 [abgerufen am 14.06.2022].

Neumann, Peter: Hundert Jahre Gesellschaft der Bibliophilen 1899 bis 1999. Bericht und Bilanz. München: Gesellschaft der Bibliophilen e.V. 1999.

Piper, Ernst: Kampfbund für deutsche Kultur (KfdK), 1928–1934, publiziert am 29.05.2006; in: Historisches Lexikon Bayerns, URL: http://www.historisches-lexikon-bayerns.de/Lexikon/Kampfbund_für_deutsche_Kultur_(KfdK),_1928-1934 [abgerufen am 14.02.2024].

Rose, Dirk: Otto Julius Bierbaum und die Münchner Moderne. In: Waldemar Fromm / Manfred Knedlik / Marcel Schellong (Hrsg.): Literaturgeschichte Münchens. Regensburg: Pustet 2019, S. 273–287.

Sarkowski, Heinz: Die Bücherstube, Blätter für Freunde des Buches und der zeichnenden Künste. In: Imprimatur. Neue Folge 5 (1967), S. 81–89.

Schütz, Erhard: »Jene blaßgrauen Bänder« oder »Anmut, Härte und Zielstrebigkeit«. Die Reichautobahn in Literatur und anderen Medien des Dritten Reiches. http://www.iasl.uni-muenchen.de/register/schuetz.htm [abgerufen am 14.02.2024].

Schweiger, Werner J.: Die Bücherstube am Siegestor Horst Stobbe [Eintrag für geplante Publikation »Lexikon des Kunsthandels der Moderne im deutschsprachigen Raum 1905–1937«] https://sammlung-online.berlinischegalerie.de:443/eMP/eMuseumPlus?service=ExternalInterface&module=collection&objectId=232355&viewType=detailView [abgerufen am 25.03.2024].

Wittmann, Reinhard: Hundert Jahre Buchkultur in München. München: Hugendubel 1993.

Wittmann, Reinhard: Geschichte des deutschen Buchhandels. 3. Aufl. München: C. H. Beck 2011.

Wittmann, Reinhard: Verlage in Schwabing (1892–1914). In: Helmut Bauer / Elisabeth Tworek (Hrsg.): Schwabing. Kunst und Leben um 1900. München: Münchner Stadtmuseum 1998, S. 159–173.

Caroline Jessen
Bücher aus Prag
Zur Überlieferungsgeschichte von Sammlungen aus Privatbesitz als Herausforderung für Forschungsbibliotheken

Abstract: In the years 1939–1945, Prague was one of the centers of the Nazi plunder of Jewish property, the organized looting of books and libraries. Traces of this history can be found in two book collections preserved at the German Literature Archive Marbach (DLA). The article provides information on the theft of Jewish property in Prague and discusses trajectories of books from Jewish collections after 1945. The library of H. G. Adler and a special collection of books related to at the DLA contain books that relate to this historical context – as personal mementos to the destruction of Jewish life on the one hand, and as documents of the less visible after life of fragments of Jewish book collections in Prague after 1945 on the other. Based on both collections, the article discusses the challenges that the acquisition of such private book collections poses for research libraries and research with these books.

Zusammenfassung: Zwischen 1939 und 1945 wurde Prag zu einem zentralen Ort des NS-Bücherraubs. Spuren dieser Geschichte zeichnen sich in zwei im Deutschen Literaturarchiv Marbach (DLA) bewahrten Büchersammlungen ab. Der Beitrag skizziert den Raub jüdischen Eigentums in Prag und Wege der nach 1945 zurückgebliebenen, nicht restituierten Fragmente jüdischer Bibliotheken. Die Autorenbibliothek H. G. Adlers und eine Spezialsammlung zu Franz Kafka im DLA enthalten Bücher, die auf diese Zusammenhänge zurückverweisen – als Erinnerungszeichen an die Erfahrung der Zerstörung jüdischen Lebens einerseits, als Zeugnisse des Nachlebens von Fragmenten jüdischer Bibliotheken in Prag nach 1945 andererseits. Der Beitrag geht an ihrem Beispiel auf die Herausforderungen ein, die der Erwerb solcher Büchersammlungen aus Privatbesitz für Forschungsbibliotheken und die Forschung mit diesen Büchern mit sich bringt.

Inhalt

1	Vorbemerkung	**137**
2	H. G. Adlers Bücher als Erinnerungszeichen	**139**
3	Walter Zadeks Reise nach Prag	**143**
4	Eine Sammler- und Arbeitsbibliothek zur Prager Literatur vor dem Holocaust	**145**
5	Schluss: Formen der Aneignung	**148**
6	Literatur- und Quellenverzeichnis	**150**

1 Vorbemerkung

Prag war seit dem Mittelalter eines der »bedeutendsten Zentren jüdischen Lebens in Mitteleuropa.«[1] In der Stadt existierte spätestens seit dem 19. Jahrhundert eine ausdifferenzierte, mehrsprachige und mit Städten wie Wien, Berlin und Leipzig eng verbundene Bücherwelt, in der Jüdisches und Nicht-Jüdisches, Tschechisches, Deutsches und Hebräisches nebeneinanderstand, ineinander überging und aufeinanderprallte.[2] Beispielhaft lässt sich dies an einigen Büchern der Bibliothek des Autors Karl Wolfskehl (1877–1948) verfolgen, in der die Gemengelage der Leseinteressen aufscheint. Die Sammlung umfasste so etwa eine Mitte des 19. Jahrhunderts in Prag gedruckte tschechische *Faust*-Ausgabe, ein *Reisehandbuch für das Königreich Böhmen* aus dem Jahr 1880, eine von der »Lese- und Redehalle der deutschen Studenten in Prag«, der später auch Franz Kafka angehörte, herausgegebene *Goethe-Festschrift zum 150. Geburtstage des Dichters*, eine 1853 erschienene Ausgabe der *Gebete der Israeliten* in der Übersetzung des Prager Buchdruckers und Maskil Moshe Israel Landau sowie eine populäre *Sammlung jüdischer Volkssagen, Erzählungen, Mythen, Chroniken, Denkwürdigkeiten und Biographien berühmter Juden* mit dem in lateinischen Buchstaben geschriebenen hebräischen Titel *Sippurim*, das heißt »Geschichten«.[3]

---

1 Friedländer: Prag, S. 1.
2 Vgl. zum Hintergrund v.a. Čapkova: Czechs, Germans, Jews?, bes. S. 14–21.
3 Der Aufsatz basiert auf einem Vortrag im Deutschen Literaturarchiv Marbach im November 2023. Die erwähnten Titel wurden im Rahmen des Projekts »Die Bibliothek(en) von Karl Wolfskehl« und der Rekonstruktion des Buchbesitzes des Autors im OPAC des DLA Marbach verzeichnet, mit Verweis auf den heutigen Standort, soweit er bekannt war. Vgl. G:Wolfskehl, Karl (Virtuelle Rekonstruktion des Buchbesitzes): https://www.dla-marbach.de/find/opac/id/BF00042464/ [Stand: 14. Juni 2024]. – Faust: Žiwot, činowé a do pekla wzetj znamenitého a powěstného čarodějnika a kouzelnjka doktora Jana Fausta. Prag: Spurny [ca. 1860]. Bibliothek KW 61666; Goethe-Festschrift zum 150. Geburtstage des Dichters. Hrsg. von der Lese- und Redehalle der deutschen Studenten in Prag. Regiert von August Ströbel. Prag: Verlag der Lese- und Redehalle 1899. Bibliothek KW 68119; Reisehandbuch für das Königreich Böhmen. Karten und Pläne. Prag: Řivnáč (ca. 1880). Bibliothek KW 64384; Wolf Pascheles: Sippurim, eine Sammlung jüdischer Volkssagen, Erzählungen, Mythen, Chroniken, Denkwürdigkeiten und Biographien berühm-

In den Jahren um den Ersten Weltkrieg wurden Literatur und jüdische Kultur aus Prag nicht zuletzt durch die Beziehungen der Prager Autoren zum Kurt-Wolff-Verlag für eine kurze Zeit Teil einer literarischen und kulturellen Avantgarde; in diesen Zusammenhang gehören Gustav Meyrinks *Golem*[4] und der legendäre Essayband *Vom Judentum*[5] der Prager Bar-Kochba-Studenten, zu dem Autor:innen wie Martin Buber, Margarete Susman und Arnold Zweig, aber auch Karl Wolfskehl und Kafkas Freunde Schmuel Hugo Bergmann und Max Brod Texte beitrugen. Wolfskehls in Veilchenpapier eingebundenes Handexemplar dieser Sammelschrift befindet sich heute in der Schocken Library Jerusalem. Wie viele andere Bücher aus jüdischem Besitz bezeugt es die Zerstörung jüdischer Kultur in Europa, der auch das Prager Judentum zum Opfer fiel. Daher soll es im Folgenden weder vorrangig um die in Prag gedruckten Bücher noch um die literarischen Verbindungslinien zwischen Prag, Wien, Leipzig und Berlin gehen, sondern um Eigentumsverschiebungen.

Mit der durch das Münchner Abkommen erzwungenen Abtretung des tschechoslowakischen Sudetengebietes an Deutschland im Oktober 1938 und schließlich der deutschen Besetzung des »Reststaats Tschechoslowakei« 1939 endete die am Beispiel der Bücher Wolfskehls nur angedeutete Situation des »Prager Mischmaschs«[6]. Die Bevölkerung wurde durch NS-Organisationen erfasst; trotz eines der tschechischen Regierung eingeräumten Rechts auf Selbstverwaltung wurden die Gesetzgebung und Verwaltung de facto der des übrigen Deutschen Reichs angepasst, die antisemitische Verfolgungspolitik auf die annektierten Gebiete ausgedehnt. Der Reichsprotektor Konstantin Freiherr von Neurath veranlasste die Erfassung jüdischer Konten, Wertgegenstände und Grundstücke; jüdische Unternehmen wurden von nicht-jüdischen ›Treuhändern‹ übernommen. Bereits zuvor war es zu Anschlägen auf Synagogen und jüdische Geschäfte gekommen.[7] Jüdische Bibliotheken wurden bald darauf auch hier im staatlichen Auftrag systematisch geraubt und zentral gesammelt; ›Verwertbares‹ gelangte in neue Hände.

Abb. 1: *Vom Judentum. Ein Sammelbuch.* Hrsg. vom Verein jüdischer Hochschüler Bar Kochba in Prag. Leipzig 1913. Karl Wolfskehls Handexemplar, heute in der Schocken Library Jerusalem. Foto: Yigal Pardo.

Eigentumsverschiebungen setzten aufgrund der mit einer »Auswanderung« verbundenen Zwangsabgaben bereits vor der Besetzung Prags im März 1939 ein. Max Brod, dem unmittelbar zuvor die Emigration nach Palästina gelang, schreibt in seiner Autobiografie zu den Vermögensverlusten im Zuge der erzwungenen Emigration:

> Ganz genauso wie in Kafkas ›Schloß‹ war alles auf Verhinderung angelegt. Genaue ellenlange Verzeichnisse mußten in je fünf bis zehn Exemplaren geschrieben werden; sie enthielten unzählige Fragen und Unterfragen; die Anzahl der Silberbestecke, die man besaß und mitnehmen wollte, war (beispielsweise) für die Leitenden besonders interessant. Nur die Anzahl? Auch das genaue Gewicht. [....] Im Laufe der Monate hatte man endlich alle Dokumente beisammen, die nötig waren, um die Reise in die Zukunft anzutreten und einen Teil seines Hab und Gutes mitzunehmen, das man in ehrlicher jahrzehntelanger Arbeit kärglich genug erworben hatte und jetzt also durch gewisse Kunstgriffe ein zweites Mal zu erwerben genötigt war, als sei es unrechtmäßiges Gut oder als würde es einem geschenkt.[8]

Diese Situation – der Angriff auf das Eigentum, die Existenz – spitzte sich im Sommer 1939 zu; nun war eine Emigration kaum noch möglich.[9] »Knapp bevor die allgemeinen Deportationen einsetzten, verfügte [Reinhard] Hey-

---

ter Juden. 2. Sammlung. Prag: Pascheles 1853. Bibliothek KW 66130. (Schocken Library at the JTS Schocken Institute for Jewish Research, Jerusalem [=JTS]); Gebete der Israeliten, übersetzt vom M.[oshe] J. Landau. Nebst einem Gebete für Reisende auf Eisenbahnen oder auf der See von Dr. S.[aul] J. Kaempf. Prag: Landau 1857. Bibliothek KW 66270, JTS.
4 Gustav Meyrink: Der Golem. Ein Roman. Leipzig: Kurt Wolff 1916. Mit einer Widmung des Verfassers und eingeklebter Portraitfotografie. Bibliothek KW 62604, JTS.
5 Vom Judentum. Ein Sammelbuch. Hrsg. vom Verein Jüdischer Hochschüler Bar Kochba in Prag. Mit einem Geleitwort von Hans Kohn. Leipzig: Kurt Wolff 1913. Bibliothek KW 66200, JTS.
6 Demetz: Dankrede.
7 Vgl. Gruner: The Holocaust in Bohemia and Moravia, bes. S. 51–83.

---

8 Brod: Streitbares Leben, S. 283.
9 Vgl. Gruner: The Holocaust in Bohemia and Moravia, S. 68–69 und S. 84–90.

drich[10] die Beschlagnahme alles Vermögens von ›Auswanderern‹ – so hieß es verschämt – durch die ›Zentralstelle‹, die das so erpreßte Hab und Gut dem ›Auswanderungsfonds‹ überwies«,[11] konstatierte H. G. Adler, der dieses Vorgehen in Prag miterlebte. Der ›Fonds‹ trug unter anderem dazu bei, das als Ghetto bezeichnete Konzentrationslager Theresienstadt zu erhalten.

Vor diesem Hintergrund sind Überlieferungswege und Provenienzen von »Büchern aus Prag« zu diskutieren, das heißt von Büchern aus Prager Bibliotheken, die als Teile privater Sammlungen oft weit nach 1945 den Weg in die Bestände deutscher Forschungsbibliotheken gefunden haben. Angesichts der anhaltenden Zirkulation sind heute wohl alle Bibliotheken, die nicht nur Neuerscheinungen erwerben, mit geraubten Büchern, auch aus Prag, konfrontiert. Doch stellt sich die Frage des Umgangs mit solchen Büchern im Falle privater Sammlungen, die von öffentlichen Institutionen übernommen werden, auf besondere Weise. Das soll im Folgenden gezeigt werden.

Zwei Bestände im Deutschen Literaturarchiv Marbach bilden einen Bezugspunkt für diese Überlegungen: 1) ein erhaltener Teil der Bibliothek des Schriftstellers, Historikers und Soziologen H. G. Adler; 2) eine 2022 übernommene Sammlung zu Franz Kafka und seinem Umfeld. Diese Bestände teilen einen Prag-Bezug, der sie für Provenienzforschungsfragen interessant macht; in beiden befinden sich Bücher, die auf die Schicksale anderer, nicht mehr existenter Bibliotheken und ihre Besitzer:innen aufmerksam machen; beide Sammlungen umfassen Bände, die den NS-Kulturgutraub bezeugen.

2 H. G. Adlers Bücher als Erinnerungszeichen

In einem langen Brief berichtete H. G. Adler (1910–1988) im Oktober 1947 einem Freund von seinem Schicksal nach der Besetzung Prags. Unmittelbar vor seiner Deportation sei er, so Adler, mit den Ausmaßen des Raubs konfrontiert worden:

> Ich schlüpfte, halb unfreiwillig, in der jüdischen Kultusgemeinde unter, die nun zu einem bald alle Juden beschäftigenden Liquidationsorgan der geraubten Habseligkeiten aus jüdischen Wohnungen usw. wurde. Die Synagogen wurden geschändet und dienten als Magazine für Textilien, Möbel, Musikinstrumente, Elektrogeräte und wer weiß was noch, die man nun zusammengestohlen und dabei auch zerstohlen hatte. Nun mußte man alles ordnen, reinigen, herrichten, damit die wackeren Volksgenossen diese Schätze und diesen Plunder von der Gestapo kaufen konnten. [...] Dann kam jemand auf den Einfall, mich ins Bücherlager zu stecken, wo ich ›Fachmann‹ für alte Drucke wurde. Es war eine erschütternde Tätigkeit. Ich erinnere mich noch, wie der Buchnachlaß Franz Kafkas (aus der Wohnung seiner Schwester) durch meine Finger glitt, Bücher, die er geliebt haben mochte, mit seinem teuren Namenszug, mit Widmungen an ihn, namentlich von Brod und den anderen Prager Autoren, auch die erste englische Ausgabe des Schlosses, die man wohl der Schwester geschenkt hatte, war darunter.[12]

Adler, der nach seiner Promotion mit einer Dissertation über *Klopstock und die Musik* (Prag 1935) für den Rundfunk sowie als Lehrer und Sekretär für das Volksbildungshaus Urania in Prag gearbeitet hatte und mit ersten literarischen Arbeiten in die Öffentlichkeit getreten war, wurde im Februar 1942 nach Theresienstadt deportiert. Er überlebte dieses Lager, Auschwitz und zwei Außenlager von Buchenwald und kehrte nach Ende des Kriegs 1945 noch einmal nach Prag zurück. 1947 emigrierte er schließlich nach London.

Der seit 1996 im DLA bewahrte Teil der Bibliothek Adlers umfasst 833 Bände, die der Überlebende in den Monaten nach seiner Rückkehr in Prag und dann vor allem nach seiner Emigration in England gesammelt hatte, aber auch ihm geschenkte Bände aus dem Besitz des mit ihm befreundeten Ethnologen Franz Baermann Steiner (1909–1952). Viele der Bände tragen Besitzvermerke Steiners und Adlers, nicht wenige auch die Namenszüge früherer Eigentümer, darunter vor allem den Friedrich Gundolfs (1880–1931), dessen Bibliothek von Freunden 1933 nach London gerettet worden war.[13]

Die Foyle Special Collections Library am King's College London wiederum bewahrt Adlers ca. 1.100 Bände umfassende Sammlung von Büchern, Broschüren und Zeitschriften zum Holocaust, also die eigentliche Arbeitsbibliothek.[14]

---

10 Der SS-Obergruppenführer Reinhard Heydrich (1904–1942), der seit 1939 das Reichssicherheitshauptamt (RSHA) leitete, wurde 1941 stellvertretender Reichsprotektor in Böhmen und Mähren und war einer der wesentlichen Organisatoren des Holocausts.
11 Vgl. Adler: Die Rolle Theresienstadts, S. 334.

12 H. G. Adler, aus einem Brief an Wolfgang Burghart, vom 17. Oktober 1947 über die Tage unmittelbar vor der Verhaftung in der Nacht vom 6./7. Februar 1942 und der Deportation am 8. Februar 1942 nach Theresienstadt, zit. aus: Hocheneder: H. G. Adler, S. 75–76.
13 Vgl. zur Geschichte der Bibliothek Friedrich Gundolfs: Thimann: Caesars Schatten.
14 Vgl. HG Adler Collection, Foyle Special Collections Library, King's College London. Online: https://www.kcl.ac.uk/hg-adler-collection [Stand: 14. Juni 2024]. »The library of HG Adler is a unique and important collection of printed material about the Holocaust and the history of the Jews in Eastern Europe. [...] The collection comprises HG Adler's reference library, used in the research for his Holocaust studies, *Theresienstadt* and *Der verwaltete Mensch* (1974), and representing the core of his life and work.«

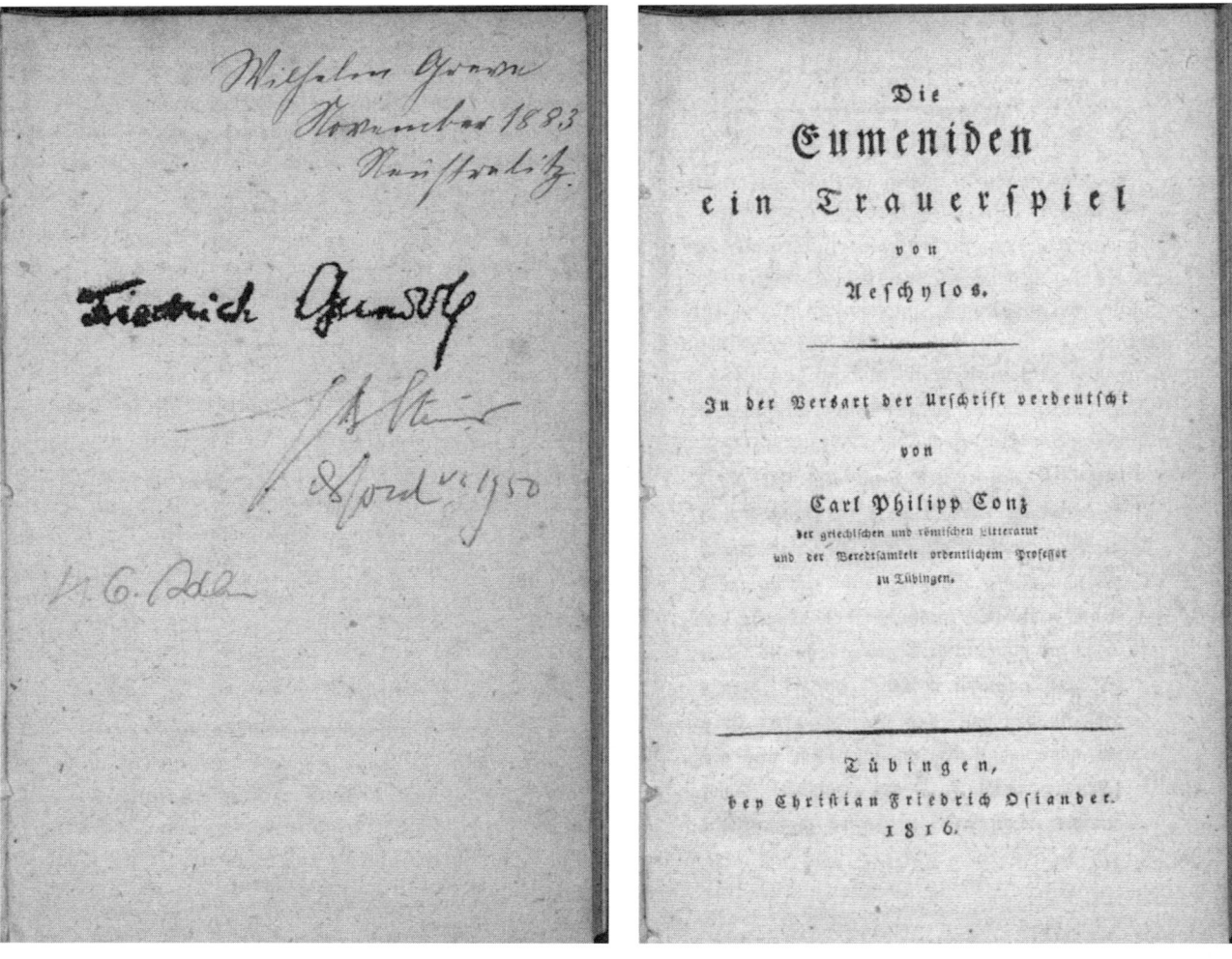

Abb. 2a–b: Fliegendes Vorsatz- und Titelblatt von *Die Eumeniden. Ein Trauerspiel von Aischylos*. Tübingen 1816. Mit Besitzvermerken von Friedrich Gundolf, Franz Baermann-Steiner und H. G. Adler. Deutsches Literaturarchiv Marbach, Bibliothek H. G. Adler.

Wiederum andere Bücher gelangten in den Buchhandel, da sich keine Bibliothek in der Lage sah, die gesamte Bibliothek zu bewahren. Karteikarten, diverse Verzeichnisse und etliche Briefe usw. in mehr als 320 Kästen Archivbestand im DLA dokumentieren aber zum Teil auch diese zerstreuten Bücher.[15] Bislang nicht auffindbar (aber ebenfalls gut dokumentiert) ist Adlers ›erste Bibliothek‹, das sind diejenigen Bücher, die er vor seiner Deportation nach Theresienstadt besaß und 1938 aus Sorge um ihre Bewahrung unmittelbar vor der Besetzung der Tschechoslowakei durch Deutschland in die Obhut von Freunden in Paris und Palästina gegeben hatte. Auf die noch nicht erforschte Geschichte dieser Bücher, nach denen Adler seit 1945 jahrelang suchte, haben Susanna Brogi und Elisabeth Gallas 2021 in einem Aufsatz hingewiesen.[16]

Die im DLA erhaltenen Bücher bilden in den versammelten Werken Adlers Autorschaft, in den Widmungsexemplaren Teile seines Freundschaftsnetzes und seine literarischen Interessen ab. Einige wenige Bände in dieser Sammlung – wie beispielsweise ein Exemplar der *Nikomachischen Ethik* von Aristoteles mit dem Stempel »Häftlingsbücherei K. L. Buchenwald«[17] – scheinen aber vor allem Erinnerungszeichen Adlers an das eigene Überleben, die Arbeit in Prag nach dem Holocaust und die durchgreifende Zerstörung jüdischen Lebens zu sein. Die Erfahrungen dieser Zeit ›stecken‹ in den

---

15 Vgl. DLA Marbach, Bibliothek H. G. Adler: G: Adler, H. G. (Teilbibliothek des Autors). https://www.dla-marbach.de/find/opac/id/B_F00018876/ und DLA Marbach, A: Adler, H. G. (Nachlass): https://www.dla-marbach.de/find/opac/id/BF00011812/.

16 Brogi/Gallas: Das ›Etwas nach dem Nichts‹, S. 299.
17 Aristoteles: Nikomachische Ethik. Übertragen ins Deutsche von Adolf Lasson. Jena 1909. Ex. mit dem Stempel »Häftlingsbücherei K.L. – Buchenwald«. DLA Marbach, Bibliothek H. G. Adler.

Provenienzspuren dieser Bücher so wie sie, auf andere Weise, in den Arbeiten Adlers stecken.

Bereits 1955 erschien Adlers monumentale Studie *Theresienstadt 1941–1945. Das Antlitz einer Zwangsgemeinschaft*, die das soziale Gefüge, die Geschichte, die Sprache und die Psychologie des Lagers analysiert.[18] Ausführlich zitiert Adler in dieser Arbeit aus einem in erzwungener Sachlichkeit verfassten »Rechenschaftsbericht« des Leiters der sogenannten »Ghettozentralbücherei«, Emil Utitz, aus dem Jahr 1943 und einem in diesen Bericht integrierten »Vermerk betreffend Einrichtung einer Leihbücherei und Studierstube« im Auftrag des Lagerkommandanten und SS-Obersturmführers Siegfried Seidl aus dem Jahr 1942. Im Vermerk wird dargelegt, dass die Bücher dieser Bibliothek zum Teil »aus dem Gemeinschaftsgut früherer Transporte«, zum Teil aus dem beschlagnahmten Gepäck neuer Gefangener stammten und nun in Theresienstadt »gesammelt, geordnet und katalogisiert« würden. Die Bibliothek könne aber »noch wesentlich erweitert und verbessert werden, wenn die aus den Wohnungen der evakuierten Juden stammenden Bücher nach Sichtung und Ausscheidung [...] zur Verfügung gestellt werden« würden. Adler fügte dem Satz in Klammern hinzu, dies sei »zum Teil in Prag geschehen«. Der Bücherbestand setzte sich, dem Bericht zufolge, »aus Unterhaltungslektüre, aber auch aus Büchern ernsteren Inhalts, belehrenden Schriften usw.« zusammen,[19] es gab einen Leihbetrieb und eigene Räumlichkeiten. Seiner sachlichen Sprache zum Trotz vermochte der Text die Ungeheuerlichkeit dieser Bibliothek kaum zu verbergen, ließ sie vielleicht sogar erst durch den Kontrast von Sprache und Wirklichkeit aufscheinen:

> Die Theresienstädter Ghettobibliothek [...] ist sicherlich die einzige öffentliche Bibliothek diesen Ranges in Europa, welche auf die Art ihrer Bestände und deren Vermehrung keinen unmittelbaren Einfluß zu nehmen im Stande ist. Da sie zur Gänze auf den Eingang aus ihr übermittelten Sendungen von außen und Schenkungen angewiesen ist, hat sich die Form ihres Antlitzes selbsttätig und zufälligermaßen herausgebildet. Trotzdem hat die Bücherei ein ganz bestimmtes und [...] charakteristisches Profil erhalten.[20]

Die Bücherei in Theresienstadt gehöre, so der Schlusssatz des Berichts, »angesichts ihrer Bestände zu den größten jüdischen Bibliotheken der Welt.«[21] Adlers fünfseitiges Zitat des Rechenschaftsberichts gibt nicht nur Einblick in die Organisation dieses Musterlagers, das der nationalsozialistischen Propaganda diente, sondern in einen »Sprachverfall im Zeitalter des mechanischen Materialismus«[22], das heißt in eine Sprache, die in großer Sachlichkeit Ungeheuerlichkeiten ausdrückt. Mit Filmszenen und Bildern, die den vermeintlich ordentlichen Alltagsbetrieb der Bibliothek zeigen, verhält es sich ähnlich,[23] denn die ›Ghettozentralbücherei‹ war »Institutionen und Privaten geraubte[r] Besitz«, so Adler in seinem Kommentar; sie dokumentierte in ihren Beständen eine nicht nur an diesem Ort der eigenen Verfügung entzogene jüdische Lese- und Wissenskultur. Für viele Gefangene des Lagers war die Bücherei, nicht zuletzt durch die dort zugänglichen literarischen Werke, zugleich sehr wichtig im Lageralltag. Auch dies betont Adler.

Als das Lager befreit wurde, umfasste die Bibliothek etwa 180.000 Bände aus geraubten privaten Sammlungen der Tschechoslowakei und Deutschlands sowie einen weiteren, für die Gefangenen nicht benutzbaren Bestand wertvoller Judaica aus Deutschland (etwa 60.000 Bände).[24] Die Bibliothek war mit der fortschreitenden Vernichtung gewachsen. In das ›Ghetto‹ bzw. Lager Theresienstadt sowie nach Prag und auf Schlösser in der Region waren im Sommer 1943 viele der zuvor in der »Zentralbibliothek« des Reichssicherheitshauptamts Berlin gesammelten Bücher gebracht worden.[25] Unter den Büchern aus Berlin befanden sich viele historisch und materiell äußerst wertvolle institutionelle Sammlungen, Bücher der Bibliotheken der Jüdischen Gemeinden Berlin, München, Hamburg, Breslau und Königsberg, des Rabbiner-Seminars in Berlin, der Hochschule für die Wissenschaft des Judentums, des Jüdisch-Theologischen Seminars in Breslau. Bücher wurden im Zuge des Transports in das »Protektorat Böhmen und Mähren« auseinandergerissen, zerstreut, sie kamen zu den vor Ort geraubten Büchern. Die Geschichte dieses zerstörten jüdischen Erbes wurde von Anna Holzer-Kawałko in einer umfassenden Darstellung erschlossen.[26] Der Arbeit liegen langjährige Archivrecherchen zugrunde. Sie macht in erschütternder Wei-

---

18 Vgl. zur »Monumentalität« der Bücher Adlers als Form des Gedenkens: Adler: Das bittere Brot, S. 80.
19 Rechenschaftsbericht. In: Adler: Theresienstadt, S. 598.
20 Adler: Theresienstadt, S. 600.
21 Adler, S. 602.

22 Adler, S. IX.
23 Vgl. z.B. die Szenen zur »Ghetto-Bücherei« aus dem SS-Propagandafilm »Theresienstadt. Ein Dokumentarfilm aus dem Jüdischen Siedlungsgebiet« (1944/1945) im Bildarchiv Preußischer Kulturbesitz.
24 Vgl. Adler: Theresienstadt, S. 603.
25 Für die Katalogisierung der etwa 2–3 Millionen Bücher aus jüdischem Besitz hatte man in Berlin jüdische Philologen zwangsbeschäftigt, darunter den Goethe-Forscher Ernst Grumach, der auch die Auflösung der Bibliothek und den Transfer beaufsichtigen musste, während viele seiner Kollegen bereits deportiert wurden. Vgl. bes. Schidorsky: The Library of the Reich Security Main Office, S. 21–47; ders.: Das Schicksal jüdischer Bibliotheken im Dritten Reich, S. 189–222; Gallas: Offenbach Archival Depot, S. 397–402.
26 Holzer-Kawałko: Vanishing Heritage. [unveröffentl. Ms.]. Vgl. auch dies.: A Story of Survival; dies.: The Dual Dynamics of Postwar Cultural Restoration.

se deutlich, welche Formen die Vernichtung jüdischer Wissensbestände in den Jahren 1939 bis 1945 annahm und wie überfordernd die nach dem Holocaust zurückgebliebenen Bücher für die jüdischen Akteure, die sich um deren Erhalt und Restitution bemühten, sowie auch die nichtjüdischen Institutionen und Regierungsstellen waren. Bücher aus Theresienstadt wurden nach der Befreiung des Lagers zum Teil in das Jüdische Museum Prag transferiert.

Adler fand eine Anstellung in diesem Museum, das als »Jüdisches Zentralmuseum« 1942 von der SS usurpiert worden war: ein »aus dem Genozid erwachsenes Museumsprojekt«[27], das jüdische Bücher, Gebrauchs- und Kultobjekte als Trophäen gesammelt und ausgestellt hatte. Das Museum war zum Sammellager geraubten jüdischen Eigentums geworden und beherbergte so nach 1945 »hunderttausende von Büchern, Ritualien, Bildern und allen möglichen und unmöglichen Dingen«[28], um die sich Adler mit anderen Angestellten kümmerte. »Es ist ja ein trauriges Erbe, das wir verwalten.«[29] Er fand sich inmitten von Bibliotheksruinen und unzähligen »misshandelten Gegenständen«[30], in denen sich das Schicksal ihrer früheren Besitzer:innen abzeichnete.

Der Roman *Die unsichtbare Wand*, der erst nach Adlers Tod in den 1980er Jahren erschien und dessen Handlung sich weder zeitlich noch geografisch fixieren lässt, ist keine Autobiografie und teilt doch viel über das Leben des Autors in Prag nach dem Holocaust mit.[31] Er verdeutlicht nicht zuletzt die Überforderung und die Unterschiedlichkeit der Wahrnehmung zurückgebliebener Bücher und Objekte, obwohl hier kein expliziter Bezug zur eigenen Erfahrung hergestellt wird. Aber der Held des Romans, Artur Landau, der in einem Museum angestellt ist, bemerkt z. B. an einer Stelle im Gespräch mit einer Museumsmitarbeiterin:

> Es ist alles geisterhaft geworden. Auch hier ist es so. Sie spüren das nicht, darum können sie leicht durch alle Räume gehen, in der Klause und überall, auch in die Keller. Sie können in den unerlösten Nachlässen wirken, leisten etwas dabei und werden obendrein noch von Freude belohnt. Bei mir ist das nicht so. Ich sehe immer dahinter, dazwischen, davor. Nicht die Toten sprechen, keine Gespenster, nein; wie unheimlich es auch ist, die Toten sind weg, zermalmt und zerstreut, aber ihre Sachen sprechen die Sprache der Toten, und so bleibt es, bis wir die Sachen erlösen oder die Schatten, die sie begleiten. Ich könnte Ihnen noch viel davon sagen, aber ich fürchte, Sie verstehn mich nicht und zürnen mir noch zu alledem.[32]

Bücher wie das erwähnte Exemplar der *Nikomachischen Ethik* oder das Exemplar der *Allgemeinen Religions-Geschichte* von Alfred Jeremias mit dem Stempel »Bibliothek d[er] isr[aelitischen] Kultusgemeinde München« in Adlers Bibliothek erinnern an diese sein Leben bestimmende Erfahrung.[33] Sie sind eng verbunden mit der Biografie und dem Werk: Erinnerungszeichen und persönlicher Besitz. Noch ist diese Bibliothek bibliothekarisch nicht erschlossen, der Bestandskatalog des DLA informiert über sie in einer pauschalen Bestandsbeschreibung. Die Geschichte der Bücher genauer zu erforschen, sie sichtbar zu machen und zu fragen, wie mit ihnen angemessen umgegangen werden kann, ist notwendig, denn Stempel der Häftlingsbücherei des Konzentrationslagers Buchenwald und der »Israelitischen Kultusgemeinde München« verweisen deutlich auf einen Raubgutzusammenhang. Zugleich handelt es sich um Bücher, die von Adler gerettet und bewahrt wurden – und die als solche eine besondere Evidenz als historisches Zeugnis gewinnen. Die Frage ihrer Bewahrung in Marbach erfordert mehr Forschung zu ihrer Überlieferungsgeschichte und ein Gespräch über den Umgang mit diesen Büchern, Rat und Meinungen Dritter, vor allem von jüdischen Institutionen, Adlers Familie und anderen. Unabhängig davon können diese Bücher im Hinblick auf das Transparenzgebot, das im Zuge der Umsetzung der »Washington Principles« (1998) mehrfach expliziert wurde,[34] über die Datenbank des Zentrum Kulturgutverluste und »Looted cultural assets« dokumentiert werden. In diesen Datenbanken fügen sich durch jedes dort verzeichnete Buch zerstörte Zusammenhänge wieder zusammen, zumindest virtuell.[35] Einige Bücher der Bibliothek der Israelitischen Kultusgemeinde München sind dort bereits auffindbar.

---

27 Diner: Vorwort, S. 9.
28 H. G. Adler an Bettina Gross, 11. Januar 1946, zitiert aus: Kramer: Über diesem Abgrund, S. 142–143. Vgl. auch Adler: Die Geschichte des Prager Jüdischen Museums.
29 H. G. Adler an Bettina Gross, 11. Januar 1946. In: Kramer: Über diesen Abgrund, S. 143.
30 Ders. an Bettina Gross, 5.12.1945. In: DLA Marbach, Nachlass H. G. Adler.
31 Adler: Die unsichtbare Wand. Vgl. Hocheneder: H. G. Adler, S. 239–246, bes. S. 243.

32 Adler: Die unsichtbare Wand, S. 540.
33 Alfred Jeremias: Allgemeine Religions-Geschichte. München 1918. Mit dem Stempel »Bibliothek d. isr. Kultusgemeinde München«. – DLA Marbach, Bibliothek H. G. Adler.
34 Vgl. bes. Handreichung zur Umsetzung der »Erklärung der Bundesregierung, der Länder und der kommunalen Spitzenverbände zur Auffindung und zur Rückgabe NS-verfolgungsbedingt entzogenen Kulturgutes, insbesondere aus jüdischem Besitz« vom Dezember 1999. Neufassung 2019, https://kulturgutverluste.de/sites/default/files/2023-04/Handreichung.pdf [Stand: 14. Juni 2024].
35 Zur historischen Aussagekraft solcher virtuellen Bestände vgl. Kawałko: A story of survival. – Datenbanken wie »Looted cultural assets« (https://www.lootedculturalassets.de) sind für solche Rekonstruktionen jüdischer Wissensbestände zentral.

Abb. 3: Aristoteles: *Nikomachische Ethik*. Jena 1909. Titelblatt mit dem Stempel »Häftlingsbücherei K.L.-Buchenwald«. Deutsches Literaturarchiv Marbach, Bibliothek H. G. Adler.

3 Walter Zadeks Reise nach Prag

Auch Antiquare waren nach 1945 mit den geraubten jüdischen Büchern in Prag konfrontiert. Zu diesen Büchern kamen nun im Zuge der Vertreibung der deutschen Bevölkerung der Tschechoslowakei nach 1945 auch unzählige Bücher nicht-jüdischer deutscher Personen und Institutionen. »Schlaraffenland öffnete plötzlich seine Pforten.«[36] Mit diesen Worten beschrieb der 1933 aus Berlin nach Amsterdam geflüchtete und von dort nach Palästina emigrierte Journalist und Antiquar Walter Zadek in *Aus dem Antiquariat* 1977 die Berge von Büchern, die ihm und anderen Händlern 1947 in Prag und einigen böhmischen Schlössern zum Kilo-Preis angeboten worden waren.[37] Unter ihnen waren, so Zadek, zahllose Bestandsfragmente jüdischer Bibliotheken. Zadek war im Zuge des Kriegs, als keine Bücher aus Deutschland mehr nach Palästina importiert werden konnten, gebrauchte Bücher aus Privatbesitz immer gefragter wurden, aber auch schwerer zu beschaffen waren, in eine finanzielle Krise geraten.

> Da traf, rosenrotestes Wunder, im Sommer 1947 ein ganz unglaubhaft klingender Brief aus der ČSR ein. Man könne dort, hieß es, waggonweise, aber ohne Auswahl, gebrauchte deutsche Bücher aus einstigem jüdischen oder Nazi-Besitz unmittelbar von der Regierung aufkaufen. Es müsse nur sofort mitgeteilt werden, wie viele Eisenbahnwagen man zu übernehmen bereit sei.[38]

Zadek reiste 14 Jahren nach seiner Flucht auf diesen Brief hin zum ersten Mail wieder nach Europa. Zuvor waren bereits Vertreter der Hebräischen Universität in Prag gewesen, darunter unter anderem Gershom Scholem (1897–1982) und der Rektor der Universität, Shmuel Hugo Bergman(n) (1883–1975), ein Schulfreund Franz Kafkas. In langen Verhandlungen hatten sie sich für die Restitution ›erbenlos‹ zurückgebliebener jüdischer Bibliotheksfragmente eingesetzt und die Überführung wichtiger alter Drucke nach Jerusalem erwirkt. Wie Elisabeth Gallas und Yfaat Weiss herausgearbeitet haben, geschah dies mit Blick auf die Bedeutung der Bestände für die Rekonstruktion jüdischer Wissensbestände, den Aufbau neuer Forschungsinfrastrukturen sowie nicht zuletzt in der religiös geprägten Vorstellung, die Bücher als Gefangene auszulösen, das wenige Zurückgebliebene zu retten.[39]

In Prag wurde nicht konsequent zwischen deutschsprachigen Büchern aus jüdischem und nichtjüdischem Besitz unterschieden. Das war fatal; als der Antiquar Walter Zadek in Prag ankam, hatte die tschechische Regierung ihr Verkaufsangebot zurückgezogen. Die Dorfbüchereien sollten die Bücher, so Zadek, nun übernehmen. Ein hiesiger Buchhändler vermittelte ihm Adressen »der Behörden, die mit der Auflösung des herrenlos gewordenen Besitzes betraut waren.« Zadek, der in seinem Bericht über die Bücher aus Prag in der dritten Person über sich schreibt, fährt fort:

---

36 Benjamin [d.i. Walter Zadek]: Die Welt als Vaterland, S. A97.

37 Zu Walter Zadeks Biografie vgl. Fischer: Geschichte des deutschen Buchhandels im 19. und 20. Jahrhundert. Bd. 3, Teil 3/Supplement, S. 566–568.

38 Zadek: Die Welt als Vaterland, S. A97.

39 Vgl. Weiss: Von Prag nach Jerusalem, bes. S. 536. – Elisabeth Gallas und Yfaat Weiss haben die Umstände der kulturellen Rückerstattung und die mit ihr verbundenen rechtlichen und moralischen Fragen der Neubestimmung jüdischer Existenz nach dem Holocaust erschlossen. Vgl. Gallas: Das Leichenhaus der Bücher, bes. S. 198–207 [zu Prag]; dies.: Verlust und Restitution von Wissen; Grimsted: Sudeten Crossroads. – Anna Holzer-Kawałkos Dissertation schließt an diese Arbeiten an.

Abb. 4: »Warehouse of confiscated books«. Jewish Museum in Prague, Foto-Sammlung.

> Es wurde ihm erlaubt, von den Papiermassen, die in den größeren Städten zu Millionen in Schlössern, Kirchen, Turnhallen, Gemeindehäusern u.a.O. aufgestapelt lagen, alles zu erwerben, was die Damen übriggelassen hatten, welche mit der Aussonderung für die Dorfbibliotheken betraut waren.[40]

Im Beitrag zeigt sich die Aporie der Situation bzw. die Überforderung derjenigen, die mit den zurückgelassenen Bücherbergen konfrontiert waren:

> In der zinnenüberladenen Burg oberhalb [von] Olmütz [...] stand er eingezwängt [...] zwischen den quergeschichteten, ihn erdrückenden Bücherwänden, in die er sich Löcher hineinfraß. Gleichartiges erlebte er an anderen Sammelstellen.[41]

Zadek erwarb in der Tschechoslowakei Bücher aus geraubtem jüdischem Besitz, um sie, zunächst in Palästina, weiterzuverkaufen; ihm und anderen blieb angesichts des Ausfalls transparenter rechtlicher Bestimmungen für den Umgang mit diesen Büchern wenig Spielraum, anders zu handeln:[42]

> Zadek war bedrückt, wenn er in die Hände nahm, was Hunderttausenden von Juden noch vor wenigen Jahren zu dem Liebsten gehört hatte, das sie besaßen. Kaum ein Buch verriet den vorherigen Besitzer und noch weniger dessen schreckensvolles Ende. Unter den wenigen, die auf dem Vorsatz einen Namen trugen, ging ihm besonders der des verschleppten Verlegers Rolf Passer nahe [...].[43]

Passer war als Verleger tschechischer Literatur in deutscher Übersetzung (darunter Werke von Karel Čapek und Johannes Urzidil) einer der vielen Literaturvermittler zwischen Prag, Wien und Leipzig und Berlin gewesen.[44] Die zurückgebliebenen Bücher aus seinem Besitz markierten das Ende dieser Bemühungen. »Der systematische Raub«, so Zadek, war eine Tatsache, die »von keinem Emigranten jemals

---

40 Zadek: Die Welt als Vaterland, S. A96.
41 Zadek, S. A96.

42 Vgl. Kawałko: Vanishing Heritage, bes. S. 75–76.
43 Zadek: Die Welt als Vaterland, S. A96.
44 Zu Rolf Passer vgl. Hall: Verlag Dr. Hans Epstein.

vergessen werden kann. War schon jüdisches Leben vogelfrei, wie viel mehr jüdischer Besitz.«[45]

Die Bücher, die er für sein Antiquariat auswählte, sollten ihm nach Palästina nachgeschickt werden. Erst Monate nach seiner Rückkehr erreichte ihn auf Umwegen ein Teil der wertvollsten Bücher, denn nach dem Februarumsturz 1948 waren Warentransfers aus der nun kommunistischen Tschechoslowakei in Staaten jenseits der sowjetischen Einflusssphäre kaum noch möglich.[46] Zadek schreibt über die transferierten Zimelien, die ihn schließlich erreichen, unter ihnen seien »Erstausgaben seltener Expressionisten, ebenso von Kafka, Polgar, Rilke u.a.m.« gewesen. »Sogar eine vollständige, in rotes Halbleder gebundene Reihe der ›Fackel‹ von Karl Kraus, mit allen Titelblättern eingeheftet.« Auch diese Beschreibung evozierte eine nach 1933 zensierte und zerstörte Literatur und zielte zugleich auf Leser:innen des Börsenblatts, denen Zadek verdeutlichte, wie die Lücken in den Beständen der deutschen Bibliotheken nach 1945 geschlossen wurden: »Die meisten dieser Schätze fanden später ihren Weg in die Bundesrepublik.«[47] Tatsächlich belieferte Zadek Forschungsbibliotheken – gerade im Bereich der Exilliteratur; zu diesem Zweck mietete er, wie er in einem Bericht schrieb, im Frühjahr und im Herbst zur Buchmesse eine Wohnung in Frankfurt für die während des Jahres zusammengetragenen Bücher und Broschüren und pflegte Kontakte zu Bibliotheken, die in diesen Jahren begannen, Exilsammlungen für die nun langsam einsetzende und vielfach von den Bibliotheken selbst ausgehende Forschung aufzubauen.[48]

Es ist schwierig bis unmöglich, heute zu sagen, welche und wie viele Bücher über die von Zadek beschriebenen Wege in den Handel gelangt sind.[49] Der Antiquariatsbuchhandel der Jahre 1933 bis 1945 ist nicht zuletzt aufgrund der schlechten Quellenlage ein immer noch unzureichend erschlossenes Forschungsgebiet.[50] Ähnliches gilt durch die Zerstörungen des Zweiten Weltkriegs ebenso wie durch das Nichtaufbewahren von Geschäftsunterlagen vieler Antiquariatsfirmen für die Zeit nach 1945. Aus diesem Grund sind die Provenienz-Hinweise in den gehandelten Büchern oft entscheidend, und zwar über die konkreten, so ermittelbaren ›Fälle‹ geraubter Bücher hinaus. Zugleich bleiben diese Spuren, ohne Kontext, vielfach kryptisch. Dies mag die im DLA bewahrte Kafka-Sammlung illustrieren.

4 Eine Sammler- und Arbeitsbibliothek zur Prager Literatur vor dem Holocaust

Die Forschungsarbeiten des Germanisten Hartmut Binder zu Franz Kafka haben eine unverzichtbare Grundlage geschaffen für die Beschäftigung mit Leben und Arbeit des Autors in Prag. Binder hat Kafkas Familienbeziehungen dokumentiert, seinen Alltag in der Versicherungsgesellschaft, seine Lektüren und seinen Buchbesitz, aber auch Ausflüge, besuchte Orte und vieles mehr.[51] Er hat über Jahrzehnte hinweg in aufwendigen, reiseintensiven und durch die politische Situation erschwerten Recherchen und im Kontakt mit zahlreichen Personen aus dem Umfeld Kafkas Quellen zu Prag und Kafka zusammengetragen – und auf diesem Weg neue Zugänge zu dessen Werk erschlossen. Binders ca. 1.300 Bände umfassende Büchersammlung, die das DLA 2022 erwerben konnte, ist ein Produkt dieser Arbeit, das nun auch von anderen Forscher:innen genutzt werden kann. Die Bestandsbeschreibung informiert: »Die Sammlung des Germanisten Hartmut Binder besteht aus zwei Teilen: 1. Eine Sammlung zur deutschsprachigen Literatur aus Prag, vornehmlich aus dem Umfeld Franz Kafkas, mit zahlreichen Widmungsexemplaren. – 2. ›Kafkas verlorene Bücher‹: Eine auflagengenaue Rekonstruktion der Bibliothek Kafkas zum einen, der von ihm gelesenen und benutzten Bücher zum anderen, soweit dies aus verschiedenen Quellen rekonstruierbar war. Dies reicht von Schulbüchern bis hin zu Ephemera wie etwa Reisebroschüren und Veranstaltungsprogrammen aus Prag.«[52] Dieser Bestand wird zurzeit bibliothekarisch feinerschlossen. Nur durch sorgfältige (und aufwendige) Provenienzrecherchen des deutschen Buchhandels nicht nur den Forschungsstand zusammengefasst, sondern durch Grundlagenforschung neues Terrain erschlossen.

---

45 Zadek: Die Welt als Vaterland, S. A96.
46 Vgl. zum instabilen politischen Umfeld und den damit verbundenen Unsicherheiten in Bezug auf Absprachen und Transfermöglichkeiten bes. Kawałko: Vanishing Heritage. Vgl. mit Bezug auf die der Hebräischen Universität zugesagten Bücher aus jüdischem Besitz, d.h. die politische Position in Bezug auf die Restitution jüdischer Kulturgüter, auch Weiss: Von Prag nach Jerusalem, S. 533–535.
47 Zadek: Die Welt als Vaterland, S. A97.
48 Benjamin [d.i. Walter Zadek]: Der Antiquar und die Exilliteratur, S. A83. Vgl. Jessen: Vom »Auffüllen der Kriegslücken«.
49 Zu den wenigen, die über die Bücher aus Prag berichtet haben, gehört Theo Pinkus. Vgl. Keller: Der totale Buchhändler; Keller: Theo Pinkus.
50 Vgl. zu den Herausforderungen der Forschung zum Antiquariatsbuchhandel bes. Wittmann: Antiquariat, S. 521–522; Fischer: Geschichte des deutschen Buchhandels im 19. und 20. Jahrhundert. Band 3, Teil 3, S. 949–1043.– Fischer und Wittmann haben im Rahmen der Geschichte

51 Vgl. bes. Binder: Prag; ders.: Kafkas Welt; ders.: Auf Kafkas Spuren.
52 DLA Marbach, Sammlung Hartmut Binder (I und II). G:Binder, Hartmut I (Sammlung Prag und Quellen) https://www.dla-marbach.de/find/opac/id/BF00047883/; G:Binder, Hartmut II (Sammlung »Kafkas verlorene Bücher«) https://www.dla-marbach.de/find/opac/id/BF00046380/ [Stand: 14. Juni 2024]. Vgl. zu Kafkas Bibliothek bes.: Blank: In Kafkas Bibliothek; Born: Kafkas Bibliothek.

lässt sich im Zuge der Erschließung differenziert Auskunft geben darüber, wie er sich in den Zusammenhang des NS-Bücherraubs, der Verfolgung von Jüdinnen und Juden in Prag unter deutscher Besatzung und des Antiquariatsmarkts nach 1945 einfügt, weil eine Besonderheit solcher über Jahrzehnte entstandenen Sammlungen in der großen Zahl antiquarischer Erwerbungen in verschiedenen Ländern und in der Vielfalt der Provenienzen der einzelnen Bücher, das heißt der Diversität der Überlieferungswege in den Jahren nach 1933, liegt.[53]

Ein für die Forschung zum literarischen Feld in Prag wichtiger Teilbestand dieser Sammlung sind die Widmungsexemplare. Durch sie bilden sich die Umrisse der deutschsprachigen Prager Literatur während des ersten Drittels des 20. Jahrhunderts ebenso wie die engen Verbindungen zwischen Prag und Berlin, tschechischer und deutscher Literatur ab.[54] Mehrere Bände waren einmal Teil der Bibliothek des jüdischen Autors, Übersetzers und Förderers junger Autoren Otto Pick (1887–1940);[55] sie dokumentieren in persönlichen Zueignungen dessen weit gestreute Kontakte als Mitarbeiter der *Herder-Blätter* und Literaturkritiker der *Prager Presse* ebenso wie einen signifikanten Ausschnitt der Literatur im ersten Drittel des 20. Jahrhunderts. So umfasst die Sammlung unter anderem ein Widmungsexemplar des 1919 erschienenen Gedichtbands *Karawane* des Schriftstellers und Übersetzers Rudolf Fuchs (1890–1942),[56] der im Londoner Exil starb, und die 11 Jahre später unter dem Titel *Gestalten der Zeit* erschienenen Porträts des Prager Autors Willy Haas (1891–1973), der 1925 gemeinsam mit Ernst Rowohlt in Berlin die Zeitschrift *Die literarische Welt* begründete und wie so viele jüdische Autoren nach der nationalsozialistischen Machtübernahme 1933 aus Berlin nach Prag zurückkehrte, aber dann rechtzeitig über Frankreich und Italien nach Indien emigrierte.[57] Nach Ende des Zweiten Weltkriegs und seiner Rückkehr aus Indien etablierte sich Haas in Deutschland unter anderem durch seine Arbeit für die Zeitung *Die Welt* in Hamburg. Als eine der überlebenden Personen aus dem Umfeld Kafkas gab er die von ihm 1939 geretteten Briefe Kafkas an Milena Jesenská für die Verlage Schocken Books New York und S. Fischer in Frankfurt heraus und schrieb wiederholt über Prager Autoren seiner Generation.[58] Otto Pick hingegen emigrierte bzw. flüchtete 1939 nach London. Aus der Zeit seines Exils gibt es nur wenige Zeugnisse. Pick starb bereits im Frühjahr 1940, ein Nachlass scheint nicht erhalten zu sein. Hartmut Binder hat sich im Zuge seiner Arbeit zu Kafka immer wieder auch mit solch heute nahezu vergessenen Autoren aus Prag beschäftigt, ist an die Orte ihres Exils gereist, hat in Zeitungsbeiträgen an sie erinnert und ihre Verbindungen zu Kafka erforscht.[59] In der *Neuen Zürcher* Zeitung betonte Binder 1987 in Bezug auf Pick, dieser habe »quasi die gesamte tschechische Gegenwartsliteratur der deutschsprachigen Welt zugänglich gemacht«.[60] Aber eine solide Material-

---

53 Die Geschichte einzelner Erwerbungen kann im Gespräch mit dem Sammler, Hartmut Binder transparenter gemacht werden. Eine entsprechende Dokumentation im Prozess der Sammlungserwerbung ist für spätere Forschung von grundlegender Bedeutung.

54 Vgl. bes.: Emil Faktor: Jahresringe. Neue Verse. Berlin/Stuttgart/Leipzig: Axel Juncker 1908. DLA, Sammlung Hartmut Binder I. Ex. mit der Widmung: »Meinem Freunde Josef Adolf Bondy in alter Treue und seiner jungen Gattin als Zeichen der Sympathie mit herzlichen Ostergrüßen, Prag April 1908, Emil Faktor.« Der Journalist Josef Adolf Bondy (1876–1946) arbeitete von 1901 bis 1904 als Redakteur der Zeitung *Bohemia* und später in Berlin, u.a. als Korrespondent und Redakteur. 1933 emigrierte er nach Genf und von dort nach Großbritannien. Vgl. [Art.] Bondy, Josef Adolf. In: Handbuch österreichischer Autorinnen und Autoren jüdischer Herkunft: 18. bis 20. Jahrhundert. Bd. 1. Hrsg. von der Österreichischen Nationalbibliothek Wien. Redaktion Susanne Blumesberger, Michael Doppelhofer, Gabriele Mauthe. München: Saur 2002, S. 146. Auch der Prager Theaterkritiker, Herausgeber und Redakteur Emil Faktor (1876–1942) hatte zunächst in Prag für die *Bohemia* gearbeitet und war dann nach Berlin übersiedelt, wo er zum Chefredakteur des *Berliner-Börsen-Couriers* in Berlin aufstieg. Er kehrte 1933 nach Prag zurück. Dort wurde er nach der Besetzung der Tschechoslowakei als Jude verfolgt, 1941 mit seiner Frau in das Ghetto Łódź deportiert und dort 1942 ermordet. Vgl. [Art.] Faktor, Emil. In: Lexikon deutsch-jüdischer Autoren. Bd. 6. Hrsg. vom Archiv Bibliographica Judaica. Redaktion Renate Heuer. München: Saur 1998, S. 469–478. Die Sammlung verweist in solchen Widmungen auf das literarische Leben in Prag ebenso wie auf Exilschicksale und den Holocaust.

55 Vgl. Sudhoff: Otto Pick, S. 403–404.

56 Rudolf Fuchs: Karawane. Gedichte. Leipzig: Kurt Wolff 1919. Ex. der Sammlung Hartmut Binder, DLA Marbach, mit der Widmung: »Lieber Otto Pick, Ich widme Ihnen dieses Buch in herzlicher Freundschaft. Sept. 1919 Rudolf Fuchs«. Zur Biografie vgl. bes. Armin A. Wallas: [Art.] Fuchs, Rudolf. In: Andreas Kilcher (Hrsg.): Metzler-Lexikon der deutsch-jüdischen Literatur. 2. Aufl. Stuttgart, Weimar 2012, S. 155–156. Vgl. auch Brod: Der Prager Kreis, S. 230–231.

57 Willy Haas: Gestalten der Zeit. Berlin: Gustav Kiepenheuer 1930. Ex. der Sammlung Hartmut Binder, DLA Marbach. »Otto Pick in alter herzlicher Freundschaft – Haas«. Vgl. Andreas Kilcher, Katja Schettler: [Art.] Haas, Willy. In: Kilcher: Metzler-Lexikon der deutsch-jüdischen Literatur, S. 181–183.

58 Franz Kafka: Briefe an Milena. Hrsg. und mit einem Nachwort versehen von Willy Haas. New York: Schocken Books 1952 [Lizenzausgabe: S. Fischer, 1952]. Vgl. auch Willy Haas: Prag 1912 und die Anfänge Kafkas. In: Mitteilungsblatt des Irgun Olej Merkas Europa (MB), Nr. 26, 27.6.1947, S. 4.

59 Vgl. bes. Hartmut Binder: Else Lasker-Schüler in Prag. Zur Vorgeschichte von Kafkas »Josefine«-Erzählung. In: Binder: Auf Kafkas Spuren, S. 229–252; ders.: Neues zu Else-Lasker-Schülers Vorlesung im April 1913. Mit ungedruckten Briefen an Willy Haas. In: Binder, S. 253–268; ders.: »Jugend ist natürlich immer schön ...«. Kafka als literarischer Ratgeber. In: Binder, S. 367–416.

60 Binder: Mittler zwischen den Kulturen.

grundlage für die Beschäftigung mit seiner Biografie fehlt. Deutlich zeigen sich die nationalsozialistische Verfolgung und der Raub von Eigentum daher als eine nachhaltig wirksame, systematische Zerstörung von Überlieferung und Wissen. Angesichts des späten Datums der Emigration Picks aus Prag (1939) ist nicht sehr wahrscheinlich, dass er seine Bibliothek mit sich nehmen konnte. Dies erfordert weitere Recherchen zur Überlieferung der Bücher, zumal immer wieder einzelne Bände aus dem Besitz Picks im Antiquariatsbuchhandel auftauchen, darunter Reden und Aufsätze Thomas Manns mit einer Widmung des Verfassers und eine Erstausgabe von Else Lasker-Schülers Theaterstück *Die Wupper*.[61] Solche Bücher zeigen Pick im Literaturbetrieb seiner Zeit, sie erlauben aber aufgrund ihrer Zerstreuung und des Verkaufs in private Zusammenhänge nicht, systematisch als historische Quellen genutzt zu werden. Sie sind vielmehr ›Schlaglichter‹; unklar bleibt, welche Relevanz das so Erhellte für die Biografie Picks hat.[62] Hartmut Binder hat Widmungsbände als Bruchstücke der Biografien verschiedener Prager Autor:innen aus der Vergessenheit gezogen, in einen sinnvollen, um Kafka und Prag zentrierten Sammlungszusammenhang integriert und durch den Akt des Sammelns ihre Anschlussfähigkeit für ein literarhistorisches Narrativ behauptet.[63] Die Integration in den Bestand des DLA bestätigt und verstärkt diesen Effekt, ermöglicht neue intellektuelle Aneignungen, nicht zuletzt durch die sammelnde Einrichtung selbst (in Ausstellungen, Publikationen, PR).[64] Diese Form der Aneignung ist wichtig, produktiv und dennoch ambivalent, weil intellektuelle und materielle Aneignung hier nicht getrennt voneinander zu sehen sind. Darauf ist zurückzukommen.

Provenienzforschung zeigt sich so als eine Möglichkeit, das durch das private Sammeln gewonnene und wieder sichtbar gemachte Wissen über Autoren wie Otto Pick und ihr Schicksal nach der Besetzung Prags zu vertiefen. Im Alltagsbetrieb einer Bibliothek lassen sich solche deutlichen Wissenslücken nicht füllen, denn Recherchen zur Biografie erfordern Expertise in Bezug auf relevante Archive und genealogische Datenbanken, literarhistorische Kenntnisse und vor allem *Zeit*, die im Rahmen der bibliothekarischen Erschließung nicht gegeben ist. Fördermöglichkeiten fangen diesen Mehraufwand auf.[65] Jedes Buch wirft individuelle Fragen auf, direkt oder vermittelt stehen sie aber alle im historischen Zusammenhang des nationalsozialistischen Bücherraubs.[66] Provenienzforschung kommt hier eine doppelte Funktion zu.

Dies lässt sich an einem Widmungsexemplar des 1937 bei Allert de Lange in Amsterdam erschienenen Romans *Annerl* von Max Brod nachvollziehen, das der Autor seinem Bruder Otto, seiner Schwägerin und seiner Nichte gewidmet hatte: »Für Otto, Thea – weniger für Marianne / Max / 1936«[67] Nur wenige Jahre später wurde Otto Brod deportiert. Ähnliche Widmungsexemplare Max Brods an seinen Bruder haben die Sächsische Landesbibliothek Dresden sowie die Hochschule für Jüdische Studien Heidelberg daher im Rahmen bestandsbezogener Provenienzforschungsprojekte untersucht und schließlich als NS-Raubgut in ihren Be-

---

61 Vgl. z. B. Thomas Mann: Die Forderung des Tages. Reden und Aufsätze aus den Jahren 1925–1929. Berlin: S. Fischer Verlag 1930. Mit der Beschreibung: »Mit eigenhändiger Widmung auf dem vorderen fliegenden Vorsatz ,Herrn Otto Pick gelegentlich eines erbaulichen, ergiebigen Zusammenseins', unterzeichnet mit ,Prag, 4.III.32 Thomas Mann' […]« (Venator & Hanstein, Katalog 142 (2017), Los 537, online: https://www.venator-hanstein.de/katalog/detail/142/6756 [Stand: 14. Juni 2024]); Else Lasker-Schüler: Die Wupper. Schauspiel in 5 Aufzügen. Berlin: Oesterheld & Co. 1909. Mit einem Besitzvermerk »Otto Pick 1911« (Nosbüsch & Stucke, Auktion 10, 2.–3. Juni 2017. Los 739.).
62 Die Zirkulation dieser Bücher lässt sich aufgrund der systematischen Gewalt nicht mit den Kategorien von Sammlung und Zerstreuung als Normalfall von Überlieferung begreifen, wie sie beispielsweise noch Karl Wolfskehl beschrieben hat. Vgl. Jessen: Der Sammler Karl Wolfskehl, S. 33–35.
63 Vgl. zur Anschlussfähigkeit bzw. »Gruppenbildung« bes. Benjamin: Rückschritte der Poesie, S. 572: »Das Gedächtnis der Völker ist darauf angewiesen, an den Materien, die ihm die Überlieferung zuführt, Gruppenbildungen vorzunehmen. Solche Gruppierungen sind beweglich; auch wechseln sie in ihren Elementen. Was aber auf Dauer nicht in sie eingeht, ist der Vergessenheit überantwortet.«
64 Vgl. Fohrmann: Archivprozesse, S. 21: »Dennoch ist der Inhalt der Kiste nur wirksam in den Weisen, in denen aus ihr etwas hervorgeholt, etwas mit ihr veranstaltet wird, also in den Arten ihres Gebrauchs. Die Wörtlichkeit und das auf ewig Verwahrte unterliegen damit jenen Be-

arbeitungsweisen, die das Archiv wieder in Geschichten, andere Rahmungen und Kommentare überführen, in denen allein das, was es ist, zur Erscheinung kommen kann.«
65 Vgl. Deutsches Zentrum Kulturgutverluste, Aufgaben. Online: https://kulturgutverluste.de/stiftung/aufgaben [Stand 14. Juni 2024]. Bibliotheken, Museen und Archive werden darin unterstützt, zu klären, »ob Kulturgüter ihren rechtmäßigen Eigentümer:innen etwa im Zuge von staatlicher Verfolgung entzogen wurden«, Provenienzforschung wird dabei aber von der Stiftung aber auch mit Blick auf das Verständnis auf die Konstituierungsprozesse von Sammlungen und systematische Aspekte des Kunst- und Kulturguthandels sowie des Sammlungsaufbaus gefördert.
66 Um nur drei aus unterschiedlichen Gründen interessante Beispiele zu nennen: Karl Hans Strobl: Die Flamänder von Prag. Neuausgabe von »Der Schipkapaß«. Karlsbad-Drahowitz / Leipzig: Verlag A. Kraft 1932. Mit dem Stempel des Reichsadlers mit Hakenkreuz der »Gemeinde Thomasdorf, Kreis Freiwalden«; Camill Hoffmann: Die Vase. Berli: Axel Juncker 1910. Mit der Widmung: »Heinrich Mann in herzlicher Ergebenheit Camill Hoffmann / Wien, im Nov. 1910«; [Shmuel] Hugo Bergmann: Jawne und Jerusalem. Gesammelte Aufsätze. Berlin: Jüdischer Verlag 1919. Mit dem eingeklebten Etikett »Ex libris Levy u. Hertha Wolff«. Alle Bände: DLA Marbach, Sammlung Hartmut Binder I.
67 Max Brod: Annerl. Roman. Amsterdam: Allert de Lange 1937. DLA Marbach, Sammlung Hartmut Binder I.

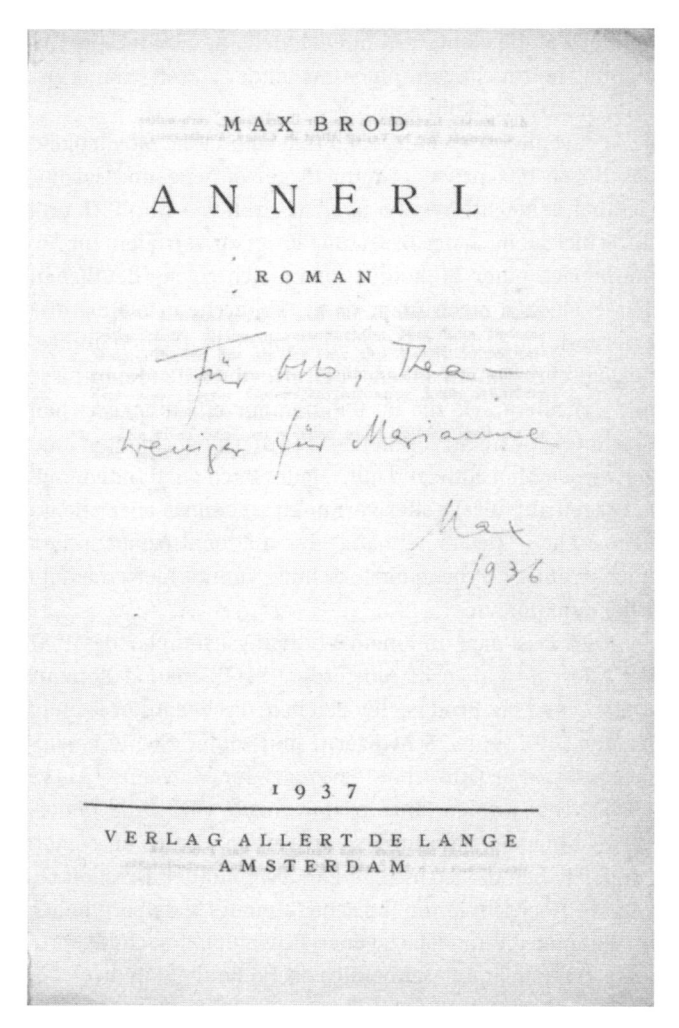

Abb. 5: Max Brod: *Annerl*. Amsterdam 1937. Titelblatt mit Widmung von Brod für seinen Bruder Otto. Deutsches Literaturarchiv Marbach, Sammlung Hartmut Binder I.

ständen identifiziert, um historisches Unrecht sichtbar zu machen:

> Im letzten Transport, der am 28. Oktober 1944 das Lager in Richtung Auschwitz verließ, befanden sich auch Otto Brod, seine Ehefrau Terezie sowie ihre 18-jährige Tochter Marianne. Da Hinweise vorlagen, dass Marianne weiter nach Bergen-Belsen deportiert worden war, gab Max Brod im Januar 1946 eine Suchanzeige auf, da er hoffte, dass sie noch am Leben sei. Diese Bemühungen waren ebenso erfolglos wie sein Versuch, [...] Ansprüche auf das entzogene Eigentum [des] Bruders zu stellen. Im Jahr 1966 wurde der Antrag auf Rückerstattung/Entschädigung im Sinne des § 5 BRüG seitens der sogenannten Wiedergutmachungsämter von Berlin zurückgewiesen [...].[68]

An diese Forschungsbeiträge zu Brod und zur Geschichte seiner Bibliothek ließe sich bei der notwendigen Klärung der Überlieferung und des rechtlichen Status des Exemplars in der Marbacher Sammlung also anknüpfen. Der engste Freund Kafkas beschrieb seine eigene, gelungene Flucht aus Prag und den Verlust des Bruders in der kurz vor seinem Tod erschienenen Autobiografie als ein einschneidendes Erlebnis, denn »eigentlich« so Brod, »lebe ich von rechtswegen nicht mehr.«[69] Sein Schreiben und die Bemühungen um Kafka und die Prager Literatur nach Auschwitz lassen sich nicht jenseits dieses Satzes verstehen. Recherchen zum Schicksal der Familie Otto Brods und zum Verlust ihres Eigentums sind als Wegmarken der Vernichtung auch für die literaturwissenschaftliche Arbeit zu Brod und seiner Rolle für die Kafka-Rezeption relevant.

5 Schluss: Formen der Aneignung

Der Sammler Karl Wolfskehl hat viele Aufsätze über die Liebe zum Buch geschrieben, bis er 1933 aus Deutschland flüchten und seine große Bibliothek zurücklassen musste. Einer seiner letzten Texte zum Thema, »Beruf und Berufung der Bibliophilie in unserer Zeit«, erschien im Sommer 1932 und warb für das private Sammeln.[70] Für Wolfskehl unterschied sich das vor der Öffentlichkeit verborgene Sammeln als Bemühen um Vernachlässigtes stark vom »›wissenschaftliche[n]‹ Stapeln, Aufspeichern und Ordnen« nach transparenten Kriterien in den öffentlichen Bibliotheken. Zuviel falle durch das Raster der Sammlungskonzepte der Bibliotheken. Wolfskehl interessierten insbesondere die Überlieferungswege und ›Biografien‹ alter Bücher, die öffentliche Bibliotheken in ihren Katalogbeschreibungen selten berücksichtigen, geschweige priorisieren konnten. Die Wirtschaftskrise habe diese für die Überlieferung prekäre Situation, so Wolfskehl, durch ihre Auswirkungen auf die Erwerbungsetats der Bibliotheken verschärft. Seine Sorge entzündete sich nicht nur an den sozialen Erschütterungen. Bereits 1931 hatte er in einem Brief an den niederländischen Dichter Albert Verwey »Maßregeln jeder Art gegen die Juden, neben dem vermutlich sehr stark einsetzenden faktischen Terror noch Berufs- und Bewegungsbeschränkungen schärfsten Charakters« in Deutschland vorausgesagt.[71] Wolfskehls späte Texte über das Sammeln müssen vor dem Horizont der politischen Radikalisierung gelesen

---

68 Zschommler: Otto Brod (1888–1944). Vgl. Geldmacher: Protokoll.

69 Brod: Streitbares Leben, S. 291.
70 Wolfskehl: Beruf und Berufung, S. 549.
71 Karl Wolfskehl an Albert Verwey, 29. September 1930. In: Wolfskehl – Verwey, S. 245.

werden,[72] die gerade in München früh deutlich wurde und die Rechtssicherheit in Frage stellte, die nicht zuletzt eine Voraussetzung für jegliche Form des Bewahrens von Überlieferung und Eigentum war und ist. 1932 äußerte Wolfskehl daher, scheinbar beiläufig zwischen Bemerkungen zum bibliophilen Sammeln, seine Sorge um eine »›Säuberung‹ oder ›Auskämmung‹ unserer öffentlichen Büchereien im Sinne parteipolitischer Tagesnormen«.[73] Die Bibliotheken wurden dann wenig später im Sinne der nationalsozialistischen Ideologie »ausgekämmt«, jüdische Bücher aus Privatbesitz und jüdischen Einrichtungen geraubt, ihre Besitzer:innen verfolgt, deportiert und ermordet. In den Jahren des Exils in Neuseeland datierte Wolfskehl seinen Essay zu »Beruf und Berufung der Bibliophilie in unserer Zeit« auf das symbolische Jahr 1933 vor.[74]

Im Vergleich zu der fundamentalen Zerstörung der folgenden zwölf Jahre steht das wenige ins Heute Gerettete in einem Missverhältnis. Zwar gelangten Bücher im Gepäck oder im Umzugsgut-Container mit ihren Besitzer:innen an andere Orte (»Exilbibliotheken«). Aber es sind solche geretteten oder versteckten Bücher und im scharfen Kontrast hierzu die nach dem Holocaust erbenlos zurückgebliebenen Bücher, die private Sammler und Forscher ebenso wie öffentliche Bibliotheken im Zuge der Wiederentdeckung der Literatur der 1920er Jahre und des Exils für den Aufbau entsprechender Sammlungen nutzten. Den Büchern selbst sieht man dies, wie gezeigt, nur in wenigen Fällen an.

Private Sammler haben, oft mit großer Expertise, Bücher aus zersplitterten Zusammenhängen zusammengetragen. Öffentliche Bibliotheken wiederum haben sich glücklicherweise immer wieder dieses in den privaten »Spezialsammlungen« bewahrte Wissen durch deren Übernahme zu eigen machen können. Sie sind allerdings seit den 1990er Jahren durch nationale und internationale Vereinbarungen zur Transparenz und zur Prüfung ihrer Bestände auf NS-Raubgut sowie zum Verzicht auf die Erwerbung von Exemplaren, für die ein NS-Raubgutverdacht besteht, aufgefordert.[75] Zur Herausforderung wird dies, da viele der über Jahrzehnte entstandenen privaten Buchbestände, wie im Falle der Kafka-Sammlung, das Ergebnis von (kaum je für die Nachwelt dokumentierten) Funden im internationalen Antiquariatsbuchhandel sind. Zum einen hat sich das Wissen um den NS-Kulturgutraub erst seit den 1990er Jahren im öffentlichen Bewusstsein etabliert, zum anderen richten sich die »Washington Principles« und nationale Regelungen zu ihrer Umsetzung vorrangig an öffentliche Einrichtungen, nicht an Privatpersonen und den Handel. Viele Sammler haben sich vor diesem Hintergrund der auf dem Antiquariatsbuchmarkt seit den späten 1940er Jahren auftauchenden Bücher verfolgter und deportierter oder geflüchteter Autor:innen mit dem Motiv der Rettung angenommen. In der Übernahme so entstandener, privater Büchersammlungen ebenso wie in der Bewahrung solch historisch und biografisch signifikanter Bibliotheken wie der H. G. Adlers potenzieren sich die Schwierigkeiten für Forschungsbibliotheken, wenn sie versuchen, Rechenschaft über die Überlieferungswege des Gesammelten zu geben. Nicht leicht ist jenseits rechtlicher Kategorien die Frage zu beantworten, ob die Übernahme privater Sammlungen nicht auch dann wichtig wäre, wenn ein Verdacht besteht, dass sie Bücher enthalten, die unter dem Druck der nationalsozialistischen Verfolgung in den Handel gelangten. Immerhin eröffnet der Transfer in Forschungszusammenhänge und eine öffentliche Einrichtung Möglichkeiten, die Geschichte dieser Bücher wieder sichtbar zu machen und Bücher gegebenenfalls zu restituieren. Es geht dann jedoch neben den vordringlich zu klärenden rechtlichen Aspekten um die Frage, was das Ausmaß des Raubs für den wissenschaftlichen Umgang mit solchen Büchern aus Prag heute bedeutet.

Es ist legitim und oftmals sogar notwendig, bestimmte Wissensschichten eines Buchs oder einer Sammlung in Forschung und Bestandspräsentation zu privilegieren, Provenienzfragen in der eigenen Forschung auszublenden; die beschriebenen Bücher zeigen jedoch die Notwendigkeit, diese Position zu differenzieren. Um es in maximaler Zuspitzung in Worten von Walter Benjamin aus dem Jahr 1940 zu sagen, die diesen Punkt betreffen: »[A]uch die Toten werden vor dem Feind, wenn er siegt, nicht sicher sein.«[76] Und die »Beute wird, wie das immer so üblich war, im Triumphzuge mitgeführt. Man bezeichnet sie als die Kulturgüter.«[77] Dies betrifft Akte des Erbeutens und der Interpretation als Aneignung und Inbesitznahme. Wenn materielle Zusammenhänge zerstört sind, kann es daher zu einer intellektu-

---

72 Vgl. Wolfskehl: Das unsterbliche München.
73 Wolfskehl: Beruf und Berufung, S. 551.
74 Karl Wolfskehl an Curt von Faber du Faur, 6. Februar 1943. In: Karl Wolfskehls Briefwechsel aus Neuseeland, S. 89–93, hier S. 91.
75 Vgl. Handreichung, S. 10: »Von großer Bedeutung bei der Aufarbeitung des NS-Kulturgutraubs ist Transparenz. Dies gilt sowohl im Hinblick auf Sammlungen und Bestände und die zu ihnen gewonnenen Forschungsergebnisse als auch für die Verfahren zur Geltendmachung von Ansprüchen. Die elektronische Bestandsdokumentation ist eine wesentliche Voraussetzung dafür, Transparenz zu schaffen, und wichtige Grundlage für die Suche nach NS-verfolgungsbedingt entzogenen Kulturgütern. Der Prozess der Digitalisierung der Bestände muss daher beschleunigt werden«. Dies lässt rechtliche Aspekte digitaler Zugänglichkeit unberücksichtigt.
76 Benjamin: Über den Begriff der Geschichte, S. 33.
77 Benjamin, S. 34.

ellen und ethischen Aufgabe werden, den Bruch sichtbar zu halten.⁷⁸

In bestimmten Präsentationsformen verwischen Bibliotheken und Archive den von Benjamin skizzierten Zusammenhang, wenn sie Herkunftsfragen in der Präsentation ihrer Bestände nicht mit berücksichtigen, sondern diese als der Sphäre des Kapitals gänzlich enthobene Dinge rahmen und das Zusammengetragene im geschlossenen Überlieferungszusammenhang als schlicht gegebene Quelle literarhistorischer Forschung zeigen. Benjamin denkt in seinen Aufzeichnungen *Über den Begriff der Geschichte* die ›Material-Seite‹ der Geschichte und die Frage des intellektuellen Zugangs zusammen, er richtet sich an dieser Stelle gegen historistische Zugänge und eine »Einfühlung« in die geschichtlichen Vorgänge und stellt dem die Möglichkeit entgegen, den Doppelcharakter der Dinge als Zeugnisse von »Kultur« und »Gewalt« mitzudenken. Dies impliziert, ihren Charakter als Waren nicht aufzuheben und den Akt der intellektuellen Aneignung in seiner Verbindung zur materiellen Aneignung als ein heikles Unterfangen zu denken.⁷⁹

Adler zeugt von dieser Ambivalenz der Bücherei in Theresienstadt; Zadek, mit anderer Gewichtung, von der Ambivalenz der von ihm aufgekauften Bestände aus böhmischen Schlössern. Die Widmungsexemplare jüdischer Dichter Prags in Marbach – und an vielen anderen Orten – geben wiederum Auskunft über den lebendigen Literaturbetrieb der Zeit. Sie bezeugen aber auch, dass dieses jüdische Leben in Prag zerstört wurde. Die Schwierigkeit, aber auch die große Chance und Herausforderung liegt in Bezug auf Bestände wie die Bibliothek H. G. Adlers und die Kafka-Sammlung mit ihren Büchern aus Prag – jenseits der Eigentumsfragen, die für jedes Buch zu klären sind – darin, diesen Zusammenhang sichtbar zu halten. Dies kann nicht ohne Konsequenzen für jede neuerliche Aneignung (in Ausstellungen, Publikationen etc.) bleiben, sofern diese die Enteignung nicht fortsetzen will. Sie impliziert ein Bemühen um materielle und intellektuelle Restitution. Das Faszinierende ist, dass sich in den Schriften von Autor:innen wie H. G. Adler, Hannah Arendt, Walter Benjamin, Max Brod und vielen anderen Zeugen dieser Zeit die Fährten dazu finden lassen. Es geht also nicht um etwas, dass der Literatur unverbunden wäre.

---

78 Bücher werden aus dieser Perspektive als Spuren zu früheren Wissens- und Gebrauchszusammenhängen, zu Arbeitsweisen, zu Freundschaften usw. sichtbar. Vgl. dazu bes. Feuerstein-Herz: Konfigurationen einer Bibliothek.
79 Vgl. zum Zusammenhang von Sammlung und diversen Aspekten des Ökonomischen: Nils Güttler / Ina Heumann: Sammeln: Ökonomien wissenschaftlicher Dinge. In: Dies. (Hrsg.): Sammlungsökonomien, S. 7–22.

6 Literatur- und Quellenverzeichnis

Deutsches Literaturarchiv Marbach (DLA)

Nachlass H. G. Adler: A: Adler, H. G. (Nachlass): https://www.dla-marbach.de/find/opac/id/BF00011812/
Bibliothek H. G. Adler G: Adler, H. G. (Teilbibliothek des Autors): https://www.dla-marbach.de/find/opac/id/BF00018876/
Sammlung Hartmut Binder I: G:Binder, Hartmut I (Sammlung Prag und Quellen) https://www.dla-marbach.de/find/opac/id/BF00047883/
Sammlung Hartmut Binder II: G:Binder, Hartmut II (Sammlung »Kafkas verlorene Bücher«) https://www.dla-marbach.de/find/opac/id/B_F00046380/
Bibliothek Karl Wolfskehl: G:Wolfskehl, Karl (Virtuelle Rekonstruktion des Buchbesitzes): https://www.dla-marbach.de/find/opac/id/B_F00042464/

Gedruckte Quellen

ADLER, H. G.: Die Geschichte des Prager Jüdischen Museums. In: Monatshefte 103 (2011), S. 161–172
ADLER, H. G.: Die unsichtbare Wand. Roman. Mit einem Nachwort von Jürgen Serke. Wien/Darmstadt: Zsolnay 1989.
ADLER, H. G.: Die Rolle Theresienstadts in der »Endlösung der Judenfrage«. In: Aus Politik und Zeitgeschichte, BXXII/55, 1. Juni 1955, S. 333–347.
ADLER, Jeremy D.: Das bittere Brot. H. G. Adler, Elias Canetti und Franz Baermann Steiner im Londoner Exil. Göttingen: Wallstein 2015.
BENJAMIN, Uri [d. i. Walter Zadek]: Der Antiquar und die Exilliteratur. In: Aus dem Antiquariat, Nr. 49, 19.6.1970, S. A82–A84.
BENJAMIN, Uri [d. i. Walter Zadek]: Die Welt als Vaterland (III). In: Aus dem Antiquariat, Nr. 24, 25.3.1977, S. A97–A104.
BENJAMIN, Walter: Rückschritte der Poesie von Carl Gustav Jochmann. Einleitung. In: Walter Benjamin: Gesammelte Schriften II, 2. Hrsg. v. Rolf Tiedemann und Hermann Schweppenhäuser. Frankfurt am Main: Suhrkamp 1977, S. 572–598.
BENJAMIN, Walter: Über den Begriff der Geschichte – Benjamins Handexemplar, VI. In: Walter Benjamin. Werke und Nachlaß. Kritische Gesamtausgabe. Bd. 19: Walter Benjamin: Über den Begriff der Geschichte. Hrsg. v. Gérard Raulet. Berlin: Suhrkamp 2010, S. 30–43.
BROD, Max: Der Prager Kreis. Mit einem Nachwort von Peter Demetz. Frankfurt am Main: Suhrkamp 1979.
BROD, Max: Streitbares Leben. Vom Autor überarbeitete und erweiterte Neuausgabe. München/Berlin/Wien: Herbig 1969.
DEMETZ, Peter: Dankrede anlässlich der Auszeichnung mit dem Johann-Heinrich-Merck-Preis 1977. Deutsche Akademie für Sprache und Dichtung. Online: https://www.deutscheakademie.de/de/auszeich_nungen/johann-heinrich-merck-preis/peter-demetz [Stand: 14. Juni 2024].
WOLFSKEHL – Karl Wolfskehls Briefwechsel aus Neuseeland 1938–1948. Bd. 1. Hrsg. v. Cornelia Blasberg. Darmstadt: Luchterhand 1988.
WOLFSKEHL – VERWEY. Die Dokumente ihrer Freundschaft 1897–1946. Hrsg. v. Mea Nyland-Verwey. Heidelberg: L. Schneider 1968.
WOLFSKEHL, Karl: Beruf und Berufung der Bibliophilie in unserer Zeit (Erstdruck im Jahrbuch deutscher Bibliophilen 18/19, 1932). In: Karl Wolfskehl: Gesammelte Werke. Bd. 2. Hrsg. von Margot Ruben und Claus Victor Bock. Hamburg: Claassen 1960, S. 549–556.
WOLFSKEHL, Karl: Das unsterbliche München (Erstdruck 1926/1930). In: Karl Wolfskehl: Gesammelte Werke. Bd. 2. Hrsg. von Margot Ruben und Claus Victor Bock. Hamburg: Claassen 1960, S. 341–347.

Forschungsliteratur

Binder, Hartmut: Auf Kafkas Spuren. Gesammelte Studien zu Leben und Werk. Hrsg. v. Roland Reuß und Peter Staengle. Göttingen: Wallstein 2023.

Binder, Hartmut: Kafkas Welt. Eine Lebenschronik in Bildern. Reinbek bei Hamburg: Rowohlt 2008.

Binder, Hartmut: Mittler zwischen den Kulturen. Zum hundertsten Geburtstag des Prager Schriftstellers Otto Pick. In: Neue Zürcher Zeitung (NZZ), 21. Mai 1987, S. 27.

Binder, Hartmut: Prag. Literarische Spaziergänge durch die Goldene Stadt, 3. durchgesehene Aufl. Stuttgart: Klett-Cotta 2002

Blank, Herbert, Antiquariat (Hrsg.): In Kafkas Bibliothek. Werke der Weltliteratur und Geschichte in der Edition, wie sie Kafka besaß oder kannte, kommentiert mit Zitaten aus seinen Briefen und Tagebüchern. Mit einem Vorwort von Hartmut Binder [Antiquariatskatalog]. Stuttgart: Antiquariat Herbert Blank 2001.

Born, Jürgen: Kafkas Bibliothek. Ein beschreibendes Verzeichnis. Zusammengestellt unter Mitarbeit von Michael Antreter, Waltraud John und Jon Shepherd. Düsseldorf: Onomato 2011.

Brogi, Susanna / Gallas, Elisabeth: Das ›Etwas nach dem Nichts‹: Marie-Louise von Motesiczkys Gemälde Gespräch in der Bibliothek. In: Internationales Archiv für Sozialgeschichte der Literatur (IASL) 2021; 46(1): 283–299.

Čapkova, Kateřina: Czechs, Germans, Jews? National Identity & the Jews of Bohemia. New York/Oxford: Berghahn 2012.

Deutsches Zentrum Kulturgutverluste, Aufgaben. Online: https://kultur_gutverluste.de/stiftung/aufgaben [Stand: 14. Juni 2024].

Diner, Dan. Vorwort. In: Dirk Rupnow: Täter, Gedächtnis, Opfer. Das »Jüdische Zentralmuseum« in Prag 1942–1945. Wien: Picus 2000, S. 9–11.

Feuerstein-Herz, Petra: Konfigurationen einer Bibliothek. Herkunft und Migration von Büchern im Kontext historischer Sammlungslogiken. In: Internationales Archiv für Sozialgeschichte der Literatur (IASL), Bd. 46.1 (2021), S. 170–185. In: Dan Diner (Hrsg.): Enzyklopädie jüdischer Geschichte und Kultur. Bd. 5. Stuttgart/Weimar: Metzler 2014, S. 1–9.

Fischer, Ernst: Geschichte des deutschen Buchhandels im 19. und 20. Jahrhundert. Band 3: Drittes Reich und Exil. Teil 3: Der Buchhandel im deutschsprachigen Exil 1933–1945. Berlin/Boston: De Gruyter 2021.

Fischer, Ernst: Geschichte des deutschen Buchhandels im 19. und 20. Jahrhundert. Band 3: Drittes Reich und Exil. Teil 3/Supplement Verleger, Buchhändler und Antiquare aus Deutschland und Österreich in der Emigration nach 1933 Ein biographisches Handbuch. Berlin/Boston: De Gruyter 2020.

Fohrmann, Jürgen: »Archivprozesse« oder über den Umgang mit der Erforschung von ›Archiv‹. Einleitung. In: Hedwig Pompe / Leander Scholz (Hrsg.): Archivprozesse. Die Kommunikation der Aufbewahrung. Köln: DuMont 2002, S. 19–23.

Friedländer, Saul: Prag. In: Dan Diner (Hrsg.): Enzyklopädie jüdischer Geschichte und Kultur. Bd. 5. Stuttgart/Weimar: Metzler 2014, S. 1–9.

Gallas, Elisabeth: Das Leichenhaus der Bücher. Kulturrestitution und jüdisches Geschichtsdenken nach dem Holocaust. Göttingen: Vandenhoeck & Ruprecht 2013.

Gallas, Elisabeth: Offenbach Archival Depot. In: Dan Diner (Hrsg.): Enzyklopädie jüdischer Geschichte und Kultur. Bd. 4. Stuttgart/Weimar: Metzler 2013, S. 397–402.

Gallas, Elisabeth: Verlust und Restitution von Wissen: H. G Adlers Zeugenschaft nach 1945. In: Handbuch Deutschsprachig-jüdische Literatur seit der Aufklärung. Bd. 5: Wissen und Lernen. Hrsg. von Hans-Joachim Hahn und Christine Waldschmidt. Heidelberg: Metzler [in Vorbereitung]

Geldmacher, Elisabeth: Protokoll zur Restitution von NS-verfolgungsbedingt entzogenem Kulturgut (NS-Raubgut) Otto Brod (1888–1944) & Thea Brod (1895–1944). In: Sächsische Landesbibliothek – Staats- und Universitätsbibliothek Dresden (Hrsg.): Provenienzforschung in der SLUB – 2022/35. Online: https://nbn-resolving.org/urn:nbn:de:bs_z:14-qucosa2-818719 [Stand: 14. Juni 2024].

Grimsted, Patricia Kennedy: Sudeten Crossroads for Europe's Displaced Books. The »Mysterious Twillight« of the RSHA Amt VII Library and the Fate of Million Victims of War. In: Mečislav Borák (Hrsg.): Restitution of Confiscated Art Works. Wish or Reality? Documentation, Identification and Restitution of Cultural Property of the Victims of World War II. Prag: Tilia 2008, S. 123–180.

Güttler Nils / Heumann, Ina (Hrsg.): Sammlungsökonomien. Berlin: Kadmos 2016, S. 7–22.

Gruner, Wolf: The Holocaust in Bohemia and Moravia. Czech initiatives, German policies, Jewish responses. New York/Oxford: Berghahn 2019.

Hall, Murray: Verlag Dr. Hans Epstein (Verlag Dr. Rolf Passer, Zeitbild-Verlag) (Wien-Leipzig). In: Murray Hall: Österreichische Verlagsgeschichte 1918–1938. Bd. 2. Wien: Böhlau 1985. Online-Fassung, 2016: http://verlagsgeschichte.murrayhall.com/?pageid=262 [Stand: 14. Juni 2024].

Handbuch österreichischer Autorinnen und Autoren jüdischer Herkunft: 18. bis 20. Jahrhundert. Bd. 1. Hrsg. von der Österreichischen Nationalbibliothek Wien. Redaktion Susanne Blumesberger, Michael Doppelhofer, Gabriele Mauthe. München: Saur 2002, S. 146.

Handreichung zur Umsetzung der »Erklärung der Bundesregierung, der Länder und der kommunalen Spitzenverbände zur Auffindung und zur Rückgabe NS-verfolgungsbedingt entzogenen Kulturgutes, insbesondere aus jüdischem Besitz« vom Dezember 1999. Neufassung 2019, https://kulturgutverluste.de/sites/default/files/2023-04/Handr_eichung.pdf [Stand: 14. Juni 2024].

HG Adler Collection, Foyle Special Collections Library, King's College London. Online: https://www.kcl.ac.uk/hg-Adler-collection [Stand: 14. Juni 2024].

Hocheneder, Franz: H. G. Adler. Privatgelehrter und freier Schriftsteller (1910–1988). Wien/Köln/Weimar: Böhlau 2009.

Holzer-Kawałko, Anna: A Story of Survival: Hebrew Manuscripts and Incunabula from the Saraval Collection in the Manuscriptorium – Digital Library of the Memoriae Mundi Series Bohemica Project. In: Medaon 9 (2015), 17. Online: http://www.medaon.de/pdf/medaon17Kawalko.pdf [Stand: 14. Juni 2024]

Holzer-Kawałko, Anna: The Dual Dynamics of Postwar Cultural Restoration: On the Salvage and Destruction of the Breslau Rabbinical Library. In: Elisabeth Gallas / Anna Holzer-Kawałko/ Elisabeth Gallas / Yfaat Weiss (Hrsg.): Contested Heritage: Jewish Cultural Property after 1945. Göttingen: Vandenhoeck & Ruprecht 2020, S. 91–102.

Holzer-Kawałko, Anna: Vanishing Heritage. On the Turbulent Fate of German-Jewish Libraries in Post-war Czechoslovakia. Univ. Diss. Jerusalem 2023 [unveröffentl. Ms.].

Jessen, Caroline: Der Sammler Karl Wolfskehl. Berlin: Jüdischer Verlag im Suhrkamp Verlag 2018, S. 33–35.

Jessen, Caroline: Vom »Auffüllen der Kriegslücken«. Transferrouten und Provenienz von Büchern und Handschriften in Archiven zur deutschen Literatur nach 1945. In: Peter Burschel / Ulrike Gleixner / Marie von Lüneburg / Timo Steyer (Hrsg.): Forschen in Sammlungen. Dynamiken, Transformationen, Perspektiven (= Kulturen des Sammelns; 3). Göttingen: Wallstein, S. 96–114.

Keller, Erich: Der totale Buchhändler. Theo Pinkus und die Produktion linken Wissens in Europa in der zweiten Hälfte des 20. Jahrhunderts. In: Historische Anthropologie, 26 (2018), Heft 2, S. 126–148.

Keller, Erich: Theo Pinkus: Der totale Buchhändler. In: Wohlstandswunder – Warum die Schweiz eines der reichsten Länder der Welt wurde. NZZ Geschichte, Nr. 22 (2019). Online: https://www.nzz.ch/ge_schichte/theo-pinkus-der-totale-buchhaendler-ld.1480265 [Stand: 14. Juni 2024]

Kilcher, Andreas (Hrsg.): Metzler-Lexikon der deutsch-jüdischen Literatur. 2. Aufl. Stuttgart/Weimar: Metzler 2012.

Kramer, Sven: »Über diesem Abgrund wölben wir unsere Liebe.« Die Gegenwart der Toten der Glückanspruch des Überlebenden in H. G. Adlers Briefwechsel mit Bettina Gross 1945–1946. In: Gesa Dane / Jeremy Adler (Hrsg.): Literatur und Anthropologie. H. G. Adler, Elias Canetti und Franz Baermann Steiner in London. Göttingen: Wallstein 2014, S. 138–157.

Lexikon deutsch-jüdischer Autoren. Bd. 6. Hrsg. vom Archiv Bibliographica Judaica. Redaktion Renate Heuer. Berlin/Boston: De Gruyter 1998.

Schidorsky, Dov: Das Schicksal jüdischer Bibliotheken im Dritten Reich. In: Peter Vodosek / Manfred Komorowski (Hrsg.): Bibliotheken während des Nationalsozialismus. Wiesbaden: Harrassowitz 1992, S. 189–222.

Schidorsky, Dov: The Library of the Reich Security Main Office and its Looted Jewish Book Collections. In: Libraries and the Cultural Record, 42 (2007), S. 21–47.

Thimann, Michael: »Caesars Schatten«. Die Bibliothek von Friedrich Gundolf. Rekonstruktion und Wissenschaftsgeschichte. Heidelberg: Manutius 2003.

Weiss, Yfaat: Von Prag nach Jerusalem. Jüdische Kulturgüter und israelische Staatsgründung. In: Vierteljahreshefte für Zeitgeschichte, Heft 4, 63. Jg. (2015), S. 513–538

Werner, Meike G. (Hrsg.): Peter Demetz. Was wir wiederlesen wollen. Literarische Essays 1960–2010. Vorwort von Meike G. Werner. Göttingen: Wallstein 2022.

Wittmann, Reinhard: Antiquariat. In: Ernst Fischer / Reinhard Wittmann (Hrsg.): Geschichte des deutschen Buchhandels im 19. und 20. Jahrhundert. Band 3: Drittes Reich. Teil 2.1. Berlin/Boston: De Gruyter 2023, S. 521–595.

Zschommler, Philipp: Otto Brod (1888 –1944) in: Hochschule für Jüdische Studien Heidelberg, NS-Raubgut in der Bibliothek Albert Einstein. h_ttps://www.hfjs.eu/provenienzforschung/restitutionen-brod.html [Stand: 14. Juni 2024].

Tobias Christ

Ein »gewagtes Unternehmen«

Zum Zensurstreit um einen »Wehrbauernroman« aus dem Zentralverlag der NSDAP im Jahr 1944

Abstract: Heinrich Eisen's second novel was to be published by Eher Verlag in 1944 to counter the dwindling support for the war. Set in the occupied Ukraine in 1941/42, the book deals with the conquest and agricultural development of the »eastern space« by the German Wehrmacht. Despite the positive opinions of the publisher's editor and the central reviewing office, the intervention of the Wehrmacht censors ultimately led to a refusal to publish the book. The case illustrates the precarious situation in which even National Socialist literary production found itself as the war situation aggravated, and whose usage was now even more subject to political-military developments and diverging interests within the literary bureaucracy.

Zusammenfassung: 1944 sollte im Eher Verlag der zweite Roman Heinrich Eisens erscheinen, um der schwindenden Kriegsunterstützung entgegenzuwirken. Angesiedelt in der besetzten Ukraine der Jahre 1941/42, handelt das Buch von der Eroberung und landwirtschaftlichen Erschließung des »Ostraums« durch die deutsche Wehrmacht. Trotz der positiven Gutachten des Verlagslektors und des Zentrallektorats führte die Intervention der Wehrmachtzensur schließlich zur Publikationsverweigerung. Der Fall zeigt die prekäre Lage, in die mit der Verschärfung der Kriegslage auch die nationalsozialistische Literaturproduktion geriet, deren Verwertung nun in noch stärkerem Maße den politisch-militärischen Entwicklungen wie den divergierenden Interessen innerhalb der Schrifttumsbürokratie unterworfen war.

Inhalt

1	Einleitung	153
2	Buchmarkt und Zensur im »Dritten Reich«	157
3	Entstehungskontext und Thema des Romans	160
4	Zensurstreit und Publikationsfrage	166
5	Fazit	175
6	Literatur- und Quellenverzeichnis	178

1 Einleitung

»Es ist ohne Frage immer ein gewagtes Unternehmen, im Kriege einen Roman zu schreiben, der das Geschehen dieses Krieges behandelt.«[1] Mit dieser Bemerkung beginnt eine Rezension der Wehrmachtszeitschrift *Offiziere des Führers* anlässlich des im Zentralverlag der NSDAP Franz Eher Nachf. erschienenen Buchs von Heinrich Eisen *Die verlorene Kompanie* (1943), der bis dahin offenbar ersten Darstellung des laufenden Krieges in Romanform. Dem Autor, urteilt der Rezensent, sei dieses Unternehmen jedoch durch »allgemeingültige Anschauung» und »Wahrhaftigkeit« gelungen.[2] Auch in der NS-Parteipresse wurde das Buch gelobt: dieses »erste Dichtwerk unseres gegenwärtigen Krieges«, so der *Völkische Beobachter*, zeige »das gültige Gesicht des Krieges«.[3] Und das Informationsorgan für NSDAP-Funktionäre *Der Hoheitsführer* pries das Buch als »das bisher wertvollste künstlerische Werk unseres jetzigen Weltkrieges«, das »in einer selbstverständlichen und reifen Weise im härtesten Geschehen von einer nationalsozialistischen Haltung durchblutet« sei.[4]

Der 749 Seiten umfassende Roman hat die schweren Abwehrkämpfe der deutschen Wehrmacht an der Ostfront in Russland im Winter 1941/42 zum Gegenstand. Bei den Rückzugsgefechten südlich der Waldaiberge verliert die 7. Kompanie die Verbindung zu ihrem Regiment und gerät hinter die sowjetischen Linien. Durch die fähige Führung ihres Hauptmanns gelingt es ihr, sich unter härtesten Entbehrungen als verschworene Gemeinschaft über den Winter in einem Wald- und Sumpfgebiet vor dem Feind zu verbergen, erfolgreiche Überraschungsangriffe auf die »Bolschewisten« zu führen, um sich schließlich zu den deutschen Stellungen durchzukämpfen und den Beginn der deutschen Frühjahrsoffensive zu erleben.

Von Romanen und Erzählungen, die in verherrlichender Weise Krieg und Fronterlebnis behandeln und dabei ein völkisch-nationalistisches beziehungsweise nationalsozialistisches Geschichtsbild bedienen, hatte es bereits im Jahrzehnt nach dem Ersten Weltkrieg eine regelrechte Flut auf dem

---

1 Reisner: Die verlorene Kompanie.
2 Reisner: Die verlorene Kompanie.
3 Klose: Der Krieg als literarisches Thema.
4 [Rez.] Heinrich Eisen: Die verlorene Kompanie. – Der Tenor weiterer Besprechungen ist – darin wohl der parteiamtlichen Empfehlung folgend – ebenso positiv. Rezensionen finden sich in Zeitungen wie auch in bibliothekarischen Fachzeitschriften. Vgl. z.B. Soukup: Die verlorene Kompanie; Röhl: Heinrich Eisen: Die verlorene Kompanie.

Abb. 1: Heinrich Eisen: *Die verlorene Kompanie*. 4. Aufl. München: Zentralverlag der NSDAP Franz Eher Nachf., 1944 (eigenes Bild).

schaftserlebnis mit einer gegen die »Novemberrepublik« gerichteten revanchistischen und antisozialistischen Tendenz. Nach 1939 erlebten Kriegsbücher zwar eine erneute Konjunktur, das diesbezügliche Leseinteresse war groß. Das laufende Kriegsgeschehen wurde jedoch vorwiegend nicht in fiktionaler Prosa, sondern in Reportagen der Propagandakompanien für die Presse und in literarisierten Erlebnisberichten oder in Tagebuchform dargestellt,[7] in erbaulichen Gedichten verklärt[8] oder in politisch-weltanschaulichen Aufsätzen sinnstiftend gedeutet.[9] Getragen waren viele solcher literarischen Kriegsdarstellungen von der völkisch-irrationalistischen Lebensanschauung, in der heroische Männlichkeit, Kampf und Opferbereitschaft, Gemeinschaftserleben, Rasse und Nation im Zentrum standen. Dabei wurde der Krieg selbst, dem Kernnarrativ der NS-Propaganda entsprechend, als ein dem deutschen Volk von unter dem Einfluss des »Weltjudentums« stehenden zerstörungswilligen Feinden aufgezwungener Existenzkampf gerechtfertigt, bei dem es um Abwehr des »jüdischen Bolschewismus« und um Eroberung von »Lebensraum« ging.[10]

Dass keine größeren Bücher und Romane über den laufenden Krieg erschienen, ist nicht allein damit zu erklären, dass hierfür noch nicht genügend zeitlicher Abstand gegeben war. Vielmehr begab man sich mit einem solchen Thema als Autor, aber auch als Verleger auf ein unsicheres Terrain und machte sich potenziell angreifbar, zumal die Schrifttumsbehörden glorifizierenden Kriegsbüchern skeptisch, ja ab-

Buchmarkt gegeben. Spätestens mit der nach 1929 einsetzenden Krise war die kritisch-pazifistische Aufarbeitung des Weltkriegs vollkommen verdrängt durch Massenauflagen von antidemokratischen Autoren wie Werner Beumelburg, P. C. Ettighoffer, Edwin Erich Dwinger oder Franz Schauwecker.[5] Das Standardwerk für die Nationalsozialisten war in dieser Hinsicht Hans Zöberleins Weltkriegsroman *Der Glaube an Deutschland* (1931), zu dem Hitler selbst das Geleitwort verfasst hatte. Mit einer Gesamtauflage von mindestens 740.000 Exemplaren gehörte das Buch zu den erfolgreichsten Kriegsromanen der Zeit.[6] Wie die zeitgleich entstandenen rechtsradikalen Freikorpsromane verbanden derartige militant-nationalistische Schilderungen Kampf und Gemein-

---

5 Vgl. Adam: Lesen unter Hitler, S. 135–157; Karl Prümm: Das Erbe der Front, S. 139.
6 Vgl. Adam: Lesen unter Hitler, S. 323 (Anhang).
7 So etwa in dem Bertelsmann-Bestseller *Narvik. Vom Heldenkampf deutscher Zerstörer* (1940) des Marineoffiziers Fritz Otto Busch, in Publikationen Erich Edwin Dwingers (*Panzerführer. Tagebuchblätter vom Frankreichfeldzug*, 1941; *Wiedersehen mit Sowjetrußland. Tagebuch vom Ostfeldzug*, 1942) oder Hans Hoeschens (*Zwischen Weichsel und Wolga*, 1943). Für weitere Beispiele s. Anm. 129.
8 So in Gedichtbänden wie *Heimat und Front. Gedichte aus dem Herbst 1939* von Heinrich Anacker und *Ostland* (1940) von Agnes Miegel oder in Gedichten von Ernst Bertram (*Aber erst Gräber ...*, 1943) oder Karl Bröger (*Das Vermächtnis*, 1943).
9 Unter den zahlreichen Aufsätzen, Abhandlungen und Reden von Schriftstellern finden sich etwa Texte wie *Vom schöpferischen Krieg* von Kurt Ziesel (enthalten in dem Sammelband *Krieg und Dichtung*, 1940), *Von der Freiheit des Kriegers* (1940) von Kurt Eggers oder *Krieg – Bericht und Dichtung* von Gerhard Schumann (enthalten im Sammelband *Dichter und Krieger. Weimarer Reden 1942*, 1943).
10 Zur Verbreitung derartiger antisemitischer Überzeugungen unter Wehrmachtsoffizieren vgl. Dörner: Die Deutschen und der Holocaust, S. 108 f. – Im Tätigkeitsbericht des Chefs des Heerespersonalamtes General Rudolf Schmundt vom 31. Oktober 1942 findet sich die Forderung: »Jeder Offizier muß von der Erkenntnis durchdrungen sein, daß in erster Linie der Einfluß des Judentums dem deutschen Volk den Anspruch auf Lebensraum und Geltung in der Welt streitig macht und zum zweiten Male unser Volk zwingt, mit dem Blut seiner besten Söhne sich gegenüber einer Welt von Feinden durchzusetzen.« (Zit. nach: Dörner, S. 108.)

lehnend gegenüberstanden.[11] So wurden die Verlage schon zu Kriegsbeginn 1940 über die *Vertraulichen Mitteilungen der Fachschaft Verlag* vonseiten der Reichsschrifttumskammer zu »verantwortlicher Vorsicht« gemahnt, da, so die Begründung, erst eine lange Zeit verstreichen müsse, »ehe das Erlebnis des Krieges wirklich künstlerische Gestalt annehmen kann. Ein Konjunkturschrifttum auf diesem Gebiet [...] wäre ein völlig ungerechtfertigter Rückfall in vergangene Zeiten.«[12] Im Jahresbericht des Fachschaftsleiters zur Kriegskantate 1941 wird im Rückblick die »unerfreuliche Flut von Zeitbüchern, die dem Polenfeldzug gefolgt waren«, als abzustellendes Übel kritisiert: »Niemals dürfen der Krieg und sein Erlebnis Gegenstand einer Expreß-Bücherfabrikation sein, deren Ziel weniger die Vertiefung des Erlebnisses, sondern mehr die Ausnützung einer Augenblickskonjunktur ist.«[13]

Mit seiner fiktionalisierten Darstellung des Ostfeldzuges stellte Eisens erster Roman insofern eine Ausnahmeerscheinung im Rahmen einer Propagandaoffensive für den Krieg dar, die durch die Sonderstellung des Parteiverlags ermöglicht wurde. Dafür konnte der Eher Verlag inmitten von Papierknappheit und Schließungswellen im Buchhandel seinen privilegierten Zugriff auf den knappen Rohstoff nutzen. *Die verlorene Kompanie* erschien im Sommer 1943 zunächst als Vorabdruck im *Illustrierten Beobachter* und erlebte zwischen 1943 und 1944 vier Auflagen mit insgesamt 184.000 Exemplaren,[14] von denen offenbar ein Teil von der Wehrmacht an Rekruten verteilt wurde, um sie auf den Fronteinsatz vorzubereiten.[15] Zudem gab es Ende 1943 sogar Pläne, den Roman zu verfilmen.[16] Im Kontext der zunehmend desaströsen militärischen Lage nach Stalingrad lieferte das Buch mit der Heldenerzählung der verlorenen Kompanie jene Durchhaltepropaganda, mit der sich das NS-Regime die Unterstützung des Krieges durch die Bevölkerung zu sichern suchte.

Wie gewagt allerdings propagandistische Fiktionalisierungen eines laufenden Krieges sein konnten, davon zeugt das zweite Romanprojekt des Verfassers. Der 1895 im schwäbischen Eningen geborene Heinrich Eisen, selbst fronterfahrener Offizier, hatte bisher als Lokalredakteur des im Eher Verlag erscheinenden Parteiorgans *Völkischer Beobachter* gearbeitet.[17] Im September 1939 war er eingezogen und als Kommandeur von Maschinengewehreinheiten in Polen (1939/40), Belgien/Nordfrankreich (1940) und Rumänien (1941) eingesetzt worden. Im Februar 1941 zum Hauptmann befördert, war er im Frühjahr desselben Jahres auf Befehl Hitlers 1941 Uk gestellt und im Austausch gegen jüngere Redakteure in den *Völkischen Beobachter* zurückberufen worden.[18] Daraufhin war sein erster Roman, *Die verlorene Kompanie*, entstanden. Nach Abschluss eines einträglichen Verlagsvertrags im September 1942[19] und einer zusätzlichen Honorarzahlung von 10.000 RM für die Veröffentlichungsrechte in Zeitschriften im März 1943[20] scheint Eisen seine Hoffnungen ganz auf eine Karriere als Schriftsteller gesetzt zu haben.[21]

---

11 Vgl. Thunecke: NS-Schrifttumspolitik, S. 140.
12 Vertrauliche Mitteilungen der Fachschaft Verlag 51 (Kriegskantate 1940) vom 12.4.1940, S. 5, zit. nach: Thunecke, S. 141.
13 Vertrauliche Mitteilungen der Fachschaft Verlag, Sonderausgabe vom 2.5.1941, S. 5, zit. nach: Thunecke, S. 141.
14 Das Impressum der 4. Aufl. 1944 gibt das 134.–184. Tsd. an; vgl. auch: StArch M, SpKA K 351 Eisen, Heinrich: Urschrift der Spruchkammer München IX gegen Heinrich Eisen, 19.10.1948; Persönliche Erklärungen für Heinrich Eisen (Schreiben Rechtsanwalt Dr. Hellwald Gassmann), 15.12.1946, S. 4.
15 Dies geht hervor aus einem Gespräch über Anton Heider (1927–2020) aus Hohenfels (Lkr. Neumarkt), das ich am 11. Oktober 2023 mit dessen Sohn Markus Heider führte. Im Nachlass von Anton Heider befand sich eine stark abgenutzte, in graues Halbleinen gebundene Ausgabe des Romans (2. Aufl. 1943) mit einem Vermerk zur Einberufung »Tillmaring, am 13. Juni 1944!« Der Sohn erinnert sich, dass das Buch für seinen Vater einen besonderen Erinnerungswert gehabt habe, da es ihm bei seiner Einziehung zur Luftlandedivision überreicht worden sei. Der damals 17-Jährige sollte als Fallschirmjäger zur Stadtverteidigung Posens eingesetzt werden, sei jedoch auf dem Truppentransport desertiert und habe sich nach Westen durchgeschlagen, wo er in amerikanische Kriegsgefangenschaft geraten sei. Es lässt sich vermuten, dass die auf minderwertigerem Papier gedruckte Ausgabe eine gesondert hergestellte Teilauflage zur Verbreitung durch die Wehrmacht war, was auch die hohe Gesamtauflage des Buches erklären würde.
16 Aus einem Schreiben des Verlagsleiters Wilhelm Baur an Eisen vom 27.11.1943 geht hervor, dass die Zentralfilm-Gesellschaft Ost die Verfilmung des Romans beabsichtigte, wozu der Verlag auf Entscheidung des Eher-Direktors Max Amann auf Gebrauch der Rechte zugunsten des Autors verzichtete, dem daher die Aushandlung über das Honorar überlassen wurde. Vgl. BArch, R 9361/V/17351: Buchverlag München an Heinrich Eisen, 27.11.1943.
17 BArch, R 9361/V/17351: Lebenslauf, 22.9.; StArch M, SpKA K 351 Eisen, Heinrich: Urteil der Spruchkammer München IX vom 19.10.1948; vgl. Adolf Dresler: Geschichte des »Völkischen Beobachters« und des Zentralverlages der NSDAP. Franz Eher Nachf. München: Eher 1937, S. 162.
18 Vgl. BArch, R 9361/V/17351: Lebenslauf, 22.9.42; StArch M, SpKA K 351 Eisen, Heinrich: Urteil der Spruchkammer München IX vom 19.10.1948; Persönliche Erklärungen für Heinrich Eisen (Schreiben Rechtsanwalt Dr. Hellwald Gassmann), 15.12.1946, S. 4; BArch RW 59/2078: Karteikarte z.V. Offiziere, Wehr-Bezirks-Kommando München I.
19 BArch, R 9361/V/17351: Verlagsvertrag zwischen Eher Verlag und Heinrich Eisen vom 15.9.1942.
20 BArch, R 9361/V/17351: Schreiben der Vertriebsabteilung an den Eher-Buchverlag, 6.3.1943.
21 Vgl. StArch M, SpKA K 351 Eisen, Heinrich: Ergänzung meines Lebenslaufes für die Jahre 1945 bis 1948. – Durch seine Einnahmen aus schriftstellerischer Tätigkeit (als zu versteuerndes Einkommen sind für 1943 46.000 RM angegeben) gehörte Eisen nun auf einmal zu den Spit-

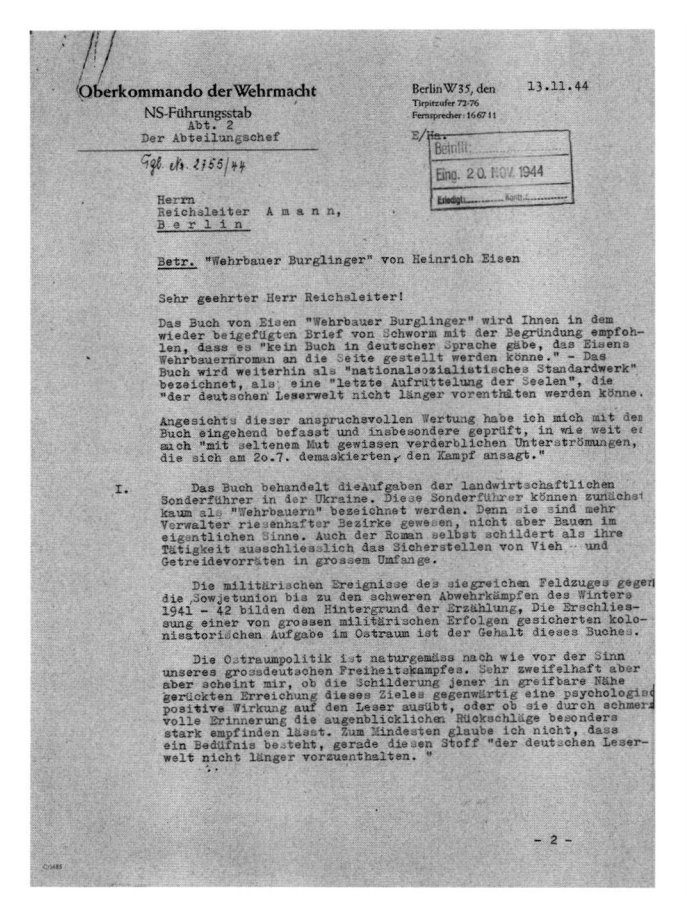

Abb. 2: Friedrich Klähn an Max Amann, 13. November 1944, S. 1 (München, Bayerische Staatsbibliothek, Ana 302, IV.A.1).

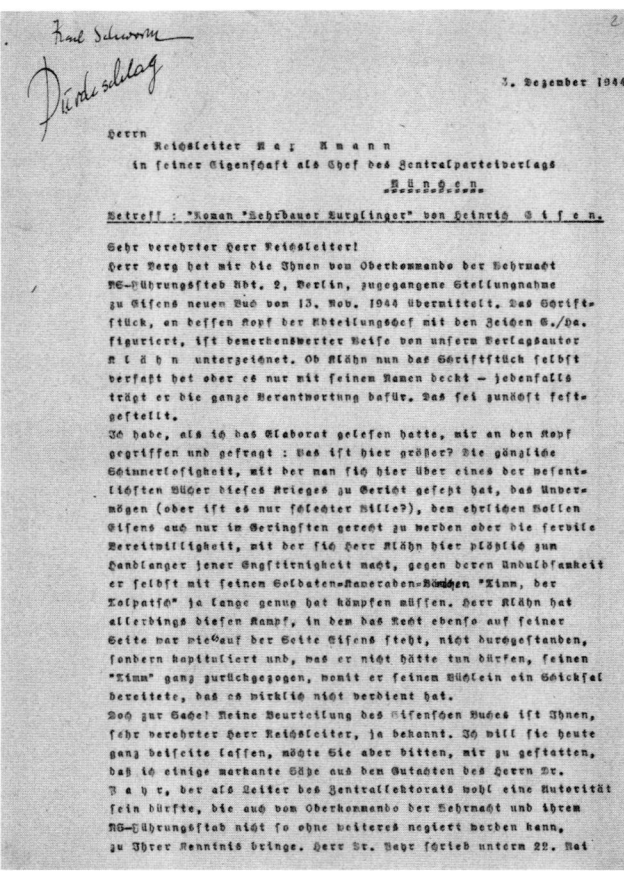

Abb. 3: Karl Schworm an Max Amann, 3. Dezember 1944, S. 1 (München, Bayerische Staatsbibliothek, Ana 302, IV.A.2).

Dass der Autor einen weiteren Roman zur Veröffentlichung im Parteiverlag verfasst hat, belegt die Verlagskorrespondenz zu einem (selbst nicht überlieferten) Typoskript mit dem Titel *Wehrbauer Burglinger*, die in dem kleinen Archivbestand des Eher Verlags in der Bayrischen Staatsbibliothek in München überliefert ist.[22]

Darin enthalten sind lediglich zwei Briefe an den Verlagsdirektor des Eher Verlags und Reichsleiter für die Presse Max Amann. Der erste, datiert vom 13.11.1944, ist gezeichnet von Friedrich Klähn, dem Chef der Abteilung 2 im NS-Führungsstab des Oberkommandos der Wehrmacht (OKW). Das Schreiben bezieht sich auf einen (selbst nicht erhaltenen, mit wenigen Worten zitierten) Brief des Eher-Lektors Karl Schworm an Max Amann, in dem Schworm dem Verlagschef Eisens »Wehrbauernroman« als »nationalsozialistisches Standardwerk« anpreist, das »der deutschen Leserwelt nicht länger vorenthalten werden« dürfe. Dieser »anspruchsvollen Wertung« widerspricht Klähn mit einer detaillierten Begründung, weshalb die geplante Veröffentlichung des Romans »vom militärischen Standpunkt aus [...] nicht tragbar« sei.[23] Der zweite erhaltene Brief, datiert vom 3.12.1944, ist ein

---

zenverdienern unter den Schriftstellern auf dem Niveau eines Hans Fallada, zu jenen 680 meist hauptberuflichen Autoren, die von der RSK mit einem Bruttoeinkommen von über 6.000 RM jährlich gelistet wurden. Der Großteil der Mitglieder (3300), lag mit einem Einkommen von maximal 1.200 RM weit darunter. Vgl. Barbian: Die Arbeits- und Lebensbedingungen der Schriftsteller, S. 64, Tab. 2. – Bei den im Verlagsvertrag festgesetzten 10 Prozent vom Ladenpreis (7,20 RM) und einer Gesamtauflage von 184.000 Exemplaren sowie dem Honorar für den Zeitschriftenabdruck (10.000 RM) könnte der Roman dem Autor insgesamt 142.480 RM eingebracht haben. Noch im Februar 1945 erhielt Eisen anlässlich der 4. Auflage seines Romans eine Gutschrift von 21.600 RM. Vgl. BArch, R 9361/V/17351: Max Amann an Heinrich Eisen, 14.2.1945. Zum Vergleich: der absolute Verlagsbestseller *Narvik* des Bertelsmann Verlags mit einer außergewöhnlichen Auflage von 605.000 Exemplaren hatte dem Autor Fritz Otto Busch 335.700 RM eingebracht. Vgl. Friedländer [u.a.]: Bertelsmann im Dritten Reich, S. 440.

---

22 BSB, Ana 302, IV. A.
23 Friedrich Klähn an Max Amann, 13.11.1944, S. 1 (BSB, Ana 302, IV.A.1).

```
                                                          zitiert in
                              zitiert in
  ┌──────────────┐   ┌──────────────────┐   ┌──────────────┐   ┌──────────────┐
  │ Gutachten    │   │ Brief von Karl   │   │ Brief von    │   │ Brief von    │
  │ Bernhard     │   │ Schworm          │   │ Friedrich    │   │ Karl Schworm │
  │ Payr         │   │ (Cheflektor Eher │   │ Klähn        │   │ an Max Amann │
  │ (Zentral-    │   │ Verlag) an Max   │   │ (NS-Führungs-│   │              │
  │ lektorat)    │   │ Amann (Direktor  │   │ stab OKW)    │   │              │
  │              │   │ Eher Verlag)     │   │ an Max Amann │   │              │
  └──────────────┘   └──────────────────┘   └──────────────┘   └──────────────┘
     22. 5. 1944      vmtl. nach dem         13. 11. 1944         3. 12. 1944
                        20. Juli 1944
```

| »Haltung und Gesinnung eines konsequenten Nationalsozialismus« | »ein nationalsozialistisches Standardwerk« | »vom militärischen Standpunkt aus [...] nicht tragbar« | »eines der wesentlichsten Bücher dieses Krieges« |

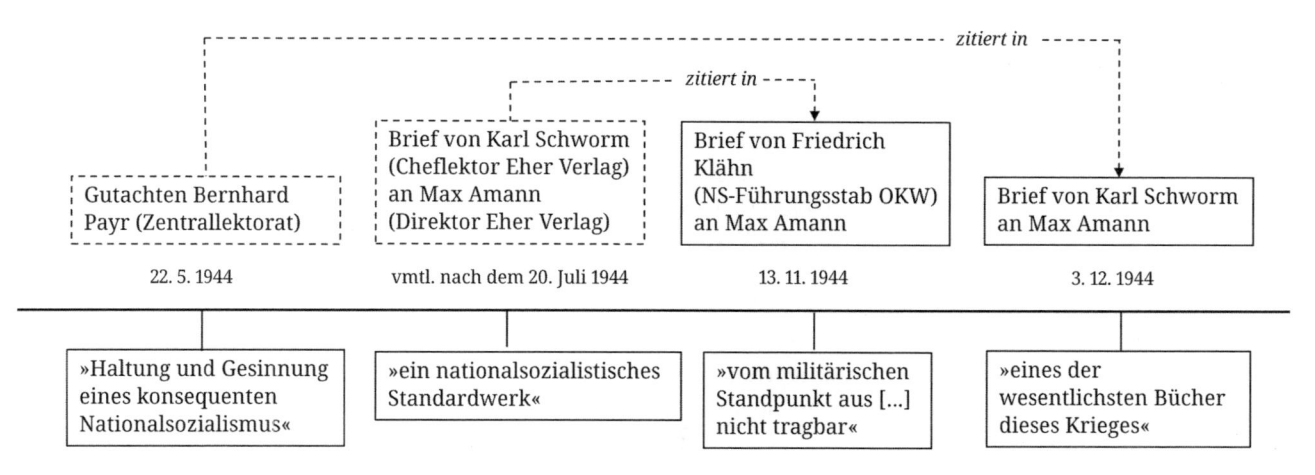

Schema zur brieflichen Überlieferung des Zensurfalls

weiteres Schreiben des Eher-Verlagslektors Schworm, dem die ablehnende Stellungnahme Klähns übermittelt worden war.[24] Unter Berufung auf ein ausführlich zitiertes Gutachten des Leiters des parteiamtlichen Zentrallektorats Bernhard Payr, das den »konsequenten Nationalsozialismus«[25] des Romans hervorhebt, verteidigt Schworm das Werk des von ihm betreuten Autors als »eines der wesentlichsten Bücher dieses Krieges«.[26]

Doch was war so brisant an diesem Buch? Und wie ist zu erklären, dass ein Werk, dessen »nationalsozialistische« Qualitäten sowohl das Lektorat des Parteiverlags wie auch das Zentrallektorat ausdrücklich hervorhoben, unterdrückt wurde? Die brieflich übermittelten Gutachten des Eher-Lektorats und der Wehrmachtzensur dokumentieren einen erbitterten Streit um die Bewertung und Veröffentlichung des Romans. Die vorliegende Fallstudie rekonstruiert diese Auseinandersetzung hinsichtlich der Interessen, Motive und Argumente der beteiligten Akteure im Zusammenhang mit der Entwicklung des Kriegsgeschehens im Osten, auf das sich der Roman – wie die in den Gutachten zitierten Passagen zeigen – sowohl in propagandistischer als auch kritischer Absicht bezieht. Dafür wird der Vorgang zunächst im Zusammenhang der Entwicklungen von NS-Zensurpolitik und Buchhandel während des Krieges verortet (2). Auf Basis der Gutachten und weiterer archivalischer Quellen werden anschließend Entstehungskontext und Thema des Romans erschlossen 3), um sodann den Zensurkonflikt um das Buch und dessen Propagandapotenzial zu rekonstruieren 4). Abschließend werden tentative Schlussfolgerungen bezüglich der Forschung zu literarischer Kriegspropaganda und Zensur im »Dritten Reich« gezogen 5).

2 Buchmarkt und Zensur im »Dritten Reich«

Zunächst mag erstaunen, dass ein zur Veröffentlichung im Zentralverlag der Partei vorgesehener Propagandaroman einer derartigen Kontrolle unterworfen wurde. Gemeinhin wird NS-Zensur ja vor allem mit der Unterdrückung der dem Regime missliebigen Literatur in Verbindung gebracht. Und in der Tat lag das Augenmerk der NS-Literaturpolitik anfangs vorrangig auf der Ausschaltung der Literatur der politisch-weltanschaulichen Gegner sowie jüdischer Autoren. Bald aber wurde auch dezidiert nationalsozialistische und Parteiliteratur der Überwachung unterworfen, die dann besonders während des Krieges ausgebaut wurde. Bereits während der Machtfestigung des Regimes in den Jahren 1933 und 1934 waren eine Reihe von staatlichen und parteiamtlichen Stellen entstanden, die sich mit der Überwachung und Lenkung von Literatur befassten und vor allem die Unterdrückung der unerwünschten Literatur organisierten.[27] Neben der Schrifttumsabteilung des Propagandaministeriums und der von ihr kontrollierten Reichsschrifttumskammer (RSK) im Einflussbereich von Joseph Goebbels, über die zunächst irregulär, ab 1935 mittels geheimer »schwarzer Listen« eine Nachzensur ausgeübt wurde, waren dies zunächst Alfred Rosenbergs Reichsstelle zur Förderung des deutschen Schrifttums (die später in dessen Amt Schrifttumspflege aufging) und die Par-

---

24 Karl Schworm an Max Amann, 3.12.1944 (BSB, Ana 302, IV.A.2).
25 Schworm an Amann, S. 2.
26 Schworm an Amann, S. 1.

27 Die folgenden Ausführungen zur NS-Zensur beruhen, wo nicht anders vermerkt, im Wesentlichen auf Barbian: Literaturpolitik im »Dritten Reich«, S. 155–364, und Lewy: Harmful and Undesirable.

teiamtliche Prüfungskommission zum Schutze des nationalsozialistischen Schrifttums (PPK) unter der Leitung von Philipp Bouhler. Rosenbergs Stelle, die über einen großen Lektorenstab verfügte, sichtete den Buchmarkt umfänglich, indem sie literarische Neuerscheinungen auf ihren Wert für die Sache des Nationalsozialismus prüfte; sie konnte aber lediglich Empfehlungen aussprechen und selbst keine Verbote verfügen. Die Bouhler-Kommission wiederum war im April 1934 unter dem Eindruck einer Konjunktur von nicht durch die Partei autorisierten Schriften zum Thema Nationalsozialismus eingerichtet worden, um die unkontrollierte Schriftenproduktion einzudämmen und jegliche nationalsozialistische und sich auf Bewegung und Staat beziehende Publikationen der Parteikontrolle zu unterwerfen. Eng mit dem Zentralverlag der NSDAP verbunden, besaß die Prüfstelle weitreichende Zensurbefugnisse (Vor- wie Nachzensur) für NS-Schrifttum und Politisches tangierende Schriften und fungierte zugleich als Instrument für die Monopolisierung des NS-Buchmarktes durch den Parteiverlag.[28]

Damit unterlag der Buchmarkt, nach einer ersten Phase noch chaotischer und uneinheitlicher Säuberungen, ab 1935 einer systematischen politisch-ideologischen Nachzensur mittels Indizierung bereits erschienener Titel; eine vorzensorische Überwachung wurde hingegen nur in Einzelfällen, allgemein nur im Bereich des NS-Schrifttums praktiziert. Das Verfahren der Nachzensur stellte die wirksamste Form der politischen Überwachung und Lenkung der Literaturproduktion dar, da sie das gesamte Risiko Autoren und Verlagen aufbürdete. Allein die Möglichkeit, dass ein Titel nach Erscheinen jederzeit beanstandet werden konnte, setzte bei Autoren und Verlegern Mechanismen präventiver Selbstzensur in Gang, wodurch literarische Erzeugnisse bereits im Entstehen auf den gewünschten Rahmen und die antizipierten Erwartungen des Regimes hin angepasst wurden und politisch Abweichendes oder gar Kritisches höchstens noch vereinzelt in verklausulierter Form und unter erheblichem Risiko artikuliert werden konnte.

Deutlich ausgeweitet und verschärft wurde die Literaturkontrolle während des Krieges (1939–1945). Das Regime ging nun sukzessive zur Vorzensur des gesamten Buchmarktes über, die auf dem Wege der 1940 eingeführten (und ab 1941 verschärften) Papierkontingentierung sowie mittels zusätzlicher militärischer Überwachungsstellen ausgeübt wurde. Neben der im Propagandaministerium angesiedelten allgemeinen Militärzensur (Nachrichtenwesen, Presse) war die Abteilung Inland des Oberkommandos der Wehrmacht für die Vorzensur von Wehrmachtspublikationen, von Schriften Wehrmachtsangehöriger und solchen, die den laufenden Krieg behandelten, zuständig. Mittels der Vorzensur sollte der Verbreitung kriegswichtiger Informationen und wehrkraftzersetzenden Tendenzen vorgebeugt werden; gleichzeitig begegnete man durch die damit einhergehende Kontrolle der Verlagsproduktion der sich zuspitzenden Papiernot. Je länger der Krieg andauerte, desto schwieriger wurden die Verhältnisse im Verlagswesen und im Buchhandel. Die Umstellung auf eine Kriegswirtschaft, die mit Papierknappheit und Einberufungen von Mitarbeitern, aber auch einer absoluten Priorisierung der Buchversorgung der Front einherging, hatte tiefgreifende Verwerfungen in der Produktion und Verbreitung von Literatur zur Folge. So galt ab 1942 eine allgemeine Papiergenehmigungspflicht. Die zur Veröffentlichung vorgesehenen Bücher mussten »auf den Lebenskampf unseres Volkes von förderlichem Einfluß« sein, wie der Ansprechpartner für Verlage in der Schrifttumsabteilung des Propagandaministeriums, Rudolf Erckmann, verlautbarte.[29] Jedes Verlagsprojekt musste nun im Voraus beantragt werden; über die Papierzuteilung entschied die Abteilung Inland des OKW in Zusammenarbeit mit dem Propagandaministerium und den Wirtschaftsstellen. Das aufwändige Genehmigungsverfahren führte zu erheblichen Verzögerungen, sodass zwischen der Annahme eines Manuskriptes und dem Erscheinen eines Buches im Durchschnitt eineinhalb Jahre vergingen.[30] Seit 1943 kam es wegen Rohstoffknappheit zudem zu wiederholten »Papierantrags-Sperren«; Anfang 1944 wurden Versuche unternommen, die Buchproduktion zentral über einen Produktionsausschuss zu planen, und ab April 1944 wurden zusätzlich Dringlichkeitsstufen für Druckaufträge eingeführt.[31] Den Verlagen wurde damit nur noch eine »Kernproduktion« gestattet, wo-

---

28 Vgl. Lokatis: Der nationalsozialistische Massenbuchmarkt, S. 26–28; Barbian: Die organisatorische, rechtliche und personelle Neuordnung des deutschen Buchhandels, S. 99. – In welchem Maße die Stelle zur zensorischen Prüfung von im Parteiverlag erscheinenden Schriften eingesetzt wurde, ist noch nicht ausreichend erforscht. Dass dies zumindest in Teilen geschah, zeigt sich am gelegentlichen Abdruck des von der Parteiamtlichen Prüfungskommission vergebenen Unbedenklichkeitsvermerks in einzelnen Eher-Publikationen. (Für den Hinweis danke ich Wilhelm Haefs.) Es steht zu vermuten, dass es sich hierbei um Titel handelt, die ursprünglich in einem anderen Verlag erscheinen sollten und nach Prüfung durch die PPK aufgrund des dem Parteiverlag zugesprochenen Erstpublikationsrechts übernommen wurden. Für jene Publikationen, die von Beginn an im Eher Verlag geplant waren, scheint man hingegen auf den Lektorenstab aus Rosenbergs Amt Schrifttumspflege zurückgegriffen zu haben, der als eine Art inoffizielles Vorlektorat fungierte. Vgl. Barbian: Literaturpolitik, S. 300 f.

29 Erckmann: Grundsätzliches zur Papierfrage, S. 173.
30 Der genaue Ablauf des Verfahrens ist dokumentiert bei Simons: Papier: Rohstoff und Rohstoffkontingentierung.
31 Barbian: Die organisatorische, rechtliche und personelle Neuordnung des deutschen Buchhandels, S. 150 f.

bei die Schrifttumsabteilung »Standardwerke (vom Typ Eher-Verlag)« priorisierte, wohingegen die »Flut des sog. ›politischen Werkes‹ [...] gedrosselt werden« sollte.³² Durch die tiefgreifenden politischen Eingriffe und die Folgen der Ausweitung des Luftkrieges wurde der reguläre Buchhandel erheblich ausgedünnt und geschwächt. Allein beim Angriff auf Leipzig in der Nacht vom 3. auf den 4. Dezember 1943 wurden 516 Verlage und andere Buchhandelsunternehmen mit circa 50 Millionen eingelagerten Büchern zerstört.³³ Gleichzeitig wurden in den Jahren 1943 und 1944 im Zuge von Einberufungen und kriegswirtschaftlichen Entscheidungen sukzessive »nichtkriegswichtige« Unternehmen zwangsweise geschlossen. Der verbreitende Buchhandel kam dadurch weitgehend zum Erliegen, und von 2.122 Verlagsunternehmen blieben nach August 1944 nur noch 220 Firmen übrig.³⁴ Die verbliebenen Verlage waren verpflichtet, 30 Prozent jeder Auflage an Wehrmacht und Propagandaministerium zur Truppenbetreuung, an das (vom Eher Verlag kontrollierte) Barsortiment Lühe & Co. zur Versorgung von Evakuierten und Bombengeschädigten sowie an das Einkaufshaus für Büchereien zu liefern; weitere 50 Prozent wurden von der Zentrale der Frontbuchhandlungen beansprucht, sodass insgesamt etwa 80 Prozent einer jeden Auflage unter Umgehung des regulären Buchmarktes von der öffentlichen Hand verteilt wurden.³⁵

Von den massiven Beeinträchtigungen blieb der Zentralverlag der NSDAP indessen weitestgehend unberührt. Während der größte Teil der Verlagswelt dem Krieg geopfert wurde und die meisten verbliebenen Unternehmen kaum mehr arbeiten konnten, war der Eher Verlag das einzige Verlagsunternehmen, das von der Papiergenehmigungspflicht ausgenommen war³⁶ und das als Teil des Konzerns, der mittlerweile zum umsatzstärksten Unternehmen des Deutschen Reichs avanciert war, trotz ab 1943 zu verzeichnender Gewinnrückgänge noch bis ins letzte Kriegsjahr hinein – besonders durch die Produktion von Feldpostausgaben³⁷ – Millionenprofite im hohen zweistelligen Bereich erwirtschaften konnte.³⁸ Gleichwohl war die Machtposition des von Amann geleiteten Verlags wie der hinter ihm stehenden Parteiinstanzen keineswegs absolut. Denn mit dem Krieg verschoben sich die regimeinternen Machtverhältnisse dahingehend, dass Propagandaministerium und Wehrmacht nun eine große Allianz bildeten. Die Wehrmacht verfügte dabei über kommerzielle Beziehungen vorwiegend in jene Teile der Verlagswelt (z. B. zu Bertelsmann), die nicht mit dem Partei-Konzern verbunden waren.³⁹ Und so wurden Bücher des Eher Verlags, der ja über eigene Bezugsquellen verfügte, bewusst nicht mit Wehrmachtpapierchecks gefördert, weshalb über die Abteilung Inland des OKW nur wenige Eher-Titel in den Frontbuchhandel gelangten.⁴⁰ Aus dieser Konkurrenz zwischen Wehrmacht und Partei resultierte ein konfliktreiches Verhältnis, das noch dadurch verstärkt wurde, dass die Wehrmacht in Sachen Literaturproduktion und Zensur eigene Wege ging, die teilweise konträr zu den Propagandaplänen der Nationalsozialisten lagen. So war im Laufe der sich überstürzenden Entwicklung das OKW zu einem großen Apparat angewachsen, in dessen Zensurabteilung Männer wie Jürgen Eggebrecht und Günter Eich saßen, deren liberale Zensurentscheidungen auch Publikationen von Autoren zuließen, die nicht der Parteilinie entsprachen.⁴¹ Nicht selten kam es daher hinter den Kulissen zu teils heftigen Zensurkonflikten zwischen Partei- und Wehrmachtsstellen.

Im Kontext des im Februar 1943 ausgerufenen »totalen Krieges«, der eine Mobilisierung aller materiellen und geistigen Ressourcen zur Errigung des »Endsiegs« verlangte, war im Rahmen der Propagandaoffensive und ideologischen Gleichschaltung die Kommunikationskontrolle noch einmal weiter verschärft worden. Auch die zur Veröffentlichung im Zentralverlag der NSDAP vorgesehenen und bereits lektorierten Bücher wurden nun einer gesonderten Überwachung unterworfen. Um diese interne Vorzensur im Parteiverlag zu vereinheitlichen, wurde im Einvernehmen mit Alfred Rosenberg ein internes Zentrallektorat für die Buchverlage des Eher-Konzerns eingerichtet, dem der große Lektorenstab des von Bernhard Payr geleiteten Haupt-

---

32 Zit. nach: Barbian: Die organisatorische, rechtliche und personelle Neuordnung des deutschen Buchhandels, S. 151.
33 Barbian: Die organisatorische, rechtliche und personelle Neuordnung des deutschen Buchhandels, S. 151 f. Ausführlich dokumentiert zuletzt von Katharina Buß: Die Zerstörung der Buchstadt Leipzig im Zweiten Weltkrieg.
34 Bis Ende 1944 wurde der gesamte Reise- und Versandbuchhandel (995 Firmen) geschlossen, der Zwischenbuchhandel (113 Firmen) und das Leibüchereiwesen (910 Büchereien) drastisch reduziert sowie die Hälfte der Arbeitskräfte aus dem Sortiment abgezogen (Schließung von 5.160 Sortimenten und Buchverkaufsstellen). Vgl. Barbian: Institutionen der Literaturpolitik, S. 127 f.
35 Vgl. Barbian: Literaturpolitik im NS-Staat, S. 370; Lokatis: Hanseatische Verlagsanstalt, S. 140.
36 Vgl. Strothmann: Nationalsozialistische Literaturpolitik, S. 205, Anm. 439.

37 Vgl. Bühler/Bühler: Der Zentralverlag der NSDAP Franz Eher Nachf., S. 179–183; Bühler/Kirbach: Die Wehrmachtsausgaben deutscher Verlage, S. 260 u. 290.
38 Für Umsatz- und Gewinnentwicklung vgl. die Zahlen in Barbian: Der Buchmarkt: Marktordung und statistische Marktdaten, S. 188; Haefs: Der Verlag Franz Eher Nachf., S. 35; Hale: Presse in der Zwangsjacke, S. 312; Tavernaro: Der Verlag Hitlers und der NSDAP, S. 70.
39 Vgl. Simons: Willkür, Wildwuchs und neuartige Effizienz.
40 Vgl. Messerschmidt: Die Wehrmacht im NS-Staat, S. 321.
41 Vgl. Messerschmidt, S. 317 f., 321.

amtes Schrifttumspflege im Amtsbereich von Rosenberg zur Verfügung stand.[42] Auch die Wehrmachtzensur, die bisher weitgehend unabhängig von den literaturpolitischen Leitlinien der Partei agiert hatte, wurde nun unter Parteikontrolle gestellt, indem die Abteilung Inland des OKW in den neuen NS-Führungsstab übernommen wurde, der Anfang 1944 auf Befehl Hitlers zum Zweck der »politischen Aktivierung der Wehrmacht« gebildet worden war, um die Truppe der Kontrolle und weltanschaulichen Indoktrination durch die Partei zu unterwerfen.[43]

Diese beiden Stellen, das Zentrallektorat des Eher Verlags und die Zensurabteilung des NS-Führungsstabs des OKW, waren es, die mit der Prüfung des vom Lektorat des Eher-Buchverlags bereits befürworteten Kriegsromans von Heinrich Eisen betraut waren. Die letztinstanzliche Befugnis für die Publikationsentscheidungen des Verlags behielt sich allerdings dessen mächtiger Direktor Max Amann vor.[44]

3 Entstehungskontext und Thema des Romans

Sein zweites Buch begann Eisen vermutlich im Frühjahr 1943. Die Entstehung seines »Wehrbauernromans« fällt damit politisch und zensurgeschichtlich in eine Zeit, in der das Regime unter dem Eindruck der ersten militärischen Rückschläge von zunehmender Hysterie und Fanatismus erfasst wurde und jegliche Publikationen einer systematischen ideologischen und militärischen Vorzensur unterlagen. Vom Mai des Jahres ist ein mit einem Begleitschreiben des Verlags versehener Antrag Eisens auf einen Bezugsschein zwecks Beschaffung einer Reiseschreibmaschine erhalten. Der Verlag, dessen sämtliche Schreibmaschinen bei einem Luftangriff auf München vernichtet worden waren, begründete die Dringlichkeit damit, dass sein Autor für einen »Roman über das Ostland«, der »politisch wichtig« sei, »in allernächster Zeit eine Studienreise in die Ukraine« vornehmen würde (siehe Abb. 4).[45] Die nötige Bescheinigung der Reichsschrifttumskammer erhielt Eisen allerdings erst am 30. Juli des Jah-

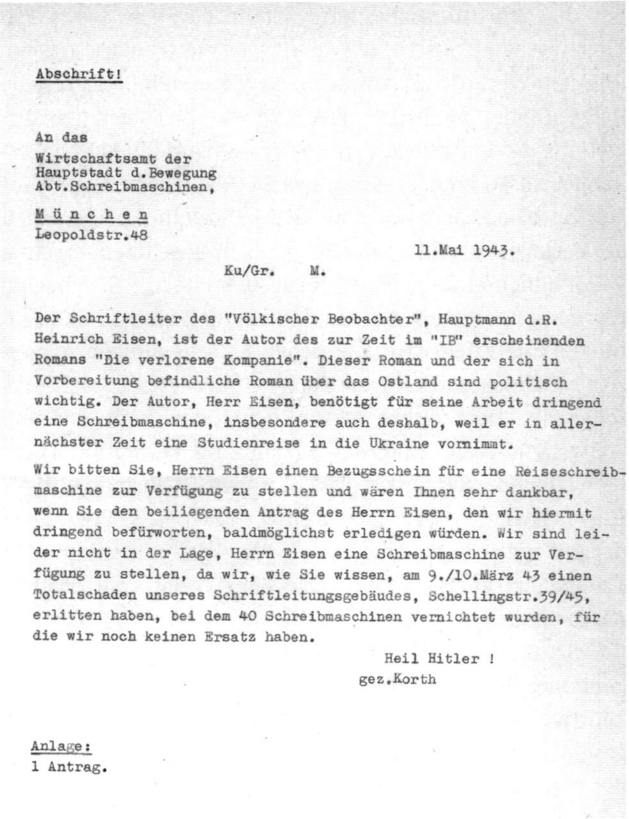

Abb. 4: Korth, Eher Verlag, an das Wirtschaftsamt München, Abt. Schreibmaschinen, 11.5.1943 (Bundesarchiv, R 9361/V/17351).

res.[46] Somit könnte Eisen zwischen Juni und September 1943 in die deutsch besetzte Sowjet-Ukraine gereist sein.

Inzwischen hatte sich die militärische Lage nach der vernichtenden Niederlage von Stalingrad so weit verändert, dass sich die Wehrmacht im Zuge der Offensive der Roten Armee aus zuvor eroberten sowjetischen Gebieten bis auf die Ukraine hatte zurückziehen müssen (siehe Abb. 13, S. 174). Als ›Kornkammer Europas‹ war die Ukraine von strategischer Bedeutung für die Nahrungsmittelversorgung von Wehrmacht und »Reich« während des Krieges, zugleich war sie Kernbestandteil der deutschen Ostplanungen. Mit dem im Juni 1941 initiierten Überfall auf die Sowjetunion verfolgten Hitler und die NS-Führung eines ihrer Hauptziele: die Eroberung von »Lebensraum im Osten«. Von der Beherrschung des »Ostraums« und der Schaffung eines »großgermanischen Imperiums« versprach man sich eine unanfechtbare Vormachtstellung in Europa.[47] Die Nationalsozialisten

---

42 Wilhelm Baur an Alfred Rosenberg, 9.4.1943 (BArch NS 8/213, Bl. 254). Rosenbergs Hauptamt Schrifttumspflege wurde im Kontext des Machtzuwachses der Partei-Kanzlei nach dem 20.7.1944 von Martin Bormann zugunsten eines geplanten »Hauptschrifttumsamtes der NSDAP« stillgelegt. Vgl. Barbian: Literaturpolitik, S. 331.
43 Vgl. Vossler: Propaganda in die eigene Truppe, S. 123; Messerschmidt, S. 458.
44 Vgl. Haefs: Der Verlag Franz Eher Nachf., S. 15.
45 Korth, Eher Verlag, an das Wirtschaftsamt München, Abt. Schreibmaschinen, 11.5.1943 (BArch, R 9361/V/17351); vgl. Heinrich Eisen an die Reichsschrifttumskammer, 13.7.1943 (BArch, R 9361/V/17351).

---

46 Vgl. BArch, R 9361/V/17351: Bescheinigung zwecks Erwerb eines Bezugsscheines für eine Reiseschreibmaschine, 30.7.1943.
47 Die Beherrschung des »Ostraums« war für Hitler nicht nur für die Existenzsicherung des deutschen Volkes, sondern für die angestrebte Vormachtstellung des Deutschen Reiches entscheidend: »Der Kampf

schlossen dabei an das kolonialistische Ideologem vom »Volk ohne Raum« (Hans Grimm) an, das bereits vor der NS-Zeit weit verbreitet war. Demnach sollte Osteuropa den deutschen »Bevölkerungsüberschuss« durch langfristige Kolonisierung aufnehmen und als agrarische Nahrungsbasis für das Deutsche Reich erschlossen werden.[48] Diese Erschließung begann bereits unmittelbar hinter der nach Osten vorrückenden Front (siehe Abb. 5). Dafür wurden von der Wehrmacht in den besetzten Gebieten sogenannte »landwirtschaftliche Sonderführer« eingesetzt, die für Sicherung, Wiederaufbau und Verwaltung der Agrarproduktion sowie für die Requirierung von Lebensmitteln zuständig waren, aber auch aktiv in die Partisanenbekämpfung mit eingebunden wurden (siehe Abb. 6 und 7).[49]

Für die Zeit nach dem Krieg sahen Planungen für Osteuropa eine neue Siedlungs- und Wirtschaftsstruktur im Zeichen einer »rassischen Neuordnung« vor. Die Verschiebung der »deutschen Volkstumsgrenze« nach Osten durch germanische Besiedlung schloss die Vertreibung beziehungsweise Vernichtung von 80 Millionen Menschen in der westlichen Sowjetunion mit ein. Der sich bis zum Ural erstreckende Siedlungsraum sollte dauerhaft durch die Errichtung eines germanischen »Wehrbauerntums«, d. h. durch bewaffnete Soldaten-Bauern, gesichert werden.[50] Die mit diesem genozidalen Siedlungsplan verbundene Vernichtungspolitik wurde bereits während des Vormarsches

---

um die Hegemonie in der Welt wird für Europa durch den Besitz des russischen Raumes entschieden: er macht Europa zum blockadefestesten Ort der Welt«. Hitler: Monologe im Führerhauptquartier, S. 62 (17./18. 9. 1941).

48 In einer Denkschrift über die Aufgaben des Vierjahresplans von 1936 hatte Hitler sein imperialistisches Ziel begründet: »Wir sind übervölkert und können uns auf der eigenen Grundlage nicht ernähren. [...] Die endgültige Lösung liegt in einer Erweiterung des Lebensraumes bzw. der Rohstoff- und Ernährungsbasis unseres Volkes. Es ist die Aufgabe der politischen Führung, diese Frage dereinst zu lösen.« (Denkschrift Hitlers über die Aufgaben des Vierjahresplans, S. 206). Schon in *Mein Kampf* war diese Vorstellung zentral gewesen. Vgl. Hitler: Mein Kampf, Bd. 2, S. 316. – Mit Beginn des Überfalls auf die Sowjetunion formulierte Hitler als die drei zentralen Punkte seines Ostprogramms: »Erstens beherrschen, zweitens verwalten und drittens ausbeuten.« Besprechung vom 16.7.1941 mit Rosenberg, Lammers, Keitel, Göring und Bormann.

49 Zur Stellung der Sonderführer in der Wehrmacht vgl. Absolon: Die Wehrmacht im Dritten Reich, S. 183 f. – Zum Landwirtschaftführer-Korps und dessen Aufgaben vgl. Pohl: Die Herrschaft der Wehrmacht, S. 114; ausführlich (am Beispiel Weißrußlands): Chiari: Deutsche Zivilverwaltung in Weißrußland 1941–1944, S. 85–88. – Zur Landwirtschaftspolitik in der besetzten Ukraine (mit Bezug auf Landwirtschaftsführer) vgl. Penter: Arbeiten für den Feind in der Heimat, bes. S. 68–79.

50 Vgl. Müller: IV. Besatzungspolitik, S. 311: »Die Opfer, die diese Politik in der Bevölkerung forderte, resultierten [...] nicht zwangsläufig allein aus den unmittelbaren Kampf- und Kriegshandlungen. Sie waren vielmehr von den deutschen Besatzungsorganen bewußt in Kauf genommen worden, als erste Etappe der geplanten Kolonisierung und Germanisierung des russischen Raumes. Es war der Beginn eines gigantischen planmäßigen Völkermordes. Das besetzte Land teilte man nach rassischen Kategorien auf. Die ›unerwünschten‹ Bevölkerungsteile und die ›unnützen Esser‹ wollte man verhungern lassen, vertreiben oder ermorden.

Den Rahmen dafür bildete der sogenannte ›Generalplan Ost‹, der die Vertreibung beziehungsweise Vernichtung von 80 Millionen Menschen im europäischen Teil der Sowjetunion – neben den Tschechen und Polen – vorsah, um Raum zu schaffen für die Ansiedlung von deutschen Soldaten, Bauern, Handwerkern und Unternehmern. Die ›germanischen‹ Siedler sollten aus allen Teilen der Welt herbeigeschafft werden und die neue Herrenschicht im Lande bilden. Die von ihnen beherrschten ›Sklaven‹ und ›Heloten‹ sollten in eigenen Reservaten verbleiben und mit dem Fortschritt der Ansiedlung deutscher ›Wehrbauern‹ weiter nach Osten vertrieben, durch Sterilisation oder andere Maßnahmen dezimiert werden.« – Zu den Siedlungs- und Wehrbauernplänen vgl. auch Förster: Die Sicherung des »Lebensraumes«, S. 1071 f.; ausführliche Darstellung bei Müller: Hitlers Ostkrieg und die deutsche Siedlungspolitik, bes. Kap. 3.

Für ihre Siedlungspläne warben NS-Führung und Wehrmacht seit 1939 besonders bei Jugendlichen und Soldaten, denen in Verbindung mit Landjahr und Kriegseinsatz eine spätere Ansiedlung als Wehrbauern in den zu erobernden Ostgebieten in Aussicht gestellt wurde. Vgl. exemplarisch: Appell an die deutsche Jugend. In: *Der Führer. Das Hauptorgan der NSDAP Gau Baden*, 14.2.1939, S. 1–2, hier S. 2; Freiwillige für die SS-Totenkopfstandarten [Anzeige]. In: *Der Führer. Das Hauptorgan der NSDAP Gau Baden*, 18.9.1939, S. 4. – Der mit der Germanisierungspolitik verbundene Plan zur Besiedelung des »Ostraums« scheint dann im Zuge des weiteren Vormarschs der Wehrmacht im Jahr 1942 in den Medien besonders verbreitet gewesen zu sein. Immer wieder finden sich in Zeitungen und Zeitschriften sowie in Tornisterschriften der Wehrmacht Anzeigen und Artikel zur Beendigung des »agrarischen Problems« und der »deutschen Bauernnot« durch Ansiedlung von Wehrbauern im europäischen Osten. So heißt es am 16.7.1942 in den *Straßburger Neuesten Nachrichten*, der Landdienst der Hitler-Jugend wolle »einem möglichst großen Teil der Jugend den Weg zurück zur Scholle ebnen«, den »Tüchtigsten« winke »die verlockende Aussicht, Wehrbauer auf eigener Scholle zu werden.« Der Ruf zum deutschen Boden. In: *Straßburger Neueste Nachrichten* (Bezirksausgabe Nord, Kreisausgabe Hagenau) vom 16.7.1942, S. 1; vgl. auch die Bildserie »Vom Landjahrdienstlager zum Wehrbauerntum« im *Illustrierten Beobachter*, 1942, Folge 47. Ebenfalls in den Straßburger Neuesten Nachrichten wird am 18.12.1942 die koloniale Vision ausgemalt: »Dank den Siegen der deutschen Wehrmacht ist nun die deutsche Raumenge gesprengt. Im Osten Europas steht Hunderttausenden deutscher Bauernfamilien ausreichender Grund und Boden zur Verfügung, um von vornherein eine gesunde Existenz aufzubauen. [...] Das nationalsozialistische Deutschland hat, wie in so vielen Fällen, aus den Fehlern der Vergangenheit auch bei der Verteidigung des Bodens im deutschen Ostraum gelernt. [...] Der deutsche Wehrbauer der Zukunft wird hier dafür sorgen, daß das wiedergewonnene Land deutsch bleibt. Und sein Anteil am Grund und Boden wird so bemessen sein, daß er ohne Existenzsorgen und ohne biologische Beschränkungen frei schaffen kann.« Revolution im Agrarsektor. In: *Straßburger Neueste Nachrichten* (Bezirksausgabe Süd) vom 18.12.1942, S. 1 f. – Auch die Wehrmacht widmete dem Thema ein Heft mit dem Titel *Wehr und Pflug im Osten* (Tornisterschrift des Oberkommandos der Wehrmacht Abt. Inland, Heft 65, Abteilung Heerwesen im Oberkommando des Heeres, 1942), in dem mit Flur- und Planungsskizzen sowie Preisausschreiben unter den Soldaten Neu-

Abb. 5: Militär- und Zivilverwaltungsgebiete in der besetzten UdSSR (aus: *Der Krieg gegen die Sowjetunion 1941–1945. Eine Dokumentation.* Hrsg. von Reinhard Rürup. Berlin: Argon 1991, S. 81; mit freundlicher Genehmigung von Topographie des Terrors, Berlin).

seit dem Sommer 1941 in den rückwärtigen Heeresgebieten durch SS- und Polizeieinheiten in Zusammenarbeit mit der Wehrmacht und örtlichen Hilfskräften durch systematische Massentötungsaktionen umgesetzt. Dem mit dem Ziel der Ausrottung des »jüdischen Bolschewismus« geführten Ver-

---

bauern für Besiedlung des Ostens nach dem Krieg gewonnen werden sollten. Noch Anfang 1943 wurde das Töten im Krieg von der Wehrmachtpropaganda mit dem Siedlungsgedanken verbunden, so in dem offen genozidalen Gedicht *Toter Feind* von Helmut Dietlof Reiche, dessen letzte Verse lauten: »Du mußtest sterben, damit wir leben, und unsere Zukunft ist dein Verderben, denn meine Jungen werden erben, was niemand dir einst gegeben. Dein Tod gibt Land für Deutschlands Söhne und Raum für deutscher Bauern Treck, aufblüht unser Volk zu herrlicher Schöne, unsrer Jugend Trommeln dumpfes Gedröhne geht über die sterbenden Völker hinweg.« Zit. nach: Müller: Hitlers Ostkrieg, S. 33.

Abb. 6: Ein Sonderführer der Wehrmacht beaufsichtigt die Ernte, Russland 1942 (Scherl/Süddeutsche Zeitung Photo).

Abb. 7: Getreideernte in der Ukraine, im Hintergrund Transport sowjetischer Kriegsgefangener, September 1943 (akg-images / Fotoarchiv für Zeitgeschichte).

nichtungskrieg[51] fielen in erster Linie die sowjetische Führungselite und das als ihre »rassische Wurzel« angesehene Judentum zum Opfer; slawische Bevölkerungsgruppen wurden unterworfen, ausgebeutet und der Dezimierung durch Hunger preisgegeben.

Um die Wehrmacht im Krieg zu versorgen und ein Zusammenbrechen der ›Heimatfront‹ infolge von Not und Hunger zu vermeiden – was für Hitler und die Generalität die Ursache für die Niederlage von 1918 gewesen war –, setzten Hitler und die NS-Führung auf gnadenlose Ausbeutung der Nahrungsressourcen der eroberten sowjetischen Gebiete, insbesondere in der Ukraine.[52] In einer Notiz zu Planungsergebnissen des Wirtschaftsstabs Ost vom 2. Mai 1941 heißt es:

> Der Krieg ist nur weiterzuführen, wenn die gesamte Wehrmacht im dritten Kriegsjahr [1941/42] aus Russland ernährt wird. Hierbei werden zweifellos zig Millionen Menschen verhungern, wenn von uns das für uns Notwendige aus dem Lande herausgeholt wird.[53]

In einer Rede von Ende August 1942 machte der Reichskommissar für die Ukraine Erich Koch deutlich, was mit dem Land geplant war:

> Es gibt keine freie Ukraine. Das Ziel unserer Arbeit muß sein, daß die Ukrainer für Deutschland arbeiten und nicht, daß wir das Volk hier beglücken. Die Ukraine hat zu liefern, was Deutschland fehlt. [...] Wenn dieses Volk 10 Stunden am Tag arbeitet, dann muß es 8 Stunden für uns arbeiten. Alle sentimentalen Einwendungen müssen unterbleiben. Mit eiserner Gewalt muß dieses Volk regiert werden, damit es uns jetzt hilft, den Krieg zu gewinnen. Wir haben es nicht befreit, um die Ukraine zu beglücken, sondern um für Deutschland den notwendigen Lebensraum und seine Ernährungsgrundlage sicherzustellen.[54]

Zur Steigerung der Agrarproduktion war in der Schwarzerde-Zone der Einsatz von mehr als 10.000 Landwirtschaftsführer geplant, die »mit einer den Verhältnissen angepassten Erzeugungsschlacht beginnen« sollten.[55] In seinen »12 Geboten für die Landwirtschaftsführer« vom 1. Juni 1941

---

51 Dass der Ostfeldzug ein Vernichtungskrieg sein würde, hatte Hitler bereits am 30. März 1941 vor den Generälen der Wehrmacht unmissverständlich angekündigt (hier wiedergegeben nach dem Kriegstagebuch des Generalstabschefs Franz Halder): »*Kampf zweier Weltanschauungen gegeneinander.* Vernichtendes Urteil über Bolschewismus, ist gleich asoziales Verbrechertum. Kommunismus ungeheure Gefahr für die Zukunft. Wir müssen von dem Standpunkt des soldatischen Kameradentums abrücken. Der Kommunist ist vorher kein Kamerad und nachher kein Kamerad. Es handelt sich um einen Vernichtungskampf. Wenn wir es nicht so auffassen, dann werden wir zwar den Feind schlagen, aber in 30 Jahren wird uns wieder der kommunistische Feind gegenüberstehen. Wir führen nicht Krieg, um den Feind zu konservieren. [...] *Kampf gegen Rußland*: Vernichtung der bolschewistischen Kommissare und der kommunistischen Intelligenz. [...] Der Kampf wird sich sehr unterscheiden vom Kampf im Westen. Im Osten ist Härte mild für die Zukunft. Die Führer müssen von sich das Opfer verlangen, ihre Bedenken zu überwinden.« Generaloberst Halder: Kriegstagebuch, Bd. 2, S. 336 f.
52 Vgl. Streit: »Und dann wollen wir uns ja im Osten gesundstoßen«, S. 142 f.

53 Nürnberger Dokument 2718-PS, zit. nach: Streit: »Und dann wollen wir uns ja im Osten gesundstoßen«, S. 144. – Die von Agrarexperten bis zum 23. Mai 1941 ausgearbeiteten Richtlinien sahen vor, »unter allen Umständen, selbst durch rücksichtsloseste Drosselung des russischen Eigenkonsums, Überschüsse für Deutschland herauszuholen«. Nürnberger Dokument 126-EC, zit. nach: Streit, S. 144.
54 Aufzeichnungen über die Rede von Erich Koch auf der Tagung in Rowno vom 26. bis 28. August, zit. nach: Burleigh: Die Zeit des Nationalsozialismus, S. 627.
55 Nürnberger Dok. 126-EC, zit. nach: Streit: »Und dann wollen wir uns ja im Osten gesundstoßen«, S. 144.

Abb. 8: »Die Landwirtschaftsführer erläutern den neu eingesetzten Kolchosleitern ihre Aufgaben.« (Originalbeschriftung) (aus: Der Vierjahresplan 6 (1942), Nr. 10, S. 126; eigenes Bild).

formulierte der Staatssekretär im Reichsministerium für Ernährung und Landwirtschaft Herbert Backe als Leitlinie:

> Seid bestimmt und wenn es sein muss, hart zu den Unterworfenen. [...] Legt keine deutschen Maßstäbe und Gewohnheiten an, vergesst von Deutschland alles, außer Deutschland selbst. Werdet vor allem nicht weich und sentimental. [...] Armut, Hunger und Genügsamkeit erträgt der russische Mensch seit Jahrhunderten. Sein Magen ist dehnbar, daher kein falsches Mitleid.[56]

Nach einer Zwischenbilanz des Wirtschaftsstabes Ost deckte die Nahrungsmittelproduktion in den besetzten Gebieten im Sommer 1942 bereits etwa 80 Prozent des Bedarfs der drei Millionen Wehrmachtssoldaten. Ein beträchtlicher Teil rollte außerdem in Zügen ins Reichsgebiet, wo in der Folge die Nahrungsrationen wieder angehoben werden konnten.[57]

Ungeachtet zahlreicher Denkschriften, die im Blick auf die Kriegslage eine vorläufige Abkehr von der Germanisierungspolitik, bessere Menschenbehandlung und verstärkte Zusammenarbeit mit der einheimischen Bevölkerung forderten, auf die man als Arbeitskräfte und als Hilfstruppen der Wehrmacht angewiesen war, hielt die NS-Führung an dem einmal eingeschlagenen Kurs fest. Die Umsetzung der von Hitler durchgesetzten Ausbeutungsstrategie führte bei der ukrainischen Bevölkerung, die anfangs noch zu großen Teilen mit den Deutschen sympathisierte, zu zunehmendem Widerstand gegen die Besatzer; gleichzeitig gelang es der deutschen Besatzungsmacht nicht, eine funktionierende Organisation und Verwaltung zu schaffen.[58] Unter diesen Verhältnissen erfuhren die sowjetischen Partisanen immer stärkeren Rückhalt. War das erste Kriegsjahr – auch aufgrund der mangelnden Unterstützung in der Bevölkerung – für die Partisanenbewegung noch verheerend gewesen, so bereitete sie den Besatzern in den Jahren 1942/43 bereits enorme Schwierigkeiten.[59] Die Bekämpfung der Partisanen-

---

56 Zit. nach: Ueberschär/Wette (Hrsg.): »Unternehmen Barbarossa«, S. 382.
57 Vgl. Müller: IV. Besatzungspolitik, S. 330. Insgesamt beliefen sich die Nahrungsmittel-Lieferungen aus besetzten Ostgebieten seit Beginn der Besetzung bis zum 31. Dezember 1943 auf 6.320.000 Tonnen Getreide, wovon 4.710.000 Tonnen an die Wehrmacht, 1.610.000 Tonnen an das Reich gingen; 137.500 t Hülsenfrüchte (davon 83.600 t an die Wehrmacht, 53.900 an das Reich); 721.200 t Ölsaaten (davon 26100 t an die Wehrmacht, 695100 an das Reich; 600.564 t Fleisch (davon 537.208 t an die Wehrmacht, 63.356 t an das Reich); 17.009 t Geflügel (davon 10.737 t. an die Wehrmacht, 6.272 t. an das Reich), wobei hier lediglich die größten Ausfuhren genannt sind. Angaben nach: Müller (Hrsg.): Die deutsche Wirtschaftspolitik in den besetzten sowjetischen Gebieten, S. 449.
58 Vgl. Müller: IV. Besatzungspolitik, S. 330–332. – Einzelne Befehlshaber der rückwärtigen Heeresgebiete protestierten im Herbst 1941 gegen die Hungerrationen für die Bevölkerung, und im Laufe des Jahres 1942 entwickelte sich in der Militärverwaltung eine prinzipielle Kritik gegen die Ostpolitik, die von Hitler und der NS-Führung jedoch ungehört blieb. Vgl. Hasenclever: Wehrmacht und Besatzungspolitik, S. 560. – Zudem war der Handlungsspielraum der Militärbesatzung gegenüber den rivalisierenden Organisationen SS und Polizei begrenzt, so dass sie sich politischen und militärischen Sachzwängen anpassen mussten. Durch die brutale Besatzungspolitik verstärkt, entglitten im Zuge der verstärkten Partisanenaktivitäten ab Mitte 1942 und besonders im Jahr 1943 weite Teile der besetzten Gebiete der Kontrolle der Militärverwaltung, weshalb die gesamte Zivilbevölkerung unter Generalverdacht geriet und man zunehmend auf harte Repressalien mit dem Ziel der Abschreckung setzte. Vgl. Hasenclever, S. 434.
59 Vgl. Pohl: Die Herrschaft der Wehrmacht, S. 283–298. – Das erste Kriegsjahr – in dem auch die Romanhandlung verortet ist – war für die sowjetische Partisanenbewegung in der Ukraine verheerend gewesen. Bis ins Frühjahr 1942 noch ohne zentrale Koordination, sah sie sich mit Nachschubproblemen und mangelnder Unterstützung durch die lokale Bevölkerung konfrontiert. Insbesondere während der harten Winters 1941/42 wurden die in der Ukraine operierenden Einheiten größtenteils aufgerieben bzw. fielen nach Gefangennahme den Hinrichtungskommandos von Wehrmacht und SS zum Opfer. Anfang Mai 1942 waren nur noch 37 Einheiten, bestehend aus 1.918 Kämpfern im Einsatz. Vgl. Gogun: Stalin's Commandos, S. 36 f. – Erst in den Jahren 1942/43 konnte der Partisanenkampf durchschlagende Erfolge erzielen und bereitete

Abb. 9: Ankunft beschlagnahmter Lebensmittel aus der Ukraine in Berlin, September 1942. Auf dem Transparent steht: »Lebensmittel Ukraine-Berlin« (München, Bayerische Staatsbibliothek, Bildarchiv, Fotoarchiv Hoffmann Q.76, Bild: hoff-43360).

Abb. 10: Durchsuchung von Bewohnern eines Dorfes durch deutsche Soldaten, Russland, Frühjahr 1942 (Bundesarchiv, Bild: 183-2000-0719-500).

gruppen war wiederum unmittelbar mit der antisemitischen Vernichtungspolitik verbunden. Um den Feldzug gegen den »jüdischen Bolschewismus« zu gewinnen, mussten in der Vorstellung der NS-Führung die Juden als dessen »rassische Wurzel« ausgerottet werden.[60] Unter den »Befriedungsaktionen« der deutschen Besatzer litt vor allem die Zivilbevölkerung, die im Zuge der (wie es offiziell hieß) »Bandenbekämpfung« ständig brutalen Übergriffen und kollektiven Vergeltungsaktionen – von beiden Seiten – ausgeliefert war.[61]

Dieses Geschehen bildet den Hintergrund für Eisens Roman. Sein Hauptinhalt ist in den Worten des Cheflektors Payr die zwischen Sommer 1941 und Frühjahr 1942 im Zuge der »deutsche[n] Landnahme im Osten« vorangetriebene »landwirtschaftliche Erschließung des fruchtbaren Raumes für das Reich und Europa«.[62]

Der Held des Romans ist der Schwabe Götz Burglinger, Schriftleiter an einem landwirtschaftlichen Wochenblatt, der sich, obwohl er im Ersten Weltkrieg ein Bein verloren hat, freiwillig als landwirtschaftlicher Sonderführer nach dem Osten meldet. Er kommt in der Ukraine zum Einsatz und steht überall seinen Mann, wo es entschlossen zu handeln gilt: sowohl bei der Organisation des landwirtschaftlichen Wiederaufbaus in dem ihm zugeteilten Abschnitt wie bei der Bandenbekämpfung, bei der Führung und Beeinflussung der einheimischen Bevölkerung, die er weitgehend zur Mitarbeit gewinnt, wie bei der Entlarvung von Spionen, vor allem aber als geborene Führerpersönlichkeit, Meister der Improvisationskunst und vorbildlicher Kamerad unter Kameraden. Er stirbt zuletzt, für seine außergewöhnlichen Leistungen mit dem Ritterkreuz zum Kriegsverdienstkreuz ausgezeichnet, an den Folgen eines schweren Leidens, das er sich durch seinen rücksichtslosen Einsatz zugezogen hat.

Ähnlich wie in der *Verlorenen Kompanie* werde

auch hier der Leser wiederum durch Eisens fesselnde Darstellungsgabe mitten in eine kleine Gemeinschaft von Kameraden hineinversetzt, an deren Leiden und Freuden er mit der Stärke eines Erlebnisses, das ihm unmittelbar zu widerfahren scheint, beteiligt wird. Er verschlingt die Taten dieses mannhaften Ostpioniers und Banditenschrecks wie ein Junge die Heldentaten Old Shatterhands

---

der Besatzungsmacht enorme Schwierigkeiten. Vgl. Gogun, S. 104–109; Pohl: Die Herrschaft der Wehrmacht, S. 285–299.
60 Im nationalsozialistischen Feindbild des »jüdischen Bolschewismus« waren es die Juden, denen die Schuld an der Niederlage durch Aufstachelung der Arbeiter, Zersetzung des Kriegswillens und Revolution zugeschrieben wurde. Um eine erneute Niederlage zu vermeiden, glaubte man sich der Juden, die als Träger des Bolschewismus galten, entledigen zu müssen. Auf dieser ideologischen Grundlage wurde die Bekämpfung der sowjetischen Partisanen mit der antisemitischen Vernichtungspolitik verschränkt. Entsprechend lautete der Merksatz eines Wehrmachtslehrgangs vom September 1941: »Wo der Jude ist, ist der Partisan, wo der Partisan ist, ist der Jude.« Zit. nach: Heer: Verwischen der Spuren, S. 167. – Auf einem Besprechungszettel Heinrich Himmlers von einer Unterredung mit Hitler vom 18.12.1941 findet sich die eindeutige Notiz: »Judenfrage: als Partisanen auszurotten.« Witte [u.a.] (Hrsg.): Der Dienstkalender Heinrich Himmlers, S. 293.
61 Vgl. dazu etwa die Berichte über Übergriffe von Gebietskommissaren und landwirtschaftlichen Sonderführern gegen die Landeseinwohner in den Lageberichten 1942/43 für das Reichsministerium für die besetzten Ostgebiete (BArch R 6/79). – Der Terror der Besatzer und ihrer Kollaborateure wurde von den sowjetischen Partisaneneinheiten ihrerseits mit zum Teil brutalen Repressalien beantwortet, was bis hin zum Niederbrennen von Dörfern und der Ermordung ganzer Familien reichte. Vgl. Gogun: Stalin's Commandos, S. 109.

62 Bernhard Payr, Gutachten vom 22.5.1944, zit. in: Schworm an Amann, 3.12.1944, S. 3.

Abb. 11: Mögliches Vorbild für die Romanfigur Burglinger: Sonderführer (Z) Kurt Leffler (aus: *Völkischer Beobachter* (Wiener Ausgabe), Nr. 278 vom 5. Oktober 1942, S. 1, ANNO/Österreichische Nationalbibliothek).

Abb. 12: Ehrung von Landwirtschafsführer Fritz Leffler (rechts hinten) und Bauer Ernst Ritter (rechts vorn) mit dem Ritterkreuz zum Kriegsverdienstkreuz durch Hermann Göring beim Erntedankfest im Berliner Sportpalast am 4. Oktober 1942. Links von Göring: Herbert Backe, Staatssekretär und kommissarischer Leiter des Reichsministeriums für Ernährung und Landwirtschaft (Bayerische Staatsbibliothek München, Bildarchiv, Fotoarchiv Hoffmann Q.76, Bild: hoff-43476).

und freut sich auch dann noch, wenn die Schwelle der Glaubwürdigkeit mitunter ein wenig überschritten wird.[63]

Es handelte sich offenbar um einen Kriegsroman im Stile eines Abenteuerbuchs, in dem sich Spannung und Unterhaltung mit den Zwecken der Kriegspropaganda verbanden. Der Text scheint damit die von Goebbels im Krieg erhobene Forderung nach weniger ideologisch-doktrinären und mehr unterhaltenden »Standardwerken« erfüllt zu haben.[64] Im Bild der zu »Wehrbauern« stilisierten Sonderführer (die in Wirklichkeit als landwirtschaftliche Verwalter, nicht als Bauern im eigentlichen Sinne tätig waren) wird hier die Vision der für die Zeit nach dem »Endsieg« vorgesehenen germanischen Besiedlung des »Ostraums« beschworen, jenes Kriegsziels, von dem angeblich die Existenz des deutschen Volkes abhing und für das der Durchhaltewillen der »Heimatfront« mobilisiert werden sollte. Für Eisens Lektor Schworm jedenfalls stellte der Roman nicht nur ein »nationalsozialistisches Standardwerk« dar, sondern auch eine kriegswichtige »letzte Aufrüttelung der Seelen«, die »der deutschen Leserwelt nicht länger vorenthalten werden« konnte.[65]

4 Zensurstreit und Publikationsfrage

Die Insistenz des Eher-Lektors zeugt von einem langwierigen Begutachtungsprozess. Bevor ein zur Veröffentlichung vorgesehenes Buch im Parteiverlag erscheinen konnte, musste es zunächst, wie beschrieben, dem von Bernhard

---

63 Payr, zit. in: Schworm an Amann, 3.12.44, S. 2 (Unterstreichungen in Rot, vmtl. von Amann). – Als Vorbild für seinen Romanhelden Burglinger könnte Eisen der Sonderführer (Z) Kurt Leffler (1907, Mühlberg bei Arnstadt – ?) gedient haben. Leffler wurde zum Erntedankfest am 4. Oktober 1942 unter großer Medienbegleitung für seine Verdienste mit dem Ritterkreuz des Kriegsverdienstkreuzes mit Schwertern ausgezeichnet (siehe Abb. 11 und 12). Leffler habe, so ein Bericht in der *Deutschen Ukraine-Zeitung*, »in dem von Banden stark verseuchten Rayon Ponisowje eine vorbildliche Kreislandwirtschaft aufgebaut« und »es verstanden, durch äußerst umsichtiges Verhalten bei der Bevölkerung Anerkennung zu gewinnen, die Rayons zu befrieden und somit zu ermöglichen, daß außerordentlich große Bestände an Brotgetreide und Vieh für die Ernährung der Truppe sichergestellt werden konnten.« Deutsche Ukraine-Zeitung, Nr. 220 vom 6. Oktober 1942, S. 2. – Zugleich trägt Burglinger unverkennbar autobiographische Züge: Auch Eisen war Redakteur und Offizier und hatte sich im Ersten Weltkrieg ein chronisches Nervenleiden zugezogen. Vgl. BArch, R 9361/V/17351: Lebenslauf, 22.9.42; vgl. StArch M, SpKA K 351 Eisen, Heinrich: Persönliche Erklärungen für Heinrich Eisen (Schreiben Rechtsanwalt Dr. Hellwald Gassmann), 15.12.1946, S. 1 f.

64 Vgl. Lewy: Harmful and Undesirable, S. 129; Barbian: Die organisatorische, rechtliche und personelle Neuordnung, S. 151. – Vgl. hier exemplarisch die Ansprache des Leiters der Schrifttumsabteilung Wilhelm Haegert in der Hauptversammlung des Börsenvereins vom 21.4.1940: Schrifttum und Buchhandel im Kriege, S. 150.

65 Zit. in: Klähn an Amann, S. 1.

Payr geleiteten Zentrallektorat vorgelegt werden.⁶⁶ Payrs Gutachten vom 22. Mai 1944 deckt sich im Wesentlichen mit der positiven Beurteilung Schworms. Der besondere Wert des Buches lag auch für Payr in dem Mut und der Kompromisslosigkeit des Autors bei der Behandlung seines Themas. In dem von Schworm zitierten Gutachten heißt es:

> Dieses Buch, das in allen Lebensfragen die Haltung und Gesinnung eines konsequenten Nationalsozialismus vertritt, ist ein mutiges Buch. Es ist mutig in der kühnen Handlungsführung, mutig in der Durchsetzung des gesunden Menschenverstandes gegen jede Art von Paragraphengeist, mutig in der Behandlung von Glaubensfragen wie in der des Verhältnisses der Geschlechter zueinander, und mutig vor allem in der Kritik von Mißständen, die sich hie und da im Verwaltungsbereich eines rückwärtigen Heeresgebietes einzuschleichen und breitzumachen pflegen. Der Verfasser schreckt nicht davor zurück, den einen oder anderen Heeresangehörigen seines Romans, der seine Pflicht nicht voll erfüllt, Bekanntschaft mit dem Kriegsgericht machen zu lassen. Er scheut sich nicht, menschliche Eitelkeiten und Unzulänglichkeiten beim vollen Namen zu nennen, auch wenn sie in der Uniform von Kriegsverwaltungsräten auftreten. Hierfür gebührt ihm besondere Anerkennung.⁶⁷

In seinem ersten (nicht überlieferten) Schreiben hatte der Verlagslektor Schworm dem Verlagsdirektor Amann bereits signalisiert, dass das Buch »in gewisser Hinsicht einen Wirbel erregen« werde.⁶⁸ Und in der Tat erregte es Wirbel, und zwar in der Zensurstelle des Oberkommandos der Wehrmacht (OKW), die zu diesem Zeitpunkt bereits (zumindest formell) der Parteikontrolle unterstellt war. Unter dem Eindruck der im Laufe des Jahres 1943 sich rapide verschlechternden militärischen Lage hatte die Parteikanzlei auf den Führerbefehl vom 22. Dezember 1943 die Einsetzung von Nationalsozialistischen Führungsoffizieren in der Wehrmacht angeordnet, um die Streitkräfte, insbesondere das als politisch unzuverlässig geltende Offizierskorps, einer verstärkten politisch-ideologischen Indoktrination und Kontrolle zu unterwerfen. Durch gezielte nationalsozialistische Fanatisierung der kämpfenden Truppe erhoffte man sich, gegen die sich breit machende Demoralisierung eine erneute Kriegswende herbeiführen zu können.⁶⁹ Im Februar 1944 war dafür im Oberkommando der Wehrmacht ein NS-Führungsstab geschaffen worden, dessen Abteilung 2 neben Lehrplanung und Rednereinsatz auch für die Erstellung und Begutachtung des NS-Schrifttums zuständig war.⁷⁰ Geleitet wurde er von dem SA-Oberführer und Schriftsteller Major Friedrich Klähn.⁷¹ Die Zensurstelle hatte das Roman-Typoskript zu-

---

66 Das nach einer Vereinbarung zwischen dem Eher-Verlagsleiter Wilhelm Baur und Alfred Rosenberg im Mai 1943 eingerichtete Zentrallektorat hatte die Aufgabe, Manuskripte, die in einem dem Eher-Trust zugehörigen Buchverlagen zur Publikation vorgesehen waren, einer eingehenden Prüfung »nach weltanschaulichen (politischen) wie auch künstlerischen (fachlichen) Gesichtspunkten« zu unterziehen. Diese Vorzensur innerhalb der parteieigenen Verlage hatte »grundsätzlich nicht in der Öffentlichkeit« zu erfolgen, um die »Autorität der Buchverlage« nicht zu beschädigen. Die vom Zentrallektorat angefertigten Gutachten wurden den Buchverlagsleitern dann »zur vertraulichen Kenntnisnahme« zugesandt. Wilhelm Baur an Alfred Rosenberg, 9.4.1943 (BArch NS 8/213, Bl. 254).
67 Aus dem Gutachten Payrs vom 22.5.1944, zit. in: Schworm an Amann, S. 2 f.
68 So wiedergegeben von Schworm in dessen Schreiben an Amann, S. 9.
69 Vgl. Kunz: Wehrmacht und Niederlage, S. 117. – Dahinter stand die Überzeugung, »daß die politisch-weltanschauliche Führung kriegsentscheidende Bedeutung hat«. Abschrift des Schreibens Keitels vom 6.2.1944 (BArch-MA, RW 6/490, Bl. 3). Die Aufgabe der Führungsoffiziere war es nach General Reinecke, »den Soldaten zum fanatischen Glaubensträger zu machen«. Reinecke bei der Eröffnung des ersten Lehrgangs in der Ordensburg Krössinsee am 8.3.1944 (BArch-MA Freiburg, RW 6/v.587), zit. nach: Streit: General der Infanterie Hermann Reinecke, S. 207.
70 Vgl. BArch, RW 19/v. Wi IF 5/386: Anordnung Keitel, Betr. Gliederung NSF/OKW, 1.6.1944, zit. nach: Zoepf: Wehrmacht zwischen Tradition und Ideologie, S. 110. – Im Rahmen der Umorganisation wurde auch die Inlandsabteilung des Allgemeinen Wehrmachtamtes (AWA) in den NS-Führungsstab des OKW übernommen (vgl. Vossler: Truppenbetreuung, 2005, S. 123; Zoepf, S. 109 f.). War der NS-Führungsstab des OKW gegen Mitte Februar 1944 arbeitsfähig, so stand spätestens nach dem versuchten Staatsstreich und Hitlerattentat vom 20. Juli 1944 der Verschärfung der ideologischen Indoktrination der Wehrmacht wie auch der Zensur nichts mehr im Wege (vgl. Streit: General der Infanterie Hermann Reinecke, S. 207; Besson: Zur Geschichte des nationalsozialistischen Führungsoffiziers, S. 113). Der in Berlin angesiedelte Stab umfasste etwa 20 Offiziere und war dem fanatischen Nationalsozialisten General Hermann Reinecke (1888–1973), Chef des Allgemeinen Wehrmachtamtes (AWA), unterstellt. In seinen Erinnerungen beschreibt der in der Inlandsabteilung eingesetzte Sigmund Graff das »Klima« dort als »ziemlich parteifromm«: »Ich ging dort jedenfalls ständig ›wie auf Eiern‹. [...] Die Angst, etwas falsch zu machen, hatte bei sämtlichen Stellen einen hysterischen Führerkult erzeugt.« Graff: Wechselnd bewölktes Leben, Bl. 264 und 267.
71 Graff, Bl. 265 f. – Friedrich Joachim Klähn (1895–1969), Kriegsfreiwilliger im Ersten Weltkrieg, nach 1918 Freikorpsmitglied, 1923 Eintritt in die NSDAP, Anfang 1935 in den hauptamtlichen Dienst der Obersten SA-Führung (OSAF) für weltanschauliche Fragen und Kulturarbeit berufen, verfasste neben SA-Gebrauchsschriften während des Krieges vor allem humoristische Soldatengeschichten, die er in der Feldpostreihe *»Soldaten – Kameraden!«* des Parteiverlags Eher publizierte. Als für Weltanschauung und kulturelle Dienstgestaltung verantwortlicher SA-Oberführer, Schriftleiter und Verfasser von Soldatenlektüre sowie Hauptlektor im Amt Rosenberg scheint Klähn für die Leitung im NS-Führungsstab besonders qualifiziert gewesen zu sein. (Vgl. BArch R 9361-II/520136: Politisches Gutachten des Amtes für Beamte der Kreisleitung der NSDAP Leipzig vom 16.8.1939; Kruschel: Klähn, Friedrich Joachim, Sp. 260 f.). Zudem besaß er als – wie es im Parteigutachten heißt – »jederzeit einsatzbereiter Kämpfer unseres Führers Adolf Hitler« (Bl. 4) offenbar jene Voraussetzungen, die von NS-Führungsoffiziere verlangt wurden:

sammen mit einem ersten (nicht überlieferten) Schreiben des Eher-Lektors Schworm im Spätsommer oder Herbst 1944 zur Prüfung erhalten. In seinem Gutachten konzediert auch Klähn dem Werk eine ideologisch konforme Grundhaltung: »Die Linienführung des Buches« erwachse aus »nationalsozialistischem Geist« und der Verfasser vermittle »mit Leidenschaft politisch-weltanschauliche Gedanken«. Die Intention des Buches sei es, »der Heimat einen Spiegel vorzuhalten, um sie vor dem Bild der Entbehrungen ›da draussen‹ zu härtestem Einsatz anzuspornen«, was jedoch »auf unglückliche Art« geschehe.[72]

Klähns Beanstandungen beziehen sich vor allem auf die moralisch unvorteilhafte Darstellung der handelnden Sonderführer und Offiziere, auf das im Roman vermittelte Bild der Heimat und nicht zuletzt auf die Schilderung der Verhältnisse hinter der Front. Mit der im Roman artikulierten Offizierskritik, die Schworm (wohl mit Bezug auf den 20. Juli) als politisch wichtige »Kampfansage« gegenüber den »verderblichen Unterströmungen« in der Wehrmacht hervorgehoben hatte,[73] verbinde Eisen »keinerlei aufbauende Tendenz«, sondern gefalle sich »nur in Herabsetzung«.[74] Anstatt dass »ein wohltuender Gegensatz zwischen nationalsozialistischen Kampfgeist und politische Einsichtslosigkeit gebracht würde«, habe der Autor die Offiziere fast ausnahmslos »zu völlig unpolitischen Karikaturen gemacht«.[75] In den »im Buch auftretenden Sonderführer[n]« sieht Klähn »bis auf den Romanhelden sehr unerfreuliche Erscheinungen«, die »teils charakterlich minderwertige Gesellen mit niedriger Gesinnung (Redin), teils weibische Figuren (Windegger), teils farblose Durchschnittsmenschen, ohne jeden Sinn für ihre kolonisatorische Berufung« seien. Dies wirke »um so unangenehmer, als das Buch doch gerade den Sinn hat, deutsches Wehrbauerntum im Lichte seiner hohen Berufung darzustellen«.[76]

Beispielhaft führt Klähn einen Oberleutnant an, der im Roman als »eine Mischung von Stall und Bar« bezeichnet wird, sowie die Beschreibung eines Majors, »der so hemmungslos brüllt, ›dass er knallrot und wegen Luftmangel gezwungen war, eine Atempause zu machen‹.«[77] Entsprechend kritisiert Klähn auch die zahlreichen Kraftausdrücke (»scheissdumm«, »Hosenscheisser«, »Scheisshilfskreuzer« etc.), die Eisen als Teil des Soldatenalltags in seine Darstellung einbringt.[78] Des Weiteren gebe es »hässlichste Szenen«, die »durch Unfähigkeit, Borniertheit und Arroganz« von Offizieren und Polizeikommandeuren verursacht würden. Dazu gehöre etwa die Schilderung eines Oberleutnants und eines Polizeihauptmanns, die angesichts der von Burglinger gemeldeten »Bandengefahr« völlig fahrlässig die Lage verkennen und den Sonderführer wegen seines »Partisanenwahnsinns« schmähen.[79] Beanstandung finden bei Klähn auch die »moralischen Qualitäten der das Deutschtum vertretenden Sonderführer«, als deren Hauptcharakterzüge ihr Sexualtrieb erscheine.[80] So hofierten diese in einer Episode des Romans ein »russische[s] Frauenzimmer«, das sich später als »bolschewistische Spionin« erweist. »Sogar in den Tagen des Kampfes um das nackte Leben« sei »die Phantasie der Sonderführer noch mit ›Schweinerei‹ befasst.«[81] Damit, so das Gutachten, arbeite der Verfasser »für die sowjetische Agitation, welche behauptet, die deutschen Soldaten ständen infolge ihrer tierischen Triebe weit unter der Moral der russischen Bevölkerung!«[82] Zudem erweckten die dargestellten Sonderführer den Eindruck, »als ob der Durchschnitts-Sonderführer korrupt gewesen sei. – Eine erfreuliche Feststellung im Sinne des Feindes! – S. 177: Die Feststellung, dass das ›Stehlen‹ (nicht etwa: ›Organisieren‹ oder dergl.) für Sonderführer einen ›besonderen Reiz‹ habe, ist dem deutschen Ansehen abträglich.«[83]

Die offensichtlich lebensnahe, darin freilich wenig vorteilhafte Charakterisierung der Landwirtschaftsführer, von denen sich Burglinger allein als vorbildhafte Idealfigur abhebt, vermittelt Klähn zufolge »nur den Eindruck, dass das deutsche Volk hiernach nicht das Menschenmaterial besitzt, um diese grosse Aufgabe zu erfüllen.«[84] Ebenso wenig gutheissen konnte der Wehrmachtzensor die kritische Beschreibung der Zustände im »Reich«. Im Roman schleuderten die Hauptfiguren »verallgemeinernde Beschimpfungen gegen die Heimat«. Dort (so der Romantext) herrschten »erbärmliche Drückebergerei«, »freche Interessenklüngel in Kaffees und Nachtlokalen«, »Seuchen von Unsitten und Missbräuchen hinter Ladentischen und in Werkstätten«.

»a) Bedingungsloser Nationalsozialist.
b) Besonderer Persönlichkeitswert.
c) Hervorragende Frontbewährung.
d) Erfahrungen und praktische Fähigkeiten in der politisch-weltanschaulichen Führung und Erziehung. Zugehörigkeit zur Partei und aktive politische Tätigkeit als politischer Leiter sind erwünscht.« (BArch-MA, RW 6/490, Bl. 4: Schreiben von Keitel vom 6.2.1944, Abschrift.)

72 Klähn an Amann, S. 2.
73 Klähn an Amann, S. 3.
74 Klähn an Amann, S. 4.
75 Klähn an Amann, S. 3 f.
76 Klähn an Amann, S. 2.

77 Klähn an Amann, S. 3.
78 Klähn an Amann, S. 6.
79 Klähn an Amann, S. 3.
80 Klähn an Amann, S. 5.
81 Klähn an Amann, S. 6.
82 Klähn an Amann, S. 5.
83 Klähn an Amann, S. 6.
84 Klähn an Amann, S. 2.

Während »nur einzelne beiseite stehende Kreaturen« angeprangert zu werden verdienten, werde hier »der Eindruck erweckt, als ob der anständige Mensch in der Heimat ein Aussenseiter sei.«[85] »Besonders geringen Instinkt« verrate es, »wenn sich die Sonderführer bei Braten und Kuchen ereifern, weil die Heimat verwöhnte Ansprüche an leibliche Genüsse stelle (S. 344/45).« Derartige Betrachtungen seien »höchst unpassend [...] angesichts der ungeheuren Belastungen des Volkes.«[86] Das Bild, das der Autor damit zeichne, sei »wenig ermutigend«.[87]

Liegt die Kritik des Wehrmachtzensors bis hier noch im Bereich des Militärischen, insofern als hier der Wert des Romans hinsichtlich der Kriegsunterstützung beurteilt wird, so geht Klähns Gutachten in seiner umfassenden und kleinteiligen Durchsicht des Romans weit über die für die militärische Zensur üblichen Aspekte hinaus. Abgesehen von Beanstandung kriegsrechtlich unzulässiger Praktiken (»In einem bereits besetzten Land darf von deutschen Soldaten nicht ›Beute‹ gemacht werden«[88]), nicht berücksichtigter militärischer Sprachregelungen (»Das laufend gebrauchte Wort ›Partisanen‹ ist verboten«[89]) und falscher Terminologie (statt »Achselstück« und »Achselklappen« müsse es »›Schulterstück‹ usw.« heißen[90]), begibt sich Klähn auf das Feld der literarischen Kritik, wenn er dem Autor die Nähe zum Abenteuer- und Detektivroman, ja zur »Asphalt-Literatur« vorwirft, zu Gattungen also, die bekanntlich von Beginn an von der NS-Literaturpolitik als »schädliche« und »unerwünschte« Tendenzen bekämpft wurden.[91] So sei es eine »unglaubliche Geschichte, die man sonst nur in phantastischen Abenteuerromanen liest«, wenn der Romanheld »auf seinem Grauschimmel in den Abend hinein« reitet und plötzlich »mit Vorder- und Hinterhufen einen Bolschewisten [erschlägt], der im Hinterhalt das Gewehr auf den völlig <u>ahnungslosen</u> Reiter angeschlagen hat.«[92] Zudem wirft Klähn dem Autor dessen Vorliebe für »schwüle Szenen« vor. So ließen sich die Sonderführer von der (später als »bolschewistische Spionin« entlarvten) Russin bestricken, deren Reizen auch der Held kaum widerstehen kann:

> Auf S. 512/14 folgt nun der Höhepunkt dieser schmutzigen Atmosphäre. Der Romanheld, sonst militärisch, sachlich, kriminalistisch, menschlich, das Bild der Vollkommenheit – wird von der bolschewistischen Spionin noch umgarnt, als er bereits die Gewissheit hat, welch gefährliche Person sie war und als er sie aufgesucht hatte, um sie zu verhaften. Eine Szene, die man sonst nur in billigster Asphalt-Literatur findet, schildert das Spiel wilder Sinnlichkeit auf beiden Seiten. Humoristisch wirkt, wie Burglinger in Erregung ein Weinglas zerquetscht, sodass dessen »goldener Inhalt mit den roten Perlen seines Blutes mischt«, wie er im weiteren Verlauf des Auftritts die Faust geschlossen hält, die Scherben knirschen lässt, die Faust dann öffnet, um die klebrigen Scherben am Aschenbecher abzustreifen und sich die gröbsten Splitter aus der Hand zu ziehen. – – – Ein Fakir![93]

Der hier dargestellte erotische Kitsch vertrug sich offenbar nicht mit dem von Klähn erwarteten Ideal beherrschter soldatischer Männlichkeit, wie überhaupt alles, was bei Eisen ins menschlich Ambivalente und Gebrochene sowie ins Abenteuerliche und Humoristische tendiert, auf harte Ablehnung des Militärzensors stieß, der angesichts des Ernstes der Kriegslage anscheinend nur noch ungebrochene Idealfiguren gelten lassen mochte. Letztlich jedoch stellen die literaturkritischen Punkte des Gutachtens lediglich Negativaspekte dar, die Klähns eigentliche – militärisch-propagandistische – Argumentation gegen die Veröffentlichung des Romans flankieren.

Hatten Payr und Schworm den Roman vor allem wegen seiner »Kritik von Mißständen« als »mutiges Buch« gelobt,[94] so erfahren die Schilderungen der Verhältnisse im rückwärtigen Heeresgebiet die allerschärfste Zurückweisung durch Klähn. Es sind Szenen wie folgende, die auf moralische Verrohung und Kriegsverbrechen von Wehrmachtsoffizieren im Rahmen der Partisanenbekämpfung hindeuten, die dem Autor den schwerwiegendsten Vorwurf einbringen:

> Ein deutscher Hauptmann schickt sich an, als Repressalie ukrainische Frauen und Kinder lebendig zu verbrennen. Dies veranlasst Burglinger zu Ausdrücken tiefster Erschütterung über solche Unmenschlichkeit. Wenn auch der Hauptmann von seinem Vorhaben absieht, so ist doch seine Äußerung Seite 123 eine willkommene Bestätigung für die Greuelhetze über die Brutalität der Deutschen gegen Kinder. Die Figur dieses deutschen Berserkers wird im Sinne der feindlichen Agitation noch weiter verzerrt durch seinen Ausspruch: »Ich will diesen Krieg nicht überleben, er mag ausgehen wie er will. Ich ertrage keinen Frieden mehr in dieser verruchten menschlichen Gesellschaft.« (S. 124)[95]

---

85 Klähn an Amann, S. 2.
86 Klähn an Amann, S. 2.
87 Klähn an Amann, S. 3
88 Klähn an Amann, S. 7.
89 Klähn an Amann, S. 6.
90 Klähn an Amann, S. 3.
91 So richteten sich die Bücherverbrennungen und die ersten »schwarzen Listen« zur Säuberung von Buchhandel und Büchereien vom Mai 1933 dem Kampf gegen das vor allem als »jüdisch« charakterisierte »Asphaltliteratentum«, dessen »zersetzende« Werke durch »werthafte« und »volkhafte« Literatur ersetzt werden sollten, wobei der Anspruch bestand, längerfristig auch »Schund- und Schmutz«-Literatur fernzuhalten. Vgl. dazu exemplarisch den Artikel Herrmann: Prinzipielles zur Säuberung der öffentlichen Büchereien, bes. S. 356 und 358.
92 Klähn an Amann, S. 6 (Unterstreichung von Klähn).
93 Klähn an Amann, S. 5 f.
94 Zitat Payr in: Schworm an Amann, S. 3
95 Klähn an Amann, S. 4.

Der Verfasser, so Klähn weiter, wiederhole

> sogar sein Unternehmen, die deutschen Offiziere in der Beleuchtung der Unmenschlichkeit gegenüber der ukrainischen Bevölkerung darzustellen. (S. 264/273). »Leichtfertig, herzlos und ungerecht« schicken sich deutsche Offiziere an, 70 schuldlose Frauen und halbwüchsige Jungen zu erschiessen! Der Romanheld muss erst diesen »peinlich verlegen werdenden« deutschen Offizieren das Verbrecherische ihres Vorhabens klarmachen und geniesst den Triumph, unschuldige Russen vor der deutschen Erschiessungswut gerettet zu haben.
> Das ist Landesverrat![96]

Dass solche Darstellungen in einen NS-Kriegsroman des Jahres 1943 Eingang fanden, mag erstaunlich erscheinen. Doch spiegeln sich darin die auch bei Regimeanhängern durchaus umstrittene Kriegsführung und das Wissen um die Übergriffe und Verbrechen gegen die Zivilbevölkerung. Aus Sicht der Wehrmachtzensur war die Verbreitung derartiger Schilderungen zweifellos zu unterdrücken, auch wenn sie im Roman nur als verhinderte Verbrechen vorkommen, da dies »Hilfestellung für die Feindagitation« bot.[97] In Wahrheit manifestiert sich in den von Eisen mittels seiner Figur angeprangerten Gewaltauswüchsen die Realität des von der Wehrmacht mitgetragenen Vernichtungskrieges, den die NS-Propaganda als »Greuelpropaganda« des Feindes darzustellen suchte.

Auf das ablehnende Urteil der Militärzensursstelle reagierte Eisens Verlagslektor Schworm am 3. Dezember 1944 mit einer ausführlichen, an Amann gerichteten Stellungnahme. Darin sucht er den Verlagsdirektor davon zu überzeugen, dass es sich bei der Einschätzung des Wehrmachtzensors um ein »wahrhaft haarsträubendes Verdammungsverdikt« und »krasses Fehlurteil« handle.[98] Klähn wirft er vor, einzelne Stellen bewusst selektiv beurteilt und dabei das Positive durch Entstellung und Verkürzung unterschlagen zu haben. Die kritisierten Darstellungen von Unzulänglichkeiten und menschlichen Schwächen und von durch Romanfiguren geäußerten Zweifeln am Sinn des Krieges dienten Eisen gerade dazu, diesen schädlichen Tendenzen den Heroismus und die Sinnhaftigkeit des Opfers entgegenzusetzen, um sie zu bekämpfen.[99] Mit der gewählten Darstellungsweise, so argumentiert Schworm, bediene sich der Autor eben jener Methode, die schon Hitler in *Mein Kampf* als die seine beschrieben habe: »Eisens besondere, unbestreitbar sehr erfolgreiche Handhabung der politischen Polemik« bestehe darin, »Einwände, die der Gegner etwa bringen könnte, vorwegzunehmen, sie mit der Wucht seiner Gegenbeweise und -Argumente ad absurdum zu führen und solchermaßen dem Gegner den Wind aus den Segeln zu nehmen.«[100] Die Kritik an den Offizieren habe folglich den Sinn, das eigentlich erstrebenswerte Ideal deutlich werden zu lassen. Eisen, der doch selber Offizier sei, denke gar nicht daran, die Offiziere herabzusetzen, er wolle »den Offizier, aber den nationalsozialistischen Offizier, den echten volksverbundenen Truppenführer, der seinem Führer auf Tod und Leben verschworen ist und mit seinen Soldaten in wahrhaft kameradschaftlicher Verbundenheit durch Dick und Dünn geht! Jenen deutschen Offizier, den er in dem Hauptmann Rott seiner ›Verlorenen Kompanie‹ so vorbildlich gestaltet hat«.[101]

Gleichermaßen dienten die im Roman von Figuren geäußerten Zweifel am Sinn des Krieges lediglich dazu, dessen höheren Sinn herauszustellen. Um dies zu belegen, führt Schworm die propagandistisch vermutlich zentrale Passage des Romans an. Darin lässt der Autor seine Hauptfigur, Sonderführer Burglinger, in einer Auseinandersetzung mit kriegsmüden Kameraden eine erbauliche Ansprache halten:

> Sich unter das bittere Gesetz seiner Erkenntnis beugend, rüstete der Führer für diesen unvermeidlichen Kampf, der nur durch feigen endgültigen Verzicht auf die Freiheit und das natürliche Wachstum des Volkes, auf die Gestaltung des wirtschaftlichen und kulturellen Lebens nach der eigenen Art, dem eigenen Wunsch und Willen, zu vermeiden gewesen wäre. Bereitete ihn vor im Vertrauen auf das Ehrgefühl, die opferbereite Freiheitsliebe und Tapferkeit des deutschen Volkes, unbeirrbar zielbewußt, mit übermenschlicher Tatkraft und – gemessen an dem Zwang, kompromißlos zu sein – bewundernswerter Genialität als Staatsmann und Feldherr. Man braucht den Gang der kriegerischen Ereignisse und der politischen des vorhergegangenen Aufbaus nur zurückzuverfolgen, so erkennt man es mühelos, und selbst sein haßerfülltester Gegner müßte seine in der Weltgeschichte einzig dastehende Leistung anerkennen. Daran ändert auch nichts die bedauerliche, aber unvermeidliche Tatsache, daß es im Staats- und Parteileben im Kleinen hundert- und tausendfach Grund zur Kritik, Ursache zum Unwillen und zur Empörung Einzelner, im Ganzen jedoch nach Millionen zählender Volksgenossen gibt. Wann und wo hätte es beim deutschen Volk oder bei fremden Völkern keinen Anlaß zum Kampf der Meinungen im einzelnen, zum Kampf der persönlichen und wirtschaftlichen Interessen gegen-

---

96 Klähn an Amann, S. 5.
97 Klähn an Amann, S. 4.
98 Schworm an Amann, S. 8.
99 Vgl. Schworm an Amann, S. 6 f.

100 Vgl. Schworm an Amann, S. 5. Um seine Verteidigung mit der Autorität Hitlers zu untermauern, führt Schworm die Seiten 522/523 aus *Mein Kampf* an:
»Ich habe damals in kurzer Zeit etwas Wichtiges gelernt, nämlich <u>dem Feinde die Waffe seiner Entgegnung gleich selber aus der Hand zu schlagen.</u>
Es war wichtig, sich in jeder einzelnen Rede vorher schon klar zu werden über den vermutlichen Inhalt und die Form der in der Diskussion zu erwartenden Gegeneinwände und diese dann in der eigenen Rede bereits restlos zu zerpflücken. Es war dabei zweckmäßig, die möglichen Einwände selbst immer sofort anzuführen und ihre Haltlosigkeit zu beweisen.« (Zit. in: Schworm an Amann, S. 6, Unterstreichung von Schworm.)
101 Schworm an Amann, S. 7.

einander gegeben? Wann und wo wären Millionen, die mit ihrer Arbeit und Person das Gefüge eines Staates und einer Partei zu tragen haben, fleisch- und blutgewordene Idee und die Verkörperung der höchsten menschlichen Fähigkeiten und Ideale gewesen? Und dieser durchschnittlich schwachen und egoistischen Veranlagung des Menschen fällt es denn auch schwer, die Größe eines Werkes und seines Schöpfers zu bewundern oder auch nur sachlich anzuerkennen, wenn man für dieses Werk Opfer zu bringen, vielleicht zu sterben hat. Die menschliche Selbstsucht – mein Gott, man kann es menschlich auch wieder verstehen, wird man doch selbst immer wieder von ihr gepackt! – ist der geschworene Widerpart derer, die Heroismus fordern. Darum werden diese erst von der Nachwelt begriffen und in den Himmel der Unsterblichen gehoben.[102]

An dieser zentralen Stelle werden die im Roman kritisch dargestellten Unzulänglichkeiten im Blick auf die ›weltgeschichtliche‹ Bedeutung des Krieges relativiert. Indem hier das (im Einzelnen als zermürbend und sinnlos erfahrene) Geschehen eine höhere Sinngebung erfährt, soll der Durchhaltewillen der Sonderführer und nicht zuletzt auch der Romanleser mobilisiert werden, denen der inzwischen über vier Jahre andauernde, immer entbehrungs- und verlustreicher werdende Krieg im Einklang mit der offiziellen Propagandalinie[103] als unumgänglicher Präventivkrieg im »völkischen Lebenskampf« präsentiert wurde, bei dem es (wie in Burglingers Ansprache verlautbart) angeblich um nichts weniger als die Existenz und die Freiheit des deutschen Volkes ging.

Neben bewusster Entstellung der eigentlichen Intentionen seines Autors wirft Schworm Klähn Kleinlichkeit und Unverhältnismäßigkeit vor, etwa wo Eisen zur realistischen Schilderung des Soldatenmilieus häufig Kraftausdrücke verwendet. Vergliche man den Roman mit Hans Zöberleins *Der Glaube an Deutschland* (München: Eher 1931), so müsse dieser nach dem an Eisen angelegten Maßstab »im Orkus verschwinden«, da hier Offiziere »in einer Art angepackt und angeprangert« würden, »gegen die Eisens gerügte Darstellung des einen oder anderen Offiziers nur ein lindes Säuseln ist!« Da dieses Werk aber »den uneingeschränkten Beifall des Führers gefunden« hätte, würde es von Klähn nicht beanstandet.[104]

Dem gravierendsten Vorwurf in Klähns Gutachten, dem des Landesverrats, der sich auf die Schilderung versuchter Kriegsverbrechen bezieht, begegnet Schworm, indem er die inkriminierte Stelle im Kontext nachvollziehbar zu machen sucht:

> Angehörige der Bevölkerung, die man mit Heckenschützen ergriffen hatte, sollten erschossen werden. Da unter diesen Ukrainern auch jüngere Frauen und größere Jungen waren, bat Burglinger für sie bei der Truppenführung:
> »Mir ist auch im Krieg jedes schuldlose Menschenleben heilig. Unser Feind ist der Bolschewismus, die Sowjetregierung, die Rote Armee – nicht das russische Volk schlechthin. Wenn noch so viele Menschenleben zwangsläufig im Zuge der unaufhaltsamen Tragik dieses Geschehens vernichtet werden, so sollte es doch mit keinem leichtfertig, grundlos, herzlos geschehen. Das mag auf der anderen Seite Brauch sein, wir wollen auch im Grauen des Krieges deutsch bleiben und uns damit nicht beflecken.«[105]

Darin will Schworm keinen Landesverrat sehen, »sondern höchstens ein Zeugnis einer dem deutschen Menschen nun einmal eigenen humanen Gesinnung, die in diesem Fall vielleicht etwas des Guten zu viel hat.«[106]

Während derartige Darstellungen nach der Logik der Militärzensur im Blick auf ihre möglichen Wirkungs*folgen* als Begünstigung der Feindpropaganda erscheinen mussten, zielte Schworms Verteidigung auf die von Eisen verfolgten Wirkungs*absichten*, nämlich mit dieser Szene die »humane Gesinnung« der Deutschen trotz der dem Krieg innewohnenden Verrohungstendenzen aufzeigen zu wollen. Wenn der Romanheld im Interesse der Einbindung der Zivilbevölkerung in den Kampf gegen den »Bolschewismus« für eine humanere Behandlung eintritt, für die er (wie es bei Schworm heißt) »später [...] reichlich belohnt« wird,[107] so widersprach dies auch der von der obersten Führung durchgesetzten Ausbeutungs- und Vernichtungspolitik.[108] Die verbrecherische

---

102 Schworm an Amann, S. 6 f. – Klähn, so Schworm, führe in seinem Gutachten aus dieser Ansprache nur den einen Satz an: »Daran ändert auch nichts die bedauerliche, aber unvermeidbare Tatsache usw.« (Schworm an Amann, S. 7) Klähn hatte in seinem Gutachten ein auf manipulativer Fehlinterpretation basierendes Argument vorgebracht, dass die Implikationen der Aussage betrifft: »Nicht verständlich ist die auf S. 174 ausgesprochene Feststellung: ›Es ist eine unvermeidbare Tatsache, dass es im Staats- und Parteileben im Kleinen hundert – und tausendfach G r u n d zur Kritik, U r s a c h e zu Unwillen und Empörung einzelner, im ganzen jedoch nach Millionen zählender Volksgenossen gibt.‹ – Wenn Millionen Deutsche Grund zu Kritik und Empörung haben, dann müsste es mit der deutschen Volksführung sehr schlecht bestellt sein!« (Klähn an Amann, S. 2; Sperrung von Klähn.)
103 Zu den Leitlinien der Propagandapolitik in der zweiten Jahreshälfte 1944 vgl. Shtyrkina: Mediale Schlachtfelder, Kap. 5.2 und 5.3.
104 Schworm an Amann, S. 7.
105 Schworm an Amann, S. 8.
106 Schworm an Amann, S. 8.
107 Schworm an Amann, S. 8.
108 Ein Gegenbeispiel zu der von Eisen in seinem Roman zum Ausdruck gebrachten Auffassung findet sich in dem Kriegserlebnisbuch des Feldwebels Hans Hoeschen *Zwischen Weichsel und Wolga* (Gütersloh: Bertelsmann 1943), das mit antisemitisch-antibolschewistischer Hetzpropaganda eben die bei Eisen kritisierte Brutalisierung der Kriegsführung rechtfertigt und angesichts des verbrecherischen »Untermenschentums« der »Bolschewisten« ein rücksichtsloses Vorgehen gutheißt (vgl. dazu Friedländer [u.a.]: Bertelsmann im Dritten Reich, S. 331–333).

Kriegsführung ist damit im Roman indirekt präsent, wenn auch die genozidale Dimension ausgeblendet bleibt, wo sich die Darstellung ex negativo auf vom Protagonisten verhinderte ›Einzelfälle‹ beschränkt. Die »Vernichtung von Menschenleben« erscheint bei Eisen vielmehr ins Schicksalhafte naturalisiert: als Teil einer »unaufhaltsamen Tragik«, die dem Wesen des Krieges »zwangsläufig« eigen ist.[109]

Dass derartige unter dem Deckmantel der Partisanenbekämpfung erfolgte Übergriffe und Erschießungsaktionen gegen die Zivilbevölkerung in den rückwärtigen Heeresgebieten an der Tagesordnung waren und im Zusammenhang mit großangelegten Massenexekutionen von größtenteils sowjetischen Juden standen, war Angehörigen der Besatzungsverwaltung und Wehrmachtssoldaten, die ja zum Teil selbst direkt beteiligt waren, durchaus bekannt. Auch gelangte die Kunde von den ungeheuren Verbrechen im Osten in andeutenden Formulierungen über die Feldpost oder bei Heimatbesuchen in die Familien, so dass sich unter den Deutschen ein zumindest vages Wissen über Gewaltexzesse und systematische Massenmorde verbreitete.[110] Gegen das brutale Vorgehen gegen die sowjetische Zivilbevölkerung gab es in der Truppe und bei Angehörigen der Besatzungsverwaltung denn auch teils heftige Proteste, die von Seiten der Hardliner aus Partei und Wehrmacht als »Gefühlsduselei« und »Zersetzung« diffamiert und mit dem Argument gekontert wurden, dass die skrupellosen Partisanenangriffe ein »rücksichtsloses Vorgehen« notwendig machten.[111] Nach außen suchte das Regime Einigkeit und Festigkeit zu demonstrieren und den sich verbreitenden Nachrichten über die deutschen Verbrechen im Osten mit antibolschewistischer Gegenpropaganda zu begegnen, bei der (wie im Rahmen der Katyn-Kampagne im April/Mai 1943) die öffentliche Aufmerksamkeit medial auf die Massenverbrechen der Gegenseite abgelenkt werden sollte, um der deutschen Bevölkerung vor Augen zu führen, was sie im Falle einer Niederlage zu erwarten hätte.[112] Die Versuche des Regimes, die internen Konflikte und Proteste propagandistisch, aber auch gewaltsam zu unterbinden, waren letztlich weitgehend erfolglos, da das mörderische Vorgehen im Osten von vielen – auch von dezidierten Nationalsozialisten wie Heinrich Eisen – als per se ›undeutsch‹ und dem Ansehen der Wehrmacht abträglich erachtet wurde.[113]

Und wenn der Autor dem Entsetzen über das, was er vermutlich auf seiner Ukraine-Reise von Beteiligten erfahren konnte, im Roman im Sinne einer (auch von anderen Wehrmachts- und Besatzungsangehörigen geäußerten) Kritik an der Art der Kriegsführung und Besatzungspolitik verarbeitet, so bleibt die Dimension der Massenvernichtung hierbei ausgeblendet. Vielmehr erscheint die (versuchte und vom Protagonisten noch abgewendete) Ermordung von Zivilisten als eine der eskalatorischen Gewaltlogik des Krieges eingeschriebene, hier von der Kriegsführung der Gegenseite provozierte Überreaktion, der der wahrhaft ›deutsche‹ Soldat aber widerstehen können soll: Auch wenn der Gegner noch so grausam ist, so die ermahnende Botschaft, ›bleiben wir deutsch‹.

Der anlässlich dieser Episode von der Wehrmachtzensur erhobene Vorwurf des Landesverrats erscheint Schworm denn auch als »Ungeheuerlichkeit«[114], die »allerschärfste Zurechtweisung und Maßregelung« verdiene.[115] Dass dieser »beispielhaft unkameradschaftliche Angriff«[116] ausgerechnet von dem Eher-Autor Klähn komme, den er als Lektor (trotz dessen oft mangelhafter Manuskripte) stets wohlwollend mitbetreut und gegen Zensureingriffe verteidigt habe,[117] lässt den darüber fassungslosen Schworm vermuten, Klähn

---

109 Schworm an Amann, S. 8.
110 Vgl. Dörner: Die Deutschen und der Holocaust, bes. S. 93–134.
111 Für Beispiele siehe Hasenclever: Wehrmacht und Besatzungspolitik, S. 359–456. – Brutalisierung und Entgrenzung der Gewalt waren von Beginn an Teil Strategieplanung für den Ostfeldzug. Bereits durch den Kriegsgerichtsbarkeitserlass Hitlers vom 13. Mai 1941 wurden für das »Unternehmen Barbarossa« Erschießungen von Zivilpersonen und »kollektive Gewaltmaßnahmen« (wie Geiselerschießungen oder das Anzünden ganzer Dörfer) grundsätzlich ermöglicht. (Erlass abgedruckt in: Heer: Weißrußland, S. 138 f.) Radikalisiert wurde diese Vernichtungsstrategie durch den im Sommer 1942 von Himmler bei der Wehrmachtführung durchgesetzten Kurs in der »Bandenbekämpfung«, der auf eine gezielte Enthemmung der Gewalt auch gegenüber der Zivilbevölkerung setzte. So wurde die Truppe im Befehl des OKW vom 16. Dezember 1942 explizit von »soldatischer Ritterlichkeit« und den »Vereinbarungen der Genfer Konvention« entbunden und unter Zusicherung von Straffreiheit dazu »berechtigt und verpflichtet, in diesem Kampf ohne Einschränkung auch gegen Frauen und Kinder jedes Mittel anzuwenden, wenn es nur zum Erfolg führt [...].« (Zit. nach: Heer, S. 150.) Demgegenüber verfolgten die Befehlshaber der rückwärtigen Heeresgebiete, allein schon aus pragmatischem Interesse, die Kooperation mit der lokalen Bevölkerung, die sie für die »deutsche Sache« zu gewinnen suchten. Denn nur so ließen sich die besetzten Gebiete bei der geringen Truppenzahl, die ihnen zur Verfügung stand, verwalten. Ihre Bemühungen um eine konstruktive Besatzungspolitik, die nur durch eine bessere Behandlung der Zivilbevölkerung zu gewährleisten war, wurden nicht nur von der NS-Führung ignoriert, sondern durch die zur »Befriedung« des rückwärtigen Heeresgebiets ausgegebenen Befehle für die Partisanenbekämpfung gänzlich konterkariert. Vgl. Pohl: Die Herrschaft der Wehrmacht, S. 299; ausführlich: Hasenclever: Wehrmacht und Besatzungspolitik, S. 232–254, 354–410.
112 Vgl. Fox: Der Fall Katyn und die Propaganda des NS-Regimes, bes. S. 467–469.
113 Beispiele dafür finden sich in: Hasenclever: Wehrmacht und Besatzungspolitik, S. 543–546.
114 Schworm an Amann, S. 5.
115 Schworm an Amann, S. 4.
116 Schworm an Amann, S. 5.
117 Vgl. Schworm an Amann, S. 4 f.

habe den eigentlichen Verfasser des Gutachtens mit seinem Namen gedeckt.[118] Als Verantwortlicher mache sich Klähn hier mit »servile[r] Bereitwilligkeit« zum »Handlanger jener Engstirnigkeit [...], gegen deren Unduldsamkeit er selbst mit seinem Soldaten-Kameraden-Bändchen ›Timm, der Tolpatsch‹ ja lange genug hat kämpfen müssen«.[119] (Die 1938 im Eher Verlag herausgebrachte und 1940 in der Eher-Feldpostreihe *Soldaten – Kameraden!* aufgenommene »Erzählung aus dem Krieg 1914–1918«[120] war im November 1941 vom Reichsbund der Deutschen Beamten wegen der Herabsetzung von Wehrmachtbeamten bei der Wehrmachtzensur beanstandet worden und anschließend offenbar gesperrt worden;[121] ab 1943 erschien die Erzählung dann erneut – in einer um diese Passage gekürzten Fassung.[122])

Um der Verteidigung seines Autors Gewicht zu verleihen, geht Schworm in seinem Schreiben an Amann sodann zum Gegenangriff gegen die Kritik über, die »das neue Buch des Nationalsozialisten Heinrich Eisen so erbarmungslos zerrissen hat«.[123] Nicht nur die »Engstirnigkeit« der Zensurpraxis führt Schworm gegen die OKW-Abteilung ins Feld; in seinem Schreiben an Amann spricht er der Zensurstelle insgesamt die Urteilsfähigkeit ab, indem er die Härte, mit der sie Eisens Roman beurteile, mit der Laxheit kontrastiert, die sie noch im Jahr 1944 einen »Judenstämmling, zumindest aber Judenfreund« und »Feind der nationalsozialistischen Bewegung« wie Walter von Molo habe herausbringen lassen.[124] Doch weder mit der Desavouierung der Wehrmachtzensur noch mit der verbissenen Verteidigung seines Autors erreichte es Schworm, die Veröffentlichung des »umkämpften Buches«[125] durchzusetzen.

Den Ausschlag für die Entscheidung gegen eine Publikation scheint neben den einzelnen inhaltlichen und wirkungspsychologischen Einwänden der Wehrmachtzensur die außerliterarische Realität gegeben zu haben. Denn Eisens »Wehrbauernroman« bezog sich auf die Eroberung und Besetzung der Ukraine im Sommer 1941 bis zur Abwehr der sowjetischen Winteroffensive 1941/42. In dieser ersten Kriegsphase hatte die Wehrmacht in kaum vier Monaten neben dem damals polnischen Teil auch das gesamte Territorium der Ukrainischen Sowjetrepublik erobert und sukzessive dem bereits am 1. September 1941 gebildeten Reichskommissariat Ukraine eingegliedert. Zum Zeitpunkt der Entstehung des Romans, zwischen Frühjahr und Sommer 1943, hatte sich mit der deutschen Niederlage bei Stalingrad die Kriegslage bereits entschieden verändert (siehe Abb. 13). Bis Ende März hatte die Rote Armee das gesamte Gebiet, das die Wehrmacht im Vorjahr eingenommen hatte, zurückerobert. Als Eisen im Sommer oder Herbst des Jahres möglicherweise seine Studienreise unternahm, wurde die Ukraine noch zu großen Teilen von der Wehrmacht gehalten. Doch bereits im November 1943 gelang es der Roten Armee, die Osthälfte des Landes zu befreien; über den Winter 1943/44 erlangte sie auch die Kontrolle über die Westukraine.

Hatte Eisen seinen Roman also noch unter dem Eindruck der Größe des eroberten »Ostraums« begonnen, so erfolgten die im Folgejahr unternommenen Bemühungen um die Publikation des Buches unter denkbar ungünstigen Vorausset-

---

118 Schworm an Amann, S. 1.
119 Schworm an Amann, S. 1.
120 Friedrich Joachim Klähn: Timm der Tolpatsch. Erzählung aus dem Krieg 1914–1918. 3. Aufl. München: Eher 1940 (Soldaten – Kameraden! Bd. 8). In insgesamt 10 Auflagen gedruckt, gehörte Klähns Erzählung *Timm der Tolpatsch* (1938) mit einer Gesamtauflage von 210.000 Exemplaren (bis 1944) zu den erfolgreichsten Titeln der Feldpostreihe des Eher Verlags. Vgl. Bühler/Bühler: Der Frontbuchhandel, S. 181 (Tabelle, Nr. 8).
121 Aufgrund der auf den Seiten 53–74 ausgemachten Herabsetzung des Wehrmachtbeamten (der Zahlmeister werde als »lächerlicher Feigling« abgestempelt), aber auch von Offizieren, wird in dem Schreiben beantragt, »den Nachdruck des Werkes beim Verlag Eher Nachfg. zu verhindern« und »die bei den Wehrmachtbüchereien befindlichen Exemplare einzuziehen«. (Reichsbund der Deutschen Beamten an das Oberkommando der Wehrmacht, 12. November 1941, Abschrift, BArch, RW 4/377, Bl. 459). Die mit der Prüfung betraute Abteilung Wehrmachtpropaganda des OKW entsprach denn auch dem Antrag mit der Begründung, der militärischen Zensur habe »bisher noch kein Werk vorgelegen, das dem Ansehen der Wehrmacht so abträglich ist.« »Unverständlich« bleibe, »dass gerade der Zentralverlag der NSDA [sic], Franz Eher Nachfg., München sich dazu hergeben konnte, ein solches Buch zu drucken und herauszugeben.« (W.Pr an Abt. Inland [des OKW], 3.12.1941, Entwurf, abgesandt am 4.12.1941, BArch, RW 4/377, Bl. 460.) Schworm wiederum stellt den Ausgang des Zensurkonflikts wie folgt dar: »Herr Klähn hat allerdings diesen Kampf, in dem das Recht ebenso auf seiner Seite war wie es auf der Seite Eisens steht, nicht durchgestanden, sondern kapituliert und, was er nicht hätte tun dürfen, seinen ›Timm‹ ganz zurückgezogen, womit er seinem Büchlein ein Schicksal bereitete, das es wirklich nicht verdient hat.« (Schworm an Amann, S. 1)
122 Im Vergleich mit der 5. Auflage (1941, 81 S.), S. 53–54, 72–73, ist die 6. Auflage (1943, 67 S.) um eben diese Textpassagen gekürzt und stellenweise leicht abgewandelt (vgl. dort S. 50–51, 67).
123 Schworm an Amann, S. 9.
124 Schworm an Amann, S. 10. – In seinem Brief führt Schworm gegen die Wehrmachtstelle an, der vom OKW herausgebrachte Walter von Molo (1880–1958) sei schon früh als »Würdenträger der roten Republik, giftiger Antivölkischer und Feind der nationalsozialistischen Bewegung« aufgefallen. »Das alles« hindere »den NS-Führungsstab der Wehrmacht nicht daran, diesen von uns stets schärffstens [sic] abgelehnten Mann heute, im Jahr 1944, wieder herauszustellen!« (Schworm an Amann, S. 10.) – Bei der Publikation, auf die Schworm hier anspielt, handelt es sich um das von der Inlandsabteilung des OKW als Wehrmachtsausgabe in der Reihe Soldatenbücherei, Bd. 67, herausgebrachte Buch *Ein Deutscher ohne Deutschland. Friedrich List-Roman.* [Berlin]: Oberkommando d. Wehrmacht, NS-Führungsstab/Inland, [1944], das erstmals 1931 im Zsolnay Verlag (Berlin, Wien, Leipzig) erschienen war.
125 Schworm an Amann, S. 9.

zungen: Auf die Eröffnung einer zweiten alliierten Front im Westen am 6. Juni 1944 (Operation »Overlord«) folgte noch im selben Monat im Zuge der sowjetischen Großoffensive (Operation »Bagration«) der Zusammenbruch der Heeresgruppe Mitte. Durch Hitlers verbissene Haltebefehle bereits stark geschwächt, verlor die Wehrmacht dabei fast 400.000 Soldaten und konnte der Roten Armee keinen nennenswerten Widerstand mehr entgegensetzen. Dies hatte zur Folge, dass die deutschen Truppen im Spätsommer bis an die Grenze Ostpreußens zurückgedrängt wurden. Die so entstandene Lage zerstörte selbst bei treuen Anhängern Hitlers den Glauben an eine nochmalige Kriegswende.[126] Hinzu kam der zermürbende Luftkrieg, der die Bevölkerung demoralisierte und die ›Heimatfront‹ gefährdete. Und mit dem von Wehrmachtsoffizieren unternommenen Umsturzversuch am 20. Juli war das Regime nun erstmals mit einer unmittelbaren Existenzbedrohung von ›innen‹ konfrontiert worden. Es war wohl eben diese aussichtslose militärische Lage und die zu einer paranoiden Wachsamkeit gesteigerte Literaturkontrolle im NS-Führungsstab des OKW, die wesentlich zur Verweigerung der Publikation von Eisens Roman beitrugen.

Bereits Payr hatte in seinem Gutachten vom Mai 1944 die Überlegung angeregt, »ob man die Veröffentlichung dieses so <u>wertvollen</u> und <u>erzieherischen</u> Buches« nicht zurückstellen solle, »bis sich die künftige Entwicklung im Osten klarer und greifbarer abzeichnet.« Begründet hatte er dies wirkungspsychologisch:

> So ruft die Lektüre im Augenblick, da wir diese Gebiete, die so unendlich viel deutsches Blut und deutschen Schweiß gekostet haben, wieder räumen mußten, in jedem deutschen Menschen die schmerzlichsten Empfindungen hervor.[127]

Abb. 13: Der Zweite Weltkrieg in Europa 1942–1945 (aus: *Militärgeschichte. Von der Frühen Neuzeit bis in die Gegenwart.* Hrsg. von Michael Epkenhans und Frank Hagemann. Braunschweig: Westermann 2021; mit freundlicher Genehmigung des Zentrums für Militärgeschichte und Sozialwissenschaften der Bundeswehr).

Ebenso argumentierte Klähn:

> Die Ostraumpolitik ist naturgemäss nach wie vor der Sinn unseres grossdeutschen Freiheitskampfes. Sehr zweifelhaft aber aber [sic] scheint mir, ob die Schilderung dieses Zieles gegenwärtig eine psychologisch positive Wirkung auf den Leser ausübt, oder ob sie durch schmerzvolle Erinnerung die augenblicklichen Rückschläge besonders stark empfinden lässt. Zum Mindesten glaube ich nicht, dass ein Bedürfnis besteht, gerade diesen Stoff »der deutschen Leserwelt nicht länger vorzuenthalten.«[128]

Schworm hingegen beanspruchte für den Roman eine über den Augenblick hinausgehende Bedeutsamkeit als Teil deutscher Geschichte, weshalb »Rückläufigkeiten« »dem Geschehen im Osten [...] nichts von seiner Größe nehmen« könnten:

---

126 Mitte des Jahres 1944 war die Lage nach Aussagen von Beteiligten wie General Hans Speidel bereits derart desolat, dass »jeder Soldat den nahen Zusammenbruch des Systems [...] ahnte« (Speidel: Aus unserer Zeit, S. 193). Spätestens »die alliierte Landung im Westen« (6. Juni 1944) hatte dem bereits zitierten Mitarbeiter im NS-Führungsstab Sigmund Graff zufolge »jedem Optimismus den Boden entzogen [...].« (Graff: Wechselnd bewölktes Leben, Bl. 266.) Auch in den Lageberichten des Sicherheitsdienstes der SS (SD) wird angesichts des von der Propaganda kaum kleinzuredenden Vormarsches der Roten Armee, der »Rücknahme der Fronten« und der offensichtlichen Überlegenheit des Gegners spätestens ab Anfang Juli ein starker Stimmungsabfall und Vertrauensverlust in der Bevölkerung beschrieben, eine Tendenz zum Pessimismus, der in Teilen in schleichende Panik überging. Vgl. Boberach (Hrsg.): Meldungen aus dem Reich 1938–1945, bes. 6. Juli (S. 6626, 6628), 13. Juli (S. 6636), 14. Juli (S. 6645), 22. Juli (S. 6651–6656).
127 Zitat in: Schworm an Amann, S. 3.

128 Klähn an Amann, S. 1.

Eisen hat uns in seinem Wehrbauernbuch so viel zu sagen, daß es falsch wäre, ihn zum Schweigen zu verurteilen, nur weil der Schauplatz seines Buches sich nicht mehr in unserer Hand befindet. Wenn dieser Erwägung grundsätzlich Raum gegeben werden sollte, dann dürfte der Eher-Verlag eine ganze Reihe von Büchern nicht mehr auflegen.[129]

Um die Veröffentlichung des Romans nicht aufs Spiel zu setzen, zeigte sich Schworm Amann gegenüber dennoch zu Zugeständnissen an die Wehrmachtzensur bereit, indem er zu Ende seines Schreibens anbietet, sich nötigenfalls »bei dem Autor für die Milderung oder Streichung der ein oder anderen scharfen Stelle« einzusetzen, »damit allzu zart besaitete Seelen nicht zu grob in ihrem Seelenfrieden gestört werden – obwohl eine solche Aufrüttelung mitunter sehr von Nöten und gesund wäre – und jene Leute, die beim OKW. zu Gralshütern über unser nationalsozialistisches Schrifttum eingesetzt sind, wieder ruhig schlafen können. Der Kern des Buches darf aber unter keinen Umständen angetastet werden!«[130] Schworms Schreiben an Amann schließt mit einem Appell an den »gesunden Menschenverstand des alten Soldaten und Nationalsozialisten«, sich durch eigene Lektüre »vom Wert des Buches« zu überzeugen.[131]

Da keine Quellen zu Amanns Behandlung des Falls überliefert sind, lässt sich nicht belegen, ob der offenbar als letzte Instanz aufgerufene Verlagsdirektor den Fall überhaupt noch entschied und welche Gründe seine Entscheidung dann bewogen haben mögen. Dass die Angelegenheit zu diesem Zeitpunkt erneut Payr vorgelegt wurde (von dem Schworm sich noch eine Intervention zugunsten des Buches versprach[132]), kann bezweifelt werden. Mit Blick auf die Gutachten und die Kriegslage ist vielmehr anzunehmen, dass der mit dem Drängen von Schworm und der Ablehnung der Wehrmachtzensur konfrontierte Verlagsdirektor, den auf den Publikationszeitpunkt bezogenen wirkungspsychologischen Argumenten Payrs und Klähns folgend, die Publikation des Romans verweigerte. Als »letzte Aufrüttelung der Seelen« (Schworm) konnte das Buch in dieser Lage wohl kaum mehr überzeugen.

5 Fazit

Während Eisens erster Roman binnen weniger als zwei Jahren eine Gesamtauflage von 184.000 Exemplaren erlebte und 1944 sogar noch verfilmt werden sollte, wurde sein zweiter Roman offenbar aus politischen und wirkungspsychologischen Gründen im Zusammenhang mit der veränderten Kriegslage unterdrückt. Wo *Die verlorene Kompanie* bis zuletzt Propagandapotenzial zu bieten schien, scheiterte Eisens zweites Romanprojekt an seinem Realitätsbezug. Politische und militärische Zensur liest literarische (fiktionale) Texte grundsätzlich wie pragmatische Texte, indem sie deren Inhalte im Hinblick auf deren Intention und Wirkung auf die außerliterarische Wirklichkeit bezieht. Bei einem Werk, wie dem von Eisen geplanten Roman *Wehrbauer Burglinger*, das den Bezug auf den laufenden Krieg explizit voraussetzt, stellt sich eine solche referenzialisierende Lektüre zwangsläufig ein. Gleichwohl zeigen die Zensurgutachten ganz unterschiedliche Wertungsperspektiven. Wenig auf den Zusammenhang mit der äußeren Situation bedacht, hob Schworm als betreuender Lektor – in weitgehender Übereinstimmung mit Payr vom Zentrallektorat – vor allem die *textinternen* Lektürequalitäten und den ideologisch-erzieherischen Wert des Textes hervor. Ganz anders die Bewertung Klähns beziehungsweise des Wehrmachtzensors, dessen Aufmerksamkeit ganz vorrangig *textexternen* militärisch-propagandistischen Erwägungen im Zusammenhang mit psychologischer Lektürewirkung und veränderter Kriegslage galt. Für die Wehrmachtzensur ausschlaggebend waren also weniger weltanschauliche und literarische Kriterien als vielmehr die Bewertung der Romaneigenschaften im Hinblick auf die erwünschte Darstellung des laufenden Krieges, potenzielle Feindbegünstigung und leserpsychologische Wirkungsmomente. Es überrascht insofern nicht, dass sich am Jahresende 1944, zumal unter den Bedingungen des »totalen Krieges«, die lagezentrierte situativ-funktionale Wertungsperspektive der Militärzensur gegenüber dem textzentrierten weltanschaulich-literarischen Bewertungsmodus des Verlagslektors durchsetzte.

Das »gewagte Unternehmen«, einen laufenden Krieg in Romanform zur Darstellung zu bringen, scheiterte in diesem Fall. Die Abhängigkeit von der Entwicklung der militärisch-politischen Situation machte den Roman angreifbar, zumal Eisens Kriegsdarstellung Missstände hinter der Front thematisierte, die auf Kriegsverbrechen gegen die Zivilbevölkerung und grassierende Korruption schließen ließen. Wenn das »mutige« Aussprechen dieser Dinge zwar das ausdrück-

---

129 Schworm an Amann, S. 3 f. – Dabei bezieht sich Schworm auf Darstellungen der Eroberung und Besetzung der Länder Belgien und Frankreich während des Westfeldzugs, die – wie die Ukraine – inzwischen auch »von uns geräumt werden mußten« (S. 4.): Alfred-Ingemar Berndt: *Panzerjäger brechen durch. Erlebnisse einer Kompanie im Großdeutschen Freiheitskrieg 1939/40* (München: Eher 1940); Alfred Tschimpke: *Die Gespensterdivision. Mit der Panzerwaffe durch Belgien und Frankreich* (München: Eher 1940); *Der Krieg im Westen. Dargestellt nach Berichten des »Völkischen Beobachters«* (hrsg. von Wilhelm Weiß, München: Eher 1940); Hans Christern: *Die roten Teufel und ihr Kommandeur* (München: Eher 1941).
130 Schworm an Amann, S. 9.
131 Schworm an Amann, S. 11.
132 Schworm an Amann, S. 5.

liche Lob der Eher-Lektoren erhielt, so passte dies kaum ins Propagandabild vom ehrenhaft-ritterlichen Kampf einer tadellosen Wehrmacht. Aufgrund der im Roman angelegten Referenz auf ein noch unabgeschlossenes Geschehen erweist sich dessen Fiktionalität grundsätzlich als prekär. Denn die Veröffentlichung von Propagandaliteratur, die ja primär *außerliterarischen* Zwecken (der Beeinflussung des Denkens und Handelns der Menschen) dient, ist zwangsläufig einem situativen Nutzenkalkül unterworfen. In seinem Versuch, den Roman durch Verweis auf seinen ›überzeitlichen Wert‹ zu retten, verkannte Schworm die konstitutive *Situationsgebundenheit* funktionalistischer Literatur. Im Fall von Eisens »Ostraum«-Roman war die propagandistische Funktionalisierung aufgrund der radikal veränderten Realität eines inzwischen auf die Reichsgrenzen zusammengeschrumpften »großgermanischen Imperiums« nicht mehr opportun, ja erschien in dieser Situation sogar kontraproduktiv, zumal der Text die internen Spannungen und Konflikte in Bezug auf die Kriegsführung im Osten und die Zustände im »Reich« offenbarte. Die Fiktionalisierung des laufende Kriegsgeschehens als Mittel der Beeinflussung eben dieses Geschehens wurde hier von der Wirklichkeit, auf die sie sich bezog, überholt: die realbezügliche Propagandafiktion konnte mit der veränderten Wirklichkeit nicht mehr zur Deckung gebracht werden und verlor damit ihren handlungsleitenden Sinn.

Zwar stimmte Eisens Roman mit den Propagandazielen des Regimes auch des Jahres 1944 noch im Wesentlichen überein.[133] So behauptet er den unvermeidlichen Charakter des Krieges mit der Sowjetunion im Existenzkampf des deutschen Volkes, glorifiziert Hitler als verantwortlich-vorausschauenden Führer und Feldherrn und stellt den nun betonten Unterschied von Russen beziehungsweise Ukrainern einerseits und »Bolschewisten« andererseits heraus. Die beanspruchte Überlegenheit der Deutschen und des Nationalsozialismus gegenüber dem »Bolschewismus«, die der in ihrem Durchhaltewillen geschwächten Bevölkerung durch eine verstärkte antibolschewistische Gräuelpropaganda glaubhaft gemacht werden sollte,[134] verliert jedoch durch die Darstellung versuchter Kriegsverbrechen und der zerrütteten Verhältnisse im »Reich« ihre Glaubwürdigkeit, zumal in einer Lage, in der Zensur und Propaganda die Kluft zwischen offizieller Verlautbarung und real-erfahrener Lage ohnehin kaum mehr zu überbrücken vermochten und das Regime in zunehmendem Maße auf Mittel repressiver (juristisch-polizeilicher) Disziplinierung zurückgriff.[135] Mit der Unterdrückung des zwar antibolschewistischen und kriegsbejahenden, dabei aber stellenweise kritischen Romans wurde gewissermaßen ein ›Querschläger‹ abgefangen, der, entgegen seiner Intention, Zweifeln an der Kriegsführung und der Unterstützungswilligkeit des Volkes Nahrung hätte geben und damit der Machtstellung des Regimes hätte schaden können, das im »Endkampf« alles dafür tat, durch eine aggressive antibolschewistische Gegenpropaganda, die auf Dämonisierung und Entmenschlichung des Feindes setzte, von den eigenen Verbrechen abzulenken und die Bevölkerung durch Mobilisierung der Angst vor dem »Ansturm der asiatischen Steppe« hinter sich zu bringen.[136] Wenngleich der Roman in ideologischer Hinsicht als ein »nationalsozialistisches Standardwerk« zur »letzten Aufrüttelung der Seelen« (Schworm) erscheinen mochte, so musste sein Wert für die Durchhaltepropaganda in dieser Lage nicht nur zweifelhaft, sondern auch kontraproduktiv erscheinen.

An den hier untersuchten Zensurfall lassen sich eine Reihe allgemeinerer Beobachtungen und Schlussfolgerungen im Blick auf die Forschung zu NS-Literatur- und Propagandapolitik anschließen. Zunächst mag die Tatsache erstaunen, dass am Ende des Jahres 1944, inmitten einer für das Deutsche Reich inzwischen katastrophalen, auf den Zusammenbruch hinsteuernden Kriegslage, überhaupt noch eine dermaßen ausgedehnte und kleinliche Auseinandersetzung um Literatur stattfinden konnte. Der erbitterte Ernst, mit dem die Wertungs- und Publikationsfrage ausgetragen wurde, zeigt allerdings die Überzeugung von der Wirkung, die das Regime dem gedruckten Wort zuschrieb, weshalb nicht nur die regimeferne Literatur, sondern gerade auch die als Propagandamittel dienende nationalsozialistische Literaturproduktion schon früh einer strengen (und im Krieg noch verstärkten) zensorischen Kontrolle unterworfen wurde. Und diese Kontrolle wurde – parallel zur Propagandaaktivität – umso weiter ausgedehnt und verschärft, je kritischer und bedrohlicher die Lage für das Regime selbst, je größer interne Spannungen und Konflikte wurden und je mehr der Rückhalt der vom Luftkrieg zermürbten Bevölkerung zu schwinden drohte. Insofern lässt sich erklären, dass der Roman eines NS-Autors, der seine literarisch-propagandistischen Fähigkeiten bereits erfolgreich unter Beweis gestellt hatte, als ›kriegswichtiges‹ Projekt im Rahmen der Propagandaanstrengungen des Parteiverlags von Interesse war, dabei aber zugleich auch hinsichtlich seiner Verwertbarkeit im Sinne der erwünschten kriegsunterstützenden Wirkung überprüft werden musste. Hier zeigt sich die grundsätzliche Verschränkung von Zensur und Propaganda, von Meinungskontrolle und Meinungslenkung.

---

133 Vgl. dazu Shtyrkina, Kap. 5.2 und 5.3.
134 Vgl. Shtyrkina, S. 448 f.
135 Vgl. Bernd Sösemann: Propaganda und Öffentlichkeit in der »Volksgemeinschaft«, S. 148.

136 Vgl. Sösemann, S. 149 f.

Wie sich aus dem untersuchten Fall schließen lässt, scheint insbesondere Kriegspropagandaliteratur – aufgrund der von ihr erwarteten Lenkung der öffentlichen Meinung – von Beginn an einer besonders rigiden Kommunikationskontrolle unterworfen worden zu sein. Überhaupt wurde die Produktion von Literatur, die sich auf den laufenden Krieg bezog, insbesondere von fiktionaler Literatur, seitens des Propagandaministeriums über die Reichsschrifttumskammer eingeschränkt, um einer schwer zu kontrollierenden Konjunktur vorzubeugen. Entsprechend war die Produktion von ökonomisch profitabler Kriegsliteratur für Verlage, die Beanstandungen und Verbote durch eine wenig berechenbare Zensur zu fürchten hatten, durchaus risikobehaftet. Als wohl erster und offenbar einziger derartiger Roman stellte Eisens *Die verlorene Kompanie* innerhalb der Kriegsliteratur diesbezüglich eine Ausnahme dar, die sich wohl der privilegierten Stellung des Zentralverlags der Partei verdankte. Wie prekär der Status derartiger literarischer Propagandaproduktionen im Krieg allerdings war, beweist der vorliegende Fall von Eisens zweitem Roman.

Wenn der von Verlagsseite als »nationalsozialistisches Standardwerk« (Schworm) angepriesene Text von der militärischen Zensur (Klähn) als der »Feindagitation« förderlich, ja sogar als »Landesverrat« gewertet wurde, so zeigt sich hier auch, wie sich die Zensuranforderungen an NS-Literatur mit dem Krieg und dessen Radikalisierung grundlegend veränderten. Der Modus der politisch-ideologischen Überprüfung eines Werkes auf Übereinstimmung mit beziehungsweise Unschädlichkeit für die »nationalsozialistische Weltanschauung«, wie er noch in der ›Friedensphase‹ des Regimes maßgeblich war, wurde im Zuge der Einführung und sukzessiven Kompetenzerweiterung der militärischen Vorzensur durch eine Form der Kommunikationskontrolle verdrängt, die sich an den situativ-variablen Kommunikationserfordernissen des Krieges orientierte. Ihr Fokus richtete sich im Wesentlichen auf die kriegsdienliche Leserwirkung und (zumal nach dem Umsturzversuch vom 20. Juli) die Unterdrückung möglicher Momente der Feindbegünstigung sowie jeglicher die Kriegsunterstützung potenziell gefährdenden ›zersetzenden‹ oder ›defaitistischen‹ Äußerungen.

Weiterhin offenbart und bestätigt sich an dem Fall, wie unterschiedlich und wenig konsensfähig die involvierten Instanzen, das Lektorat des Parteiverlags (Schworm) und das Zentrallektorat (Payr) einerseits und die Zensurstelle im NS-Führungsstab des OKW (Klähn) andererseits, denselben Text bewerteten und wie ineffizient das Zensurverfahren, das sich über viele Monate hinzog und erst durch die Entscheidung des mächtigen Reichsleiters und Verlagsdirektors Amann einen Abschluss fand, organisiert war. Die fehlende Übereinstimmung hinsichtlich der Beurteilung des Romans lässt sich damit erklären, dass Verlagslektor und Wehrmachtzensor ihrer Funktion gemäß divergierende Interessen vertraten und entsprechend völlig unterschiedliche Wertungsgesichtspunkte zugrunde legten, die in den an Amann übermittelten Gutachten recht deutlich zum Ausdruck kommen; zusätzlich spielte hier vermutlich die zwischen Parteiverlag und Wehrmacht bestehende Konkurrenz im Bereich von Literaturpolitik und Buchmarkt eine Rolle.

Die Auseinandersetzung um die Veröffentlichung dieses Romans zeigt nicht zuletzt exemplarisch, wie widersprüchlich und inkohärent Zensur unter der NS-Diktatur selbst bei dezidiert nationalsozialistischer Literatur mitten im Krieg sein konnte. Zwar waren die von den einzelnen Stellen ausgeübten Zensurakte für sich genommen durchaus konsistent; in der Zusammenarbeit der einzelnen Instanzen entwickelte sich aber eine Ineffizienz und Schwerfälligkeit, die im hier untersuchten Fall letztlich dazu führte, dass selbst die offenbar als ›kriegswichtig‹ angesehene nationalsozialistische Literaturproduktion behindert und eingeschränkt wurde. Da die Publikationsvorhaben von verschiedenen Stellen ausgeführte Mehrfachprüfungen durchlaufen mussten, gleichzeitig aber keine klar geregelte Entscheidungskompetenzen existierten und überhaupt eine einheitliche zensurpolitische Linie fehlte, mussten Publikationsentscheidungen immer wieder ausgehandelt werden.[137] Dies bestätigt das Bild, das die Forschung (in systematischer Form erstmals Barbian[138]) als den polykratischen Charakter der NS-Diktatur im Bereich der Literaturpolitik herausgearbeitet hat. Trotz der zunehmenden Macht über das literarische Leben gelang es dem Regime nämlich zu keinem Zeitpunkt, eine einheitliche und totale Literaturkontrolle durchzusetzen. Von machthungrigen Parteiführern geleitet und aufgrund nicht eindeutig geregelter Kompetenzen und sich überkreuzender Kontrollansprüche bildeten die Überwachungsstellen eine uneinheitliche, polykratische Schrifttumsbürokratie, die von sich im Laufe der Zeit ändernden Machtkonstellationen geprägt war, und (trotz Goebbels' anfänglicher Zentralisierungsbestrebungen) kein koordinierendes Zentrum besaß. Für die Zensurausübung bedeutete dies, dass die involvierten Stellen oftmals ohne Abstimmung, planlos und inkonsistent agierten oder sich in langwierige Konflikte um teilweise kleinliche Aspekte verstrickten, die (wie etwa auch im Fall des Kriegsbuches *Narvik*[139]) mitunter erst durch eine »Führerentscheidung« beendet wurden.

---

137 Vgl. Haefs: Der Verlag Franz Eher Nachf., S. 15 f.
138 Vgl. Barbian: Literaturpolitik, S. 840–846.
139 Der Zensurkonflikt ist beschrieben in: Friedländer [u.a.]: Bertelsmann im Dritten Reich, S. 435–440.

Der hier untersuchte Fall erhellt nur einige Aspekte von literarischer NS-Kriegspropaganda und ihrer Zensur, einem Gegenstand, der bislang noch nicht ausreichend untersucht worden ist. Wünschenswert wären daher weitere und breitere Forschungen zum Thema, auf deren Grundlage verallgemeinerbare Aussagen möglich wären und die dazu beitragen würden, ein Gesamtbild der literarischen Kommunikationsverhältnisse in diesem speziellen Bereich zu erhalten.

6 Literatur- und Quellenverzeichnis

Archivalische Quellen

Berlin, Bundesarchiv (BArch)
    NS 8 Kanzlei Rosenberg
    R 6 Reichsministerium für die besetzten Ostgebiete
    R 9361-II Personenbezogene Unterlagen der NSDAP/Parteikorrespondenz
    R 9361/V/17351 Personenbezogene Unterlagen der Reichskulturkammer/RKK
Freiburg, Bundesarchiv, Abteilung Militärarchiv (BArch-MA)
    RW 6: OKW / Allgemeines Wehrmachtamt mit nachgeordnetem Bereich
    RW 59: Personalverwaltende Stellen der Wehrmacht
    RW 62/3: Nationalsozialistischer Führungsstab des OKW
München, Bayerische Staatsbibliothek (BSB)
    Ana 302: Eher-Verlag
    Bildarchiv: Fotoarchiv Hoffmann
München, Staatsarchiv München (StArch M)
    SpKA K 351 Eisen, Heinrich: Spruchkammerverfahren Heinrich Eisen

Gedruckte Quellen

Appell an die deutsche Jugend. In: Der Führer. Das Hauptorgan der NSDAP Gau Baden, 14.2.1939, S. 1–2.
BACKE, Herbert: 12 Gebote für die Landwirtschaftsführer (1. Juni 1941). In: Ueberschär, Gerd R. / Wette, Wolfram (Hrsg.): »Unternehmen Barbarossa«. Der deutsche Überfall auf die Sowjetunion 1941. Berichte, Analysen, Dokumente. Paderborn: Schöningh 1984, S. 382.
BOBERACH, Heinz (Hrsg.): Meldungen aus dem Reich 1938–1945. Die geheimen Lageberichte des Sicherheitsdienstes der SS. Bd. 17. Herrsching: Pawlak 1984.
Der Ruf zum deutschen Boden. In: Straßburger Neueste Nachrichten (Bezirksausgabe Nord, Kreisausgabe Hagenau) vom 16.7.1942, S. 1.
Der würdigste Landwirtschaftsführer. In: Deutsche Ukraine-Zeitung, Nr. 220 vom 6. Oktober 1942, S. 2, https://libraria.ua/issues/875/
DRESLER, Adolf: Geschichte des »Völkischen Beobachters« und des Zentralverlages der NSDAP. Franz Eher Nachf. München: Eher 1937.
ERCKMANN, Rudolf: Grundsätzliches zur Papierfrage. In: Der Buchhändler im neuen Reich 7 (1942), S. 171–175.
Freiwillige für die SS-Totenkopfstandarten [Anzeige]. In: Der Führer. Das Hauptorgan der NSDAP Gau Baden, 18.9.1939, S. 4.
GRAFF, Sigmund: Wechselnd bewölktes Leben. Erinnerungen aus einer mißbrauchten Generation. Als Manuskript gedr. Erlangen: ca.1956.

HAEGERT, Wilhelm: Schrifttum und Buchhandel im Kriege. In: Börsenblatt 107 (1940) Nr. 94 vom 23.4., S. 148–150.
HALDER, [Franz] Generaloberst: Kriegstagebuch. Tägliche Aufzeichnungen des Chefs des Generalstabes des Heeres 1939–1942. Bd. 2: Von der geplanten Landung in England bis zum Beginn des Ostfeldzuges (1.7.1940–21.6.1941). Stuttgart: Kohlhammer 1963.
[Rez.] Heinrich Eisen: Die verlorene Kompanie. Zentralverlag der NSDAP., München 1943. 749 Seiten. 7.20 RM. In: Der Hoheitsträger 60 (März 1944), S. 32.
HERRMANN, Wolfgang: Prinzipielles zur Säuberung der öffentlichen Büchereien. In: Börsenblatt 100 (1933), Nr. 112 vom 15. 5., S. 356–358.
[HITLER, Adolf:] Besprechung vom 16.7.1941 mit Rosenberg, Lammers, Keitel, Göring und Bormann. In: Der Prozeß gegen die Hauptkriegsverbrecher vor dem Internationalen Militärgerichtshof (International Military Tribunal). Nürnberg 14. Nov. 1945–1. Okt. 1946. Bd. 38: Urkunden und anderes Beweismaterial Nr 185-L bis Nr 1216 RF. Nürnberg 1949, S. 87.
[HITLER, Adolf:] Denkschrift Hitlers über die Aufgaben des Vierjahresplans [1936]. In: Vierteljahrshefte für Zeitgeschichte 2 (1955), S. 204–210.
HITLER, Adolf: Mein Kampf. Eine kritische Edition von Christian Hartmann, Othmar Plöckinger [u.a.]. 2 Bde. München/Berlin: Institut für Zeitgeschichte 2016.
HITLER, Adolf: Monologe im Führerhauptquartier 1941–1944. Die Aufzeichnungen Heinrich Heims. Hrsg. von Werner Jochmann. Hamburg: Knaus 1980.
KLÄHN, Friedrich Joachim: Timm der Tolpatsch. Erzählung aus dem Krieg 1914–1918. 3. Aufl. München: Eher 1940 (Soldaten – Kameraden! Bd. 8). (5. Aufl. 1941, 6. Aufl. 1943)
KLOSE, E. P.: Der Krieg als literarisches Thema. Gedanken zu dem Roman von Heinrich Eisen: »Die verlorene Kompanie«. In: Völkischer Beobachter (Wiener Ausgabe), Nr. 295 vom 22.10.1943, S. 3. [Digitalisat: http://anno.onb.ac.at/cgi-content/anno?aid=vob&datum=19431022&seite=3]
MÜLLER, Rolf-Dieter (Hrsg.): Die deutsche Wirtschaftspolitik in den besetzten sowjetischen Gebieten 1941–1943. Der Abschlußbericht des Wirtschaftsstabes Ost und Aufzeichnungen eines Angehörigen des Wirtschaftskommandos Kiew. Boppard a.R.: Boldt 1991.
Pflug und Schwert verbürgen den Sieg. In: Völkischer Beobachter (Wiener Ausgabe), Nr. 278 vom 5. Oktober 1942, S. 1. [Digitalisat: http://anno.onb.ac.at/cgi-content/anno?aid=vob&datum=19421005&seite=1]
REISNER, Hans Christoph: Die verlorene Kompanie (Zentralverlag der NSDAP., Frz. Eher Nachf., GmbH.). In: Offiziere des Führers: Die nationalsozialistische Monatsschrift der Wehrmacht für Politik, Weltanschauung, Geschichte und Kultur, hrsg. vom NS-Führungsstab des Oberkommandos der Wehrmacht, Nr. 6 (1944), S. 63.
Revolution im Agrarsektor. In: Straßburger Neueste Nachrichten (Bezirksausgabe Süd) vom 18.12.1942, S. 1 f.
RÖHL, Hansulrich: Heinrich Eisen: Die verlorene Kompanie. Roman. München: Eher 1943. 749 Seiten. Hlw. 7.20. In: Die Bücherei 11 (1944), H. 4/6, S. 171. [Digitalisat: https://dlibra.bibliotekaelblaska.pl/dlibra/publication/50774/edition/48416/content]
SOUKUP, Richard: Die verlorene Kompanie (Zentralverlag der NSDAP Franu Eher Nachf. München. 749 Seiten). In: Illustrierte Kronen Zeitung vom 13.12.1943, S. 6. [Digitalisat: http://anno.onb.ac.at/cgi-content/anno?aid=krz&datum=19431213&seite=6]
SPEIDEL, Hans: Aus unserer Zeit. Erinnerungen. Berlin/Frankfurt am Main/Wien: Propyläen 1977.
»Vom Landjahrdienstlager zum Wehrbauerntum« [Bildserie]. In: Illustrierter Beobachter, 1942, Folge 47.

Wehr und Pflug im Osten. Tornisterschrift des Oberkommandos der Wehrmacht Abt. Inland, Heft 65, Abteilung Heerwesen im Oberkommando des Heeres, 1942.

Witte, Peter [u. a.] (Hrsg.): Der Dienstkalender Heinrich Himmlers 1941/42. Hamburg: Christians 1999.

Forschungsliteratur

Absolon, Rudolf: Die Wehrmacht im Dritten Reich. Bd. 5: 1. September 1939 bis 18. Dezember 1941. Boppard am Rhein: Harald Boldt Verlag 1988.

Adam, Christian: Lesen unter Hitler. Autoren, Bestseller, Leser im Dritten Reich. Berlin: Galiani 2010.

Barbian, Jan-Pieter: Literaturpolitik im »Dritten Reich«. Institutionen, Kompetenzen, Betätigungsfelder. München: dtv 1995.

Barbian, Jan-Pieter: Institutionen der Literaturpolitik. In: Günther Rüther (Hrsg.): Literatur in der Diktatur. Paderborn: Schöningh 1997, S. 95–130.

Barbian, Jan-Pieter: Literaturpolitik im NS-Staat. Von der »Gleichschaltung« bis zum Ruin. Frankfurt am Main: Fischer Taschenbuch 2010.

Barbian, Jan-Pieter: Der Buchmarkt: Marktordung und statistische Marktdaten. In: Reinhard Wittmann / Ernst Fischer (Hrsg.): Geschichte des deutschen Buchhandels im 19. und 20. Jahrhundert. Bd. 3: Drittes Reich, Teil 1. Berlin/Boston: De Gruyter 2015, S. 161–196.

Barbian, Jan-Pieter: Die Arbeits- und Lebensbedingungen der Schriftsteller. In: Reinhard Wittmann / Ernst Fischer (Hrsg.): Geschichte des deutschen Buchhandels im 19. und 20. Jahrhundert. Bd. 3: Drittes Reich, Teil 1. Berlin/Boston: De Gruyter 2015, S. 7–72.

Barbian, Jan-Pieter: Die organisatorische, rechtliche und personelle Neuordnung des deutschen Buchhandels. In: Reinhard Wittmann / Ernst Fischer (Hrsg.): Geschichte des deutschen Buchhandels im 19. und 20. Jahrhundert. Bd. 3: Drittes Reich, Teil 1. Berlin/Boston: De Gruyter 2015, S. 73–159.

Besson, Waldemar: Zur Geschichte des nationalsozialistischen Führungsoffiziers. In: Vierteljahrshefte für Zeitgeschichte 9 (1961), H. 1, S. 76–116.

Bühler, Hans-Eugen / Bühler, Edelgard: Der Zentralverlag der NSDAP Franz Eher Nachf., München und Berlin. In: Hans-Eugen Bühler / Edelgard Bühler: Der Frontbuchhandel. Organisationen, Kompetenzen, Verlage, Bücher. Eine Dokumentation. Frankfurt am Main: Buchhändler-Vereinigung 2002, S. 179–183.

Bühler, Hans-Eugen / Kirbach, Klaus: Die Wehrmachtsausgaben deutscher Verlage von 1939 – 1945: Teil 1: Feldpostausgaben zwischen 1939 und 1945 und die Sonderaktion Feldpost 1942. In: AGB 50 (1998), S. 251–294.

Burleigh, Michael: Die Zeit des Nationalsozialismus. Eine Gesamtdarstellung. Aus d. Engl. übers. v. Udo Rennert und Karl Heinz Siber. Frankfurt am Main: S. Fischer 2000.

Buß, Katharina: Die Zerstörung der Buchstadt Leipzig im Zweiten Weltkrieg. In: AGB 78 (2024), S. 1–99.

Chiari, Bernhard: Deutsche Zivilverwaltung in Weißrußland 1941–1944. Die lokale Perspektive der Besatzungsgeschichte. In: Militärgeschichtliche Zeitschrift 52 (2014), S. 67–89, hier S. 85–88.

Dörner, Bernward: Die Deutschen und der Holocaust. Was niemand wissen wollte, aber jeder wissen konnte. Berlin: Propyläen 2007.

Förster, Jürgen: Die Sicherung des »Lebensraumes«. In: Das Deutsche Reich und der Zweite Weltkrieg. Bd. 4: Der Angriff auf die Sowjetunion. Stuttgart: Deutsche Verlags-Anstalt 1983, S. 1030–1078.

Fox, John P.: Der Fall Katyn und die Propaganda des NS-Regimes. In: Vierteljahrshefte für Zeitgeschichte 30 (1982), H. 3, S. 462–499.

Friedländer, Saul / Frei, Norbert / Rendtorff, Trutz / Wittmann, Reinhard: Bertelsmann im Dritten Reich. München: Bertelsmann 2007.

Gogun, Alexander: Stalin's Commandos. Ukrainian Partisan Forces on the Eastern Front. London/New York: I.B. Tauris 2016.

Haefs, Wilhelm: Der Verlag Franz Eher Nachf., Zentralverlag der NSDAP. In: Ernst Fischer / Reinhard Wittmann (Hrsg.): Geschichte des deutschen Buchhandels im 19. und 20. Jahrhundert. Bd. 3: Drittes Reich, Teil 2. Berlin/Boston: De Gruyter 2023, S. 1–44.

Hale, Oron J.: Presse in der Zwangsjacke 1933–1945. Düsseldorf: Droste 1965.

Hasenclever, Jörn: Wehrmacht und Besatzungspolitik in der Sowjetunion. Die Befehlshaber der rückwärtigen Heeresgebiete 1941–1943. Paderborn [u. a.]: Schöningh 2009.

Heer, Hannes: Verwischen der Spuren. Vernichtung der Erinnerung. In: Hamburger Institut für Sozialforschung (Hrsg.): Vernichtungskrieg. Verbrechen der Wehrmacht 1941–1944 (Ausstellungskatalog). Hamburg: Hamburger Edition 1996, S. 160–176.

Heer, Hannes: Weißrußland. Drei Jahre Besatzung 1941 bis 1944. In: Hamburger Institut für Sozialforschung (Hrsg.): Vernichtungskrieg. Verbrechen der Wehrmacht 1941–1944 (Ausstellungskatalog). Hamburg: Hamburger Edition 1996, S. 102–159.

Kruschel, Karsten: Klähn, Friedrich Joachim. In: Deutsches Literatur-Lexikon. Das 20. Jahrhundert. Biographisch-bibliographisches Handbuch. Begr. von Wilhelm Kosch. Hrsg. von Lutz Hagestedt. Bd. 28. Berlin/Boston: De Gruyter 2017, Sp. 260 f.

Kunz, Andreas: Wehrmacht und Niederlage. Die bewaffnete Macht in der Endphase der nationalsozialistischen Herrschaft 1944 bis 1945. 2. Aufl. München: Oldenbourg 2007.

Lewy, Guenter: Harmful and Undesirable. Book Censorship in Nazi Germany. Oxford: Oxford University Press 2016.

Lokatis, Siegfried: Der nationalsozialistische Massenbuchmarkt. Zensurpolitische Konflikte mit dem bürgerlichen Buchhandel und die Absatzstrategien von NS-Verlagen. In: Flachware. Jahrbuch der Leipziger Buchwissenschaft 7 (2021), S. 11–54.

Lokatis, Siegfried: Hanseatische Verlagsanstalt. Politisches Buchmarketing im »Dritten Reich«. Frankfurt am Main 1992.

Messerschmidt, Manfred: Die Wehrmacht im NS-Staat. Zeit der Indoktrination. Hamburg: Decker 1969.

Müller, Rolf-Dieter: Hitlers Ostkrieg und die deutsche Siedlungspolitik. Die Zusammenarbeit von Wehrmacht, Wirtschaft und SS. Frankfurt am Main: Fischer Taschenbuch 1991.

Müller, Rolf-Dieter: IV. Besatzungspolitik. Forschungsbericht. In: Ders. / Gerd R. Ueberschär: Hitlers Krieg im Osten 1941–1945. Ein Forschungsbericht. Darmstadt: Wissenschaftliche Buchgesellschaft 2000, S. 310–373.

Penter, Tanja: Arbeiten für den Feind in der Heimat – der Arbeitseinsatz in der besetzten Ukraine 1941–1944. In: Jahrbuch für Wirtschaftsgeschichte / Economic History Yearbook 45 (2014), H. 1, S. 65–94.

Pohl, Dieter: Die Herrschaft der Wehrmacht. Deutsche Militärbesatzung und einheimische Bevölkerung in der Sowjetunion 1941–1944. München: Oldenbourg 2008.

Prümm, Karl: Das Erbe der Front. Der antidemokratische Kriegsroman der Weimarer Republik und seine nationalsozialistische Fortsetzung. In: Horst Denkler / Karl Prümm (Hrsg.): Die deutsche Literatur im Dritten Reich. Themen – Traditionen – Wirkungen. Stuttgart: Reclam 1976, S. 138–164.

Shtyrkina, Olga: Mediale Schlachtfelder. Die NS-Propaganda gegen die Sowjetunion (1939–1945). Frankfurt am Main/New York: Campus 2018.

Simons, Olaf: Papier: Rohstoff und Rohstoffkontingentierung [2004], http://www.polunbi.de/themen/papier-01.html [abgerufen am 25.2.2024]

Simons, Olaf: Willkür, Wildwuchs und neuartige Effizienz. Ein kleiner Streifzug durch Theorie und Praxis der Zensur im Dritten Reich [2004], http://www.polunbi.de/themen/zensur-artikel-01.html [abgerufen am 21.2.2024]

Sösemann, Bernd: Propaganda und Öffentlichkeit in der »Volksgemeinschaft«. In: Ders. (Hrsg.): Der Nationalsozialismus und die deutsche Gesellschaft. Einführung und Überblick. Stuttgart/München: Deutsche Verlags-Anstalt 2002, S. 114–154.

Streit, Christian: General der Infanterie Hermann Reinecke. In: Gerd R. Ueberschär (Hrsg.): Hitlers militärische Elite. Bd. 2: Vom Kriegsbeginn bis zum Weltkriegsende. Darmstadt: Wissenschaftliche Buchgesellschaft 1998, S. 203–209.

Streit, Christian: »Und dann wollen wir uns ja im Osten gesundstoßen«. In: Hannes Heer / Christian Streit: Vernichtungskrieg im Osten. Judenmord, Kriegsgefangene und Hungerpolitik. Hamburg: VSA 2020, S. 141–170.

Strothmann, Dietrich: Nationalsozialistische Literaturpolitik. Ein Beitrag zur Publizistik im Dritten Reich. 3. Aufl. Bonn: Bouvier 1968.

Tavernaro, Thomas: Der Verlag Hitlers und der NSDAP. Die Franz Eher Nachfolger GmbH. Wien: Edition Praesens 2004.

Thunecke, Jörg: NS-Schrifttumspolitik am Beispiel der Vertraulichen Mitteilungen der Fachschaft Verlag (1935–1945). In: Ders. (Hrsg.): Leid der Worte. Panorama des literarischen Nationalsozialismus. Bonn: Bouvier 1987, S. 133–152.

Vossler, Frank: Propaganda in die eigene Truppe. Die Truppenbetreuung in der Wehrmacht 1939–1945. Paderborn [u.a.]: Schöningh 2005.

Zoepf, Arne W. G.: Wehrmacht zwischen Tradition und Ideologie. Der NS-Führungsoffizier im Zweiten Weltkrieg. Frankfurt am Main: Peter Lang 1988.

Volker Mergenthaler
Formatwechsel
Karrierestationen einer Erzählung von Christian Munk / Günther Weisenborn

Abstract: In editorial practice, it is understood that all surviving text carriers, whether handwritten or printed, should be consulted, but this is not the case in interpretative practice. Literary analyses or interpretations all too often rely unquestioningly on an immaterial abstraction, ›the text‹, selected primarily for its editorial reliability. The form in which it is presented and the resulting effects on the processes of understanding are given insufficient consideration. Günther Weisenborn's narrative text »Two Men« (»Zwei Männer«)—the example with which this article seeks to promote a more material- and media-sensitive practice of analysis and interpretation—has been part of the »canon of short stories« since the 1950s and is therefore available in many different editions. It has been published in a considerable number of book and journal-like media formats in different places, with different appeal, at different times, with different titles, under different author names and aimed at different audiences in daily newspapers, in a popular calendar, in the monographic form of a story cycle, in various anthological formats. Its inclusion in Wolfgang Weyrauch's anthology of short stories, TAUSEND GRAMM, published in 1949, gained particular attention and impact, especially its labelling as a literary testimony of German-language post-war literature. This article aims to explore what effects different presentation forms have on literary comprehension processes, and thus on the interpretation history and impact of ›this one‹ text.

Zusammenfassung: In der editorischen Praxis ist es selbstverständlich, alle überlieferten, seien es handschriftliche, seien es gedruckte Textträger heranzuziehen, nicht aber in der interpretierenden. Allzu oft liegt literaturwissenschaftlichen Analysen oder Interpretationen unhinterfragt ein immaterielles Abstraktum, ›der Text‹, zugrunde, für dessen Auswahl seine editorische Verlässlichkeit das entscheidende Kriterium bildet. In welcher Gestalt er vorliegt und welche Auswirkungen dies für die von ihm angestoßenen Verständnisprozesse hat, spielt viel zu selten eine Rolle. Günther Weisenborns Erzähltext »Zwei Männer« – das Beispiel, mit dessen Untersuchung dieser Beitrag für eine material- und mediensensiblere Analyse- und Interpretationspraxis zu werben sucht –, gehört seit den 1950er Jahren zum »Kanon von Kurzgeschichten« und liegt daher in vielen unterschiedlichen Abdrucken vor. Veröffentlicht wurde ›er‹ in einer beachtlichen Reihe buch- und journalförmiger medialer Formate an unterschiedlichen Orten, mit unterschiedlicher Strahlkraft, zu unterschiedlichen Zeitpunkten, mit unterschiedlichen Titeln, unter unterschiedlichen Autornamen und auf unterschiedliche Publika zielend in Tageszeitungen, in einem Volkskalender, in der monographischen Form eines Erzählzyklus, in unterschiedlichen anthologischen Formaten. Besondere Prominenz hat der Abdruck in Wolfgang Weyrauchs 1949 veröffentlichter Sammlung kürzerer Prosatexte TAUSEND GRAMM erlangt. Auf ihn geht die Etikettierung der Erzählung als deutschsprachige Nachkriegsliteratur zurück. Herauszuarbeiten, welche Auswirkungen die unterschiedlichen Präsentationsformen auf literarische Verständnisprozesse und somit auf die Deutungs- und Wirkungsgeschichte ›dieses einen‹ Textes haben, ist Ziel dieses Beitrags.

Inhalt

1 Die »Situation der neuen deutschen Literatur« im Herbst 1949 182
2 Im Zeichen des Neuen: der Marktauftritt der Anthologie TAUSEND GRAMM 183
3 Die »zeitkritischen« und die »»zeitlosen« Geschichten« von TAUSEND GRAMM 186
4 »Zwei Männer«, 1949 und 1955 gelesen 188
5 Das Hochwasser als »Sinnbild« – wofür? 189
6 Vom Hochwasser in der Tageszeitung lesen: 192
6.1 »Männer am Parana« im *Führer* 1934 192
6.2 »Zwei Männer im reißenden Wasser« im *Hamburger Tageblatt* 1936 195
7 Szenen- und Medienformatwechsel: »FARMER UND PEON« im *argentinischen volkskalender 1937*: »von seinem Herrn gehalten« 198
8 »a warm campfire, a hot cup of coffee, and a good smoke« – *Die einsame Herde* 1937 202
8.1 Narcissos »wahre Geschichte« »*Von den Männern und der Sintflut*« 205
8.2 »und beiseite reitet der Verfasser« – Klappentext, Schutzumschlag und Fiktionalitätsanzeige 207
8.3 *Die einsame Herde* – neue Auflagen, neue Ausgaben und ihr Metaisierungspotential 209
9 »In seiner 1949 entstandenen Kurzgeschichte« – Fehldatierung, Formatlogiken und Kanonisierung . 214

10   Literaturverzeichnis **219**
10.1 Identifizierte Abdrucke (1934 bis 1955) des zuerst unter dem Titel »Männer am Parana« publizierten Erzähltextes **219**
10.2 Identifizierte Abdrucke der Binnenerzählungen in *Die einsame Herde* vor Erscheinen des Buches im April 1937 (in der Anordnung des Romans) **220**
10.3 Forschungsliteratur. **221**
11   Abbildungsverzeichnis. **222**
12   Lesartenverzeichnis **223**
12.1 Frühester ermittelter Abdruck. **223**
12.2 Lesarten. **225**

1 Die »Situation der neuen deutschen Literatur« im Herbst 1949

Im Dezember 1949 druckt die von Alfred Kantorowicz herausgegebene Zeitschrift OST UND WEST unter dem Titel »*Notruf eines Verlegers*« ein an ihren »Chefredakteur« Maximilian Scheer gerichtetes, »Hamburg, den 2. November 1949«, datiertes Schreiben von »ERNST ROWOHLT« ab.[1] Den Brief begleiten »drei neue Bücher des Rowohlt-Verlages«:

> zwei Werke neuer deutscher Autoren und [...] eine Anthologie. Es sind:
> Arno Schmidt »LEVIATHAN«, gebunden DM 4,80;
> Georg Hensel »NACHTFAHRT«, gebunden DM 5,50;
> »TAUSEND GRAMM«, Anthologie neuer deutscher Erzählungen. Herausgegeben von Wolfgang Weyrauch, gebunden DM 6,80.[2]

Obwohl die »Vorankündigungen« seit »etwa vier Wochen« liefen, hätten die drei Novitäten in der »gesamten britischen Zone« nicht die erwartete Resonanz erzielt: Von »Arno Schmidt, Leviathan« seien nur »37«, von »Georg Hensel, Nachtfahrt: 65« und von der Anthologie »Tausend Gramm: 70 Exemplare« bestellt worden, dabei warte diese »mit nicht weniger als dreißig Proben neuer deutscher Erzählungskunst« auf.[3] Angesichts dieser gemessen an der »verlagskalkulatorischen« Richtschnur von »zwei- bis dreitausend Exemplaren« alarmierend geringen Bestellzahlen tritt Rowohlt an die Redaktion von OST UND WEST mit der »Bitte« heran, sie möge ihrer »kulturelle[n] Verpflichtung« nachkommen und dazu beitragen, dass Werke »der jungen deutschen Literatur«, sei es »im Guten oder im Bösen«, »ins Gespräch gezogen« und so der Aufmerksamkeit der literarischen »Öffentlichkeit« empfohlen würden.[4]

Sechzig Zeilen umfasst der Abdruck des Briefes, sechzig Zeilen, die mit den Adjektiven »neu«, »jung«, »deutsch« und ihren Derivaten derart angereichert sind, dass schwerlich zu übersehen ist, wem gegenüber Rowohlt die viel beachtete Kulturzeitschrift in der »Verantwortung«[5] sieht: nicht etwa nur gegenüber den »drei neue[n] Bücher[n]« aus seinem Verlag, sondern allgemeiner, gegenüber den »Werke[n] neuer deutscher Autoren«, ja gegenüber »unserer neuen Literatur« – nicht weniger steht in den Augen Rowohlts auf dem Spiel als deren Zukunft.[6]

OST UND WEST ist der Bitte, der aktuellen Literatur zu breit(er)er öffentlicher Wahrnehmung zu verhelfen, nicht mehr nachgekommen; konnte es nicht, weil die Zeitschrift sich genötigt sah, »mit dem vorliegenden Heft«, in das Rowohlts Schreiben noch aufgenommen worden war, ihr »Erscheinen [...] einzustellen«.[7] »Die Gründe, die diesen schmerzlichen Entschluß unabwendbar machen, sind« – abzulesen ist es am Rückgang der Zahl der Abonnentinnen und Abonnenten – »wesentlich materieller Art«:[8] »Hatte man bis« zur Währungsreform

> für das nahezu wertlose Papiergeld vielfach aus Mangel an anderer Gelegenheit gute Bücher oder Zeitschriften gekauft, so gab es nun mit einem Zehnmarkschein in der Hand eine echte Alternative zwischen einem appetitlichen Quantum Wurst oder einem Roman, mit einem Zweimarkschein in der Hand zwischen einer Schachtel Zigaretten oder der Zeitschrift OST UND WEST. Der Ausgang des Konfliktes konnte nur in wenigen Fällen zweifelhaft sein[.][9]

Mein Interesse richtet sich allerdings weniger auf die Verschiebung der vorzüglich erforschten makroökonomischen

---

1 ERNST ROWOHLT: *Notruf eines Verlegers*. In: OST UND WEST. BEITRÄGE ZU KULTURELLEN UND POLITISCHEN FRAGEN DER ZEIT. HERAUSGEGEBEN VON ALFRED KANTOROWICZ. HEFT 12. DEZEMBER 1949. S. 66–67, hier S. 66. Historische Quellen werden, weil ihre bibliographischen Daten für die Argumentationsführung relevante Informationen enthalten und daher an Ort und Stelle greifbar sein sollen, in den Anmerkungen im jeweils ersten Nachweis vollständig repräsentiert. Sie werden nicht in ein gesondertes Verzeichnis aufgenommen. Alle folgenden Nachweise verweisen auf die entsprechende Anmerkung.
2 Rowohlt (Anm. 1), S. 66.
3 Rowohlt (Anm. 1), S. 66–67.
4 Rowohlt (Anm. 1), S. 67.
5 Rowohlt (Anm. 1), S. 67.
6 Zur Umbruchsituation im Buchhandel vgl. Buergel-Goodwin: Die Reorganisation der westdeutschen Schriftstellerverbände 1945–1952, S. 455.
7 Der Herausgeber. *Abschied*. In: OST UND WEST. BEITRÄGE ZU KULTURELLEN UND POLITISCHEN FRAGEN DER ZEIT. HERAUSGEGEBEN VON ALFRED KANTOROWICZ. HEFT 12. DEZEMBER 1949. S. 77–101, hier S. 77.
8 Abschied (Anm. 7), S. 77.
9 Abschied (Anm. 7), S. 77. Zur Absatzentwicklung: »So ist gleich allen anderen Zeitschriften auch die Auflage von OST UND WEST (die vor der Währungsreform die für solche Publikationen unnormale Höhe von 70 000 Exemplaren erreichte, aber auch in den Monaten nach der Währungsreform noch über 30 000 Exemplare betrug) ständig abgesunken; sie beträgt heute kaum mehr als 5000 Exemplare für die gesamte Ostzone und Berlin und etwa 1000 Exemplare, die in die Westzonen Deutschlands gehen« (S. 77).

Bedingungen des Buchhandels,[10] sondern vorrangig auf die Insinuierungsrhetorik Ernst Rowohlts, deren persuasives Zentrum die besagten Adjektive bilden: zwölf Mal ›deutsch‹, zwölf Mal ›neu‹, fünf Mal ›jung‹.

2 Im Zeichen des Neuen: der Marktauftritt der Anthologie *TAUSEND GRAMM*

Mit vergleichbarem Tenor sucht auch die von Rowohlt verlegte und in seinen »*Notruf*« aufgenommene »Anthologie neuer deutscher Erzählungen« auf den literarischen Markt zu treten.[11] Die von Wolfgang Weyrauch herausgegebene *Sammlung neuer deutscher Geschichten* führt augenfällig und gegen die Gepflogenheiten anthologischer Formate alle dreißig Beiträgerinnen und Beiträger auf dem Einband namentlich auf – siebenundzwanzig Autoren und drei Autorinnen, alphabetisch gereiht. Die Liste nimmt die gesamte obere Hälfte des Einbands ein (Abb. 1):

Der Bucheinband verheißt im Unterschied zur besorgten Situationsbeschreibung Rowohlts, die die Aufmerksamkeit der *OST UND WEST*-Leserinnen und -Leser vor allem auf ›neue‹ und ›junge Autoren‹ richtet,[12] eine »*Sammlung neuer deutscher Geschichten*«. Er legt den Akzent also – »*neu*[…]« heißen hier nur die »*Geschichten*«, nicht diejenigen, die sie verfasst haben – nicht auf literarische *Autorschaft*, sondern auf literarische *Texte*. Und dies mit gutem Grund, denn nicht wenige der Autorinnen und Autoren sind nicht ›neu‹ und auch nicht mehr ganz ›jung‹.[13] Lediglich drei von ihnen sind nach dem Ersten Weltkrieg geboren. »Anton Betzner«, Jahrgang »1895«, ist – Weyrauch macht es transparent in den »[b]iographische[n] Notizen« am Ende des Bandes – der älteste im Feld, gefolgt von »Arnold Weiß-Rüthel, 1900«, »Marieluise Fleisser« und »August Scholtis, 1901«, »Richard Drews«, »Gerhart Pohl« und »Günther Weisenborn, 1902«, »Alfred Reinhold Böttcher« und »Ernst Kreuder, 1903«, »Kurt Kusenberg« und »Wolfgang Weyrauch, 1904«, »Henri Johansen« und »Gustav Schenk, 1905«, »Helmuth Schwabe« und »Eduard Zak, 1906«, »Herbert Roch, 1907«, »Walter Kolbenhoff« und »Heinz Rusch, 1908«, »Werner Stelly, 1909«, »Johann Schuh, 1910«, »Luise Rinser, 1911«, »Alfred Dreyer« und »Franzjosef Schneider, 1912«, »Annemarie Auer« und »Ernst Schnabel, 1913«, »Alfred Andersch, 1914«, »Gerd Behrendt, 1915«, »Rolf Schroers, 1919«, »Bruno Hampel, 1920«, gefolgt schließlich vom jüngsten, dem »Student[en] der Germanistik« »Wolfgang Grothe, 1924«.[14] Er ist im Herbst 1949, zum Zeitpunkt, da *TAUSEND GRAMM* veröffentlicht wird, fünfundzwanzig, sein Widerpart an Lebensjahren, Anton Betzner, »geht in die 55 Jahre«.[15]

Mehr als die Hälfte der Autorinnen und Autoren, siebzehn von dreißig, befindet sich in den Vierzigern. Viele haben bereits in Journalen oder in Buchform publiziert oder mit Theaterproduktionen von sich reden gemacht und waren auch schon »vor 1945« nicht »nur den Fachleuten bekannt«,[16] sondern vertraten die »arrivierte[] Generation«.[17] 1922 beispielsweise kommt die erste einer ganzen Reihe literarischer Buchveröffentlichungen Anton Betzners, die Komödie *Das Jugendheim*, heraus; in Journalen publiziert Betzner seit 1925.[18] Marieluise Fleißer tritt als »zum ersten Mal gedruckte[] Dichterin« 1923 in Erscheinung, bringt 1926 ein beachtliche Resonanz erzielendes Drama auf die Bühne und drei Jahre später ihr erstes Buch auf den Markt.[19] Der He-

---

10 Vgl. beispielsweise Wittmann: Verlagswesen und Buchhandel 1945–1949, zur Währungsreform im Juni 1948 inbes. S. 47–49.

11 Vgl. TAUSEND GRAMM. SAMMLUNG NEUER DEUTSCHER GESCHICHTEN. HERAUSGEGEBEN von | WOLFGANG WEYRAUCH. ROWOHLT VERLAG. HAMBURG STUTTGART BADEN-BADEN BERLIN. 1.–4. Tausend September 1949. Copyright 1949 by Rowohlt Verlag, Hamburg, Stuttgart. Alle Rechte vorbehalten. Gesamtherstellung: Westholsteinische Verlagsanstalt und Verlagsdruckerei Boyens & Co., Heide in Holstein. Dem Impressum zufolge umfasst die erste Auflage nicht weniger als viertausend Exemplare.

12 Acht Mal verbindet Rowohlt die Rede von der Aktualität mit dem Lemma ›Autor‹; vgl. Rowohlt (Anm. 1), S. 66–67.

13 Im Sinne der »Grundbedeutung« von »jung«, nämlich »»jung an Jahren««; Trübners Deutsches Wörterbuch. Jm Auftrage der Arbeitsgemeinschaft für deutsche Wortforschung herausgegeben von Alfred Götze. Vierter Band J—N. 1943. Walter de Gruyter & Co. Berlin, S. 58–60, hier S. 58, s.v. ›jung‹.

14 Biographische Notizen. In: Tausend Gramm (Anm. 11), S. 220–222.

15 W[alter Maria] G[uggenheimer]: Das leichte Kilogramm. In: FRANKFURTER HEFTE. *Zeitschrift für Kultur und Politik*. 5. JAHRGANG HEFT 2 FEBRUAR 1950, S. 211–212, hier S. 212.

16 W[olfgang] W[eyrauch]: NACHWORT. In: Tausend Gramm (Anm. 11), S. 207–219.

17 Guggenheimer (Anm. 15), S. 212. Dass »viele« aus der »Gruppe junger Autoren, die gegen Ende der Weimarer Republik und unter der Diktatur zu schreiben und zu veröffentlichen begann«, »nach 1945 zu den bekanntesten Vertretern der Nachkriegsliteratur gehörten«, legt Schäfer: Das gespaltene Bewußtsein, S. 7–54, dar (Zitat: S. 7).

18 Vgl. das Jugendheim. EINE KOMOEDIE VON ANTON BETZNER ARKADENVERLAG TRAISA-DARMSTADT. HERGESTELLT IN DER DRUCKEREI EUGEN KRANZBÜHLER GEBRÜDER CNYRIM ZU WORMS IM JAHRE NEUNZEHNHUNDERTZWEIUNDZWANZIG / DIE BEIDEN TITEL SCHNITT JOSEF ACHMANN / MÜNCHEN; Anton Betzner: Georg Britting. In: Das Gegenspiel 1 (1925), S. 98–99.

19 Vgl. MARIELUISE FLEISSER. MEINE ZWILLINGSSCHWESTER OLGA. In: Das Tage-Buch / Berlin, 3. März 1923 / Heft 9 Jahrg. 4. S. 300–304, Zitat aus der Kurzvorstellung: S. 300. Die Buchveröffentlichung versammelt Erzähltexte: EIN PFUND ORANGEN UND NEUN ANDERE GESCHICHTEN *der MARIELUISE FLEISSER aus Ingolstadt*. BERLIN 1929. GUSTAV KIEPENHEUER VERLAG. 1931 folgt *MARIELUISE FLEISSER*: Mehlreisende Frieda Geier. Roman vom Rauchen, Sporteln, Lieben und Verkaufen. BERLIN 1931. GUSTAV KIEPENHEUER VERLAG.

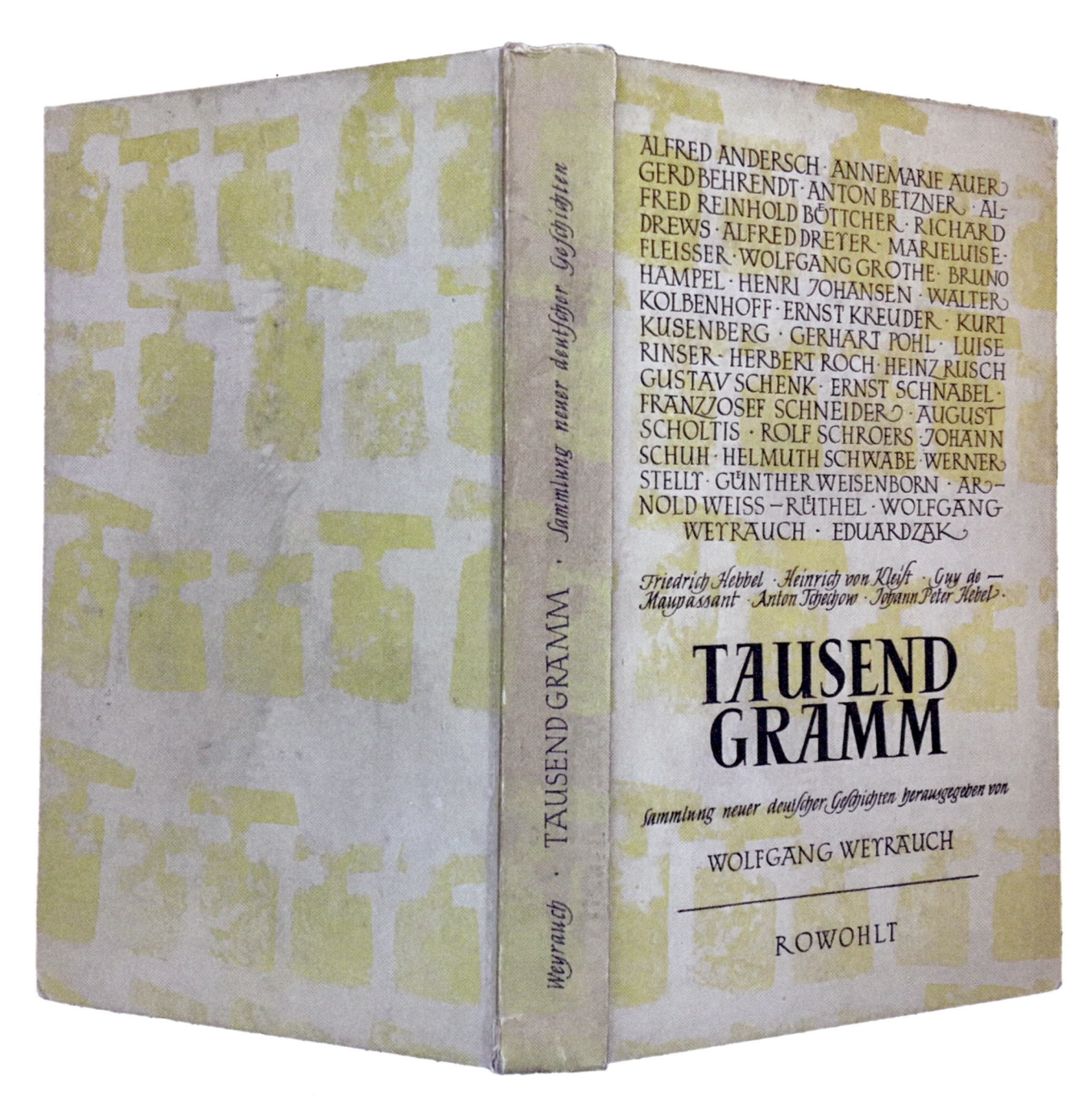

Abb. 1: *TAUSEND GRAMM* – im farbig bedruckten Pappeinband, den Namen aller Beiträgerinnen und Beiträger literarisches Gewicht verleihend.

rausgeber der Anthologie selbst, Wolfgang Weyrauch, veröffentlicht ab 1929 in periodischen Blättern und legt 1934 eine Buchpublikation vor.[20] Von Luise Rinser kommt 1934 ein erster Zeitschriftenbeitrag heraus, ihr erstes Buch folgt 1941.[21] Ernst Schnabel macht 1939 mit einer Romanveröffentlichung

---

20 Vgl. Wolfgang Weyrauch: ANALYSE EINES ROMANS. Passagiere. *Von Helmut Unger. Leipzig, Ph. Reclam jun. 224 Seiten. Geb. M 4.* In: LITERATURBLATT. Beilage zur Frankfurter Zeitung. FRANKFURT A. M. 7. APRIL 1929. 62. JAHRGANG, No. 14, S. 5. Die Buchveröffentlichung: WOLFGANG WEYRAUCH: Der Main. Eine Legende. 1934 ROWOHLT BERLIN.

21 Vgl. Junglehrerin Luise Rinser: Aus einem oberbayerischen B.d.M.-Führerlager. In: Herdfeuer. Zeitschrift der deutschen Hausbücherei. Hamburg ∗ März/April 1934 ∗ 9. Jahrg. Nr. 2, S. 127–131, und die Buchpublikation: Luise Rinser-Schnell: Die gläsernen Ringe. Eine Erzählung. S. Fischer Verlag Berlin.

auf sich aufmerksam.[22] Manche Leserin, mancher Leser von *TAUSEND GRAMM* erinnert sich 1949 womöglich sogar an eine ähnliche, zwei Jahrzehnte zuvor bereits erschienene Anthologie: *24 NEUE DEUTSCHE ERZÄHLER*, in die ihr Herausgeber Hermann Kesten Erzähltexte von Anton Betzner, Marieluise Fleißer, Arnold Weiß-Rüthel und Wolfgang Weyrauch aufgenommen hat.[23] *TAUSEND GRAMM* kann bei Erscheinen also schwerlich als Sammlung von Texten literarischer Debütantinnen oder Debütanten Geltung für sich beanspruchen.

Und doch umgibt Weyrauch seine Zusammenstellung, die ans »A—B—C der Sätze und Wörter«[24] erst wieder heranführende »Fibel der neuen deutschen Prosa«,[25] mit einer Aura des Neuanfangs, durch den *NEUE DEUTSCHE GESCHICHTEN* in Aussicht stellenden Untertitel, vor allem aber durch die literaturhistoriographische Einordnung seines Unternehmens im vielbeachteten[26] »NACHWORT«. Nach eigenem Bekunden unternimmt er darin den Versuch, »etwas über die gegenwärtige deutsche Prosa zu sagen; gegenwärtig, das soll heißen, von Verfassern stammend, die vor 1945 nur den Fachleuten bekannt waren, oder die erst nach 1945 zu schreiben angefangen haben«. Zu unterscheiden seien in der »gegenwärtige[n] deutsche[n] Prosa«[27] »vier Kategorien von Schriftstellern. Die einen schreiben das, was nicht sein sollte. Die andern schreiben das, was nicht ist. Die dritten schreiben das, was ist. Die vierten schreiben das, was sein sollte. Die Schriftsteller des Kahlschlags«, deren Hervorbringungen in *TAUSEND GRAMM* zusammengetragen sind, »gehören zur dritten Kategorie« und geben damit, so Weyrauch, der aktuellen Erzählliteratur die Richtung vor. Kennzeichnend für den »neuen Anfang der Prosa in unserm Land« sei das schriftstellerische Ethos, mit der »Methode der Bestandsaufnahme« – »Sie fixieren die Wirklichkeit« – die »Intention der Wahrheit« auch auf die Gefahr hin zu verfolgen, die »Poesie«, die Literarizität der Prosa aufs Spiel zu setzen. Die Verpflichtung auf die Wahrheit und die konsequente analytische Durchdringung der vorgefundenen Wirklichkeit – »Sie röntgen«[28] sie – umfasse sämtliche Dimensionen der schriftstellerischen Produktion: »die Kahlschlägler fangen in Sprache, Substanz und Konzeption von vorn an«.

Als Muster dieses umfassenden Neubeginns präsentiert Weyrauch »die außerordentlichen Verse Günter Eichs, die er ›Inventur‹ überschrieben hat, und die zuerst in der Sammlung von Gedichten deutscher Kriegsgefangener ›Deine Söhne, Europa‹, herausgegeben von Hans Werner Richter, erschienen sind«[29] (Abb. 2).

Wie das Sprecher-Ich von Eichs »Inventur« nüchtern die eigene materielle und dichterische Situation (»Die Bleistiftmine | lieb ich am meisten: | Tags schreibt sie mir Verse, | die nachts ich erdacht«)[30] abwägt, so vermessen dem »NACHWORT« zufolge die in die Anthologie aufgenommenen Autorinnen und Autoren in ihren Erzähltexten die Wirklichkeit ihrer Zeit und so vermisst auch das »NACHWORT« die »gegenwärtige deutsche Prosa«.[31]

---

22 Vgl. ERNST SCHNABEL: Die Reise nach Savannah. ROMAN. H. Goverts Verlag Hamburg [1939].
23 Vgl. 24 NEUE DEUTSCHE ERZÄHLER. HERAUSGEGEBEN VON HERMANN KESTEN. BERLIN 1929. GUSTAV KIEPENHEUER VERLAG, S. 167, 223, 337, 403. Vgl. hierzu bereits Schüddekopf: Einleitung, S. 9–10.
24 Weyrauch (Anm. 16), S. 216.
25 Weyrauch (Anm. 16), S. 217.
26 Vgl. z. B. in der prominenten *Geschichte der deutschen Literatur von 1945 bis zur Gegenwart* Karnick: Krieg und Nachkrieg, S. 54, der das im Nachwort der Anthologie entworfene Literaturprogramm einreiht in die nach 1945 richtungsweisenden »Entwürfe des Neuanfangs«. Viel Aufmerksamkeit hat das Nachwort auch unmittelbar nach Erscheinen auf sich gezogen; Hans von Savigny: Neue Bücher. In: DAS GOLDENE TOR. 5. JAHRGANG. 2. HEFT. APRIL 1950, S. 156–159, hier S. 156, vertritt beispielsweise die Auffassung, »daß um dieses Nachworts willen allein es sich lohnt, das Buch zu lesen«. Für Otto Fränkl-Lundborg sind das »Interessanteste an dem Buch [...] aber nicht die Geschichten selber, sondern das Nachwort von Wolfgang Weyrauch«; *Dr. Otto Fränkl-Lundborg*: Literarische Überschau. In: Das Goetheanum. Wochenschrift für Anthroposophie. 29. Jahrgang, Nr. 47. Redaktion: Albert Steffen in Dornach (Schweiz). 19. November 1950, S. 375. Für Nino Erné: WEYRAUCH, WOLFGANG: Tausend Gramm. In: WELT UND WORT. LITERARISCHE MONATSSCHRIFT MIT AUSFÜHRLICHEM BERICHT ÜBER DIE NEUERSCHEINUNGEN DES INTERNATIONALEN BÜCHERMARKTES. HERAUSGEBER: DR. EWALD KATZMANN UND KARL UDE. CHEFREDAKTEUR: KARL UDE. 5. JAHRGANG 1950. HELIOPOLIS-VERLAG, S. 73, hingegen sprechen die Beiträge ausreichend für sich selbst: »Dieses Nachwort ist unnötig. Diese Sammlung ist nötig. Wir alle haben sie nötig: als eiserne Ration.«
27 Weyrauch (Anm. 16), S. 209.
28 Weyrauch (Anm. 16), S. 217.
29 Weyrauch (Anm. 16), S. 214; »Günter« verbessert aus: »Günther«. DEINE SÖHNE, EUROPA. Gedichte deutscher Kriegsgefangener. Herausgegeben von Hans Werner Richter. 1947. Nymphenburger Verlagshandlung München. VORWORT, S. 5–6. Auch diese Anthologie verpflichtet sich auf »die literarische Neugestaltung in unserer Zeit« (S. 6): »Ein anderer Ton bestimmt das Leben, ein Ton, der aus der Welt der Trümmer geboren wurde. Er ist näher der Wirklichkeit und näher dem Leben denn je. Der Mensch, in diesen Jahrzehnten einer absinkenden bürgerlichen Welt unendlich weit entfernt von der Mitte seines Seins, sucht wieder zu sich selbst durchzudringen, zum Echten, zum Wahren, zur unmittelbaren Aussage des Gegenständlichen und Erlebten. Die Sehnsucht nach einer ›Regeneration des Herzens‹ verbindet sich mit dem Auftakt zu einem neu sich bildenden Realismus« (S. 5). Vgl. Inventur. Günter Eich. In: Deine Söhne, Europa, S. 17.
30 Eich: Inventur (Anm. 29), S. 17; analog: Weyrauch (Anm. 16), S. 215, dort »tags« statt »Tags«.
31 Weyrauch (Anm. 16), S. 209.

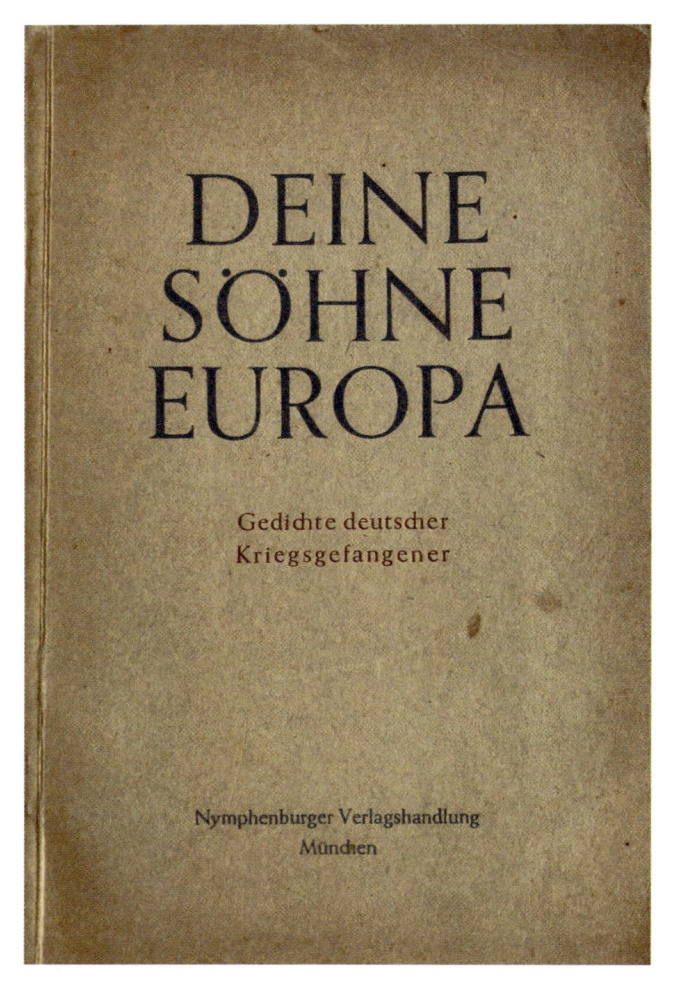

Abb. 2: »Gedichte deutscher Kriegsgefangener« 1946 – aufgrund der Ressourcenverknappung ›ärmlich ausgestattet‹, eingebunden in dieselbe Art von »Pappe«, die das Sprecher-Ich von Eichs »Inventur« als Schlafunterlage nutzt?

3 Die »zeitkritischen« und die »›zeitlosen‹ Geschichten« von TAUSEND GRAMM

Was also bieten im Herbst 1949 die »DREISSIG NEUE[N] DEUTSCHE[N] GESCHICHTEN« ihren Leserinnen und Lesern »NEUE[S]«[32] auf dem Feld der Literatur? Als zwar nicht ›original‹, immerhin aber als ›neu‹ mochte Wolfgang Weyrauchs eigene, 1947 bereits in der KULTURPOLITISCHEN MONATSSCHRIFT Aufbau veröffentlichte Erzählung »Es war ein Flügelschlagen«[33] noch gelten, Kurt Kusenbergs »Blut und Sterne« ist zum Zeitpunkt, da TAUSEND GRAMM einen »neuen Anfang«[34] machen möchte, schon sieben Jahre alt,[35] Ernst Kreuders »Das Wasserhäuschen« konnte man 1936 bereits unter dem Titel »Nachdenkliche Einkehr« im ILLUSTRIERTEN SONNTAGSBLATT Wochenend lesen,[36] Marieluise Fleissers »Die Stunde der Magd« – letztes Beispiel – wurde 1925 bereits im Berliner Börsen-Courier veröffentlicht.[37]

Für Literaturinteressierte war TAUSEND GRAMM bei Erscheinen Ende 1949 also nicht aufgrund der daran mitwirkenden Autorinnen und Autoren, auch nicht aufgrund der darin aufgenommenen Texte, sondern eher aufgrund des gestisch-habituell erhobenen Anspruchs als Neuanfang zu erkennen. Dennoch hat die »*wohl einflußreichste[] Anthologie von Erzähltexten, die nach 1945 erschienen ist*«,[38] in der literaturhistoriographischen Aufarbeitung der Zeit nach 1945 den Nimbus des Neuanfangs angenommen und ist, nicht zuletzt, weil »drei Viertel der Erzählungen [...] dem schlimmen Gegenwartsgeschehen unmittelbar verhaftet« sind,[39] die »zeitkritischen Kurzgeschichten« also »von Stoffen aus dem Ausnahmealltag des Nachkriegs« »beherrscht« werden,[40] als ›Magazin‹ von Nachkriegsliteratur wahrgenommen und behandelt worden. Zu welchen Konsequenzen dies (ge)führt

---

32 Tausend Gramm (Anm. 11), S. 5.
33 Vgl. WOLFGANG WEYRAUCH: *Es war ein Flügelschlagen*. In: Tausend Gramm (Anm. 11), S. 194–201; *Wolfgang Weyrauch*: ES WAR EIN FLÜGELSCHLAGEN. In: *Aufbau*. KULTURPOLITISCHE MONATSSCHRIFT. 3. JAHRGANG 1947 HEFT 7, S. 52–56.
34 Weyrauch (Anm. 16), S. 217.
35 Vgl. Blut und Sterne. In: Kurt Kusenberg: Der blaue Traum und andere sonderbare Geschichten. Rowohlt. Stuttgart · Berlin. 1942, S. 278–282.
36 Vgl. ERNST KREUDER: *Das Wasserhäuschen*. In: Tausend Gramm (Anm. 11), S. 104–110. Nachdenkliche Einkehr. VON ERNST KREUDER. In: Tremonia – Central-Volksblatt. Wochenend. ILLUSTRIERTES SONNTAGSBLATT. Sonntag, den 7. Juni 1936, unpag., gez. S. 7; Nachdenkliche Einkehr. VON ERNST KREUDER. In: Zeno Zeitung. Halterner Zeitung. Nummer 156. Sonntag, den 7. Juni 1936. Jahrgang 1936, unpag., gez. S. 6; Nachdenkliche Einkehr: VON ERNST KREUDER. In: Gladbecker Volkszeitung. Gladbecker Zeitung / Das Heimatblatt der Stadt Gladbeck und des Amtes Kirchhellen. Kirchhellener Volkszeitung. 49. Jahrgang. Gegründet 1888. Nr. 329. Sonntag, den 28. November. Jahrgang 1937. Wochenend. ILLUSTRIERTES SONNTAGSBLATT. Nr. 48. Sonntag, den 28. November 1937, unpag., gez. S. 12.
37 Vgl. MARIELUISE FLEISSER: *Die Stunde der Magd*. In: Tausend Gramm (Anm. 11), S. 74–81; Stunde der Magd. Von Marieluise Fleißer. In: Berliner Börsen-Courier. MODERNE TAGESZEITUNG FÜR ALLE GEBIETE. Morgen-Ausgabe. Nr. 345. 57. Jahrg. Berlin, Sonntag, 26. Juli 1925. 1. Beilage des Berliner Börsen-Courier Nr. 345. Sonntag, 26. Juli 1925. S. 5–6.
38 So Manfred Durzak in einem 1977 geführten »Gespräch mit Wolfgang Weyrauch«; Durzak: Die deutsche Kurzgeschichte der Gegenwart, S. 19.
39 Sk.: Verborgene Leere. In: General-Anzeiger für Bonn und Umgegend. Westdeutsche Zeitung. Bonner Nachrichten. Sieg-Nachrichten. Bad Godesberger Nachrichten. Ahr-Eifel-Nachrichten. 58. JAHRGANG-NUMMER 18 283. DIENSTAG, 20. Dezember 1949, unpag., gez. S. 2.
40 Wurm: Kurzgeschichte und allegorische Erzählung, S. 180. Diese Einschätzung deckt sich mit denjenigen der zeitgenössischen Besprechungen: »Fast überall in diesem Buch«, so Nino Erné, »spürt man die Zeit der Not, des Hungers, des Krieges und Nachkrieges«; Erné (Anm. 26), S. 73.

(hat), möchte ich am Beispiel einer Erzählung demonstrieren, einer »knappe[n], kraftvolle[n] Story«, die zu den »›zeitlosen‹ Geschichten«[41] der Zusammenstellung gehört und *als Bestandteil der Anthologie* von 1949 zu weitreichenden Verknüpfungen anhält: »GÜNTHER WEISENBORN | *Zwei Männer*«.[42]

Folgt man der von Carsten Wurm (in Übereinstimmung mit der zeitgenössischen Kritik) angelegten Unterscheidung, wonach TAUSEND GRAMM mit mehrheitlich »zeitkritischen Kurzgeschichten« und einer geringeren Zahl »allegorische[r] Erzählungen« aufwartet, so ist »*Zwei Männer*« der zweiten Gruppe zuzurechnen. In ihrem Zentrum steht nicht der besagte »Ausnahmealltag des Nachkriegs«[43] in Deutschland, sondern ein historisch nicht distinkt situiertes Geschehen am Río Paraná in Argentinien, das (oder dessen erzählerische Repräsentation) in der Logik des Allegorischen offenbar nach Auslegung verlangt:[44] Ein Plantagen-Farmer und ein in seinen Diensten stehender Knecht retten sich vor dem über die Ufer tretenden, die gesamte Yerba-Plantage überflutenden Strom auf das Schilfdach einer Hütte und werden gemeinsam stromabwärts getrieben. Der Farmer beschließt, als sie wieder festen Boden unter ihren Füßen haben, mit »seinem Peon«,[45] die von der Flut »vernichtet[e]«[46] Plantage wieder aufzubauen.

Nicht der Erzähltext selbst allerdings animiert seine Leserinnen und Leser zur Auslegung, sondern das anthologische Format. »*Zwei Männer*« *ist* keine allegorische Erzählung, sie ist als Bestandteil der TAUSEND GRAMM-Anthologie zu einer solchen lediglich *gerahmt*, gerahmt durch die anderen Erzählungen, gerahmt insbesondere durch das medienformattypische »NACHWORT«, das die in Anschlag gebrachten Auswahlkriterien offenlegt.[47] Wenn die in TAUSEND GRAMM versammelten Erzählungen »von Schriftstellern« verfasst wurden, die »schreiben [...], was ist«, wenn sie »die Wirklichkeit« »fixieren«, »röntgen«,[48] »die Deskription« zuweilen »verlassen« und sich »zur Analyse« »begeben«,[49] dann liegt es auf der Hand, auch »*Zwei Männer*« als mit »chirurgisch[er]« »Genauigkeit« durchgeführte »Deskription« und analytische Durchdringung einer derart erfassten »Wirklichkeit«[50] anzusteuern.

Das vom »NACHWORT« genutzte medizinische Vokabular (»chirurgisch«, »röntgen«) verweist auf einen klandestinen, unter der Oberfläche liegenden Bereich, zu dem die »Männer des Kahlschlags« mittels ihrer »Geschichten« vordringen – gerade so wie das Sprecher-Ich der »außerordentlichen Verse Günther Eichs«,[51] das »[i]m Brotbeutel« »einiges« aufbewahre, »was ich | niemand verrate«. Was mag es sein? Was – diese Frage ist analog die Konsequenz der ›Röntgen‹-Metapher – verbirgt »*Zwei Männer*« im Herbst 1949 unter der Textoberfläche vor den »begehrlichen | Augen«[52] der Lesewelt? Das »NACHWORT« weist den »›zeitlosen‹ Geschichten« der Anthologie und somit auch der »Story von Günther Weisenborn«[53] also besagte allegorische Qualität zu und hält zur Aufdeckung eines Verborgenen an.

Dem Lesepublikum ist damit aber keine Lizenz zur Unterlegung beliebigen Sinns ausgestellt, denn das »NACHWORT« richtet die Prosa der »Kahlschlägler«[54] auf das Hier und Jetzt des Sprechens aus, auf eine nicht nur poetologisch im Sinne eines Mimesisgebots bestimmte »Wirklichkeit«, sondern zugleich auch auf die historische »Realität«, auf das jüngste Zeitgeschehen. Das »NACHWORT« bringt auch dies im Bild einer sichtbaren Oberfläche ins Spiel, unter der es die verborgene geschichtliche »Realität« zu erkennen gelte: die »mörderische Schlacht« »im Hürtgenwald« im Winter 1944/45, »die dreißigtausend Soldaten, je fünfzehntausend Deutschen und Amerikanern, das Leben kostete«:[55]

> Einige deutsche Autoren tappen herum und wissen nicht, was tun. Sie wissen es in der Literatur nicht, sie wissen es in der Realität nicht, und sie wissen nicht, daß Realität und Literatur kommunizieren.
>
> Sie wissen beispielsweise nicht, daß der Hürtgenwald – er liegt so fern, im Westen unsres Lands, aber unendlich viele tote Soldaten, von den andern und von uns, bilden seinen Grund, seine Bäume sind für immer verstümmelt und stumm – sich unter ihren eignen

---

41 Sk. (Anm. 39), S. 2.
42 GÜNTHER WEISENBORN: *Zwei Männer*. In: Tausend Gramm (Anm. 11), S. 183–187.
43 Wurm (Anm. 40), S. 180.
44 »Die allegorische Ausdeutung des Textes hat zusätzlich das textexterne Faktum der geschichtlichen Situation, in der der Text erschienen ist«, in der Darstellung Justs, »in der Nachkriegszeit«, »zu berücksichtigen«, meint Just: Semiotik im Literaturunterricht, S. 77. Kritisches Licht auf solche Praxis wirft hingegen Hörisch: Die Wut des Verstehens, S. 71–92.
45 Weisenborn (Anm. 42), S. 183.
46 Weisenborn (Anm. 42), S. 183.
47 Zu den Formatspezifika vgl. Rose: Exkurs: Anthologien als Medienformate, S. 35: Das »Auswählen [...] geschieht meist unter einem handlungsleitenden Prinzip bzw. mit einer bestimmten, oft thematisch motivierten Absicht«. Da das »NACHWORT« im Inhaltsverzeichnis (Tausend Gramm, Anm. 11, S. 6) ausgewiesen ist, bietet sich auch ein Einstieg in die Lektüre der Anthologie über ihren programmatischen Text an.

48 Weyrauch (Anm. 16), S. 217.
49 Weyrauch (Anm. 16), S. 218.
50 Weyrauch (Anm. 16), S. 217–218.
51 Weyrauch (Anm. 16), S. 217, 218, 214.
52 Eich: Inventur (Anm. 29), S. 17.
53 Sk. (Anm. 39), S. 2.
54 Weyrauch (Anm. 16), S. 214.
55 Walter Henkels: Am »Westwall« im hohen Venn. In: SÜDKURIER. 4. JAHRGANG. ÜBERPARTEILICHE INFORMATIONSZEITUNG FÜR DAS LAND BADEN. NUMMER 109. KONSTANZ DIENSTAG 30. NOVEMBER 1948, S. 6.

Füßen ausbreitet, unter ihren verstockten Herzen, unter ihren denaturierten Hirnen, und nicht nur da, sondern überall, wo ein Mensch unsres blinden und tauben und schreienden Jahrhunderts atmet.[56]

Wenn die in TAUSEND GRAMM versammelten Autorinnen und Autoren im Unterschied zu den ahnungslos ›herumtappenden‹ »wissen [...], was sie tun«, dann, weil sie mit ihren Erzähltexten sicherstellen, »daß Realität und Literatur kommunizieren«, dass ihre Prosa auf eine »Realität« bezogen ist, die das »NACHWORT« in der unmittelbaren Vergangenheit, in den letzten Monaten des Krieges ansiedelt. Was das Publikum im Herbst 1949 in Händen hält, gibt sich, nicht zuletzt medienformatinduziert – und das schließt »*Zwei Männer*« ein – explizit oder implizit als Gegenwartsliteratur zu erkennen.[57]

4 »*Zwei Männer*«, 1949 und 1955 gelesen

Als Gegenwartsliteratur liest – sieben Jahre nach Erscheinen von TAUSEND GRAMM – der Würzburger Studienrat Gerhard Burkholz den Erzähltext von Weisenborn. Seiner Lektüre liegt der Abdruck der Erzählung in »Wolfgang Weyrauch: Tausend Gramm, Rowohlt Verlag, Hamburg 1949«[58] zugrunde. Dass aus dem zwischen »sittlicher Welt des Menschen und elementarer des Wassers« ausgetragenen Kampf das Humanum als Sieger hervorgehe, bestimmt er mit »entschieden existentialistische[m] Zug« als »sinnbildhaften Bezug der Dichtung auf unsere Zeit und auf die Stellung des Menschen in ihr«.[59] In der vorgestellten »mitleidlose[n], aber nicht ausweglose[n] Welt« der Erzählung lohne »es trotz allem [...] zu leben, weil die Kraft des einzelnen sich in ihr entfalten und bewähren« könne. »Das Bild des Treibens auf dem entfesselten Strom hat«, so lautet die abstrahierende Übertragung von Burkholz auf die Gegenwart seines Sprechens, »Symbolkraft für unser eigenes Leben«,[60] für »unsere Zeit«, es ist »nicht nur Abbild dieser Welt [...], sondern Sinnbild, d. h. Deutung ihres Seinsbezugs«.[61]

Worin könnte nun dieser von Burkholz nicht weiter ausbuchstabierte, im unverfänglichen Allgemeinen belassene Seinsbezug bestehen, auf den hin – in der Logik des Röntgenblicks – der Überlebenskampf des argentinischen Farmers und seines Landarbeiters transparent ist? Welche Verständnisprozesse stößt der unauflösliche Verbund von Erzähltext und anthologischem Buchformat an?

Wer die »DREISSIG NEUE[N] DEUTSCHE[N] GESCHICHTEN«[62] der Reihe nach liest, erreicht diejenige von Weisenborn unter dem womöglich noch recht frischen Eindruck, den Johann Schuhs »*Die Schwalben überm Bett*«, Helmuth Schwabes »*Jenseits der Brücke*« und Werner Stellys »*Die da, die mit den grauen Haaren*«, die drei unmittelbar vor »*Zwei Männer*« platzierten Erzähltexte, hinterlassen haben. Alle drei zeigen ihr aktuelles Bezugsfeld, die Gesellschaft der Nachkriegsjahre an: durch einen »verwahrlosten Burschen« etwa, »der aus russischer Kriegsgefangenschaft gekommen sein wollte«, durch die Rede von »Ostflüchtlinge[n]«,[63] durch einen ›grauhaarige[n] Mann‹, der »eine zerfetzte Jacke« und »von Rissen aufgeschlitzt[e]« Schuhe trägt, durch die noch frische Erinnerung an die Zeit »unter Bomben«,[64] durch eine »mager« gewordene »Jüdin«, die vor »sechs Jahren« mit einem Mal »spurlos verschwunden« war: »Keiner wußte wohin. War einfach weg. Na«, so gibt der Protagonist, mit all den andern sich verbindend, die weggesehen haben, zu erkennen, »wir haben uns ja gedacht, wo sie sein konnte«.[65]

In den Erzähltexten von Schuh und Schwabe stoßen die Leserinnen und Leser von TAUSEND GRAMM zudem noch auf ein Motiv der Vergemeinschaftung, das sie auch in Weisenborns »*Zwei Männer*« antreffen werden: Männer, die einander Zigaretten anbieten. In Weisenborns Erzählung

---

56 Weyrauch (Anm. 16), S. 212. Zum Hürtgenwald vgl. z.B. Bernd Ruland. Zum Totensonntag: Memento ohne Pathos. Hölzerne Kreuze in Deutschland — Soldatenfriedhöfe des letzten Krieges. In: DAS NEUE BADEN. TAGESZEITUNG DER DEMOKRATISCHEN PARTEI FÜR BADEN. NR. 106 / 2. JAHRG. SAMSTAG, DEN 20. NOVEMBER 1948, S. 3: »Dicht bei Vossenack der Hürtgenwald. Niemand weiß, wieviele unbekannte Soldaten Deutschlands und Amerikas in diesem ›Verdun des zweiten Weltkrieges‹ noch unbeerdigt liegen. Längst sind nicht alle Minen geräumt. Später soll auch hier ein Friedhof oder ein Beinhaus wie nach dem ersten Weltkrieg auf dem Douaumont in Frankreich errichtet werden.«
57 Im Sinne von Lehmann: Gegenwartsliteratur *historisieren*, S. 260: »die Produktion der ›Gegenwart‹ [...], mit allen Unklarheiten hier zu ziehender Epochengrenzen und ohne dass von den Texten ein dezidierter Bezug auf Gegenwart, sei er selbst diagnostizierend oder diagnostisch nutzbar, erwartet wird. Der Begriff insinuiert aber zum andern [...] jene Thematisierungsweise, die nahelegt, Literatur der Gegenwart als Rückkopplungseffekt der Gegenwart zu begreifen und Gegenwartstexte vor allem und dominant auf ihre Bezüge zur Gegenwart hin zu beobachten. Das schließt weiter ein, ästhetische Qualitäten [...] nachrangig zu behandeln.«
58 Burkholz: Günther Weisenborn (1955), S. 101.

59 Burkholz (1955), S. 103 und 106.
60 Burkholz (1955) (Anm. 58), S. 103, 104.
61 Burkholz (1955) (Anm. 58), S. 106.
62 Tausend Gramm (Anm. 11), S. 5.
63 JOHANN SCHUH: *Die Schwalben überm Bett*. In: TAUSEND GRAMM, S. 167–170, Zitate S. 169 und 167.
64 HELMUTH SCHWABE: *Jenseits der Brücke*. In: TAUSEND GRAMM, S. 171–177, Zitate S. 171 und 174.
65 WERNER STELLY: *Die da, die mit den grauen Haaren*. In: TAUSEND GRAMM, S. 177–182, Zitate S. 179, 181 und 182.

»folgt[] der Farmer dem Brauch aller Männer«, zieht, als Rettung vor dem Ertrinken nicht in Sicht ist, »seine letzte Zigarette«, bricht »sie in zwei Teile« und bietet »dem Indio eines an«.[66] In Schuhs Erzählung wird der Ich-Erzähler von dem »verwahrlosten Burschen« um ein »paar Zigaretten«[67] gebeten; in derjenigen Schwabes ist es ein junger Mann, der seinem älteren und eifersüchtigen Gegenüber zu rauchen anbietet:

> Willst Du eine Zigarette?
> Der Graue sah ihn an. [...]
> Er hielt ihm die offene Schachtel hin. [...]
> Nimm zwei, sagte der junge Mann. [...]
> Ich will keine, sagte er und steckte die Hand in die Tasche.[68]

Dem Einstieg in »*Zwei Männer*« gehen bei linear voranschreitender Rezeption der Anthologie also Lektüren in Serie voraus, die ganz im Zeichen der spannungsreichen Nachkriegsordnung stehen – Lektüren, in die Erinnerungen an Luftangriffe, die Erfahrung der Güterverknappung, die Problematik der Kriegsheimkehrer und Flüchtlinge aus dem Osten sowie die Verarbeitung von Schuldgefühlen angesichts der, wenn auch nur passiven Verstrickung in die Shoah aufgenommen sind. An die jeweils vorgestellte Lebenswelt der Nachkriegszeit schließt, folgt man der Deutung von Burkholz aus dem Jahr 1955, die »mitleidlose [...] Welt«[69] im Überschwemmungsgebiet des Río Paraná bruchlos an, in der die »zwei Männer« der Weisenbornschen Erzählung Burkholz zufolge »ihr Geschick [...] an[nehmen]« und sich »bewähren«.[70] Wer dem »Bild des Treibens auf dem entfesselten Strom [...] Symbolkraft für unser eigenes Leben«[71] attestiert, promoviert das »Abbild dieser Welt«,[72] die »Bewährung«[73] des »Pflanzers von Santa Sabina« und seines Landarbeiters in den »endlosen« und überschwemmten »Teefeldern mit mannshohen Yerbabüschen«[74] zum »Sinnbild«.[75]

Eine Übertragung ihres Schicksals »auf unsere Zeit und auf die Stellung des Menschen in ihr«[76] muss allerdings, soll sie nicht als beliebig wahrgenommen werden, durch das gegebene Bild ausreichend geleitet sein, da ein »Sinnbild« – das *SACHWÖRTERBUCH DER LITERATUR* von 1955 erkennt darin ein »dt. Ersatzwort für Emblem und Symbol« – »auf e[inen] höheren, abstrakten Bereich verweis[t]«[77] und also als motiviertes, das heißt durch eine Äquivalenzbeziehung begründetes Zeichen angelegt ist. Die Haltung der beiden Männer, die in Argentinien einer Naturkatastrophe ausgeliefert sind, ist demnach als Bezeichnendes, als Signifikant zu bestimmen, dessen Bezeichnetes, dessen Vorstellungsinhalt oder Signifikat in der Logik sinnbildlicher Übertragung die bereits gezeigte oder erst noch zu zeigende Haltung von Menschen angesichts der Herausforderungen der Nachkriegszeit sein soll.

Diese von Burkholz vorgenommene, für die weitere Beschäftigung mit Weisenborns Erzähltext richtungsweisende Übertragung hat allerdings erhebliche Implikationen. Indem sie die Haltung der beiden Männer angesichts einer Naturkatastrophe als Sinnbild der Haltung der »Menschen« »unsere[r] Zeit« angesichts ihrer aktuellen historischen Situation bestimmt, erklärt sie nicht nur die beiden Männer zur Spiegelung der Leserinnen und Leser der Nachkriegszeit, sondern zugleich auch die jeweiligen Situationen, angesichts deren diese wie jene sich bewähren: erklärt sie die Naturereignisse am Flusslauf des Río Paraná in Argentinien zur Spiegelung der historischen Ereignisse in Deutschland. Im »Abbild dieser Welt«,[78] der von der Erzählung vorgestellten argentinischen Welt, sind die Verhältnisse klar: Dort »stand das ganze Land unter Wasser. Und unter Wasser standen die Hoffnungen des Pflanzers von Santa Sabina«.[79] Als der Regen aufhört und die Männer wieder »ins Trockene« kommen, heißt es, »seinen Platz einzunehmen und den Mut nicht zu verlieren«: »Morgen gehen wir zurück und fangen« wie die Menschen in Deutschland nach dem Krieg und wie die jungen Autorinnen und Autoren der Anthologie »wieder an«.[80]

5 Das Hochwasser als »Sinnbild« – wofür?

Welche *konkrete* Wirklichkeit aber entspricht in der Burkholz zufolge ›sinnbildlichen‹ Stellvertreterordnung dem Hochwasser? Die Rede des Farmers vom Wieder-Anfangen legt es nahe, die Flut in Argentinien als Chiffre der zwölf Jahre währenden nationalsozialistischen Herrschaft zu bestimmen, die wie »der große Parana« gekommen ist, »nicht mit Pauken und Posaunen«, aber als unaufhaltsame Macht: »[P]lötzlich stand der Schuh des Farmers im Wasser. Er zog ihn zurück. Aber nach einer Weile stand der Schuh wieder

---

66 Weisenborn (Anm. 42), S. 186.
67 Schuh (Anm. 63), S. 167.
68 Schwabe (Anm. 64), S. 176.
69 Burkholz (1955) (Anm. 58), S. 103.
70 Burkholz (1955) (Anm. 58), S. 102, 103.
71 Burkholz (1955) (Anm. 58), S. 104.
72 Burkholz (1955) (Anm. 58), S. 106.
73 Burkholz (1955) (Anm. 58), S. 101.
74 Weisenborn (Anm. 42), S. 183.
75 Burkholz (1955) (Anm. 58), S. 106.
76 Burkholz (1955) (Anm. 58), S. 106.

77 Wilpert: Sachwörterbuch der Literatur, S. 540, s.v. ›Sinnbild‹, S. 577, s.v. ›Symbol‹.
78 Burkholz (1955) (Anm. 58), S. 106.
79 Weisenborn (Anm. 42), S. 183.
80 Weisenborn (Anm. 42), S. 187.

im Wasser«.⁸¹ Bald reicht es »bis zum Bauch«, dringt wie der Nationalsozialismus nach und nach in sämtliche Lebensbereiche ein, ins »Wohnhaus«, »in den Herd«, schließlich bis unters »Dach« und führt, was es mit sich nimmt, unaufhaltsam »einem undurchsichtigen Ende entgegen«.⁸² Oder ist der Krieg gemeint? Auch hierfür liefert der Erzähltext Anhaltspunkte, etwa in Gestalt des »in der Ferne« zu vernehmenden »furchtbare[n] Donner[s]«, das in Argentinien das Unwetter ankündigt wie 1945 der Geschützdonner die heranrückende Ostfront; »[d]ieses Donnern war das Todesurteil«.⁸³ Entsprechend wäre das Ende der verheerenden, »das ganze Land unter Wasser«⁸⁴ setzenden Niederschläge – »Der Regen hörte auf«⁸⁵ – als Bild für das Ende des Krieges zu entschlüsseln. In solcher Deutung erscheinen das unaufhaltsame Vordringen des Nationalsozialismus respektive der Weltkrieg als Ereignisse, denen der Mensch ebenso machtlos ausgeliefert ist wie der Farmer und sein Landarbeiter den Fluten: »Man konnte«, so teilt die Sichtweise der beiden Männer übernehmend der Erzähler mit, »das Wasser schlagen, es wuchs. Man konnte hineinschießen, es griff an.«⁸⁶ Widerstand zu leisten, als Individuum gegen die Übermacht den Kampf aufzunehmen – das sind die von der Erzählinstanz offengelegten fatalistischen Reflexionen des Landarbeiters –, »hat keinen Zweck. Es soll alles seinen Weg gehen.«⁸⁷ Gleich wie das Lesepublikum 1949 und in den Jahren danach sich entscheidet – mit der Übertragung der tropischen Naturkatastrophe auf die historische Wirklichkeit, sei es der nationalsozialistischen Diktatur, sei es des Kriegs, geht eine Bewertung beider Sachverhalte als eigengesetzlich waltende Natur einher. Nationalsozialismus und Weltkrieg erscheinen darin als unabänderliche Geschehnisse, nicht etwa als Resultate falschen menschlichen Handelns, menschliche Individuen entsprechend als determiniert und nicht als politisch verantwortliche Subjekte. Die Frage der Schuld stellt sich nicht.⁸⁸

Intrikater als die Implikationen dieser Auslegung sind diejenigen, die sich ergeben, sobald man den tropischen »Wolkenbruch«⁸⁹ nicht als Wetterereignis mit natürlichen Ursachen bestimmt, sondern – auch hierfür findet das Publikum 1949 Anhaltspunkte – als Eingriff der Transzendenz, als Sintflut. Eine Verbindung zur christlichen Heilslehre stellt die Erzählinstanz bereits im zweiten Absatz her. Sie schildert, wie die Frau des Landarbeiters im Hochwasser umgekommen ist: Diese »war ertrunken, als sie sich losließ, um ihre Hände zur Madonna zu erheben«.⁹⁰ Die angerufene Muttergottes zeigt der Ertrinkenden gegenüber offenbar so wenig Gnade wie der Gott des Alten Testament gegenüber den »Menschen, die« er selbst »geschaffen«⁹¹ hatte, deren »Dichten und Trachten« aber »böse war«.⁹² Angesichts ihres »Frevels«⁹³ beschließt der Allmächtige, »eine Sintflut mit Wasser kommen [zu] lassen auf Erden, zu verderben alles Fleisch, darin ein lebendiger Odem ist, unter dem Himmel. Alles, was auf Erden ist, soll untergehen.«⁹⁴ Einzig »Noah fand Gnade vor dem HErrn.«⁹⁵ Wie er und die seinen in einem »Kasten aus Tannenholz«⁹⁶ auf dem Wasser treiben, als der Schöpfer es »vierzig Tage auf Erden«⁹⁷ regnen, »das Gewässer überhand«⁹⁸ nehmen lässt, bis »die Erde« endlich wieder »trocken« ist,⁹⁹ so treiben, als man in Argentinien »vor Regen den Himmel nicht«¹⁰⁰ mehr sieht und »das ganze

---

81 Weisenborn (Anm. 42), S. 184. Der Historiker Helmut Heiber: Liberale und nationale Geschichtsschreibung. In: UNIVERSITÄTSTAGE 1966. VERÖFFENTLICHUNG DER FREIEN UNIVERSITÄT BERLIN. NATIONALSOZIALISMUS UND DIE DEUTSCHE UNIVERSITÄT. Berlin: Walter de Gruyter & Co. 1966, S. 109–125, hier S. 117, spricht beispielsweise von einer »braune[n] Flut, die sich da heranwälzte«. Vor Erscheinen von TAUSEND GRAMM z. B.: HANS BERND GISEVIUS: Bis zum bittern Ende. ERSTER BAND. CLAASSEN & GOVERTS · HAMBURG. 1946, S. 51: »Als die braune Flut unaufhaltsam heranrollte, etwa ab 1931« oder: *Dieter Sattler:* DIE DEUTSCHE ANGST. In: FRANKFURTER HEFTE. ZEITSCHRIFT FÜR KULTUR UND POLITIK. 2. Jahrgang Oktober 1947 Heft 10, S. 993–1005, hier S. 995: »Von rechts her drohte die ansteigende braune Flut, von links her die rote«. Zur psychoanalytischen Semantik der »Flut« in ideologiekritischer Perspektive vgl. Klaus Theweleit: Männerphantasien. 1. Frauen, Fluten, Körper, Geschichte. Reinbek bei Hamburg: Rowohlt 1980, S. 236–242 und 250–255.
82 Weisenborn (Anm. 42), S. 185.
83 Weisenborn (Anm. 42), S. 184.
84 Weisenborn (Anm. 42), S. 183.
85 Weisenborn (Anm. 42), S. 187.
86 Weisenborn (Anm. 42), S. 184.
87 Weisenborn (Anm. 42), S. 186.
88 Vgl. zu dieser die Nachkriegsliteratur dominierenden Tendenz Hermand: Die Kriegsschuldfrage im westdeutschen Roman der fünfziger Jahre, S. 432: Angesichts eines »schicksalhaft-verdrängte[n] [...] Geschehen[s], das stoisch erduldet werden mußte«, präsentiert die Mehrzahl der von Hermand untersuchten Romane die »Frage nach einem schuldhaften Verhalten [...] von vornherein als sinnlos«.
89 Weisenborn (Anm. 42), S. 183.
90 Weisenborn (Anm. 42), S. 183.
91 Die Bibel oder die ganze Heilige Schrift des Alten u. Neuen Testaments nach der deutschen Übersetzung D. Martin Luthers. Neu durchgesehen nach dem vom Deutschen Evangelischen Kirchenausschuß genehmigten Text. Stuttgarter Senfkornbibel. Printed in Germany. Verlag und Druck der Privileg. Württ. Bibelanstalt, Stuttgart 1949, Gen 6,7.
92 Die Bibel (Anm. 91), Gen 6,5.
93 Die Bibel (Anm. 91), Gen 6,13.
94 Die Bibel (Anm. 91), Gen 6,17.
95 Die Bibel (Anm. 91), Gen 6,8.
96 Die Bibel (Anm. 91), Gen 6,14.
97 Die Bibel (Anm. 91), Gen 7,17.
98 Die Bibel (Anm. 91), Gen 7,18.
99 Die Bibel (Anm. 91), Gen 8,14.
100 Weisenborn (Anm. 42), S. 184.

Land unter Wasser«[101] steht, der Farmer und sein Landarbeiter auf einem »Schilfdach«[102] dahin, »in die rauschende Finsternis hinaus«,[103] »einen langen Weg« »den Strom hinab«,[104] bis auch sie, als im tropischen Südamerika der »Regen [...] auf[hörte]«, endlich »an Land« und wieder »ins Trockene«[105] gelangen. Und wie Noah und seine Angehörigen von vorn beginnen – »Noah aber fing an, und ward ein Ackermann, und pflanzte Weinberge«[106] –, so will bekanntlich auch der Farmer der Yerba-Plantage agieren: »Morgen gehen wir zurück und fangen wieder an.«[107]

Zwei der insgesamt gut viereinhalb Seiten, die die Erzählung in TAUSEND GRAMM einnimmt, sind der Schilderung der gemeinsamen Fahrt »mitten auf dem furchtbaren Strom«[108] gewidmet – sie bildet den Dreh- und Angelpunkt des Erzähltextes. Diese Anlehnung an die alttestamentliche Ikonographie der Arche trägt »Zwei Männer« allerdings weitreichende Implikationen ein. Denn begreift man die Flut nach Maßgabe der Noah-Erzählung als Reaktion Gottes auf den unter den Menschen grassierenden »Frevel[]«,[109] dann wären Nationalsozialismus und Krieg in der Logik des Sinnbilds als Teil des göttlichen Heilsplans, eines universellen Eschatons zu begreifen. Wer von der Flut verschont worden ist, müsste in dieser Lesart wie Noah als vor Gott gerechter Mensch, wer »vertilg[t]«[110] worden ist, hingegen als Vertreter des »Frevels«[111] aufgefasst werden. Die Auslöschung der vermeintlichen ›Frevler‹ als gerecht zu bezeichnen, hieße, bezogen auf das erzählte Geschehen, der ertrunkenen Frau und dem ebenfalls ertrunkenen Kind des Landarbeiters willkürlich Frevel zu unterstellen, bezogen auf die Sphäre, in die die sinnbildliche Übertragung reicht, die Würde derjenigen mit Füßen zu treten, die Nationalsozialismus und Krieg zum Opfer gefallen sind. Und es hieße umgekehrt, alle, die während der nationalsozialistischen Herrschaft nicht »von der Erde« »vertilg[t]«[112] wurden, insbesondere auch die Täter und Mitläufer, pauschal zu vor Gott Gerechten zu promovieren.

Beide Deutungen des argentinischen Hochwassers, seine Bestimmung als Natur- im einen und als Heilsgeschehen im andern Fall erweisen sich, genauer besehen, also als äußerst problematisch. Im einen Fall sind die Opfer der Flut als Opfer eines Geschehens akzentuiert, das sie nicht verschuldet und auf das sie keinerlei Einfluss haben, im andern Fall sind sie pauschal als Frevelnde, ihr Tod als eschatologisch begründete Strafe Gottes bestimmt. Beide Deutungen machen eine übergeordnete Struktur für die historische Katastrophe verantwortlich: die Naturordnung beziehungsweise den transzendenten Schöpfergott. Im einen Fall sind menschliche Individuen determiniert, den Naturgesetzen unterworfen. Ihnen kommt keine Handlungsfreiheit zu, keine Verantwortung in der Geschichte und also auch keine historische Schuld. Im andern Fall erscheinen sämtliche Opfer der Flut und respektive auch des Nationalsozialismus pauschal als heilsgeschichtlich gerechtfertigt – Deutungen, die die gesellschaftlich-historische Wirklichkeit der Leserinnen und Leser 1949 und der Jahre danach kolossal verfehlen. Die Übertragung eindimensionaler Auffassungen des, sei's natürlichen, sei's göttlichen Hochwasserereignisses auf eine so komplexe Situation, wie sie mit der Zeit der nationalsozialistischen Herrschaft, mit dem Krieg, seinem Ende und den ersten Jahren nach 1945 in Deutschland vorgelegen hat, greift auf heute irritierende Weise zu kurz.

Irritierend nicht zuletzt auch, weil die beiden geschichtsrelativistischen Deutungsangebote im Widerspruch stehen zum 1949 verfügbaren Wissen über den Autor Günther Weisenborn. Es gehört in den Nachkriegsjahren, vor oder kurz nach Erscheinen von TAUSEND GRAMM nicht viel dazu, etwas über dessen weltanschaulich-politischen Standpunkt in Erfahrung zu bringen. Weisenborn gehörte – nur wenige Monate vor Erscheinen von TAUSEND GRAMM ruft dies beispielsweise DER SPIEGEL für ein breites Publikum in Erinnerung – einer »Widerstandsgruppe« an, deren Existenz und Wirken 1942 ans Licht kamen, und deren Mitglieder, Weisenborn eingeschlossen, vor dem »Reichskriegsgericht« zur Rechenschaft gezogen wurden.[113] Wie es zur Enttarnung der Gruppe kam, teilt am 5. August 1947 bereits ein Beitrag der Welt am Abend mit, der sich mit dem »UNTERIRDISCHE[N] KAMPF GEGEN HITLER« befasst und auch auf besagte Widerstandsgruppe, »Rote Kapelle« genannt, zu sprechen kommt. Sie »flog auf, als einer der russischen Agenten, der über Deutschland im Fallschirm abgesetzt wurde, in die Hände der Gestapo fiel. Dadurch wurden 78 ihrer Mitglieder verhaftet«[114] und dem SPIEGEL zufolge »59 von ihnen zum Tode ver-

---

101 Weisenborn (Anm. 42), S. 183.
102 Weisenborn (Anm. 42), S. 187.
103 Weisenborn (Anm. 42), S. 185.
104 Weisenborn (Anm. 42), S. 185.
105 Weisenborn (Anm. 42), S. 187.
106 Die Bibel (Anm. 91), Gen 9,20.
107 Weisenborn (Anm. 42), S. 187.
108 Weisenborn (Anm. 42), S. 186.
109 Die Bibel (Anm. 91), Gen 6,13.
110 Die Bibel (Anm. 91), Gen 6,7.
111 Die Bibel (Anm. 91), Gen 6,13.
112 Die Bibel (Anm. 91), Gen 6,7.

---

113 Zu wenige Eulenspiegel. Haß gegen den Haß. In: DER SPIEGEL. 26. MÄRZ 1949. HANNOVER · 3. JAHRGANG · NR. 13, S. 23–24, hier S. 23. Hierzu ausführlich: Hahn: Ein Linker im Widerstand, S. 267. Zuvor bereits mitgeteilt durch das Selbstporträt: GÜNTHER WEISENBORN. In: HEUTE. EINE ILLUSTRIERTE ZEITSCHRIFT. NUMMER 36 · 15. MAI 1947, S. 4.
114 Wie es zum 20. Juli kam. DER UNTERIRDISCHE KAMPF GEGEN HITLER. Von ALLEN WELSH DULLES. XIII. Die »Geschäftsverbindungen«

urteilt«.[115] Einer der Hingerichteten »wurde der Held eines Theaterstücks über die ›Rote Kapelle‹«, gemeint ist *DIE ILLEGALEN*, »das von Günther Weisenborn, einem der Ueberlebenden der Organisation, verfaßt«, »vor kurzem in der russischen Zone Berlins aufgeführt wurde und großen Erfolg hatte.«[116] Bereits vor seiner Verurteilung durften seine bis 1933 erschienenen Veröffentlichungen, weil sie sich an Neuer Sachlichkeit und Expressionismus orientierten und eine sozialistische Gesinnung erkennen ließen, nicht mehr verbreitet und seine Stücke, so war im *Wiener Kurier* vom 9. Juli 1949 zu lesen, »während der Nazizeit nicht aufgeführt werden«.[117] Ungeachtet des 1933 bereits ausgesprochenen Publikations- und Aufführungsverbots blieb Weisenborn – das war 1947 der *kulturpolitischen Monatsschrift Aufbau* zu entnehmen – die meiste Zeit »in Deutschland«[118] und »schlug [...] sich«, so nun wieder der *SPIEGEL*, zwischen 1933 und 1942 »mit Abenteuergeschichten, unter dem Pseudonym Christian Munk veröffentlicht, [durch]. Den Stoff dazu holte er aus der Erinnerung an die Zeit, da er in Argentinien auf einer Farm gearbeitet hat«,[119] und aus den »Erfahrungen«, die er – dies wiederum gibt im Mai 1947 ein »Selbstporträt« Weisenborns in der *ILLUSTRIERTEN ZEITSCHRIFT HEUTE* preis – »auf seinen Reisen in 17 Ländern gesammelt hatte«.[120] Vieles spricht also dafür, als Leserin oder Leser bei Erscheinen von *TAUSEND GRAMM* den Verfasser von »Zwei Männer« auf der Seite der Regimegegner zu verorten und die gegenüber den geschichtsphilosophisch problematischen Implikationen der von Burkholz vorgeschlagenen allegorischen Deutung der Erzählung mit entsprechender Skepsis zu betrachten.

6 Vom Hochwasser in der Tageszeitung lesen:

6.1 »Männer am Parana« im *Führer* 1934

Zu geschichtsrelativierenden Schlussfolgerungen wird nicht verleitet, wer fünfzehn Jahre zuvor, im Juli 1934, im Unterhaltungsteil des *badischen Kampfblatts für nationalsozialistische Politik und deutsche Kultur Der Führer* auf die Erzählung stößt. Dort ist sie unter dem Titel »Männer am Parana / Von Christian Munk«[121] zusammen mit der »Fortsetzung« eines »KRIMINAL-ROMAN[S]«[122] abgedruckt. Mit diesem Autornamen konnte die literaturinteressierte Öffentlichkeit bis dahin noch nicht allzu viel verbinden: Buchpublikationen unter dem Namen Christian Munk, dem Pseudonym Weisenborns, sind bei Erscheinen von »Männer am Parana« nicht verzeichnet, lediglich vereinzelte Beiträge in der Tagespresse, am 6. Februar 1934 beispielsweise in der *Westfälischen Landeszeitung* und am 27. Juni im *Essener Anzeiger*, in Blättern mit ebenfalls nur regionaler Strahlkraft also.[123]

Nicht zu mehrstufigen Übertragungen wie den 1949 von »*Zwei Männer*« im Verbund mit der Anthologie *TAUSEND GRAMM* angestoßenen animiert der Erzähltext »Männer am Parana« im Sommer 1934, gleichwohl lädt auch er zu Verknüpfungen ein, die sich aus seiner unhintergehbaren materialen Bindung an das Druckobjekt, in diesem Fall an die Tageszeitung ergeben.

Weyrauchs Anthologie steuert die Rezeption durch für Sammlungsformate typische Parameter: insbesondere (1.) durch das hierarchisch übergeordnete, die einzelnen Bei-

---

der Wehrmacht. In: Welt am Abend. Nr. 235. Dienstag, 5. August. Jahrgang 1947, S. 3.
115 Zu wenige Eulenspiegel (Anm. 113), S. 23.
116 Dulles (Anm. 114), S. 3. Vgl. Günther Weisenborn: DIE ILLEGALEN. Drama aus der deutschen Widerstandsbewegung. AUFBAU-VERLAG GMBH BERLIN W8. 1946.
117 Kunst und Künstler. Paula Wessely in neuen Rollen. Das Theater in der Josefstadt bringt zahlreiche Erstaufführungen. In: WIENER KURIER. HERAUSGEGEBEN VON DEN AMERIKANISCHEN STREITKRÄFTEN FÜR DIE WIENER BEVÖLKERUNG. Samstag, 9. Juli 1949. Nr. 158 / 5. Jahrg., S. 4. Hahn (Anm. 113), S. 253, zufolge »betraf« das 1933 ausgesprochene Publikations- und Aufführungsverbot »nur das bisherige Werk« Weisenborns.
118 TAG UND TRAUM. AUS DEM UNVERÖFFENTLICHTEN MEMORIAL. In: *Aufbau*. KULTURPOLITISCHE MONATSSCHRIFT. 3. JAHRGANG 1947 HEFT 2, S. 136.
119 Zu wenige Eulenspiegel (Anm. 113), S. 23.
120 Selbstporträt (Anm. 113), S. 4.

121 Männer am Parana / Von Christian Munk. In: Der Führer. Das badische Kampfblatt für nationalsozialistische Politik und deutsche Kultur. HAUPTORGAN DER NSDAP GAU BADEN. *Ausgabe B*. Montagausgabe. 8. Jahrgang Karlsruhe, Montag, den 23. Juli 1934 Folge 333 [recte: 200], S. 8. Zu den Abweichungen im Wortlaut der verschiedenen Abdrucke siehe das Lesartenverzeichnis am Ende dieses Beitrags S. 225–227.
122 Der graue *Herr*. KRIMINAL-ROMAN VON RUDOLF STRATZ. (33). In: Der Führer. Das badische Kampfblatt für nationalsozialistische Politik und deutsche Kultur. HAUPTORGAN DER NSDAP GAU BADEN. *Ausgabe B*. Montagausgabe. 8. Jahrgang Karlsruhe, Montag, den 23. Juli 1934 Folge 333 [recte: 200], S. 8.
123 Vgl. *Die Mädchen auf dem Floß. Skizze von Christian Munk*. In: Westfälische Landeszeitung. Rote Erde. Amtliches Organ der National-Sozialistischen Deutschen Arbeiter-Partei. 47. Jahrgang / Nr. 36. Dienstag, den 6. Februar 1934. Unpag. gez. S. 10. Die Feierstunde. ILLUSTRIERTES UNTERHALTUNGSBLATT, unpag., gez. S. 10. Mädchen auf dem Floß. Von Christian Munk. In: ESSENER ANZEIGER. RHEINISCH-WESTFÄLISCHER ANZEIGER. BOTTROPER GENERALANZEIGER · GLADBECKER TAGEBLATT · WERDENER ALLGEMEINE ZEITUNG. 1934. MITTWOCH. 27. JUNI. STADTANZEIGER. 31. Jahrg. Nr. 174. IM BERGAMT, unpag., gez. S. 11. Zur Begründung des Pseudonyms vgl. Hahn (Anm. 113), S. 259.

träge zu einem Erzähltexte-›Strauß‹ bündelnde und den Verständnisprozess lenkende »NACHWORT«, (2.) durch deren folgenreiche lineare Anordnung als gleichberechtigte Beiträge, (3.) durch die den Erzähltext-›Blumen‹[124] attestierte Ähnlichkeit (es handle sich durchweg um »in Sprache, Substanz und Konzeption«[125] »NEUE GESCHICHTEN«), (4.) durch die in Material und Herstellung manifeste Wertzuschreibung (Kodexform, Fadenheftung, Bindung, Pappeinband mit farbiger Druckgraphik), die zur dauerhaften Aufbewahrung anhält, schließlich (5.) durch das markante Ausstellen individueller literarischer Autorschaft – seht her, dies sind die »neue[n] deutsche[n] Autoren«![126] – auf dem Einbanddeckel. Die Tageszeitung *Der Führer* hingegen zeichnet sich, formattypisch, (1.) durch eine erheblich miszellanere Paratextualität[127] und ein entsprechendes Layout aus. Ihre Beiträge sind Rubriken zugeordnet, mit denen insbesondere diejenigen vertraut sind, die das Format in seiner Serialität erfahren und nicht nur eine einzelne Nummer lesen, sondern das Blatt kontinuierlich rezipieren und Beiträge zu einzelnen Rubriken mit entsprechenden Erwartungen verknüpfen. Die Mehrheit der Artikel reklamiert (2.) ephemere Aktualität für sich, ist für den Tag geschrieben und wird durch die jeweils nachfolgende Nummer gleichsam überschrieben.[128] Entsprechend ist sie (3.) materialiter wie herstellerisch (ungebunden, auf preiswertes Papier mit geringer Haltbarkeit gedruckt) weder auf vielfachen Gebrauch noch auf dauerhafte Archivierung angelegt und daher zur Ausstellung individualisierter literarischer Autorschaft weit weniger geeignet als buchförmige Formate. In ihr abgedruckte Texte unterhalten (4.) für die Rezeption folgenreiche nachbarschaftliche Beziehungen, zu anderen Beiträgen in Wort und Bild, insbesondere auf derselben, synoptische Aneignung stimulierenden (Doppel-)Seite, aber auch in einzelnen Nummern und zuweilen nummernübergreifend, dann beispielsweise, wenn in Serie berichtet oder Beiträge in Fortsetzungen geliefert werden.

So auch im Sommer 1934. Wer am Montag, dem 23. Juli, in der »Folge 333« (recte: 200) auf Munks Erzähltext stößt, hat möglicherweise eine ganze Reihe von Katastrophenberichten in Erinnerung, die in den vorigen Nummern ins Auge gesprungen sind und zur Verknüpfung mit dem Erzähltext »Männer am Parana« animieren. Den Anfang macht ein auf der axial ausgerichteten Titelseite der Nummer vom 18. Juli unter dem Aufmacher platzierter Bericht über – so die Schlagzeile – »Die Unwetterkatastrophe bei Krakau«:

> Bei den Ueberschwemmungen im Vorkarpathengebiet der Woiwodschaft Krakau handelt es sich, wie die Kattowitzer Zeitung berichtet, um eine K a t a s t r o p h e g r ö ß t e n A u s m a ß e s. Am Donajeco und am Poprad wurden die Städte und Dörfer von der Hochwasserwelle überrascht und in kürzester Zeit unter Wasser gesetzt. [...] Jn Zalubince konnten die Einwohner ihre Habe nicht bergen, sondern mußten sich f l u c h t a r t i g a u f d i e D ä c h e r d e r H ä u s e r retten. Mehrere Kinder und alte Leute, deren Angehörige sich auf den Feldern befanden, sind ertrunken. [...] Die Ueberschwemmungskatastrophe hat im Laufe des Tages an Umfang zugenommen, da ein wolkenbruchartiger Regen anhält und riesige Wassermassen aus den Gebirgen sich in die Flüsse ergießen, die aus den Ufern getreten sind. [...] Der Wasserstand der Flüsse nimmt weiter zu.[129]

Am Donnerstag, dem 19. Juli, knüpft die Berichterstattung hieran an. Die Leserinnen und Leser erfahren, wieder auf der Titelseite, dass in Polen »der Regen ununterbrochen anhält«, ein »kleine[r] Nebenfluß der Weichsel, Raba, [...] jetzt eine Breite von einem halben Kilometer erreicht« habe und »[d]ie Lage [...] immer bedrohlicher«[130] werde. Am Freitag, dem 20. Juli, meldet das Blatt »e i n e l e i c h t e E n t s p a n n u n g« der durch eine eingeschaltete Abbildung veranschaulichten

---

124 »Die Anthologie charakterisiert sich als ein Buch, das das *Beste, Schönste* oder *Charakteristischste* einer literarischen Form, einer literarischen Epoche oder Strömung, bestimmter Autoren oder Werke [...] versammelt. Es sind vor allem *kleine literarische Formen* [...], *die unter verschiedensten, vom jeweiligen Anthologisten zu bestimmenden, Aspekten vereint werden*«; Dietger Pforte: Die deutschsprachige Anthologie. Ein Beitrag zu ihrer Theorie. In: Joachim Bark und Dietger Pforte (Hrsg.): Die deutschsprachige Anthologie. Band 1: Ein Beitrag zu ihrer Theorie und eine Auswahlbibliographie des Zeitraums 1800–1950. Frankfurt a.M.: Vittorio Klostermann 1970, S. XIII–CXXIV, hier S. XXIV–XXV.

125 Weyrauch (Anm. 16), S. 214.

126 Rowohlt: *Notruf*, S. 66.

127 Ich folge der auf nicht buchförmige Formate erweiterten begrifflichen Bestimmung von Paratextualität, wie sie Kaminski und Ruchatz: Journalliteratur – ein Avertissement, S. 32–33, in kritischer Abgrenzung zu Gérard Genettes ausschließlich vom Buchformat, von »der Gestalt eines Buches« ausgehender Definition vorschlagen; vgl. Genette: Paratexte, S. 23–27, Zitat S. 9. Eingehender vermessen diese Eigenschaft »von Formaten der periodischen Presse wie Zeitungen und Zeitschriften, aber auch weiterer vermischter Medienformate wie Sammlungen und Anthologien« und deren praxeologische Dimension: miszellane Formen des Lesens, Gretz, Krause und Pethes: Einleitung – Introduction, S. 9.

128 Vgl. Mussell: Repetition, or: »In Our Last«, S. 347.

129 Die Unwetterkatastrophe bei Krakau. Riesige Ausmaße – Zahlreiche Menschen umgekommen. In: Der Führer. Das badische Kampfblatt für nationalsozialistische Politik und deutsche Kultur. HAUPTORGAN DER NSDAP GAU BADEN. *Ausgabe A.* Landesausgabe. Ausgabe: Karlsruhe. Karlsruhe, Mittwoch, den 18. Juli 1934. 8. Jahrgang / Folge 195, unpag., gez. S. 1.

130 Die bedrohten Ortschaften verlassen. Neue Alarmnachrichten aus Kleinpolen – Auch der westliche Teil der Woiwodschaft Krakau vom Hochwasser bedroht. In: Der Führer. Das badische Kampfblatt für nationalsozialistische Politik und deutsche Kultur. HAUPTORGAN DER NSDAP GAU BADEN. *Ausgabe A.* Landesausgabe. Ausgabe: Karlsruhe. Karlsruhe, Donnerstag, den 19. Juli 1934. 8. Jahrgang / Folge 196, unpag., gez. S. 1.

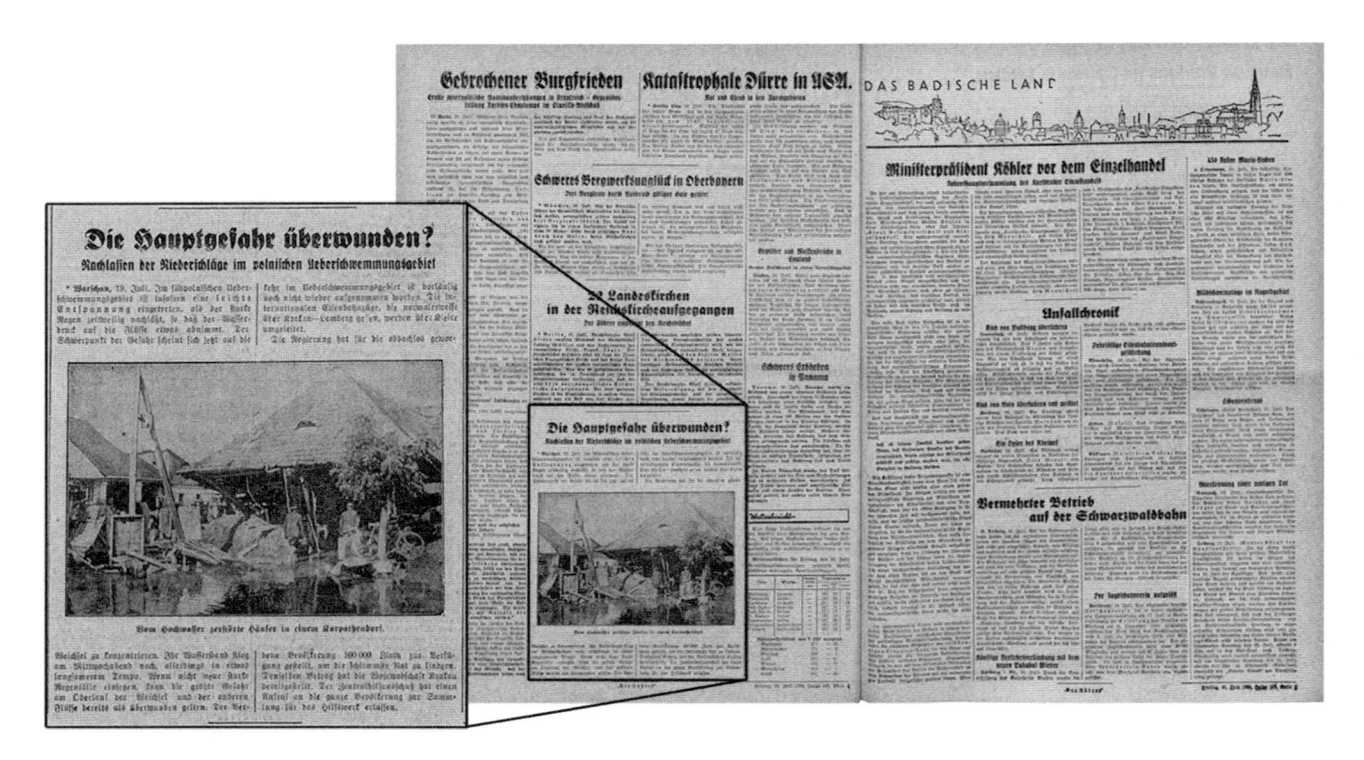

Abb. 3: Polen unter Wasser.

Lage, ein »Nachlassen der Niederschläge im polnischen Überschwemmungsgebiet«[131] (Abb. 3).

Am Samstag, dem 21. Juli, konzentriert sich die Berichterstattung auf die Verhältnisse weichselabwärts und meldet ein »[r]asches Steigen des Hochwassers bei Warschau«, das »eine Fläche von mehr als 20 000 Hektar«[132] bedecke. Am Sonntag, dem 22. Juli, bleiben Nachrichten aus der polnischen Hochwasserregion aus – in die Lücke stößt allerdings eine literarische, »Regen« betitelte »Sommergeschichte | Von K ä t h e L a m b e r t«, die die zeitgleiche Berichterstattung über eine in den Vereinigten Staaten seit Wochen anhaltende, erhebliche Ernteausfälle verursachende Trockenheit[133] mit derjenigen über die Überschwemmungen in Polen motivisch zusammenführt: Die zu Beginn der Erzählung vorherrschende »Dürre« wird abgelöst von ergiebigen Niederschlägen. Zunächst »rieselt es« nur, dann aber fällt »in dicken milden Strähnen[134] [...] Regen, schon schluckt und schlürft ihn die Erde ein«.[135] Am Montag, dem 23. Juli, erfahren die Leserinnen und Leser aus der Nummer des *Führers*, in die auch »Männer am Parana« aufgenommen ist, dass am Sonntag rheinabwärts, »über Bacharach und den Winzerdörfern Manubach, Oberdiebach und Rheindiebach ein schweres Unwetter [...] wolkenbruchartig nieder« gegangen ist, das die »Traubenernte in den heimgesuchten Weinber-

---

131 Die Hauptgefahr überwunden? Nachlassen der Niederschläge im polnischen Ueberschwemmungsgebiet. In: Der Führer. Das badische Kampfblatt für nationalsozialistische Politik und deutsche Kultur. HAUPTORGAN DER NSDAP GAU BADEN. *Ausgabe A*. Landesausgabe. Ausgabe: Karlsruhe. Karlsruhe, Freitag, den 20. Juli 1934, 8. Jahrgang / Folge 197, unpag., gez. S. 3.
132 Weichsel überflutet weitere Ortschaften. Rasches Steigen des Hochwassers bei Warschau. In: Der Führer. Das badische Kampfblatt für nationalsozialistische Politik und deutsche Kultur. HAUPTORGAN DER NSDAP GAU BADEN. *Ausgabe A*. Landesausgabe. Ausgabe: Karlsruhe. Karlsruhe, Samstag, den 21. Juli 1934. 8. Jahrgang / Folge 198, S. 2.
133 Vgl. Katastrophale Dürre in USA. Not und Elend in den Farmgebieten. In: Der Führer. Das badische Kampfblatt für nationalsozialistische Politik und deutsche Kultur. HAUPTORGAN DER NSDAP GAU BADEN. *Ausgabe A*. Landesausgabe. Ausgabe: Karlsruhe. Karlsruhe, Freitag, den

20. Juli 1934. 8. Jahrgang / Folge 197, S. 4; Millionenverluste durch die Dürre. Unvorstellbare Ernteschäden in den Vereinigten Staaten. In: Der Führer. Das badische Kampfblatt für nationalsozialistische Politik und deutsche Kultur. HAUPTORGAN DER NSDAP GAU BADEN. *Ausgabe B*. Montagausgabe. 8. Jahrgang Karlsruhe, Montag, den 23. Juli 1934 Folge 333 [recte: 200], S. 2.
134 Verbessert aus »Stränen«; V.M.
135 Regen. Eine Sommergeschichte. Von Käthe Lambert. In: Der Führer. Das badische Kampfblatt für nationalsozialistische Politik und deutsche Kultur. HAUPTORGAN DER NSDAP GAU BADEN. *Ausgabe A*. Landesausgabe. Ausgabe: Karlsruhe. Karlsruhe, Sonntag, den 22. Juli 1934. 8. Jahrgang / Folge 199. S. 8. Diese Geschichte: erst Dürre (und Trennungsdrohung) dann fruchtbarer Regen (und Schwangerschaft) schließt an die Berichte über die Dürre in den USA an.

gen«[136] wie »der Wolkenbruch«[137] im Parana-Gebiet der Erzählung die Yerba-Ernte »vollkommen vernichtet«[138] habe. Am Dienstag, dem 24. Juli, ruft eine Schlagzeile in Erinnerung, dass die »Hochwassergefahr bei Warschau noch nicht behoben«[139] ist. Und am Mittwoch, dem 25. Juli, teilt das Blatt mit, dass es in Polen wieder »Wolkenbrüche« gab, ein »erneutes Steigen der Flüsse« zu beobachten ist und die »[n]eue Hochwasserwelle« an »der Mündung des San in die Weichsel« eine wichtige »Eindeichung zerstört« habe, »so daß sich ein Riesensee gebildet hat; seine Länge beträgt 50, seine Breite 7 Kilometer, stellenweise steht das Wasser fünf Meter hoch über dem Grund. 15 000 Hektar Ackerland sind damit unbrauchbar gemacht«. Es konnten »4200 Personen in Sicherheit gebracht« werden, »der Rest hat Zuflucht auf den Hausdächern gesucht und harrt sehnlichst der Rettung [...] Allein der Verlust an vernichteter Ernte wird mit 4 Millionen Zloty veranschlagt«.[140] Eingebettet in diese Reihe von Meldungen und Berichten verlangt »Männer am Parana / Von Christian Munk« keine hermeneutisch aufwändige, das Hochwasser als Chiffre des »schlimmen Gegenwartsgeschehen[s]«[141] deutende Auslegung, zu sehr gleichen sich die faktualen ›Bilder‹ aus Polen und die fiktionalen aus Argentinien, die Schilderungen des unaufhaltsam ansteigenden Hochwassers, seiner zerstörerischen Auswirkungen auf Leib und Leben, Infrastruktur und Ernte, die Schilderungen von Menschen, die »sich fluchtartig auf die Dächer der Häuser retten«.[142]

6.2 »Zwei Männer im reißenden Wasser« im *Hamburger Tageblatt* 1936

Im *Führer* liefern die »Männer am Parana«, die die Katastrophe überstanden und das »Trockene«[143] ja schon wieder erreicht haben, gleichsam eine Art *role model* für die Leidtragenden der Überschwemmungen in Polen: Sobald es wieder trocken ist, gilt es – leicht gesagt aus dem Lesefauteuil in der badischen Ferne – »seinen Platz einzunehmen und den Mut nicht zu verlieren, verdammt noch mal . . . !«; der Farmer und sein Landarbeiter tun, was auch viele der Geschädigten in Polen notgedrungen tun werden, sie »fangen wieder an«.[144]

Anders liegen die Dinge für die Leserinnen und Leser des *Hamburger Tageblatts*, in dem Ende Oktober 1936 die Erzählung, diesmal unter dem Titel »Zwei Männer im reißenden Wasser | Der Parana droht / Von Christian Munk«[145], neuerlich veröffentlicht wird – wieder in einer Tageszeitung, wieder im Umfeld einer auf mehrere Nummern sich erstreckenden Berichterstattung über verheerende Überschwemmungen. Mit dem Unterschied allerdings, dass die Menschen an der Elbe und an der »gesamte[n] deutsche[n] Nordseeküste von Ostfriesland bis hinaus nach Nordschleswig«,[146] im Verbreitungsgebiet des *Hamburger Tageblatts* also, Berichte über dasjenige Hochwasser vorfinden, von dem sie selbst seit bald vierzehn Tagen unmittelbar betroffen sind. Am 19. Oktober berichtet das Blatt über einen zu diesem Zeitpunkt bereits »36 Stunden lang« geführten »erbitterten Kampf gegen die heranstürmenden Wassermassen«.[147] Da auf dieses Sturmtief gleich das nächste folgt – »Wieder Sturm und Hochwasser«[148] heißt es am 27. Oktober –, hält die Berichterstattung über die Hochwasserlage bis zum Abdruck von »Zwei Männer im reißenden Wasser« am 29. Oktober an. Wie

---

136 Schweres Unwetter über Bacharach und Umgebung. Große Weinbergschäden. In: Der Führer. Das badische Kampfblatt für nationalsozialistische Politik und deutsche Kultur. HAUPTORGAN DER NSDAP GAU BADEN. *Ausgabe B*. Montagausgabe. 8. Jahrgang Karlsruhe, Montag, den 23. Juli 1934 Folge 333 [recte: 200], S. 2.
137 Munk (Anm. 121); S. 8.
138 Schweres Unwetter über Bacharach und Umgebung (Anm. 136).
139 Hochwassergefahr bei Warschau noch nicht behoben. In: Der Führer. Das badische Kampfblatt für nationalsozialistische Politik und deutsche Kultur. HAUPTORGAN DER NSDAP GAU BADEN. *Ausgabe A*. Landesausgabe. Ausgabe: Karlsruhe. Karlsruhe, Dienstag, den 24. Juli 1934. 8. Jahrgang / Folge 201, S. 2.
140 Neue Hochwasserwelle in Polen. Wolkenbrüche verursachen erneutes Steigen der Flüsse. In: Der Führer. Das badische Kampfblatt für nationalsozialistische Politik und deutsche Kultur. HAUPTORGAN DER NSDAP GAU BADEN. *Ausgabe A*. Landesausgabe. Ausgabe: Karlsruhe. Karlsruhe, Mittwoch, den 25. Juli 1934. 8. Jahrgang / Folge 202, S. 2.
141 Sk. (Anm. 39), S. 2.
142 Die Unwetterkatastrophe bei Krakau. Riesige Ausmaße – Zahlreiche Menschen umgekommen. In: Der Führer. Das badische Kampfblatt für nationalsozialistische Politik und deutsche Kultur. HAUPTORGAN DER NSDAP GAU BADEN. *Ausgabe A*. Landesausgabe. Ausgabe: Karlsruhe. Karlsruhe, Mittwoch, den 18. Juli 1934. 8. Jahrgang / Folge 195, unpag., gez. S. 1.
143 Weisenborn (Anm. 42), S. 187.
144 Munk (Anm. 121), S. 8.
145 Zwei Männer im reißenden Wasser. Der Parana droht / Von Christian Munk. In: Hamburger Tageblatt. Die Tageszeitung der NSDAP und der Deutschen Arbeitsfront Gau Hamburg. Amtl. Nachrichtenblatt aller Behörden der Freien und Hansestadt Hamburg. Zweite Ausgabe. Nr. 297 — 8. Jahrgang. Hamburg, Donnerstag, 29. Oktober 1936, unpag., gez. S. 1.
146 36 Stunden Kampf gegen die Sturmflut. Orkan und Windstärke 12 über der Wasserkante – Dämme und Deiche bestanden ihre Feuerprobe – Neues Sturmtief rückt an. In: Hamburger Tageblatt. Die Tageszeitung der NSDAP und der Deutschen Arbeitsfront Gau Hamburg. Amtl. Nachrichtenblatt aller Behörden der Freien und Hansestadt Hamburg. Nr. 287 – 8. Jahrgang. Hamburg, Montag, 19. Oktober 1936, S. 1–2, hier S. 1.
147 36 Stunden Kampf (Anm. 146), S. 1.
148 Wieder Sturm und Hochwasser. In: Hamburger Tageblatt. Die Tageszeitung der NSDAP und der Deutschen Arbeitsfront Gau Hamburg. Amtl. Nachrichtenblatt aller Behörden der Freien und Hansestadt Hamburg. Nr. 295 – 8. Jahrgang. Hamburg, Dienstag, 27. Oktober 1936, unpag., S. 5.

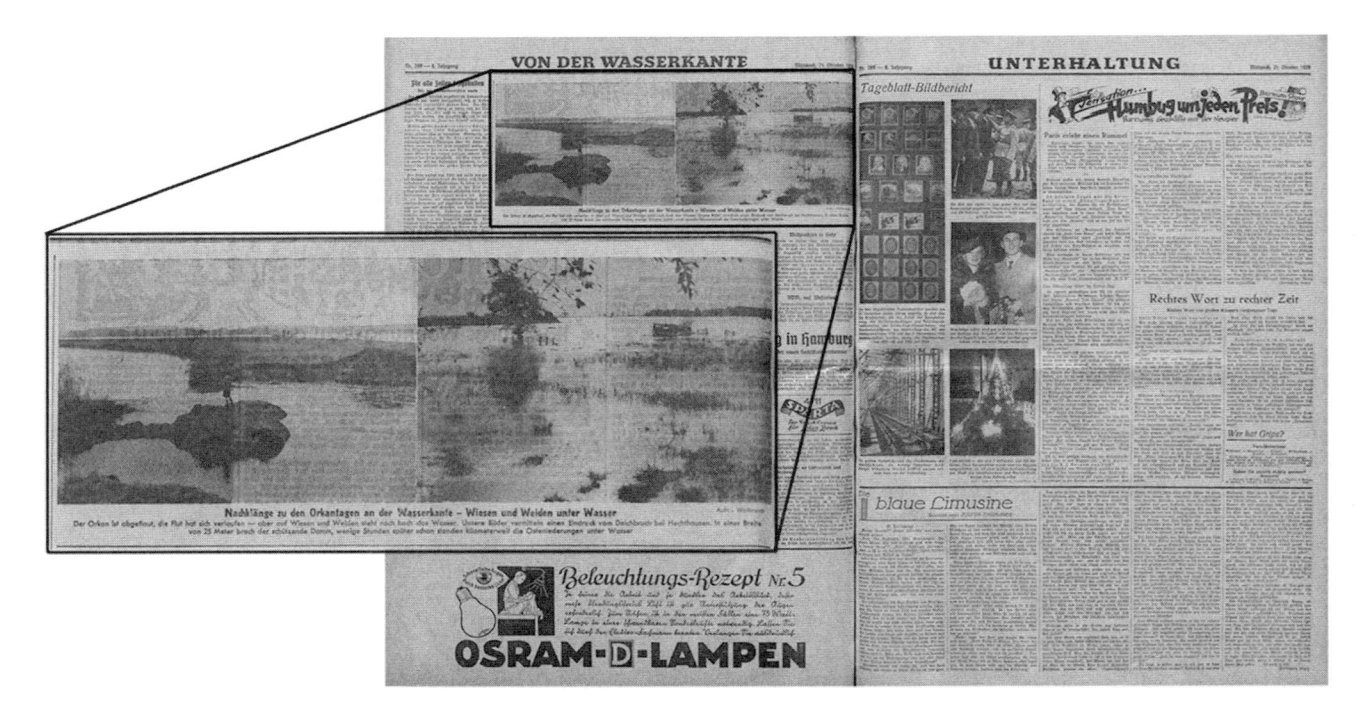

Abb. 4: Hochwasser hinter dem Deich.

in der fiktionalen Welt der argentinischen Tropen, so werden auch in der faktualen der norddeutschen Küstenregionen »Holzhäuser und Buden [...] abgetrieben«,[149] »Felder sind [...] kilometerweit überschwemmt«,[150] man sieht Erntegut »auf dem Wasser treiben«.[151] »Sieben Arbeiter« – der Bericht wechselt dramatisierend ins Präsens – »sind vom Meer eingeschlossen. So schnell war die Flut da [...]. Nur noch ½ Meter sind es bis zum Dach der notdürftigen Unterkunft [...]. Wird das Wasser noch so weit steigen? [...] Es sind bange Stunden [...] für die Eingeschlossenen. Was soll man tun? Wie ihnen helfen?« Wird es dazu kommen, »daß die Fluten die Erde um die Pfähle wegspülen [...] und daß der gesamte Barackenbau umgeworfen wird«?[152] Wird es den Arbeitern ergehen wie den »elf Menschen, die sich«, so ist es in der Nummer vom 28. Oktober aus dem Sturmflutjahr Jahr 1756 überliefert, »bei einem Deichbruch auf das Dach eines Hauses gerettet hatten«, »auf diesem Strohdach fortgetrieben« wurden, »nach 24 schreckenserfüllten Stunden« aber »gerettet werden« konnten?[153] Haben die Leserinnen und Leser die Rettung der Elf 1756 und die der Sieben (auch sie werden geborgen) im Oktober 1936 noch in frischer Erinnerung, wenn sie auf der Titelseite der nächsten Nummer unter dem Feuilletonstrich auf »Zwei Männer im reißenden Wasser« stoßen, die dies Schicksal teilen, denen widerfährt, was den sieben Arbeitern erspart blieb? »Als das Wasser das Dach erreicht hatte, stieß es die Hausmauern nachlässig um. Das Dach stürzte von den gebrochenen Pfosten, schaukelte und krachte, dann drehte es sich um sich selbst und trieb« mit den beiden Männern darauf »in die rauschende Finsternis hinaus«, »ging einen langen Weg« und »sank immer tiefer«.[154]

---

149 Orkan und Sturmflut wüten an der Wasserkante. Hafengegend unter Wasser — Hunderte Keller liefen voll — Höchste Alarmbereitschaft bei der Feuerwehr — Neues Tief zu erwarten. In: Hamburger Tageblatt. Die Tageszeitung der NSDAP und der Deutschen Arbeitsfront Gau Hamburg. Amtl. Nachrichtenblatt aller Behörden der Freien und Hansestadt Hamburg. Zweite Ausgabe. Nr. 287 — 8. Jahrgang. Hamburg, Montag, 19. Oktober 1936, unpag., gez. S. 5.
150 Die Deiche haben gehalten. Sturmfahrt zum ›Blanken Hans‹ — Heldenhafte Arbeit an den bedrohten Stellen. In: Hamburger Tageblatt. Die Tageszeitung der NSDAP und der Deutschen Arbeitsfront Gau Hamburg. Amtl. Nachrichtenblatt aller Behörden der Freien und Hansestadt Hamburg. Nr. 296 – 8. Jahrgang. Hamburg, Mittwoch, 28. Oktober 1936, S. 2.
151 Die Deiche haben gehalten (Anm. 150), S. 2.
152 Die Deiche haben gehalten (Anm. 150), S. 2.

153 Hochwasser-Katastrophen in Alt-Hamburg. Tausende von Menschen kamen in den Sturmfluten um — Schreckenstage im Landgebiet. In: Hamburger Tageblatt. Die Tageszeitung der NSDAP und der Deutschen Arbeitsfront Gau Hamburg. Amtl. Nachrichtenblatt aller Behörden der Freien und Hansestadt Hamburg. Nr. 296 – 8. Jahrgang. Hamburg, Mittwoch, 28. Oktober 1936, S. 6.
154 Munk (Anm. 145), gez. S. 1.

Abb. 5: Das Thema Hochwasser überspült den Feuilletonstrich.

Wie im Sommer 1934 der badische *Führer*, so regt im Herbst 1936 auch das *Hamburger Tageblatt* Austauschprozesse an, Überlagerungen, Vermischungen, wechselseitige Durchdringungen zwischen der vorgestellten Welt eines Erzähltextes und der faktualen Berichterstattung über die aktuelle empirische Wirklichkeit (Abb. 4).

Ontologisch getrennt sind die Sphären auf den Doppelseiten des medialen Formats ›Tageszeitung‹ durch den Feuilletonstrich, der den Körper derjenigen, die das entsprechende Blatt in Händen halten und lesen, der Sphäre der Unterhaltung und Kultur zuschlägt, den ›Absolutismus der Wirklichkeit‹, die Sphäre der Politik und der Ökonomie hingegen in sicherere Distanz rückt. Insbesondere im *Hamburger Tageblatt* vom 29. Oktober 1936 wird die typographisch markierte, gleichwohl »zutiefst porös[e]«[155] Grenze des Feuilletonstrichs vom Thema ›Hochwasser‹ aber, gerade so wie hie und da die Deiche an der Küste,[156] durchdrungen: Die bedrohliche Flut ergießt sich unversehens auch ins ›sichere‹ Terrain des (Doppel-)Seitenlayouts, dringt ein in die Sphäre der Unterhaltung und der Kultur: Jenseits des typographischen Dammes, in der Sphäre ungeschönter Wirklichkeit die Schlagzeile »Wrack« der während der Sturmflut gekenterten »›Elbe I‹ gefunden?«, diesseits des Feuilletonstrichs – sind es Schiffbrüchige der »Elbe I«? – »Zwei Männer im reißenden Wasser«[157] (Abb. 5).

Während die verheerenden Auswirkungen der Hochwasserkatastrophe an der polnischen Weichsel im »GAU BADEN« vom Fenster aus nicht zu sehen sind, haben die Menschen im »Gau Hamburg« und an der »Wasserkante«[158] das, wovon sie lesen, unmittelbar vor Augen, womöglich laufen bereits die ersten »Kellerwohnungen […] voll«.[159] Die von der Sturmflut Betroffenen werden vor deren Folgen stehen wie der Farmer der gleichsam einen Ausblick gebenden Erzählung vor seiner »vernichtet[en]«[160] Plantage. Und sie haben die Wahl, ob sie die Erzählung als ermutigenden Zuspruch auffassen, dem Beispiel des argentinischen Pflanzers folgen und, statt ihren »Mut […] zu verlieren«,[161] wieder von vorn anfangen wollen, ob sie sie als willkommene Ablenkung, als unterhaltsamen Thrill konsumieren oder ob sie die Platzierung von Munks »Zwei Männer im reißenden Wasser« im Umfeld der Katastrophenberichte als taktlose Entscheidung von Redaktion und Blattmacher einstufen, als dem Anschein nach übergriffige Literarisierung ihrer eigenen unglücklichen Situation.

7 Szenen- und Medienformatwechsel: »FARMER UND PEON« im *argentinischen volkskalender 1937*: »von seinem Herrn gehalten«

Wenige Wochen nachdem das *Hamburger Tageblatt* die Hochwasser-Texte veröffentlicht hat, in der zweiten Dezemberhälfte 1936, liefert rund zwölftausend Kilometer südwestlich von der norddeutschen »Wasserkante« der Verlag Alemann & Cía. in Buenos Aires als *JAHRBUCH DES A[R]GENTINISCHEN TAGEBLATTES UND DES ARGENTINISCHEN WOCHENBLATTES* den fast zweihundert Seiten starken elften Jahrgang des nur in wenigen öffentlichen Bibliotheken Deutschlands greifbaren *argentinischen volkskalenders 1937* aus[162] (Abb. 6).

Er richtet sich an ein deutschsprachiges Publikum von »a n n ä h e r n d 250 000 M e n s c h e n . A l l e i n i n B u e n o s A i r e s , der Landeshauptstadt, beträgt die Anzahl der Reichsdeutschen etwa 40 000, zu denen nochmals die gleiche Anzahl Deutschstämmiger aus anderen europäischen Ländern kommt.«[163] Viele der potentiellen Leserinnen und Leser

---

155 Weber: Un-/endliche Geheimnisse, S. 49. »Über dem Strich werden die Debatten abgedruckt, die unter dem Strich zumindest potentiell in Geschichten umgewandelt werden könnten« (S. 56). Vgl. zur Differenzierung der beiden Sphären Bachleitner: Fiktive Nachrichten, S. 20.
156 Vgl. z. B. den »Eindruck vom Deichbruch bei Hechthausen«; Nachklänge zu den Orkantagen an der Wasserkante – Wiesen und Weiden unter Wasser. In: Hamburger Tageblatt. Die Tageszeitung der NSDAP und der Deutschen Arbeitsfront Gau Hamburg. Amtl. Nachrichtenblatt aller Behörden der Freien und Hansestadt Hamburg. Zweite Ausgabe. Nr. 289 — 8. Jahrgang. Hamburg, Mittwoch, 21. Oktober 1936, unpag., gez. S. 6.
157 Hamburger Tageblatt. Die Tageszeitung der NSDAP und der Deutschen Arbeitsfront Gau Hamburg. Amtl. Nachrichtenblatt aller Behörden der Freien und Hansestadt Hamburg. Zweite Ausgabe. Nr. 297 — 8. Jahrgang. Hamburg, Donnerstag, 29. Oktober 1936, unpag., gez. S. 1.
158 36 Stunden Kampf (Anm. 146), S. 1.
159 Orkan und Sturmflut wüten an der Wasserkante (Anm. 149), S. 5.
160 Orkan und Sturmflut (Anm. 159), S. 5.

---

161 Munk (Anm. 121), S. 8.
162 Vgl. argentinischer volkskalender 1937. JAHRBUCH DES A[R]GENTINISCHEN TAGEBLATTES UND DES ARGENTINISCHEN WOCHENBLATTES. XI. JAHRGANG. Druck und Verlag: ALEMANN & Cía, Ltda. S. A. G. – Buenos Aires – Tucuman 307–09–13. Den *terminus post quem* bildet der letzte Eintrag im allgemeinen Teil des »Zeitgeschichtlichen Kalenders« unter dem Datum des 14. Dezember 1936; der letzte Eintrag im argentinischen Teil datiert auf den 13. Dezember 1936; vgl. Zeitgeschichtlicher Kalender. Zusammengestellt von Hellmuth Bachmann. In: ebd., S. 53–89, hier S. 82 und S. 89.
163 *Zur IV. Reichstagung der Auslandsdeutschen:* Jn der Fremde der Heimat treu. Das Deutschtum in Argentinien – Früher zersplittert, ziellos und verjudet, heute im Nationalsozialismus geeint. 29. August 1936. In: Nationalsozialistische Partei-Korrespondenz. NSK. Pressedienst der NSDAP. NSK Folge 201. Blatt 3–4, hier Blatt 3. Zu vergleichbaren Zahlen kommt zehn Jahre zuvor und ohne antisemitisch-ideologische Verbrämung Heinz Kloss: HOCHSCHULE IN ÜBERSEE. In: ZEITSCHRIFT FÜR GEOPOLITIK. *VERBUNDEN MIT DER ZEITSCHRIFT.* WELTPOLITIK UND

Abb. 6: *argentinischer volkskalender 1937* mit bedrucktem Pappeinband.

Abb. 7: Rancho eines Kolonisten.

stammen von den »zahlreiche[n] deutsche[n] Auswanderer[n]« ab, »die in der Mitte und gegen Ende des vorigen Jahrhunderts als Kolonisten der argentinischen Regierung w e r t v o l l e D i e n s t e i n d e r U r b a r m a c h u n g d e s L a n d e s g e l e i s t e t h a b e n «.[164] Wie man sich deren beschwerlichen Alltag vorzustellen hat, veranschaulicht die im *volkskalender* abgedruckte photographische »Aufnahme« eines gewissen »Tschamler«. Sie zeigt den »Rancho eines neuen Kolonisten in Campo Grande, Misiones«, im Nordosten Argentiniens unweit des Río Paraná, und lässt sich mit dem gut achtzig Seiten weiter abgedruckten literarischen Beitrag »FARMER | UND | PEON | VON CHRISTIAN MUNK«[165] in Verbindung bringen. Hat man sich in Buenos Aires, Rosario, Tucumán, Corrientes, Santa Fe[166] und in den anderen Provinzen und großen Städten mit einer deutschsprachigen *community* das »Wohnhaus« des Farmers oder den »Rancho des Peons«, den der Río Paraná mitgerissen hat, so einfach und ärmlich vorzustellen[167] (Abb. 7)?

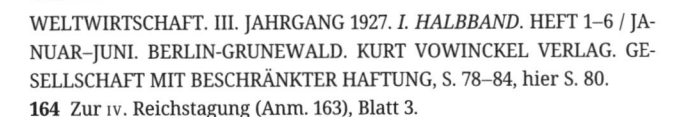

WELTWIRTSCHAFT. III. JAHRGANG 1927. *I. HALBBAND.* HEFT 1–6 / JANUAR–JUNI. BERLIN-GRUNEWALD. KURT VOWINCKEL VERLAG. GESELLSCHAFT MIT BESCHRÄNKTER HAFTUNG, S. 78–84, hier S. 80.
164 Zur IV. Reichstagung (Anm. 163), Blatt 3.
165 Vgl. FARMER UND PEON. VON CHRISTIAN MUNK. In: argentinischer volkskalender 1937 (Anm. 162), S. 125–127.
166 Vgl. zur mutmaßlichen Verbreitung des *volkskalenders* das Inserentenverzeichnis. In: argentinischer volkskalender 1937 (Anm. 162), S. 197.
167 Regelmäßige Leserinnen und Leser des *argentinischen volkskalenders* sind mit den einfachen Hütten der das Land urbar machenden Kolonisten durch die reichhaltigen Bildbeigaben vertraut; vgl. z. B. Typischer, primitiver argentinischer Rancho mit Lehmofen zum Brotbacken. In: ARGENTINISCHER VOLKSKALENDER 1933. JAHRBUCH DES ARGENTINISCHEN TAGEBLATTES UND DES ARGENTINISCHEN WOCHENBLATTES ⸱ BUENOS AIRES. ARGENTINISCHER VOLKSKALENDER 1933. JAHRBUCH DES ARGENTINISCHEN TAGEBLATTES UND DES ARGENTINISCHEN WOCHENBLATTES. DRUCK UND VERLAG: ALEMANN & Cía Ltda. S.A.G. BUENOS AIRES – TUCUMAN 307-09-13 – ARGENTINIEN, S. 34; Eine Siedlung in Eldorado (Misiones) nach zweieinhalbjähriger Arbeit. In: argentinischer volkskalender 1936. ARGENTINISCHER VOLKSKALENDER 1936. JAHRBUCH DES ARGENTINISCHEN TAGEBLATTES UND DES ARGENTINISCHEN WOCHENBLATTES. DRUCK UND VERLAG: ALEMANN & Cía Ltda. S.A.G. BUENOS AIRES – TUCUMAN 307-09-13 – ARGENTINIEN, S. 108.

Abb. 8: Typographie und Sozialgefüge.

Der Titel der Erzählung richtet die Aufmerksamkeit auf den sozialen Status der zwei Männer und markiert damit die zwischen beiden bestehende, durch den Schriftzug des Titels visualisierte Hierarchie: oben der »FARMER« – ein Kolonist? –, darunter, ihm auch buchstäblich unterstellt, der »PEON«: Herr und Knecht. Die Titelgraphik stellt allerdings auf den Landarbeiter scharf, gibt ihm im Unterschied zum Farmer ein Gesicht: »Der Peon [...] war ein Indianer, der« – diese Konkretisierung bildet zwölf Zeilen darunter geradezu die Bildunterschrift der Graphik – angesichts der herannahenden Flut »mit breitem, eisernem Gesicht ins Leere starrte«[168] (Abb. 8).

Für seinen Blick ins Leere, vorbei an der Leserin, am Leser, gibt die Erzählinstanz nach und nach in Frage kommende Gründe an: »Der Rancho des Peons war« in den Fluten »verschwunden«, »[s]eine Frau war ertrunken«,[169] »und sein Kind [...]. Er hatte nichts mehr, was ihn zu leben verlockte«.[170] Anders der Farmer: Zwar betrachtet er sich selbst als »vernichtet« (mit der Ergänzung »das wusste er« markiert die Erzählinstanz die Innensicht), zwar hat er ein »Vermögen in Gestalt von endlosen Teefeldern mit saftgrünen Yerbabüschen« verloren, doch ist ihm im Unterschied zum Peon »seine Frau« geblieben; sie befindet sich »in der Stadt.«[171] Außerdem verfügt er nach wie vor über bestellbares Ackerland. Nur dem Anschein nach ist daher die Ungleichheit der beiden eingeebnet, als sie, auf dem Schilfdach stromabwärts treibend, ›im selben Boot sitzen‹, der Farmer »seine letzte Zigarette [...] in zwei Teile« bricht und »dem Indio eines« davon anbietet. Diese Geste der Egalisierung lässt im Zusammenspiel mit dem »würzigen Geschmack des Tabaks« aus der

---

168 Munk (Anm. 165), S. 125.

169 Munk (Anm. 165), S. 125.
170 Munk (Anm. 165), S. 127.
171 Munk (Anm. 165), S. 125.

vom Peon empfundenen »Feindschaft [...] ein Gefühl der Treue« werden, eine Wahrnehmung, die die Erzählinstanz unzweideutig (wieder liegt Innensicht vor) dem Knecht zuordnet: »Er ist ein guter Kamerad, dachte der Peon«.[172] Dass der Peon, als er vom sich auflösenden Schilfdach herab ins Wasser zu springen sucht, »von seinem Herrn gehalten« und »wieder aus dem Wasser« gezogen wird, erweist den Farmer allerdings nur vor flüchtigen Blicken als »gute[n] Kamerad[en]«, der das Selbstopfer des andern zu seinem eigenen Vorteil offenbar nicht anzunehmen bereit ist: In der Verabschiedungsformel des Knechts: »Der Dienst ist aus, adios señor!«,[173] liegt auch die unmittelbare Bedrohung eines sich auflösenden Herrschaftsverhältnisses, das der Farmer (als hätte er die bekannten Formulierungen aus der *Phänomenologie des Geistes* im Sinn) zu restituieren versteht, indem er seinen Peon zurück- und das identitätsbildende Bewusstsein seiner Herrschaft aufrechterhält. »Der Herr bezieht sich *auf den Knecht mittelbar durch das selbständige Sein*; denn eben hieran ist der Knecht gehalten; es ist seine Kette«.[174] Indem der Farmer ihm befiehlt, »seinen Platz einzunehmen«, auf dem Schilfdach ebenso wie in der Sozialordnung, »und [...] wieder an[zufangen]«,[175] und indem der Peon sich dem Restitutionsbegehren des Farmers bereitwillig unterwirft – »›Bueno‹, sagte der Indianer«[176] –, stellen Herr und Knecht die alte Ordnung, die Klassengesellschaft einvernehmlich wieder her. Einvernehmlich zwar, aber ohne Sensorium für die gesellschaftlichen Implikationen des vorgesehenen Neuanfangs.

Weder sie selbst geben Klassenbewusstsein zu erkennen, noch steuert die Erzählinstanz entsprechende Kommentare bei, doch legen Erzählung und mediales Format untrennbar verbunden zum Ensemble des Druckerzeugnisses eine solche Lesart nahe: Durch das thematisch affine Bildangebot, durch den soziale Differenz markierenden Titel und durch seine typographisch in Szene gesetzte Hierarchie. Adressiert ist ein in Argentinien lebendes, Landwirtschaft betreibendes und lesendes, allem Anschein nach bürgerliches deutschsprachiges Publikum,[177] dessen soziale Konturen sich in anderen Beiträgen,[178] in zahlreichen Werbeinseraten und im den Jahrgang beschließenden »Inserentenverzeichnis« abzeichnen: Man geht zur Unterhaltung ins Kino (»Metro-Goldwyn-Mayer«, »United Artists«, »Universal«) oder holt sich Lesestoff aus der »Buchhandlung«, deckt sich für die Ausübung des Berufs mit »Schreibmaschinen« ein, mit »Schreinerbedarf«, »Klebstoffe[n]« oder mit Maschinen aus der »Officina Técnica«, stattet die eigene Wohnung aus mit »Kochherde[n]«, »Tapisserie, Dekorationen«, elektrischen Geräten (»Cía [...] de Eletricidad«), sorgt für das leibliche Wohl mit Produkten aus der »Industria Lechera«, dem »Kaffee-Geschäft«, der »Cerveceria«, der »Deutsche[n] Bäckerei und Konditorei« oder der »Fiambrería« und nimmt die medizinische Versorgung in Anspruch, für die »Clinica Dental«, die »Apotheke«, aber auch ein die »Naturheilmethode« praktizierender Arzt werben.[179] Wie man sich einen Leser des *volkskalenders* vorzustellen hat, gibt eine Graphik zu erkennen, die dem Beitrag »KUNSTGRIFFE UND NOTBEHELFE« beigegeben ist: Das Haar gekämmt, die Erscheinung gepflegt, mit Ärmelschoner bei der Arbeit am Schreibtisch, und – »bewahrt« er doch seinen »Tuschetopf« eigens »mit einem Streifen Zeichenpapier und Reisszwecken [...] vor dem Umkippen«[180] – offensichtlich nicht auf Umsturz sinnend (Abb. 9).

---

172 Munk (Anm. 165), S. 127.
173 Munk (Anm. 165), S. 127.
174 GEORG WILHELM FRIEDRICH HEGEL: PHÄNOMENOLOGIE DES GEISTES. NACH DEM TEXTE DER ORIGINALAUSGABE. HERAUSGEGEBEN VON JOHANNES HOFFMEISTER. DER PHILOSOPHISCHEN BIBLIOTHEK BAND 114. LEIPZIG 1937 / VERLAG VON FELIX MEINER, S. 146.
175 Munk (Anm. 165), S. 127.
176 Munk (Anm. 165), S. 127. Just (Anm. 44), S. 76, zufolge »[h]at die Tatsache, daß die beiden Männer Herr (Farmer) und Knecht (Peon) sind«, »[n]icht den geringsten« »Einfluß auf die Geschichte« – eine Einschätzung, die der Abdruck im *argentinischen volkskalender 1937* nicht stützt.
177 Vgl. zur deutsch-argentinischen Migrationsgeschichte, zu den hohen Anteilen jüdischer, linksintellektueller und politischer Migrantinnen und Migranten in der deutschen *community* sowie zu deren sozialer Milieuzugehörigkeit in den 1930er und 40er Jahren Saint Sauveur-Henn: Exotische Zuflucht?, S. 242–268.
178 Vgl. z.B. den Beitrag über die »argentinischen Niederschlagsverhältnisse«, der dezidiert den »Landwirt« adressiert; *Die argentinischen Niederschlagsverhältnisse*. Von Dr. Lunkenheimer. Professor für Geophysik, Universitätssternwarte La Plata. In: ARGENTINISCHER VOLKSKALENDER 1934. JAHRBUCH DES ARGENTINISCHEN TAGEBLATTES UND DES ARGENTINISCHEN WOCHENBLATTES ▪ BUENOS AIRES. ARGENTINISCHER VOLKSKALENDER 1934. JAHRBUCH DES ARGENTINISCHEN TAGEBLATTES UND DES ARGENTINISCHEN WOCHENBLATTES. DRUCK UND VERLAG: ALEMANN & CÍA Ltda. S.A.G. BUENOS AIRES – TUCUMAN 307-09-13 – ARGENTINIEN, S. 35–45, hier S. 45.
179 Inserentenverzeichnis (Anm. 166). Folgt man der verklärten Darstellung Wilhelm Keipers, so gibt es unter den in Argentinien lebenden Deutschen »Arbeiter und Handwerker, Bauern und Landarbeiter, Kellner und Friseure, aber ihr Hauptansehen und ihre stärkste Kraft liegt im Handel, in der Jndustrie und in der Wissenschaft. [...] An allen argentinischen Universitäten wirken deutsche Professoren. Deutsche Jngenieure und Ärzte und Chemiker sind besonders bevorzugt, auch auf das höhere Schulwesen haben deutsche Professoren und Oberlehrer Einfluß ausgeübt, deutsche Offiziere waren an der Ausbildung des argentinischen Heeres beteiligt. So wird deutsche Tüchtigkeit, Gründlichkeit und Sachlichkeit von allen ernsthaften Argentiniern geschätzt«; Wilhelm Keiper: Die Deutschen und das Land Argentinien. In: Der Deutsche in Argentinien. Für Jugend und Volk zusammengestellt von Prof. Dr. Wilhelm Keiper. Direktor der Belgrano- und Germania-Schule in Buenos Aires. Langensalza: Julius Beltz o.J. [1928], S. 56–57, hier S. 57.
180 KUNSTGRIFFE UND NOTBEHELFE. In: argentinischer volkskalender 1937 (Anm. 162), S. 44.

Abb. 1. Ein mit einem Streifen Zeichenpapier und Reisszwecken gesicherter Tuschetopf wird vor dem Umkippen bewahrt

Abb. 9: Umsturz nicht vorgesehen: der Leser des *volkskalenders*.

8 »a warm campfire, a hot cup of coffee, and a good smoke« – *Die einsame Herde* 1937

Womöglich gehören zu den Leserinnen und Lesern des *argentinischen volkskalenders 1937* auch die Sozialisten und Kommunistinnen, die Intellektuellen, Künstlerinnen und Journalisten, die Jüdinnen und Juden, die in den 1930er Jahren in beträchtlicher Zahl vor dem nationalsozialistischen Regime ins argentinische Exil geflüchtet sind und dort wie »alle Emigranten« des »Deutschen Reiches« das von den Herausgebern und Verlegern des *volkskalenders* ebenfalls veröffentlichte, offen »gegen den Nationalsozialismus Stellung« beziehende *Argentinische Tageblatt* gelesen haben. Es bildet den »kulturellen Sammelpunkt der deutschsprachigen Exilanten in Buenos Aires«,[181] ist am »23. April 1933 von Hitler innerhalb des Deutschen Reiches« allerdings »verboten« worden.[182] Dort, im »Deutschen Reich« hingegen erfreut man

---

181 Saint Sauveur-Henn (Anm. 177), S. 259.
182 [Redaktioneller Hinweis.] In: Argentinisches Tageblatt. Diario alemán independiente y noticioso. Sonntag, 4. April 1937. XLIX. Jahrgang Nr. 14 842, S. 4.

sich zwar nicht mehr am *Argentinischen Wochenblatt*, wohl aber ungebrochen an der Exotik Argentiniens, beispielsweise an der *wilden blühenden Pampa*, wie 1937 die durchweg positiven Reaktionen auf eine Neuerscheinung mit diesem Untertitel, eine Buchveröffentlichung von Christian Munk zu erkennen geben (Abb. 10 & 11).

Das »Werk« versetze

> uns in die großartige, endlose Weite der argentinischen Steppe mit ihren tückischen Gefahren, durch die eine riesige Rinderherde zieht, zusammengehalten und geführt von einigen verwegenen Gauchos, die ihr Leben auf dem Pferde verbringen und nicht glücklich sind, wenn das Abenteuer ausbleibt. Der Verfasser nimmt an diesem Zuge teil und hört den wetterharten Männern zu, wenn sie einander am nächtlichen Feuer Geschichten erzählen […] – kurz: ein überaus unterhaltsames Buch von kraftvoll-kernigem Stil[.][183]

Das sind die (allem Anschein nach dem Klappentext des Buches entnommenen)[184] Ingredienzien, die die Kritiker im

---

183 Anmerkung von Dr. Georg Meyer im Anschluss an Der Kampf mit dem Untier / Eine Geschichte aus der argentinischen Pampa. *Von Christian Munk*. In: Hamburger Fremdenblatt. Nr. 122. Dienstag, 4. Mai 1937. Abend-Ausgabe. 109. Jahrgang. 2. Vierteljahr, S. 1–2, hier S. 2.
184 »Visionär ersteht vor dem Auge des Lesers die *Weite der argentinischen Pampa: Endlos* ist das *Land*, nichts begrenzt den Horizont, am nächtlichen Himmel steht strahlend und still das Kreuz des Südens. Der Blick gleitet über Tausende und aber Tausende Tierleiber, die Rücken der Rinder, die ständig in Bewegung, dem Land das Bild eines wogenden Feldes geben. Dies ist der Schauplatz. Eine Rahmenerzählung wie Tausendundeine Nacht — auch hier *nächtlich erzählte Geschichten*. Die sich die *Geschichten erzählen*, sind v i e r G a u c h o s, die eine *r i e s i g e R i n d e r h e r d e* durch die Einsamkeit, die Dürre und den Sumpf der Pampa zu treiben haben. Sie sind *stolz* auf ihren Beruf, den vornehmsten Beruf Südamerikas. Ihre *Geschichten*, die sie sich an den *nächtlichen Feuern erzählen*, sind so karg und *stolz* und *abenteuerlich* wie ihr Beruf, auch so voll von *verwegenem Mut*, Lust am *gefährlichen Abenteuer* und wortloser, *männlicher Kameradschaftlichkeit*. Die Geschichten sind nicht kunstlos erzählt: jeder der vier Männer setzt seinen Stolz darein, seine Geschichte so eindrücklich wie möglich zu erzählen oder sogar vorzuführen. Jeder der Vier erzählt anders, und es kann – wenn wir uns die Mühe geben, genauer hinzusehen – dunkel hinter den Geschichten, die sie erzählen, das Bild des Erzählers in seiner ganz besonderen Eigenart auftauchen: des schwermütigen und leidenschaftlichen Mariano, des wortkargen, erfahrenen Capataz der Herde, der beiden Jüngeren, Sereno und Narciso, die lebhaft und sprudelnd, aber auch v o l l e r S p ä ß e und t o l l e r E i n f ä l l e sind. Sie ziehen viele Wochen lang; Naturgewalten treiben ihnen die Herde auseinander, Tropengewitter, die die Tiere im Scheine der Blitze auseinanderjagen. Die Dürre greift nach dem Leben der Jungtiere, von denen die Muttertiere nicht lassen – sie hält den Lauf der Herde auf. Die Vier sind immer auf dem Posten, und beiseite reitet der *Verfasser*, der auf diesem Herden*zug* einen der tiefsten Eindrücke seines Lebens empfing«; Klappentext zu: Christian Munk: Die einsame Herde. Buch der wilden blühenden Pampa. Wilhelm Heyne Verlag in Dresden. Buchausstattung von Ilse Scherpe, Berlin. Alle Rechte vorbehalten. Copyright 1937 by Wilhelm Heyse Verlag in Dresden. Printed in Germany. Druck von Fischer & Wittig in Leipzig; meine Hervorhebun-

Frühjahr, Sommer und Herbst 1937 durchweg überzeugen: das »farbenreiche[] Bild der argentinischen Pampa«,[185] der »mutige[n], männlich-stolze[n] [...] Seele eines wundervollen Landes«,[186] »Mannesmut und Härte«[187] der »verwegenen Gauchos«[188] und am offenen Feuer unter freiem Nachthimmel ausgetauschte »Geschichten voll Mut und selbstverstandener männlicher Kameradschaft«,[189] »Geschichten, die unserem braven Ohr wild und fremd klingen«.[190]

So fremd waren die Geschichten allerdings gar nicht, denn mindestens siebzehn der neunundzwanzig Lagerfeuererzählungen sind zum Zeitpunkt, da *Die einsame Herde* als »[s]oeben [...] erschienen« angezeigt wurde, im April 1937,[191] veröffentlicht (s. Tabelle 1), darunter auch »*Zwei Männer*«, alias »Männer am Parana«, alias »Zwei Männer im reißenden Wasser«, alias »FARMER UND PEON« – hier nun unter dem Titel »*Von den Männern und der Sintflut*«.[192] Während die Erzählung in der Anthologie TAUSEND GRAMM, in den Tageszeitungen *Der Führer* und *Hamburger Tageblatt* und im *argentinischen volkskalender 1937* in die jeweiligen Paratext-Umgebungen eingelassen ist, ihre Lektüre also durch benachbarte Wort- und Bildbeiträge mit formatiert wird, unterliegt sie hier – innerhalb des Erzählzyklus von *Die einsame Herde* – in erster Linie intratextuellen Wechselwirkungen. Und während sich die formatspezifischen Verständnisprozesse, die die Anthologie, die Tageszeitungen, der Volkskalender anstoßen,[193] auf Kontingenzen, Koinzidenzen und redaktionelle oder Layout-Entscheidungen zurückführen lassen, liegt die Verantwortung im Erzählzyklus vor allem beim übergeordneten Erzähltext, beim Erzählregime.[194] Da »*Von den Männern und der Sintflut*« zu den neunundzwanzig Lagerfeuergeschichten gehört, sind in den Verständnisprozess natürlich die anderen Binnenerzählungen und, wichtiger noch, der narrative Rahmen mit einzubeziehen. Welcher der »verwegenen Gauchos«[195] erzählt sie, wodurch veranlasst und bei welcher Gelegenheit, im Anschluss an welche andere Erzählung, wem, zu welchem Zeitpunkt, unter welchen situativen Vorzeichen und – darauf richte ich im Folgenden vorrangig meine Aufmerksamkeit – welche Kommunikation im Vorfeld und im Anschluss an die Mitteilung anstoßend?

---

gen: kursiv; V.M. »[D]aß zahlreiche Blätter den Klappentext wörtlich übernehmen«, »die Rezensenten oft auf die Klappentexte zurückgreifen«, hat umfassend nachgewiesen: Gollhardt: Studien zum Klappentext, S. 2115, 2117.
185 Walther Schieck: Aus fernen Ländern. In: Dresdner Nachrichten. Morgen-Ausgabe. Mittwoch, 25. August 1937; Literarische Umschau. Dresdner Nachrichten Mittwoch, 25. August 1937, unpag., gez. S. 9.
186 Edmund Pesch: Christian Munk: Die einsame Herde. In: Tremonia. Central-Volksblatt für den Kreis Arnsberg. Nummer 272. Arnsberg, Mittwoch, den 24. November 1937. 82. Jahrgang, unpag., gez. S. 7.
187 Walter Goch: Christian Munk. Die einsame Herde. Verlag Wilhelm Heyne. Dresden. In: Westfälische Neueste Nachrichten. Vereinigt mit NS-Volksblatt. Bielefelder Stadtanzeiger. Bielefeld, Freitag, 28. Mai 1937. Amtliches Organ der NSDAP und sämtlicher Behörden. Nr. 122 / 37. Jahrgang. Ausgabe A; Buch und Dichter der Zeit. Westfälische Neueste Nachrichten. Nr. 120. Drittes Blatt, unpag., gez. S. 10.
188 Meyer (Anm. 183), S. 2.
189 Pesch (Anm. 186), S. 7.
190 Heinz Dohm: Neue Bücher. Die einsame Herde. In: General-Anzeiger für Bonn und Umgegend. Bonner Nachrichten. Godesberger Nachrichten / Siegburger Nachrichten / Euskirchener Nachrichten. 49. Jahrgang – Nr. 15 899. Mittwoch, der 28. Iuli 1937, S. 3.
191 Als »[s]oeben [...] erschienen[es]« »prachtvoll männliches Abenteuerbuch« zeigt der Heyne Verlag *Die einsame Herde* ganzseitig an in: Börsenblatt für den Deutschen Buchhandel. Eigentum des Börsenvereins der Deutschen Buchhändler zu Leipzig. Nr. 81. Leipzig, Sonnabend den 10. April 1937, S. 1683. Das Tägliche Verzeichnis der Neuerscheinungen datiert das Erscheinen auf den 16. April 1937; vgl. Tägliches Verzeichnis der Neuerscheinungen. Allgemeine Ausgabe. Bearbeitet von der Deutschen Bücherei. BEILAGE ZUM BÖRSENBLATT FÜR DEN DEUTSCHEN BUCHHANDEL. Nr. 86 16. April 1937. S. 500.
192 Munk (Anm. 184), S. 103–108.

---

193 Dass »die Bedeutungen eines Textes von den Formen abhängig sind, in denen ihn die Leser (oder Hörer) rezipieren und aneignen«, hat in seiner wegweisenden, buch- und literaturwissenschaftliche Erkenntnisinteressen zusammenführenden Studie Roger Chartier betont; Chartier: Lesewelten, S. 7–8. Unterschiedliche »Editionsform[en]« (Chartier, S. 13), in denen literarische Texte vorliegen, zeitigen je spezifisch ›formatierte‹ Lektüren.
194 Zu berücksichtigen sind ferner (das gilt für das anthologische und die periodischen Formate gleichermaßen) materielle und peritextuelle Parameter wie Einband- und Schutzumschlag, Klappentext u.ä.
195 Meyer (Anm. 183), S. 2.

Abb. 10: *Die einsame Herde* 1937 in der »Buchausstattung von Ilse Scherpe«.

Abb. 11: im Leineneinband mit und ohne Schutzumschlag.

Tab. 1: Veröffentlichungen von Binnenerzählungen vor Erscheinen von *Die einsame Herde* im April 1937.

Titel der Binnenerzählung in *Die einsame Herde* (1937), Seitenzahlen in Klammern	Identifizierte Abdrucke bis April 1937				
Der alte Gaucho erzählt das Abenteuer von den überlisteten Pferdedieben (17–25)	4.6.1936	11.6.1936	12.6.1936		
Die Geschichte von zwei Männern im Urwaldkrieg (26–32)	30.8.1935				
Sereno erzählt, wie man eine Kuh umwirft (33–38)	15.9.1934	22.9.1934	6.10.1934	18.12.1936	28.12.1936
Ein atemberaubendes Spiel um Carmelina (40–46)					
Geschichte von drei Tänzerinnen im Wasser (47–52)					
Die Geschichte vom Kilo Rindfleisch und den drei grauen Haaren (56–61)	31.8.1935	5.4.1937			
Das Abenteuer eines indianischen Schmugglers (62–67)					
»Ein Leben oder hundert?«, sagte der alte Gaucho versonnen, (68–72)	14.8.1934	2.12.1934			
Das blutige Abenteuer der Reiherjäger (77–83)					
Wie wir den Teufel Alguierrez besiegten (84–89)					
Duell im dunklen Keller (90–94)	25.10.1934				
Serenos Geschichte von den Ameisen (99–102)	22.3.1935				
Von den Männern und der Sintflut (103–108)	23.7.1934	29.10.1936	1936		
… warum die Stadt Apostoles kein elektrisches Licht bekommen hat (109–118)					
Jaimes Erlebnis mit den furchtbaren Pferden (119–122)	19.3.1936	6.4.1936			
Sereno berichtet von der Indianerin und der Todesdogge (127–131)					
Die Geschichte vom Mann in Beton (131–137)					
Wie Sereno einen Prahler bekehrte (138–141)					
Die Geschichte von Maria und dem letzten Waggon (149–155)	15.9.1934				
Narcisso erzählt von den Bomben für Esmeralda (158–162)	10.11.1935	18.11.1935			
Tigerjim war ein Mann wie ein Teufel (163–170)	21.1.1936				
Die Geschichte vom Kind und dem Skorpion! (170–175)	15.12.1936	3.2.1936			

8.1 Narcissos »wahre Geschichte« »Von den Männern und der Sintflut«

Nun finden in der Steppe nicht ästhetisch beschlagene und kommunikationsfreudige *hombres de letras* zusammen, Serapionsbrüder gleichsam, sondern in literarischen Angelegenheiten dilettierende und eher wortkarge Literaturenthusiasten: »Als der junge Sereno« mit seiner Erzählung fertig war, »nickten die Männer nachdenklich«.[196] Und »als Mariano seine Geschichte beendet« hat, kommt es zu keiner Aussprache, weder über das vorgestellte Geschehen noch über die Art des Vortrags: »Die Gauchos nickten langsam«.[197] Nach einer anderen Geschichte aus dem Repertoire Marianos »schüttelte« »[d]er alte Jaime […] den Kopf über die jungen Gauchos von heute. Dann aber gähnte er; es war Zeit zu schlafen«.[198] Gelegentlich ist zu erfahren, dass den Zuhörern eine Erzählung gefallen habe oder dass über das Mitgeteilte gelacht wurde.[199] Wenn die Viehtreiber überhaupt intensiver miteinander kommunizieren, dann über die Herausforderungen ihrer Aufgabe: eine große Rinderherde vom Río Chico nach Santo Tomé zu bringen. In das kommunikative Vakuum stößt auch nicht der Ich-Erzähler – nicht in seiner Rolle als »Gast«[200] und ›teilnehmender Beobachter‹ der Viehtreiber, und auch nicht in seiner Funktion als nachträglicher narrativer Vermittler. Wenn er etwas erläutert, dann am ehesten und in gleichsam ethnographischer Manier die Praxis der Viehtreiber: ihre Reitkünste, was und wie sie essen

---

196 Munk (Anm. 184), S. 31.
197 Munk (Anm. 184), S. 46.
198 Munk (Anm. 184), S. 94.
199 Vgl. Munk (Anm. 184), S. 25, 38.
200 Munk (Anm. 184), S. 13.

und trinken, ihren sicheren Umgang mit dem Lasso, ihre Fähigkeit, das Vieh, das Wetter, die Landschaft zu ›lesen‹.[201] Das Erzählen selbst wird nur selten und, wenn, dann äußerst lakonisch thematisiert.[202] Hieran gemessen geradezu eingehende poetologische Reflexionen sind hingegen der Binnenerzählung »*Von den Männern und der Sintflut*« vorangestellt:

> Sereno hatte noch nicht geendet, als Narcisso ungeduldig fragte, ob er auch eine wahre Geschichte erzählen könne. Sie sei vor einigen Jahren geschehen. Er kenne die Farm, er habe dort Pferde zugeritten. Narcisso schien es eilig zu haben, diese Geschichte zu erzählen, und erst später begriffen wir ihn, als wir hörten, welche große Rolle das Wasser in der Geschichte spielte, das Wasser, auf das unsere Herde so wartete. Gut, Jaime [...] nickte, und Narcisso begann[.][203]

Zur Debatte steht die Faktualität dessen, was Narcisso zu erzählen beabsichtigt, etwas, das »vor einigen Jahren geschehen« sei, sich tatsächlich ereignet habe und dessen Authentizität Narcisso zu unterstreichen sucht. Entscheidend ist nun allerdings, dass er die »wahre Geschichte« nicht selbst (mit-)erlebt zu haben behauptet, sondern lediglich versichert, dass die »Farm« wirklich existiere, was wiederum daran zu erkennen sei, dass er »dort« selbst »Pferde zugeritten« habe. Der Faktizitätsanspruch erstreckt sich also gar nicht darauf, dass die »Geschichte [...] geschehen«[204] sei, gar nicht auf ein Geschehen, dessen Zeuge Narcisso nicht gewesen sein kann, lastet auf dem stromabwärts treibenden Schilfdach doch ausdrücklich nur das »Gewicht zweier Männer«,[205] dasjenige des Farmers und seines Knechts, aber keines Dritten. Kenntnis von den Ereignissen auf dem Río Paraná kann Narcisso daher nur durch eine der beiden beteiligten Personen oder durch eine Mittlerinstanz erlangt haben, und zwar nach dem Hochwasser, zu einem Zeitpunkt also, da die Farm so weit in Stand gesetzt war, dass »dort« schon wieder »Pferde zugeritten« werden konnten. Die Erzählung verbleibt außerdem konsequent in der dritten Person; es heißt: »Der Farmer [...] saß auf einer Maiskiste«,[206] nicht aber: ›Der Farmer saß neben mir auf einer Maiskiste‹ oder: ›Der Farmer [...] saß, wie ich vom Fenster aus sehen konnte, auf einer Maiskiste‹. Narcissos »Geschichte« gibt sich also nicht als Tatsachenbericht, nicht als »Wirklichkeitsaussage«,[207] sondern dezidiert als literarische Erzählung zu erkennen. Gestützt wird diese Einschätzung durch die von Käte Hamburger als Fiktionsanzeige (weil »das Imperfekt des fiktionalen Erzählens keine Vergangenheitsaussage ist«) qualifizierte Verbindung von präteritalen Verba und in die Gegenwart oder Zukunft weisenden Temporaldeiktika:[208] »Jetzt aber halfen keine Patronen und kein scharfes Auge«[209] und: »Jetzt schon brachen einzelne Bündel ab«.[210]

Das *Buch der wilden blühenden Pampa* richtet das Augenmerk derjenigen, die bei Narcissos Erzählung »*Von den Männern und der Sintflut*« angelangt sind, also auf den Erzählakt und seine soziale Funktion, auf das Verhältnis von Faktualität und Fiktionalität und auf die Begründung von Literarizität. Zwar finden sich auch im Umfeld der anderen Geschichten vereinzelt metafiktionale Hinweise – die Geschichte von Mariano beispielsweise veranlasst den Ich-Erzähler einzugestehen, dass er »heute noch nicht« wisse, »ob er«, Mariano, »sie wirklich erlebt hat oder nicht«,[211] auf eine Geschichte von Narcisso, »ein Erlebnis [...], das« er »im Rio Negro gehabt habe«,[212] reagiert Sereno mit der skeptischen Bemerkung, »daß er diese Geschichte nicht glaube. Es sei eine Prahlerei«[213] –, doch erreichen die einleitenden Bemerkungen zu »*Von den Männern und der Sintflut*« die intensivste poetologische Durchdringung. Im Mittelpunkt der metafiktionalen Äußerungen, sei's der fünf Männer am Feuer, sei's in der späteren narrativen Darbietung durch

---

[201] Die einsame Herde folgt in der Charakter- und Typenzeichnung dem eurozentrischen Blick: »Der G a u c h o gehört in die Pampa, wo er sich den Rancho, seine Hütte, baut. Mit dem Pferd verwachsen wie der Indianer durchstreift er die unabsehbaren Grassteppen, in denen er sich mit Hilfe seines angeborenen Ortssinns zurechtfindet, halbwild wie die Rinderherden, die er mit Peitsche und Lasso in Zucht hält. [...] [I]mmer noch nötigt er uns Bewunderung ab, wenn er im Dienst des Großgrundbesitzers die Herden zusammentreibt und von dem schäumenden Pferd aus mit selten fehlendem Wurf einem bestimmten Tier in der brüllenden und wild durcheinanderwogenden Masse das Seil um den Hals wirft«; Kultur, Presse, Politik und Deutschtum in Argentinien. Von Professor Dr. von Hauff, früher Oberlehrer an der Germania-Schule in Buenos Aires. In: Argentinien. Wirtschaft und Wirtschaftsgrundlagen von Albet Frölich. Dr. Rudolf Großmann. Professor Dr. von Hauff. Konsul Dr. Kurt Martin. Dr. jur. J. Ulrich Müller. Dr. Pfannenschmidt. Bankdirektor Wilhelm Tang. Hermann Weil. Herausgegeben von DR. JOSEF HELLAUER O. PROFESSOR AN DER UNIVERSITÄT FRANKFURT A. M. Berlin und Leipzig 1921. Vereinigung wissenschaftlicher Verleger. Walter de Gruyter & Co. Vormals G. J. Göschen'sche Verlagshandlung / J. Guttentag, Verlagsbuchhandlung / Georg Reimer / Karl J. Trübner / Veit & Comp. S. 46–60, hier S. 48.
[202] Das »lebhafte Erzählgespräch«, wie es Andreas Beck: Geselliges Erzählen in Rahmenzyklen. Goethe – Tieck – E.T.A. Hoffmann. Heidelberg: Winter 2008, S. 36, zufolge gattungskonstitutiv ist und den »Rahmen als Ort poetologischer Selbstreflexion« (S. 26) ausweist, ist nicht Sache der wortkargen Viehtreiber.
[203] Munk (Anm. 184), S. 102–103.
[204] Munk (Anm. 184), S. 102.
[205] Munk (Anm. 184), S. 107.
[206] Munk (Anm. 184), S. 102–103.
[207] Hamburger: Die Logik der Dichtung, S. 33.
[208] Vgl. Hamburger (Anm. 207), insbesondere S. 32–34, Zitat: S. 32.
[209] Munk (Anm. 184), S. 104.
[210] Munk (Anm. 184), S. 107.
[211] Munk (Anm. 184), S. 39.
[212] Munk (Anm. 184), S. 131.
[213] Munk (Anm. 184), S. 137.

das Sprecher-Ich, steht das Verhältnis zwischen empirischem Geschehen und erzählerischer Repräsentation. Erzählungen, denen kein plausibles, vorzugsweise in ihrer eigenen Lebenswelt verankertes Erlebnis, und sei's auch nur ein von verlässlichen Dritten übermitteltes zugrunde liegt, erhalten keinen Beifall von den Viehtreibern. Komplizierte Handlungen, narratologisches Kalkül, kunstvolle Ausgestaltung, eine gestenreiche Darbietung – alles dies hingegen schätzen die Männer und suchen es selber auch umzusetzen. Dem Ich-Erzähler »war aufgefallen, daß diese abendlichen Geschichten am Feuer von den Männern sehr ernst genommen wurden. Sie prüften sie, sie beschäftigten sich schon am Tag vorher damit, um sie abends gut erzählen zu können«.[214] Geschichten hingegen, die nicht wahr sind oder nicht für wahr genommen werden können, missfallen den Viehtreibern:

> Es sei eine Prahlerei von dem Ingenieur gewesen, jenen Alonzo aus dem Pfeiler herauszusprengen. Er halte es für unmöglich. Der Ingenieur habe sich einen guten Namen machen wollen. Diesen fremden Ingenieuren sei alles zuzutrauen.
> Aber Alonzo erklärte, daß die Geschichte wahr sei und nichts mit Prahlerei zu tun habe.
> »Nun«, erwiderte Sereno, »ich will euch erzählen, was wir einmal mit einem Prahler angefangen haben [...].«[215]

Was ist – diese Übertragung liegt freilich auf der Hand – ihm selbst – dem Fremden, dem »Gringo«,[216] der die Begegnung mit den Viehtreibern ja erzählerisch aufbereitet, wohl »alles zuzutrauen«?[217] Wie ist die Erzählung desjenigen zu bewerten, den »[d]ie Gauchos [...] als Gast aufgenommen«[218] hatten und der ihnen ihre Geschichten entlockte, indem er zunächst selbst »erzählte, was« er »von ihrem Land alles gesehen hatte«, der »die Schönheit der Pampa und die Wildheit der Urwälder ihres Landes«[219] lobte? »[Z]wei Monate«[220] in Gesellschaft der unablässig Geschichten erzählenden Viehtreiber haben den Ich-Erzähler »allmählich vertraut« gemacht »mit ihren Gebräuchen und Gedanken«[221] und – das gilt es zu prüfen – womöglich auch mit ihrem Ethos und den von ihnen praktizierten Verfahren des Erzählens.

---

214 Munk (Anm. 184), S. 46.
215 Munk (Anm. 184), S. 137.
216 Munk (Anm. 184), S. 82.
217 Munk (Anm. 184), S. 137.
218 Munk (Anm. 184), S. 13.
219 Munk (Anm. 184), S. 16.
220 Munk (Anm. 184), S. 218.
221 Munk (Anm. 184), S. 181.

8.2 »und beiseite reitet der Verfasser« – Klappentext, Schutzumschlag und Fiktionalitätsanzeige

In dieser Einschätzung bestärkt wird das Lesepublikum 1937 durch einen formattypischen Peritext, den Klappentext, der den Ich-Erzähler kurz entschlossen identifiziert: »Die Vier sind immer auf dem Posten, und beiseite reitet der Verfasser, der auf diesem Herdenzug einen der tiefsten Eindrücke seines Lebens empfing.«[222] »[B]eiseite reitet« auch der den von Ilse Scherpe[223] gestalteten Schutzumschlag (s. Abb. 10) zierende Mann, dessen Pferd sich aufbäumt und (an Pegasos gemahnend?) einer (Staub-)Wolke zu entsteigen scheint. Ins Bild gesetzt ist allem Anschein nach »der Verfasser« selbst, nicht etwa einer – und, wäre es so, warum dann nur einer? – der vier argentinischen Viehtreiber.[224] Von der Rinderherde, die den gesamten Umschlag ornamental grundiert, die Druckfläche von oben rechts nach unten links diagonal

---

222 Munk (Anm. 184), Klappentext.
223 Das ALLGEMEINE LEXIKON DER BILDENDEN KÜNSTLER (ALLGEMEINES LEXIKON DER BILDENDEN KÜNSTLER VON DER ANTIKE BIS ZUR GEGENWART. BEGRÜNDET VON ULRICH THIEME UND FELIX BECKER. UNTER MITWIRKUNG VON ETWA 400 FACHGELEHRTEN BEARBEITET UND REDIGIERT VON H. VOLLMER, B. C. KREPLIN, L. SCHEEWE, H. WOLFF, O. KELLNER. HERAUSGEGEBEN VON HANS VOLLMER. DREISSIGSTER BAND Scheffel – Siemerding. LEIPZIG VERLAG VON E. A. SEEMANN 1936 kennt Ilse Scherpe nicht (aufgeführt ist lediglich der Bildhauer Johann Scherpe; S. 36), wohl aber das Berliner Adreßbuch 1936. Unter Benutzung amtlicher Quellen. Erster Band. I. Teil Einwohner und Firmen, nach Namen geordnet. Verlag August Scherl Deutsche Adreßbuch-Gesellschaft m. b. H. Berlin SW 19, Leipziger Straße 76 · Fernsprecher A 7 Donhoff Sammel-Nummer 1571. (Mitglied des Reichsverbandes des Adreß- und Anzeigenbuchverlags-Gewerbes, S. 1479: »Scherpe, J, Bildhauerin«, wohnhaft in Schöneberg.
224 Der Erzähler konturiert sie einerseits als Individuen mit Vorgeschichten, die sich in ihren Erzählungen andeuten, präsentiert sie andererseits aber auch als Repräsentanten typischer Formen von Maskulinität. Alle sind »Männer der Pampa, Gauchos, die sehr stolz und abweisend sind« (Munk, Anm. 184, S. 16), haben »breite[], eiserne[] Gesichter[]« (S. 118) und »spr[e]chen nicht viel« (S. 16). »Jaime [...] war klein und dürr und saß nachlässig im Sattel, aber er hatte schon Hunderte von wilden Pferden gebrochen« (S. 17). Mariano, »der schwermütige« (S. 89), »unverwüstliche« (S. 148), »rätselvolle« (S. 155), »düstere« (S. 182), »war ein dunkler, glühender Rauhreiter [...] mit unheimlichem Ernst [...], einsam, rauh und männlich [...]. Er war riesig und voller schwerer Kraft, seine Augen brannten dunkel in seinem unbeweglichen Gesicht. Es waren die Augen der Pampa, die so scharf sind, daß sie jeden Grashalm am Horizont zählen können« (S. 38–39). »Narcisso [...] war ein echter, braunhäutiger Sohn der Pampa, schmal und voller Nerv, der meist sehr still war, aber urplötzlich pantherhaft aufbrausen konnte« (S. 61). »[D]er junge Sereno« (S. 32) erheitert die andern mit »seiner lustigen« (S. 38) »seiner lebhaften Art« (S. 99). Und jeder von ihnen »dachte« früher oder später »an seine Chica irgendwo im Land. Sie war weit weg, und die Männer waren immer unterwegs, aber sie sehnten sich nach der Companera« (S. 156–157).

durchquert, nimmt er gar keine Notiz. Sein Lasso[225] schlingt sich nicht wie beispielsweise dasjenige Marianos »um das Gehörn des Stieres«,[226] fängt nicht aus dem Herdenzug ausscherende Tiere ein, sondern, als hätte er die Geschichten der Viehtreiber zusammengetrieben, den Titelschriftzug des Buches »DIE EINSAME HERDE«. Nicht zufällig trägt sein Pferd einen Namen, der ins Reich der Dichtung führt: »Fabel«, »erdichtete Erzählung«,[227] – auf ihr reitet kein Viehtreiber, sondern einer, der Geschichten ›einfängt‹ und sie in eine eigene einpfercht wie »eine Handvoll Pferde in den Corral«.[228] Als unverbrüchliche Union setzen mediales Format und literarischer Text eine selbstreferentielle Verdichtung in Szene.[229] Autorschaft bestimmt sie als Zusammenspiel anthologischer und kreativer Verfahren.

1937 lässt sich freilich nicht klären, ob der Verfasser seine Geschichte vom Einsammeln der »nächtlich erzählte[n] Geschichten«[230] »wirklich erlebt hat oder nicht«.[231] Als Druckobjekt ermutigt *Die einsame Herde* das Publikum aber nachgerade, die Kriterien der Viehtreiber anzulegen: sich im Erzählen einerseits dem Plausibilitätsgebot zu unterwerfen und die Geschichte in der eigenen Lebenswelt zu verankern, andererseits aber von der Lizenz zur literarischen Gestaltung Gebrauch zu machen, das Erzählen ›sehr ernst zu nehmen‹, die Erzählung ›zu prüfen‹, sich intensiv ›damit zu beschäftigen‹, »um sie [...] gut erzählen zu können«.[232] Angenommen, die Leserinnen und Leser von *Die einsame Herde* entscheiden sich – sensibilisiert durch Narcissos Ankündigung einer »Wirklichkeitsaussage«,[233] dass er »eine wahre Geschichte erzählen« wolle, die »vor einigen Jahren geschehen«[234] sei, und sensibilisiert durch die von ihm mehrfach eingesetzte Verbindung des Temporaladverbs »jetzt« mit dem Imperfekt,[235] die seine Geschichte »*Von den Männern und der Sintflut*« als fiktional markiert –, die Rede des Ich-Erzählers ›sehr ernst zu nehmen‹, genau ›zu prüfen‹, sich intensiv ›damit zu beschäftigen‹, und beginnen damit gleich an Ort und Stelle, bei der Wiederaufnahme der Rahmenerzählung nach Narcissos Geschichte: Zu welchem Urteil werden sie gelangen?

> Als Narcisso seine Geschichte beendet hatte, hörten wir draußen Schritte und sahen eine riesige, undeutliche Gestalt in der Dunkelheit sich nähern. Aber bald erkannten wir Mariano, der uns nicht anblickte, sondern schweigend in unserer Mitte Platz nahm und in das Feuer starrte.
> »Wo warst du?« fragte unser vorlauter Sereno.
> Mariano sah in ihn nachdenklich an, dann entgegnete er: »Ich wollte sehen, ob ich nicht heimlich an den Brunnen konnte, die Tiere können nicht schlafen vor Durst. Aber die Peone passen auf.«
> Er wollte Wasser für die Rinder holen. Guter Mariano.
> Jaime belobte ihn. Wir anderen hatten seine Abwesenheit nicht bemerkt. Schließlich stieß Sereno ihn an und fragte, ob er nicht auch erzählen wolle, wie?[236]

Zweimal nutzt der Erzähler das Plusquamperfekt, um ein vorzeitiges Geschehen auszudrücken: dass Narcisso seine Geschichte beendet hat und dass Jaime, Narcisso, Sereno und das erzählte Ich selbst, der »Gringo«,[237] die Abwesenheit Marianos nicht bemerkt haben. Zu ergänzen wäre, dass Mariano den Versuch unternommen hat, Wasser zu holen, denn auch diese Tätigkeit liegt gemessen am Hier und Jetzt der Zusammenkunft am Feuer in der Vergangenheit. Diesen Sachverhalt drückt der Erzähler allerdings präterital aus: »Er wollte Wasser [...] holen«,[238] statt durch ein Plusquamperfekt: ›Er hatte Wasser holen wollen‹. Die Leserin, der Leser steht vor der Wahl, dies als Verstoß gegen die Zeitordnung der Rede zu bestimmen oder als Gedanken, den das erzählte Ich in dem Moment fasst, da Mariano aus der Dunkelheit zurückkehrt: im Hier und Jetzt der Zusammenkunft am nächtlichen Feuer, in der Gegenwart des erzählten Geschehens also, mit anderen Worten: als erlebte Rede, als »kunstvollste[s] Mittel der Fiktionalisierung des epischen Erzählens«.[239]

---

225 Das Sprecher-Ich »schwang [...] bald« schon, noch ehe erzählt wird, »ebenfalls den Lasso«; Munk (Anm. 184), S. 14–15.
226 Munk (Anm. 184), S. 219–220.
227 Deutsches Wörterbuch von Fr. L. K. Weigand. Fünfte Auflage in der neusten für Deutschland, Österreich und die Schweiz gültigen amtlichen Rechtschreibung. Nach des Verfassers Tode vollständig neu bearbeitet von Karl von Bahder, a. o. Prof. a. d. Univ. Leipzig, Herman Hirt, a. o. Prof. a. d. Univ. Leipzig, Karl Kant, Privatgelehrten in Leipzig. Herausgegeben von Herman Hirt. Erster Band A – K. Verlag von Alfred Töpelmann (vormals J. Ricker) Gießen 1909, s.v. ›Fabel‹, Sp. 485.
228 Munk (Anm. 184), S. 25.
229 Nur wenn man wie Roswita Schwarz: Vom expressionistischen Aufbruch zur Inneren Emigration. Günther Weisenborns weltanschauliche und künstlerische Entwicklung in der Weimarer Republik und im *Dritten Reich*. Frankfurt a. M.: Lang 1995, im aus seiner materiellen Vorliegenheit abstrahierten ›Text‹ die kritische Bewertung »[g]esellschaftliche[r] Auseinandersetzungen und politische[r] Machtverhältnisse« (S. 308) als Maßstab ästhetischer Qualität anlegt, kann man *Die einsame Herde* als Zeugnis einer »Trivialisierung« (S. 305) ansprechen.
230 Munk (Anm. 184), Klappentext.
231 Munk (Anm. 184), S. 39.
232 Munk (Anm. 184), S. 46.
233 Hamburger (Anm. 207), S. 64.
234 Munk (Anm. 184), S. 102.
235 »Jetzt aber halfen keine Patronen und kein scharfes Auge« (Munk, Anm. 184, S. 104); »Jetzt schon brachen einzelne Bündel ab« (Munk, Anm. 184, S. 107). Vgl. hierzu Hamburger (Anm. 207), S. 65–66.
236 Munk (Anm. 184), S. 108–109.
237 Munk (Anm. 184), S. 82.
238 Munk (Anm. 184), S. 109.
239 Hamburger (Anm. 207), S. 75.

Von den poetischen Freiheiten, die Narcisso sich nimmt, um seine Geschichte »gut erzählen zu können«,[240] macht also auch das erzählende Ich Gebrauch. Und wie Narcisso darauf insistiert, dass seine »Geschichte [...] geschehen« sei, so nimmt auch *Die einsame Herde* für sich Anspruch, tatsächlich Erlebtes zu präsentieren, indem das Buch peritextuell, von einem Standort aus, der nicht Teil der vorgestellten Welt ist und auch nicht zur Sphäre des Erzählens gehört, das Erzählte zu beglaubigen sucht. Mitgeteilt werden »Eindrücke«, die »der Verfasser [...] auf diesem Herdenzug [...] empfing.«[241] Ein Verfahren, dessen »Suggestion«[242] offenbar verfängt: »Der Verfasser nimmt an diesem Zuge teil«, meint Georg Meyer im *Hamburger Fremdenblatt*.[243] Und auch Heinz Dohm, der *Die einsame Herde* für den *General-Anzeiger für Bonn und Umgegend* bespricht, ist sich sicher, dass »Christian Munk [...] ein Begleiter der vier Gauchos« war.[244] Ebenso Walther Schleck in der *Literarischen Umschau* der *Dresdner Nachrichten*: Er erkennt »Geschichten, die sich vier Rinderhirten, zu denen sich der Verfasser gesellt hat, am abendlichen Lagerfeuer erzählt haben« und die sich zu dem »farbenreiche[n] Bild der argentinischen Pampa« vereinen, »in der Munk einen der tiefsten Eindrücke seines Lebens empfing.«[245] Und Heinz Haufe, von dem zu erfahren ist, dass sich den Viehtreibern ein »Europäer [...] angeschlossen [hat]: Christian Munk, der Autor des Buches ›Die einsame Herde[‹]«.[246] Nicht anders Richard Zanker, der für den *Schwäbischen Merkur* rezensiert: »Mit diesen vier Männern der Wildnis reiste der Verfasser und hört ihre Geschichten, die er uns in seinem [...] Buche möglichst naturgetreu wiedererzählte.«[247] Theo Schröter unterrichtet die Literaturinteressierten des *Duisburger General-Anzeigers*, dass ein »Deutscher [...] die Gauchos belauscht« und »ihre Abenteuer [...] in seinem Buch ›Die einsame Herde‹«[248] wiedergegeben habe. Henry Bleckmann teilt in der *Westfälischen Landeszeitung* seine Lektüreerfahrung mit dem Publikum: »Wir begleiten den Verfasser im Sattel«.[249] Edmund Pesch schließlich, der für das *Central-Volksblatt Tremonia* rezensiert, »spürt aus den Worten Christian Munks, daß dieser Ritt durch die Pampas ihm«, Munk, »die tiefsten Eindrücke seines Lebens geschenkt hat.«[250]

8.3 *Die einsame Herde* – neue Auflagen, neue Ausgaben und ihr Metaisierungspotential

In der zweiten Jahreshälfte 1938 erscheint *Die einsame Herde* in zweiter Auflage und neuer Aufmachung.[251] Zwar ist der Werksatz weitgehend identisch,[252] sind Druckgestalt und Wortlaut der erzählten Geschichte also unverändert, doch ist das äußere Erscheinungsbild ein anderes. Wer Gelegenheit hat, ein Exemplar der ersten Auflage vergleichend heranzuziehen, wird zunächst den Schutzumschlag vermissen und bemerken, dass der Einbandrücken nicht mehr mit der an Groteskversalien angelehnten Handschrift bedruckt ist. Autorname und Titel werden nun durch eine im Schriftgrad deutlich angehobene gefettete Fraktur und als Liegetitel repräsentiert. Während der zierliche Rückentitel der ersten Auflage in der Vertikalen noch ausreichend Platz hat für eine

---

240 Munk (Anm. 184), S. 46.
241 Munk (Anm. 184), Klappentext.
242 Gollhardt (Anm. 184), S. 2123.
243 Meyer (Anm. 183), S. 2.
244 Dohm (Anm. 190), S. 3.
245 Walther Schleck: Aus fernen Ländern. In: Dresdner Nachrichten. Morgen-Ausgabe. Nr. 397. Mittwoch, 25. August 1937. Literarische Umschau. S. 9.
246 Dr. Heinz Haufe: Aus der argentinischen Pampa. In: Dresdner Neueste Nachrichten mit Handels- und Jndustrie-Zeitung. Nr. 125. Dienstag, 1. Juni 1937. 45. Jahrgang. S. 10.
247 Richard Zanker: Die einsame Herde. In: Schwäbischer Merkur. Mit Schwäbischer Kronik und Handelszeitung. Süddeutsche Zeitung. Nr. 196. Stuttgart, Dienstag 24. August 1937. S. 4.
248 Dr. Theo Schröter: Aus fremden Ländern. In: General-Anzeiger für das westfälische Jndustriegebiet und das westfälische Münsterland. Duisburger General-Anzeiger. 56. Jahrg. Nummer 162 Dienstag, 15. Juni 1937. Buch der Zeit, unpag., gez. S. 13.

249 Henry Bleckmann: Zaubervolle Fernen. Fahrten- und Abenteuerbücher aus aller Welt. In: Westfälische Landeszeitung. Rote Erde. Wochenend-Ausgabe. Amtliches Blatt der National-Sozialistischen Deutschen Arbeiter-Partei. Ausgabe D 50. Jahrgang · Folge 163 Sonntag, 20. Juni 1937. Buch und Nation. Literatur-Beilage, unpag., gez. S. 6.
250 Pesch (Anm. 186), S. 7. Bezeichnenderweise stellt Paul Wagner: Munk, Christian: »Die einsame Herde«. In: Das Deutsche Wort und Die Große Übersicht DER LITERARISCHEN WELT NEUE FOLGE. Herausgegeben von Hans Bott. 15. JAHRGANG HEFT 2 MÄRZ–APRIL 1939, S. 124, der sich auf die zweite Auflage ohne den Klappentext bezieht, diese Verbindung nicht her. Er spricht nicht vom Verfasser, sondern nur vom »Erzähler, der ihr [der Viehtreiber] Gast sein darf«.
251 Vgl. Christian Munk: Die einsame Herde. Buch der wilden blühenden Pampa. Wilhelm Heyne Verlag Dresden. 2. Auflage. Alle Rechte vorbehalten. Copyright 1937 by Wilhelm Heyne Verlag in Dresden. Printed in Germany. Druck von Fischer & Wittig in Leipzig. Während die erste Auflage in »Leinen« für »RM 4.—« und »kartoniert« für »RM 3.—« angeboten wird (vgl. [Anzeige.], 10.4.1937, Anm. 191), ist die zweite Auflage ausschließlich in »L[einen]« zum »Ladenpreis« von »3,60« RM im Angebot; Neuaufnahmen der Barsortimente. Oktober 1938. In: Börsenblatt für den Deutschen Buchhandel. Eigentum des Börsenvereins der Deutschen Buchhändler zu Leipzig. Umschlag zu Nr. 247. Leipzig, Sonnabend den 22. Oktober 1938. 105. Jahrgang. S. 5940–5942, hier S. 5941; analog Wagner (Anm. 250), S. 124.
252 Der Erstdruck führt »Narzisso« (Munk, Anm. 184, S. 46) mit »z« ein, wechselt dann aber zu »Narcisso« mit »c«, während die 2. Auflage »Narzisso« (Munk, Anm. 251, S. 46) durchgehend mit »z« schreibt. Außerdem sind die Titel der Binnenerzählungen aus unterschiedlichen Kursiven gesetzt.

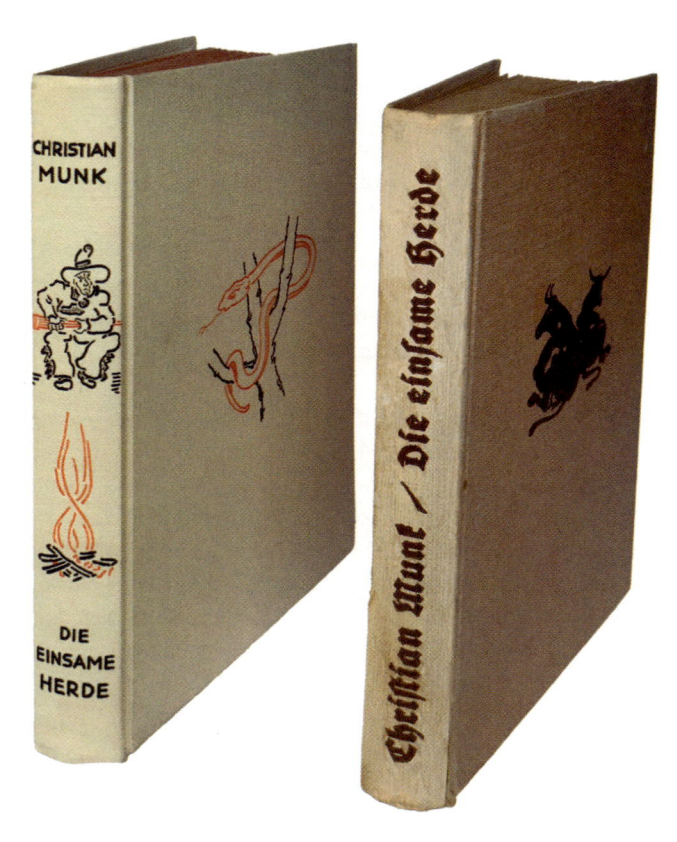

Abb. 12: Rückentitel der ersten und Liegetitel der zweiten Auflage.

Graphik – zu sehen ist ein Viehtreiber, vor dem ein Lagerfeuer brennt –, nimmt bei der zweiten »Christian Munk / Die einsame Herde« den gesamten Buchrücken ein (Abb. 12).

Den Buchdeckel der ersten Auflage ziert eine zweifarbige Prägung mit einer Schlange in einer Astgabel, denjenigen der zweiten eine einfarbige Einbandprägung, die die Silhouette zweier, Rücken an Rücken ruhender Rinder darstellt. Für die gesamte »Buchausstattung« der ersten Auflage, für Schutzumschlag und Einband zeichnet auf der Titelblattrückseite die Berliner Bildhauerin Ilse Scherpe[253] verantwortlich, für diejenige der zweiten niemand.[254] Und während die erste Auflage mit Scherpes Graphik und dem Klappentext ihr Publikum dazu animiert, den Verfasser mit dem Sprecher-Ich der Rahmenerzählung zu identifizieren und im Anschluss daran Überlegungen zur Fiktionalisierung von Erlebnissen anzustellen, erhalten die Leserinnen und Leser der zweiten Auflage keinen peritextuellen Fingerzeig für eine metafiktionale Lektüre.

Parallel zur zweiten Auflage nimmt der Heyne Verlag *Die einsame Herde* in eine »neue Buchreihe [...] ›Bücherei der Jugend‹« auf, deren »Ausstattung und Bebilderung [...] Künstlern von Rang anvertraut« werden.[255] In diesem Fall steuert Josef Hegenbarth neben der für die zweite Auflage genutzten Einbandprägung acht zwischen die Falzbogen eingeschaltete, eine linear voranschreitende Lektüre durchkreuzende Tusche-Graphiken[256] und die Illustration des Schutzumschlags bei (Abb. 13).

---

[253] Munk (Anm. 184), Titelblattrückseite.
[254] Die Einbandprägung stammt, was 1938 nicht kenntlich war, von Josef Hegenbarth. Angedeutet ist es in G. K. S.: Josef Hegenbarth. In: Philobiblon. Die Zeitschrift für Bücherfreunde. 10. JAHR · 1938 · HEFT 8. S. 375. Die Rede ist von einem »Bilderzyklus zu einem abenteuerlichen Jugendbuch mit Erzählungen aus Südamerika, an dem der Künstler zur Zeit arbeitet«.

[255] Christian Munk. Die einsame Herde. Buch der wilden blühenden Pampa. Wilhelm Heyne Verlag in Dresden. Buchausstattung von Ilse Scherpe, Berlin. Alle Rechte vorbehalten. Copyright 1937 by Wilhelm Heyne Verlag in Dresden. Printed in Germany. Druck von Fischer & Wittig in Leipzig. Bücherei der Jugend. Herausgeber: Erhard Wittek (Fritz Steuben), Umschlagrückseite (Exemplar im Privatbesitz von Ulrich Zesch, Stuttgart). Schutzumschlag, Einband und Einschalttafeln stammen, anders als auf der Titelrückseite angegeben nicht von Ilse Scherpe, sondern von Josef Hegenbarth. Dass Scherpe als Ausstatterin angegeben ist, spricht dafür, dass für diese Auflage auf die Bindequote zurückgegriffen wurde. Angezeigt ist die Veröffentlichung in: Bücherei der Jugend. In: Börsenblatt für den Deutschen Buchhandel. Eigentum des Börsenvereins der Deutschen Buchhändler zu Leipzig. Umschlag zu Nr. 200. Leipzig, Montag den 29. August 1938. 105. Jahrgang, S. 4188, und in der Sonderausgabe des Börsenblatts für den Deutschen Buchhandel vom 23. Oktober 1938; [Anzeige.] In: Börsenblatt für den Deutschen Buchhandel. Eigentum des Börsenvereins der Deutschen Buchhändler zu Leipzig. *Herbst- und Weihnachtsneuerscheinungen*. Sondernummer. Leipzig, Sonntag den 23. Oktober 1938. 105. Jahrgang, S. 272.
[256] Die Graphiken der Einschaltausgabe (Anm. 255) sind zwischen die Oktav-Bogen gebunden und folgen auf die Seiten 16, 32, 64, 96, 128, 160, 192 und 224. Ihre Integration hält zu nicht-linearen, zwischen den dargestellten Motiven und den Referenzpunkten im Erzähltext hin- und herpendelnden Lesebewegungen an: Worauf bezieht sich beispielsweise die erste, vor dem zweiten Bogen eingeschaltete Graphik? Sie zeigt einen Geier, der das obere Bilddrittel dominiert und über einer tief unter ihm ziehenden, von Reitern getriebenen Rinderherde kreist. Wer die Seite fünfzehn gelesen hat und umschlägt, stößt, noch ehe die Fortsetzung des auf Seite fünfzehn nicht abgeschlossenen Satzes überhaupt zu sehen ist, auf die Graphik. Nimmt man sie in Augenschein oder setzt man zunächst die Lektüre auf Seite sechzehn fort? Und: Sucht man die zur Graphik passende Stelle im Erzähltext, blättert hierfür vielleicht sogar zurück, etwa zur Seite zwölf: »Wir waren allein mit tausend starken, nervösen, ungezähmten Tieren [...]. Es war der große Marsch, der durch das halbe Land führte, der brüllende, blökende Marsch unter den endlosen, hallenden Himmeln Südamerikas. Die Herde zieht wie ein einziges Tier dahin, umkreist von den Männern« (S. 12–13). Oder zur Seite vierzehn: »[M]an sieht nur noch die breiten, wogenden Tierrücken« (S. 14). Oder doch nur eine Seite zurück bis zur Seite fünfzehn: »Ein Meer von Rinderrücken, schweißbedeckt, elastisch, blutend, von dunklen Fliegenwolken umgeben, während der dichte Staub schräg im Wind der Herde vor mir dahinwehte« (S. 15). Anders liegen die Dinge, wenn die Leserin, der Leser die Seite dreiundsechzig umschlägt und die zwischen den vierten und fünften Bogen eingefügte Graphik entdeckt.

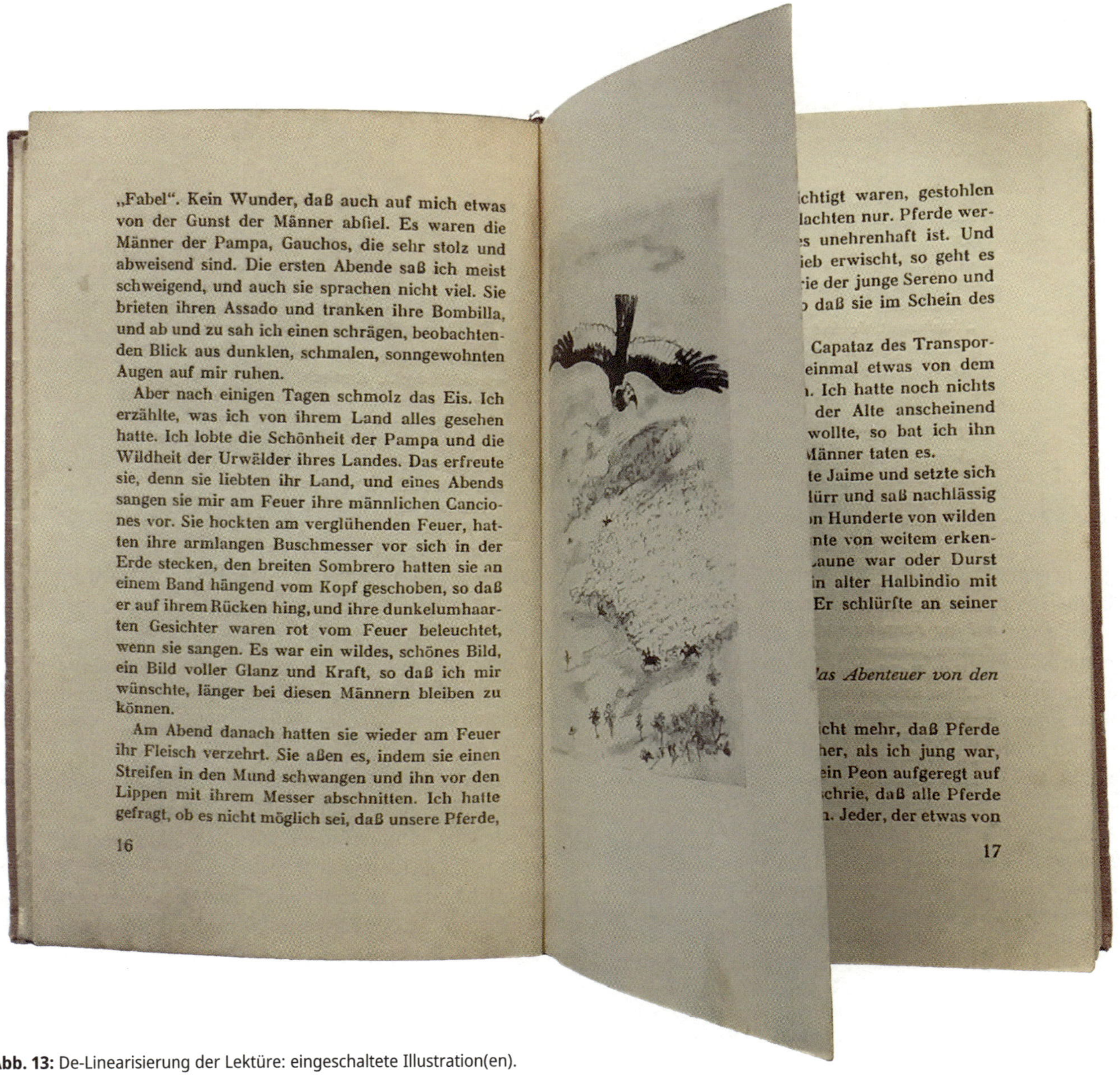

Abb. 13: De-Linearisierung der Lektüre: eingeschaltete Illustration(en).

Der Umschlag sucht die Gunst des Publikums wie der von Scherpe gestaltete zuvor mit einem lassoschwingenden Reiter auf einem sich aufbäumenden Pferd zu gewinnen. Der Reiter ist – unklar, ob er einen der Viehtreiber (dafür

---

Auf ihr sind, den Vordergrund dominierend zwei Männer im Faustkampf und im Hintergrund ein zuschauender dritter zu sehen. Eine linear voranschreitende Lektüre hat bis zu diesem Punkt noch zu keiner Stelle geführt, zu der dieses Motiv passen könnte. Zwischen der Graphik und dem derben »Aufseher« »Alguierrez« (S. 84), der auf ihr dargestellt zu sein scheint, liegen, wie sich erst zeigen wird, zwanzig Seiten. Und weitere drei Seiten später erst findet sich der entsprechende, die Identifikation ermöglichende Passus: »Wir gingen aufgeregt um die Ecke, wo wir einen glatten Platz aussuchten, [...] ein schönes Plätzchen für Meinungsverschiedenheiten. [...] Jaime [...] schlug wilde Hiebe in die Luft. [...] Alguierrez [...] schwang seine klobigen Fäuste« (S. 87–88).

Hat man die Graphik noch in frischer Erinnerung oder blättert man zurück und nimmt sie noch einmal genauer in Augenschein? Gleicht man sie mit der Schilderung ab, liest man auch sie noch einmal? Findet man den entsprechenden Passus auf Anhieb wieder? Die integrierten Illustrationen nehmen also nicht nur Einfluss auf die Entwicklung bildlicher Vorstellung im Leseakt, sie fordern auch zur wiederholten Lektüre einzelner Passus auf, de-linearisieren und intensivieren somit die ästhetische Erfahrung in der Lektüre. Zu durch integrierte Illustrationen stimulierten Lesebewegungen und ihren ästhetischen Effekten im Detail vgl. Mergenthaler: Betrachten, Blättern, Enthüllen, Lauschen, Lesen, S. 8–12.

Abb. 14: *Die einsame Herde* 1938 in der »Bücherei der Jugend«.

spricht seine Tracht) oder den »Gringo« (dafür spricht seine Singularität) ins Bild setzt – von hinten zu sehen, ein Lasso schwingend, dessen Schlinge ihr Ziel zwar schon ausgemacht, aber noch nicht eingefangen zu haben scheint. In ihrer unmittelbaren Reichweite liegt der Buchtitel *Die einsame Herde* (Abb. 14).

Auch dieses Motiv[257] lädt zu metaisierender Lektüre ein, führt das Einhegen der Herde mit dem Sammeln der Erzählungen zusammen. Diese Verknüpfung wird im Unterschied zur ersten Auflage allerdings durch den von Hegenbarth illustrierten Umschlag nicht weiter forciert, denn der zugehörige Klappentext lässt den »beiseite reite[nden] [...] Verfasser«[258] der ersten Auflage aus dem Spiel und spricht lediglich vom »Gast« der »[v]ier Gauchos [...], der uns all das erzählt.«[259]

Rund vier Jahrzehnte später, 1983, bringt der Otto Maier Verlag eine Neuausgabe auf den Markt, gebunden, mit einem von »Hannes Binder, Zürich,«[260] illustrierten Schutzumschlag und Klappentext.[261] Binders Illustration zeigt zwar ebenfalls einen Viehtreiber mit Lasso, doch stellt er im Unterschied zum Erstdruck von 1937 und zur Einschaltausgabe von 1938 keine Beziehung her zum Titelschriftzug und hält entsprechend auch nicht zu einer metaisierenden Deutung an (Abb. 15).

---

257 1943 findet es sich noch einmal auf dem Pappeinband einer in Norwegen produzierten Frontbuchhandelsausgabe; vgl. Christian Munk: Die einsame Herde. Buch der wilden blühenden Pampa. Wilhelm Heyne Verlag in Dresden. Frontbuchhandelsausgabe für die Wehrmacht. *Im Auftrage des OKW hergestellt von der Wehrmacht-Propagandagruppe beim Wehrmachtsbefehlshaber Norwegen. Alle Rechte vorbehalten. Copyright 1937 by Wilhelm Heyne. Druck: Thronsen & Co., Oslo, Norwegen 1943* (Exemplar im Privatbesitz von Ulrich Zesch, Stuttgart). Der Werksatz ist identisch mit der ersten Auflage, allerdings unsauber gedruckt. Die Bogensignaturen und Seitenzahlen sind allerdings abweichend gedruckt, was für eine Herstellung aus Klischees der ersten Auflage spricht. Die in Chemnitz hergestellte Frontbuchhandelsausgabe, ausgewiesen als »4. Auflage«, ziert hingegen wie die zweite Auflage die von Hegenbarth gestaltete Einbandprägung mit den ruhenden Rindern; vgl. Christian Munk. Die einsame Herde. Buch der wilden blühenden Pampa. Wilhelm Heyne Verlag in Dresden. Frontbuchhandelsausgabe für die Wehrmacht. 4. Auflage. Alle Rechte vorbehalten. Copyright 1937 by Wilhelm Heyne Verlag in Dresden. Printed in Germany. Druck und Einband: J. C. F. Pickenhahn & Sohn, Chemnitz. (Exemplar der Bibliothèque nationale de France, Signatur: 16° Y² 3777). An die zweite Auflage ist in Dimension und Anordnung auch der Liegetitel der Chemnitzer Frontbuchhandelsausgabe angelehnt; er ist allerdings aus einer an die halbfette Wallau mit unzialen Größen angelehnten Type gesetzt – möglicherweise als Reaktion auf den von Martin Bormann »im Auftrage des Führers« mitgeteilten Erlass vom 3. Januar 1941, wonach fortan »die Antiqua-Schrift als Normal-Schrift zu bezeichnen« und im Schriftverkehr auf diese »Normal-Schrift um[zu]stellen« sei. Zur Bedeutung des Frontbuchhandels vgl. Kühnert: Die Buchversorgung der Soldaten in den Kriegsjahren, S. 813–861, zum Zentraldepot bei Chemnitz und zum Auslieferungslager in Oslo insbes. S. 819–820.
258 Munk (Anm. 184), Klappentext.
259 Munk (Anm. 255), Klappentext.
260 Munk (Anm. 255), Impressumseite. Die Ausgabe (vgl. Munk, Anm. 255, S. 154) streicht kommentarlos die »*Geschichte von der Indianerin, die unter die Mordfische geworfen werden sollte*« (Munk, Anm. 184, S. 176–181) zusammen mit den hinführenden (»und der alte Jaime zog seinen Poncho fest um sich«; Munk, Anm. 184, S. 176) und abmoderierenden Passus (»Als der alte Jaime seine Erzählung beendet hatte«; Munk, Anm. 184, S. 181). Verändert ist außerdem, ebenfalls ohne entsprechenden Hinweis, der Name eines Viehtreibers; statt »Narcisso« beziehungsweise »Narzisso« steht durchgängig »Narciso«.
261 Vgl. GÜNTHER WEISENBORN: Die einsame Herde. OTTO MAIER VERLAG RAVENSBURG. 1983, Impressumseite.

Abb. 15: *Die einsame Herde* 1983, Schutzumschlag mit Klappentext.

Keiner der Peritexte – der Klappentext nicht, nicht die von Elisabeth Raabe beigesteuerte Kurzcharakteristik »Über Günther Weisenborn«,[262] die im Anschluss an den Erzähltext abgedruckt ist, und auch nicht die auf der Schmutztitelrückseite platzierte Photographie – identifiziert Autor und Ich-Erzähler. Alle insinuieren deren Identität allerdings, indem sie Übereinstimmungen namhaft machen: Die Photographie ist »Günther Weisenborn und ›Fabel‹«[263] unterschrieben, der Klappentext erwähnt, dass »Günther Weisenborn [...] selber 1930 Postreiter in Argentinien«[264] war, die Kurzcharakteristik schließt Textstellen mit biographischen Daten kurz:

> »Es war eine wolkenlose Zeit damals für Pferd und Mann, der Himmel war hoch, und der Wind ging früh und spät, und wir beide waren unterwegs mit den Briefen«, läßt der Autor den Ich-Erzähler und ehemaligen Postreiter auf Seite 47 sagen. Wie vieles in diesem Buch *Die einsame Herde* ist dieser Satz Erlebnis und Erinnerung zugleich: Auch Günther Weisenborn, der Kaufmannssohn aus dem Rheinland, war eine Zeitlang in Argentinien »eine Art Postreiter« gewesen. Auch er hat die Einsamkeit und die Glut der Pampa, das südliche Kreuz und den Urwald kennengelernt. Auch für ihn war es eine »wolkenlose Zeit«, eine glückliche Zeit.[265]

Zur Identifikation des Sprecher-Ichs der Rahmenerzählung mit dem – in diesem Fall – »AUTOR« »Günther Weisenborn« animiert auch die 1989 im KINDERBUCHVERLAG BERLIN veröffentlichte Neuausgabe *Die einsame Herde*,[266] allerdings nicht durch den Klappentext, sondern durch ein in den Werksatz aufgenommenes und im Anschluss an die Erzählung präsentiertes Porträt »ÜBER DEN AUTOR«. Es beginnt mit dem Hinweis, dass Weisenborn »[v]iele der hier aufgeschriebenen Episoden [...] selbst erlebt oder gehört« und »all das kennengelernt« habe, was *Die einsame Herde* schildere.[267] Die Einbandillustration »von Marta Hofmann«[268] greift diejenige von 1937 und 1938 motivisch auf, zeigt einen Reiter – auch hier ist nicht zu entscheiden: Ist es einer der Viehtreiber oder der »Gringo«? –, der mit seinem Lasso nicht den Titelschriftzug, sondern den Leser, die Leserin fest im Blick hat und somit der ebenfalls metaisierenden

---

262 Raabe: »ES WAR EINE WOLKENLOSE ZEIT DAMALS...«, S. 203.
263 Weisenborn (Anm. 261), Schmutztitelrückseite.
264 Weisenborn (Anm. 261), Klappentext.
265 Raabe (Anm. 262), S. 203.

266 Vgl. Günther Weisenborn: Die einsame Herde. ATB · ALEX TASCHENBÜCHER · ATB. DER KINDERBUCHVERLAG BERLIN. Einband und Illustration von Marta Hofmann. Berlin 1989. Die Ausgabe folgt derjenigen von 1983 und übernimmt sämtliche Textveränderungen gegenüber dem Erstdruck von 1937 sowie das erklärende Wortverzeichnis (vgl. S. 188–192). Nicht übernommen ist die Kurzcharakteristik des Autors von Raabe (Anm. 262). An seine Stelle tritt: ÜBER DEN AUTOR; vgl. S. 186–187.
267 Über den Autor (Anm. 266), S. 186.
268 Weisenborn (Anm. 266), Titelblattrückseite.

Abb. 16: Ausgeritten, das Publikum zu fesseln: Die Einbandillustration 1989.

Suggestion nach sein Publikum einzufangen und zu fesseln sucht (Abb. 16) (s. Tabelle 2).

9 »In seiner 1949 entstandenen Kurzgeschichte« – Fehldatierung, Formatlogiken und Kanonisierung

Nach 1949 erfährt die in Weyrauchs TAUSEND GRAMM präsentierte Erzählung »Zwei Männer« ungezählte Wiederabdrucke. 1952 beispielsweise veröffentlichen sie unter dem Titel »Männer« der Mannheimer MORGEN und das SONNTAGSBLATT der WEINHEIMER Nachrichten, und zwar aus Anlass des »50. Geburtstag[s]«, den »[d]er Schriftsteller Günther Weisenborn [...] am 10. Juli« beging.[269] Drei Jahre später findet sie sich abgedruckt und flankiert von einer Musterdeutung von Gerhard Burkholz in der Sammlung von »Texte[n]« und »Interpretationen«, die der Diesterweg-Verlag »zur ersten Fortbildungstagung für Deutschlehrer« veröffentlicht hat[270] (Abb. 17) – ein Neuanfang also auch auf dem Feld der Pädagogik?

1952 adressiert sie mit regionalem Wirkungskreis ein tagtäglich sich über das kulturelle Geschehen informierendes und an literarischer Unterhaltung interessiertes Zeitungspublikum, 1955 mit den »Deutschlehrer[n]« des »Bayerischen Philologenverband[s]«[271] einen vorwiegend

---

269 Männer / Von Günter Weisenborn. In: Mannheimer MORGEN. Unabhängige Zeitung Badens und der Pfalz. 7. Jahrgang / Nr. 155 / Einzelpreis 20 Pf. Mannheimer Morgen Verlagsges. m. b. H., Mannheim, am Marktplatz Donnerstag, 10. Juli 1952, S. 10; Männer / Von Günter Weisenborn. In: WEINHEIMER Nachrichten. WEINHEIMER MORGEN. Die heimatverbundene unabhängige Tageszeitung für Bergstraße und Odenwald. Nummer 157 Samstag, 12. Juli 1952. SONNTAGSBLATT, unpag., gez. S. 6.
270 Kitzinger: Vorwort, S. 5–6.
271 Kitzinger (Anm. 270), S. 6.

Tab. 2: Ausstattungen der von 1937 bis 1989 publizierten Ausgaben von *Die einsame Herde*.

	Ausgabe	Schutzumschlag	Einbandillustration	Klappentext/Werbetext
1937	erste Auflage	Ilse Scherpe [Viehtreiber, dem Publikum zugewandt, mit Lasso, das den Titelschriftzug eingefangen hat]	Ilse Scherpe [Viehtreiber, Schlange]	auf dem Schutzumschlag
1938	»2. Auflage« [Satz von 1937]	—	[Josef Hegenbarth] [ruhende Rinder]	—
1938	»Bücherei der Jugend« [mit acht Illustrationen] [Satz von 1937]	[Josef Hegenbarth] [Viehtreiber, vom Publikum abgewandt, mit Lasso, das den Titelschriftzug einfängt]	[Josef Hegenbarth] [ruhende Rinder]	auf dem Schutzumschlag, abweichend vom Wortlaut 1937
o.J.	»Frontbuchhandelsausgabe« »4. Auflage«, »Chemnitz« [Satz von 1937]	—	[Josef Hegenbarth] [ruhende Rinder]	—
1943	»Frontbuchhandelsausgabe«, »*Oslo*« [Satz von 1937]	—	[Josef Hegenbarth] [Viehtreiber, vom Publikum abgewandt, mit Lasso, das den Titelschriftzug einfängt]	—
1983	»Ravensburger Junge Reihe« [mit einem photographischen Porträt des Autors] [Satz neu, ohne die »*Geschichte von der Indianerin, die unter die Mordfische geworfen werden sollte*«, mit Glossar und Vorwort]	Hannes Binder [Viehtreiber zwischen zahlreichen Rindern, vom Publikum abgewandt]	—	auf dem Schutzumschlag, abweichend vom Wortlaut 1937 und 1938

akademischen, ja fachwissenschaftlich ausgebildeten Leserkreis. Diese Veröffentlichungen sind auf punktuelle Rezeption ausgelegt, diejenigen des *Mannheimer Morgens* und des *Sonntagsblatts* auf die Leserinnen und Leser einer täglich erscheinenden Zeitung, diejenige der Sammlung zunächst auf eine Gruppe von Lehrkräften, die die literarischen »Texte« samt »Interpretationen noch rechtzeitig zur [...] Fortbildungstagung« erhalten sollten, allem Anschein nach als ereignisbezogene Diskussionsgrundlage.²⁷² Während der *Mannheimer Morgen* und das *Sonntagsblatt* der Tageszeitung dauerhafte Aufbewahrung und mehrfachen, womöglich auf viele Jahre angelegten Gebrauch nicht vorsehen, materialiter nicht (geringe Papierqualität, großes Papierformat, keine Bindung) und nicht durch seine Orientierung am Gebot täglicher Aktualisierung, ist die Sammlung der Texte und Interpretationen broschiert, für länger anhaltende und vielfache Benutzung konzipiert, als fachdidaktische und -wissenschaftliche Publikation angelegt. Gleichwohl hat sie, wie ihre Veröffentlichung in dreizehnter Auflage 1981 nahelegt, Breitenwirkung erzielt²⁷³ und – »Zwei Männer« zitiert sie aus »Wolfgang Weyrauch: Tausend Gramm [...] Hamburg 1949«²⁷⁴ – dazu beigetragen, Weisenborns Erzählung als Publikation aus der »Zeit der Nachkriegsjahre«²⁷⁵ zu archivieren. In den Jahren nach 1955 hat die »Farmer-Indiogeschichte vom Paraná«, wie Albrecht Weber in seiner *Literaturgeschichte im Überblick* feststellt, »fast in alle Lesebuchwerke Eingang« gefunden.²⁷⁶ Sie zählt zum »Kanon von Kurzgeschichten«, zu einer »begrenzte[n] Anzahl von ständig herangezogene[n] Modellgeschichten«.²⁷⁷

Als Modellgeschichte fungiert sie auch in dem seit 2007 erhältlichen Band *Beliebte Kurzgeschichten interpretiert*, der

---

272 Kitzinger (Anm. 270), S. 5–6.
273 Vgl. Interpretationen moderner Prosa. Hrsg. v. Erwin Kitzinger. 13. Auflage. Frankfurt a.M., Berlin und München: Moritz Diesterweg 1981.
274 Burkholz (1955) (Anm. 58), S. 101; Burkholz: Günther Weisenborn (1981) (Anm. 273), S. 99.
275 Krischel: Beliebte Kurzgeschichten interpretiert, S. 4.
276 Weber: Deutsche Literatur in ihrer Zeit, S. 296; analog Just (Anm. 44), S. 69.
277 Marx: Die Deutsche Kurzgeschichte, S. 178.

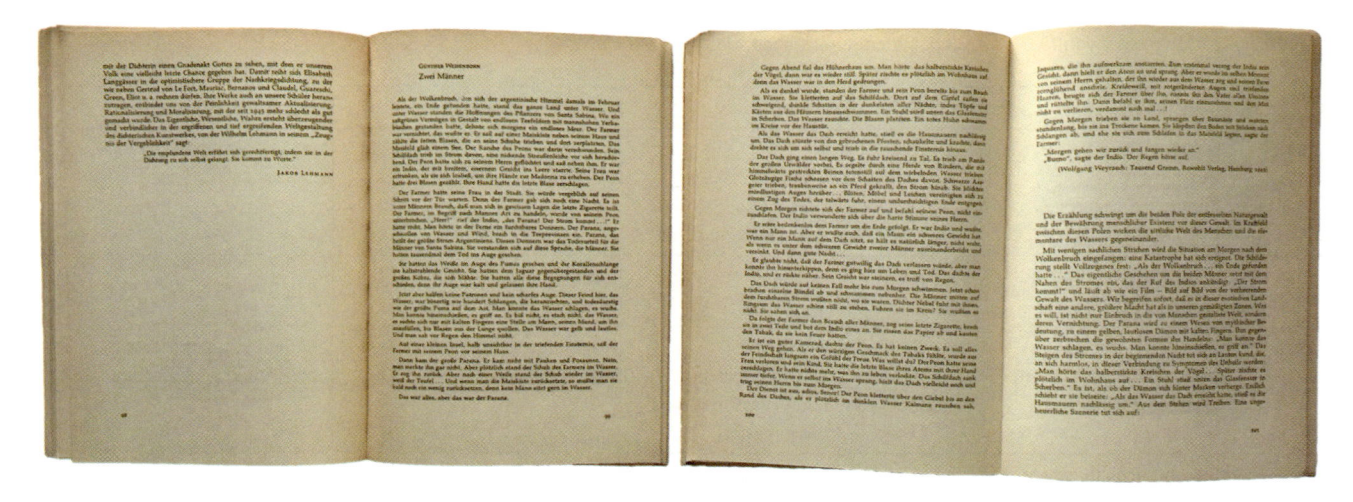

Abb. 17: Doppelseite mit der seit 1955 geläufigen Präsentationsform: Text und Erläuterung.

eine Reihe von Erzähltexten der »Nachkriegsjahre« vereinigt, Erzähltexte, die »das jeweilige ›Zeitgefühl‹ [...] wider[spiegeln]«, etwa »die Verarbeitung der Kriegsgräuel«.[278] Wie die Sammlung von *Interpretationen Moderner Prosa* von 1955 liefert auch diese beides im Ensemble: »Kurzgeschichten und ihre Interpretationen«.[279] Den jeweiligen Ensembles vorangestellt sind knappe biographische Skizzen der Autorinnen und Autoren. Diejenige Weisenborns schließt mit einem Hinweis auf seine Popularität in der »Nachkriegszeit«.[280] Verfasserangabe und Titelschriftzug – »Günther Weisenborn (1902–1969) | *Zwei Männer (1949)*« – sind gegenüber dem Abdruck von 1949 in TAUSEND GRAMM »GÜNTHER WEISENBORN | *Zwei Männer*« typographisch verändert, vor allem aber mit dem Geburts- und Sterbejahr des Autors versehen[281] (Abb. 18).

Den »Quellennachweise[n]« zufolge liegt dem Abdruck des Erzähltextes »Weisenborn, Günther: Zwei Männer. In: Wolfgang Weyrauch (Hrsg.): *1000 Gramm. Sammlung neuer deutscher Geschichten.* Reinbek: Rowohlt, 1949« zugrunde.[282] Nach Maßgabe der Musterinterpretation ist damit aber nicht nur das Jahr der (ersten?) Veröffentlichung bezeichnet, sondern auch dasjenige der dichterischen Hervorbringung; man habe es mit einer »1949 entstandenen Kurzgeschichte« zu tun.[283] Die Rahmung des Abdrucks in der Sammlung von 2007 präsentiert Weisenborns über Jahrzehnte hinweg durch eine Reihe medialer Formate ›gereiste‹ Erzählung weit energischer noch als diejenige von 1955 und in Übereinstimmung mit der Rahmung durch Weyrauchs »NACHWORT« als »gegenwärtige deutsche Prosa«,[284] als deutsche Nachkriegsliteratur.

Zurückzuführen ist die erfolgreiche, entstehungs- und veröffentlichungsgeschichtlich allerdings unzutreffende Etikettierung des Erzähltextes – »Er ist in der Anthologie ›Tausend Gramm‹ 1949 erstmals publiziert«, versichert in einer fachwissenschaftlichen Zeitschrift Georg Just, »und höchstwahrscheinlich ebenfalls in der Nachkriegszeit entstanden«[285] – am wenigsten auf ›den‹, gleichsam immateriellen Text,[286] auf die durch ihn mitgeteilte ›Geschichte‹.[287] Schauplatz der Handlung ist Argentinien, nicht Deutschland. Die Figuren, ein »Pflanzer[]« und ein »Indio«,[288] sind als »Männer von Santa Sabina«[289] vorgestellt, als Einwohner Argentiniens, nicht Deutschlands. Und wann sich die erzählten Ereignisse abspielen, ob in der Gegenwart der Nachkriegszeit oder zu einem früheren Zeitpunkt, wird nicht benannt, lässt sich aber durch die Erwähnung des Yerba-Anbaus eingrenzen, der erst in der zweiten Hälfte des 19. Jahrhunderts im Zuge der Kolonisierung Argentiniens[290] aufgenommen wurde.

---

278 Krischel (Anm. 275), S. 4.
279 Krischel (Anm. 275), U4.
280 Krischel (Anm. 275), S. 26.
281 Krischel (Anm. 275), S. 26.
282 Krischel (Anm. 275), S. 128. Vom Abdruck in TAUSEND GRAMM weicht der von Krischel dargebotene Text kommentarlos ab (neue Rechtschreibung, Absätze, »erschlagen« statt »zerschlagen«).
283 Krischel (Anm. 275), S. 29.
284 Weyrauch (Anm. 16), S. 209.
285 Just (Anm. 44), S. 77.
286 Zum »problematische[n] Paradigma des ›immateriellen Textes‹« vgl. Wolfgang Lukas, Rüdiger Nutt-Kofoth und Madleen Podewski: Zur Bedeutung von Materialität und Medialität für Edition und Interpretation, S. 15.
287 Hier i. S. von Todorov: Les catégories du récit littéraire, S. 125–151.
288 Weisenborn (Anm. 42), S. 183.
289 Weisenborn (Anm. 42), S. 184.
290 Vgl. hierzu aus zeitgenössischer Sicht: Argentinien als Ziel deutscher Auswanderung. Von Konsul Dr. Kurt Martin. In: Argentinien.

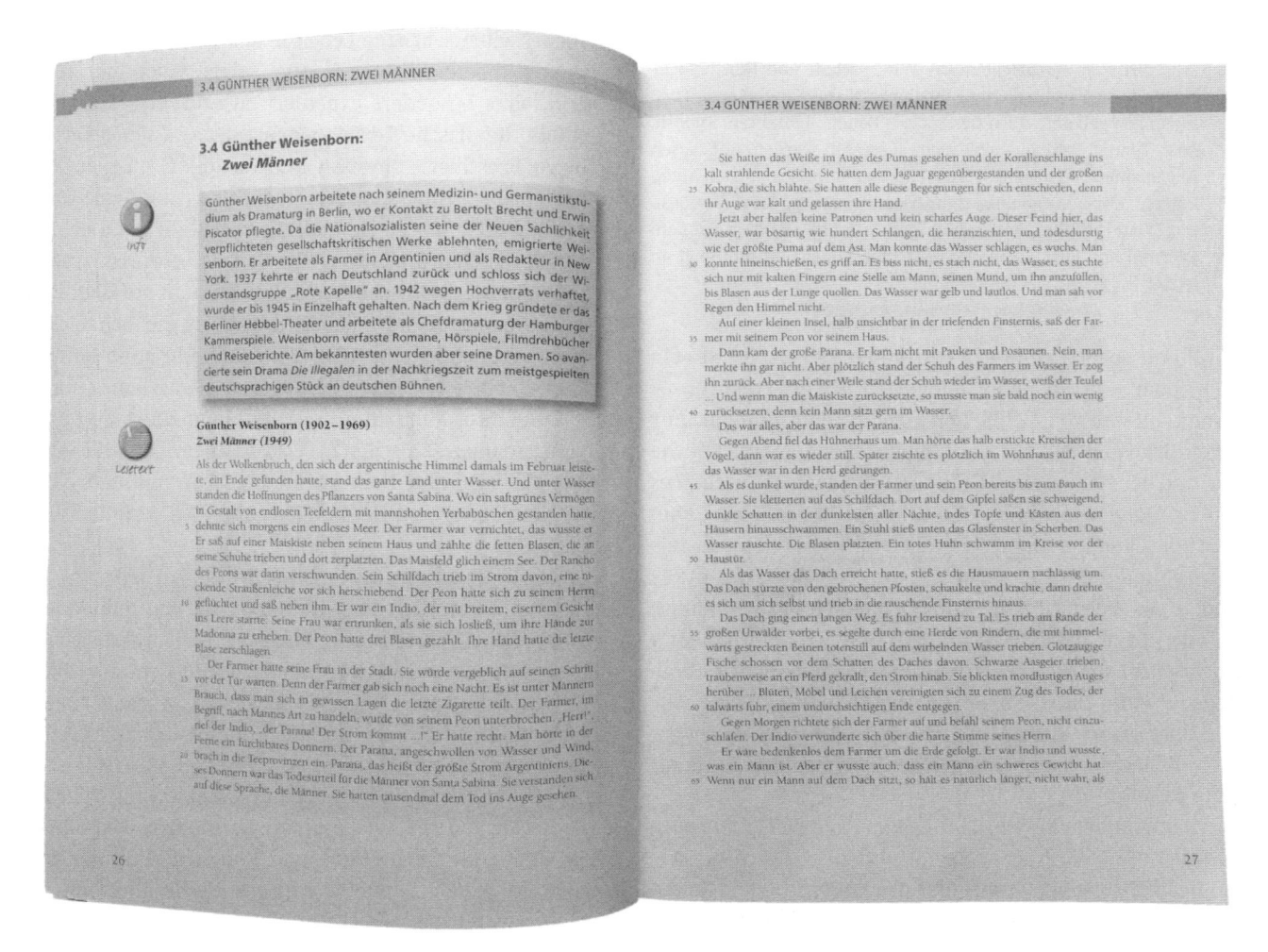

Abb. 18: Lektürehilfe mit formattypischen Verständnisleitplanken.

Die Bestimmung als Nachkriegsprosa hat ihre Ursachen also in erster Linie in der medienformatspezifischen Zurichtung des Erzähltextes. Dass die Abdrucke 1934 im *Führer*, 1936 im *Hamburger Tageblatt* und 1952 im *Mannheimer Morgen* und in den *Weinheimer Nachrichten* in Vergessenheit geraten zu sein scheinen, lässt sich zum einen durch den ephemeren Charakter von Druckerzeugnissen erklären, die auf den Tag berechnet sind: »Ein Ereignis, das früher [...] ausreichte, wochenlang die Leser in Spannung zu halten, ein solches Ereignis interessiert heute nur noch kurze Tage, oft nur Stunden, dann heischt der durch das Zeitungswesen selbst unersättliche Neuigkeitsdrang andere frische Kost«.[291] Sodann ist in Rechnung zu stellen, dass sich die genannten Blätter durch nur regionale Reichweite auszeichnen. Schließlich sind sie aufgrund der »Vielseitigkeit des Jnhaltes«, aufgrund ihrer Miszellaneität weniger geeignet als buchförmige Formate, literarische Autorschaft zu begründen oder zu fördern. In Zeitungen finden sich zunächst

> politische Nachrichten und politische Raisonnements [...]; dann folgen Nachrichten aus Heer und Flotte, die auswärtige Politik aller Länder, die Provinz wird besonders eingehend berücksichtigt, dann der beliebte Lesestoff der Vermischten Nachrichten aus aller Welt; Verhandlungsberichte der Parlamente und aller möglichen Versammlungen schließen sich an; unter dem Strich finden die

---

Wirtschaft und Wirtschaftsgrundlagen von Albert Frölich. Dr. Rudolf Großmann. Professor Dr. von Hauff. Konsul Dr. Kurt Martin. Dr. jur. J. Ulrich Müller. Dr. Pfannenschmidt. Bankdirektor Wilhelm Tang. Hermann Weil. Herausgegeben von Dr. Josef Hellauer o. Professor an der Universität Frankfurt a. M. Berlin und Leipzig 1921. Vereinigung wissenschaftlicher Verleger. Walter de Gruyter & Co. Vormals G. J. Göschen'sche Verlagshandlung / J. Guttentag, Verlagsbuchhandlung / Georg Reimer / Karl J. Trübner / Veit & Comp. S. 69–76.

[291] Das Moderne Zeitungswesen (System der Zeitungslehre). Von Dr. Robert Brunhuber. Leipzig G. J. Göschen'sche Verlagshandlung 1907, S. 42.

Schöngeister Befriedigung, da gibt es literarische, Theater- und Musikkritiken, Nachrichten aus Wissenschaft und Kunst, sogar ein mehr oder weniger guter Roman wird von Tag zu Tag in Fortsetzungen geboten. Auch der Sport – Reiten, Radfahren, Rudern, Polo, Tennis, Fußball – will nicht vergessen werden. Auf diesen Allgemeinen Teil folgt der Handel mit seinen verschiedenen Abteilungen: Kurse, Produkte, Industrieentwicklung, Marktlage usf. Der Wetterprophet belehrt über den Stand des Wetters auf dem Erdrund und gibt [...] Wetteraussichten kund. Und nun folgt an letzter [...] Stelle der Annoncenteil.[292]

Ein literarischer Erzähltext – Brunhubers Beispiel ist »ein mehr oder weniger guter Roman [...] in Fortsetzungen« – nimmt auf den (Doppel-)Seiten einer Zeitungsnummer nur einen Bruchteil der zur Verfügung stehenden Druckfläche ein, und der Name seines Urhebers, sagen wir (so verhält es sich im Mannheimer MORGEN): »Günther Weisenborn«, konkurriert allein auf einer Seite mit drei weiteren Verfassernamen, in diesem Fall »Axel v. Hahn«, »MARGERY SHARP« und »Hans Bayer« um die Aufmerksamkeit des Publikums; auf der Seite des SONNTAGSBLATTS der WEINHEIMER Nachrichten sind »Günther Weisenborn« mit »Charles Waldemar«, »Otto Dill«, »Robert Benschley«, »H. B. Wagenseil« (als Übersetzer), »Kilian Frank« und »Albert Klein« sogar sechs Kolleginnen und Kollegen der schreibenden Zunft zur Seite gestellt.[293]

Kaum anders liegen die Dinge im argentinischen volkskalender 1937. Auch er erscheint periodisch, auch er ist – am deutlichsten signalisiert dies das ihn eröffnende Kalendarium – nur auf kurze Zeit berechnet, auf ein Jahr immerhin, auch er ist miszellan organisiert, bietet neben dem Kalender ein breites Programm mit Beiträgen zahlreicher Autorinnen und Autoren[294] zu Politik, Geschichte, Gesellschaft, Ökonomie, Kultur, mit lebenspraktischen Empfehlungen, Inseraten und einer Vielzahl reproduzierter Photographien, die südamerikanische Landschaften, das meist ländliche, seltener urbane Leben in den Provinzen Argentiniens und in benachbarten Staaten zeigen. Auch hier, mittendrin, ohne besonders exponiert zu sein, erwarten das Publikum literarische Texte. Zwar ist der volkskalender so gefertigt, broschiert, physisch buchförmig,[295] dass er zur Aufbewahrung, zum Sammeln mehrerer, zur Serie sich konstellierender Jahrgänge anregt, doch stellt auch er die Namen derjenigen, die literarische Beiträge verfasst haben, nicht wie monographische Buchpublikationen auf dem Rücken, auf dem Einband und/oder Umschlag zur Schau. Erschwerend hinzu kommt schließlich, dass Christian Munks Erzähltext ein aus Sicht »der jungen deutschen Literatur«[296] und ihres Publikums in Deutschland einen weit entlegenen südamerikanischen Leserkreis anspricht, und zahlreiche publizistische Hervorbringungen Argentiniens im nationalsozialistischen Deutschland überdies verboten waren.

Weitaus günstigere Bedingungen für die Förderung literarischer Autorschaft und die Kanonisierung individueller literarischer Texte bieten hingegen nicht periodische, sondern singulär buchförmige, auf dem Rücken, dem Einband, dem Schutzumschlag individuelle Autorschaft anzeigende und für vielfachen Gebrauch und dauerhafte Archivierung vorgesehene Formate wie der von 1937 bis 1989 mehrfach aufgelegte und bearbeitete Erzählzyklus *Die einsame Herde* und die vielbeachtete Anthologie TAUSEND GRAMM. Für die Verbreitung und Kanonisierung der Erzählung nach 1949 kann *Die einsame Herde* allerdings – wiewohl buchförmig – nicht in Haftung genommen werden, da die Erzählung dort den Titel »*Von den Männern und der Sintflut*« trägt, 1937 erschienen mit der Fehldatierung auf das Jahr 1949 nicht vereinbar ist, unter dem Pseudonym Christian Munk veröffentlicht wurde und zudem aus dem Ensemble von beinahe dreißig Binnentexten so wenig heraussticht wie ein singuläres Rind aus der Herde. Gerade so wenig sticht allerdings auch »GÜNTHER WEISENBORN« aus dem Ensemble der »DREISSIG«[297] Autorennamen heraus. Beide Druckerzeugnisse sind allerdings aufgrund ihrer physischen Beschaffenheit, aufgrund ihrer Kodexform geeignet, ins Bücherregal auf- und immer wieder zur Hand genommen und gelesen zu werden. Und beide machen von ihren formatspezifischen Möglich-

---

292 Brunhuber (Anm. 291), S. 46.
293 Mannheimer MORGEN (Anm. 269), S. 10; WEINHEIMER Nachrichten (Anm. 269), unpag., gez. S. 6.
294 »FARMER | UND | PEON | VON CHRISTIAN MUNK« (argentinischer volkskalender 1937, Anm. 162, S. 125) fügt sich ein in eine Reihe von weiteren zwölf namentlich gezeichneten Textbeiträgen: »Zeitgeschichtlicher Kalender | Zusammengestellt von Hellmuth Bachmann« (S. 53), »argentninische | literatur | von alfred cahn« (S. 91), »das erbe | des kolumbus | von richard friedenthal« (S. 99), »der zirkuswagen | von enrique amorim« (S. 117), »die mumie | von ventura garcia calderón« (S. 128), »fleisch | von frank anton« (S. 133), »Josef Riemer | *argentinische* | MINIATUREN« (S. 137), »der *Mann* | der keine *Uhren* | sehen konnte | von victor klages« (S. 153), »*Kleine Begebenheiten* | in einer | grossen Stadt | von Jeanne Bachmann« (S. 159), »blick auf die leinwand | *Von Werner Katzenstein*« (S. 171), »*heilige* kordillere | chilenische skizze von mariano latorre« (S. 178), »Pferderennen | in Cherquenco (Südchile) | von Editha Spiegel« (S. 182).
295 Zu den Eigenlogiken der »Medienformatzwitter« zwischen Buch und Journal vgl. Andreas Beck und Volker Mergenthaler: Entweder/oder – sowohl/als auch? Buch- und Journalförmigkeit in konkurrierenden Medienformaten des 19. Jahrhunderts. In: Andreas Beck und Volker Mergenthaler (Hrsg.): Journalförmige Bücher – buchförmige Journale. Hannover: Wehrhahn 2022, S. 7–27, Zitat: S. 24.
296 Rowohlt (Anm. 1), S. 67.
297 Tausend Gramm (Anm. 11), S. 5–6.

keiten der Rezeptionslenkung Gebrauch, steuern die Verständnisprozesse durch Peri- und Paratexte, durch benachbarte, der einzelnen (Binnen-)Erzählung über- und gleichgeordnete andere Texte, durch ihre materielle und graphische Ausstattung.

Anthologisch und buchförmig sind auch die Lehr- und Lernhilfen, und auch sie nehmen, und zwar programmatisch Einfluss auf die Verständnis- und Wertungsprozesse ihres Publikums, indem sie »Schülerinnen und Schüler[n], [...] Lehrerinnen und Lehrern« eine »Auswahl von Kurzgeschichten« präsentieren und diesen – formatkonstitutiv – »Anregungen und Handreichungen«, »Interpretationsvorschläge[]«[298] zur Seite stellen. Bereits die vorgenommene »Auswahl« impliziert ein ästhetisches Werturteil, das der Veranstalter des 1955 veröffentlichten »Bändchen[s]«, Erwin Kitzinger, in seinem Vorwort transparent macht: Mitgeteilt wird »moderne Prosadichtung«, interpretiert und beurteilt wird das Ausgewählte »als Kunstwerk«.[299] Nur scheinbar untergräbt die unverhohlen pragmatische Affordanz – das Erscheinungsbild (insbesondere die für »Lehrbücher« gebräuchliche, weil »handliche[] Form des DIN A 5« mit großer Zeilenlänge)[300] die Integration von Graphiken, Übersichten, Navigationshilfen ebenso wie die materiale Beschaffenheit (flexible Broschur, Handhabbarkeit) – die Promotion der ausgewählten Texte zu literarischen ›Werken‹. Ihr Werkcharakter steht der Suggestion nach außer Zweifel; die Sammlung hochwertiger, aber »mitunter nicht leicht zugängliche[r] Texte« bestimmt sich selbst – bescheiden im Gestus – als »Dienst am einzelnen sprachlichen Kunstwerk«,[301] dessen vermeintlich abstrakte ästhetische Qualität, dessen »besondere literarische Bedeutung«,[302] durch das konkrete Druckerzeugnis und seine Gestaltung gar nicht erst mehr erwiesen zu werden braucht.

---

298 Krischel (Anm. 275), S. 4. Analog Kitzinger (Anm. 270), S. 5, der »Anregungen für die tägliche Schulpraxis« liefert, »Ansätze für die Erschließung der Dichtungen« und schließlich »Interpretationsversuche«.
299 Kitzinger (Anm. 270), S. 5.
300 Genzmer: Das Buch des Setzers, S. 111. *Die einsame Herde* (Anm. 184) verteilt den Erzähltext auf 161 Zeilen bei einer Kolumnenbreite von 81 mm, TAUSEND GRAMM (Anm. 11) auf 148 Zeilen bei einer Kolumnenbreite von 80 mm, die *Interpretationen Moderner Prosa* (Anm. 273) auf 100 Zeilen bei einer Kolumnenbreite von 108 mm.
301 Kitzinger (Anm. 270), S. 5.
302 Genzmer (Anm. 300), S. 111.

10 Literaturverzeichnis

Quellen werden nicht gesondert aufgeführt, sondern stehen in den entsprechenden Fußnoten.

10.1 Identifizierte Abdrucke (1934 bis 1955) des zuerst unter dem Titel »Männer am Parana« publizierten Erzähltextes

Männer am Parana / Von Christian Munk | In: Der Führer | Das badische Kampfblatt | für nationalsozialistische Politik und deutsche Kultur | HAUPTORGAN DER NSDAP GAU BADEN | *Ausgabe B* | Montagausgabe | 8. Jahrgang Karlsruhe, Montag, den 23. Juli 1934 Folge 333 [recte: 200] | S. 8. **[1934]**

Zwei Männer im reißenden Wasser | Der Parana droht / Von Christian Munk | In: Hamburger Tageblatt | Die Tageszeitung der NSDAP und der | Deutschen Arbeitsfront Gau Hamburg | Amtl. Nachrichtenblatt aller Behörden | der Freien und Hansestadt Hamburg | Zweite Ausgabe | Nr. 297 — 8. Jahrgang. Hamburg, Donnerstag, 29. Oktober 1936, unpag., gez. S. 1. **[1936.1]**

FARMER | UND | PEON | VON CHRISTIAN MUNK | In: argentinischer | volkskalender 1937 | JAHRBUCH DES A[R]GENTINISCHEN TAGEBLATTES | UND DES | ARGENTINISCHEN WOCHENBLATTES | XI. JAHRGANG | Druck und Verlag: ALEMANN & Cía, Ltda. S. A. G. – Buenos Aires – Tucuman 307-09-13 | S. 125–127. **[1936.2]**

Christian Munk | Die einsame Herde | Buch | der wilden blühenden | Pampa | Wilhelm Heyne Verlag in Dresden || Buchausstattung von Ilse Scherpe, Berlin | Alle Rechte vorbehalten. Copyright 1937 by Wilhelm Heyse | Verlag in Dresden. Printed in Germany. | Druck von Fischer & Wittig in Leipzig. || *Von den Männern und der Sintflut* | S. 103–108. **[1937]**

Christian Munk | Die einsame Herde | Buch | der wilden blühenden | Pampa | Wilhelm Heyne Verlag in Dresden || Buchausstattung von Ilse Scherpe, Berlin | Alle Rechte vorbehalten. Copyright 1937 by Wilhelm Heyne | Verlag in Dresden. Printed in Germany. | Druck von Fischer & Wittig in Leipzig. | Bücherei der Jugend | Herausgeber: Erhard Wittek (Fritz Steuben) || *Von den Männern und der Sintflut* | S. 103–108.

Christian Munk | Die einsame Herde | Buch | der wilden blühenden | Pampa | Wilhelm Heyne Verlag Dresden || 2. Auflage | Alle Rechte vorbehalten | Copyright 1937 by Wilhelm Heyne Verlag in Dresden. | Printed in Germany. Druck von Fischer & Wittig in Leipzig. || *Von den Männern und der Sintflut* | S. 103–108.

Christian Munk | Die einsame Herde | Buch | der wilden blühenden | Pampa | Wilhelm Heyne Verlag in Dresden || Frontbuchhandelsausgabe für die Wehrmacht || 4. Auflage || Alle Rechte vorbehalten. | Copyright 1937 by Wilhelm Heyne Verlag in Dresden. | Printed in Germany. | Druck und Einband: J. C. F. Pickenhahn & Sohn, Chemnitz. || *Von den Männern und der Sintflut* | S. 103–108.

Christian Munk | Die einsame Herde | Buch | der wilden blühenden | Pampa | Wilhelm Heyne Verlag in Dresden || Frontbuchhandelsausgabe | für die Wehrmacht | *Im Auftrage des OKW hergestellt von der Wehrmacht-Propagandagruppe beim Wehrmachtsbefehlshaber Norwegen. Alle Rechte vorbehalten. Copyright* 1937 *by Wilhelm Heyne.* | *Druck: Thronsen & Co., Oslo, Norwegen* 1943 || *Von den Männern und der Sintflut* | S. 103–108.

GÜNTHER WEISENBORN | *Zwei Männer* | In: TAUSEND GRAMM | SAMMLUNG NEUER DEUTSCHER GESCHICHTEN | HERAUSGEGEBEN | von |

WOLFGANG WEYRAUCH | ROWOHLT VERLAG | HAMBURG STUTT-GART BADEN-BADEN BERLIN | 1.—4. Tausend September 1949. | Copyright 1949 by Rowohlt Verlag, Hamburg, Stuttgart. Alle | Rechte vorbehalten. Gesamtherstellung: Westholsteinische Verlags- | anstalt und Verlagsdruckerei Boyens & Co., Heide in Holstein. S. 183–187. **[1949]**

Männer / Von Günter Weisenborn | In: Mannheimer MorgeN | Unabhängige Zeitung Badens und der Pfalz | 7. Jahrgang / Nr. 155 / Einzelpreis 20 Pf. Mannheimer Morgen Verlagsges. m. b. H., Mannheim, am Marktplatz Donnerstag, 10. Juli 1952 | S. 10. **[1952.1]**

Männer / Von Günter Weisenborn | In: *WEINHEIMER* | Nachrichten | WEINHEIMER MORGEN | Die heimatverbundene unabhängige Tageszeitung für Bergstraße und Odenwald | Nummer 157 Samstag, 12. Juli 1952 | | SONNTAGSBLATT, unpag. **[1952.2]**

Günther Weisenborn. | Zwei Männer | In: Interpretationen | Moderner Prosa | Anläßlich der Fortbildungstagung | für Deutsch- und Geschichtslehrer | in Hohenschwangau/Allgäu | herausgegeben von der Fachgruppe Deutsch – Geschichte | im Bayerischen Philologenverband | Verlag Moritz Diesterweg | Frankfurt am Main · Berlin · Bonn | 1955 | S. 99–106.

10.2 Identifizierte Abdrucke der Binnenerzählungen in *Die einsame Herde* vor Erscheinen des Buches im April 1937 (in der Anordnung des Romans)

Die Pferde sind gestohlen. Ein Gauchoabenteuer von Christian Munk. In: Westfälische Landeszeitung. Rote Erde. Amtliches Blatt der National-Sozialistischen Deutschen Arbeiter-Partei. Ausgabe D. 49. Jahrgang. Folge 149. Donnerstag, den 4. Juni 1936. Die Feierstunde. Donnerstag, den 4. Juni 1936, unpag., gez. S. 2.

Die Pferde sind gestohlen. Ein Gauchoabenteuer von Christian Munk. In: National-Zeitung. Wittgensteiner Ausgabe. Amtliches Kreisblatt für den Kreis Wittgenstein. Amtliche Tageszeitung der NSDAP. Nr. 134 / 86. Jahrgang. Berleburg, Donnerstag, 11. Juni 1936. Die Feierstunde, unpag., gez. S. 5.

Die Pferde sind gestohlen. Ein Gauchoabenteuer von Christian Munk. In: National-Zeitung. Siegerländer Ausgabe. Amtliches Kreisblatt für Siegen Stadt und Land. Amtliche Tageszeitung der NSDAP. Folge 134 / Jahrgang 6. Siegen, Freitag, 12. Juni 1936. Die Feierstunde, unpag., gez. S. 13.

Zwei Männer im Urwaldkrieg / Von Christian Munk. In: Neue Mannheimer Zeitung. Mannheimer General-Anzeiger. Abend-Ausgabe A. Freitag, 30. August 1935. 146. Jahrgang – Nr. 398. S. 2.

Kühe, Gauchos und Revolver. Von Christian Munk. In: ESSENER ANZEIGER. RHEINISCH-WESTFÄLISCHER ANZEIGER. BOTTROPER GENERALANZEIGER. GLADBECKER TAGEBLATT. WERDENER ALLGEMEINE ZEITUNG. 31. Jahrg. Nr. 254. 1934. SAMSTAG 15. SEPTEMBER STADTANZEIGER. im bergAmt. Samstag, 15. September 1934, unpag., gez. S. 1.

Kühe, Gauchos und Revolver. Von Christian Munk. In: *Der Sonntag*. Nr. 223 – 124. Jahrgang. Unterhaltungs-Beilage der Westfälischen Zeitung. Bielefeld, 22. September 1934, unpag., gez. S. 1–2.

Kühe, Gauchos und Revolver. Von Christian Munk. In: *Der Sonntag*. Nr. 222 – 51. Jahrgang. Unterhaltungs-Beilage der Gütersloher Zeitung. Gütersloh, 22. September 1934, unpag., gez. S. 1–2.

Kühe, Gauchos und Revolver. Von Christian Munk. In: Westfälische Landeszeitung. Rote Erde. Amtliches Blatt der National-Sozialistischen Deutschen Arbeiter-Partei. Ausgabe D. 49. Jahrgang. Folge 345. Freitag, den 18. Dezember 1936. *Die* Feierstunde. Westfälische Landeszeitung. Rote Erde. 18. Dezember 1936. Folge 345, unpag., gez. S. 2.

Kühe, Gauchos und Revolver. Von Christian Munk. In: Hamburger Tageblatt. Amtliches Nachrichtenblatt aller Behörden der Freien und Hansestadt Hamburg. Nr. 276 – 6. Jahrgang – A. Sonnabend, 6. Oktober 1934. S. 7.

Kühe, Gauchos und Revolver. Von Christian Munk. In: National-Zeitung. Wittgensteiner Ausgabe. Amtliches Kreisblatt für den Kreis Wittgenstein. Amtliche Tageszeitung der NSDAP. Nr. 302 / 86. Jahrgang. Berleburg, Montag, den 28. Dezember 1936. *Die* Feierstunde, unpag., gez. S. 1.

Graue Haare am Colorado. Alonzo, der Kreole, rettet ein Kilo Rindfleisch / Von Christian Munk. In: Hamburger Tageblatt. Amtliches Nachrichtenblatt aller Behörden der Freien und Hansestadt Hamburg. 2. Ausgabe. Nr. 237 – 7. Jahrgang – A. Sonnabend, 31. August 1935. ZWEITE BEILAGE. S. 9.

Christian Munk. Die Sache mit der Rindfleischbüchse. In: *Welt und Wissen*. Unterhaltungs-Beilage zur Westfälischen Zeitung. Nr. 79 — 127. Jahrgang. Montag, 5. April 1937, unpag., gez. S. 1.

Einer oder Hundert? Von Christian Munk. In: ESSENER ANZEIGER. RHEINISCH-WESTFÄLISCHER ANZEIGER. BOTTROPER GENERALANZEIGER. GLADBECKER TAGEBLATT. WERDENER ALLGEMEINE ZEITUNG. 31. Jahrg. Nr. 222. 1934. DIENSTAG 14. AUGUST. STADTANZEIGER. im bergAmt. Dienstag, 14. August 1934, unpag., gez. S. 1.

In der grünen Hölle. Einer opfert sich für Hunderte / Von Christian Munk. In: *WLZ AM SONNTAG*. Folge 47. Bebilderte Wochenbeilage zur Westfälischen Landeszeitung – Rote Erde — Sonntag, 2. Dezember 1934. Wilde Welt. Seltsame Geschichten, Reisen und Abenteuer. Sonntags-Beilage zur Westfälischen Landeszeitung / Rote Erde. S. 3.

Duell im Keller. Von Christian Munk. In: Oberbergischer Bote. DAS TAGEBLATT DES SCHAFFENDEN VOLKES. Amtliches Organ der NSDAP. / Kreisblatt des Oberbergischen Kreises. Nr. 250. Donnerstag, 25. Oktober 1934. 6. Jahrgang, unpag., gez. S. 5.

Die Ameisen kommen! Von Christian Munk. In: ESSENER ANZEIGER. RHEINISCH-WESTFÄLISCHER ANZEIGER. BOTTROPER GENERALANZEIGER. GLADBECKER TAGEBLATT. WERDENER ALLGEMEINE ZEITUNG. 32. Jahrg. Nr. 81. 1935. FREITAG 22. März. STADTANZEIGER. im bergAmt, unpag., gez. S. 12.

Männer am Parana / Von Christian Munk. In: Der Führer. Das badische Kampfblatt für nationalsozialistische Politik und deutsche Kultur. HAUPTORGAN DER NSDAP GAU BADEN. *Ausgabe B*. Montagausgabe. 8. Jahrgang. Karlsruhe, Montag, den 23. Juli 1934. Folge 333 [recte: 200], S. 8.

Zwei Männer im reißenden Wasser. Der Parana droht / Von Christian Munk. In: Hamburger Tageblatt. Die Tageszeitung der NSDAP und der Deutschen Arbeitsfront Gau Hamburg. Amtl. Nachrichtenblatt aller Behörden der Freien und Hansestadt Hamburg. Zweite Ausgabe. Nr. 297 — 8. Jahrgang. Hamburg, Donnerstag, 29. Oktober 1936, unpag., gez. S. 1.

FARMER UND PEON. VON CHRISTIAN MUNK. In: argentinischer volkskalender 1937. JAHRBUCH DES A[R]GENTINISCHEN TAGEBLATTES und des ARGENTINISCHEN WOCHENBLATTES. XI. JAHRGANG. Druck und Verlag: ALEMANN & Cía, Ltda. S. A. G. – Buenos Aires – Tucuman 307–09–13, S. 125–127.

Die Rettung des Gauchos Sereno. Flucht nach Campana / Von Christian Munk. In: Hamburger Tageblatt. Die Tageszeitung der NSDAP und der Deutschen Arbeitsfront Gau Hamburg. Amtl. Nachrichtenblatt aller Behörden der Freien und Hansestadt Hamburg. Zweite Ausgabe. Nr. 78 - 8. Jahrgang. Hamburg, Donnerstag, 19. März 1936. S. 1.

Christian Munk: Pferde. In: Welt und Wissen. Unterhaltungs-Beilage zur Westfälischen Zeitung. Nr. 82 – 126. Jahrgang. Montag, 6. April 1936, unpag., gez. S. 1.

DER ÜBERFALL AUF DEN Urwaldexpress. Von Christian Munk. In: Hamburger Tageblatt. Ausgabe A. Amtliches Nachrichtenblatt aller Behörden der Freien und Hansestadt Hamburg. Nr. 255 – 6. Jahrgang. Sonnabend, 15. September 1934. S. 7.

Bomben für Esmeralda. Von Christian Munk. In: ESSENER ANZEIGER. RHEINISCH-WESTFÄLISCHER ANZEIGER. BOTTROPER GENERALANZEIGER. GLADBECKER TAGEBLATT. WERDENER ALLGEMEINE ZEITUNG. 32. Jahrg. Nr. 311. 1935. SONNTAG 10. NOVEMBER. STADTANZEIGER. IM BERGAMT. Sonntag, 10. November 1935, unpag., gez. S. 24.

Bomben für Esmeralda. Geschichte eines tollkühnen Abenteurers / Von Christian Munk. In: Hamburger Tageblatt. Die Tageszeitung der NSDAP und der Deutschen Arbeitsfront Gau Hamburg. Amtl. Nachrichtenblatt aller Behörden der Freien und Hansestadt Hamburg. Zweite Ausgabe. Nr. 316 – 7. Jahrgang. Hamburg, Montag, 18. November 1935. S. 1.

Der Schrecklichste der Schrecken. Ein Erlebnis aus Südamerika / Von Christian Munk. In: Hamburger Tageblatt. Die Tageszeitung der NSDAP und der Deutschen Arbeitsfront Gau Hamburg. Amtl. Nachrichtenblatt aller Behörden der Freien und Hansestadt Hamburg. Zweite Ausgabe. Nr. 20 – 8. Jahrgang. Hamburg, Dienstag, 21. Januar 1936, S. 1.

Es war ein Skorpion. Von Christian Munk. In: ESSENER ANZEIGER. RHEINISCH-WESTFÄLISCHER ANZEIGER. BOTTROPER GENERALANZEIGER. GLADBECKER TAGEBLATT. WERDENER ALLGEMEINE ZEITUNG. 32. Jahrg. Nr. 346. 1935. SONNTAG 15. DEZEMBER. STADTANZEIGER. IM BERGAMT. Sonntag, 15. Dez. 1935, unpag., gez. S. 23.

Es war ein Skorpion! Von Christian Munk. In: Westfälische Landeszeitung. Rote Erde. Amtliches Blatt der National-Sozialistischen Deutschen Arbeiter-Partei. Ausgabe D. 49. Jahrgang. Folge 33. Montag, den 3. Februar 1936. Die Feierstunde. Montag, 3. Februar 1936, unpag., gez. S. 16.

Der letzte Schrei des Totenvogels. Zwei Frauen auf dem Urwaldfluß / Von Christian Munk. In: Hamburger Tageblatt. Die Tageszeitung der NSDAP und der Deutschen Arbeitsfront Gau Hamburg. Amtl. Nachrichtenblatt aller Behörden der Freien und Hansestadt Hamburg. Zweite Ausgabe. Nr. 189 – 8. Jahrgang. Hamburg, Montag, 13. Juli 1936. S. 1.

Totenvogel im Urwald. Abenteuer zweier Frauen / Von Christian Munk. In: Westfälische Landeszeitung. Rote Erde. Amtliches Blatt der National-Sozialistischen Deutschen Arbeiter-Partei. Ausgabe D. 49. Jahrgang. Folge 192. Freitag, den 17. Juli 1936. Die Feierstunde. Freitag, den 17. Juli 1936, unpag., gez. S. 2.

Totenvogel im Urwald / Von Christian Munk. In: Münsterischer Anzeiger. Westfälischer Merkur / Münsterische Volkszeitung. Morgenausgabe. 85. Jahrgang. Samstag, den 8. August 1936. Nummer 358, Blatt 1. Das bunte Blatt. Tägliche Unterhaltungsbeilage zum Münsterschen Anzeiger. S. 1.

Christian Munk: Schlangen in Argentinien. In: *Der Sonntag*. Nr. 70 – 52. Jahrgang Unterhaltungs-Beilage der Gütersloher Zeitung. Gütersloh, 23. März 1935. S. 1.

Haß auf Schlangen in Argentinien. Geschichten um giftige Kriechtiere / Von Christian Munk. In: Hamburger Tageblatt. 2. Ausgabe. Amtliches Nachrichtenblatt aller Behörden der Freien und Hansestadt Hamburg. Nr. 102 – 7. Jahrgang – A. Sonnabend, 13. April 1935. S. 11.

Eine furchtbare Erfahrung. Von Christian Munk. In: Westfälische Landeszeitung. Rote Erde. Amtliches Blatt der National-Sozialistischen Deutschen Arbeiter-Partei. Ausgabe A. 48. Jahrgang. Folge 178. Dienstag, den 2. Juli 1935. Die Feierstunde. ILLUSTRIERTES UNTERHALTUNGSBLATT. »Westfälische Landeszeitung — Rote Erde« Dienstag, den 2. Juli 1935, unpag., gez. S. 2.

Pablos schwarze Orchidee. Von Christian Munk. In: *WLZ AM SONNTAG*. Folge 1. Bebilderte Wochenbeilage zur Westfälischen Landeszeitung – Rote Erde — Sonntag, 6. Januar 1935. Wilde Welt. Seltsame Geschichten, Reisen und Abenteuer. Sonntags-Beilage zur Westfälischen Landeszeitung / Rote Erde. S. 3.

10.3 Forschungsliteratur

BACHLEITNER, Norbert: Fiktive Nachrichten. Die Anfänge des europäischen Feuilletonromans. Würzburg: Königshausen & Neumann 2012.

BECK, Andreas: Geselliges Erzählen in Rahmenzyklen. Goethe – Tieck – E.T.A. Hoffmann. Heidelberg: Winter 2008.

BECK, Andreas und Volker MERGENTHALER: Entweder/oder – sowohl/als auch? Buch- und Journalförmigkeit in konkurrierenden Medienformaten des 19. Jahrhunderts. In: Andreas Beck und Volker Mergenthaler (Hrsg.): Journalähnliche Bücher – buchförmige Journale. Hannover: Wehrhahn 2022, S. 7–27.

BUERGEL-GOODWIN, Ulrike: Die Reorganisation der westdeutschen Schriftstellerverbände 1945 – 1952. In: AGB XVIII, Lieferung I, Februar 1977, S. 362–523.

BURKHOLZ, Gerhard: Günther Weisenborn. Zwei Männer. In: Interpretationen Moderner Prosa. Anläßlich der Fortbildungstagung für Deutsch- und Geschichtslehrer in Hohenschwangau/Allgäu herausgegeben von der Fachgruppe Deutsch – Geschichte im Bayerischen Philologenverband. Frankfurt am Main/Berlin/Bonn: Moritz Diesterweg 1955, S. 99–106.

BURKHOLZ, Gerhard: Günther Weisenborn. Zwei Männer. In: Erwin Kitzinger (Hrsg.): Interpretationen moderner Prosa. 13. Auflage. Frankfurt am Main/Berlin/München: Moritz Diesterweg 1981, S. 97–104.

CHARTIER, Roger: Lesewelten. Buch und Lektüre in der frühen Neuzeit. Aus dem Französischen von Brita Schleinitz und Ruthard Stäblein. Frankfurt am Main/New York/Paris: Campus 1990, S. 7–8.

DURZAK, Manfred: Die deutsche Kurzgeschichte der Gegenwart. Autorenporträts. Werkstattgespräche. Interpretationen. Dritte, erweiterte Auflage. Würzburg: Königshausen & Neumann 2002, S. 19–34.

GENETTE, Gérard: Paratexte. Das Buch vom Beiwerk des Buches. Mit einem Vorwort von Harald Weinrich. Aus dem Französischen von Dieter Hornig. Frankfurt am Main: Suhrkamp 2001.

GENZMER, Fritz: Das Buch des Setzers. Kurzgefaßtes Lehr- und Handbuch für den Schriftsetzer. Siebente völlig neubearbeitete, bebilderte Auflage. Berlin-Tempelhof: Deutscher Verlag 1954.

GOLLHARDT, Heinz: Studien zum Klappentext. In: Börsenblatt (Frankfurter Ausgabe), 22 (1966), Nr. 78, 30. September, S. 2101–2212.

GRETZ, Daniela, Marcus Krause und Nicolas Pethes: Einleitung – Introduction. In: Daniela Gretz, Marcus Krause und Nicolas Pethes (Hrsg.): Miszellanes Lesen. Interferenzen zwischen medialen Formaten, Romanstrukturen und Lektürepraktiken im 19. Jahrhundert – Readings Miscellanies / Miscellaneous Reading. Interrelations between Medial Formats, Novel Structures, and Reading Practices in the Nineteenth Century. Hannover: Wehrhahn 2021, S. 9–52.

HAHN, Manfred: Ein Linker im Widerstand. Günther Weisenborn: »Die Furie«. In: Sigrid Bock und Manfred Hahn (Hrsg.): Erfahrung Nazideutschland. Romane in Deutschland 1933 – 1945. Analysen. Berlin/Weimar: Aufbau 1987, S. 231–297.

HAMBURGER, Käte: Die Logik der Dichtung. Stuttgart: Ernst Klett 1957.

HERMAND, Jost: Die Kriegsschuldfrage im westdeutschen Roman der fünfziger Jahre. In: Ursula Heukenkamp (Hrsg.): Schuld und Sühne? Kriegserlebnis und Kriegsdeutung in deutschen Medien der Nachkriegszeit (1945–1961). Amsterdam/Atlanta: Rodopi 2001, S. 429–443.

HÖRISCH, Jochen: Die Wut des Verstehens. Zur Kritik der Hermeneutik. Erweiterte Nachauflage. Frankfurt am Main: Suhrkamp 1998.

JUST, Georg: Semiotik im Literaturunterricht. Exemplarisch veranschaulicht an Günther Weisenborns »Zwei Männer«. In: Diskussion Deutsch 6 (1975), H. 21, S. 69–78.

KAMINSKI, Nicola und Jens RUCHATZ: Journalliteratur – ein Avertissement. Hannover: Wehrhahn 2017.

KARNICK, Manfred: Krieg und Nachkrieg: Erzählprosa im Westen. In: Wilfried Barner (Hrsg.): Geschichte der deutschen Literatur von 1945 bis zur Gegenwart. Zweite, aktualisierte und erweiterte Auflage. München: C.H. Beck 2006, S. 31–75.

KITZINGER, Erwin (Hrsg.): Interpretationen moderner Prosa. 13. Auflage. Frankfurt am Main/Berlin/Bonn: Moritz Diesterweg 1981.

KITZINGER, Erwin: Vorwort. In: Interpretationen Moderner Prosa. Anläßlich der Fortbildungstagung für Deutsch- und Geschichtslehrer in Hohenschwangau/Allgäu herausgegeben von der Fachgruppe Deutsch – Geschichte im Bayerischen Philologenverband. Frankfurt am Main/Berlin/Bonn: Moritz Diesterweg 1955, S. 5–6.

KRISCHEL, Volker: Beliebte Kurzgeschichten interpretiert. Hollfeld: Bange 2007.

KÜHNERT, Jürgen: Die Buchversorgung der Soldaten in den Kriegsjahren. In: Ernst Fischer und Reinhard Wittmann (Hrsg.): Geschichte des deutschen Buchhandels im 19. und 20. Jahrhundert. Band 3: Drittes Reich. Teil 2. Teilband 1. Berlin/Boston: De Gruyter 2023, S. 813–861.

LEHMANN, Johannes F.: Gegenwartsliteratur *historisieren* – oder Gegenwart *versus* Literatur (Angelika Meier zum Beispiel). In: Mitteilungen des Deutschen Germanistenverbandes 2020, H. 3: Gegenwartsliteraturforschung. Positionen, Probleme, Perspektiven, S. 254–266.

LUKAS, Wolfgang, Rüdiger Nutt-Kofoth und Madleen Podewski: Zur Bedeutung von Materialität und Medialität für Edition und Interpretation. Eine Einführung. In: Wolfgang Lukas, Rüdiger Nutt-Kofoth und Madleen Podewski (Hrsg.): Text – Material – Medium. Zur Relevanz editorischer Dokumentationen für die literaturwissenschaftliche Interpretation. Berlin/Boston: De Gruyter 2014, S. 1–22.

MARX, Leonie: Die Deutsche Kurzgeschichte. 3., aktualisierte Auflage. Stuttgart/Weimar: Metzler 2005.

MERGENTHALER, Volker: Betrachten, Blättern, Enthüllen, Lauschen, Lesen. Walter Scotts »THE TAPESTRIED CHAMBER«, das ›KEEPSAKE FOR MDCCCXXIX‹, sein zehnter Stahlstich und ihr interaktives Bedeutungsangebot. In: periodICON. Studies in the Visual Culture of Journals 2 (2022), S. 1–22.

MUSSELL, James: Repetition: Or »In Our Last«. In: Victorian Periodicals Review 48 (2015), S. 343–358.

PFORTE, Dietger: Die deutschsprachige Anthologie. Ein Beitrag zu ihrer Theorie. In: Joachim Bark und Dietger Pforte (Hrsg.): Die deutschsprachige Anthologie. Band 1: Ein Beitrag zu ihrer Theorie und eine Auswahlbibliographie des Zeitraums 1800–1950. Frankfurt am Main: Vittorio Klostermann 1970, S. XIII–CXXIV.

RAABE, Elisabeth: »ES WAR EINE WOLKENLOSE ZEIT DAMALS...«. Über Günther Weisenborn. In: Günther Weisenborn: Die einsame Herde. Ravensburg: Otto Maier 1983, S. 203–205.

ROSE, Dirk: Exkurs: Anthologien als Medienformate. Vorschläge zu einer Systematisierung. In: Kilian Hauptmann, Philipp Pabst und Felix Schallenberg (Hrsg.): Anthologieserie. Systematik und Geschichte eines narrativen Formats. Marburg: Schüren 2022, S. 33–56.

SAINT SAUVEUR-HENN, Anne: Exotische Zuflucht? Buenos Aires, eine unbekannte und vielseitige Exilmetropole (1933–1945). In: Exilforschung. Ein internationales Jahrbuch 2002, Bd. 20: Metropolen des Exils, S. 242–268.

SCHÄFER, Hans Dieter: Das gespaltene Bewußtsein. Über deutsche Kultur und Lebenswirklichkeit 1933–1945. München/Wien: Carl Hanser 1981.

SCHÜDDEKOPF, Charles: Einleitung. In: Wolfgang Weyrauch (Hrsg.): Tausend Gramm. Ein deutsches Bekenntnis in dreißig Geschichten aus dem Jahr 1949. Überarbeitete und erweiterte Neuausgabe. Reinbek bei Hamburg: Rowohlt 1989, S. 7–12.

SCHWARZ, Roswita: Vom expressionistischen Aufbruch zur Inneren Emigration. Günther Weisenborns weltanschauliche und künstlerische Entwicklung in der Weimarer Republik und im *Dritten Reich*. Frankfurt am Main: Lang 1995.

THEWELEIT, Klaus: Männerphantasien. 1. Frauen, Fluten, Körper, Geschichte. Reinbek bei Hamburg: Rowohlt 1980.

TODOROV, Tzvetan: Les catégories du récit littéraire. In: Communications 8 (1966), S. 125–151.

WEBER, Albrecht: Deutsche Literatur in ihrer Zeit. Literaturgeschichte im Überblick. Band II: Von 1880 bis zur Gegenwart. Freiburg i.Br.: Herder 1979.

WEBER, Tanja: Un-/endliche Geheimnisse. Die kulturellen Adaptionen von Sues *Les Mystères des Paris*. In: Birgit Wagner (Hrsg.): Bruch und Ende im seriellen Erzählen. Vom Feuilletonroman zur Fernsehserie. Göttingen: V & R unipress 2016, S. 45–69.

WILPERT, Gero von: Sachwörterbuch der Literatur. Stuttgart: Alfred Kröner 1955.

WITTMANN, Reinhard: Verlagswesen und Buchhandel 1945–1949. Ein Überblick. In: Monika Estermann und Edgar Lersch (Hrsg.): Buch, Buchhandel und Rundfunk 1945 – 1949. Wiesbaden: Harrassowitz 1997, S. 34–52.

WURM, Carsten: Kurzgeschichte und allegorische Erzählung. Der Anteil der Anthologien an der Prosaentwicklung. In: Ursula Heukenkamp (Hrsg.): Deutsche Erinnerung. Berliner Beiträge zur Prosa der Nachkriegsjahre (1945 – 1960). Berlin: Erich Schmidt 2000, S. 167–197.

11 Abbildungsverzeichnis

Abb. 1: TAUSEND GRAMM | SAMMLUNG NEUER DEUTSCHER GESCHICHTEN | HERAUSGEGEBEN | VON | WOLFGANG WEYRAUCH | ROWOHLT VERLAG | HAMBURG STUTTGART BADEN-BADEN BERLIN | 1.–4. Tausend September 1949. | Copyright 1949 by Rowohlt Verlag, Hamburg, Stuttgart. Alle | Rechte vorbehalten. Gesamtherstellung: Westholsteinische Verlags- | anstalt und Verlagsdruckerei Boyens & Co., Heide in Holstein (Maße: Höhe: 195 mm × Breite: 118 mm), farbig bedruckter Pappeinband.

Abb. 2: DEINE SÖHNE, EUROPA | Gedichte deutscher Kriegsgefangener | Herausgegeben von Hans Werner Richter | 1947 | Nymphenburger Verlagshandlung München (Maße: Höhe: 222 mm × Breite: 142 mm), farbig bedruckter Broschureinband.

Abb. 3: Die Hauptgefahr überwunden? | Nachlassen der Niederschläge im polnischen Ueberschwemmungsgebiet | In: Der Führer | Das badische Kampfblatt | für nationalsozialistische Politik und deutsche Kultur | HAUPTORGAN DER NSDAP GAU BADEN | *Ausgabe A* | Landesausgabe | Ausgabe: Karlsruhe | Karlsruhe, Freitag, den 20. Juli 1934 | 8. Jahrgang / Folge 197 | S. 4. (Exemplar der Badischen Landesbibliothek; Signatur: Ze 171 01, Maße der Seite: Höhe: 450 mm × Breite: 310 mm).

Abb. 4: Nachklänge zu den Orkantagen an der Wasserkante – Wiesen und Weiden unter Wasser | In: Hamburger Tageblatt | Die Tageszeitung der NSDAP und der | Deutschen Arbeitsfront Gau Hamburg | Amtl. Nachrichtenblatt aller Behörden | der Freien und Hansestadt Hamburg | Zweite Ausgabe | Nr. 289 — 8. Jahrgang. Hamburg, Mittwoch, 21. Oktober 1936 | Unpag., gez. S. 6. (Exemplar des Staatsarchivs Hamburg; Signatur: Z900/718, Maße: Höhe: 540 mm × Breite: 400 mm).

Abb. 5: Hamburger Tageblatt | Die Tageszeitung der NSDAP und der | Deutschen Arbeitsfront Gau Hamburg | Amtl. Nachrichtenblatt aller Behörden | der Freien und Hansestadt Hamburg | Zweite Ausgabe | Nr. 297 — 8. Jahrgang. Hamburg, Donnerstag, 29. Oktober 1936 | Unpag., gez. S. 1. (Exemplar des Staatsarchivs Hamburg; Signatur: Z900/718, Maße: Höhe: 540 mm × Breite: 400 mm).

Abb. 6: argentinischer | volkskalender 1937 | JAHRBUCH DES A[R]GENTINISCHEN TAGEBLATTES | UND DES | ARGENTINISCHEN WOCHENBLATTES | XI. JAHRGANG | Druck und Verlag: ALEMANN & Cía, Ltda. S. A. G. – Buenos Aires – Tucuman 307-09-13 (Maße: Höhe: 221 mm × Breite: 150 mm), Pappeinband.

Abb. 7: Rancho eines neuen Kolonisten in Campo Grande, Misiones | Aufnahme Tschamler | In: argentinischer | volkskalender 1937 (wie Abb. 6), S. 41.

Abb. 8: argentinischer | volkskalender 1937 (wie Abb. 6), S. 124–125.

Abb. 9: KUNSTGRIFFE UND NOTBEHELFE | In: argentinischer | volkskalender 1937 (wie Abb. 6), S. 44.

Abb. 10: Christian Munk | Die einsame Herde | Buch | der wilden blühenden | Pampa | Wilhelm Heyne Verlag in Dresden || Buchausstattung von Ilse Scherpe, Berlin | Alle Rechte vorbehalten. Copyright 1937 by Wilhelm Heyse | Verlag in Dresden. Printed in Germany. | Druck von Fischer & Wittig in Leipzig. (Maße: Höhe: 190 mm × Breite: 120 mm), Schutzumschlag.

Abb. 11: wie Abb. 10, mit und ohne Schutzumschlag.

Abb. 12: links wie Abb. 10 / rechts Christian Munk | Die einsame Herde | Buch | der wilden blühenden | Pampa | Wilhelm Heyne Verlag Dresden || 2. Auflage | Alle Rechte vorbehalten | Copyright 1937 by Wilhelm Heyne Verlag in Dresden. | Printed in Germany. Druck von Fischer & Wittig in Leipzig. (Maße: Höhe: 184 mm × Breite: 120 mm), Buchrücken mit Liegetitel.

Abb. 13: Christian Munk | Die einsame Herde | Buch | der wilden blühenden | Pampa | Wilhelm Heyne Verlag in Dresden || Buchausstattung von Ilse Scherpe, Berlin | Alle Rechte vorbehalten. Copyright 1937 by Wilhelm Heyne | Verlag in Dresden. Printed in Germany. | Druck von Fischer & Wittig in Leipzig. [1938] | Bücherei der Jugend | Herausgeber: Erhard Wittek (Fritz Steuben) (Maße: Höhe: 190 mm × Breite: 120 mm), Seiten 16 und 17 mit eingeschalteter Illustration.

Abb. 14: wie Abb. 13, Schutzumschlag mit Pinselzeichnung von Josef Hegenbarth (Exemplar im Privatbesitz von Ulrich Zesch, Stuttgart).

Abb. 15: GÜNTHER WEISENBORN | Die einsame Herde | OTTO MAIER VERLAG RAVENSBURG | 1983 (Maße: Höhe: 207 mm × Breite: 133 mm), Schutzumschlag.

Abb. 16: Günther Weisenborn | Die einsame Herde | ATB · ALEX TASCHENBÜCHER · ATB | DER KINDERBUCHVERLAG BERLIN | Einband und Illustration von Marta Hofmann | Berlin 1989 (Maße: Höhe: 178 mm × Breite: 108 mm), farbig bedruckter Einband.

Abb. 17: Interpretationen | Moderner Prosa | Anläßlich der Fortbildungstagung | für Deutsch- und Geschichtslehrer | in Hohenschwangau/Allgäu | herausgegeben von der Fachgruppe Deutsch – Geschichte | im Bayerischen Philologenverband | Verlag Moritz Diesterweg | Frankfurt am Main · Berlin · Bonn | 1955 | S. 100–101. (Maße: Höhe: 210 mm × Breite: 148 mm).

Abb. 18: Volker Krischel | Beliebte Kurzgeschichten | interpretiert | *Bange* | *Verlag* || 2007 | S. 26–27. (Maße: Höhe: 240 mm × Breite: 165 mm).

12 Lesartenverzeichnis

Die durch die Jahreszahlen in eckigen Klammern identifizierten Abdrucke sind im Literaturverzeichnis 10.1 aufgeführt. Den Maßstab bildet der früheste identifizierte Abdruck im *Führer* vom 23. Juli 1934:

12.1 Frühester ermittelter Abdruck

1   Männer am Parana / Von Christian Munk
2   Als der verdammte Wolkenbruch, den sich
3   der argentinische Himmel damals im Februar
4   leistete, ein Ende gefunden hatte, stand das
5   ganze Land unter Wasser. Und unter Wasser
6   standen die Hoffnungen des Pflanzers von
7   Santa Sabina. Wo ein saures Vermögen in
8   Gestalt von endlosen Teefeldern mit saftgrünen Yerbabüschen gestanden hatte, dehnte sich
9   nen Yerbabüschen gestanden hatte, dehnte sich
10 morgens ein endloses Meer.
11   Der Farmer war vernichtet, das wußte er.
12 Er saß auf einer Maiskiste neben seinem
13 Haus und zählte die fetten Blasen, die an
14 seine Schuhe trieben und dort zerplatzten.
15 Das Maisfeld glich einem See. Der Rancho
16 des Peons war darin verschwunden. Sein
17 Schilfdach trieb im Strom davon, eine nickende
18 Straußenleiche vor sich herschiebend.
19   Der Peon hatte sich zu seinem Herrn geflüchtet und saß neben ihm. Es war ein Jn-
20 flüchtet und saß neben ihm. Es war ein Jn-
21 dianer, der mit breitem, eisernem Gesicht ins
22 Leere starrte. Seine Frau war ertrunken, als
23 sie sich losließ um ihre Hände zur Madonna
24 zu erheben. Der Peon hatte drei Blasen gezählt. Jhre Hand hatte die letzte Blase zer-
25 zählt. Jhre Hand hatte die letzte Blase zer-
26 schlagen.
27   Der Farmer hatte seine Frau in der Stadt.
28 Sie würde vergeblich auf seinen Schritt vor
29 der Tür warten. Denn der Farmer gab sich
30 noch eine Nacht.
31   Es ist unter Männern Brauch, daß man in
32 ernsteren Lagen sich die letzte Zigarette teilt.
33 Der Farmer, im Begriff, nach Mannes Art
34 zu handeln, wurde von seinem Peon unterbrochen.
35 brochen.
36   »Herr!« rief der Jndio, »der Parana! Der
37 Strom kommt! . . . «
38   Er hatte recht. Man hörte in der Ferne ein
39 furchtbares Donnern. Der Parana, angeschwollen von Wasser und Wind, brach in die Tee-
40 len von Wasser und Wind, brach in die Tee-
41 provinzen ein. Parana, das heißt der größte
42 Strom Argentiniens. Dieses Donnern war das
43 Todesurteil für die Männer von Santa Sabina. Sie verstanden sich auf diese Sprache, die
44 bina. Sie verstanden sich auf diese Sprache, die
45 Männer. Sie hatten tausendmal dem Tod ins
46 Auge gesehen.

47 Sie haben das Weiße im Auge des Puma
48 gesehen und der Korallenschlange ins kalt strah-
49 lende Gesicht. Sie hatten dem Jaguar gegen-
50 übergestanden und der großen Kobra, die sich
51 blähte. Sie hatten alle diese Begegnungen für
52 sich entschieden, denn ihr Auge war kalt, und
53 gelassen ihre Hand.
54 Jetzt aber halfen keine Patronen und kein
55 scharfes Auge. Dieser Feind hier, das Wasser,
56 war bösartig wie hundert Schlangen, die heran-
57 zischten und todesdurstig wie der größte Puma
58 auf dem Ast. Man konnte das Wasser schlagen,
59 es wuchs. Man konnte hineinschießen, es griff
60 an. Es biß nicht, es stach nicht, das Wasser, es
61 suchte sich nur mit kalten Fingern eine Stelle
62 Stelle [sic!] am Mann, seinen Mund, um ihn anzu-
63 füllen bis Blasen aus der Lunge quollen. Das
64 Wasser war gelb und lautlos. Und man sah
65 vor Regen nicht den Himmel.
66 Auf einer kleinen Jnsel, halb unsichtbar in
67 der triefenden Finsternis, saß der Farmer
68 mit seinem Peon vor seinem Haus.
69 Dann kam der große Parana. Er kam nicht
70 mit Pauken und Posaunen. Nein, man merkte
71 ihn gar nicht. Aber plötzlich stand der Schuh
72 des Farmers im Wasser. Er zog ihn zurück.
73 Aber nach einer Weile stand der Schuh schon
74 wieder im Wasser, weiß der Teufel . . . Und
75 wenn man die Maiskiste zurücksetzte, so mußte
76 man sie bald noch ein wenig zurücksetzen, denn
77 kein Mann sitzt gern im Wasser.
78 Das war alles, aber das war der Parana!
79 Gegen Abend fiel das Hühnerhaus um.
80 Man hörte das halberstickte Kreischen der
81 Vögel, dann war es wieder still. Später
82 zischte es plötzlich im Wohnhaus auf, denn
83 das Wasser war in den Herd gedrungen.
84 Als es dunkel wurde, standen der Farmer
85 und sein Peon bereits bis zum Bauch im
86 Wasser. Sie kletterten auf das Schilfdach. Dort
87 auf dem Giebel saßen sie schweigend, dunkle
88 Schatten in der dunkelsten aller Nächte, in-
89 des Töpfe und Kassen aus den Häusern hin-
90 ausschwammen. Ein Stuhl stieß unten das
91 Jlasfenster [sic!] in Scherben. Das Wasser rauschte.
92 Die Blasen platzten. Ein totes Huhn schwamm
93 im Kreise vor der Haustür.
94 Als das Wasser das Dach erreicht hatte,
95 stieß es die Hausmauern nachlässig um. Das
96 Dach stürzte von den gebrochenen Pfosten,
97 schaukelte und krachte, dann drehte es sich um
98 sich selbst und trieb in die rauschende Finster-
99 nis hinaus.
100 Das Dach ging einen langen Weg. Es fuhr
101 kreiselnd zu Tal. Es trieb am Rand der gro-
102 ßen Urwälder vorbei. Es segelte durch eine
103 Herde von Rindern, die mit himmelwärts ge-
104 reckten Beinen totenstill auf dem wirbelnden
105 Wasser trieben. Glotzäugige Fische schossen vor
106 dem Schatten des Daches davon. Schwarze
107 Aasgeier trieben, traubenweise an ein Pferd
108 gekrallt, den Strom hinab. Sie blickten mord-
109 lustigen Auges herüber . . . Blüten, Möbel
110 und Leichen vereinigen sich zu einem Zug
111 des Todes, der talwärts fuhr einem undurch-
112 sichtigen Ende entgegen.
113 Gegen Morgen richtete sich der Farmer auf
114 und befahl seinem Peon, nicht einzuschlafen.
115 Der Jndianer verwunderte sich über die harte
116 Stimme seines Herrn.
117 Er wäre bedenkenlos, dem Farmer um die
118 Erde gefolgt. Er war Jndianer und wußte,
119 was ein Mann ist. Aber er wußte auch, daß
120 ein Mann ein schweres Gewicht hat. Wenn
121 nur ein Mann auf dem Dach sitzt, so hält es
122 natürlich länger, nicht wahr, als wenn es un-
123 ter dem schweren Gewicht zweier Männer aus-
124 einanderbricht und versinkt. Und dann gute
125 Nacht. . . .
126 Er glaubte nicht, daß der Farmer gutwillig
127 das Dach verlassen würde, aber man konnte
128 ihn plötzlich hinunterkippen, denn es ging hier
129 um Leben und Tod. Das dachte der Jndio,
130 und er rückte näher. Sein Gesicht war stei-
131 nern, er troff vor Regen.
132 Das Dach würde auf keinen Fall mehr bis
133 zum Morgen schwimmen. Jetzt schon brachen
134 einzelne Bündel ab und schwammen neben-
135 her. Die Männer mitten auf dem furchtbaren
136 Strom wußten nicht, wo sie waren. Dichter
137 Nebel fuhr mit ihnen. Rings um das Wasser
138 schien stillzustehen. Fuhren sie im Kreis? Sie
139 wußten es nicht. Sie sahen sich an.
140 Da folgte der Farmer dem Brauch aller Män-
141 ner, zog seine letzte Zigarette, brach sie in zwei
142 Teile und bot dem Jndio eines an. Sie rissen
143 das Papier ab und kauten den Tabak, da sie
144 kein Feuer hatten.
145 Er ist ein guter Kamerad, dachte der Peon.
146 Es hat keinen Zweck. Es soll alles seinen Weg
147 gehen. Als e r den würzigen Geschmack des Ta-
148 baks fühlte, wurde aus der Feindschaft lang-
149 sam ein Gefühl der Treue. Was willst Du? Der
150 Peon hatte seine Frau verloren und sein Kind.
151 Sie hatte die letzte Blase ihres Atems mit ihrer
152 Hand zerschlagen. Er hatte nichts mehr, was
153 ihn zu leben verlockte. Das Schilfdach sank
154 immer tiefer. Wenn er selbst ins Wasser sprang,
155 hielt das Dach vielleicht noch und trug seinen
156 Herrn bis zum Morgen.
157 Der Dienst ist aus, adios senor! Der Peon
158 kletterte über den Giebel bis an den Rand des
159 Daches, als er plötzlich im dunkeln Wasser
160 Kaimane rauschen sah, Jaguars, die ihn auf-
161 merksam anstarten. Zum erstenmal verzog der Jn-
162 dio sein Gesicht, dann hielt er den Atem an
163 und sprang.
164 Aber er wurde im selben Moment von seinem
165 Herrn gehalten, der ihn wieder aus dem Was-
166 ser zog und seinen Peon zornglühend anschrie.

167 Kreideweiß, mit rotgeränderten Augen und trie-
168 fenden Haaren beugte sich der Farmer über
169 ihn, verfluchte ihn, nannte ihn den Vater allen
170 Unsinns und rüttelte ihn. Dann befahl er ihm
171 seinen Platz einzunehmen und den Mut nicht
172 zu verlieren, verdammt noch mal . . .!
173   Gegen Morgen trieben sie an Land, spran-
174 gen über Baumäste, wateten stundenlang, bis
175 sie ins Trockene kamen. Sie klopften den Boden
176 mit Stöcken nach Schlangen ab, und ehe sie sich
177 zum Schlafen in das Maisfeld legten, sagte
178 der Farmer: Morgen gehen wir zurück und fan-
179 gen wieder an. »Bueno«, sagte der Jndianer.
180 Der Regen hörte auf.

12.2 Lesarten

Zeile 1: Männer am Parana / Von Christian Munk | **1936.1**: Männer im reißenden Wasser Der Parana droht | **1936.2**: FARMER UND PEON VON CHRISTIAN MUNK | **1937**: *Von den Männern und der Sintflut* | **1949**: GÜNTHER WEISENBORN *Zwei Männer* | **1952.1**: Männer / Von Günther Weisenborn | **1952.2**: Männer / Von Günther Weisenborn

Zeile 2: Als der verdammte Wolkenbruch, | **1936.1**: Als der Wolkenbruch, | »Als der verdammte Wolkenbruch, | **1949**: ALS der Wolkenbruch,

Zeile 3: Februar | **1952.1**: Februra | **1952.2**: Februra

Zeile 7: saures Vermögen | **1936.1**: Vermögen | **1949**: saftgrünes Vermögen | **1952.1**: saftgrünes Vermögen | **1952.2**: saftgrünes Vermögen

Zeile 7: saftgrünen Yerbabüschen | **1949**: mann-hohen Yerbabüschen | **1952.1**: mannshohen Yerbabüschen | **1952.2**: mannshohen Yerbabüschen

Zeile 11: Der Farmer | **1936.1**: Die Farm

Zeile 11: wußte er. Er | **1936.2**: wusste er. Er | **1952.1**: wußte er Er | **1952.2**: wußte er Er

Zeile 14: trieben | **1952.1**: getrieben | **1952.2**: getrieben

Zeile 17–18: davon, eine nickende Straußenleiche vor sich herschiebend | **1952.1**: davon. | **1952.2**: davon.

Zeile 20–21: saß neben ihm. Es war ein Jndianer | **1936.2**: sass neben ihm. Es war ein Indianer | **1937**: saß neben ihm. Es war ein Indianer | **1949**: saß neben ihm. Es war ein Indio | **1952.1**: saß neben ihm. Es war ein Indio | saß neben ihm. Es war ein Indio

Zeile 22–23: als sie sich losließ um | **1936.1**: als sie sich losließ, um | **1936.2**: als sie sich losliess, um | **1937**: als sie sich losließ, um | **1949**: als sie sich losließ, um | **1952.1**: als sie sich losließ, um | **1952.2**: als sie sich losließ, um

Zeile 24–26: erheben. Der Peon hatte drei Blasen gezählt. Jhre Hand hatte die letzte Blase zerschlagen. | **1936.1**: erheben. | **1936.2**: erheben. Der Peon hatte drei Blasen gezählt. Ihre Hand hatte die letzte Blase zerschlagen. | **1937**: erheben. Der Peon hatte drei Blasen gezählt. Ihre Hand hatte die letzte Blase erschlagen. | **1949**: erheben. Der Peon hatte drei Blasen gezählt. Ihre Hand hatte die letzte Blase erschlagen. | **1952.1**: erheben. Der Peon hatte drei Blasen gezählt. Ihre Hand hatte die letzte Blase erschlagen. | **1952.2**: erheben. Der Peon hatte drei Blasen gezählt. Ihre Hand hatte die letzte Blase erschlagen.

Zeile 31: Brauch, daß man in ernsthaften Lagen sich die | **1936.2**: Brauch, dass man in ernsthaften Lagen sich die | **1949**: Brauch, daß man in gewissen Lagen die | **1952.1**: Brauch, daß man sich in gewissen Lagen die | **1952.2**: Brauch, daß man sich in gewissen Lagen die

Zeile 33–35: Der Farmer, im Begriff, nach Mannes Art zu handeln, wurde von seinem Peon unterbrochen. | **1936.2**: Der Farmer im Begriff nach Mannes Art zu handeln, wurde von seinem Pech unterbrochen. | **1937**: Der Farmer, im Begriff nach Mannes Art zu handeln, wurde von seinem Peon unterbrochen. | **1949**: Der Farmer, im Begriff nach Mannes Art zu handeln, wurde von seinem Peon unterbrochen. | **1952.1**: Der Farmer, im Begriff nach Mannes Art zu handeln, wurde von seinem Peon unterbrochen. | **1952.2**: Der Farmer, im Begriff nach Mannes Art zu handeln, wurde von seinem Peon unterbrochen.

Zeile 37: rief der Jndio, »der Parana! Der Strom kommt! . . . « | **1936.1**: rief der Jndio, »der Parana! Der Strom kommt . . . !« | **1936.2**: rief der Indio, »der Parana ! Der Strom kommt ! . . . « | **1937**: rief der Indio, »der Parana! Der Strom kommt . . . !« | **1949**: rief der Indio, »der Parana! Der Strom kommt . . . . !« | **1952.1**: rief der Indio, »der Parana! Der Strom kommt. . .!« | **1952.2**: rief der Indio, »der Parana! Der Strom kommt. . .!«

Zeile 41–42: ein. Parana, das heißt der größte Strom Argentiniens. | **1936.2**: ein.

Zeile 45–55: Männer. Sie hatten tausendmal [...] haben das Weiße [...] ins kalt strahlende [...] der großen Kobra [...] kalt, und [...] scharfes Auge. | **1936.1**: Männer. | **1936.2**: Männer. Sie hatten tausendmal [...] hatten das Weisse [...] ins kalt strahlende [...] der grossen Kobra [...] kalt, und [...] scharfes Auge. | **1937**: Männer. Sie hatten tausendmal [...] haben das Weiße [...] ins kaltstrahlende [...] der großen Kobra [...] kalt, und [...] scharfes Auge. | **1949**: Männer. Sie hatten tausendmal [...] hatten das Weiße [...] ins kaltstrahlende [...] der großen Kobra [...] kalt und [...] scharfes Auge. | **1952.1**: Männer. Sie hatten tausendmal [...] hatten das Weiße [...] ins kaltstrahlende [...] der großen Kobra [...] kalt und [...] scharfes Auge. | **1952.2**: Männer. Sie hatten tausendmal [...] hatten das Weiße [...] ins kaltstrahlende [...] der großen Kobra [...] kalt und [...] scharfes Auge.

Zeile 56–57: die heranzischten und | **1936.1**: die heranzischen und | **1937**: die heranzischen, und | **1952.1**: die heranzischten, und | **1952.2**: die heranzischten, und

Zeile 58–66: Ast. Man [...] an. Es biß nicht, es stach nicht, das Wasser, es suchte sich nur mit kalten Fingern eine Stelle Stelle [sic!] am Mann, seinen Mund, um ihn anzufüllen bis Blasen aus der Lunge quollen. Das Wasser war gelb und lautlos. Und man sah vor Regen nicht den Himmel. Auf einer kleinen Jnsel, | **1936.1**: Ast. Man [...] an. Das Wasser war gelb und lautlos. Und man sah vor Regen nicht den Himmel. Auf einer kleinen Jnsel, | **1936.2**: Ast. Man [...] an. Es biss nicht, es stach nicht, das Wasser, es suchte sich nur mit kalten Fingern eine Stelle am Mann, seinen Mund, um ihn anzufüllen, bis Blasen aus der Lunge quollen. Das Wasser war gelb und lautlos. Und man sah vor Regen nicht den Himmel. Auf einer kleinen Insel | **1937**: Ast. Man [...] an. Es biß nicht, es stach nicht, das Wasser, es suchte sich nur mit kalten Fingern eine Stelle am Mann, seinen Mund, um ihn anzufüllen bis Blasen aus der Lunge quollen. Das Wasser war gelb und lautlos. Und man sah vor Regen nicht den Himmel. Auf einer kleinen Insel, | **1949**: Ast. Man [...] an. Es biß nicht, es stach nicht, das Wasser, es suchte sich nur mit kalten Fingern eine Stelle am Mann, seinen Mund, um ihn anzufüllen, bis Blasen aus der Lunge quollen. Das Wasser war gelb und lautlos. Und man sah vor Regen den Himmel nicht. Auf einer kleinen Insel, | **1952.1**: Ast. [...] Insel, | **1952.2**: Ast. [...] Insel,

Zeile 67: saß | **1936.2**: sass

Zeile 68–78: Haus. Dann kam der große Parana. [...] man merkte [...] Schuh schon wieder im Wasser, weiß der Teufel . . . Und [...], so mußte [...] war der Parana! | **1936.1**: Haus. | **1936.2**: Haus. Dann kam der grosse Paraná. [...] man merkte [...] Schuh schon wieder im Wasser, weiss der Teufel. Und [...], so musste [...] war der Paraná! | **1937**: Haus. Dann kam der große Paraná. [...] man bemerkte [...] Schuh schon wieder im Wasser, weiß der Teufel . . . Und [...], so mußte [...] war der Paraná! | **1949**: Haus. Dann kam der große Parana. [...] man merkte [...] Schuh wieder im Wasser, weiß der Teufel . . . Und [...], so mußte [...] war der Parana. | **1952.1**: Haus. Dann kam der große Parana. [...] man bemerkte [...] Schuh wieder im Wasser, weiß der Teufel . . . Und [...], so mußte [...] war der Parana. | **1952.2**: Haus. Dann kam der große Parana. [...] man bemerkte [...] Schuh wieder im Wasser, weiß der Teufel . . . Und [...], so mußte [...] war der Parana.

Zeile 84: standen | **1937**: stand | **1952.1**: stand | **1952.2**: stand

Zeile 87: Giebel saßen | **1936.2**: Giebel sassen | **1937**: Gipfel saßen | **1949**: Gipfel saßen | **1952.1**: Gipfel saßen | **1952.2**: Gipfel saßen

Zeile 88-93: Schatten in [...] Kassen [...] hinausschwammen. Ein Stuhl stieß unten das Jlasfenster [sic!] in Scherben. Das Wasser rauschte. Die Blasen [...] Haustür. | **1936.1**: Schatten | **1936.2** Schatten in [...] Kissen [...] hinausschwammen. Die Blasen [...] Haustür. | **1937**: Schatten in [...] Kästen [...] hinausschwammen. Ein Stuhl stieß unten das Glasfenster in Scherben. Das Wasser rauschte. Die Blasen [...] Haustür. | **1949**: Schatten in [...] Kästen [...] hinausschwammen. Ein Stuhl stieß unten das Glasfenster in Scherben. Das Wasser rauschte. Die Blasen [...] Haustür. | **1952.1**: Schatten in [...] Kästen [...] hinausschwammen. Ein Stuhl stieß unten das Glasfenster in Scherben. Das Wasser rauschte. Die Blasen [...] Haustür. | **1952.2**: Schatten in [...] Kästen [...] hinausschwammen.

Zeile 95: stieß | **1936.2**: stiess

Zeile 101–109: kreiselnd zu Tal. Es trieb am Rand der großen Urwälder vorbei. Es [...] gereckten [...] trieben, traubenweise [...] herüber . . . | **1936.1**: kreiselnd zu Tal. Es trieb am Rande der großen Urwälder vorbei. | **1936.2**: kreisend zu Tal. Es trieb am Rand der grossen Urwälder vorbei. Es [...] gereckten [...] trieben traubenweise [...] herüber . . . | **1937**: kreisend zu Tal. Es trieb am Rand der großen Urwälder vorbei. Es [...] gereckten [...] trieben, traubenweise [...] herüber . . . | **1949**: kreisend zu Tal. Es trieb am Rande der großen Urwälder vorbei. Es [...] gestreckten [...] trieben, traubenweise [...] herüber . . . | **1952.1**: kreisend zu Tal. Es trieb am Rande der großen Urwälder vorbei. Es [...] gereckten [...] trieben, traubenweise [...] herüber . . . | **1952.2**: kreisend zu Tal. Es trieb am Rande der großen Urwälder vorbei. Es [...] gereckten [...] trieben, traubenweise [...] herüber . . .

Zeile 110: Blüten [...] vereinigen | **1936.1**: Blüten [...] vereinigten | **1936.2**: Blüten [...] vereinigten | **1937**: Blüten [...] vereinigten | **1949**: Blüten [...] vereinigten | **1952.1**: Bütten [...] vereinigten | **1952.2**: Bütten [...] vereinigten

Zeile 111: fuhr einem | **1936.1**: fuhr, einem | **1937**: fuhr, einem | **1949**: fuhr, einem | **1952.1**: fuhr, einem | **1952.2**: fuhr, einem

Zeile 115: Jndianer | **1936.2**: Indianer | **1937**: Indianer | **1949**: Indio | **1952.1**: Indio | **1952.2**: Indio

Zeile 117: bedenkenlos, dem | **1936.1**: bedenkenlos dem | **1936.2**: bedenkenlos dem | **1937**: bedenkenlos dem | **1949**: bedenkenlos dem | **1952.1**: bedenkenlos dem | **1952.2**: bedenkenlos dem

Zeile 118: Jndianer und wußte | **1936.2**: Indianer und wusste | **1937**: Indianer und wußte | 1949: Indio und wußte | **1952.1**: Indio und wußte | **1952.2**: Indio und wußte

Zeile 119: wußte auch, daß | **1936.2**: wusste auch, dass

Zeile 121: Dach [...] länger, nicht wahr, | **1936.1**: Dach [...] länger, | **1936.2**: Dache [...] länger, nicht wahr,

Zeile 124: versinkt. Und dann gute Nacht . . . . | **1936.1**: versinkt. | **1936.2**: versinkt. Und dann gute Nacht. | **1937**: versinkt. Und dann gute Nacht . . . | **1952.1**: versinkt. Und dann gute Nacht. . . | **1952.2**: versinkt. Und dann gute Nacht. . .

Zeile 126: daß | **1936.2**: dass

Zeile 127–128: aber man konnte ihn plötzlich hinunterkippen, denn | **1936.2**: aber man konnte ihn plötzlich hinunterkippen. Denn | **1937**: aber man konnte ihn hinunterkippen, denn | **1949**: aber man konnte ihn hinunterkippen, denn | **1952.1**: aber man konnte ihn hinunterkippen, denn | **1952.2**: aber man konnte ihn hinunterkippen, denn

Zeile 129–130: Jndio, und er rückte näher | **1936.2**: Indio, und er rückte ihm näher | **1937**: Indio, und er rückte näher | **1949**: Indio, und er rückte näher | **1952.1**: Indio, und er rückte näher | **1952.2**: Indio, und er rückte näher

Zeile 130–131: steinern, er troff vor Regen | **1936.1**: steinern; er troff vor Regen | **1936.2**: steinern, er troff vom Regen | **1949**: steinern, es troff vor Regen | **1952.1**: steinern, es troff vor Regen | **1952.2**: steinern, es troff vor Regen

Zeile 136: wußten | **1936.2**: wussten

Zeile 137: Rings um [...] stillzustehen | **1936.1**: Ringsum [...] stillzustehen | **1936.2**: Ringsum [...] stillzustehen | **1937**: Ringsum [...] still zu stehen | **1949**: Ringsum [...] still zu stehen | **1952.1**: Ringsum [...] still zu stehen | **1952.2**: Ringsum [...] still zu stehen

Zeile 142: Jndio | **1936.2**: Indio | **1937**: Indio | **1949**: Indio | **1952.1**: Indio | 1952.2: Indio

Zeile 147: e r | **1936.1**: er | **1936.2**: er | **1937**: er | **1949**: er | **1952.1**: er | **1952.2**: er

Zeile 149: Was willst Du? | **1936.2**: Was willst du? | **1937**: Was willst du? | **1949**: Was willst du? | **1952.1**: Was willst du? | **1952.2**: Was willst du?

Zeile 150–152: Kind. Sie hatte die letzte Blase ihres Atems mit ihrer Hand zerschlagen. | **1936.1**: Kind.

Zeile 157: adios senor! | **1936.2**: adios señor! | **1937**: adios señor! | **1949**: adios, Senor! | **1952.1**: adios Senor! | **1952.2**: adios Senor!

Zeile 159: plötzlich im dunkeln [...] sah, Jaguars, [...] anstarten [sic!] | **1936.1**: plötzlich im dunkeln [...] sah, Yaquars, [...] anstarrten | **1936.2**: plötzlich im dunkeln [...] sah, Yacarés, [...] anstarrten | **1937**: plötzlich im dunklen [...] sah, Jaquarés, [...] anstarrten | **1949**: plötzlich im dunklen [...] sah, Jaquares, [...] anstarrten | **1952.1**: es plötzlich im dunklen [...] sah, Jaquares, [...] anstarrten | **1952.2**: es plötzlich im dunklen [...] sah, Jaquares, [...] anstarrten

Zeile 161–162: erstenmal verzog der Jndio | **1936.2**: erstenmal verzog der Indio | **1937**: erstenmal verzog der Indio | **1949**: erstenmal verzog der Indio | **1952.1**: ersten Male verzog der Indio | **1952.2**: ersten Male verzog der Indio

Zeile 167–171: Kreideweiß, [...] Haaren beugte [...] ihn, verfluchte ihn, nannte [...] befahl er ihm seinen | **1936.1**: Kreideweiß, [...] Haaren beugte [...] über ihn, fluchte, nannte [...] befahl er ihm, seinen | **1936.2**: Kreideweiss, [...] Haaren beugte [...] ihn, verfluchte [...] befahl er ihm, seinen | **1937**: Kreideweiß, [...] Haaren, beugte [...] ihn, nannte [...] befahl er ihm, seinen | **1949**: Kreideweiß, [...] Haaren beugte [...] ihn, nannte [...] befahl er ihm, seinen | **1952.1**: Kreideweiß, [...] Haaren beugte [...] ihn, nannte [...] befahl er ihm, seinen | **1952.2**: Kreideweiß, [...] Haaren beugte [...] ihn, nannte [...] befahl er ihm, seinen

Zeile 172: mal . . .! | **1936.1**: mal . . . . ! | **1952.1**: mal. . . : | **1952.2**: mal. . . :

Zeile 174: Baumäste, wateten | **1949**: Baumäste und wateten | **1952.1**: Baumäste und wateten | **1952.2**: Baumäste und wateten

Zeile 175: ins | **1936.2**: ans

Zeile 178–179: Morgen [...] an. »Bueno«, sagte der Jndianer | **1936.2**: Morgen [...] an. »Bueno«, sagte der Indianer. | **1937**: »Morgen [...] an.« »Bueno«, sagte der Indianer. | **1949**: »Morgen [...] an.« »Bueno,« sagte der Indio. | **1952.1**: »Morgen [...] an.« »Bueno«, sagte der Indio. | **1952.2**: »Morgen [...] an.« »Bueno«, sagte der Indio.

Berichte und Miszellen

Hans Altenhein

Ernst Umlauff (1896–1976) oder der Gang der Geschäfte

Anlässlich seiner Pensionierung im Jahre 1961 erhält Ernst Umlauff, der Hauptgeschäftsführer des Börsenvereins des Deutschen Buchhandels in Frankfurt am Main, einen Auftrag besonderer Art: Er solle alle relevanten Dokumente zum Wiederaufbau des Buchhandels zwischen 1945 und 1955 sammeln, ein Archiv aufbauen und daraus eine Chronik dieser Jahre erstellen.[1] Das entspricht einer alten Praxis. Schon seit dem Ende des 19. Jahrhunderts stützen sich die verbandsgeschichtlichen Anstrengungen des Börsenvereins nicht zuletzt auf die eigenen Angestellten.[2] Unübersehbar sind die politischen Bezüge des Auftrags angesichts zweier Buchsysteme, die sich nach dem Krieg im geteilten Deutschland gegenüberstehen.

Seine Zeit als Geschäftsführer des Frankfurter Börsenvereins von 1949 bis 1961, seit 1953 im Buchhändlerhaus am Großen Hirschgraben, lässt Umlauff weniger als »ruhenden Pol« (Horst Kliemann), denn als selbstbewussten Intendanten erscheinen, der beim Übergang vom Besatzungsregime zur Marktwirtschaft eine wichtige Rolle spielte. Seine Personal- und Aktenkenntnisse erleichtern ihm nun die jahrelange Erschließung und Verarbeitung der Unterlagen. Sechs Jahre nach der Erteilung des Auftrags, also ab 1967, veröffentlicht Umlauff abgeschlossene Kapitel seiner Chronik fortlaufend im historischen Teil des Frankfurter *Börsenblatts*. Er zeigt sich darin nicht nur als Kenner der Zahlen und ›Vorgänge‹, sondern auch als genauer und stilsicherer Berichterstatter, unablässig an der Arbeit, solange es ihm die Kräfte erlaubten. 1978 kann dann die fast 900 Seiten starke Buchausgabe unter dem Titel *Der Wiederaufbau des Buchhandels. Beiträge zur Geschichte des Büchermarktes in Westdeutschland nach 1945* als Band XVII des erneuerten (zweispaltig gesetzten) *Archivs für Geschichte des Buchwesens* erscheinen – zwei Jahre nach dem Tod des Verfassers, unabgeschlossen, aber ein Standardwerk für kommende Jahrzehnte. Über die bemerkenswerte regionale Begrenzung des Titels hinaus hatte Ernst Umlauff zuletzt noch ein umfangreiches dreizehntes Kapitel angefügt, »Buchhandel im geteilten Deutschland«, das indirekt einen Abriss der Entwicklung im Osten des Landes enthält und zu dieser Zeit nicht selbstverständlich ist. Ein Nachwort der Redaktion beschreibt umständlich die damit entstandenen Schwierigkeiten und begründet die immer neuen Korrekturen wie die Unabgeschlossenheit des letzten Kapitels mit »Problemen des Interzonenhandels«. Es erklärt den Lesern von 1978, dass die Veröffentlichung von Texten, die zwischen 1967 und 1976 entstanden, als zeitbedingt »bis in den sprachlichen Ausdruck hinein«[3] zu verstehen sind, gemeint ist die Nicht-Anerkennung der DDR bis zum Grundlagenvertrag von 1973.

Tatsächlich ist Umlauff unerschrocken, er behandelt so heikle Themen wie die wechselvolle Nachkriegsgeschichte seines Auftraggebers, von dem Plan der kurzzeitigen amerikanischen Militärregierung, den Leipziger Börsenverein im Frühjahr 1945 nach Wiesbaden zu transferieren, über einen missglückten Gründungsversuch im Herbst desselben Jahres bis zum neuen *Börsenblatt* und zur Frankfurter »Arbeitsgemeinschaft Deutscher Verleger- und Buchhändler-Verbände« im Mai 1948. Dasselbe gilt für die entstehenden Auseinandersetzungen zweier Börsenvereine, nicht zuletzt in Vermögensfragen. Selbst der einflussreiche »Dr. Schauer«, Lizenzträger des *Börsenblatts*, erfährt in seinem Streit mit Leipzig über die neue Zentralbibliothek in Frankfurt verhaltene Kritik.[4] Hochpolitische Themen, wie die Agitation der Buchhändler im Osten gegen die Militarisierung der Bundesrepublik in den frühen 1950er Jahren, behandelt Umlauff ohne Polemik.[5] Man verfolgt allerdings mit nachträglichem Erstaunen die endlosen Komplikationen im West-Ost-Verkehr, so zum Beispiel im umfangreichen Kapitel »Das Zeitschriften-Problem« (XIII/9).

Dieselbe Unbefangenheit gilt allerdings nicht gegenüber den Spuren des Nationalsozialismus. Im Kapitel »Hinterlassenschaft des Dritten Reiches« wie im Kapitel »Unter

---

1 Vorbemerkung zu Ernst Umlauff: Der Wiederaufbau des Buchhandels. Beiträge zur Geschichte des Büchermarktes in Westdeutschland nach 1945, AGB XVII, Sp. 2.
2 Hans Altenhein: Kleine Chronik der *Geschichte des deutschen Buchhandels*. In: AGB 76 (2022), S. 175–184.

3 Nachwort der Redaktion. In: Umlauff, Sp. 1725–1728.
4 Deutsche Bücherei in Leipzig – Deutsche Bibliothek in Frankfurt. In: Umlauff, Sp. 1305.
5 Volksentscheid gegen Remilitarisierung. In: Umlauff, Sp. 1325–1329.

der Besatzungsregierung« im Abschnitt »Sieger und Besiegte« erlebt der Leser einen Balanceakt des Zeitzeugen zwischen verbandsgeschichtlicher, firmengeschichtlicher und biographischer Rücksichtnahme. Ein Beispiel:

> Wem sein Verhalten im »Dritten Reich« Maßregelungen und Strafen eingetragen hatte, wem Unrecht geschehen war, der konnte erwarten, daß ihm nun sein Recht wiedergegeben werden würde; wer dagegen mit dem vergangenen Regime paktiert hatte, ihm gar dienstbar gewesen war, mußte gewärtigen, daß er nun die Folgen davon würde auf sich nehmen müssen.

Die Chronik enthält kaum Namen. Der »Leiter des deutschen Buchhandels« erscheint einmal beiläufig, der Geschäftsführer des damaligen Börsenvereins, Dr. Albert Heß, Umlauff muss ihn gekannt haben, verschwindet nach dem Frühjahr 1945 kommentarlos. Gerhard Menz wird mit einem Monatsbericht vom Januar 1945 zitiert, »bedeutsam« für den späteren Verlauf der Buchhandelsgeschichte.[6] Im Übrigen ist das Regime *vergangen*.

Bis heute von Nutzen sind dagegen die organisations- und wirtschaftsgeschichtlichen Referate Umlauffs bis hin zu der kartellrechtlichen Frage, »wer überhaupt Buchhändler sei«, die unter Besatzungsaugen eine Rolle spielte. Das Kapitel »Alte und neue Probleme des Büchermarkts« bewältigt der Verfasser, vor allem in den langen Abhandlungen über besondere Vertriebsformen wie Taschenbücher und Buchgemeinschaften, im Rückgriff auf Akten und Zahlen, aber auch auf Zeitungsartikel. Zu den neuen Taschenbüchern fügt er gleich die vorhandene Sekundärliteratur an, sie passt in eine Fußnote. Natürlich greift er gerne auf die Statistik zurück, so auf die des Börsenvereins für 1954, wenn auch »mit einigen Vorbehalten«: »Danach waren im genannten Jahr 2804 Ladenbuchhandlungen und 665 Nicht-Ladenbuchhandlungen erfaßt [...].« Ab 1952 gibt es in der Geschäftsstelle eine Abteilung für Marktanalyse, jährlich erscheint hier die Statistikübersicht *Buch und Buchhandel in Zahlen*.

Eine Hauptquelle sind für Umlauff die Archivbestände, 71 von ihm ausgewählte Dokumente werden im Anhang des AGB-Bandes abgedruckt. Seine umfangreiche Materialsammlung, bis 1968 reichend, hinterließ er dem Archiv des Börsenvereins, der sie mit anderen Beständen 2009 dem Frankfurter Institut für Stadtgeschichte als Depositum übergab.[7]

Die persönliche Geschichte dieses alles Persönliche vermeidenden Mannes (im Personenverzeichnis der Chronik erscheint sein Name nicht) ist nur schwer zu verfolgen.[8] 1896 in Erfurt geboren, nimmt Ernst Umlauff am Ersten Weltkrieg teil. Er sieht sich zum aktiven Offizier berufen, als Thüringer wird er mit dem Kriegskreuz des Großherzogs zu Sachsen-Weimar ausgezeichnet, aber am Kriegsende ist der junge Leutnant beschäftigungslos. Er unternimmt eine Ausbildung zum Verlagsbuchhändler und findet bald Anstellungen.[9] 1934 tritt er unversehens als Autor des bis heute zitierten Buches *Beiträge zur Statistik des Deutschen Buchhandels* im Verlag des Leipziger Börsenvereins hervor. Gerhard Menz, der ihn kannte, schreibt ein eher wohlmeinendes Vorwort (»Der Anfang, der hier gemacht ist [...]«), aber Umlauff wird sich später noch oft auf ihn beziehen. Horst Kliemann bespricht das Buch sofort nach Erscheinen und empfiehlt es als Material für die nun anstehenden Veränderungen im Buchhandel.[10] Von jetzt an kennt man den Namen des Verfassers in der Branche. Aber 1935 scheidet Umlauff aus der Firma Rosenthal & Drews aus, dem Berliner Fachverlag für Grundbesitz (*Die Grundstücks-Warte*), in dem er tätig war, lässt sich als Offizier reaktivieren und nimmt am Aufbau der neuen Luftwaffe und am Krieg teil.

Erst 1947 erscheint sein Name in einer westdeutschen Nachkriegszeitschrift wieder: *Zur Struktur der europäischen Kulturwirtschaft. Der deutsche Buchhandel bis 1930*,[11] der Beitrag ist eine erweiterte Zusammenfassung seines Statistik-Buches, der Begriff ›Kulturwirtschaft‹ stammt noch von Gerhard Menz. 1948 vermittelt Georg Kurt Schauer den Oberst a. D. als Statistiker zum Aufbau des westdeutschen Börsenvereins nach Frankfurt, danach wird er Geschäftsführer des neuen Verbandes sowie der Buchhändler-Vereinigung GmbH samt deren Verlag, eine Doppel-Position, deren organisatorische Entwicklung im AGB-Band beschrieben wird, ohne dass der Name des Geschäftsführers fällt.[12] An Arbeit fehlt es nicht, 1952 wird der Neubau des Buchhändlerhauses eingeweiht, 1953 zieht die Buchhändlerschule nach Frankfurt. Gelegentlich findet Umlauffs Sachverstand dann doch öffentliche Aufmerksamkeit: Als es 1957 um die offenbar feh-

---

6 Sieger und Besiegte. In: Umlauff, Sp. 6. Gerd Schulz (»Zum 80. Geburtstag« des Verfassers) übt vorsichtige Kritik: Börsenblatt (Frankfurt) Nr. 86, 26.10.1976, S. 1625. Zu Menz siehe Sp. 27–28.

7 https://arcinsys.hessen.de/arcinsys/detailAction.action?detailid=r14588113.

8 In den Akten des Börsenvereins findet sich weder Lebenslauf noch Entnazifizierungsbescheid.

9 Horst Kliemann: Ernst Umlauff sechzig Jahre. In: Börsenblatt (Frankfurt) Nr. 87 vom 30. Oktober 1956, S. 1509.

10 Börsenblatt Nr. 71 vom 24. März 1934, S. 270–271.

11 Ernst Umlauff: Zur Struktur der europäischen Kulturwirtschaft. Der deutsche Buchhandel bis 1930. In: Kultur-Archiv (3) 1947, S. 889–902. (Von Barbara Kastner zitiert in ihrer Dissertation Der Buchverlag der Weimarer Republik 1918–1933, München 2005.)

12 Zum Wechsel der Positionen siehe Hermann Staub: Die Geschäftsführer (50 Jahre Buchhändler-Vereinigung). In: Börsenblatt Nr. 39 vom 16. Mai 1997, S. 52–57.

Abb. 1: Ernst Umlauff. Foto: Deutsches Buch- und Schriftmuseum der Deutschen Nationalbibliothek Leipzig, Signatur: HA/BV 1: Umlauff.

lerhafte Berechnung der Umsatzausgleichssteuer für im Ausland produzierte Bücher geht, bringt der *SPIEGEL* (36/1957) Umlauffs Kritik am Bundesfinanzminister unter dem Titel »Kleiner Bissen für Schäffer«, zusammen mit seinem Bild. Ein anderes Archiv-Foto zeigt ihn zusammen mit dem Bundespräsidenten Heuss, vermutlich auf der Buchmesse.

Im Laufe der Jahre wächst die Geschäftsstelle, immer neue Abteilungen entstehen, 1958 gibt es bereits 28 Angestellte.[13] Unter wechselnden ehrenamtlichen Vorstehern und im Austausch mit den Vorsitzenden der vielen Ausschüsse zeichnet sich Umlauff durch sein kameralistisches Geschick, seine Beziehungen zu den Behörden und seine immense Aktenkenntnis aus. Mit Verbandspolitikern wie Horst Kliemann, dem er sich erkennbar verbunden fühlt,[14] oder Lambert Schneider, der als »Bevollmächtigter des Vorstandes« eine merkwürdige Zwischeninstanz in der Verbandsspitze bildete, bleibt er in Kontakt. Vorsteher wie Dodeshöner und Wittig, in Fragen des »Interzonenhandels«, also der Beziehungen zur DDR, deutlich engagiert, verlangen vom Geschäftsführer besondere Aufmerksamkeit: Werner Dodeshöner ist in dieser Zeit an diskreten Kontaktversuchen, aber auch an Konflikten zwischen beiden Seiten beteiligt.[15] Friedrich Wittig verwahrt sich 1963 gegen alle Kontakte mit der DDR.[16] Ein besonderes Problem bilden anfangs die aus der DDR ausgewanderten und nun im Westen operierenden Verlage und deren Inhaber, Umlauff hat bei Verhandlungen darauf Rücksicht zu nehmen.[17] »Nicht mit Stillschweigen übergehen« kann der Chronist ein seltsames Tauschprojekt, das Karl-May-Geschäft von 1950, dem er einen eigenen Abschnitt widmet. Als er, schon von Krankheit gezeichnet, 1961 den Auftrag zur Chronik des Wiederaufbaus erhält, ist er mit allen Interna vertraut.

Über 13 Jahre war Ernst Umlauff Geschäftsführer des Börsenvereins, 1963 hatte er das Bundesverdienstkreuz erhalten, Vorsteher gratulierten zu seinen Geburtstagen. Undeutlich bleibt allerdings sein Verhältnis zur 1953 wiedererrichteten Historischen Kommission des Börsenvereins, die dem Chronisten gegenüber sichtlich um Wahrung ihrer Zuständigkeit bemüht war. Immerhin »von Fall zu Fall« erörterte Umlauff Änderungen mit der Kommission, in der »Vorbemerkung« des AGB-Bandes ist die Rede von »fördernden Mitteilungen der Mitglieder« an den Verfasser.[18] Die Kommission wird das letzte Wort behalten: Das ehrende Geleitwort zur Druckfassung seiner Arbeit verfasst neben dem Vorsteher Rolf Keller auch der inzwischen in den Vorsitz der Historischen Kommission gewechselte Friedrich Wittig.

Der Börsenverein ist 1978 sichtlich bestrebt, die Chronik als Teil der Geschichtsarbeit des Verbandes zu sehen und mit allgemeiner Bedeutung aufzuladen.[19] Der Hinweis auf anhaltende Kontinuität ist kühn, seit dem Erscheinen des letzten Bandes der Buchhandelsgeschichte von Kapp/

---

13 Siehe Stephan Füssel (Hrsg.): Der Börsenverein des Deutschen Buchhandels 1825–2000. Ein geschichtlicher Aufriss. Frankfurt: Buchhändler-Vereinigung 2000, S. 382–384.
14 Ernst Umlauff: Ausblicke auf eine verbesserte Statistik der Buchproduktion. In: *das werck der bucher* (FS Horst Kliemann). Freiburg: Rombach 1956, S. 131–152. Ernst Umlauff: Der deutsche Buchhandel in der Krise 1949–1953. In: Gegenwart und Überlieferung (in memoriam Horst Kliemann). Börsenblatt (Frankfurt) vom 30.6.1966, Nr. 51a (Sondernummer). Siehe auch Umlauff, AGB XVII, Sp. 688–696.
15 Anna-Maria Seemann: Parallelverlage im geteilten Deutschland. Berlin/Boston: De Gruyter 2017, S. 432–452.
16 Monika Estermann: Der Börsenverein in den Westzonen und in der Bundesrepublik Deutschland. In: Stephan Füssel (Hrsg.): Der Börsenverein des Deutschen Buchhandels 1825–2000. Ein geschichtlicher Aufriss. Frankfurt: Buchhändler-Vereinigung 2000, S. 180. Intern äußert er sich pragmatischer: Umlauff, AGB XVII, Sp. 1452.
17 Seemann, S. 464 und 509.
18 Umlauff, AGB XVII, Sp. 2.
19 Geleitwort zu Umlauff, S. V–VI.

Goldfriedrich im Jahre 1913 sind immerhin zwei Kriege und ein Menschenalter vergangen. Vor allem aber soll hier ein durchgehendes Prinzip der Verbands-Geschichtsschreibung demonstriert werden, nämlich »geschichtliche Erfahrungen anzunehmen, ohne sie absichtsvoll für die flüchtige Tagespolitik umzumünzen, – das heißt: die Würde der Geschichte zu wahren.« Große Worte. Die unbefangene Erforschung dieser geschichtlichen Erfahrungen wird dann noch weitere Jahrzehnte beanspruchen, erst 2001 erscheint der erste Band der *Geschichte des deutschen Buchhandels im 19. und 20. Jahrhundert*.

Ernst Umlauff wollte nicht Geschichte schreiben. Was er als Kenner der Praxis dokumentiert hat, ist nicht mehr und nicht weniger als der Gang der Geschäfte.

Ingo Berensmeyer
The Library and the Garden

Letchworth Garden City and the Origins of *Everyman's Library*

Abstract: This article explores connections between J. M. Dent's *Everyman's Library* series (established in 1906) and its place of production, Letchworth Garden City (founded in 1903). I argue that they extend beyond economic considerations, and that the ideas underpinning the series and its design relate to the social utopia of the Garden City as envisioned in Ebenezer Howard's *Tomorrow: A Peaceful Path to Real Reform* (1898) as well as to nineteenth-century social reform movements. Dent's series introduced a new economy of scale to publishing, fusing an artisanal appearance and high-quality design with industrial mass production and warehousing. This melding of tradition and modernity aligns with the ethos of the Garden City and Howard's concept of the »Three Magnets« Understanding the ideological foundations of *Everyman's Library* sheds new light on this significant episode in the history of British publishing.

Zusammenfassung: Dieser Artikel untersucht die Verbindungen zwischen der 1906 gegründeten Reihe *Everyman's Library* von J. M. Dent und ihrem Produktionsort Letchworth Garden City (gegründet 1903). Diese Verbindungen gehen über wirtschaftliche Erwägungen hinaus. Die Ideen, die der Buchreihe und ihrem Design zugrunde liegen, lassen sich auf die soziale Utopie der Gartenstadt beziehen, wie sie in Ebenezer Howards Buch *Tomorrow: A Peaceful Path to Real Reform* (1898) dargelegt sind, sowie auf die sozialen Reformbewegungen des neunzehnten Jahrhunderts. Dents Serie setzte neue Maßstäbe im Verlagswesen nicht nur mit Blick auf ihre Degressionsgewinne, sondern auch, indem sie handwerkliches Aussehen und hochwertiges Design mit industrieller Massenfertigung und moderner Lagerhaltung verband. Diese Verschmelzung von Tradition und Moderne entsprach dem Ethos der Gartenstadt und Howards Konzept der »Three Magnets«. Das Verständnis der ideologischen Grundlagen von *Everyman's Library* wirft neues Licht auf diese bedeutende Episode in der Geschichte des britischen Verlagswesens.

1 Introduction: Situating *Everyman's Library*

Sometime in 1904, Joseph M. Dent had an idea that would evolve into one of the most successful, profitable and enduring reprint book series of the twentieth century: *Everyman's Library* (Dent 1928, 123). Though he was not the first to attempt such a series, Dent struck the right balance between quality and quantity, costs and prices, and supply and demand, establishing *Everyman's Library* firmly within the volatile reprint market of the Edwardian period and the interwar years. Dent had recognized that affordable editions of literary classics could attract a growing number of buyers seeking intellectual improvement or, at the very least, respectable-looking books to display on their shelves to impress their families and friends. After all, books did indeed furnish a room (cf. Powell 1971), particularly for the upwardly mobile middle classes. The time seemed ripe for a curated series that combined the affordability of cheap Victorian reprint editions, such as the garish »yellowbacks« primarily containing popular novels (Berensmeyer 2022, 116–117), with a higher standard of taste. Around 1900, there was significant popular demand for cheap reprint literature series in English within the British Empire and the United States as well as elsewhere, as demonstrated by the global success of Tauchnitz's *Collection of British and American Authors* (Mienert et al. 2017). By contrast, the character of Dent's new series was educational and aspirational, targeting English-language readers in Britain and abroad, indeed across the Empire, which was at that time approaching its largest geopolitical expansion, as well as the US with its burgeoning institutions of higher education.

The fact that J. M. Dent chose to operate his new venture from a base in Letchworth Garden City may seem counterintuitive at first glance. Yet, as I will argue, Letchworth as a place embodies many of the cultural aspirations associated with *Everyman's Library*. In exploring the connections between *Everyman's Library* and the Garden City, this article follows Donald McKenzie's impulse to study the book »as an expressive form« (McKenzie 2006 [1986], 35), tracing the material and ideal relationships between this book series and its spatial and historical site of origin. Thus, I interpret *Everyman's Library* not only as a product but also as an expression of its time and place. By relating aesthetic and economic choices in its design to its historical, geographical and cultural origins, this chapter aims to move beyond a merely bibliographical perspective on Dent's series.

When Dent launched the series in 1906, his marketing campaigns in Britain and the US (where the series was distributed by E. P. Dutton) relied on the cultural prestige of

»the world's great books – the books with which every man and every woman ought to be on intimate terms« (*Dial* 1906, 187). The selection of titles for *Everyman's Library* was thus primarily geared towards education and self-improvement rather than entertainment. This expanding segment of the book market was largely rooted in liberal humanist ideals and values, as laid down in Matthew Arnold's famous definition of literature as »the best that has been thought and said in the world« (Arnold 1993 [1864], 37). T. B. Macaulay had already declared in 1835 that such reading matter, grounded in the values taught in English public schools, would serve throughout the Empire for »the intellectual improvement of those classes of the people who have the means of pursuing higher studies« (Macaulay 1888, 173). Those classes were now expanding rapidly due to new technologies of book production and distribution as well as increased popular literacy, a result of educational reforms towards the end of the nineteenth century.

Affordable book prices suggested to »those classes of the people« that they could now educate themselves by having at their disposal these works of literature, without the institutional aid of schools, universities, or libraries. Dent's name for his new book series suggests universality in at least two ways at once: *Everyman's Library* means a library for everyone, in the physical sense of a collection of books that »everyman« can afford; and it represents a library, in the sense of a selection of titles promising a universal range of authors and topics. In its early advertisements, the publisher emphasized the former aspect. Rather than having to borrow »the best books in every department of literature« consecutively from a library, readers were encouraged to build their own, and thus have »the world's great books [...] within actual physical reach in your own home, where you can enjoy them at any moment« (Dial 1906, 187). In the US, Dutton targeted the growing educational market by presenting Everyman's selection as containing »practically all the required reading in English courses« (Yale 1916, 266).

The scale and speed of this publishing venture were unprecedented. *Everyman's Library* began with one hundred titles in 1906 and quickly expanded to two hundred in the spring of 1907 (Publishers' Circular 1907, 109). Dent's editor, Ernest Rhys, invited famous contemporary authors such as Arthur Waugh and G. K. Chesterton to write introductions for some of these titles. Chesterton introduced Dickens' *Old Curiosity Shop*, for example, while A. C. Swinburne contributed a preface to Charles Reade's *The Cloister and the Hearth*. Hilaire Belloc wrote an introduction for Froude's *Essays in Literature and History* as well as Carlyle's *French Revolution*. Andrew Lang presented Walton's *Compleat Angler*. Swift's *Gulliver's Travels* came with illustrations by Arthur Rackham. Alongside a generous selection of classic novels from Jane Austen to Ellen Wood, the series included subsections dedicated to biography, children's literature, classical literature, essays, history, »oratory, philosophy and theology«, poetry and drama, romance (including *The Pilgrim's Progress*, the *Mabinogion*, and *Le Morte d'Arthur*), science and travel (Bookseller 1907, 150–151). By the 1930s, the library had branched out into thirteen sections, bound in different colours to make them easily distinguishable on the shelf, and with a unique motto for each section. While the series mainly comprised out-of-copyright titles, some arrangements were made to include works not yet in the public domain (Rhys 1932, lxii).

The strategy of selling a decorative and durable set of aspirational literature at bargain prices paid off. By 1914, *Everyman's Library* had reached seven hundred titles. By 1916, Dent had sold »fourteen million volumes« (Bellman 1916, 303); fifty years later, on its sixtieth anniversary, the library with the »most remarkable range of literature in a single series in any language« had »reached close on fifty millions«, as a journalist noted in *The Times* (Fine Library, 17).

Everyman's Library was undoubtedly one of the longest-running book series ever published, continuing until 1982. In 1956, it reached its thousandth title, the number that Joseph Dent had originally projected.[1] The reasons for this lasting success are due to a rare combination of sociological and technological factors in modern print culture and book history: the availability of literary texts in the public domain, the social prestige of literary classics, the existence of an aspirational public with sufficient money and leisure time, and the technologies and logistics of mass production and distribution.

2 The Garden City

Yet, while these ambitions and aspirations of J. M. Dent and his collaborators in creating *Everyman's Library* had a global reach, based on the first wave of globalization in the »age of steam« (Darwin 2020), predominantly in the British Empire and the United States, its place of origin was rather small and insignificant. Millions of copies were manufactured at the Temple Press, Dent's printing works in Letchworth Garden City, a small English town between London and Cambridge, established as the world's first garden city in 1903. The pictorial colophon of the Temple Press, a hum-

---

[1] For a complete list, see ›The Amenities of Everyman's Library Collecting‹, www.scribblemonger.com/elcollect/index.html [last accessed 12 September 2022]. For a comprehensive printing history of Everyman's Library, see Seymour 2011a; for a brief overview, see also Seymour 2011b.

ble thistle, can be found at the back of most early volumes. Its simple design stands in some contrast to the elaborate floral artwork by Reginald Knowles decorating the endpapers.

The choice of location for Dent's factory was certainly determined primarily by questions of logistics. Arguably, however, Letchworth – and the idea of the garden city promoted by Letchworth – contributed to the content and design choices of *Everyman's Library* in multiple ways. One might argue that what Leipzig was to Tauchnitz, Letchworth was to J.M. Dent, the Temple Press and *Everyman's Library*: not just a useful, strategic location, but a culture and an idea, part of a wider »structure of feeling« (Williams 1977, 132) that shaped its purpose, content and design.

Why Letchworth? In 1898, Ebenezer Howard (1850–1928) presented the idea of the garden city in his book *Tomorrow: A Peaceful Path to Real Reform* (1898), revised and reissued four years later as *Garden Cities of Tomorrow*. Howard's key concept, the garden city, became one of the most successful ideas in modern town planning, yet his original idea of what the concept meant was subsequently adapted and transformed quite freely by planners around the world. Howard's idea was controversial at the end of the nineteenth century. Even the social reformers assembled in the Fabian Society did not unanimously approve of replacing Britain's large conurbations with garden cities. Rather than build new cities, they argued, it would be more helpful to improve those that already existed (Osborn 1965, 11). But Howard was relentless – and successful – in organizing financial support for his idea. In 1903, a registered company acquired 3,818 acres of land in Hertfordshire and began to build the world's first garden city. The architects Raymond Unwin (1863–1940) and Barry Parker (1867–1947) created a master plan for Letchworth Garden City based on Howard's ideas. Over the next two decades, »the town became the Mecca of housing and planning reformers from every country« (Osborn 1965, 13). A second garden city was founded at Welwyn, a few miles south of Letchworth, in 1919. Overall, however, the development of modern towns and cities favoured the suburban expansion of existing conurbations and megacities like London over the founding of new towns. Although the idea caught on in some places, and early twentieth-century garden cities were built on the outskirts of Berlin and Amsterdam, for example, the garden city movement declined to a niche interest. It is, however, occasionally revived, as in the announcement by the then housing minister Gavin Barwell in 2017 that fourteen garden villages and three new garden towns were to be built in England (Garden Villages 2017).

Ebenezer Howard was a hardworking, self-educated shopkeeper's son and a religious Nonconformist. His ideas about improving the conditions of the working class in Britain through technology and urban planning were inspired by Edward Bellamy's utopian novel *Looking Backward*, which imagined the city of Boston as a socialist community in the year 2000 (1888; Osborn 1965, 20; Miller 2004). Howard, who had spent much time in the US, also had firsthand experience of the American approach to building new towns and cities from scratch. In his understanding, a garden city meant »a city *in* a garden«, i. e. surrounded by countryside, but also »a city *of* gardens« (Osborn 1965, 26). In a 1919 definition of the term along his lines, the garden city idea is explained as follows: »A Garden City is a Town designed for healthy living and industry; of a size that makes possible a full measure of social life, but not larger; surrounded by a rural belt; the whole of the land being in public ownership or held in trust for the community« (quoted in Osborn 1965, 26).

If the library as a place of recreation, education and self-improvement was a spatial and cultural ideal which fed into J. M. Dent's plan for a reprint book series that could be purchased by »everyman«, the garden similarly serves as an imaginary, ideal place of »healthy living« (Osborn 1965, 26) that underpins the creation of the garden city. Every home in the garden city was to have a garden, just as every reader in Dent's ideal world should have a library.

Ebenezer Howard's central vision was »a marriage of town and country« (Mumford 1965, 34), a fusion aimed at bettering urban life by uniting it with the countryside's advantages while avoiding the downsides of overcrowded city spaces. This goal was to be achieved by making the best possible use of available land, surrounding the town with a green belt, attracting small businesses and industries, and providing local job opportunities for middle-class and working-class families, whose houses would have their own gardens. Howard's main idea was encapsulated in the ›Three Magnets‹ diagram included in his book, which describes the reasons people would flock to a combination of the attractions of town and country: »Beauty and nature, social opportunity. Fields and parks of easy access. Low rents, high wages. Low rates, plenty to do. Low prices, no sweating. Field for enterprise, flow of capital. Pure air and water, good drainage. Bright homes & gardens, no smoke, no slums. Freedom, co-operation« (Howard 1965, 46).

Another aspect that Howard emphasized, and that the Letchworth Corporation adopted, was the fight against alcoholism (Howard 1965, 102–103). No new pubs were built, and Letchworth remained a largely dry city until 1961, although apparently the Women's Institute supplied the population with homemade wine (Harrison and Walker 2006, 40).

Howard's somewhat austere rationalism was offset by Raymond Unwin's and other contemporary architects' ro-

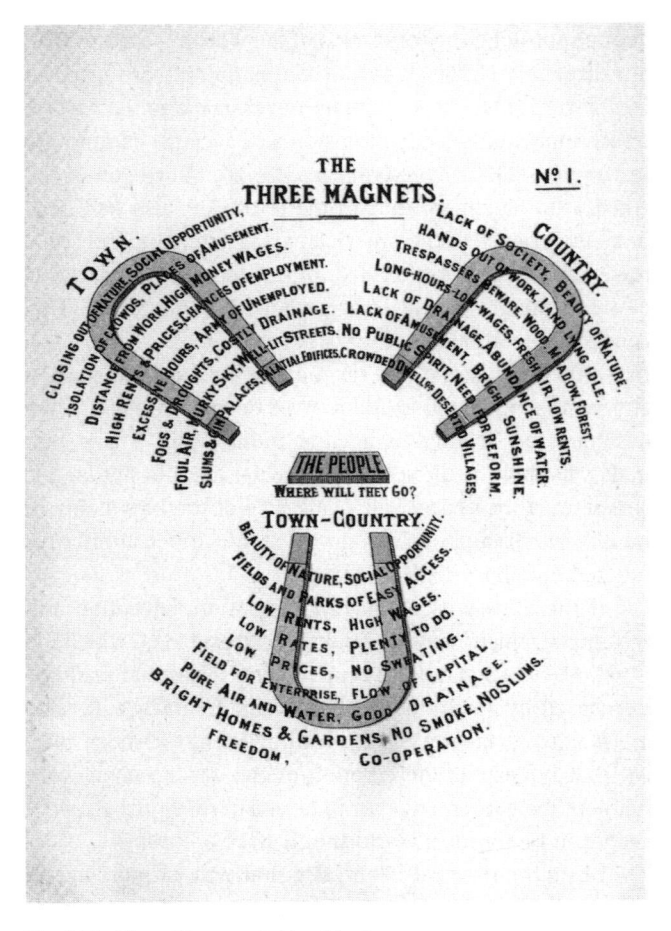

Fig. 1: The Three Magnets. © Mauritius Images.

Fig. 2: Houses in the ›Letchworth vernacular‹ style. Letchworth Garden City. Photo: Ingo Berensmeyer, 2017.

manticism in the design of houses in Letchworth Garden City, many of which have an Arts and Crafts retro look. Their architectural language has been described as »Letchworth vernacular« (Harrison and Walker 2006, 31). Some larger buildings, most notably the library and the Broadway theatre, were added later and designed in art deco style. Letchworth, also famous for having the UK's first roundabout, still looks and feels like a built utopia from the late Victorian and Edwardian era, indeed as if H. G. Wells and William Morris – or Edward Carpenter and George Bernard Shaw – had collaborated on building an ideal city. In 1911, Letchworth Garden City had a population of about 5,300, a figure that had already doubled by 1921 (Harrison and Walker 2006, 26). Like *Everyman's Library*, the Garden City grew at an unprecedented rate.[2]

In literature, the Garden City was largely satirized and never taken quite seriously. Most notably, this is the case in John Buchan's spy novel *Mr Standfast* from 1919, his third novel featuring the Richard Hannay character from *The Thirty-Nine Steps* (1915). Here, Letchworth is thinly disguised as Biggleswick, made up of »gimcrack little ›arty‹ houses« and of »people who split hairs all day and who are engrossed in what you and I would call selfish little fads« (quoted in Harrison and Walker 2006, 39). George Orwell, in *The Road to Wigan Pier*, similarly complained of »that dreary tribe of high-minded women and sandal-wearers and bearded fruit-juice drinkers who come flocking towards the smell of ›progress‹ like bluebottles to a dead cat« (Orwell 2001, 169). In the same book, first published in 1937, Orwell mentions both Letchworth and Welwyn as places for vegetarians and teetotallers (Orwell 2001, 161, 207). Yet, Letchworth's connection with literature goes well beyond these lampoons of its advocates of rational dress and their »little ›arty‹ houses«. Almost unnoticed, it became a centre of modern book production in early twentieth-century Britain.

3 Dent in Letchworth

Letchworth certainly attracted all kinds of unusual inhabitants and visitors, from vegetarians and teetotallers to suffragettes. But, early on, it also attracted companies and factories, including textile makers, furniture, typewriter and bicycle makers, a major corset factory (the Spirella Company), and even a number of carmakers such as the Phoenix Motor Company. It also drew the publishing giant W. H. Smith, who set up a printing and bookbinding works in Letchworth at the junction of Works Road and Pixmore Avenue. Other printing works followed, including Garden City Press, publishers of many local newspapers and brochures (Miller 1995, 70), and also of *Progress*, »the quarterly organ of the British Institute of Social Service« (Adams 1986, 51).

---

[2] Regarding the history of Letchworth, including many historical photographs, see also Tidy 2015.

Fig. 3: The Temple Press. Printing and Bookbinding Works *from Dent 1928, facing p. 128.*

Not far from W. H. Smith and the Garden City Press, at the corner of Works Road and Dunhams Lane, Howard's contemporary J. M. Dent (1849–1926) built a factory and warehouse in 1906. Few traces now remain in Letchworth of this »many-roofed City of Books, humming and clacking with its machines and its busy regiment of workers«, as Joseph Dent's son Hugh remembered it in the 1920s (Dent 1928, 38).

What attracted Dent to Letchworth? Having trained as a bookbinder, Joseph Dent went into publishing in the 1880s, trying »to raise standards of book production« (Rose 2004), making a name for himself with the Temple Library, named after the Inns of Court, where the first authors published in this series, Charles Lamb and William Goldsmith, had lived (Dent 1928, 53–54). Capitalizing on the late Victorian demand for affordable reprint series of literary classics, and with an eye on the transatlantic educational market in the US and Canada, Dent went on to publish the Temple Shakespeare, Malory's *Morte d'Arthur* with illustrations by Aubrey Beardsley and some reprints of eighteenth-century novelists. In 1896, he launched the Temple Classics series, notable for including translations of European classics, edited by Israel Gollancz.

In his memoirs, published posthumously in 1928, Dent describes how he developed his most famous idea »in 1904 and 1905« (1928, 123):

> I had felt that in England we had no library of classical literature like the French »Bibliothèque Nationale«, or the great »Réclam« collection produced in Leipzig, of which you could buy a volume for a few pence. It is true indeed we had the monumental collection of Bohn,[3] but the six hundred odd volumes included many heavy and dull translations from the classics, and were not representative of the world's literature of these times. Again, none of these volumes appealed to every kind of reader: the worker, the student, the cultured man, the child, the man and the woman. I thought if I could plan a series, dividing it into sections like History, Fiction, Biography, etc., and carefully make a scheme of non-copyright books, and then see whether I could add to it by translations of classics and foreign literature, I should be able to grasp something of the proportions of such an undertaking, and judge if it were possible with my limited capital to begin it with hopes of success. I knew that there were promiscuous collections of popular reprints, some very well done as far as they went, as for instance the Chandos Classics, Macmillan's Globe Series, Morley's Library,[4] but none covered the great field of English literature, let alone that of the whole world. Moreover, my idea was to publish a volume of five hundred pages for one shilling. (Dent 1928, 123–124)

The economies of scale in this undertaking, which was to become *Everyman's Library*, involved ambitious calculations and required previously unparalleled production and warehousing capacities. In order to realize his »very bold scheme«, Dent had to »print at least ten thousand of each volume to cover the bare cost« (125), as he reports in his autobiography. He had planned to expand the series to a thousand titles, but the success of the first fifty already put considerable pressure on his finances (127) due to the necessary investments and the cost of paper in particular, which »was the chief cause of the large capital outlay« required for »keeping the books in print« (128). Dent subsequently decided to move his business from Bishopsgate and build a new factory and warehouse from scratch.

»About this time«, he recorded later, »I chanced to meet at a lecture Mr Thomas Adams, secretary of the new Garden City at Letchworth, in Hertfordshire, some thirty-four miles from London, and discussed with him the possibility of our going there« (129). He also considered this an improvement for his workers, who would be able to »live near their work« instead of having to commute into central London (ibid.). Initially, it appears that the houses available to his workers in Letchworth were not considered comfortable enough, so in addition to the factory, Dent also built »enough cottages to house the older workers who had families, and to serve as a model for the builders of artisan dwellings« (130).

Dent and Howard shared more than their age. Both came from humble social origins, both were largely self-educated, and they shared a Liberal Nonconformist outlook on life. In this, too, the Everyman series can be seen as the literary extension of the garden city movement: if the garden city ideal was about creating a healthier urban environment for work-

---

3 Bohn's Standard Library, comprising 245 volumes and spawning numerous related series, was published by Henry G. Bohn between 1846 and 1892. David B. Mock notes that ›Bohn had more than 600 volumes in print when he retired‹ (1991, 59).

4 Chandos Classics were published by Frederick Warne & Co. from 1868 to 1926. Macmillan started the Globe Library in 1864. George Routledge published Morley's Universal Library from 1883 to 1888.

ers and their families, *Everyman's Library* sought to provide a rising class of readers with »healthy« and affordable, aspirational reading matter. Dent welcomed a »democratic age of printing« (1928, 240) in which well-made books would see worldwide distribution. But he also purged his series of texts that he thought morally unworthy of inclusion, including such classics as Daniel Defoe's *Moll Flanders* and the works of Tobias Smollett (Rose 2004, n.p.), thus following in the footsteps of the Victorian proprietors of circulating libraries, Charles Edward Mudie and W. H. Smith, who also made it their business to offer the public a »healthy« selection of titles and to exclude what they regarded as »[n]ovels of objectionable character« (Mudies n. d.; cf. Berensmeyer 2022, 115–116).

Joseph Dent's son Hugh moved to Letchworth to be close to the factory, and the elder Dent visited once a week. In his autobiography, he records that his employees »had taken kindly to country ways and many had gardens in which they took great pride. They formed a Gardeners' Club, and between the bookbinders of W. H. Smith and Son and our own people there was keen competition as to who should carry off most prizes – for each year we had a Flower and Vegetable Show and made a festival of it« (Dent 1928, 150–151). He relativizes this, however, in the next sentence by admitting that many who came to Letchworth from London did not stay long because they »missed the music-halls and the little excitements« (151) offered by the metropolis. The Gardeners' Club and annual Flower and Vegetable Show, it seems, could not quite make up for attractions of a more urban nature.

By 1909, the factory had expanded to include »a complete printing office and using the basement for our warehouse«, employing »nearly four hundred workers«, about half of them women (151). By 1921, additional buildings included »a storehouse for unprinted paper, a moulding and stereotyping shop, and a large warehouse for printed sheets« (152). Massive space was needed to store *Everyman's Library*, »a stock of two million copies«, as Dent notes (155). In order to gain more space, they built Aldine House in Bedford Street, London, as their new centre of operations in 1911.

The sheer scale of the success of *Everyman's Library* is not only to be gauged by its commercial viability, output and longevity but also by its many imitators and less long-lived competitors. While the similarly named *Everyone's Library* predated Dent's series by four years and survived until 1930, the Talbot Press ran *Every Irishman's Library* from 1915 to 1925, obviously hoping to profit not only from the Irish Literary Revival, but also from the reputation of its (much larger) English model. Many others followed, too numerous to mention, from the *Abbey Library* (1922–1927) and the *Evergreen Library* (1925–1940) to *Zodiac Books* (1937–1942), Chatto and Windus's line of gift books (Krygier 2022).

4 »Everyman's« culture

Joseph Dent died in 1926, having sold more than twenty million copies of *Everyman's Library* (Rose 2004, n.p.). His successors continued Dent's ambition »to build up the most complete library for the common man the world had ever seen« (Rhys 1932, xi), as his collaborator Ernest Rhys put it in his introduction to *The Reader's Guide to Everyman's Library*, published as volume 889 in the series in 1932 (on Rhys, see Turner 1992). Rhys also summed up the main design ideas for the series that he edited:

> What we were after, one and all, was to produce a book which would be pleasant to see and to handle, with a cheerful outside, and print easy to read and good for the eyes within – tempting to look at on the shelf, and of a size convenient for the pocket, one that could be taken for a country ramble, or for a railway journey or on shipboard. In fact, a typical Everyman volume ought to be able to go anywhere and everywhere and have such a permanent appeal that it could be read and re-read and easily afforded by every kind of book buyer. (Rhys 1932, xiv)

In the aim of constructing a »library for the common man«, *Everyman's Library* is clearly a child of its time, anticipating Virginia Woolf's idea of the »common reader« (Woolf 1925) while also echoing the cultural anxieties associated with the uneducated masses, whose desire for (potentially unsavoury or ›unhealthy‹) entertainment could now be met by commercial fiction. Declining cultural standards in the field of literature were diagnosed and deplored by, for example, F. R. Leavis in *Mass Civilisation and Minority Culture* (1930) and, more influentially, Q. D. Leavis in her 1932 book *Fiction and the Reading Public* (Leavis 1979). Queenie Leavis argued that the commercial lending libraries of the 1920s and early 1930s propagated a »standardization of taste« towards the worse (Leavis 1979, 33). She condemned the book tables at Woolworth as well as the Book of the Month Club. While more recent critics have welcomed these institutions as outlets for alternative forms of cultural expression, most particularly as expressions of the »feminine middlebrow« (Humble 2001), Leavis dismissed them outright as degrading to literature and public taste. Making literature available to the masses was a noble pursuit in the early twentieth century, but it was dogged by a constant fear of getting it all wrong. This anxiety is expressed in spatial and hierarchical terms by George Orwell in his essay »Bookshop Memories« (1936) and his novel *Keep the Aspidistra Flying* (1936):

> Eight hundred strong, the novels lined the room on three sides ceiling-high, row upon row of gaudy oblong backs, as though the walls had been built of many-coloured bricks laid upright. They were arranged alphabetically. Arlen, Burroughs, Deeping, Dell, Frankau, Galsworthy, Gibbs, Priestley, Sapper, Walpole. Gordon eyed them with inert hatred. At this moment he hated all books, and novels

most of all. Horrible to think of all that soggy, half-baked trash massed together in one place. (Orwell 2014, 2–3)

Orwell's narrator compares the lower shelves in this shop to a grave in which the »extinct monsters of the Victorian age« are »quietly rotting«, while the top shelves harbour »the pudgy biographies of dukes« (7). In the middle is the »trash« (3, 12), those middlebrow and lowbrow books that actually attract customers. In one of his later essays, »The Lion and the Unicorn« (1941), Orwell similarly rants against the »cultureless life« of the modern masses (Orwell 2002, 314). These anxieties about class, coming from the political left as well as the right, also fuelled publishers' attempts to sell, and customers' desire to buy, ›respectable‹ books – those books that were likely to express their readers' aspirations regarding not only educational self-improvement but also their social status.

In the first half of the twentieth century, social progress was marked by a persistent undercurrent of pessimistic proclamations about cultural decline. Against this melancholy tune, publishers of curated reprint series of literary classics, like the *Loeb Classical Library* and *Everyman's Library*, positioned their more optimistic vision of the universal library. This idea consisted in an affordable, well-crafted and inherently valuable selection of books for ›everyman‹. The library, once a status symbol reserved for the elite, was now within reach of middle-class book buyers. The social and cultural values propagated by the publishers of ›early twentieth-century book series were late Victorian rather than overtly ›modernist‹, but they employed modern production and distribution technologies to disseminate these values around the world. They combined ultra-modern techniques of marketing with progressive social visions and an already nostalgic idea of culture based on a canon of literary classics.

The moral panic that accompanied these developments can still be felt in a statement by Dent's editor. Writing in the early 1930s, Ernest Rhys categorized readers into four classes and asserted that »every reader, even in the lowest of these categories, has a soul worth the saving«, adding the Miltonic notion that »there is something so kindling and life-generating in a book [...] that if the reader is persuaded to taste its savour, he will be bound to go on and find in the end that he has become ›book-wise‹ in spite of himself« (Rhys 1932, lviii). However, he also acknowledged the reality that not every book, regardless of its quality, would captivate a large enough audience. A title in Everyman's Library had to appeal at least to a thousand readers to justify its inclusion from an economic standpoint (Rhys 1932, lx). In Dent's own calculations, as quoted above, the figure was even ten times that (Dent 1928, 125).

Everyman's Library aimed to install individual libraries in middle-class drawing-rooms. In a similar vein, the concept of the garden city popularized the notion of adding small gardens to suburban homes. These gardens served a dual purpose, providing a venue for subsistence gardening as well as a shady retreat, thereby marrying utility with pleasure. The English garden, a longstanding cultural ideal and a successful global export (Floud 2019), became part of a new vernacular language of town planning and modern urban architecture (Relph 2016). Before long, such modest individual gardens, much like personal collections of books, would pass unnoticed. They became an unremarkable part of the modern world, so commonplace that they were taken for granted. However, in the early twentieth century, they still carried an air of novelty.

The links between Letchworth Garden City and the Dent publishing company remained significant beyond the interwar period. The year 1935 saw the publication of *A Tour of the Temple Press* by James Thornton, describing the Letchworth printing and binding works. The Letchworth factory remained in operation until at least the early 1970s.[5] The printing company was closed in or after 1976, and the Letchworth site was used primarily for warehousing for some years after that (Hurst 1997, 427). In 1987, the publishing firm of J. M. Dent was bought by Weidenfeld and Nicolson, and in 1991 *Everyman's Library* was revived as a hardback series published by David Campbell, with support from Random House and Knopf. This reimagined series, though slightly different in concept, is still in production today.

It would perhaps be too romantic to suggest that the association between Dent and Letchworth was not primarily motivated by practical considerations and business calculations. Nevertheless, the values Dent brought to the mass production of books chimed with those of William Morris and the Arts and Crafts movement, as his son affirmed in the late 1920s: »[...] he [Dent *père*] felt instinctively the close relation between the training of hand and eye and the growth of the soul. [...] When he came to know the work of Morris and Cobden Sanderson his admiration was at once secured, and he had a strong sympathy with the ideas and ideals at the back of the Arts and Crafts movement« (Dent 1928, 43).

Joseph Dent, though a trained bookbinder, publisher and businessman, was not an artist by profession. Yet, his artistic sensibilities resonated with those of Morris and the Pre-Raphaelites. *Everyman's Library* translated the ideas of

---

5 J. M. Dent & Sons Records, 1834–1986, Louis Round Wilson Special Collections Library, UNC, collection number 11042, folders 5009 and 5010. https://finding-aids.lib.unc.edu/11043 [last accessed 23 May 2024].

the Arts and Crafts movement into the mass production of well-made cheap books that could be carried in one's pocket. The title pages and endpapers, designed by Reginald Knowles (1879–1950), emulated or adapted Morris's designs. This, finally, provides yet another link between *Everyman's Library* and Letchworth Garden City, whose architecture mirrors the ideals of Ruskin and Morris but translates them into a more accessible and affordable vernacular style. This popularization or ›vernacularization‹ of an artistic and social ideal that might otherwise be out of reach for large swaths of the population in the modern era is what Dent's book series and Howard's garden city ultimately have in common.

5 Conclusion

Joseph Dent's memoirs include an intriguing excerpt from his lecture »On the Making of Books«, in which he celebrates the bookbinder's craft and extols the marriage of modern printing technology with the skills of »the old master makers« (Dent 1928, 240). Arts and crafts, mass-produced at high speed: this seeming paradox dissolves in Dent's self-praising narrative of his accomplishments when he asserts: »Industry seems to have separated the modern publisher from the master binder. Yet the gulf is not so wide as it looks, for the book that is hurriedly made will always condemn the maker« (ibid.). Dent embodies a »modern publisher« who tenaciously clings to an artisanal ethos of book production in the age of industrial mechanization. In the same vein, Ebenezer Howard sought to rectify the ill-planned and often unplanned growth of modern cities by reverting to traditional aesthetic and economic values. Thus, the Garden City and *Everyman's Library* ultimately arose from the same cultural origins: ambitious social movements and planning projects inspired by a utopian spirit that combined a modern way of life and modern technologies with nostalgic notions of rural simplicity. As Rhys stated about *Everyman's Library*, both stood »midway between the old order and the new« (Rhys 1932, lxiv) – a transient, intermediary compromise between conservation and innovation.

A thistle by any other name would be just as prickly – and yet, the site-specific associations between the Temple Press and Letchworth Garden City yield a rich crop of insights into the ideals and realities of printing and marketing classics book series in the first half of the twentieth century. Both literary scholars and book historians stand to gain from articulating such latent associations, referring design choices and publishing formats to the cultural and ideological formations in which they were established. The monumental ambition of *Everyman's Library* to represent an (English-inflected) vision of world literature cannot be attributed solely to the idea and practice of Empire nor to the technological and social advancements of a modernizing and globalizing age. It is bound to its time also through the emblematic thistle that associates it with the modest private gardens of Letchworth Garden City, a hotbed of early twentieth-century social and socialist utopian thought. Dent's design choices, which democratized Arts and Crafts and popularized art nouveau for a mass readership, originated from the same sources as many of the foundational ideas of the garden city movement. Ultimately, Ebenezer Howard and J.M. Dent were close contemporaries with similar social and ideological backgrounds – self-made men who actively sought ways to improve the lot of what was then still widely referred to as »the common man«.

A book series is more than just a collection of books. It is an »expressive form« (McKenzie 2006) in its selection and design, encompassing multiple economic, cultural and social aspects. Its material form and format are expressive of social formations and contradictions, closely tied to its geographic origins, production locations and the culture (or cultures) of its time. *Everyman's Library* is no exception. Although Ebenezer Howard's book *Garden Cities of To-morrow* never made it into the series, the *genius loci* of his garden city, its anxieties about class and urban geography, and its aspirations for social and cultural betterment, thoroughly informed the intellectual and conceptual design of J.M. Dent's cheap but ›classy‹ selection of classics.

References

Adams, Thomas: Guide to the Garden City. London: First Garden City Ltd., n.d. Reprint: Letchworth Garden City: Letchworth Public Library 1986.

Arnold, Matthew: The Function of Criticism at the Present Time. (1864.) In: Arnold., Culture and Anarchy and Other Writings. Ed. Stefan Collini. Cambridge: Cambridge University Press 1993, pp. 26–51.

The Bellman. August 19, 1916, p. 303. http://www.scribblemonger.com/elcollect/Ads/EL_Ad_1916_08_Bellman_Sales.jpg [accessed 23 May 2024].

Berensmeyer, Ingo: A Short Media History of English Literature. Berlin/Boston: De Gruyter 2022.

The Bookseller, Newsdealer and Stationer. March 1, 1907, pp. 150–151. http://www.scribblemonger.com/elcollect/Ads/EL_Ad_1907_03_01_Bookseller%20etc.jpg [accessed 23 May 2022].

Darwin, John: Unlocking the World. Port Cities and Globalization in the Age of Steam, 1830–1930. London: Allen Lane 2020.

Dent, J. M.: 1928. The Memoirs of J. M. Dent 1849–1926. With some Additions by Hugh R. Dent. London/Toronto: J. M. Dent and Sons Ltd. 1928.

The Dial. [Advertisement for Everyman's Library] 16 September, 1906, p. 187. https://archive.org/details/dialliterarycrit41browrich/page/186/mode/2up [accessed 23 May 2024].

Fine Library of Literature Celebrates Jubilee. In: The Times, 21 April 1966, p. 17. The Times Digital Archive [accessed 13 September 2022].

FLOUD, Roderick: An Economic History of the English Garden. London: Penguin, 2019.

Garden villages: Locations of first 14 announced. In: BBC News, 5 January 2017. https://www.bbc.com/news/uk-38486907 [accessed 23 May 2024].

HARRISON, Roger / WALKER, David: David's Book of Letchworth: First Garden City. A Brief History and Practical Guide. Letchworth Garden City: David's Bookshops 2006.

HOWARD, Ebenezer: Garden Cities of To-Morrow. Ed. F. J. Osborn. Cambridge, Mass.: MIT Press 1965.

HUMBLE, Nicola: The Feminine Middlebrow Novel, 1920s to 1950s. Class, Domesticity, and Bohemianism. Oxford: Oxford University Press 2001.

HURST, Christopher: The View from King Street. An Essay in Autobiography. London: Thalia Press 1997.

KRYGIER, John: A Series of Series. 20th-Century Publishers Book Series. https://seriesofseries.owu.edu. 2022 [accessed 28 February 2023].

LEAVIS, F. R.: Mass Civilisation and Minority Culture. Cambridge: The Minority Press 1930.

LEAVIS, Q. D.: Fiction and the Reading Public. (1932) Harmondsworth: Penguin, 1979.

MACAULAY, T. B.: 1888. Mr. (Lord) Macaulay's Great Minute (English *versus* Sanscrit and Arabic) 2nd February, 1835. In: Sketches of Some Distinguished Anglo-Indians (Second Series) Including Lord Macaulay's Great Minute on Education in India [...], by W. F. B. Laurie. London: W. H. Allen & Co, 1888, pp. 170–185.

MCKENZIE, D. F.: The Book as an Expressive Form. (1986). In: The Book History Reader. Ed. David Finkelstein and Alistair McCleery. London/New York: Routledge 2006, pp. 35–46.

MIENERT, Melanie / KEIDERLING, Thomas / WELZ, Stephan / BÖHNKE, Dietmar: Baron der englischen Bücher. Der Leipziger Verleger Bernhard Tauchnitz 1837–1973. Beucha/Markkleeberg: Sax-Verlag 2017.

MILLER, Mervyn: Letchworth Garden City. Stroud: Chalford 1995 (The Archive Photographs Series).

MILLER, Mervyn: Howard, Sir Ebenezer (1850–1928), Founder of the Garden City Movement. In: Oxford Dictionary of National Biography. Oxford: Oxford University Press 2004 [accessed 11 October 2021].

MOCK, David B.: H. G. Bohn. In: British Literary Publishing Houses, 1820–1880. Ed. Patricia J. Anderson and Jonathan Rose. Detroit: Gale 1991, pp. 59–62 (Dictionary of Literary Biography 106).

Mudie's Select Library. n. d. British Circulating Libraries: 1725–1966. http://britishcirculatinglibraries.weebly.com/mudies-select-library.html [accessed 28 February 2023].

MUMFORD, Lewis: The Garden City Idea and Modern Planning. In: Garden Cities of To-Morrow, by Ebenezer Howard. Ed. F. J. Osborn. Cambridge, Mass.: MIT Press 1965, pp. 29–40.

ORWELL, George: The Road to Wigan Pier. (1937) London: Penguin 2001.

ORWELL, George: Essays. Ed. John Carey, Peter Davison. New York: Everyman's Library 2002.

ORWELL, George: Keep the Aspidistra Flying. (1936) London: Penguin 2014.

OSBORN, F. J.: Preface. In: Garden Cities of To-Morrow, by Ebenezer Howard, ed. F. J. Osborn. Cambridge, Mass.: MIT Press 1965, pp. 9–28.

POWELL, Anthony: Books Do Furnish a Room. London: Heinemann 1971.

Publishers' Circular. February 2, 1907, p. 109. http://www.scribblemonger.com/elcollect/Ads/EL_Ad_1907_02_02_PublishersCircular.jpg [accessed 23 May 2024].

RELPH, Edward: The Modern Urban Landscape. (1987) London: Routledge 2016.

RHYS, Ernest: Introduction. In: The Reader's Guide to Everyman's Library, by R. Farquharson Sharp. London/Toronto: J. M. Dent & Sons; New York: E. P. Dutton 1932, pp. ix–lxiv.

ROSE, Jonathan: Dent, Joseph Malaby (1849–1926), Publisher. In: Oxford Dictionary of National Biography. Oxford: Oxford University Press, 2004 [accessed 11 October 2021].

SEYMOUR, Terry: A Printing History of Everyman's Library 1906–1982. Bloomington, IN: AuthorHouse 2011a.

SEYMOUR, Terry: Great Books by the Millions: J. M. Dent's Everyman's Library. In: The Culture of the Publisher's Series, Volume Two: Nationalisms and the National Canon. Ed. John Spiers. Houndmills: Palgrave Macmillan 2011b, pp. 166–172.

THORNTON, James: A Tour of the Temple Press. An Account of Printing and Binding Books at the Works of J. M. Dent and Sons Ltd. at Letchworth Garden City in Hertfordshire. London: Dent 1935.

TIDY, Josh: Letchworth Garden City Through Time. Stroud: Amberley 2015.

TURNER, John R.: The Camelot Series, Everyman's Library, and Ernest Rhys. In: Publishing History 31 (1992), pp. 27–46.

WILLIAMS, Raymond: Marxism and Literature. Oxford: Oxford University Press 1977.

WOOLF, Virginia. The Common Reader. London: The Hogarth Press 1925.

Yale Literary Magazine. No. 724. April 1916, p. 266.

Rezensionen

Ursula Rautenberg und Ute Schneider (Hrsg.): Das Buch als Handlungsangebot. Soziale, kulturelle und symbolische Praktiken jenseits des Lesens. Stuttgart: Hiersemann 2023 (Bibliothek des Buchwesens, Bd. 32). 511 S., mit Abb. ISBN 978-3-7772-2300-1

Der von Ursula Rautenberg und Ute Schneider herausgegebene Sammelband *Das Buch als Handlungsangebot* vereinigt die Vorträge einer interdisziplinären Tagung, die im Herbst 2021 in Herrenhausen stattfand, ergänzt durch zusätzlich eingeworbene Beiträge. Die Organisatorinnen der Veranstaltung, bestens ausgewiesene Buchforscherinnen aus Erlangen und Mainz, wagten den Sprung weg von traditionellen Herangehensweisen der Buchforschung in »das umfangreiche Feld der kulturell tradierten und symbolischen ›Buchhandlungen‹ auf der Grundlage von jeweils gesellschaftlich akzeptierten Wertzuschreibungen im Geflecht von Bedeutungszuweisungen und symbolischem Kapitel [sic!], Materialästhetiken und immateriellem Wert in der Buchgeschichte und der Gegenwart« (S. 9). Als Kompass diente konsequent die auf das Medium Buch bezogene, vor gut zwei Jahrzehnten eingeführte und breit rezipierte Praxeologie, also eine umfassende sozial- und kulturtheoretische Perspektivierung, die neben soziokultureller Gebundenheit beim Umgang mit dem gedruckten Artefakt gezielt »mediale [...] Praktiken« sucht und integriert.[1] Führender Ideen- und Impulsgeber des praxeologischen Theoriekonzepts ist der Berliner Soziologe Andreas Reckwitz, auf dessen Denk- und Analysemodelle fast alle Autorinnen und Autoren des Bandes wiederholt, Anleihen suchend und findend, Bezug nehmen. Reckwitz integriert Aspekte wie Materialität, Aneignungsprozesse, Bedeutungszuweisungen, Handeln von Individuen, Sozialität und Dinghaftigkeit in einem Design, das für ein mediales Universalartefakt, wie es das Buch darstellt, geradezu ideal passt bzw. passend gedacht werden kann und daher von der Buchforschung mangels eigener passgenauer Theoriezugänge bereitwillig adaptiert wird. Rautenberg und Schneider belegen mit ihrem Sammelband die Fruchtbarkeit dieser Perspektive.

Die Herausgeberinnen haben dem Buch eine stringente Struktur verordnet. Über drei Abschnitte – »Aneignungsprozesse«, »Lebensstil und Praktiken der Buchnutzung«, »Sozialität und Zuweisung von Bedeutung« – verteilen sich in acht Kapiteln 30 Beiträge. Jedem Kapitel steht ein Einleitungsartikel mit »theoretisch grundierte[n] Aspekte[n] von Buchpraktiken« voran, der bis auf zwei Ausnahmen aus der Feder der Herausgeberinnen sowie des Erlanger Buchwissenschaftlers Axel Kuhn stammt. Diesen übergreifenden, einleitenden Artikeln folgen jeweils zwei bis fünf »Fallstudien«, die gleichsam die jeweilige praxeologische Probe aufs Exempel unternehmen. Die Einzelbeiträge erlauben durch ihre eigene Segmentierung eine rasche oder resolute Konsultation. Dem Abstract am Anfang folgt der Haupttext, der immer in einem »Fazit« das Hauptergebnis des Beitrages zusammenfasst. Am Ende nennt ein Verzeichnis die benutzte Literatur. Auch wenn natürlich über deren Auswahl durchaus diskutiert werden kann, enthält sie – soweit das für den Rezensenten erkennbar bzw. nachprüfbar war – die für die Vertiefung nützlichen und einschlägigen Publikationen zum jeweils behandelten Teilthema. Konsequente formale Ordnung im Buchganzen wie in seinen Teilen schafft so mühelosen, raschen Informationszugang und verleiht dem Band den Charakter eines Handbuches über die »[s]oziale[n], kulturelle[n] und symbolische[n] Praktiken jenseits des Lesens« – so der Untertitel des Buches.

»Jenseits des Lesens«? Der Untertitel ist breit auszulegen und insofern eher ein griffiger, schöner Ausdruck als eine wirklich präzis definierende Einschränkung des Bandinhaltes. Die praxeologische Perspektivierung entkommt nämlich auch hier weder dem »Leser« noch dem »Lesen«, ja einige Beiträge schärfen regelrecht den Blick auf die primären Aneignungs- und Rezeptionsprozesse, freilich ohne die Grundstruktur jeden praxeologischen Zugriffs – physische Aneignung, soziokommunikative (Inter-)Aktion, soziokulturelle Praktik – auszuhebeln oder zu relativieren. Die Differenz zur gegenwärtigen empirischen Leseforschung wird ebenso wenig geleugnet wie der in der Regel hohe Aufwand für »kleinteilige und zeitaufwendige empirische Erhebungen« (Axel Kuhn / Ute Schneider, S. 47) bei praxeologischen Forschungen. In der Summe machen Rautenberg und Schneider deutlich, dass die lang gepflegte Alleinnutzungsanalyse »Lesen« im Sinne etwa Heinz Bonfadellis oder Paul Raabes in der älteren »bibliothekarisch-historische[n] Leserforschung« für eine moderne Buchwissenschaft nicht mehr genügt. Und es gelingt ihnen in der praxeologischen Sichtweise überzeugend.

30 Beiträge, die sich zeitlich von der Antike bis in jüngste Jahrzehnte bewegen, können in einer Besprechung nicht Text für Text vorgestellt werden. Ich greife daher auf einige Artikel zurück, die mir für die Vorstellung des Buches bedeutsamer erscheinen. Andere lesenswerte, aber eher randständige Themen wie etwa »Lesen am Strand« (Ute Schneider; S. 71–82), Sammlungspraktiken des amerikanischen Ehepaares Folger (zur Folger Shakespeare Library von Jo-

---

[1] Vgl. hierzu z. B. Arndt Brendecke (Hrsg.): Praktiken der Frühen Neuzeit. Akteure – Handlungen – Artefakte. Köln u. a. 2015.

ran Proot; S. 151–162), Sandra Rührs Reportage über Buchinszenierungen in drei Prominentenwohnungen (S. 267–282, bebildert) und Heinz Bonfadellis »Wertezuschreibungen an die Kulturtechnik Lesen und Buchlesen in der Mediengesellschaft« (S. 392–409, Literatur S. 405–409) müssen ausgeklammert bleiben. Diese (und andere) Fallstudien demonstrieren, dass Buchpraktiken besonders auf Alltägliches, Gewöhnliches, Oberflächliches, Triviales, Unspektakuläres verweisen, jedoch in der Praxeologie nie Banales oder Substanzloses darstellen. Praxeologische Studien peilen die nichtprimären, sozialen, oft latenten Funktionen des Buches an. Das Angebot des kommunikativ-medialen Totalgegenstandes Buch ist »jenseits des Lesens« so polymorph, facettenreich, konzeptionslos, spontan oder routiniert wie jedes Sozialhandeln. Die Eigenschaften des Mediums, inhärente oder zugewiesene, materiale oder symbolische, verdichten sich im alltäglichen wie im außergewöhnlichen Gebrauch und dieser modelliert die Praxis seines alltäglichen Umgangs wie deren Formen und Resultate im weiten Feld sozialer und kultureller Aneignungs- und Nutzungsprozesse. Das Buch als Geschenk (Gabriele Müller-Oberhäuser: »Das Buch als Geschenk«; S. 176–199; Ursula Rautenberg: »Schenken, Widmen, Zueignen um 1820«; S. 200–215; Diana Stört: »Handschriftliches Widmen als soziale Praxis«; S. 216–225) ist ebenso als praxeologisches Format zu identifizieren wie spezielle Lesemöbel und Aufbewahrungsorte für Bücher (Viola Hildebrand-Schat; S. 283–296), der Missbrauch von Büchern (Thomas Rainer: »Der symbolische Buchgebrauch oder ›How to Hold a Bible‹. Epiktet, Trump und der heilige Bertin«; S. 422–445), die Verheiligung sozialer oder politischer Akte durch das Schwören auf Bücher (David Ganz: »Der Eid auf das Buch«; S. 446–469, bebildert) oder Buchverfremdungen und ihre vielfältigen Funktionen (Günther Fetzer: »Bücher, die keine sind«; S. 480–500.)

Auf einige Beiträge sei genauer geschaut. Ich beginne mit dem einzigen, rein historischen Beitrag zur Nutzungspraktik des Arztes Thomas Bromelius (gest. ca. 1630), der Petra Feuerstein-Herz eine mustergültige Aufmerksamkeit schenkt (»Bücher im ärztlichen Alltag der Frühen Neuzeit – Nutzungsspuren und praxeologische Überlegungen«, S. 52–70, mit Abbildungen). Sie profitiert von dem außergewöhnlichen Glücksfall der Überlieferung einiger intensiv genutzter alchemistischer Fachbücher, in denen der Ilmenauer Mediziner Bromelius nachgerade den prall gefüllten Werkzeugkoffer eines Lektürefacharbeiters ausschüttet. Von gängigen Annotationen und Anstreichungen über selbst hinzugefügte Diagramme und eigenhändig ergänzte Skizzen für neue Uringläser bis hin zu auf Seitenrändern notierten Zeilennummerierungen entwickelte der Mediziner ein dichtes »Verweisnetz«, das ihn sowohl durch die eigenen Bücher als auch weitere Fachliteratur navigieren ließ. In der praxeologischen Analyse seines Buchgebrauchs, so das Fazit, zeigen sich »die ärztlichen Berufspraktiken zwischen Gelehrtenstube, Patientenbesuch, Objektbeschau, Bibliothek und Laboratorium«. Der Mann las eigentlich nicht, er leistete »Textarbeit« (Feuerstein-Herz). So konvertierte die rezeptive Aneignung von Büchern in kreative arbeitsweltliche Praktik, ein »dynamisches Geschehen« jenseits des Lesens.

Einem anderen Ansatz widmet sich Axel Kuhn in seiner Fallstudie »Buch / Körper. Zur medialen Praxis der Geschlechterkonstruktion über das Buchzeichen« (S. 115–132, mit Abbildungen). Kuhn entfaltet den symbolischen Gebrauch des Buchkodex »als erotisierendes Zeichen in medialen Praktiken der Inszenierung des weiblichen Körpers«, der zwar in den Mediengeschichten Tradition habe (venezianische Malerei im 16. Jahrhundert, Fotografie im 19. und 20. Jahrhundert, massenhaft im Internet heute), hier jedoch vornehmlich auf die Gegenwart bezogen wird. Die Buch/Körper-Darstellung der »lesenden« unbekleideten Frau wird als Beispiel der »sozialen Praxis der medialen Inszenierung« mit Auswirkungen auf »Geschlechterkonstruktionen und symbolischen Zuschreibungen an das Buch« beschrieben. Kommerzielle Nutzungszusammenhänge und vorproduzierte Massenware von Bildagenturen bestimmen dabei aktuell »die visuelle Alltagskultur der Medienkommunikation«. Kuhn reproduziert eine Reihe ›eindeutiger‹ Abbildungen und skizziert den Wandel von Darstellungsformen und Bedeutungszuweisungen. Bücher und nackte Körper in mutmaßlicher Lesehaltung bilden so »die uneingeschränkte Inkorporierung der zugehörigen Wissensordnungen zur erotischen Inszenierung des weiblichen Körpers mit dem Buchkodex« ab. Ob damit im massenhaften Angebot dieser Darstellungen in Netzwerken und deren privater Aneignung in der Moderne »durch Frauen [...] ihr symbolischer Gehalt [...] langsam transformiert [wird], da die Buch/Körper-Darstellungen hier nicht mehr Gegenstand der Bestätigung patriarchalischer Machtstrukturen und nicht mehr konsumierbare erotische Ware für Männer sind, sondern Ausdruck von starken weiblichen Identitäten und mit Büchern verknüpften Lebensstilen, die die erotische Komponente des Buchzeichens und dessen Verknüpfung mit dem weiblichen Körper ins Positive verkehren« (S. 125) – das ist eine Frage, die nicht nur von Buchforschern unterschiedlich beantwortet werden dürfte. Kuhn interpretiert auf hohem Niveau. Das macht die Lektüre seines Beitrags anregend und spannend. Doch darf (muss?) gezweifelt werden, ob praxeologische Überhöhung allen inkorporierten »Dingen« – Buch und Nacktheit – in der dünnen Luft angestrengter Abstraktion immer gerecht wird. Figuriert der Buchkodex vordergründig als »Beiwerk« bzw. »Requisit«? Oder spielt er doch für die Körperinszenierung »aufgrund seiner sozial und historisch konturierten Symbolkraft eine entscheidende Rolle« (S. 128). Also Buchkodex oder unbekleideter Körper? Die Intention der modernen Darstellungsproduzenten dürfte einseitig ausfallen, gewiss jenseits jeder Buchsemiotik. Kuhn ist freilich scharfsinnig genug, Weiblichkeitsinszenierungen mit ornamentierenden Medien auch als Objektreduzierungen für männlichen Gebrauch anzusprechen (S. 126, 128).

Mit historischen Bildern maßvoll verhüllter Frauen beschäftigt sich der Beitrag des Mainzer Buchwissenschaftlers Philip Ajouri (»Die liegende Leserin. Darstellungen der lesenden Maria Magdalena bei Giampietrino und Correggio«, S. 99–114, mit Abbildungen). Seine These von der Inkorporierung von weiblichem Körper und Buchkodex mündet in die »Bilderfindung« der italienischen Renaissancekünstler, die mit ihren Gemälden »eher das reale Leseverhalten verändert [haben] und nicht so sehr Abbild eines solchen Buchgebrauchs« waren. Für weibliche Lektüre sei die auf Correggio zurückzuführende Lesehaltung »typisch« geworden. Ajouris interpretiert vorrangig kunsthistorisch, ohne die Doppeldeutigkeit des Correggio-Kunstwerkes, die wohl schon die Zeitgenossen bemerkt und genossen haben, zu übersehen: eine büßende Maria Magdalena »mit ihrer ganzen sinnlichen und geistigen Liebe der Heiligen Schrift« oder doch Abbild einer sinnlichen, verführerischen Leserin mit einem weltlichen Buch? Kuhn und Ajouri veranschaulichen mit verschiedenen Herangehensweisen, mit welch vielgestaltigen und vielschichtigen Praktiken Bücher ohne Lesen leitmediale Funktionen und Erwartungen der Moderne geprägt haben.

Dass der individuelle, meist intime Leseakt nicht das Ende der Buchnutzung ist, erläutert facettenreich Ute Schneider (»Buchgebrauch und Anschlusskommunikation«, S. 355–369). Das »Reden über Bücher« ist dabei eine häufige, aber bei weitem die nicht einzige Praktik, welche die kommunikativen Aspekte des Buchgebrauchs auszeichnet. Anschlusskommunikationen sind immer soziale Praktiken, seien es solche des mündlichen oder schriftlichen Verkehrs unter Lesekundigen und Gelehrten der Frühneuzeit, kirchlich-kollektives Lesen aus der Heiligen Schrift oder jüngeres Vorlesen, etwa im Familienkreis, vor den eigenen Kindern, unter Freunden und in privaten Leserunden, oft genug Begleitpraktik für kulinarisch ausgerichtete Geselligkeit, in der Schule, in TV- und Radiopräsentationen. Ausgenommen die technisch realisierten Formate stellt diese Art der Anschlusskommunikation eine jahrhundertealte Praxis dar, die von aufklärerischen Lesegesellschaften institutionell geübt, von bürgerlichen Salons zelebriert und in neuerer Zeit als Autorenlesungen in Kultureinrichtungen und häufig zur Absatzförderung in Buchhandlungen gepflegt werden. Die Formen und Formate sind ebenso facettenreich wie die Funktionen und Kommunikationszwecke und -ziele. Schneider breitet eine breite Palette mit »Praktiken der Vergemeinschaftung durch Buchgebrauch« aus; ihr Interesse endet bei den »Möglichkeiten der Social-Media-Plattformen«, bei Instagram-Nachrichten oder You-Tube-Videos, in denen sich »Bookstagramer« bzw. »Bookstuber« selbst produzieren. Das liest sich leicht, erinnert an eigene Erfahrungen und unterstreicht, dass praxeologische Perspektiven auf die Fülle der Buchkodizes Myriaden kommunikativer Schnittstellen zu den Buchnutzern eröffnen. Dabei wird unterstrichen, wie bedeutsam das soziale Integrationspotential des kommunikativen Mediums Buch einzuschätzen ist.

In einem der drei Beiträge, mit denen die Herausgeberin Ursula Rautenberg im Besprechungsband vertreten ist, setzt sich die Autorin näher mit verschiedenen Formen des Sammelns von Büchern auseinander (»Begehrte und (aus)gesuchte Objekte – Praktiken und Praxisformationen der Wahl und Unikalisierung von Büchern und Buchexemplaren«; S. 133–150). Sie tut dies in der von ihr bekannten und erprobten intensiven Verschränkung von abstrahierenden, theorieaffinen Überlegungen einerseits und exemplarischen, empirischen Belegen andererseits. Das ist anspruchsvoll, vor allem weil es ihr in profunder Kenntnis der wissenschaftlichen Literatur jenseits der engeren Buchforschung gelingt, aus der Faktizität ihrer Gegenstände terminologische und konzeptionelle Überraschungen, will sagen: epistemische Neuigkeiten zu generieren. Sammeln, das Zusammenbringen ausgewählter Einzelobjekte in ein artefaktisches Kollektiv, verdichtet sie als Prozess der »Unikalisierung« und meint damit die Vereinzelung »eines Buches [Kasus geändert E. W.] aus der Vielzahl der Bücher, da es eine genau definierte, dem Sammlungskonzept entsprechende Lücke im Sammlungsgefüge ausfüllt« (S. 135). Diese Unikalisierung belegt sich durch individuelle »Einschreibungen«, Einbände, Besitzvermerke, Exlibris, Stempel, Signaturen und Gebrauchs- und Praxisspuren wie Eselsohren oder Zeigehändchen. Die Sammelpraktik transformiert zudem das Einzelobjekt in ein symbolisches Element eines Ganzen, das durch die vom Sammler aktivierte »Praxis des kriteriengeleiteten Auswählens« seine eigene Identität gewinnt. Rautenberg unterscheidet dabei unter Rückgriff auf Sommer, Hillebrandt, Reckwitz[2] und andere ästhetische, gelehrte, leidenschaftliche Bibliophilie und

---

2 Siehe Manfred Sommer: Sammeln. Ein philosophischer Versuch. Frankfurt am Main 1999; Manfred Sommer: Sammeln. In: Stefanie Samida u. a. [Hrsg.]: Handbuch Materielle Kultur. Bedeutungen, Konzepte, Disziplinen. Stuttgart/Weimar 2014, S. 109–117; Andreas Reckwitz: Grundelemente einer Theorie sozialer Praktiken. In: Andreas Reckwitz: Unscharfe Grenzen. Perspektiven einer Kultursoziologie. Bielefeld 2008, S. 97–131; Frank Hillebrandt: Soziologische Praxistheorien. Wiesbaden 2014.

ökonomisches Sammeln, das Bücher als Affektgeneratoren in »überaus komplexe, variable Praxisformationen« inkorporiert. Ist hier die Konnotation mit Latours Aktantenkonzept zu gewagt?

Der Beitrag von Kerstin Germer, Mitarbeiterin im Berliner Exzellenzcluster Matters of Activity. Image Space Material, (»The Sensory Aesthetics of Electronic Books«; S. 314–328, mit Abbildungen) irritiert im Zusammenhang des Sammelbands zunächst deshalb, weil er nicht etwa alternative Aneignungs-, Gebrauchs- und Nutzungsweisen beider Medien, gedruckter Bücher bzw. elektronischer Texte, in den Blick nimmt, also klassisch praxeologisch vorgeht. Er exemplifiziert auch nicht die offenkundigen materiellen bzw. technischen Unterschiede beider medialen Artefakte und die sich daraus zwangsläufig ergebenden Hantierungsvarianzen. Der Artikel setzt sich vielmehr mit der sinnlichen Qualität (»sensory quality«) elektronischer ›Bücher‹ auseinander und zielt darauf ab, das Nebeneinander analoger und digitaler Textnutzung aus einer »ästhetischen« Perspektive zu entzaubern. Daraus resultiert ein bemerkenswerter wie ungewöhnlicher Zugriff, der am Ende indes seine praxeologische ›Marmorierung‹ aus den Augen verliert.

Die formalen und physischen Differenzen von Buch und E-Book sind klar. Ob allerdings immer das »original« das »derivate object« in der Eigenschaftsbeschreibung zu dominieren habe, sei wohl eine Folge des üblichen Skeuomorphismus, nach dem in der Regel terminologisch das Erstere die Designmerkmale des Zweiten ausweisen müsse – »early cars resembled buggies«. Germer setzt den Gedanken des inkorporierten Erkenntnispotentials (»embodied cognition«) dagegen und entwirft ein interessantes binäres Konzept von Leseeigenschaften gedruckter Bücher bzw. elektronischer Texte. Die siebenstufige Tabelle reicht von »deep reading« vs. »shallow reading« über »static characteristics« vs. »dynamic text design« bis zu »deep attention« vs. »hyper attention«. Hier liegen nach Germer in beiden Medien funktionale Äquivalente vor (wenn auch unterschiedlicher Intensität oder andersartigen Niveaus). Doch ge- und erklärt werde damit wenig. Es sei das Paradigma der medienästhetischen Dimension des Digitalen, das den physisch-technischen Zugang zum Text zu einem entscheidenden Kriterium der digitalen Mediennutzung forme. Im Verhältnis von Buch und »digital media« mache nicht die lineare Abfolge (beim Lesen), sondern die »hybridization« des Textes den Unterschied, denn diese öffne mit ihren vielfältigen Verflechtungen und Verlinkungen das charakteristische, komplexe Gefüge von Publikationsbeziehungen und -formen und erschließe nicht nur neue »deep reading practises«, sondern schaffe ganz neue Arten der wissenschaftlichen Kommunikation. In ihrer Argumentation, die am Ende ein wenig den Charakter einer Programmschrift annimmt, greift die Autorin auf vier Dutzend Veröffentlichungen zurück, die zumeist erst in den letzten drei, vier Jahren erschienen sind. Die Thematik ist aktuell und gehört zweifellos in den Diskurskanon der gegenwärtigen Buchforschung. Insgesamt lassen Germers Reflexionen erkennen, dass praxeologische Praktiken auf sehr diversen Pisten starten und landen können und »jenseits des Lesens« auch ein Diesseits disziplinärer Selbstreflexion, um im Bild zu bleiben, zu umkreisen helfen.

Rautenbergs und Schneiders Band *Das Buch als Handlungsangebot* wäre gründlich missverstanden, wenn er auf eine Dichotomie der Analyse primärer und sekundärer Funktionen des Mediums Buch verkürzt würde. Mediale Funktionen sind nur in der wissenschaftlichen Analyse distinkt, in der Realität stets Phänomene mit und von Übergängen. Leser und Lesen, schon für sich hochkomplexe »Dinge«, sind und bleiben unverzichtbare Bezugsgrößen und Referenzkoordinaten. Daran ändert auch das Angebot der Praxeologie zunächst wenig. Doch die praxeologische Herangehensweise stellt klar, dass mit dem Öffnen ihrer Pforten zu den Methoden- und Analysefeldern der Buchforschung Aneignungs-, Einsatz-, Instrumentalisierungstaten, Inkorporierungs-, Gebrauchs- und Nutzungsroutinen (Ver)fremdungshandlungen, Bedeutungszuweisungen und Übertragungsakte, kurz alle sozialen Praktiken konkreten und symbolischen Buchgebrauchs, unabhängig von ihrer zeiträumlichen Lokalisierung, konstitutiver Bestandteil des wissenschaftlichen Umgangs mit gedruckten Büchern sind. Insoweit unterscheidet sich das methodische Angebot des Sammelbandes grundlegend von *turns* letzter Jahrzehnte. Dies multiperspektivisch, in theorieorientierten Anleitungen wie in empirischen Fallstudien vorgeführt zu haben, ist, auf den Punkt gebracht, die Leistung der Veröffentlichung. Sie ist bedeutend.[3]

Erdmann Weyrauch

---

[3] In einer Anmerkung möchte der Rezensent einen Moment der Enttäuschung nicht verschweigen. Der wissenschaftlichen Qualität und des breiten thematischen Horizontes wegen ist dem Buch eine weite Verbreitung über die übliche Bibliotheksauflage hinaus sehr zu wünschen. Sie wird mutmaßlich beim Buchpreis von 196,– Euro ausbleiben. Herstellerisch lässt sich die Kalkulation des Bandes gewiss erklären. Aber darf dann nicht erwartet werden, dass der Herstellungsprozess ein die Herausgeberinnen sowie die Autoren und Autorinnen entlastendes, verlagsinternes Korrektorat eingeschlossen hätte? Ein Korrektor wäre u.a. auf den Seiten 16, 22 f., 137, 149, 164, 207, 253, 508 (fehlt Vorstellung der Autorin Feuerstein-Herz) tätig geworden.

Bernhard Fischer / Claudia Taszus (Hrsg.): Friedrich Arnold Brockhaus – Carl August Böttiger. Briefwechsel 1807–1823. 2 Bde. Leipzig: Lehmstedt Verlag 2023 (Buchgeschichte(n)). 908 S., ca. 30 Abb. 98,– Euro. ISBN: 978-3-95797-157-9

Friedrich Arnold Brockhaus (1772–1823) hatte einen nachhaltigen Einfluss auf den deutschen Buchmarkt, der weit über das bloße Publikationsgeschäft hinausging. Seine visionären Projekte und sein geschicktes Verlagsmanagement prägen die literarische Kultur und das Verlagswesen seiner Zeit erheblich. Der Briefwechsel mit dem Gelehrten Carl August Böttiger (1760–1835) zeigt, wie intensiv Brockhaus dabei von Böttigers umfangreichem Wissen und seinen Kontakten profitierte. Mithilfe der von Böttiger gelieferten Informationen passte er seine Verlagsstrategie und seine Werbemaßnahmen immer wieder gezielt an.

Der Verlegerneuling Brockhaus kontaktierte den erfahrenen Publizisten Böttiger im Frühjahr 1807, um Unterstützung für seinen Einstieg in den deutschen Buchmarkt zu erhalten. Böttiger, ein gut vernetzter Philologe und Altertumsforscher, stand in engem Austausch mit namhaften Verlegern und war als Freimaurer und Mitglied der europäischen Gelehrtenrepublik weithin bekannt. Aus diesem Kontakt entwickelte sich eine jahrzehntelange Freundschaft, die, wie der Briefwechsel dokumentiert, auch der literaturpolitischen Arbeit der beiden Korrespondenten maßgeblich zugutekam. Böttigers Expertise wurde anerkannt, und er lieferte regelmäßig Beiträge zu verschiedenen literarischen und wissenschaftlichen Zeitschriften. Zugleich war er aber eine streitbare Figur. Insbesondere die Neigung, seine Positionen häufiger zu wechseln und sich gegnerischen Parteien gleichermaßen anzuschließen, brachte ihm den Vorwurf des Opportunismus ein, wie ein Brief von Brockhaus an Böttiger am 12. Juli 1820 verdeutlicht: »Daß Sie anders denken, wißen wir, aber alle Ihre Freunde waren und sind immer der Meinung gewesen, daß diese Versatilität der Rede Ihnen zu nichts fruchtet, wohl aber schadet« (1, S. 467). Brockhaus wiederum, der von seiner Autorin Therese Huber als »Feuerkopf mit kühler Stirn« charakterisiert wurde (1, S. 228), wird von Böttiger häufiger zu Ruhe und Gleichmut ermahnt: »Geduld, Freund!« (1, S. 262).

Diese diplomatische, vermittelnde, zuweilen strategische Haltung Böttigers zeigt sich auch im Hinblick auf Brockhaus' verlegerische Tätigkeit. So betont der Gelehrte mit Blick auf publizistische Tätigkeiten die Notwendigkeit einer »guten Correctur« (1, S. 203). Er weist jedoch auch darauf hin, dass Brockhaus »viel brauchen, tüchtiges Honorar zahlen, große Auslagen machen« müsse (1, S. 448), und erinnert den Verleger daran, für geleistete Arbeit angemessene Honorare zu zahlen (1, S. 73). Darüber hinaus macht Böttiger Vorschläge, wie die Attraktivität der *Deutschen Blätter* durch häufige Kupferstichbeilagen zu erhöhen sei (1, S. 141). Böttiger erhielt durch Brockhaus eine Plattform für seine wissenschaftlichen und literarischen Arbeiten. Seine Beiträge wurden im *Literarischen Wochenblatt* und anderen Publikationen von Brockhaus veröffentlicht, was seine Reichweite in intellektuellen Kreisen steigerte. Die hohe Anerkennung, die Brockhaus Böttiger entgegenbrachte, zeigt sich auch darin, dass er diesem eine überdurchschnittliche Bezahlung für seine Beiträge bot: »Ihre Beiträge sind ganz im Charakter des *Literarischen Wochenblatts* und ich statte Ihnen dafür meinen Dank ab. Fahren Sie im gleichen Geiste fort. Ihr Honorar wird nicht das Gewöhnliche sein« (1, S. 455).

Die Korrespondenz zwischen Brockhaus und Böttiger ist überwiegend von einer freundlichen und kollegialen Atmosphäre geprägt. Doch es gibt auch Briefe, in denen Spannungen spürbar und Verletzungen sichtbar werden. So zeigte sich Brockhaus gekränkt, als sich Böttiger von den Beilagen zum *Morgenblatt*, die Brockhaus persönlich angriffen, begeistert zeigte: »Verletzt fühlte ich mich allein dadurch, daß Sie die ersten Müllner'schen Beilagen zum *Morgenblatt* die sich einzig damit beschäftigte mich persönlich in den Koth zu ziehen und meine *Urania* zum 30stenmal zu zerfleischen, ohne ein Wort der Warnung und der Zurechtweisung, als Meisterstücke der Critick lobten« (1, S. 469).

Die Herausgeber Bernhard Fischer und Claudia Taszus bezeichnen Brockhaus als »selfmade-man«. Angesichts der intensiven Unterstützung durch Böttiger wird allerdings deutlich, dass diese Eigenständigkeit nur durch Kooperationen möglich war. Der Erfolg von Brockhaus resultierte aus Netzwerken und Formen der freundschaftlichen Förderung und Unterstützung. Böttiger nimmt in diesen Netzwerken eine wichtige Position ein. Ohne seine strategische Beratung, auch mit Blick auf die Handhabung der Zensurmaßnahmen, wäre Brockhaus' verlegerische Arbeit sicherlich schwieriger und weniger erfolgreich gewesen. Nötig war diese Unterstützung auch angesichts der großen politischen und sozialen Zäsuren im 19. Jahrhundert, etwa die Auswirkungen der Napoleonischen Kriege sowie der Karlsbader Beschlüsse auf den Buchmarkt (2, S. 763). Die in der Korrespondenz diskutierten Zensurfälle und die strategischen Umgangsweisen damit sind für die weitere Forschung zur Literaturpolitik in der ersten Hälfte des 19. Jahrhunderts von großem Interesse.

Die Napoleonische Ära stellte für die Verbreitung von Literatur eine erhebliche Herausforderung dar. Unter der Herrschaft des Kaisers setzte die französische Regierung rigorose Zensurmaßnahmen durch, die insbesondere politische Schriften betrafen. Diese Maßnahmen werden in den Briefen von Brockhaus an Böttiger nur zaghaft besprochen, denn »davon läßt sich nicht schreiben« (1, S. 20). Zudem waren die beiden Korrespondenten in Sachen Pressefreiheit und Zensur nicht immer auf einer Linie. Brockhaus war ein Verfechter der Ideen der Französischen Revolution. Er bescheinigte sich selbst einen »Republikaner Sinn« (1, S. 214) und setzte sich vehement gegen das Presseregime der Karlsbader Beschlüsse von 1819 zur Wehr. Zu seinen brisanteren verlegerischen Projekten zählt die von Lorenz Oken initiierte, kurz nach ihrer Veröffentlichung in Bayern und Österreich verbotene Zeitschrift *Isis*, die sich für Pressefreiheit und die Aufhebung des Privilegienwesens aussprach (1, S. 217–218). Böttiger hingegen war gemäßigter und votierte für eine langsame Transformation (1, S. 103). Er zählte ehemals zu den Verehrern Napoleons, was er der Öffentlichkeit verheimlichen musste (1, S. 79).

Brockhaus' Konflikte mit den Zensurbehörden schufen Präzedenzfälle: In Preußen wurde über Brockhaus' Verlag im Jahr 1821 eine Rezensur verhängt. Dies betraf unter anderem das *Conversations-Lexikon*. Brockhaus äußerte sich dazu gegenüber Böttiger sehr besorgt: »Ich kann mich nicht überwinden in Berlin Schritte zu thun um die ekelhafte und schändliche Recensur abzuschütteln« (2, S. 693). Die Wechselhaftigkeit und die mitunter willkürliche Umsetzung der Zensurmaßnahmen, unter der Brockhaus zu leiden hatte, hing auch damit zusammen, dass persönliche Freund- oder Feindschaften innerhalb der preußischen Verwaltung bei der Beurteilung einzelner Fälle eine wichtige Rolle spielen konnten (2, S. 635). Die detaillierte Dokumentation dieser Vorgänge in der Korrespondenz macht die Komplexität der Zensurpraxis ersichtlich, die weit über gesetzliche Regelungen hinausging. Eine wichtige Leistung der Edition liegt darin, zu illustrieren, wie die Verschränkung persönlicher Beziehungen und politischer Dynamiken die Kultur- und Informationskontrolle prägten.

So erklärt sich auch, dass sich Brockhaus angesichts der Erkrankung des preußischen Staatskanzlers Karl August von Hardenberg über die möglichen politischen Folgen sorgte. Es wurde spekuliert, dass Hardenbergs Krankheit die Machtverhältnisse beeinflussen könnte. Insbesondere befürchtete Brockhaus eine mögliche Verschiebung der Macht zugunsten des Fürsten Wilhelm Ludwig Wittgenstein, den er als »erbärmlich« bezeichnet (2, S. 532). Die Sorge um die politische Stabilität scheint sich hier mit einer persönlichen Abneigung gegen die möglichen Nachfolger Hardenbergs zu verbinden.

Die Edition zeigt Brockhaus auch als international vernetzten Verleger. Er pflegte intensive Kontakte nach London, Amsterdam und Paris, was ihm ermöglichte, den deutschen Buchmarkt mit innovativen Publikationsprojekten zu bereichern. Brockhaus importierte aber nicht nur ausländische Werke, sondern exportierte auch deutsche Literatur, was den kulturellen Austausch und die Verbreitung deutscher Literatur im Ausland förderte. Böttiger und Brockhaus äußern sich in diesem Kontext mehrfach zu den hohen Preisen und den geringen Verkaufszahlen von Büchern in Deutschland im Vergleich zu anderen Ländern. Die Gründe und Folgen dieser Unterschiede werden detailliert besprochen: So fanden wissenschaftliche Werke und spezialisierte Literatur nur ein kleines Publikum. Wie Brockhaus in seinen Briefen erläutert, war ein Absatz von 500 Exemplaren bereits sehr viel. Selten würden mehr als 750 Exemplare eines wissenschaftlichen Werkes gedruckt. Im Vergleich dazu könnten in Frankreich und England bei vielen wissenschaftlichen Unternehmungen oft zehntausende Exemplare verkauft werden (2, S. 561–562). Brockhaus klagt darüber, dass der deutsche Buchmarkt durch »engherzigen Calcul« und Angst geprägt sei (2, S. 706).

Ab 1810 litten Brockhaus' Geschäfte stark unter den neuen französischen Reglements, die den Export von Büchern nach Frankreich durch Einfuhrgenehmigungen und hohe Zölle erschwerten. Dies führte zu Herausforderungen bei der finanziellen Planung, zu Absatzverlusten und ausbleibenden Zahlungen. Im Jahr 1813 hatten die Handelsbeschränkungen einen Mangel an Druckmaterialien zur Folge, was die Produktion und den Vertrieb von Büchern beeinträchtigte. Logistische Probleme wie unsichere Transportwege und Verzögerungen beim Versand über Landesgrenzen hinweg erschwerten die Distribution zusätzlich. Der literarische Markt war von Unsicherheiten geprägt, da die Nachfrage stark schwankte und stabile Verkaufszahlen schwer zu prognostizieren waren. So konstatiert Brockhaus angesichts der niedrigen Verkaufszahlen von F. C. Hasse's *Gestaltung Europa's seit dem Ende des Mittelalters bis auf die neueste Zeit nach dem Wiener Congresse. Versuch einer historisch-statistischen Entwicklung. Theil 1* (mehr ist nicht erschienen): »Wir beide, Sie und ich, haben es für ein Buch gehalten, daß nicht blos gut sey, sondern auch vogue haben werde; aber es sind bis jetzt erst – 300 Exemplare abgesetzt« (1, S. 346). Und Brockhaus äußerte Bedenken, weitere unternehmerische Vorhaben durchzuführen: »Aber was wird auch aus den besten Unternehmungen werden, wenn, wie ich keinen Augenblick mehr zweifle, der Krieg mit Oesterreich nun wieder losbrechen wird. – In Oesterreich blühte, seit dem die Censur so liberal geworden ist, Litteratur und Buchhandel so kräftig auf, – das wird nun alle wieder, kaum aufgeblüht, niedergetreten werden« (1, S. 55). Trotz dieser Herausforderungen kooperierte Brockhaus aber weiterhin mit ausländischen Verlegern und bemühte sich, seine Veröffentlichungsstrategien an die aktuellen Gegebenheiten anzupassen (1, S. 99; 1, S. 124).

Ein weiteres Thema in der Korrespondenz bildet die Vielzahl der Meinungen und Erwartungen, die von Seiten des Publikums an das *Literarische Wochenblatt* gerichtet werden: »Ich höre hundert verschiedene Urtheile«, schreibt Brockhaus am 4. Juli 1820. »Der will dies, der will jenes anders. Der will blos Ernst, jener mehr Spaß, der will gar keine Politik, jener noch mehr, dieser will auch Theater nouvellen, Gedichte und Erzählungen, [der] will die Wiederbelebung des alten literarischen An[zei]gers seeligen Andenkens; jener will pikante [Geschichten] (d. heißt Personalitäten) dieser will eine [Recen]sion des Beckschen Repertoriums: – kurz jeder glaubt den Vogel abzuschießen, wenn er darü[ber] raisonnirt« (1, S. 455). Die Herausforderung, mit diesen verschiedenen Ansprüchen umzugehen, nimmt Brockhaus zwar an, er steht aber auf dem Standpunkt, letztlich nur umzusetzen, »was mir gutdünckt« (ebd.) und »kein Blatt weiter drucken zu laßen, was mir nicht Geld einbringt« (2, S. 693).

Das frühe 19. Jahrhundert ist auch eine Periode, in der sich das Urheberrecht und die Nachdruckbestimmungen im Wandel befinden. Diese Entwicklungen werden von den Korrespondenzpartnern genau beobachtet und kommentiert. So berichtet Brockhaus, der sich stetig gegen den Nachdruck seiner Werke wehrte, über den preußischen Entwurf neuer Gesetze gegen den Nachdruck und deren Prüfung durch unterschiedliche Kommissionen. Die Bestrebungen, das Urheberrecht zu stärken, waren allerdings indirekt auch mit einer Verschärfung der Zensur verbunden, weil sie eine intensivere Überwachung und Kontrolle der Veröffentlichungen ermöglichten (1, S. 300). Dies führte zu einer Doppelrolle der Zensur: Sie schützte sowohl die wirtschaftlichen Interessen der Autoren und Verleger als auch die politischen Interessen des Staats. Ein Fall, den Brockhaus und Böttiger besonders detailliert besprechen, ist der Nachdruck von Goethes Werken durch den Kölner Buchhändler Spitz. Der Goethe-Verleger Johann Friedrich Cotta setzte sich erfolgreich gegen Spitz zur Wehr und erwirkte im September 1816 ein Nachdruckverbot durch die preußische Regierung. Brockhaus jedoch zeigte, möglicherweise nicht zuletzt wegen seiner Konkurrenz zu Cotta, Verständnis für Spitz' Position. Spitz berief sich auf das französische Recht und das Allgemeine Preußische Landrecht, das Nachdrucke »per Retorsion« erlaubte, also wenn ein anderer Staat den Nachdruck preußischer Werke bewilligt hatte. Obwohl Spitz gegen das Verbot des Nachdrucks einheimischer Werke verstieß, sympathisierte Brockhaus mit Spitz. Er bezeichnete ihn sogar als »armen Teufel«, der »bis aufs Blut gepfändet« werde (1, S. 299).

Eines der bedeutendsten Projekte von Brockhaus und ein Meilenstein in der Verlagsgeschichte, dessen Genese sich anhand des Briefwechsels verfolgen lässt, ist das *Conversations-Lexikon*. Es sollte ein umfassendes Nachschlagewerk für die gebildete Öffentlichkeit werden, das alle Felder des Wissens allgemein zugänglich machte. Die ständige Aktualisierung und Erweiterung des Werks stellten eine Herausforderung dar, die Brockhaus mit großem Engagement verfolgte. Das *Conversations-Lexikon* trug maßgeblich zur Popularität des Verlages bei und festigte Brockhaus' Ruf als einen der führenden Verleger seiner Zeit. Die Rezensur von Brockhaus' Verlag in Preußen in Folge der Karlsbader Beschlüsse betraf zwei Bände des Lexikons. Böttiger unterbreitete Brockhaus nicht nur in diesem, sondern auch in anderen Fällen konkrete Vorschläge zur Umgehung der Zensur. Er riet seinem Freund, bei der Veröffentlichung von Beiträgen, die sich kritisch mit politischen Themen auseinandersetzen, vorsichtig zu sein und dabei auch mögliche zukünftige Entwicklungen im Blick zu haben. So warnt Böttiger in einem Brief vom 15. Juni 1814: »Bedenken Sie aber bevor Sie alles in Ihren Deutschen Blättern abdrucken lassen, wohl, daß dieß von den Friedensstiftern nun sehr übel genommen werden kann« (1, S. 141). Mit Friedensstiftern könnten jene Beamten und politischen Akteure gemeint sein, die in der post-napoleonischen Zeit über die publizistischen Meinungsäußerungen bestimmen sollten. Dass Brockhaus die Ratschläge von Böttiger durchaus ernst nahm, zeigt sich etwa in einem Brief vom 27. Januar 1815. Darin berichtet der Verleger, dass die Sammelrezension *Streitschriftwechsel über die Vereinigung Sachsens mit Preußen* in den *Deutschen Blättern* aufgrund der Zensurprobleme nicht in Altenburg erscheinen dürfe und der Druck daher nach Dresden verlagert worden sei. Damit griff er die von Böttiger vorgeschlagene Strategie auf, bei der Auswahl der Druckorte flexibler zu sein (1, S. 160).

Die politischen Unruhen in Europa um 1820, insbesondere durch die Revolutionen in Spanien und Neapel, beeinflussten den Verlag erheblich. In Preußen ging die konservative Reaktion auf die liberalen Bewegungen mit strengen Zensurmaßnahmen einher. Brockhaus informiert Böttiger in diesem Zusammenhang darüber, dass das *Literarische Wochenblatt* unter dem neuen Titel *Literarisches Conversations-Blatt* veröffentlicht werden solle, um das Verbot zu umgehen (1, S. 476). Gegenüber Böttiger äußert er die Vermutung, dass der Philosoph und Staatstheoretiker Adam Müller, der als österreichischer Generalkonsul in Leipzig tätig war, als Denunziant agiert haben könnte. Am Tag nach dem Briefwechsel kam es sogar zu einem persönlichen Besuch Müllers bei Brockhaus. Böttiger rät Brockhaus: »Sie haben recht, wenn Sie Adam Müllers Annäherung nicht abstoßend wegweisen. Aber trauen werden Sie ihm gewiß nie. Ist er kein Sophist, so muß er Sie herzlich hassen. Ist ers aber, so ist er unzuverlässig und doppelt gefährlich!« (1, S. 487).

Eine weitere Publikation von Brockhaus, die die Aufmerksamkeit der Behörden auf sich zog, waren die *Acten-Auszüge aus dem Untersuchungs-Proceß über Carl Ludwig Sand* aus dem Jahr 1821. Der Burschenschaftler Carl Ludwig Sand war durch die Ermordung des Schriftstellers August von Kotzebue 1819 bekannt geworden (2, 553), der seinerseits ein Beiträger von Brockhaus' *Wochenblatt* war. Die Veröffentlichung der Akten weckte bei der Regierung den Verdacht antimonarchischer und liberaler Untriebe seitens des Verlags. Sie wurden kurz nach der Publikation verboten. Ähnliche Auseinandersetzungen löste das von Ferdinand Hempel verfasste *Taschenbuch ohne Titel* aus, das von Brockhaus 1822 ohne Angabe des Autors als humoristisches Werk veröffentlicht wurde. Besonders auffällig sind zwei Sonette, »Hülfe von unten« und »Nothschrei«, die als politisch anstößig empfunden wurden (2, S. 594), weil die »bestehende gesetzliche Ordnung auf jeder Seite verhöhnt« werde (2, S. 587). Wie Böttiger in einem Brief bemerkt, habe er den Verfasser bei der Lektüre der betreffenden Stellen sogleich erkannt: »Ich habe den Hempel in seinem Witzfunken sogleich erkannt, als ich die Rezension der Wiener Jahrbücher im *Conversations Blatt* las« (2, S. 718). Brockhaus gesteht, dass diese Hinweise bei der Redaktion und Revision sowohl ihm als auch dem Zensor entgangen seien (2, S. 583). Später wurden die strittigen Sonette durch aphoristische »Nüsse« ersetzt, aber viele Exemplare waren bereits vor dieser Änderung in Umlauf (2, S. 594). In Berlin wurde das Buch verboten. Brockhaus bemühte sich daraufhin beim Oberzensurkollegium, die Freigabe des Buchs mit dem Argument zu erwirken, dass es sich um ein rein humoristisches Werk handele, doch dieses Gesuch wurde am 8. Dezember 1821 zurückgewiesen (2, S. 583). Trotz des Berliner Verbots wurde das Buch in Sachsen nicht sofort verboten. Brockhaus hoffte, dass die Sache eine milde Wendung nehmen würde und versuchte, die sächsischen Zensoren zu besänftigen, was ihm schließlich auch gelang und Brockhaus vernahm durch Böttiger, dass »der Almanach ohne Titel [nur eine] milde Zurechtweisung [erfährt]. [...] Sagen Sie nun nicht, daß die Sächsische Regierung illiberal sey« (2, S. 595).

Das beigefügte biografische Porträt von Brockhaus im zweiten Band gibt genauere Einblicke in die Wirkung der Zensur auf Brockhaus und den Verlag. Leider fehlt allerdings ein vergleichbarer Beitrag zu Böttiger, der auch dessen Bedeutung und Einfluss auf Brockhaus und den Verlag herausarbeitet. Der Anhang ermöglicht vornehmlich eine Kontextualisierung der Korrespondenz und erleichtert das Verständnis von Brockhaus' Briefen und Werken. Das Verlagsarchiv von Brockhaus und der Nachlass Böttigers bilden die Hauptquellen dieses Kommentars. Zusätzlich wurden Archivalien aus dem Cotta-Archiv im DLA Marbach und der Staatsbibliothek Berlin ausgewertet. Das Brockhaus-Verlagsarchiv, heute im Sächsischen Staatsarchiv Leipzig, umfasst unter anderem 183 Briefe von Böttiger an Brockhaus und zahlreiche Abschriften von Brockhaus' Briefen. Der Böttiger-Nachlass, verwahrt in der SLUB Dresden, ist nahezu vollständig erhalten und mittlerweile sogar digitalisiert. Der Anhang bietet eine unverzichtbare Ergänzung zur Edition, indem er nicht nur die textliche Grundlage transparent macht, sondern auch den historischen und biografischen Kontext umfassend beleuchtet. Das Namenregister erschließt die in den Brieftexten und Kommentaren erwähnten Personen mit Kurzbiographien und bibliographischen Angaben zu den erwähnten Werken. Zusammenfassend lässt sich sagen, dass die Veröffentlichung dieser Briefsammlung nicht nur eine bedeutende editorische Leistung darstellt, sondern auch einen wichtigen Beitrag zum Verständnis der Brockhaus-Verlagsgeschichte sowie der politischen Repressionen im frühen 19. Jahrhundert leistet. Die Briefe zwischen Brockhaus und Böttiger sind ein Zeugnis für die Schwierigkeiten und den Mut, mit dem Verleger und Publizisten in einer Zeit großer politischer Unsicherheit agierten.

Charlotte Krick

Annika Haß: Europäischer Buchmarkt und Gelehrtenrepublik. Die Transnationale Verlagsbuchhandlung Treuttel & Würtz, 1750–1850. Heidelberg: Heidelberg University Publishing 2023 (Pariser Historische Studien, Bd. 127). 516 S., 18 Abb. 65 Euro, ISBN 978-3-96822-074-1 (Hardcover), ISBN 978-3-96822-073-4 (PDF)

The dissertation by Annika Haß, *Europäischer Buchmarkt und Gelehrtenrepublik: Die Transnationale Verlagsbuchhandlung Treuttel & Würtz*, belongs to two burgeoning fields of contemporary research: the history of cultural transfer and the transnational history of the book. Superbly researched and cogently argued, it tells the story of the firm Treuttel & Würtz, a publishing house founded in Strasbourg in the mid-18th century. Although the firm moved its main offices to Paris in 1796, it retained a branch in Strasbourg and its directors preserved close ties to their city of origin, which was politically French yet bound to the German lands commercially, culturally, linguistically, and religiously. Completely bilingual and bicultural, the directors were able to establish themselves as leaders in the Franco-German book trade. They specialized in supplying luxury editions to an elite public of discerning bibliophiles on both sides of the Rhine. And apart from the period of the Revolution, when they briefly turned their attention to producing political ephemera, they maintained more or less the same publishing profile and commercial orientation until their trade finally started to decline during the July Monarchy. Throughout, their capacity for adapting to regime change was remarkable. Born under the Old Regime, the firm managed to cultivate close relations with ministers in the governments of Louis XVI, the Napoleonic empire, the restored Bourbon monarchy, and the July Monarchy—during the Revolution, one of its directors, Jean-George Treuttel, even went so far as to join the Jacobin Club in Strasbourg. Treuttel and his associate, Jean Godefroi Würtz, were the Talleyrands of the book trade, always tacking with the political winds. And their navigational skills were all the more impressive as they were sailing against some of the deep currents of historical change. The period of the firm's existence was one in which aristocracies were under attack and nationalisms on the rise. That a transnational publishing house catering for aristocratic publics thrived during such a period provides a powerful rebuke to any unidirectional conception of historical development.

Haß's choice to focus on a single firm distinguishes her work methodologically from some of the earlier research projects devoted to Franco-German cultural transfer. One of the most widely cited, »Kulturtransfer im Epochenumbruch—Entwicklung und Inhalte der französisch-deutschen Übersetzungsbibliothek 1770-1815 im Überblick«, a large-scale team project directed by Hans-Jürgen Lüsebrink, René Nohr, and Rolf Reichardt in the early 1990s, drew on the quantitative methods of the French Annales school. Synthesizing a wide range of bibliographic sources, it reconstructed a vast corpus of German translations of French works and analyzed its thematic evolution from the Old Regime through the Revolution. The study of a single firm does not allow for sweeping macroscopic conclusions. But starting with a narrow focus, Haß's study opens on to several larger themes of great significance for the history of the book and the history of cultural transfer.

One of those themes is the development and changing functions of libraries. In the eighteenth century, princely and aristocratic libraries were an important source of demand for the firm—notably, the library of the Duke Carl August in Weimar and that of the Marquis Antoine René de Voyer, Paulmy d'Argenson in Paris. Haß argues that the Duke's library functioned as a »tool of rulership« (Herrschaftsinstrument) and the Marquis's as a source of social distinction. Synthesizing a large body of secondary literature on the history of libraries, she contrasts the functions of those late eighteenth-century collections with the novel uses of libraries that developed in the wake of the French Revolution. Inspired by the example of Revolutionary France, princely libraries became national or state libraries, many of them accessible to the general public; and they fell under the direction of professional librarians trained in institutions such as the École des chartes, which opened in 1821. Operating under strict budgetary limits and regulatory constraints, the professional librarians found it increasingly difficult to justify the purchase of luxury editions such as the Strasbourgeois had supplied to the libraries of the Duke and the Marquis in the 18th century.

A second major theme of Haß's study is the development of bibliography, the »science of sciences« (Wissenschaft der Wissenschaften) in the words of Friedrich Albert Ebert, the pioneer of bibliography in Germany. In 1798, Treuttel & Würtz launched the *Journal général de la littérature de France*, a bibliographic periodical that provided information for booksellers on what publications were available. Organized according to thematic categories derived from the epistemologies of the Idéologues (the leading French intellectuals associated with the Institut de France), the *Journal général* brought scientific rigor to the classification of literature, anticipating by more than a decade the inauguration of the official state-sponsored *Bibliographie de l'Empire*.

Where did the inspiration for so ambitious a bibliographic project come from? Building on a suggestion made by the late Frédéric Barbier, Haß traces the origins of the *Journal général* to the German fair catalogues, claiming that the aspiration of booksellers to produce a bibliography of books in print was itself an instance of German-French cultural transfer. That claim is certainly plausible, but if we're seeking an antecedent for Treuttel & Würtz's *Journal général*, the fair catalogues don't seem like a very strong candidate. In the last third of the eighteenth century, those catalogues no longer contained any thematic categories at all. When the Leipzig book dealer Philipp Erasmus Reich took over their publication in 1759, he introduced the practice of simply listing books in alphabetical order by author, or by title in the case of anonymous publications.

Whatever its original inspiration, the *Journal général* was not, in fact, a comprehensive bibliography of books in print. It tended to list the publications of firms similar to Treuttel & Würtz, those whom Haß describes as the »aristocracy of the book trade«. By the early 19th century, the leading book dealers who made up that elite group had developed a lofty sense of their personal and professional dignity, which they expressed by commissioning elegant portraits of themselves; and they were taking the lead in combatting the problems confronting the trade. The model for such action was the initiative taken at the Congress of Vienna by the book dealers Johann Friedrich Cotta and Friedrich Justin Bertuch, who lobbied (unsuccessfully) for legislative action against piracy. Haß suggests that Treuttel and Würtz tried to replicate that model in France by organizing initiatives against the pirating of French editions in Belgium.

After exploring Treuttel & Würtz's trade networks, commercial practices, and relations with political authorities, Haß turns in the final section of the dissertation to an overview of the firm's publications. A number of those publications were works by the leading liberals of the early 19th century such as Germaine de Staël and Benjamin Constant, or new editions of the *philosophes*—notably, Voltaire. Some belonged to academic disciplines, including the cutting-edge field of »oriental« philology, which flourished in the wake of Napoleon's Egypt expedition and the discovery of the Rosetta Stone. And a great many were translations, either from German into French or French into German. Yet the firm was *not* a »translation factory« (Übersetzungsmanufaktur). On that point Haß is insistent. The translations were carefully executed, elegantly printed and marketed to a discerning, educated public, many of whose members in Germany were multilingual and did not actually need the translations at all.

To address the question of what translations were for when addressed to so elevated a public, Haß develops a sophisticated analysis of translation-functions. She argues that while a few of the firm's translations may have served primarily to convey scientific or literary texts from one language zone to another, most could not be reduced to that one basic function. French translations often performed the additional role of canonizing or valorizing the original texts; while some of the German translations resembled »critical editions«, publications that did not substitute for so much as supplement the original texts. As an example of a canonizing translation, Haß cites Paul-Jérémie Bitaubé's French translation of Goethe's *Hermann und Dorothea* published in 1800. As an example of translations that functioned as critical editions, she points to the German editions of French legal and constitutional texts. Accompanied by extensive commentary and annotations, those editions were designed to aid in the comprehension of the original texts, an important objective at a time when many German territories had been annexed to France and were subject to French laws.

The analysis of translation-functions leads, in conclusion, to some general reflections on Goethe's notion of *Weltliteratur*. Haß reminds us that the notion encompassed multiple meanings but that one of its most important was the »circulation of texts and ideas«, precisely the kind of literary exchanges that Treuttel & Würtz both promoted and celebrated: »La littérature, comme le commerce, s'enrichit par les échanges«, the firm wrote in 1800 in an announcement for its bibliographic periodical published in the *Décade philosophique*. To see Treuttel & Würtz as a kind of herald of Weltliteratur makes good sense. But I have some question about the larger theoretical point that Haß seems to be making here. In discussing the idea of »exchange« (Austausch), she asserts that the notion took shape in liberal economic thought before it was applied to literature: »Economics preceded culture« (Die Wirtschaft ging der Kultur voraus) (411). To posit such a distinction and to assign temporal and causal priority to the economic is a staple element of Marxist cultural analysis. In fact, it calls to mind what Marx himself has to say in the *Manifest der Kommunistischen Partei* on the relation between the development of a world market and the emergence of Weltliteratur:

> An die Stelle der alten lokalen und nationalen Selbstgenügsamkeit und Abgeschlossenheit tritt ein allseitiger Verkehr, eine allseitige Abhängigkeit der Nationen voneinander. Und wie in der materiellen, so auch in der geistigen Produktion. Die geistigen Erzeugnisse der einzelnen Nationen werden Gemeingut. Die nationale Einseitigkeit und Beschränktheit wird mehr und mehr unmöglich, und aus den vielen nationalen und lokalen Literaturen bildet sich eine Weltliteratur.

The question is what exactly the primacy of the economic over the cultural means for Haß —whether it means simply that economic theory preceded cultural theory or whether it's actually endorsing the metaphysical distinction between the »material« and »spiritual« spheres of human existence. I suspect it's the former, but in that case it would have been important to take account of contemporary linguistic usage.

In French, as in English, the term »commerce« referred, in the 18th century, *both* to economic and to cultural exchange. (The German »Verkehr«, which Marx uses in the passage cited above, can have a similar double meaning).

Such objections, however, pale in comparison to the overall strengths of the dissertation. In the absence of a publisher's archive, Haß had to cobble together the history of the firm from widely scattered sources. To have reconstructed its trade networks, its relations with political authorities, and its list of publications without a central archive, simply by following documentary leads from Paris to Weimar, is a remarkable feat. I have no doubt that the dissertation will be widely cited in the literature on both the history of the book and the history of cultural transfer.

Jeffrey Freedman

300 Jahre Gräfe und Unzer. Band 1. Michael Knoche: Sortiments- und Verlagsgeschichte von 1722 bis 1950. Band 2. Georg Kessler: Illustrierte Chronik des Verlags von 1950 bis 2022. Mit Beiträgen von Joachim Rau, Jördis Schmid-Meil, Hartwig Schneider und Jan Wiesemann. Band 3: Bibliographie von 1722–2022 (nur als E-Book). München: Gräfe und Unzer 2022. 184, 184 S., zahlr. Abb. 98 Euro. Bd. 1–2: ISBN 978-3-8338-8757-4, 18,99 Euro. Bd. 3: ISBN 978-3-8338-8876-2

»Während sich die männlichen Berufe« im Laufe des 19. Jahrhunderts »professionalisierten, setzte bei den häuslichen Tätigkeiten eine Deprofessionalisierung ein – die Hausfrau und Mutter sollte letztendlich als Amateurin alleine alle Aufgaben übernehmen, die früher in einem stark arbeitsteiligen Haushalt verschiedene Expert*innen überlassen gewesen waren.«[1] Diesen Befund von Evke Rulffes vorausgesetzt, sind Ratgeber zu Kochen, Gesundheit und Garten auch Teil einer Entwertung der Haushalt und Familie betreffenden Tätigkeiten von Frauen.

So kommen zum Beispiel in Rudolf Radlers Werk über deutschsprachige Sachliteratur Ratgeber allenfalls als Speicher der bekannten Wissensgebiete nach dem Muster der universitären Fächer vor.[2] Die Zeitgebundenheit nicht allein der Sachbücher, sondern auch der Bücher über Sachbücher zeigt sich bei Radler auch in der leichten Distanznahme im Titel des Abschnitts »Sachbücher als Erfolgsversprechen«, aber auch an Kapiteln über »Sachliteratur zur Archäologie«[3] und »Zukunftsforschung und Zukunftsorientierung als Themen der Sachliteratur«, die beide in dieser Form historisch geworden sind.

Zeitliche Situierung ist für die Genres der Sachliteratur unverzichtbar. Der Gewinn, der davon ausgeht, lässt sich an der Sachbuchforschung selbst demonstrieren. So hat Friedrich Sengle seine Vorschläge zu einer integrativen Formengeschichte vor dem Hintergrund der Erforschung der zahlreichen Kleinformen der Literatur des Biedermeier gemacht.[4] Der gesellschaftlich situierende Blick der Publikationen der Vergangenheit lehrt also sehen.

Die Ratgeber des Verlags Gräfe und Unzer wird man bei Radler vergeblich suchen, denn sie lassen sich von Sachbüchern so einfach unterscheiden, dass sich das ohnehin schon sehr umfangreiche Unternehmen von Radler zur Darstellung deutschsprachiger Sachliteratur vom umfangreichen und unübersichtlichen Konvolut der Ratgeber entlastet. Ein pragmatischer Zuschnitt des Forschungsgebiets hilft Autoren – und Lesern.

Michael Knoche und Georg Kessler mussten bei dem von ihnen gewählten Ausschnitt der publizierten Ratgeberliteratur nicht selbst die Schere ansetzen, ihre Auswahl ergibt sich aus der Konzentration auf einen Verlag. Sie beschäftigen sich in ihrer Veröffentlichung mit der 300 Jahre andauernden Geschichte des Verlags Gräfe und Unzer. Michael Knoche ist promovierter Germanist und war von 1991 bis 2016 Direktor der Zentralbibliothek der deutschen Klassik. Georg Kessler war zuletzt Mitglied des Vorstandes der Ganske Verlagsgruppe. Er ist doppelt geeignet, die Geschichte des Verlags zu schreiben, als verlegerischer Geschäftsführer begann er 2002 seine lange Karriere bei Gräfe und Unzer und promovierte dann mit *Der Buchverlag als Marke*.[5] Darin hat Kessler bereits festgestellt, dass die »strategische Grundausrichtung« der Ratgeberverlage die Rezeption bestimmt. Diese Ausrichtung ist »völlig anderer Natur als bei Belletristik- und Sachbuchverlagen, die aufgrund ihrer sujetbedingten programmatischen Offenheit das allgemein interessierte Publikum ansprechen, in der Regel nicht aber dezidiert spezifische Publikumsausschnitte, die soziographisch und psychographisch erfasst sind.«[6]

Ratgeber und Sachbuch unterscheiden sich aber nicht nur in der Rezeption, sondern zudem in der Produktion und der Textgestalt. Für die Produktion ist der Unterschied – zumindest seit den 1980er Jahren – der, dass »Ratgeber der Vierfarb-Welt entstammen, während Belletristik und in der Regel auch das Sachbuch der Schwarz-Weiß-Welt angehören.«[7] Schließlich zeigt sich – so wäre hier hinzuzufügen – die Textgestalt des Sachbuchs und der Belletristik im geschlossenen, allenfalls in Absätzen und Kapiteln unterteilten, Fließtext, während sich der Text des Ratgebers in vielfach partikularisierten Einzelformen präsentiert. Der Text

---

[1] Evke Rulffes: Die Erfindung der Hausfrau. Geschichte einer Entwertung. Hamburg: HarperCollins 2021. S. 13.
[2] Rudolf Radler (Hrsg.): Die deutschsprachige Sachliteratur. München/Zürich: Kindler 1978.
[3] Vgl. David Oels: Ceram – Keller – Pörtner. Die archäologischen Bestseller der fünfziger Jahre als historischer Projektionsraum. In: Wolfgang Hardtwig/Erhard Schütz (Hrsg.): Geschichte für Leser. Populäre Geschichtsschreibung in Deutschland im 20. Jahrhundert. Stuttgart: Steiner 2005. S. 345–370.
[4] Friedrich Sengle: Die literarische Formenlehre. Vorschläge zu ihrer Reform. Stuttgart: Metzler 1967. Friedrich Sengle: Biedermeierzeit.

Deutsche Literatur im Spannungsfeld zwischen Restauration und Revolution 1815 – 1848. 3 Bde. Stuttgart: Metzler 1971, 1972, 1980.
[5] Georg Kessler: Der Buchverlag als Marke. Typik und Herausforderung des markengeprägten Publizierens am Beispiel der Ratgeberliteratur Deutschlands. Wiesbaden: Harrassowitz 2013 (Buchwissenschaftliche Beiträge, Bd. 87).
[6] Kessler: Der Buchverlag als Marke, S. 1.
[7] Kessler: Der Buchverlag als Marke, S. 46.

ist hier gleichsam aufgebrochen, daher maximal Aufschluss gebend und zugänglich.[8]

Im ersten Band dieser Verlagsgeschichte stellt Michael Knoche den Zeitraum von 1722 bis 1950 dar, also den Zeitraum, in dem der Verlag viele Veränderungen erfuhr. Ganz im Gegensatz zum zweiten Band, der von Georg Kessler und anderen geschriebenen illustrierten Chronik, in der sich über alle Veränderungen hinweg die Etablierung einer stabilen Marke zeigt.

Begonnen hat alles in Königsberg (Pr.), wo Christoph Gottfried Eckart, gegen den Willen der Buchhändlerkollegen am Ort, am 20. Juli 1722 das Privileg für die Aufnahme seiner Geschäftstätigkeit erhält. Damals waren Buchdruck und Buchhandel bekanntlich noch ein eng zusammenhängendes Geschäft, insofern Buchhändlerverleger ihre Bücher auf der Leipziger Messe gegen andere Neuerscheinungen eintauschten. Eckart verkauft sein Geschäft 1746 an Johann Heinrich Hartung, bei dessen Sohn dann auch Kant und Fichte publizieren. Mit der Abkehr des Buchmarkts vom Tauschhandel trennen sich Druckerei einerseits sowie Sortiment und Verlag andererseits, die von Johann Philipp Goebbels und August Wilhelm Unzer übernommen werden. Das Verlagsprogramm wird jetzt stark um populäre Belletristik erweitert, auch ein *Preußisches Kochbuch für Frauenzimmer* erscheint. 1832 übernimmt Johann Otto Unzer zusammen mit Heinrich Eduard Gräfe das Geschäft von seinem Vater.

Durch viele Eigentümerwechsel und stets neuerliche Trennungen der Sparten Verlag und Buchhandel steht es um das Geschäft am Ende des 19. Jahrhunderts nicht gut. Mit Otto Paetsch, dem neuen Inhaber zusammen mit Hugo Pollakowsky, beginnt dann ab 1904 eine neue Ära. Durch die Errichtung des Geschäftshauses am Paradeplatz in Königsberg wird Gräfe und Unzer ab 1915 zu einer der modernsten Buchhandlungen Deutschlands. Die Ladentheke wird abgeschafft und eine enorme Schaufensterfront entsteht, Leihbibliothek, Antiquariat und Lehrmittelabteilung kommen hinzu. Auf Paetsch folgt 1927 Bernhard Koch als Inhaber des Unternehmens, das mit inzwischen 160 Mitarbeitern in der NS-Zeit als kriegswichtiger Betrieb eingestuft wird. Die Ostpreußenliteratur ist in dieser Zeit ein wichtiges Segment des Verlags. Erstmals werden nun Verlagsleiter angestellt. Hier publiziert Heinz Sielmann 1943 sein Buch *Vögel über Haff und Wiesen*. Der Verlag prosperiert vor allem auch mit den sogenannten Feldpostausgaben, die nach Michael Knoche einen Anstieg der Auflagen um 750 Prozent ausmachten.[9] Wenngleich Knoche mitteilt, dass keine Führungskraft bei Gräfe und Unzer Mitglied der NSDAP gewesen sei, beruht doch das Geschäftsmodell auf Kriegswirtschaft, die von der Ausbeutung der eroberten Gebiete und der Spekulation auf einen Sieg, in der Überbietungssprache des Dritten Reichs auf einen »Endsieg«, beherrscht wird. Mit dem Bombenangriff der Royal Air Force auf Königsberg am 30. August 1944 werden der Stadtkern und mit ihm Buchhandlung und Verlag ausgelöscht.

Michael Knoches Darstellung zeigt, dass Traditionsbestände im Falle von Verlagen Teil des Marketings sind. Aus Anlass des 100. Todestages Immanuel Kants wird 1904 in den Räumen der Buchhandlung eine Ausstellung organisiert. »Mehr als die Hälfte der etwa 200 Objekte«, schreibt Michael Knoche, »stammte aus dem Eigenbesitz von Gräfe und Unzer, zu der die damals umfassendste Sammlung von Kant-Portraits gehörte.«[10] Tradition ist für Verlage ein hohes Gut, dazu zählen auch die Bücher, die von ihnen selbst handeln und im eigenen Haus erscheinen. Was die Ausstellung zu Kants Geburtstag 1904 war, Knoche spricht von einem »Marketing-Coup der Buchhandlung«, entspricht daher der von Kessler erzählten Erfolgsgeschichte des Verlags Gräfe und Unzer.

In Garmisch-Partenkirchen und Bad Wiessee versucht Bernhard Koch, an die Tätigkeit des Königsberger Hauses anzuknüpfen. Aber 1955 wird mit Kurt Prelinger die Neuausrichtung von Gräfe und Unzer sichtbar, die Georg Kessler dann im zweiten Band, der illustrierten Chronik, darstellt. Eine bedeutende Kontinuität liegt in den Ratgebern, die der Verlag publiziert. Für die Beschreibung der Entwicklung des Hauses stehen Kessler nun zahlreiche Selbstaussagen der maßgeblichen Entscheider zur Verfügung. Prelinger steht für die Konzentration auf das Verlagsgeschäft, trennt sich aber erst 1975 endgültig von der Buchhandlung. 1956 etabliert er die Bildbandreihe *Farbige Welt*. 1964 folgt mit *Spezialitäten aus aller Welt* von Arne Krüger ein Kochbuch, das von der Stiftung Buchkunst als eines der »Schönsten deutschen Bücher« ausgezeichnet wird und zugleich die Goldmedaille der Gastronomischen Akademie erhält. Hier wäre es vielleicht notwendig gewesen, die Besonderheit Prelingers herauszustreichen. Die recht bequeme Einrichtung im Verkäufermarkt, der bis in die 1980er Jahre herrschte, hätte nahegelegt, Zugeständnisse in der Ausstattung zu machen –

---

8 Die Lektürevoraussetzungen des Ratgebers werden allerdings weniger vom Text ausgehen, als von der Frage, ob man Pilze sucht, Meerschweinchen hält oder vorhat, einen Garten anzulegen. Die genaue Umkehrung der Annahme von Kessler, die die grundsätzliche Offenheit und Schwellenlosigkeit eher beim Ratgeber sieht, findet sich in: Michael Schikowski: Burn after Reading. Der Ratgeber und seine Beziehung zum Komischen. In: Non Fiktion. Arsenal der anderen Gattungen 7 (2012), Heft 1,2, S. 99–126, vor allem S. 105 f.

---

9 Vgl. Knoche: Sortiments- und Verlagsgeschichte, S. 129.
10 Knoche: Sortiments- und Verlagsgeschichte, S. 96.

nicht so Prelinger. Seine Bücher sind eine Spitzenleistung in Machart und Inhalt, beides ist preiswürdig, der Preis aber beträgt in den Buchhandlungen erstaunliche DM 49,–! Hier wird ein Beginn sichtbar, der ab 1975 zur Marktführerschaft im Kochbuch führt. Eine Marktführerschaft, die sich dann besonders bezahlt machen wird, wenn sich der Verkäufermarkt ab den 1980er Jahren zu einem Käufermarkt wandelt. Sobald Käufer über ihren Konsum bestimmen und immer weniger die Verkäufer – nämlich der selbstbewusste Verleger, der vorfahrende Vertreter oder der beratende Buchhändler –, werden sich die Ansprüche, die Prelinger an die Ausstattung machte, auszahlen. Für unsere Gegenwart, dies nur am Rande, zeichnet sich eine Entwicklung ab, die wiederum den Käufermarkt abzulösen scheint, durch einen Markt, der unter dem Begriff des Verteilermarkts vielleicht genauer gefasst ist.[11]

Die Grundlage des Erfolgs des Verlags bilden fortan intern entwickelte redaktionelle Konzepte und einheitliche visuelle Standards, die keine Abweichung, keine herstellerische oder vertriebliche Idiosynkrasie durchgehen lassen – ein frühes Corporate Design. Zu dieser Zeit veröffentlicht Gräfe und Unzer vor allem Ratgeber zu den Bereichen Kochen, Gesundheit und Natur. Die vielen Abbildungen im Buch ab den 1980er Jahren berühren den Rezensenten ganz besonders, es war die Zeit, in der er seine Lehre absolvierte – die Stapel von *Kochvergnügen wie noch nie,* das 1976 als erstes Bildkochbuch erscheint, waren ständig neu aufzuschichten. 1978 erscheint dann *Backvergnügen wie noch nie* mit einer Startauflage von 100.000 Exemplaren, um 1980 von *Kalte Köstlichkeiten wie noch nie* mit der Startauflage von 200.000 Exemplaren noch übertroffen zu werden. Der Erfolg des Verfahrens lässt das Haus erfolgreich fortfahren, bis Kurt Prelinger das Unternehmen 1990 mit 40 Mio. DM Umsatz und 50 Mitarbeiterinnen und Mitarbeitern an den Verleger Thomas Ganske verkauft.

Die Darstellung Georg Kesslers, in der bei diesem heiklen Inhaberübergang nur einmal kurz von »Unruhe und Skepsis« in der Belegschaft gesprochen wird, ist nicht allein dem Hause verpflichtet, sondern auch seinen Weggefährten. Darin zeigt sich eine Gefahr der Beschreibung, wenn sie durch maßgeblich beteiligte Akteure erfolgt. Georg Kessler wird 2002 Nachfolger von Frank Häger und kehrt 2017 nochmals ins Unternehmen zurück – das Buch wird damit nicht per se zur Verlautbarung der Geschäftsführung, deren Sprecher Kessler auch war. Aber es ist das Schicksal des Genres der Sachliteratur, dass sich irgendwann die Praktiker mit ihr zu beschäftigen beginnen – einfach, weil andere es nicht tun. Teilnehmende Beobachtung ist aber doch etwas anderes als die Beobachtung durch einen Teilnehmer. Der Befangenheit durch eine Zeit am Point of Sale muss man sich immer bewusst bleiben.

Zieht man zum Vergleich die Darstellung des Hauses Ulmer von Matthias Ulmer, *Medienbauer,*[12] heran, dann fällt auf, dass dort die gelungene Kontextualisierung des Verlags in den ihn umgebenden Markt und die ihn umgebende Gesellschaft im Fall von Gräfe und Unzer vor allem von Michael Knoche unternommen wird.[13] Bei Georg Kessler dagegen erscheinen die Bücher, die Produktlinien und Themen als vom Umfeld zumeist abgelöste Einzelerscheinungen. Quellenangaben, Verweise auf substanzielle Veröffentlichungen zu seinem Thema wie zum Beispiel auf die Bücher von Erich Küthe oder anderen Darstellungen von Geschmacksmusterwelten oder Beratern fehlen zumeist.[14] Die Bücher von Gräfe und Unzer sind zweifellos Teil einer sie umgebenden Dingwelt, zu der sie in einem Verhältnis der Entsprechung oder Spannung stehen. Sie sind schön wie eine Handtasche, sie sind funktional wie ein Messerset. Davon liest man bei Kessler leider fast nichts, was gerade darum so frappiert, weil Kessler die Bücher von Gräfe und Unzer dezidiert, fern von ihrem Textcharakter – Zitate aus den Büchern werden nicht geboten – in ihrem Dingcharakter beschreibt.

Zeitliche Situierung, die Michael Knoche zu bieten hat, fehlt bei Kessler natürlich nicht ganz, bleibt aber bei sehr

---

11 Vgl. dazu: Michael Schikowski: Der Verteilermarkt. Die aktuellen Strukturbedingungen der Literatur. In: Non Fiktion. Arsenal der anderen Gattungen. Herausgeben von Christian Meierhofer und Michael Schikowski. 19. Jahrgang 2024. Im Erscheinen.

12 Matthias Ulmer: Medienbauer. Die Geschichte des Verlag Eugen Ulmer 1868–2018. Stuttgart: Eugen Ulmer 2018. Vgl. dazu auch: Michael Schikowski: Acker und Textfeld. Ulmer über Ulmer. BuchMarkt Oktober 2019. S. 96–95. Auch hier nachzulesen: https://www.immer-schoen-sachlich.de/wp-content/uploads/Ulmer-%C3 %BCber-Ulmer-Wie-B%C3 %BCcher-wirken.pdf

13 Vgl. dagegen das Urteil eines Rezensenten über Ulmers Buch auf literaturkritik.de: »Doch, man muss es so konstatieren, die Geschichte des Verlags, seines Programms, seiner Bücher, seiner Autoren kommt dabei an vielen Stellen zu kurz. Das gilt vor allem für die Zeit nach 1945. Hier liest sich die Verlagsgeschichte wie eine Darstellung der politischen und der Branchengeschichte.« https://literaturkritik.de/matthias-ulmer-medienbauer,25681.html [Abgerufen am 18.04.2024].

14 Erich Küthe / Matteo Thun: Marketing mit Bildern. Management mit Trend-Tabelaus, Mood-Charts, Storyboards, Fotomontagen, Collagen. Köln: Dumont 1995. Erich Küthe / Axel Venn: Marketing mit Farben. Köln: Dumont 1996. Erich Küthe / Susanne Küthe: Marketing mit Mustern. Köln: Dumont 1998. Während Gerhard Schulzes soziologisch überaus erhellende Studie, die die Milieus der 1980er unter dem Begriff der Erlebnisgesellschaft beschreibt, in der wissenschaftlichen Publikation Kesslers aufgeführt wird, fehlt sie im hier rezensierten Buch. Gerhard Schulze: Die Erlebnisgesellschaft. Kultursoziologie der Gegenwart. Campus: Frankfurt 1992. Ganz fehlt: Jean-Claude Kaufmann: Kochende Leidenschaft. Soziologie vom Kochen und Essen. Konstanz: UVK 2006.

allgemeinen Mitteilungen, die leider nicht näher ausgeführt werden.

> Zur aktuellen evolutionären Stufe der Markenentwicklung zählt auch ein neuer Markenkern, der nun *Lebensfreude* lautet. Ebenso wird der bis zu diesem Zeitpunkt gültige Markenclaim *Gutgemacht. Gutgelaunt.* aufgrund des Wertewandels und der politischen Ereignisse um 9/11, die das Ende der Spaßgesellschaft einläuten, in *Willkommen im Leben* umgewandelt.[15]

Überlegungen zum Eigensinn der Rezipienten, die Timo Heimerdinger plausibel findet, leuchten Kessler nicht ein. In seiner schon oben angeführten wissenschaftlichen Arbeit zitiert er Heimerdingers Diktum: »Es ist vielmehr mit funktionalen Bezügen, mit denkbar eigenwilligen, sehr selbstständigen LeserInnen zu rechnen, die den größten Nutzen des Ratgebers eventuell für sich sogar darin sehen, ihn eben nicht zu benutzen, vielleicht sogar ihn überhaupt nicht zu lesen.«[16]

Vielleicht hätte die Berücksichtigung von Fehlschlägen und Misserfolgen – da muss das Scheitern von Christian Strassers zu verantwortender Reihe *GU Ideen* dazu herhalten, 1988 die Trennung von ihm zu motivieren[17] – dazu geführt, das angenommene Nichtlesen auch als Variante des Nichtkaufens zu erwägen. So ausgebufft und erfolgreich die Konzeption der Bücher sein mag, ein Verlag ist keine Maschine, die nur Erfolge produziert, wie zum Beispiel das *Fitnessbuch* der Klitschkos von 2002, das dem Rezensenten beim Wiederbesuch des Lehrbetriebs als Flop präsentiert wurde.[18]

Der Verlag ist also, der Verweis auf Klitschko zeigt das, auch beim Thema Körpermanipulation frühzeitig engagiert. Dabei verstärken sich die jahreszeitlichen Trends gegenseitig.

> Auf die genussreichen Monate des Herbstes und der Weihnachtszeit, zu denen Kochbücher Hochkonjunktur hatten folgten die Quartale des Abnehmens und der körperlichen Ertüchtigung, die den Absatz von Gesundheits- und Diätratgebern befeuerten. Mit dem Schlemmen war das Abnehmen strukturell verbunden.[19]

Spätestens hier wäre eine Reflexion über Ernährung und Fragen der Körperbilder angebracht. Jean-Claude Kaufmanns Beschreibung der Falle, in der die Frauen stecken, hätte hier hilfreich sein können.[20] Kessler lässt es mit dem technischen Bild des »inneren Tidenhub« und der »Kraft der zwei Herzen« bewenden, nach dem sich der Verlag mit der Zielgruppe ein sich gegenseitig verstärkendes Doppelspiel von *mehr* und *weniger* erlaubt.

Dabei erscheint es nicht ohne Ironie, dass es nach Georg Kessler einen Begriff gibt, der den »Unterschied« des Ratgebers zu den Produkten der »schöngeistigen oder Sachbuchverlage« ausmache: die »Empathie«. Er erläutert dazu:

> (N)icht der kulturelle Auftrag, nicht die verlegerische Ambition oder das Sendungsbewusstsein einer Einzelperson oder Gruppe zählen, nicht der Kuss der Muse oder die Angebotssituation auf dem literarischen Markt, nicht das neue Werk des ausgewiesenen Bestsellerautors oder hoffnungsvollen Talents. Sondern die Fähigkeit, ganz bestimmten Marktteilnehmern auf Augenhöhe zu begegnen, möglichst viele Informationen über ihre Lebenssituation zusammenzutragen und auszuwerten, einen thematisch relevanten Bezug zu ihren Bedürfnissen herzustellen und für diese maßgeschneiderte Problemlösungen in Form von Buchprodukten zu liefern.

Zusammengefasst meint Kessler: »Empathie wird zum Betriebssystem der Programmarbeit«.[21]

Einerseits erscheint die Reihung der Begriffe, nach denen belletristische Verlage vorgeblich operieren, polemisch und im Kern uninformiert. Andererseits ist zu sehen, dass die von Kessler stets ungenannt gebliebenen Mitarbeiter des Verlags in das Prokrustesbett der »Gestaltdisziplin« des hauseigenen Design Manual gespannt sind. »Zu den wichtigsten« zählen nach Kessler »Logo, Formate, Papier, Typographie, Bildsprache, Farbwelt, Cover und Layout.«[22] Dass in dieser Aufzählung der Text fehlt, der die Plausibilisierung des Ratgebers besorgt, der die richtige Ansprache besitzt, der das hauseigene Design und die Zielgruppenansprache verbalisiert, ist bedauerlich. Aus dem Manual von 1999 zitiert Kessler dann: »Die hier fixierten Regeln sind Gesetz«, und erläutert: »Die Merkmale befeuern nicht nur die Produkterotik des Verlages, sondern zahlen auch auf die unverhandelbaren Wertpositionen in der Kundenansprache ein: Sie zählen zum Erbhof der Marke GU und zu ihrem Vermögensstand.«[23]

---

15 Kessler: Illustrierte Chronik, S. 84.
16 Kessler: Buchverlag als Marke, S. 218. Timo Heimerdinger: Wem nützen Ratgeber? Zur alltagskulturellen Dimension einer populären Buchgattung. In: David Oels / Michael Schikowski: Non Fiktion. Arsenal der anderen Gattungen. Ratgeber 7 (2012) Heft 1/2. S. 37–48, hier S. 47.
17 Kessler: Illustrierte Chronik, S. 50. Vgl. zu Misserfolgen aber auch S. 106.
18 Vitali & Wladimir Klitschko: Unser Fitnessbuch. In 12 Runden mehr Power, schöne Muskeln, attraktiver aussehen. München: Gräfe und Unzer 2002.
19 Kessler: Illustrierte Chronik, S. 72.

---

20 Vgl. Jean-Claude Kaufmann: Schmutzige Wäsche. Ein ungewöhnlicher Blick auf gewöhnliche Paarbeziehungen. Konstanz: UVK 2005. S. 257 ff.
21 Kessler: Illustrierte Chronik, S. 84.
22 Kessler: Illustrierte Chronik, S. 70.
23 Kessler: Illustrierte Chronik, S. 71.

Empathie ist etwas, das nur von Personen geleistet werden kann. Ihre Einfühlung ist eine persönliche Leistung, die sie anderen Menschen entgegenzubringen vermögen. Das scheint zu den Vorgaben, die Kessler hier alle anführt, wenig zu passen. Darum ist es vielleicht naheliegender, die spezifische Leistung im »Betriebssystem der Programmarbeit« schlicht als Professionalität zu beschreiben, die diejenigen auszeichnet, die die jeweiligen Zielgruppen punktgenau zu erreichen wissen, ohne selbst Teil der Zielgruppe zu sein. Wer aber ist die Zielgruppe des größeren Teils des Verlags Gräfe und Unzer? Es sind die Frauen. Von ihnen aber erfahren wir hier nichts.

Michael Schikowski

Katharina Grabbe und Christian Schmitt (Hrsg.): Kolportageliteratur. Medialität, Mobilität und Literarizität populärer Texte im 19. Jahrhundert. Oldenburg: Isensee 2023 (Schriften der Landesbibliothek Oldenburg, Bd. 76), 136 S., zahlr., z. T. farb. Abb., Br., Euro 19,50. ISBN 978-3-7308-2037-7

Laut Wikipedia bezeichnet Kolportage »Literatur, die auf niedrigem Niveau produziert wurde«. Vergleichbar sei sie »mit heutigen Groschenromanen sowie dem englischen Begriff Pulp«. Solche Pauschalurteile, wie sie uns auch die sogenannte Trivialliteraturforschung beschert hat, belehren darüber, dass man bei noch längst nicht hinreichend erforschten Sachverhalten eine gewisse Vorsicht walten, zumindest aber das Naserümpfen sein lassen sollte, ist die Literatur, die durch Kolportage verbreitet wurde, doch durchaus nicht so einheitlich, wie oft behauptet. Tatsächlich ist es nämlich schier unglaublich, welche ungeheure Menge an frühneuzeitlichen Werken der Gebrauchsliteratur gedruckt und verlegt wurde, um sodann natürlich auch ihre Käufer und Leser zu suchen und zu finden, nicht wenige von ihnen durch Kolportage.

Nimmt man – um auf ein Beispiel etwas detaillierter hinzuweisen – zur Kenntnis, dass es für die Zeit bis 1650 nicht weniger als 2.298 Liedflugschriften gibt, die sich allein im Besitz der Staatsbibliothek zu Berlin befinden, und bedenkt man, dass solcherart Literatur häufig verloren ging, wird man von einer erstaunlichen Zahl sprechen dürfen. Geschätzt wird, dass in dem genannten Zeitraum tatsächlich 8.000 bis 9.000 Liedflugschriften erschienen. Ende des 15. Jahrhunderts entstanden, enthielten die kleinen, zumeist vier oder acht Blätter umfassenden Drucke ein, zwei oder drei, selten mehr Lieder. Lediglich etwa 5 Prozent verzeichneten auch Noten, in der Regel finden sich lediglich für die Singbarkeit völlig ausreichende Hinweise wie »Im Thon/ Mein Hertz mit Lieb verwundet ist«. Zumeist reizte auf dem Titelblatt ein Holzschnitt die Neugier potentieller Käufer, manchmal mußte die Aufforderung genügen: »kauffs vnd ließ es wirt dir gefallen«.[1] Man darf annehmen, dass die Masse dieser Flugschriften – und darüber hinaus viele zehntausend Flugschriften, die anderes als Lieder an ihre Leserinnen und Leser brachten – nicht über den Buchhandel, sondern von den Druckern selbst, von Kolporteuren, auf Märkten, von Hausierern, vor Kirchen und auf öffentlichen Plätzen sowie in Wirtshäusern vertrieben wurden. Endlich darf man auch annehmen, dass diese Art von Literatur im Land der Reformation, das seit Jahrhunderten ein Niederes Schulwesen besaß, spätestens seit der zweiten Hälfte des 18. Jahrhunderts auf einen Grad der Lesefähigkeit traf, der weit über den methodisch unzulänglichen Schätzungen liegt, die seit mehr als einem halben Jahrhundert immer wieder nachgebetet werden.

Angesichts dessen, dass alle Formen der durch Kolportage vertriebenen Literatur noch so schlecht erforscht sind, sollte man also, um dies noch einmal zu wiederholen, alle pauschalisierenden Urteile ablehnen, wie sie leider auch im vorliegenden Band nicht ganz vermieden sind, wenn es beispielsweise heißt, wie »jede Form von Massenkultur« ziele »populäre Literatur dieser Art« nicht auf konzentrierte intellektuelle Anstrengung, sondern auf »Ablenkung und Mitgerissenwerden, distanziertes Amüsement und ekstatische Verausgabung, unverbindliche Horizonterweiterung und Überwältigung durch Gefühle, gemeinschaftliche Hochstimmung und individuelle Körpererfahrung, geistige Herausforderung und erregenden Sinnenreiz« (S. 13). Positiv hervorzuheben ist allerdings, dass eine einfache Gegenüberstellung von hochwertiger Literatur für Gebildete und minderwertigen Lesestoffen für die »kleinen Leute« abgelehnt und darauf verwiesen wird, dass solche Werturteile den analytischen Blick verstellten (S. 19). Zu begrüßen ist somit das erkennbare Bemühen, Licht in ein Dunkel bringen zu wollen, das die traditionelle Literaturgeschichtsschreibung nie sonderlich gestört hat. Jene durch Kolportage vertriebene Literatur, soviel wird man immerhin pauschal sagen dürfen, fand historisch weit häufiger die Aufmerksamkeit der Obrigkeiten als die der beruflich mit der Literatur befassten Historikerinnen und Historiker.

Der vorliegende Sammelband – er geht auf eine online durchgeführte Tagung im Juni 2021 zurück – ist sich der Tatsache bewusst, dass die Erforschung der hier in Frage kommenden Literatur unter unterschiedlichen Begrifflichkeiten leidet, die fast immer mit bestimmten Vorannahmen verbunden sind. Für tauglich halten Herausgeberin und Herausgeber den Begriff »Kolportageliteratur«, da er die »spezifische Materialität« dieser Literatur, die sich in bestimmten Medien (Druckprodukten), einschließlich deren Herstellung und Distribution manifestiert, als Aspekte in den Blick rücke – Literaturgeschichte, so heißt es dazu, müsse immer auch als Medienliteraturgeschichte geschrieben werden. Im Mittelpunkt sollen als Kolportageliteratur jene Erzählungen stehen, die in der zeitgenössischen Kritik häufig als »erlogene Geschichten« charakterisiert worden seien. Allerdings ist bewusst, dass dies nur einen – vielleicht sogar kleinen – Bereich betrifft und in einem weiteren Sinne zur Kolportageliteratur alles gehört, was Kolporteure vertreiben. Dies seien,

---

[1] Eberhard Nehlsen (Bearb.): Die Liedflugschriften der Staatsbibliothek zu Berlin Preußischer Kulturbesitz. Katalog der bis 1650 erschienenen Drucke. Hrsg. von Gerd-Josef Bötte, Annette Wehmeyer und Andreas Wittenberg. Bd. I-III. Baden-Baden: Valentin Koerner 2008, 2008, 2009 (Bibliotheca bibliographica Aureliana, 215–217). Bd. I: Katalog 1, XXVIII, 520 S., 78 Abb.; Bd. II: Katalog 2, 392 S, 61 Abb.; Bd. III: Register. 320 S.

so wird konstatiert, nicht nur kleinformatige Heftchen mit eben diesen Erzählungen, sondern auch »Kalender und Volksbücher, religiöse Erbauungsliteratur (Traktate, Gebet- und Predigtbücher), Liederbücher, Atlanten und Karten sowie Sach- und Hilfsbücher aller Art«. Es sei darauf hingewiesen, dass es auch volksaufklärerische Kolportageliteratur gab, die im 18. und 19. Jahrhundert mit Bedacht jene Distributionswege nutzte, von denen die Aufklärer wussten, dass darüber jenes Publikum erreichbar war, welches man ansprechen wollte.[2] Die Kolportageliteratur, heißt es einleitend weiter, unterscheide sich durch ihre spezifische Mobilität, die auf eine kommunikative Dimension verweise, von jener Literatur, die ihre Leserinnen und Leser über den stationären Buchhandel und Leihbibliotheken erreiche (S. 15–17). Ob es, dies nur als Anmerkung, in der historischen Realität nicht auch sehr viele Überschneidungen gibt, ist allerdings noch kaum erforscht. Herausgeberin und Herausgeber erscheint der Begriff Kolportageliteratur auch deshalb als geeignet, weil er verschiedene populäre literarische Formen des 19. Jahrhunderts in eine gemeinsame Perspektive rücke, indem es hier tatsächlich um »Literatur« gehe und nicht einfach um »Lesestoffe« (S. 19).

Die Einleitung zum Sammelband beruft sich auf den *Ausruf in Hamburg*, der in wunderbar kolorierten Blättern als periodische Schrift Anfang des 19. Jahrhunderts an Abonnenten geliefert wurde,[3] sowie auf eine Sammlung von mehr als 800 kleinformatigen Drucken in der Landesbibliothek Oldenburg, die einen Eindruck von der Breite des Themenspektrums der Kolportageliteratur biete. Diese Sammlung wurde offenbar auch zum Gegenstand zweier Seminare in Oldenburg und Münster gemacht, deren Ergebnisse unter www.kolportageliteratur.de (konsultiert am 31.3.2024) eingesehen werden können. Bezugspunkt des Sammelbandes ist wesentlich die sozialhistorische Forschung der 1970er Jahre, insbesondere die verdienstvollen Pionierarbeiten Rudolf Schendas, die den Straßenhändler als mächtigsten Lesestofflieferanten des 18. und 19. Jahrhunderts, vielleicht sogar der gesamten Buchhandelsgeschichte identifiziert haben. Ziel ist nicht weniger, als zu einer Neubestimmung von Kolportageliteratur im 19. Jahrhundert einzuladen, einer Literatur, die sich durch ein komplexes Zusammenspiel von Distributionsmechanismen und den von ihnen eröffneten Kommunikationsräumen, von Medienformaten und den damit einhergehenden Darstellungsstrategien auszeichne (S. 23). Neben dem Einleitungsbeitrag gehen sechs Autorinnen und Autoren den damit zusammenhängenden Fragestellungen nach.

Zeitlich am umfassendsten ist Eberhard Nehlsens[4] Zugriff auf kolportierte Lieder und Lieddrucke vom 15. bis zum 19. Jahrhundert. Geboten wird ein vorzüglicher Überblick über deren stupende Zahl und Erscheinungsformen. Auch seine Ausführungen zu den Kolporteuren am Anfang des 17. Jahrhunderts, die Michael Schilling als einem der besten Kenner der Flugschriftenpublizistik folgen, sind hochinteressant, (S. 63 f.) denn es ergibt sich ein sehr differenziertes Bild, wenn etwa konstatiert wird, dass die Kolporteure ihre Schriften in Auflagen von 500 bis 5.000 Exemplaren in eigener Regie sowohl unterwegs als auch in ihrer Heimatstadt selbst verlegten, der Herstellungspreis etwa einen Pfennig für den gedruckten Bogen, der Verkaufspreis vier bis acht Pfennig betrug. Es ist bemerkenswert, wie diese Liedflugschriften als Medium über Jahrhundert ihren Platz behauptet haben. Auch an diesem Beispiel zeigt sich, dass Pauschalaussagen, welche die Professionalität des Handels mit Kolportageliteratur in Frage stellen, nicht zulässig sind.

Auch Hedwig Pompe geht der Geschichte der Kolportage als medialer Praxis von der Frühen Neuzeit bis ins 19. Jahrhundert nach und befragt die Drucke danach, inwieweit sie Hinweise auf ihre eigene Produktion, Distribution und Rezeption enthalten. Besonders hingewiesen wird auf die äußerst vielfältigen Medienlandschaften der Druckkultur, auch spricht sie von einem kommunikativen Netz von Buchhändlern, Gehilfen von Druckerverlegern und Straßenhändlern sowie von einer Gemengelage aus stationärem, geregeltem Buchhandel und dezentral und individuell organisiertem Straßenhandel. Sie kommt zu dem Schluss, dass der soziale Abstand zwischen den in geregelten Buchdruckverhältnissen gut Situierten und den armen Händlern und Händlerinnen, »die kuriosen Kram« mit sich führen, auf Dauer immer größer werde (S. 43). Am Ende sei der Kolporteur eine »komisch-merkwürdige Figur« geworden (S. 48). Der Rezensent erinnert sich anders, nämlich an

---

[2] Siehe dazu Reinhart Siegert: Volksaufklärung und Kolportage. In: Reinhart Siegert: Studien zum Zeitalter der Aufklärung im deutschsprachigen Raum 1750–1850. Band I: Gesammelte Studien zur Volksaufklärung. Bremen: edition lumière 2021 (Presse und Geschichte – Neue Beiträge, Bd. 142; Philanthropismus und populäre Aufklärung – Studien und Dokumente, Bd. 19), S. 267–284.

[3] Ausführlich beschrieben bei Holger Böning (Hrsg.): Deutsche Presse. Biobibliographische Handbücher zur Geschichte der deutschsprachigen periodischen Presse von den Anfängen bis 1815. Kommentierte Bibliographie der Zeitungen, Zeitschriften, Intelligenzblätter, Kalender und Almanache sowie biographische Hinweise zu Herausgebern, Verlegern und Druckern periodischer Schriften. Bd. 1.1, 1.2, 1.3: Holger Böning, Emmy Moepps (Bearb.): Hamburg. Stuttgart-Bad Cannstatt: Frommann-Holzboog 1996, Titel-Nr. 919.

[4] Nehlsen verweist auf seine bibliographischen Arbeiten, durch die er bisher 9.000 Liedflugschriften vom 15. bis zum 18. Jahrhundert ermittelt hat. Auch hat er den folgenden verdienstvollen Katalog bearbeitet: Nehlsen (Bearb.): Die Liedflugschriften der Staatsbibliothek zu Berlin Preußischer Kulturbesitz.

einen gar nicht komisch-merkwürdigen, sondern durchaus seriösen Herrn, dessen Besuch im weitgehend bücherlosen Hause seiner Eltern er in den 1950er Jahren sein erstes »Kinder-Lexikon« verdankte, das auf Raten abbezahlt wurde.

Schnittlinien und Überlappungen einer von bürgerlichen Leserinnen und Lesern rezipierten Unterhaltungsliteratur und verschiedenen Formen der Kolportageliteratur thematisiert Elke Dubbels am Beispiel des *Rinaldo Rinaldini* von Christian August Vulpius. Dieser höchst erfolgreiche Roman fand den Weg in zahlreiche Medienformate, er selbst hatte seine Vorgeschichte in modischen Räuberstücken, deren Autoren von Schiller bis Heinrich Zschokke in den von gebildeten Rezipienten besuchten Theatern große Erfolge feierten.

Christian Schmitts Studie widmet sich am Beispiel der genannten Oldenburger Sammlung der allgegenwärtigen »Literatur der Illiteraten«, die überall da zu finden gewesen sei, wo Menschen zu außeralltäglichen Gelegenheiten zusammengekommen seien. Sein Beispiel, an dem er den kulturellen und medialen Kontext erkundet, sind Oldenburger Jahrmarktdrucke des 19. Jahrhunderts. Kolportageliteratur, so wird gezeigt, war nicht nur Teil zeitgenössischer Unterhaltungsangebote, sondern zielte auch auf Information und wollte ein ästhetisches Angebot machen. Für die Spätphase der Kolportageliteratur spricht Christine Haug dann von einer Dynamisierung und Professionalisierung der Vertriebsstrukturen und Arbeitsabläufe, es habe sich beim Kolportagegeschäft um ein modernes Distributionssystem für Massenlesestoffe gehandelt. Schon in der ersten Hälfte des 19. Jahrhunderts seien Kolportageverlage und -buchhandlungen entstanden, die sich als funktionale Teilbranche des Buchhandels etabliert und als äußerst innovativ und impulsgebend erwiesen hätten.

Am Ende stellt Irmtraud Hnilica Ernst Blochs Überlegungen zur Kolportage vor, in denen es diesem zwar weder um die damit verbundenen Formen der Distribution geht, noch um die reale Vielgestaltigkeit der Kolportageliteratur, die aber gleichwohl geeignet seien, bestimmte Aspekte der populären Literatur in den Blick zu rücken. Die Realität jener Kolportageliteratur, um die es in diesem Sammelband eigentlich geht, scheint Bloch wohl nicht gekannt zu haben.

Der Eindruck, den dieser Sammelband erweckt, ist zwiespältig, denn es bleiben – sicher notwendigerweise – viele Fragen unbeantwortet, etwa auch die nach einer Eigenschaft der Kolportageliteratur, die hauptberuflich mit der schönen deutschen Sprache befasste Autorinnen und Autoren mit dem ja auch im Titel benutzten Begriff »Literarizität« bezeichnen. Es sind verschiedene Schlaglichter, die hier geboten werden, nicht mehr, aber auch nicht weniger. Die Einladung zu einer Neubestimmung von Kolportageliteratur im 19. Jahrhundert bleibt jedenfalls weiterhin bestehen. Auf jeden Fall zeigen die vorgelegten Studien, wieviel auf diesem spannenden Feld noch zu forschen ist und welch spannende Ergebnisse erwartet werden können, wenn man größere Forschungsanstrengungen investieren würde. Dazu anzuregen und Fragen erneut aufzuwerfen, die in den 1970er Jahren bereits einmal diskutiert wurden, ist ein Verdienst des vorliegenden Bandes.

Holger Böning (†)

Petra McGillen: Der Fontane-Workshop. Realismus-Manufaktur im Zeitalter der Druckmaschinen. Aus dem Engl. von Joe Paul Kroll in Zusammenarbeit mit der Autorin. Würzburg: Königshausen & Neumann 2023 (Fontaneana, Bd. 19), 320 S., 48 Euro, ISBN 978-3-8260-8182-8 // 9783826081828

Bei der anzuzeigenden Publikation handelt es sich um die deutsche Übersetzung eines bereits 2019 erschienenen Buches: *The Fontane Workshop: Manufacturing Realism in the Industrial Age of Print* (New York: Bloomsbury Academic), das indes in der deutschsprachigen Forschungslandschaft dennoch ganz ohne Aktualitätsverlust ankommen dürfte – und im Unterschied zur schwer übersetzbaren Pointe des Untertitels auch weitestgehend ohne Übertragungsverluste ankommt. Petra McGillen ist es nämlich tatsächlich um die durchaus handwerkliche und auch handgreifliche Verfertigung von Fontanes spezifischem literarischem Realismus zu tun. Ihre Untersuchung versteht diesen demzufolge als literaturästhetisches Epochenzeugnis weitaus weniger denn als Effekt eines Produktionssystems: Theodor Fontanes Arbeitsweise verdankt sich einer gelingenden Kopplung technischer Fertigkeiten, medialer Möglichkeiten und publizistischer Rahmenbedingungen, die mit Stilidealen und -normen zunächst einmal herzlich wenig zu tun hat und überdies erhebliches Konfliktpotential mit dem dauerhaft erfolgreichen (*self-*)*fashioning* von Fontanes Autor*persona* mit sich bringt.

Fontane war ein Kompilator – so ließen sich Ausgangsverdacht und Resultat von McGillens Buch bündig zusammenfassen. Und wem das nun als pietätlose Denunziation eines verdienten Schriftstellers oder polemische Demontage seines Œuvres erscheinen mag, tut sehr gut daran, sich den gedeuteten Befunden und dem Argumentationsgang ihrer Arbeit aufmerksam zu widmen. Sie rekonstruiert, »wie Fontane seine Prosaerzählungen und Romane sowie seine Feuilletonessays und andere Pressebeiträge in einem kreativen Prozess anfertigte, der zu seiner Selbstinszenierung als berufenes Mundstück der Musen in schroffem Gegensatz steht« (S. 13). Das allerdings ist kein Einwand gegen die Qualität(en) oder die Innovationskraft dessen, was im *Fontane-Workshop* verfertigt wird. Im Gegenteil bewirkt dessen Einrichtung und glückende Praxis einerseits, dass sich Fontane beim Schreiben selbst deutlich weniger von längst epigonal gewordenen Klischees schriftstellerischer Produktivität unter Druck setzen lassen muss als vieler seiner Kollegen – Gottfried Keller etwa oder Wilhelm Raabe, auf die McGillen schlaglichtartige, erhellende Seitenblicke richtet (vgl. S. 199 f. und 72 f.). Anderseits zeigt das Unbehagen, das ein Begriff wie ›Kompilation‹ wohl beinahe automatisch auslöst, wie wirkmächtig diese Klischees noch immer und selbst in literaturwissenschaftlichen Diskussionszusammenhängen sind: Sie verantworten die Inszenierung des berühmten Schreibtischfotos von Fontane, das man auf dem Cover der englischen Originalausgabe und der Übersetzung von McGillens Buch reproduziert findet und der die Untersuchung eine wohl erheblich wirklichkeitsnähere Szenerie von Fontanes Arbeitszimmer und Arbeitsabläufen entgegenstellt (vgl. S. 286 f.). Die Klischees prägen in nicht unerheblichem Maß selbst noch Werkbegriff und Ordnungsvorstellungen der seit 1994 erscheinenden *Großen Brandenburger Ausgabe* von Fontanes Schriften. Erst als Ende 2015 ein erstes Notizbuch Fontanes in Gabriele Radeckes genetisch-kritischer und kommentierter Online-Edition veröffentlicht worden ist, die mittlerweile alle überlieferten Notizbücher umfasst (https://fontane-nb.dariah.eu/index.html), erst als 2016 über 150 nachgelassene, sehr heterogene Materialkonvolute editorisch aufbereitet worden sind,[1] hat man außerhalb der Archive einen Einblick in die Konturen einer Schreibpraxis gewinnen können, die beileibe nicht restlos an dem nach wie vor viel zu fraglos akzeptierten philologischen Goldstandard des (in Buchform publizierten) ›Werks‹ ausgerichtet ist.

Neben diesen aktuelleren Zweigen der Fontane-Philologie sind es vor allem drei methodische Diskussionszusammenhänge, die McGillens Untersuchung leiten: erstens die literaturwissenschaftliche und wissen(schaft)sgeschichtliche Schreibforschung, die seit ca. 25 Jahren in Fallstudien und darauf bezogenen theoretischen Reflexionen die Frage nach dem Schreiben als materialgebundenem Verfahren zur Fabrikation von Texten und Wissen neu stellt; zweitens die aus transatlantischer Perspektive unter dem Label einer »*German media theory*« (S. 38) versammelten Ansätze zu einer Theorie und Geschichte literarischer und literaturnaher Medien; drittens schließlich eine Sozial- und Technikgeschichte des Publikationswesens in der zweiten Hälfte des 19. Jahrhunderts. Dass und wie McGillen diese drei Forschungszusammenhänge miteinander verbindet, ist über die Fallstudie zu Fontane hinaus vorbildlich gelungen.

Auch für die Fallstudie selbst gilt dies; sie gewinnt ihre stringente Architektur aus dem Argumentationsaufbau, den die Einleitung beim besagten Kontrastbefund von Autorschaftsinszenierung und Archivlage und mit der Ausgangsbeobachtung einer von Grund auf kompilatorischen Praxis beginnen lässt:

> Fontane ging jeden Schritt seiner Arbeit mit Bedacht und fügte seine Texte mit Schere und Kleister aus bewusst ausgewählten Quellen zusammen – und zwar auf eine Art und Weise, die nur außer-

---

[1] Theodor Fontane: Fragmente. Erzählungen, Impressionen, Essays. Hrsg. von Christine Hehle und Hanna Delf von Wolzogen. 2 Bde. Berlin/Boston: De Gruyter 2016.

ordentlich unorganisch, radikal intertextuell und durchweg planvoll genannt werden kann (S. 13).

Indem McGillen den Bogen schlägt von der frühneuzeitlichen Gelehrtenpraxis des Kompilierens zu dessen »heutige[m] Nachfahre[n]« im Remix (S. 26), werden zudem *ex negativo* die beiden Jahrhunderte zwischen ca. 1750 und 1950 als jene nachhaltig konzeptgenerierende Ausnahmeperiode sichtbar, als die sie sich – vor allem im Fall der deutschsprachigen Literatur – auch in zahllosen anderen literaturhistorischen Zusammenhängen erweisen. Als Bezugshorizont von Fontanes Schreibpraxis dient der literarische Markt und damit maßgeblich das Zeitschriftenwesen des ausgehenden 19. Jahrhunderts. Der Ausgangsverdacht spitzt sich zu einer These zu, die in den anschließenden vier Kapiteln der Arbeit entfaltet wird:

> Fontanes künstlerische Leistung lässt sich demnach an zwei Innovationen bemessen: erstens an der Entwicklung einer Vorstellung und künstlerischen Praxis des »Machens«, in der individuelles Schaffen und Massenproduktion miteinander vereinbar werden; zweitens an dem radikalen Modell der materialen Textualität, die in seinen Schriften am Werk ist (S. 32).

Das erste Kapitel (S. 47–85) untersucht die literarischen Produktionsbedingungen im Zeitalter der Papier- und Druckmaschinen, die Fontanes schriftstellerische Arbeit geprägt haben. Das Zeitschriftenwesen, das auf dem literarischen Markt die Dominanz des »einbändigen Buches« (S. 62) mehr und mehr in Frage stellt, bildet das Milieu und generiert die »formale[n] Parameter« (S. 72), an denen sich diese wie jede andere Schriftstellerkarriere der Zeit ausrichten muss. Besonders erhellend ist McGillens heuristische Differenzierung zwischen der Industrialisierung und Beschleunigung der massenhaften Reproduktion und der – wie sie es nennt – »schweren Materialität« individuell-handschriftlicher Schreibprozesse (S. 73 f.). Nicht zuletzt gegen diese Asymmetrie, bei der der produzierende Schriftsteller unweigerlich und systembedingt ins Hintertreffen gerät, arbeitet Fontanes Schreibverfahren an. Erfolgreich ist er dabei McGillen zufolge nicht zuletzt deshalb, weil er sich – ungeachtet der Autorschaftsinszenierungen des Verfassers Fontane und entgegen gelegentlich geäußerter konzeptueller Restbedenken – beherzter über die herkömmlichen Vorstellungen schriftstellerischer Originalität hinwegzusetzen vermag als viele seiner Zeitgenossen:

> Indem er sich der Textpraxis des Kompilierens bediente, entwickelte Fontane [...] rationalisierte Arbeitsmethoden, mit denen er aus denselben materialen und kommunikativen Bedingungen, die seine Kolleginnen und Kollegen als so drückend empfanden, Vorteile ziehen konnte. [...] Die Vielfalt frei zirkulierenden Materials betrachtete Fontane als Einladung zur kreativen Rekombination von Stoffen aus einem bisher ungekannten Spektrum von Themen, Genres und Quellen (S. 82 f.).

Wie aber bildet sich dieses Schreibverfahren heraus? Im zweiten Kapitel (S. 87–135) skizziert McGillen gleichsam eine Archäologie dieser medienaffinen Praxis, deren Anfänge sie in Fontanes Apothekerlehre ebenso ausmacht wie in seiner Redakteurstätigkeit für die *Kreuzzeitung*. In der Apotheke haben »die materialen Grundoperationen« (S. 99) von Fontanes Papierarbeit bereits ihre Form gewonnen – nicht nur die im eigentlichen Sinne pharmazeutischen Operationen »zertrennen, zersetzen, vermischen und versetzen« (S. 209), sondern auch die Praxis der sortierenden Aufbewahrung in eigens angefertigten papierenen Behältnissen, die man in den sogenannten ›Banderolen‹, den in Zeitungspapier verpackten, beschrifteten Dokumentationen von einzelnen Arbeitszusammenhängen in den Schubladen von Fontanes Schreibtisch, wiederfinden wird (vgl. S. 87 f.). Und selbst in der »Einrichtung des Arbeitszimmers in seiner letzten Wohnung« kann die Verfasserin »wesentliche ›apothekarische‹ Gestaltungsprinzipien« (S. 95) ausmachen. Die Redaktion der *Kreuzzeitung* bildet dann für Fontane die Schule des »Kompilieren[s] auf professionellem Niveau«, eines Kompilierens also, das eine gleichzeitig effiziente und die eigene Tätigkeit dissimulierende Textproduktion erlaubt. In dem von McGillen erhellend umrissenen journalistischen Genre der sogenannten ›unechten Korrespondenz‹ (S. 99–114) zeichnet sich das Strukturmuster dieser Tätigkeit ab; in engem Bezug zur jüngeren Fontane-Forschung (v.a. Rudolf Helmstetter, Manuela Günter, Gerhard von Graevenitz oder Norbert Mecklenburg) beleuchtet die Verfasserin auf dieser Basis die Doppelstrategie, auf der sich Fontanes Schriftstellerlaufbahn gegründet hat: Er macht sich einerseits eine mobile, flexible und hochadaptive Produktionsweise zunutze, die allerdings den Nachteil hat, mit der kulturell wenig prestigeträchtigen Tätigkeit von Journalisten und Kolportageschriftstellern verbunden zu sein, bemüht sich andererseits und gerade deswegen »aktiv um die Pflege eines Autorenbildes, das zu dem eines Kompilators in genauem Gegensatz stand« (S. 131).

Dass für ein kompilierendes Schreibverfahren dieser Art die *inputs* mindestens so wichtig sind wie die *outputs*, kann einer gründlich und umsichtig argumentierenden Literaturwissenschaftlerin wie McGillen natürlich nicht entgehen. Das dritte Kapitel (S. 137–198) rekonstruiert dementsprechend die Art und Weise, wie Fontane ein *living archive* an »Stoff« (S. 137) organisiert, es tut dies naheliegenderweise am Langzeitprojekt der *Wanderungen durch die Mark Brandenburg*. Wiederum ist es eine ganz aktuelle Medienpraxis, die Fontanes Strategie zu erhellen hilft: Wenn er zur Inganghaltung des Unternehmens »Dutzende von Helferinnen und

Helfern« rekrutierte, »die für ihn Quellen exzerpierten und ihm Material zukommen ließen«, wenn er sein Lesepublikum aufforderte, ihn mit weiterem Material zu versorgen, dann gemahnt das in der Tat an ein »Crowdsourcing« (S. 138) *avant la lettre*. Von Anfang an steht das Unternehmen damit in der »Spannung zwischen Archiv und Werk« (S. 142), und McGillens Analyse versteht es meisterlich, die Nuancen und Finessen dieser nicht nur ausgehaltenen, sondern produktiv gemachten und gehaltenen Spannung zu beleuchten: Ich erwähne nur die Ausführungen zu Qualität und Quantität von Fontanes ›Bibliotheksnetz‹ (S. 167–181), zur Bedeutsamkeit von Speichermedien mit nur temporärer Ordnungsfunktion, dafür aber gesteigerter Produktivität (vgl. S. 153–167), sowie zur Implementierung einer Praxis der (mit dem Begriff von Georg Stanitzek) ›brutalen Lektüre‹ (S. 189–198). Das Erfolgsgeheimnis von Fontanes Regulierung der *input*-Seite seines Schreibverfahrens lautet: »Dass ›Stoff‹ im Überfluss verfügbar war, behinderte seine Kreativität weniger, als dass es sie weiter antrieb. In den Medienapparat, mit dem Fontane sein Archiv anfüllte, war dieser Ansporn zur gesteigerten Kreativität an zentralen Stellen eingebaut.« (S. 198)

Wie konkret aus dieser »Gleichzeitigkeit von Struktur und Offenheit« (S. 208) nun *output* generierende Schreibverfahren entstehen können, zeigt das vierte Kapitel von McGillens Buch (S. 199–269). Einerseits dienen dazu ganz elementare graphische Operationen, die an Fontanes Notizbüchern rekonstruiert werden können – die Verfasserin nennt und unterscheidet drei solcher Operationen, die sich Fontane zweifellos mit einer ganzen Reihe literarischer und wissenschaftlicher Papierarbeiter teilt, deren Kombinatorik aber wiederum zu einem spezifischen Schreibverfahren führt: die Liste, ein Schreiben in distinkten Eintragungen, skizzenhafte oder diagrammatische Zeichnungen. Nummerierung, Modularität und graphische Abbreviatur dienen Fontane in den Notizbüchern dazu, »die ›mittlere‹ Konvertibilität seiner Materialien zu gewährleisten« (S. 220); das heißt: »Die Einführung visueller Strukturmittel, von ikonographischen über logographischen bis hin zu rein graphischen Elementen, schließt das Material viel konsequenter für Verfahren der Rekombination, Erweiterung und Verfeinerung auf, als dies eine rein diskursive Notationsform je ermöglichen könnte« (S. 220). McGillen zufolge besteht der entscheidende Zugewinn dieses kombinatorischen Schreibverfahrens darin, die »Gesamtkonzeption« (S. 224) von Romanprojekten ebenso im Blick behalten zu können wie einen »eingebauten Stoppmechanismus« (S. 222) bereitzustellen, dank dem sich Fontane bei seinen einzelnen, nicht selten parallel betriebenen Projekten gegen »die Launen und zeitlichen Unsicherheiten des Marktes« zu sichern verstand. Auf einer konkreteren Kompositionsebene identifiziert die Verfasserin dann drei wiederum modular gedachte Verfahrensweisen, aus denen sich die Textproduktion speist: »erzählende Genreszenen, sozial lesbare Typen und was ich hier als ›Diskurs-Schnipsel‹ (*discursive sound bites*) bezeichnen will, d.h. direkte Zitate und andere markante Aussprüche« (S. 227). Spätestens an dieser Stelle entpuppt sich Fontanes Schreibverfahren, wie McGillen an den anschließenden exemplarischen Lektüren überzeugend zeigen kann, nicht mehr nur als professionelle textgenerative Maschinerie, sondern auch als stilgeneratives Prinzip; die Verfasserin bezeichnet das Resultat, mit Bezug auf die rhetorische Stilebenentradition, als einen »konsequent durchgehaltenen ›Realismus der Mitte‹« (S. 260).

Dass sie mit der Akzentsetzung auf die Kompilation bereits zu Fontanes Zeiten schal gewordene – und vor allem vom literarischen Betrieb obsolet gemachte – Klischeevorstellungen von schriftstellerischer Produktivität austreibt, braucht man also McGillens auch in der Übersetzung gut lesbarer, konzentriert argumentierender Arbeit wahrlich nicht zum Vorwurf zu machen. Das hochorganisierte Verfahren, auf dem Fontanes Œuvre beruht, wird man im Gegenteil künftig zu den Innovationsbeständen seiner Schriftstellerkarriere dazurechnen dürfen. Dafür den versonnenen, leicht nach oben gerichteten und auf Inspiration wartenden Blick des berühmten Schreibtischfotos endgültig der Pose zuschlagen zu müssen, ist wahrlich ein geringer Preis für die Einsichten, die der *Fontane-Workshop* jetzt auch deutschsprachigen Leserinnen und Lesern anbietet.

Stephan Kammer

Kristina Mateescu: Engagement und esoterische Kommunikation unterm Hakenkreuz. Am Beispiel des Hochland-Kreises. Berlin/Boston: De Gruyter 2022 (Studien und Texte zur Sozialgeschichte der Literatur, Bd. 160). XII, 555 S., 13 Abb. 119,95 Euro. ISBN 978-3-11-077285-2 (HC), 978-3-11-077300-2 (online)

Die Studie von Kristina Mateescu über den *Hochland*-Kreis partizipiert an den aktuellen literatur- und kommunikationstheoretischen Bestrebungen, Praktiken ›verdeckten Schreibens‹ (im Anschluss an die bahnbrechende Arbeit von Erwin Rotermund und Heidrun Ehrke-Rotermund *Zwischenreiche und Gegenwelten. Texte und Vorstudien zur »Verdeckten Schreibweise« im »Dritten Reich«*, München 1999) noch stärker ins Zentrum literaturgeschichtlicher Untersuchungen zu stellen. Im deutschen Sprachraum, was wenig verwundert, betrifft dies insbesondere die vielfältigen verdeckten Schreibweisen in der Zeit des Nationalsozialismus.

Der Gegenstand der Arbeit ist im Titel klar umrissen. Es geht um den Zusammenhang zwischen esoterischer, also exklusiv sich ›Wissenden‹ oder ›Eingeweihten‹ erschließender Kommunikation und politischem, weltanschaulichem oder religiösem Engagement. Der Begriff des Engagements, der traditionell bislang eher mit linkspolitischen Schreibpraktiken verbunden war (der Résistance, dem Agitprop, dem sozialen Realismus, den anti-kolonialen Befreiungskämpfen, dem Feminismus, dem Pazifismus usw.) hat in der jüngeren Forschung insofern eine Ausweitung erfahren, als »engagierte Literatur« nun allgemeiner als der »Inbegriff aller literarischen Texte« gilt, »die ausdrücklich politische oder soziale Einflussnahme als Ziel haben und zum Prozess gesellschaftlicher Veränderung im Zeichen der Freiheit beitragen sollen« (Hucke, Kutzmutz, [Art.] ›Engagierte Literatur‹, 2007). Der historisch engere Begriff des Engagements ist aus seiner ausschließlich linken, aufklärerisch-emanzipatorischen Semantik herausgelöst. Mateescu kann den Begriff des Engagements von hier aus dann auch im Hinblick auf das NS-Regime anwenden auf jede »nicht-nationalsozialistische Textproduktion unter den Bedingungen der ideologisch geprägten Zensur im totalitären und repressiven Gewaltregime des Nationalsozialismus« (S. 3). Diese Erweiterung des Engagement-Begriffs ist insofern sinnvoll, als sich die dezidiert katholische – und zwar noch vorkonziliar katholische – Kulturzeitschrift *Hochland* trotz ihrer distanziert-kritischen Haltung zum ›Dritten Reich‹ beim besten Willen nicht – was im Übrigen für den gesamten institutionalisierten deutschen Katholizismus gilt, wie Eric Voegelin im Anschluss an Guenter Lewys *The catholic church and Nazi Germany* gezeigt hat[1] – als publizistische Speerspitze des Widerstands gegen das Nazi-Regime begreifen lässt. Kristina Mateescu stellt zu diesem Sachverhalt mit Hans Günter Hockerts deswegen auch völlig zu Recht fest:

> [Hockerts] kommt zu dem Ergebnis, dass ›man im Blick auf das Hochland im ›Dritten Reich‹ eher von Abstand als von Widerstand sprechen sollte. Nur selten seien hier ›klare oppositionelle Botschaften‹ zu finden und durchaus gebe es ›Berührungspunkte, (Teil-)Übereinstimmungen und Affinitäten *ex negativo* zwischen *Hochland*-Texten und NS-Ideologie‹, die man als ›Schnittmengen in der Gegnerschaft zu Individualismus, Liberalismus und Kommunismus‹ sowie einer ›Gemeinsamkeit in der Sympathie für autoritär vereinheitlichende Gesellschaftskonzepte‹ beschreiben könne. (S. 170)

Im Hinblick auf die ›engagierte‹ Textproduktion – und das heißt im Sinn der vorgelegten Studie: jede ›nicht-nationalsozialistische Textproduktion‹ – umreißt Mateescu das Anliegen ihrer Untersuchung folgendermaßen:

> [Es wird] jedoch weniger um die Frage gehen, ob und inwiefern es sich bei der [...] Kulturzeitschrift [*Hochland*] um ein im weitesten Sinne ›widerständiges Publikationsorgan‹ handelte. Stattdessen möchte ich [...] das Material selber in den Vordergrund stellen und ganz konkret nach den Formen und Funktionen ausgewählter mutmaßlich non-konformer Publikationen fragen. Der von Hockerts resümierten Einschätzung, dass sich die von etlichen Hochland-Autoren für eine kritische Verständigung genutzten publizistischen ›Freiräume‹ nach außen systemstabilisierend für den totalitären Staat auswirkten, schließe ich mich an. Meine These jedoch ist, dass besagte ›Freiräume‹ *nach innen* eine wichtige Funktion für die Selbstverständigung der in Deutschland gebliebenen katholischen und dem Kulturkatholizismus nahestehenden Intellektuellen hatten. Damit ist [u.a. auch] behauptet [...], dass das *Hochland* einen ›Aktivierungsraum‹ darstellte, der das publizistische Engagement aktivierte. (S. 171)

*

Im Einzelnen ist der Argumentationsgang der Studie wie folgt gegliedert. Nach einer konzisen Einleitung, die Aufbau und Methodik der gesamten Untersuchung konturiert, entfaltet Mateescu im sachlich ersten Kapitel des Buches, »Von einer Poetik des ›verdeckten Schreibens‹ zu einer Hermeneutik des ›aufdeckenden Lesens‹« (S. 27–168), detailliert das Deskriptions- resp. Analyseinstrumentarium sowie die theoretisch fundierten Begriffe und Kategorien, welche die Detektion ›verdeckter Schreibweisen‹ und ›esoterischer Kommunikation‹ erlaubt, wie sie in autoritären, mit Zensur operierenden Regimen regelmäßig anzutreffen ist. Es geht hier also – um die wichtigsten Begrifflichkeiten zu nennen – um Produktion, Genese, Distribution und Lektüre camouflierter Texte, um Detektion, Dechiffrierung und Deutung regimekritischer Mitteilungen, um Mehrfachadressierung

---

[1] Vgl. Eric Voegelin: Hitler und die Deutschen. Hrsg. von Manfred Henningsen. München 2006, S. S. 190–206.

der verdeckten Schreibweise, um den Zusammenhang von Denkstil und Dissidenz, um die Ermittlung esoterischer Kommunikationssituationen, um Formen und Funktionen heterodoxen Lesens und schließlich auch applikativ-aktualisierende Lektüren als Form mündigen Textumgangs. Anders gesagt, bevor Kristina Mateescu zum historischen Gegenstand ihrer Untersuchung kommt, nämlich zur Analyse der *Hochland*-Publizistik zwischen 1933 und 1941 anhand ausgewählter, exemplarischer Texte, entwickelt sie vorab »ein Analyse- und Beschreibungsmodell, das zur Detektion und Interpretation von Texten, die in solche Kommunikationspraktiken [›restringierter‹ Öffentlichkeiten] eingebunden waren, eingesetzt werden kann«. (S. 5)

Das zweite Kapitel der Arbeit, »Die Netzwerkzeitschrift Hochland im ›Dritten Reich‹« (S. 169–186), stellt das *Hochland* ausgehend von der Gesamtdarstellung des von Thomas Pitroff herausgegebenen Tagungsbands *Carl Muth und das Hochland* (Freiburg 2018) als katholische »Netzwerkzeitschrift« vor, das heißt im Rahmen des spezifischen, katholischen Verlagswesens, der katholischen deutschen Schriftsteller (Werner Bergengruen, Reinhold Schneider, Konrad Weiß usw.) und Publizisten (Haecker, Guardini, Dempf).

Damit ist die Grundlage gelegt für das dritte Kapitel, »Verteidigen, Angreifen und Werben. Hochland-Publizistik in der Auseinandersetzung mit dem Nationalsozialismus« (S. 187–254). Hier geht es um Carl Muths 1933 erschienenen dreiteiligen Aufsatz »Das Reich als Idee und Wirklichkeit« sowie um die im *Hochland* von Daniel Feuling geführte Auseinandersetzung mit Alfred Rosenbergs *Mythus des XX. Jahrhunderts*, die jeweils ausführlich dargestellt werden.

Exemplarisch ist die Deutung, die Mateescu für die folgende Passage aus Muths Aufsatz zum »Reich« vorschlägt. Im Hinblick auf einen zwischennationalen Reichsverband behauptet Muth, »dass die entscheidende Einigungskraft [...] ›wie in früheren Zeiten, so auch jetzt, von der Mitte ausgehen‹ müsse, und zwar ›kraft eines biologischen Gesetzes, das auch im Völkerleben gilt.‹ Es sei zumindest, so heißt es weiter, ›kein Zufall‹, ›dass gerade den Deutschen, die die Mitte des Weltteils, den ›bedrohten‹ und zugleich ›bedrohendsten Posten‹ innehaben, diese Aufgabe im Mittelalter zugekommen sei.« (S. 204) Mateescu schlägt nun vor, diese Passage nicht einfach nur als »sprachliche Anpassungsleistung des Katholizismus an den Nationalsozialismus« (S. 204) zu werten, sondern unter Berücksichtigung der »rhetorischen und narrativen Machart des Textes als Ganzem« (ebd.) auch als »bewusste Täuschung«. Denn Muth, so Mateescu, deute mit dem Begriff des ›biologischen Gesetzes‹ »rassenbiologische Anschlussstellen« an, die mit der [von ihm, Muth] rhetorisch konstruierten Erwartung an das faktische, also nationalsozialistische Deutschland einhergingen, nämlich »den Auftrag zur Völkerverständigung von der Mitte aus anzunehmen.« (Ebd.) ›Völkerverständigung‹, ›Gerechtigkeit‹ und ›Besonnenheit‹, wie Muth sie einfordere, stünde der Nazi-Barbarei aber konträr entgegen, und genau deswegen sei Muths Rede vom »biologischen Gesetz« eine bewusste Täuschung. Der moderne Rassebegriff würde von Muth also gewissermaßen rückwirkend der katholisch-christlichen Reichsidee eingezeichnet und katholisch-christlich umgedeutet.

Die Deutung erscheint nicht unplausibel, sie beantwortet aber noch nicht die andere, politisch m. E. brisantere Frage, die Mateescu nicht stellt, warum Muth im März 1933, das heißt noch vor dem Reichskonkordat, glaubte, »rassenbiologische Anschlussstellen« bereits bedienen und entsprechend geschickt täuschen zu müssen? Glaubte er im März 1933, den Nationalsozialismus unter Berufung auf die »abendländische« Reichsidee noch im Sinn eines christlich-autoritären (Stände-)Staats beeinflussen zu können? Zumindest würde dieses Ansinnen die ebenso offene, durchaus polemisch vorgetragene und alles andere als verdeckte Verteidigung der (wahren) katholischen Reichsidee erklären, die Muth sowohl gegen das nationalsozialistische »Dritte Reich« als auch gegen das preußische »Zweite Reich« in seinem Aufsatz in Stellung bringt. Umgekehrt stellt sich dann allerdings wiederum die Frage, weswegen Muth in Fragen der »Reichsidee« völlig offen und vollkommen ›unverdeckt‹ argumentiert, in Sachen ›biologisches Gesetz im Völkerleben‹ aber ›bewusst täuscht‹. Mir scheint in diesem Fall eine Überinterpretation des Textes im Sinn des Erkenntnisinteresses der Studie, die nach verdeckten Schreibweisen und esoterischer Kommunikation fragt, eher wahrscheinlich. Dem deutschen Katholizismus war der ›anschließbare‹, durchaus biologisch verstandene Rassebegriff keineswegs fremd, selbst nach den Nürnberger Rassegesetzen nicht. Es genügt, den Artikel »Rasse« im vom Freiburger Erzbischof Conrad Gröber herausgegeben *Handbuch der religiösen Gegenwartsfragen* (Freiburg 1937) zu konsultieren oder etwa auch die Arbeit des späteren Limburger Weibischofs Walther Kampe *Die Nation in der Heilsordnung. Eine natürliche und übernatürliche Theologie vom Volke* (Wiesbaden 1936).

Das vierte Kapitel der Studie, »Katholische Literatur als Medium esoterischer Kommunikation« (S. 255–365), ist den spezifisch literarischen Publikationen im *Hochland* zwischen 1933 und 1941 gewidmet, für die ab 1933 dann – was letztlich wenig verwundert– eine signifikante Steigerung der Lyrik zu konstatieren ist. Ausführlich geht Mateescu ein auf Bergengruens historischen Roman *Am Himmel wie auf Erden*, der die NS-Katastrophe in einer Flutkatastrophe des Jahres 1524 spiegelt, sowie auf Theodor Haeckers *Tag- und Nachtbücher*, in denen Zeitkritik in Form mehr oder weniger leicht verständlicher Aphorismen beziehungsweise aphoristisch skizzierter Beobachtungen vorgetragen wird.

Was die Publikationssituation angeht, so stellt Mateescu resümierend fest:

> Katholische Schriftsteller wie Werner Bergengruen und Theodor Haecker waren jedenfalls nicht isoliert, sondern personell und institutionell eng vernetzt, sie reichten sich Manuskripte oder publizierte Texte mit Leseanweisungen weiter, widmeten Texte, profitierten von Publikationsaufträgen des Hochland und seines Netzwerkes, bildeten Zitations- und Rezensionskartelle und besprechen in Form privater Zusammenkünfte Inhalte, die nicht unbedingt in ihre Texte Eingang fanden, darin für die Dabeigewesenen aber ›Spuren‹ hinterlassen konnten. Sie praktizierten also gerade unter den Bedingungen von Zensur eine mehr oder weniger exklusive Kommunikation, die zwischen öffentlichem und privatem Raum angesiedelt war. […] Beide Schriftsteller hofften […], auf je eigene Weise, auch unter den prekären Umständen diktatorischer Herrschaft Wirkungsräume offenzuhalten, in denen ihr Dissens dem NS gegenüber zutage treten konnte. (S. 364–365)

Das fünfte Kapitel »Schreiben und Lesen im Spiegel von Romantik und Gegenwart. Die Intellektuellenbiographien von Alois Dempf und Alfred von Martin« (S. 366–490) untersucht sodann die non-konformen, in den jeweiligen Biographien Dempfs, *Görres spricht zu unserer Zeit*, und von Martins, *Nietzsche und Burckhardt*, niedergelegten Thesen der beiden katholischen Publizisten. Für Dempf hält Mateescu fest:

> Dempfs Görres-Biographie kann als Ruf zur konfessionellen, weltanschaulichen, kulturellen und politischen Selbstbesinnung [in der Anfangsphase des NS-Regimes] gedeutet werden. Konkreter nahm er den katholischen Publizisten des 19. Jahrhunderts in den Dienst, um für die berufsständische Ordnung im Allgemeinen sowie ein bestimmtes Verhältnis von Kirche und Staat im Besonderen zu werben. […] Der Text [»Görres spricht zu unserer Zeit«] muss als exoterische Schrift verstanden werden, die sich gezielt an den ›deutschen Katholizismus‹ richtete, bei dessen Vertretern Dempf nicht nur spezifische Wissensbestände, sondern auch eine Sensibilität für die eigene prekäre Lage voraussetzen konnte. (S. 411)

Im Hinblick auf die Doppelbiographie von Martin über die Intellektuellen des 19. Jahrhunderts Friedrich Nietzsche und Jakob Burckhardt – in der Nietzsche (mit Goethe) als »kranker« Romantiker, Burckhardt als gesunder Klassiker gilt, bei dem – und darin liegt dann auch schon die implizite Kritik am Nietzsche-verehrenden NS-Regime – eben keine Dekadenz, kein Wahnsinn, keine Hybris und keine Gottestötung vorliegen, schreibt Mateescu:

> Von Martin schöpfte, so kann resümiert werden, die Möglichkeiten der wissenschaftlichen Darstellungs- und Ausdrucksform in großem Maße für regimekritische Aussagen aus, ohne die Studie dabei in ihrem Wissenschaftsanliegen zu schmälern. (S. 486)

Ein zusammenfassendes, zugleich programmatisches Schlusskapitel, »Bilanz und Ausblick« (S. 491–499), beschließt die umfangreiche Studie. Mateescu schlägt vor, die am Beispiel des NS-Regimes gewonnenen analytischen Einblicke in Praktiken heterodoxen Lesens und Schreibens auch auf andere »repressive Systeme« anzuwenden und systematisch auszuweiten, »aktuell etwa für Putins Russland« (S. 491). Sie empfiehlt darüber hinaus, verstärkt »Rekonstruktionen des Textumfeldes« vorzunehmen und nicht allein nur auf genaue philologische Textlektüren zu setzen, um non-konformistische Funktionen von Texten entdecken und deuten zu können. Drittens schlägt Mateescu vor, das NS-Regime verstärkt auf non-konforme Denk- und Diskursgemeinschaften hin zu untersuchen: »Wenngleich sie ihre kritischen Positionen nicht offen kommunizieren konnten, waren sie, wie zahlreiche Lektürezeugnisse aus der Zeit belegen, für eine limitierte Öffentlichkeit […] unter Umständen erkennbar.« (S. 493) Viertens sollten »die vielzähligen produktiven, mitunter engagierten Kooperationen nicht-nationalsozialistischer Schriftsteller in Hitler-Deutschland ins Visier« genommen werden: »Gruppen, Kreise, Denkkollektive oder Institutionen« (S. 493). Fünftens schließlich schlägt Mateescu im Blick auf das *Hochland* vor, die Untersuchungen verdeckter Schreibwesen unter repressiven Bedingungen nicht nur auf die »schöne Literatur« zu beschränken, sondern sie auszuweiten auf »Wissenschaft, Weltanschauung, Politik« (S. 495).

*

Insgesamt ergibt sich aus der ausnehmend materialreichen Studie zum »Engagement« und zur »esoterischen Kommunikation unterm Hakenkreuz am Beispiel des Hochland-Kreises« ein klares und deutliches, dennoch aber nicht vollständig überzeugendes Bild. Ganz sicher vorbildlich gearbeitet ist die Studie im Hinblick auf die Darstellung und Analyse der ausgewählten *Hochland*-Texte (etwa von Muth, Feuling, Bergengruen, Haecker), die stets in die mehr oder weniger kollektiven publizistischen Kontexte sowohl ihrer Entstehung als auch ihrer Rezeption gestellt werden. Hier besticht die Studie durch ihre profunde Materialkenntnis und detaillierte Analyse. Deutlich herausgearbeitet werden die diskursiven, publizistischen, institutionellen Strukturen, in denen die zum NS-Regime distanziert und kritisch eingestellten Autoren gearbeitet, geschrieben und miteinander kommuniziert haben.

Weniger überzeugend fällt m. E. die implizite politische Botschaft der Studie aus, sofern sie thematisch »Engagement und esoterische Kommunikation unterm Hakenkreuz am Beispiel des Hochland-Kreises« bereits vorab behauptet, und das heißt, sofern sie Dissidenz, Nonkonformität, Heterodoxie, Widerstand, wie camoufliert und verdeckt auch immer, dem *Hochland*-Kreis zugesprochen hat. Hier wird eine binäre Struktur zwischen repressiv-autokratischen Strukturen einerseits (von Hitler bis Putin) und freiheitlichen (von ständestaatlichen bis zu republikanisch-demokratischen) andererseits behauptet, die es historisch für die unterschiedlichen Autoren des *Hochland*-Kreises, die in Kategorien wie Monarchie, Ständestaat, Diktatur usw. dachten, nicht gegeben hat. Kurzum, das aus der aktuellen politischen Diskussion abgeleitete Beschreibungsvokabular (wie Dissidenz, Nonkonformität, Heterodoxie) verhält sich anachronistisch zu den beschriebenen Gegenständen. Und die politisch m. E. wichtige Frage nach den massiven Verstrickungen des Katholizismus mitsamt seinen Institutionen, Verlagen, Zeitschriften, Buchreihen, (Pfarrei-)Bibliotheken in das NS-Regime ist damit diskussionslos umgangen, das heißt die Analyse des allzu konformistischen Nicht-Widerstands der katholischen Kirche, damit aber auch die gerade für den *Hochland*-Kreis wichtige Frage nach dem Verhältnis der (minoritären) non-konformen zu den mehrheitlich konformen Teilen des Katholizismus. Guenter Lewy fasste das Verhältnis 1964 in den lapidaren Satz: »Katholiken, die aktiv gegen das Hitler-Regime gekämpft haben, waren Rebellen nicht nur gegen den Staat, sondern gegen ihre eigene Kirchenautorität.«[2] Letztere wachte bekanntlich auch über die katholische Publizistik. Gewissermaßen ›verdeckt‹ fällt damit die *implizite* These Mateescus vom engagierten katholischen Widerstand hinter die katholische Aufklärungsarbeit bezüglich der Rolle der Kirche unterm Hakenkreuz zurück, wie sie Ende der 1950er und Anfang der 1960er Jahre geleistet worden war, prominent von Ernst-Wolfgang Böckenförde, der erste namhafte Katholik, wie es im Nachruf von Gregor Tischler heißt, »der sich kritisch und dezidiert mit der Rolle seiner Kirche in der Zeit des Nationalsozialismus auseinandersetzte«[3] – und zwar im *Hochland*.[4]

Clemens Pornschlegel

---

[2] Guenter Lewy: The catholic church and Nazi Germany. London 1964, S. 309.
[3] Vgl. Gregor Tischler: Ein katholischer Aufklärer. Ernst Wolfgang Böckenfördes fast vergessene Verdienste um die Kirche. In: imprimatur, 52 (2019), Heft 2. Vgl.: http://www.imprimatur-trier.de/hefte.html [aufgerufen: 14. Juni 2024].
[4] Vgl. Ernst-Wolfgang Böckenförde: Das Ethos der modernen Demokratie und die Kirche. In: Hochland, 50 (1957/58), S. 4–19

Patricia F. Blume: Die Geschichte der Leipziger Buchmesse in der DDR. Literaturtransfer, Buchhandel und Kulturpolitik in deutsch-deutscher Dimension. Berlin/Boston: De Gruyter/Saur 2024, 780 S., 128 Abb., 22 Tab., 69,95 €, ISBN 978-3-11-131596-6; zugleich über das Open Access-Programm als PDF-Datei kostenlos runterladbar unter https://www.degruyter.com/document/doi/10.1515/9783111317076/html

Patricia F. Blume (ehemals Zeckert) legt nach 16-jähriger Forschung ihre lang erwartete (und am Ende zu Recht mit summa cum laude bewertete) Dissertation vor. Das voluminöse Großwerk ist weit mehr als eine Geschichte der Leipziger Buchmesse zwischen 1946 und 1998. Es bietet zugleich eine branchenspezifische deutsch-deutsche Kultur- und Wirtschaftsgeschichte seit Ende des Zweiten Weltkrieges sowie eine Beziehungsgeschichte der Börsenvereine in Leipzig und Frankfurt am Main.

Das Werk gliedert sich in fünf große Abschnitte, die jeweils ein eigenes Fazit haben, und ist reichhaltig mit historischen Fotos, Graphiken und Tabellen versehen. Der Text von insgesamt mehr als zwei Millionen Zeichen enthält gut 2.800 Fußnoten, die neben Quellenverweisen teilweise auch zeithistorische Zusatzinformationen und Einordnungen aufweisen. Die Autorin bedient sich einer deskriptiv-analytischen Methode, wie sie in der Einleitung schreibt, und will die Entwicklungsgeschichte der Buchmesse in Leipzig als »Triebfeder des deutsch-deutschen Buchaustauschs« (S. 10) darstellen, wobei sie besonders die Gleichzeitigkeit von ideologischem Gegner und wirtschaftlichem Partner interessiert (S. 13).

Nach einem mit rund 50 Seiten relativ knappen ersten Kapitel, das die Anfänge von 1946 bis zur Währungsreform von 1948 beschreibt, behandelt das gut 200 Seiten starke zweite Kapitel, das mit »Konsolidierung und Krise« überschrieben ist, die Zeit zwischen 1949 und 1963. Die Zäsuren erfolgen hier nicht nach der üblichen Zeitgeschichtsschreibung (Mauerbau 1961), sondern nach den inhärenten Entwicklungsetappen der Messe. Dafür stehen im Jahr 1963 das veränderte Unterstellungsverhältnis der Veranstalter beim Messeamt (neben dem Außenhandelsministerium auch die Hauptverwaltung Verlage im Kulturministerium) und der Umzug ins neue Messehaus am Markt. Thematisiert werden in diesem Kapitel u. a. die zunehmende Konkurrenz gegenüber den Messen in Frankfurt am Main und Warschau sowie das verhärtete innerdeutsche Verhältnis, gekennzeichnet von Konfrontation und Abschottung.

Im dritten Kapitel mit 120 Seiten geht es um die Zeit bis zum Abschluss des deutsch-deutschen Grundlagenvertrages Ende 1972 und das Kräftemessen während der 1960er Jahre. Nach der politischen Verschärfung infolge des Mauerbaus und der anschließenden Boykottpolitik durch den bundesdeutschen Börsenverein fand die Messe allmählich zu sich selbst und gewann mit der feierlichen Eröffnung und der Verleihung des Leipziger Gutenberg-Preises sowie den Auszeichnungen für die »Schönsten Bücher der Welt« Stück für Stück ein eigenes Profil. Aufsehen erregten bald auch die internationalen Pressekonferenzen, die stets zu Beginn der Buchmesse stattfanden.

Das inhaltlich gewichtigste und umfangreichste vierte Kapitel (260 Seiten) ist der Phase der Entspannungspolitik und vorsichtigen kulturellen Öffnung zwischen 1973 und 1989 gewidmet. Mit der weltweiten Anerkennung der DDR und den daraus resultierenden stärkeren Auslandskontakten war damals auch eine Perfektionierung der Kontrollen im Innern verbunden. Daher wurde von staatlicher Seite ein ausgeklügeltes System der mehrfach gestaffelten Zensur der ausgestellten Bücher entwickelt, das die Autorin auf gut 50 Seiten porträtiert. Hinzu kam eine verschärfte Überwachung der Besucher und der Autoren-Lesungen durch das Ministerium für Staatssicherheit (MfS), wofür im Buch weitere 40 Seiten verwendet werden. Ab Anfang der 1980er Jahre konstatiert die Autorin eine deutliche Zunahme der Vertragsabschlüsse auf der Messe sowohl beim Mitdruck- und Lizenzexport als auch bei den Druckaufträgen. Die verstärkte Annäherung der beiden Börsenvereine fand ab 1984 ihren Niederschlag in der zusätzlichen Präsenz vieler bundesdeutscher Verlage an einem großen Stand der Frankfurter Buchmesse, was wiederum die Attraktivität der Leipziger Messe beim Publikum erhöhte und regelmäßig zu langen Warteschlangen führte.

Das abschließende kleine fünfte Kapitel (20 Seiten) streift die Entwicklung seit 1990, stellt die zeitweilig heftigen Debatten um den Erhalt des Messestandorts Leipzig vor und arbeitet die Leistungen des Bertelsmann Buchclubs bei der Schaffung des Veranstaltungsmarathons »Leipzig liest« heraus. Damit konnte der Weg hin zu einer attraktiven Publikumsmesse im Frühjahr geebnet werden, mit der die internationale Frankfurter Lizenzmesse im Herbst sinnvoll ergänzt wird.

Die fünf Hauptkapitel des Buches sind in insgesamt 90 Unterkapitel aufgeteilt, in denen das ganze Füllhorn an gesammelten Detailfakten ausgeschüttet wird. In der Recherche für die große Arbeit wurden über die vielen Jahre knapp 400 Quellenpublikationen und Fachveröffentlichungen sowie rund 350 Archivbestände ausgewertet, wie man dem Anhang entnehmen kann. Hinzu kamen noch 18 Zeitzeugeninterviews. Gewiss, auf diese Weise konnte ein umfassendes Gesamtbild der Leipziger Buchmesse in ihrer zeitgeschichtlichen Eingebundenheit erarbeitet werden, doch als Leser fühlt man sich von der Unmenge des Materials zuweilen erschlagen. Man fragt sich dann, ob man wirklich jede Verästelung in der Entwicklung mitvollziehen muss und ob beispielsweise das lang andauernde Kompetenzgerangel in der sich oft verändernden DDR-Bürokratie von bleibender Bedeutung ist. Hier hätte man sich gewünscht, dass bei dem deskriptiv-analytischen Herangehen etwas weniger Deskription und etwas mehr kompakte Analyse vorhanden wäre.

Bei der überbordenden Faktenmenge bleibt es dann nicht aus, dass sich die Autorin mit einzelnen Jahresangaben auch mal vertut – das 200. Jubiläum des Börsenvereins beispielsweise war nicht im Jahr 2000, sondern findet erst 2025 statt (S. 17 und 18) – oder wichtige Jahresbezüge vergessen werden. Dies ist in einem Fall sogar von persönlichkeitsrechtlicher Bedeutung. Wenn die Autorin auf S. 583 pauschal behauptet, »die Leiter der Verlage Aufbau, Reclam sowie Volk und Welt waren beflissen für das MfS tätig«, ohne dies historisch einzugrenzen, macht sie aufrechte Verleger wie etwa Elmar Faber, der den Aufbau-Verlag von 1983 bis 1992 leitete, ebenfalls zu einem Stasi-Zuträger, obwohl er dies erwiesenermaßen nicht war.

Sprachlich ist die Arbeit erfreulich flüssig und durch die lange Entstehungszeit auch ein Spiegelbild der jüngeren Sprachentwicklung. So kann man noch von Sympathisantinnen und Sympathisanten lesen, mehrheitlich hat man es aber mit Kulturjournalist:innen und Schriftsteller:innen zu tun oder mit »westdeutschen Verlagsmitarbeitenden« und »DDR-stämmigen Schreibenden«.

Alles in allem steht der buchwissenschaftlichen Fachwelt nunmehr ein höchst informatives, quellengesättigtes Grundlagenwerk zur Verfügung, das in seiner Breite und Tiefe kaum zu übertreffen ist und reichlich Anknüpfungsmaterial für künftige Forschungen bietet.

Christoph Links

Anhang

Björn Biester

Historische Kommission des Börsenvereins des Deutschen Buchhandels e. V. – Bericht 1. Juni 2023 bis 31. Mai 2024

Jahresversammlung

Die turnusgemäßen Jahresversammlungen der Historischen Kommission im Berichtszeitraum fanden am 13. Juni 2023 in der Ludwig-Maximilians-Universität in München sowie am 5. März 2024 in der Staatsbibliothek zu Berlin statt. An die Zusammenkunft in München, in deren Rahmen Thedel v. Wallmoden (Göttingen) und Christine Haug (München) von den anwesenden ordentlichen Mitgliedern als Vorsitzender beziehungsweise stellvertretende Vorsitzende der Kommission bestätigt wurden, schloss sich ein Abendvortrag von Thomas Kaufmann (Göttingen) über ›Luther als Druckmacher. Beobachtungen zu Buchdruck und Reformation‹ an.

Die nächste Jahresversammlung der Historischen Kommission findet voraussichtlich Anfang März 2025 im Deutschen Buch- und Schriftmuseum der Deutschen Nationalbibliothek in Leipzig statt.

Publikationen

2023 erschienen der umfangreiche Band 3/2 (»Drittes Reich«; Abschluss) der *Geschichte des deutschen Buchhandels im 19. und 20. Jahrhundert*, herausgegeben von Ernst Fischer und Reinhard Wittmann, sowie Band 5/2 (DDR), herausgegeben von Christoph Links, Siegfried Lokatis und Klaus G. Saur in Zusammenarbeit mit Carsten Wurm; ein dritter und abschließender Teilband zur DDR-Buchhandels- und Verlagsgeschichte folgt im Oktober 2024 zur Frankfurter Buchmesse.

Band 4/1 (Bundesrepublik Deutschland, Kontinuität und Neuanfang 1945 bis 1949), herausgegeben von Stephan Füssel in Zusammenarbeit mit Anke Vogel, steht kurz vor der Fertigstellung und liegt voraussichtlich im Spätherbst 2024 vor.

Band 78 des *Archivs für Geschichte des Buchwesens* (AGB), redaktionell betreut von Johannes Frimmel, Christine Haug und Carsten Wurm, ist zum Jahresende 2023 erschienen. Band 79 befindet sich in Vorbereitung.

Ebenfalls in Vorbereitung ist eine von Christine Haug und Stephanie Jacobs unter Beteiligung zahlreicher Kommissionsmitglieder herausgegebene Publikation zum 200jährigen Jubiläum des Börsenvereins, das 2025 ansteht.

Sonstige Aktivitäten

Wulf D. v. Lucius (Stuttgart), korrespondierendes Mitglied der Kommission, ist im April 2024 mit dem Bundesverdienstkreuz am Bande ausgezeichnet worden.

Caroline Jessen, Mitarbeiterin des Leibniz-Instituts für jüdische Geschichte und Kultur – Simon Dubnow e.V. in Leipzig und korrespondierendes Mitglied der Kommission, ist im Januar 2024 in das Junge Forum der Sächsischen Akademie der Wissenschaften zu Leipzig (Philologisch-historische Klasse) aufgenommen worden.

Thedel v. Wallmoden, ordentliches Mitglied und seit 2017 Vorsitzender der Kommission, wurde am 17. Juni 2023 65 Jahre alt. Aus diesem Anlass erschien im Wallstein Verlag in Göttingen die Festschrift *Wir bauen Archen. Essays und Reden*, herausgegeben von Thorsten Ahrend, Christoph König und Nikola Medenwald. Im *Börsenblatt* sowie im *Buchmarkt* erschienen Glückwunschartikel von Andreas von Stedman beziehungsweise Hans Frieden.

Mitgliederentwicklung

Neues korrespondierendes Kommissionsmitglied ist seit Dezember 2023 Mona Garloff (Innsbruck).

Im August 2023 ist Hans Altenhein (Bickenbach) aus der Kommission, der er als korrespondierendes Mitglied angehörte, ausgeschieden.

Siegried Lokatis (Leipzig), bisher ordentliches Mitglied der Kommission, gehört ihr nun als korrespondierendes Mitglied an.

Murray G. Hall, langjähriges korrespondierendes Mitglied der Kommission und Mitarbeiter der *Geschichte des deutschen Buchhandels im 19. und 20. Jahrhundert* sowie des *Archivs für Geschichte des Buchwesens* ist am 4. September

2023 in Wien nach schwerer Krankheit gestorben. Ein Nachruf von Johannes Frimmel steht auf der Website der Gesellschaft für Buchforschung in Österreich.

Eine aktuelle Übersicht über die ordentlichen und korrespondierenden Mitglieder der Historischen Kommission findet sich auf der Webseite des Börsenvereins unter www.boersenverein.de/boersenverein/ueber-uns/historische-kommission-des-boersenvereins

Horst Kliemann Stiftung für Geschichte des Buchwesens

Mit den Mitteln der von der Historischen Kommission verwalteten Horst Kliemann Stiftung für Geschichte des Buchwesens wurden wie in den Vorjahren vor allem Arbeiten im Zusammenhang der *Geschichte des deutschen Buchhandels im 19. und 20. Jahrhundert* unterstützt.

Register (Personen, Verlage, Buchhandlungen, Druckereien, Bibliotheken)

Abel & Müller, Verlag 44
Abraham a Santa Clara 104
Adams, Thomas 236–237
Adelbulner, Johann Ernst 104
Adler, H. G. 137, 139–143, 149–150
Agthe, Curt 20
Ahrend, Thorsten 271
Ajouri, Philip 245
Akademie der bildenden Künste Nürnberg 96
Akademische Buchhandlung München 78
Albert, Dr. E., Verlag 119
Albertini, Rudolf 73
Albrecht, Dieter 73
Alemann & Cía., Verlag (Buenos Aires) 198, 219–220, 223
Alexander der Große 73
Allegro Buch- und Musikverlag 21
Altenhein, Hans 51–52, 56, 58, 65–78, 271
Alverdes, Paul 127–128
Amann, Max 155–156, 159–160, 167, 170, 173, 175, 177
Ammers-Küller, Jo van 33
Amt Schrifttumspflege in der Reichsstelle von Alfred Rosenberg 157–158, 160, 167
Andersch, Alfred 183
Andersen, Hans Christian 18
Andrä, Jacob Carl 12, 26
Andreas, Willy 57, 69–70
Anrich, Ernst 61
Anton, A. & Co., Verlag 44–45
Aristoteles 140, 143
Arlen, Michael 238
Arndt, Boto 44
Arnold, Matthew 234
Arriens, Carl 18
Asendorf, Manfred 61
Aubin, Hermann 61
Auer, Annemarie 183
Auer, Johann Paul 95
Auerbach, Ludwig 5
Aufbau-Verlag 270
Austen, Jane 234

Babinger, Franz 70
Bach, J. G., Verlag 12
Bachmair, Heinrich F. S., Verlag 121, 125
Backe, Herbert 164, 166
Bahr, Hermann 119
Ball, Hugo 119
Balzac, Honoré de 9, 31, 36
Bamm, Peter 71
Barbian, Jan-Pieter 112, 128
Barbier, Frédéric 251
Bartels, Max 34
Barwell, Gavin 235
Bauer, Erwin Heinrich, Pseudonym Isidor Feilchenfeld 7–8
Bauer, Wilhelm 57
Baumbach, Rudolf 20
Baur, Wilhelm 155, 167

Bayerische Staatsbibliothek 111–112, 130
Bayersdorfer, Adolf 119
Baykal, Kazim 76
Beardsley, Aubrey 237
Beck, Andreas 206
Beck, C. H., Verlag 57
Becker, Otto 61
Beecke, Henri 19
Behr's Verlag, B. 13
Behrendt, Gerd 183
Behrens, Peter 19
Behringer, Wolfgang 59–60
Bellamy, Edward 235
Belloc, Hilaire 234
Ben-Gavriêl, Moscheh Ya'akov 71–74, 76, 78
Benary, Albert 38
Benvenuta, eigentlich Magda von Hattingberg 120
Benzing, Josef 88
Bergengruen, Werner 266–267
Berger, Arthur 30, 32
Bergman(n), Shmuel Hugo 138, 143
Bermann Fischer, Gottfried 52
Bertelsmann Buchclub 269
Bertelsmann, C., Verlag 156, 159, 171
Bertsch, Karl 116
Bertuch, Friedrich Justin 252
Berve, Helmut 73
Betzner, Anton 183, 185
Beumelburg, Werner 154
Bibliographische Anstalt Adolph Schumann, Verlag 7
Bibliographisches Institut 44
Bieling, Lorenz 104
Bierbaum, Otto Julius 117–119, 126, 134
Binder, Hannes 212, 215
Binder, Hartmut 145–148
Binder, Heinrich 16
Binding, Rudolf G. 127, 130
Birke, Ernst 76
Birken, Sigmund von 95–97, 99–100, 102
Bismarck, Otto von 12, 59, 75
Bitaubé, Paul-Jérémie 252
Blaschke, Olaf 57
Blech, Leo 23
Blei, Franz 26, 35–36, 45, 119, 121, 124
Bloch, Ernst 261
Bloem, Walter 28, 39, 42, 45
Bloomsbury Academic, Verlag 262
Blücher, Gebhard Leberecht von 12
Blume, Patricia F. 269
Blunk, Hans Friedrich 128
Blüthgen, Victor 23
Boccaccio, Giovanni 7, 12, 22, 25, 36
Böckenförde, Ernst-Wolfgang 268
Böckler, Georg Andreas 94
Boehm, Max Hildebert 62
Böhlau Verlag 57
Bondi, Georg, Verlag 21

Bondy, Josef Adolf 146
Bonenberger, Hansheinrich 52
Bonfadelli, Heinz 243–244
Bonsche Buchhandlung, Sortiment (Königsberg/Pr.) 113
Bonsels, E. W., Verlag 121
Bonsels, Waldemar 26
Book of the Month Club, Buchgemeinschaft 238
Börsenverein der Deutschen Buchhändler (Leipzig) 13, 43, 229–230, 269
Börsenverein des Deutschen Buchhandels (Frankfurt am Main) 56, 112, 131, 134, 229–231, 269–270
Bosl, Karl 66
Böttcher, Alfred Reinhold 183
Böttiger, Carl August 247–250
Bouhler, Philipp 158
Bracher, Karl Dietrich 72–73
Brandenburg, Hans 127–128
Brandenburg-Polster, Dora 128
Brandt, Gustav 11
Braubach, Max 63
Braun, Felix 121
Braunagel, Paul 19
Brendicke, Hans 4
Britting, Georg 130
Brockhaus, F. A., Verlag 5–6
Brockhaus, Friedrich Arnold 247–250
Brod, Marianne 147–148
Brod, Max 138–139, 147–148, 150
Brod, Otto 147–148
Brod, Terezie 147–148
Brogi, Susanna 140
Bromelius, Thomas 244
Bruckmann, F., Verlag 22, 56
Bruneck, Otto von 19
Brunner, Hellmuth 73
Brunner, Jakob 56
Brunner, Otto 57, 61
Bruns-Simon, Charlott(e) 33
Brusch, Kaspar 102
Buber, Martin 138
Buchan, John 236
Bücherstube Horst Stobbe, Sortiment und Antiquariat (München) 111–136
Buchhändler-Vereinigung GmbH 230
Buchner, Rudolf 61
Bugra, Internationale Ausstellung für Buchgewerbe und Graphik 123
Bund Deutscher Gebrauchsgraphiker 125
Bund für Deutsche Schrift 130
Bundesarchiv Berlin 112, 128
Burckhardt, Carl 71
Burckhardt, Jacob 267
Burkholz, Gerhard 188–189, 192, 214
Burroughs, William S. 238
Busch, Fritz Otto 156
Busch, Wilhelm 32
Bussmann, Walter 63
Buttmann, Rudolf 130

Campbell, David 239
Čapek, Karel 144

Carl August, Großherzog von Sachsen-Weimar-Eisenach 251
Carl Gustav Pfalzgraf von Zweibrücken 98
Carlyle, Thomas 234
Carossa, Hans 127, 130
Carpenter, Edward 236
Casanova, Giacomo 22, 26, 30, 36
Caymox, Balthasar 91–93, 105
Caymox, Cornelius d. Ä. 91
Caymox, Cornelius d. J. 91
Caymox, Hubertus 91
Caymox, Johann 91
Caymox, Peter 91
Chéruel, Pierre Adolphe 58
Chamisso, Adalbert von 20
Chartier, Roger 203
Chesterton, Gilbert Keith 234
Choderlos de Laclos, Pierre 30, 36
Columbus, Christoph 73
Conrad, Michael Georg 112, 118–119, 121
Constant, Benjamin 252
Conze, Werner 61
Cooper, James Fenimore 25
Cornides, Karl von 51–52, 57, 61–62
Cornides, Wilhelm von 56, 70
Correggio, Antonio da 245
Cortés, Hernán 69, 73
Costenoble, Hermann, Verlag 12, 17
Cotta, Johann Friedrich 249–250, 252
Cremer, Wilhelm 25–26
Cron, Clara, eigentlich Klara Weise 4–7

Dahlmann, Pierre 13
Dahm, Hellmuth Günther 70
Dancker, Ernst 44
Daudet, Alphonse 12
Daun, Berthold 19
De Gruyter, Verlag 269
Defoe, Daniel 238
Dehmel, Richard 119
Dell, Ethel M. 238
Delmont, Joseph 30, 36
Delphin-Verlag 121
Delvard, Marya 126
Dempf, Alois 266–267
Dent, Hugh 237–238
Dent, Joseph Malaby 233–240
Deutsche Buch- und Vertriebsstelle Frieda Henius 44
Deutsche Buch-Vertriebsstelle Kurt Hofmeier 44
Deutscher Taschenbuch Verlag 78
Deutscher Werkbund 114, 122–123
Deutscher-National Verlag 37
Deutsches Literaturarchiv Marbach 112, 137, 139–140, 142, 145, 147, 250
Dickens, Charles 234
Diederichs, Eugen 120–122
Diederichs, Ulf 121
Diem, Carl 33
Diesterweg, Moritz, Verlag 65, 214, 220, 223
Dilherr, Johann Michael 94
Disselhoff, Hans Dietrich 69–70, 73–74
Dodeshöner, Werner 231

Dohm, Heinz 209
Doré, Gustave 12
Döring, Jörg 52
Doyle, Conan 35, 44
Drake, Francis 69
Drews, Jörg 52
Drews, Richard 183
Dreyer, Alfred 183
Dubbels, Elke 261
Dultz, Alfred 114–115
Dumas, Alexandre d. Ä. 31
Dütschke, Hans 12
Dutton, E. P., Verlag 233–234
Dwinger, Edwin Erich 154

Ebert, Friedrich Albert 251
Ebert, Karl 122–123
Eckart, Christoph Gottfried 255
Eggebrecht, Jürgen 159
Ehlers, Heinrich 124
Ehmcke, Fritz Helmuth 120, 123–125
Ehrhart-Dachau, Otto 130
Ehrke-Rotermund, Heidrun 265
Eich, Günter 159, 185–187
Eimmart, Georg Christian d. Ä. 95
Eimmart, Regina Christina 95
Einstein, Albert 54, 61
Eisen, Heinrich 153–180
Elisabeth Kaiserin von Österreich 57
Endter, Caspar 99
Endter, Georg Andreas 103
Endter, Georg d. J. 99
Endter, Johann Friedrich 99–100, 106
Endter, Matthäus d. J. 99
Endter, Michael 99–100, 106
Endter, Wolfgang d. Ä. 93, 96
Endter, Wolfgang d. J. 105
Endter, Wolfgang Moritz 95–96
Engel, Hugo, Verlag 3
Enzensberger, Hans Magnus 77, 79
Epstein, Siegmund Stephan 15, 23
Erber-Bader, Ulrike 121
Erckmann, Rudolf 158
Erdmann, Karl Dietrich 73
Erler, Fritz 126
Erné, Nino 186
Ernstberger, Anton 73
Eschenburg, Theodor 73
Ettighoffer, P. C. 154
Eulenberg, Herbert 28
Eyk, Piet van 35

Faber, Elmar 270
Faber, Will 30
Fabris, Salvator 91
Faktor, Emil 146
Falckenberg, Otto 127
Federn, Karl 25, 37
Felger, Friedrich 14
Fetzer, Günther 52, 244

Feuerstein-Herz, Petra 244, 246
Feuling, Daniel 266–267
Fichte, Johanna Gottlieb 255
Fikentscher, H., Verlag 45
Fincke, Karl 113
Fischer's Verlag, Adalbert 7
Fischer, Bernhard 247
Fischer, Ernst 271
Fischer, Hans Erasmus 36, 44
Fischer, S., Verlag 53–56, 63–64, 67–68, 77–78
Flaubert, Gustave 9, 28, 30–31
Fleisser, Marieluise 183, 185–186
Floerke, Hanns 124
Fock, Gustav, Großantiquariat 21
Foerster, Carl 33
Foerster, Wolfgang 37
Folger Shakespeare Library 243
Fontane, Theodor 262–264
Foyle Special Collections Library, King's College London 139
France, Anatole 30
Franck'sche Verlagshandlung 44
Francke Verlag 51, 55–56, 68, 77
Franco, Francisco 70
Frankau, Gilbert 238
Franke, Herbert 69
Franke, Wolfgang 70, 73
Frankfurter Buchmesse 269
Frankl, Siegfried, Verlag 7
Fränkl-Lundborg, Otto 185
Franklin, Benjamin 12
Franz Joseph I., Kaiser von Österreich 57
Franz, Günther 56–61, 64–66, 69, 73
Franzel, Emil 58
Frauendienst, Werner 57, 76
Freund, Julius 4
Freund, Leopold, Verlag 5
Freund, Michael 61, 63
Freytag, Gustav 29–30
Frieden, Hans 271
Friedjung, Heinrich 22
Friedrich I. Barbarossa, römisch-deutscher Kaiser 73
Friedrich II., römisch-deutscher Kaiser 76
Friedrich Wilhelm, Kurfürst von Brandenburg 43
Frimmel, Johannes 271–272
Froberger, Christian Sigismund 100, 102
Fromm, Waldemar 126
Froude, James Anthony 234
Fuchs, Rudolf 146
Fuchs, Walther Peter 59
Fuhrmann, Valentin 88
Fulda, Ludwig 19
Funck, David 95, 99–100, 102, 104
Funck, Johann Caspar 102
Funck, Regina Catharina 102
Fürst, Paulus 91, 93–96, 101–102, 104–105
Fürst, Susanna Helena 93
Füssel, Stephan 271

Gaffrey, Willy 33
Gagern, Heinrich von 71

Gaitanides, Johannes 69–70
Gallas, Elisabeth 140, 143
Galsworthy, John 238
Ganz, David 244
Garloff, Mona 271
Gedeler (Goedeler), Elias von 96
Geibel & Brockhaus, Verlag 11, 17
Geissler, Valentin 88
George, Stefan 122
Gerhard, Christoph 97
Germer, Kerstin 246
Gerstäcker, Friedrich 17, 22, 45
Gerstung, Wilhelm, Verlag und Druckerei 129
Gesellschaft der Bibliophilen 124
Gesellschaft der Münchner Bibliophilen 124
Gesellschaft der Münchner Bücherfreunde 124–125, 130
Ghettozentralbücherei im Konzentrationslager Theresienstadt 141
Giampietrino, eigentlich Giovanni Pietro Rizzoli 245
Gibbs, Wolcott 238
Gisbert, Erich 33
Gnadenfeld & Co., Großantiquariat 8
Goebbels, Johann Philipp 255
Goebbels, Joseph 42, 157, 166, 177
Goede, Arnt 60
Goethe, Johann Wolfgang 12, 28, 43, 252, 267
Goetz, Walter 59
Goldfriedrich, Johann 232
Goldschmidt, Albert, Verlag 6
Goldschmitt, Bruno 121, 123, 126
Goldsmith, William 237
Gollancz, Israel 237
Gollhardt, Heinz 52
Gollwitzer, Heinz 66
Göpfert, Herbert G. 52
Göring, Hermann 166
Gorki, Maxim 19
Görres, Joseph 267
Göschen, G. J., Verlag 54
Goten-Verlag 44
Goverts, H., Verlag 74
Grabbe, Katharina 259
Graevenitz, Gerhard von 263
Graf, Oskar Maria 128
Gräfe und Unzer, Verlag und Sortiment 254–256, 258
Gräfe, Heinrich Eduard 255
Graff, Johann Andreas 102
Grassi, Ernesto 54–55, 67
Green, A. K. 35
Gressner & Schramm, Verlag 6
Grethlein, Verlag 19
Grieb, Manfred 88
Grieben, Th., Verlag 34
Griesbach, C. B., Großantiquariat 21
Grimm, Hans 18, 39, 161
Groener, Wilhelm 38
Grote, Hans Henning Freiherr 38
Grothe, Wolfgang 183
Grotjohann, Philipp 20
Grumach, Ernst 141
Grunenberg, Arthur 28

Gruyter, Walter de, Verlag 57, 265
Guardini, Romano 266
Guenther, Johannes von 121
Guggenheim, Ernst 18
Gulbransson, Olaf 123
Gumppenberg, Hanns von 119
Gundolf, Friedrich 139
Günter, Manuela 263
Günzel, Johannes 105
Gurlitt, Cornelius 21

Haack, Arwin 43–44
Haar, Ingo 59
Haas, Willy 146
Habermann, Paul 43
Habsburg, Otto von 69–70
Haecker, Theodor 266–267
Häftlingsbücherei des Konzentrationslagers Buchenwald 142
Häger, Frank 256
Halbe, Max 119, 121, 127
Halbmaier, Simon 91, 105
Halbreiter, Bernhard 123
Hall, Murray G. 271
Halle, Julius, Antiquariat (München) 129
Hammurabi von Babylon 73
Hampel, Bruno 183
Hannay, Richard 236
Hardekopf, Ferdinand 119
Hardenberg, Karl August von 248
Harsdörffer, Georg Philipp 94, 105
Hartleben, Otto Erich 119
Hartmann, Johannes 54
Hartung, Johann Heinrich 255
Haß, Annika 251–253
Hasenclever, Ludwig 56
Hass, Christian 105
Hasse, Friedrich Christian August 248
Hatzfeld, Adolf von 121
Hauck, Karl 73
Haufe, Heinz 209
Hauff, Wilhelm 18, 31
Haug, Christine 112, 115–116, 261, 271
Hausenstein, Wilhelm 121
Hauser, Oswald 73
Heer, Friedrich 73
Hegenbarth, Josef 210, 212, 215, 223
Heiber, Helmut 190
Heichen, Paul, Pseudonym Sally Simon Tilles 4, 7–8
Heidelberg University Publishing 251
Heider, Anton 155
Heider, Markus 155
Heilborn, Adolf 35
Heim-Verlag 36–37, 41
Heimeran, Ernst 126
Heimerdinger, Timo 257
Heine, Thomas Theodor 121–123, 125–126
Held, Hans Ludwig 112, 124, 128, 134
Hellingrath, Norbert von 120
Helm, Clementine 4
Helmolt, Hans F. 37

Helmstetter, Rudolf 263
Hempel, Ferdinand 250
Henius & Co. Verlagsgesellschaft m.b.H. 43–45
Henius, Emma 6, 14, 47
Henius, Frieda 20, 43–44, 46–47
Henius, Julius (genannt Julian) 1, 5–6, 8, 13–14, 16, 47
Henius, Klaus 20, 43, 46–47
Henius, Kurt 6, 45
Henius, Max 1–2, 6, 13–14, 16, 20–22, 26, 36, 42–47
Hennig, Richard 32
Hennings, Emmy 119
Hensel, Georg 182
Hentig, Werner Otto von 72
Hermand, Jost 190
Hertz, Johann Jobst (Hiob) 104
Herzfeld, Hans 63
Herzog, Rudolf 29–31
Heß, Albert 230
Hess, Rudolf 128–129
Hesse, Hermann 119
Heuß, Alfred 73
Heußler, Sebastian 91
Heuss, Theodor 231
Hey, Paul 19, 23
Heydrich, Reinhard 139
Heymel, Alfred Walter 119, 121
Heyne, Wilhelm, Verlag 202–203, 210, 219, 223
Hildebrand-Schat, Viola 244
Hildebrandt, Günther 124
Hille, Peter 119
Hillebrandt, Frank 245
Hiltl, Georg 27
Hindenburg, Paul 37–38
Hinkel, Hans 44
Hirsch, Emil 124
Historische Kommission des Börsenvereins des Deutschen Buchhandels 231, 271
Hitler, Adolf 43, 45, 58–61, 63–64, 130–131, 154–155, 160–161, 163–165, 167, 170, 172, 174, 176, 202
Hnilica, Irmtraud 261
Hobbing, Reimar, Verlag 45
Höcker, Oskar 4–5
Hockerts, Hans Günter 265
Hoerschelmann, Rolf von 118, 121, 124
Hoeschen, Hans 171
Höfele, Karl Heinrich 73
Hofer, Walther 62–65
Hoffmann, E. T. A. 29, 125
Hoffmann, Johann 94–98, 102, 104
Hofmann, Else 27
Hofmann, Marta 213, 215, 223
Hofmannsthal, Hugo von 118
Hofmeier, Kurt 44
Hohenhausen, Elise von 4
Hohoff, Curt 74
Holbein, Friedrich 19
Hölderlin, Friedrich 120
Hollaender, Victor 23
Holz, Arno 119
Holzer-Kawałko, Anna 141

Hölzle, Erwin 61, 69–70, 74
Homann, Johann Baptist 102
Horst Kliemann Stiftung für Geschichte des Buchwesens 272
Hosemann, Theodor 28
Hotop, Gerhard M. 53, 67–68, 74, 78
Howard, Ebenezer 233, 235, 237, 240
Hubatsch, Walther 61
Huber, Therese 247
Hugo, Victor 7, 29–30
Humboldt, Alexander von 12
Humperdinck, Engelbert 23
Huter, Franz 76
Hyne, C. J. Cutliffe 35
Hyperion-Verlag 121–122

Insel-Verlag 121–122, 124
Isensee, Verlag 259
Isselburg, Peter 91–92, 98, 105

Jacobs, Stephanie 271
Jacoby-Boy, Martin 24
Jaffe, Heinrich 112, 115
Jamnitzer, Christoph 92
Jarosy, Anton 27
Jeremias, Alfred 142
Jessen, Caroline 271
Johansen, Henri 183
Johst, Hanns 128
Jolowicz, Jacques 8, 21
Jost, Heinrich 121
Juncker, Axel, Verlag 45, 119
Jünger, Ernst 37–38, 42
Junior, Richard 38
Justinus, Oskar 4
Jutz, Adolf 123

Kaehler, Siegfried 63
Kafka, Franz 137–139, 143, 145–150
Kamp, Norbert 73
Kampe, Walther 266
Kampfbund für Deutsche Kultur 130
Kampmann, Elisabeth 52
Kant, Immanuel 255
Kantorowicz, Alfred 182
Kapp, Friedrich 231
Karl der Große, Kaiser 12
Karl V., römisch-deutscher Kaiser 69
Karnick, Manfred 185
Karpfhammer, Hans 134
Kauer, Edmund Th. 45
Kauffmann, David 105
Kaufmann, Jean-Claude 257
Kaufmann, Thomas 271
Kaznelson, Siegmund 47
Keiper, Wilhelm 201
Keller, Gottfried 29, 262
Keller, Rolf 231
Kessler, Georg 254–258
Kesten, Hermann 185
Keyser, Erich 61

Keyserling, Eduard von 119
Kiepenheuer, Gustav 121
Kieser, Eberhard 93
Kilian, Philipp 98
Kinderbuchverlag Berlin 213, 223
Kippenberg, Anton 120–121, 125
Kippenberg, Katharina 120–121
Kitzinger, Erwin 219
Klabund, eigentlich Alfred Henschke 25
Klähn, Friedrich 156–157, 167–175, 177
Klebel, Ernst 62
Klein, Bernhard 10
Klein, Woldemar, Verlag 32
Klein-Chevalier, Friedrich 20
Kliemann, Horst 51, 56–58, 61–62, 64–68, 70–73, 76, 78, 229–231
Kliemann-Stiftung siehe Horst Kliemann Stiftung
Klimmt, Reinhard 52
Klinckowstroem, Carl Graf 124
Klingmüller, Ernst 72
Klingspor, Gebr., Schriftgießerei 129
Klitschko, Vitali 257
Klitschko, Wladimir 257
Kluke, Paul 73
Knaur, Theodor, Verlag 45
Knoblauch GmbH, Johannes, Verlag und Großantiquariat 21
Knoche, Michael 254–256
Knopf, Alfred A., Verlag 239
Knötel, Richard 19, 27
Knowles, Reginald 235, 240
Koberstein, Hans 20
Koch, Bernhard 255
Koch, Erich 163
Koch, Max 18
Koch-Hanau, Ludwig 26
Köhler, Fr. Eugen, Großantiquariat 21
Kohlhammer, W., Verlag 51, 55–56, 68, 73, 77
Kohlhoff, Wilhelm 44
Kolbenheyer, Erwin Guido 128
Kolbenhoff, Walter 183
Kolumbus, Christoph 12
Kölwel, Gottfried 127–128
Konetzke, Richard 73
König, Christoph 271
Könighausen & Neumann, Verlag 262
Korth 160
Kotzebue, August von 250
Krabbe, Verlag 19
Kraus, Karl 145
Krausnick, Helmut 72–73
Kreienbrink, Walter 43–44
Kreienbrink, Walter & Co. Verlagsgesellschaft m.b.H. 44
Krell, Max 121
Krentzlin, Richard 23
Kretschmann, Jeremias 101
Kreuder, Ernst 183, 186
Kreutel, Richard Franz 73
Kreutzberg, Lola 33
Krieck, Ernst 59
Kritzinger, Hans-Hermann 32
Krüger, Arne 255

Kubin, Alfred 114, 120–121, 125
Kuhbander, Birgit 116, 121
Kuhn, Alfred 32
Kuhn, Axel 243–245
Kühn, Joachim 37, 45
Kühn, Richard 35
Külsner, Michael 105
Kulturelle Verlagsgesellschaft 41
Kunstgewerbeschule München 125, 129
Kusenberg, Kurt 183, 186

Lalor, John Joseph 58
Lamb, Charles 237
Lambert, Käthe 194
Landau, Maskil Moshe Israel 137
Landesbibliothek Oldenburg 259–260
Lang, Andrew 234
Lange & Meuche, Verlag 45
Lange, Theodor 33
Langen, Albert, Verlag 119, 121, 123, 128
Langen-Müller, Verlag 128
Langheld, Wilhelm 17
Lasker-Schüler, Else 147
Latour, Bruno 246
Lauer, Hans 105
Laverrenz, Victor 11
Leavis, Frank Raymond 238
Leavis, Queenie Dorothy 238
Leffler, Fritz 166
Lehre, Wanda 36
Leibniz Verlag 58
Leipziger Buchmesse 7, 21, 42, 255, 269
Leonhard, Ernst 15
Leopold I., römisch-deutscher Kaiser 105
Lessing, Gotthold Ephraim 12
Lewandowski, Sonja 52
Lewes, George Henry 12, 19
Lewy, Guenter 265
Ley, Robert 128
Lezius, Martin 39, 44
Lichtenthaler, Abraham 101
Lieb, Hanns 105
Liliencron, Detlev von 119
Lindauer, Jakob 112, 115
Lindner, F. 27
Links, Christoph 271
Lips, Friedrich 101
List, Heinrich 45–46
Lochner, Christoph 91
Loeff, Wolfgang 43–44
Lohmeyer, Julius 12
Lokatis, Siegfried 271
Löns, Hermann 32
Löppelmann, Martin 43
Lorenz, Rudolf 73
Löwe, Heinz 73
Löwen, Fritz 25–26, 30, 32, 36
Löwit, R., Verlag 36
Lucius, Wulf D. v. 271
Ludwig XVI., König von Frankreich 251

Lukaszewski, Xaver F. A. E. 13
Lukitsch, Kristof 58
Lüsebrink, Hans-Jürgen 251
Lüstenöder, Hans, Verlag 7
Luther, Martin 12, 73, 92, 271
Lutz, Robert, Verlag 35

Maassen, Carl Georg von 124
Macaulay, Thomas Babington 234
Maeterlinck, Maurice 119
Maier, Otto, Verlag 212
Malina, Josef B. 33, 38–39
Malory, Thomas 237
Manitius, Max 17, 22
Mann, Heinrich 119, 121
Mann, Thomas 121, 127, 147
Mantegazza, Paolo (Paul) 12–13, 29, 45
Marcus, Otto 18–19
Marschner, Oswald 11
Martens, Kurt 121
Martin, Alfred von 267
Martin, Rudolf Emil 3
Marx, Karl 252–253
Maschke, Erich 75
Mateescu, Kristina 265–267
Matthießen, Wilhelm 121
Maucher, Honoré de 33
Maupassant, Guy de 9
Max, Gabriel von 119
May, Karl 231
Mayer, Gustav 59
McGillen, Petra 262–264
McKenzie, Donald 233
McNeile, Herman Cyril, Pseudonym Sapper 238
Mecklenburg, Norbert 263
Medenwald, Nikola 271
Mehring, Siegfried 3
Mehring, Sigmar 1, 3–5, 8
Mehring, Walter 5
Meinecke, Friedrich 56, 59
Meissinger, Karl August 71
Meister, Friedrich 27
Mellinger, Friedrich 35
Mendelssohn, Moses 12
Menz, Gerhard 230
Merian, Maria Sybilla 102
Merian, Matthaeus 100
Messeamt Leipzig 269
Metternich, Klemens Wenzel Nepomuk Lothar Fürst von 69
Meurer, Susanne 100
Meyer, Arnold Oskar 59
Meyer, Georg 209
Meyer, Julius 4
Meyrink, Gustav 30, 138
Michaelis, Herbert 73, 76
Michaelis, Karin 28, 33, 45
Michalski, Claudia 52
Michel, Hermann 21
Milton, John 12
Ministerium für Staatssicherheit der DDR 269–270

Molo, Walter von 25, 173
Mommsen, Wilhelm 59
Mommsen, Wolfgang 70, 78
Monacensia im Hildebrandhaus 112
Mookerjee, Girija Kanta 72, 77
Morek, Curt 121
Morgenstern, E. L., Verlag 3, 32
Morris, William 122, 236, 239–240
Mosbach, August 13
Moser, Justin, Verlag 45
Moszkowski, Alexander 32
Mudie, Charles Edward, Verlag 238
Mühsam, Erich 119, 121
Müller, Adam 249
Müller, Georg, Verlag 119, 121–122, 124, 128
Müller, Karl 12, 18
Müller, Karl Alexander von 61
Müller, Wilhelm 17
Müller-Oberhäuser, Gabriele 244
Münchner Lehrwerkstätten 123
Münchner Schule für Illustration und Buchgewerbe 123
Münchner Stadtbibliothek 112
Muris, Oswalt 33–34
Muschler, Reinhold Conrad 42–45
Musset, Alfred de 11
Musterschmidt-Verlag 57, 62, 65–66, 68–71, 79
Muth, Carl 266–267
Muther, Richard 19

Nansen, Fritz 17
Napoleon I., Kaiser von Frankreich 57, 67, 69–71, 73, 247–248, 251–252
Napoleon III., Kaiser von Frankreich 73
Nehlsen, Eberhard 260
Neufeld & Henius, Verlag 1–47
Neufeld & Mehring, Verlag und Antiquariat 1, 3–9
Neufeld, Siegfried 1, 3–5, 8, 13
Neumann, Alfred 121
Neumann, Robert von 28
Neumark, Georg 97
Neurath, Konstantin Freiherr von 138
Niese, Charlotte 19, 27
Nietzsche, Friedrich 267
Nunzer, Engelhardt 97
Nützel, Joachim 96
Nymphenburger Verlagshandlung 222

Oels, David 52
Ohorn, Anton 27
Oken, Lorenz 248
Oldenbourg, Eberhard 57, 61, 76
Oldenbourg, R., Verlag 51–86
Oldenbourg, Rudolf 51, 57, 61, 64–67, 69–72, 74, 78
Oldenbourg, Wilhelm 56, 59
Oppel, Karl 27
Oppenheim, Edward Philipp 35, 45
Ortmann, Wolfgang 23, 25, 27, 36, 41
Orwell, George 236, 238–239
Ostwald, Hans 38, 45
Otruba, Gustav 76
Otto, Franz 27

Paeschke, Gustav 45
Paetsch, Otto 255
Pahlmann, Franz 62
Palleske, Emil 19
Panhuys, Anny von 37
Panizza, Oskar 119
Papen, Franz von 38
Parker, Barry 235
Parteiamtliche Prüfungskommission zum Schutze des nationalsozialistischen Schrifttums 158
Passer, Rolf 144
Paul, Bruno 123
Paul, Morton 52
Paulmy d'Argenson, Antoine René de Voyer 251
Payr, Bernhard 157, 159, 165, 167, 169, 174–175, 177
Pederzani-Weber, Julius 4
Peltzer, Arthus Rudolf 100
Penzoldt, Ernst 127–128
Pesch, Edmund 209
Peters, F. F., Verlag 45
Petry, Ludwig 62
Pfahl, Hermann, Verlag 45
Pfeiffer, Heinrich 39
Pflugk-Harttung, Julius von 37
Pick, Otto 146–147
Pilz, Kurt 100
Piper, Ernst, Verlag 121
Pitroff, Thomas 266
Planck, Willy 19, 27
Ploss, Heinrich 34
Poe, Edgar Allan 30
Poeschel, Ernst 120
Pohl, Gerhard 183
Polgar, Alfred 145
Pollakowsky, Hugo 255
Pompe, Hedwig 260
Popp, Joseph 123
Predöhl, Andreas 61
Preetorius, Emil 123
Prelinger, Kurt 255–256
Preradovich, Nikolaus von 75
Presber, Rudolf 20, 28–29, 31
Priestley, John Boynton 238
Pröhl, Ilse 128–129
Proot, Joran 244
Pulver, Max 121

Raabe, Elisabeth 213
Raabe, Paul 243
Raabe, Wilhelm 262
Rackham, Arthur 234
Radecke, Gabriele 262
Radler, Rudolf 254
Rainer, Thomas 244
Random House, Verlag 239
Ranke, Leopold von 62–63, 65
Ranke-Gesellschaft 51–52, 55, 57, 60–67, 69–72, 76
Rau, Joachim 254
Rauch, Georg von 62, 73
Rauschning, Hermann 62–63

Rautenberg, Ursula 243–246
Reade, Charles 234
Reckwitz, Andreas 243, 245
Reclam jun., Anton Philipp, Verlag 270
Redenbacher, Fritz 100
Regis, Julius 35
Rehfeld, Fabian 23
Reichardt, Rolf 251
Reiche, Helmut Dietlof 162
Reichskulturkammer 112, 129
Reichsministerium für Volksaufklärung und Propaganda 157–159, 177
Reichsschrifttumskammer 42, 128, 130, 155, 157, 160, 177
Reichsstelle zur Förderung des deutschen Schrifttums 157
Reicke, Erich 44
Rein, Gustav Adolf 51–52, 57–58, 60–70, 72–73, 75–76, 79
Reinecke, Hermann 167
Reinhardt, Max 121
Reiss, Erich 121
Reitzenstein, Ferdinand von 34, 45
Renner, Paul 123–124, 130
Repsold, Wilhelm 30
Reske, Christoph 88
Reuter, Fritz 43
Reventlow, Franziska zu 120
Rhys, Ernest 234, 238–240
Richelieu, Kardinal 70
Richter, Hans Werner 185, 222
Riegel, Christoph 99–100, 102
Rienzi, eigentlich Cola di Rienzo 73
Riha, Arthur von 37
Rilke, Rainer Maria 119–121, 123, 145
Ringelnatz, Joachim 32, 127
Rinser, Luise 183–184
Ritter, Ernst 166
Ritter, Franz 91
Ritter, Gerhard 56, 58, 63, 69–70
Robinet, Benjamin 58
Roch, Herbert 183
Roegels, Fritz Carl 41
Rohr, Musikverlag 21
Rondo-Verlag 21, 24
Rosenberg, Alfred 59, 157–161, 167, 266
Rosenberg, Hans 59
Rosenthal & Drews, Verlag 230
Rößler, Hellmuth 51–52, 57–58, 61–62, 64–76, 79, 82
Rössler, Patrick 52
Rotermund, Erwin 265
Roth, Eugen 127–128
Roth, Richard 27
Rothbauer, Anton M. 70
Rothberg, Gert, eigentlich Gertrud Jähne 37
Rothenbücher, Adolf 8
Rothfels, Hans 63
Rowohlt Verlag 51–55, 64, 67–68, 77–78, 182–183, 188, 220, 222
Rowohlt, Ernst 52, 120–121, 146
Rückert, Friedrich 20
Rudel, Theodor 17
Rudolf Kronprinz von Österreich-Ungarn 57
Rudolph'sche Verlagshandlung 11
Rühle, Robert, Musikverlag 42

Rühr, Sandra 244
Rulffes, Evke 254
Rusch, Heinz 183
Ruskin, John 240

Sacher-Masoch, Leopold von 3, 5–7, 11
Sächsische Landesbibliothek – Staats- und Universitätsbibliothek Dresden 147, 250
Sächsisches Staatsarchiv Leipzig 250
Sand, Carl Ludwig 249
Sanden, Liane, eigentlich Lisa Honroth 37
Sanderson, Cobden 239
Sandrart, Jacob (I.) von 95
Sandrart, Jacob (II.) von 93, 95–96, 99–100, 103
Sandrart, Jakob (II.) von 102
Sandrart, Joachim Jacob von 100
Sandrart, Joachim von 88, 95–96, 98–100, 102–103
Sandrart, Johann Jacob von 100, 102–103
Sandrart, Magdalena Christina 102
Sandrart, Regina Christina 96
Sandrart, Susanna Maria 96
Sang und Klang G.m.b.H., Musikverlag 16
Sartorius, Johann Friedrich 105
Saubert, Johann 91
Saur, Klaus G. 271
Savigny, Hans von 185
Schaeffer, Albrecht 120
Schäffer, Fritz 231
Schalk, Gustav 12, 18, 26–27, 39, 44
Schaller, Hans Martin 73
Scharff, Alexander 61
Scharnhorst, Gerhard von 69
Schauer, Georg Kurt 229–230
Schaumann, Ruth 127–128, 130
Schaumberg, Georg 119
Schauwecker, Franz 154
Scheer, Maximilian 182
Scheerbart, Paul 119
Schenda, Rudolf 260
Schenk, Gustav 183
Scherpe, Ilse 202, 204, 207, 210–211, 215, 219, 223
Scherpe, Johann 207
Scheurer, Georg 101–102, 104
Schille, Wihelm & Co., Verlag 37
Schiller, Friedrich 12, 43, 73, 261
Schiller-Buchhandlung, Verlag 21–22, 28, 30, 42
Schilling, Michael 260
Schirach, Baldur von 39
Schlaf, Johannes 119
Schleck, Walther 209
Schley, Hans Heinz 44
Schlieffen, Alfred Graf von 70
Schlosser, Friedrich Christoph 17, 22
Schmahl, Eugen 39
Schmid-Meil, Jördis 254
Schmidkunz, Walter 40, 44
Schmidt, Arno 182
Schmidt, Felix 19
Schmidt, Ferdinand 11–12, 18
Schmidt, Joachim Heinrich 97, 104

Schmidt, Otto Eduard 32
Schmidt, Wilhelm 119
Schmitt, Christian 259, 261
Schmökel, Hartmut 72–73
Schnabel, Ernst 183–184
Schneider, Franzjosef 183
Schneider, Hartwig 254
Schneider, Lambert 231
Schneider, Reinhold 266
Schneider, Ute 243, 245
Schocken Library Jerusalem 138
Schoeps, Hans-Joachim 76
Scholem, Gershom 143
Scholtis, August 183
Schönfeld'sche Verlagsbuchhandlung, G. 45
Schönhuth, Ottmar, Sortiment und Antiquariat (München) 113–114, 117
Schöningh Verlag 56
Schotte, Wolfgang 38
Schramm, Percy 66
Schreiter'sche Verlagsbuchhandlung 11
Schroers, Rolf 183
Schröter, Theo 209
Schuh, Johann 183, 188–189
Schulte Strathaus, Ernst 124, 129
Schultz, Martin 44
Schultz-Wettel, Fernand (Ferdinand) 10, 19, 26, 36
Schulz-Weidner, Willy 76
Schulze's Buchhandlung und Antiquariat, Theodor (Hannover) 113
Schüßler, Wilhelm 57, 59–61, 73, 75
Schuster & Loeffler, Verlag 119
Schuster, Emil 20
Schütz, Erich 16
Schütze, Günter 70
Schwabe, Helmuth 183, 188–189
Schwahn, Walter 17
Schwaiger, Georg 73
Schweiger, Werner J. 112
Schwelm, Simon, Großantiquariat 21
Schworm, Karl 156–157, 166–177
Seelhoff, Paul 38
Seemann, E. A., Verlag 4
Seemann-Segnitz, Erna 43
Seidel, Ina 127
Seidel, Willy 127–128
Seidl, Siegfried 141
Seligmann, Johann Michael 106
Sengle, Friedrich 254
Shakespeare, William 43, 237
Shaw, George Bernard 28, 236
Si(e)bmacher, Johann 91, 94
Sielmann, Heinz 255
Sienkiewicz, Henryk 30
Singer, Josef, Verlag 45
Six, Franz Alfred 59
Slevogt, Max 25
Smith, W. H., Verlag, Druckerei und Buchbinderei 236–238
Smollett, Tobias 238
Sommer, Manfred 245
Spamer, Otto, Verlag 13, 26, 32–33
Spamerscher Jugendschriften-Verlag 22

Speidel, Hans 174
Spitz, W. 249
Splett, Oskar 71
Spoerhase, Carlos 52
Sponsel, Jean Louis 100
Spörl, Samuel 94
Spörlin, Johann Michael 101
Spuler, Bertold 73
Srbik, Heinrich Ritter von 57
Staël, Germaine de 252
Staatsbibliothek zu Berlin Preußischer Kulturbesitz 250, 259
Stadtmüller, Georg 71
Stanitzek, Georg 264
Starke, Herbert 33
Stein zum Altenstein, Karl von 69
Stein, Wilhelm 20
Steinen, Wolfgang von den 71
Steiner, Franz Baermann 139–140
Steiner, Olga 5
Steiner-Prag, Hugo 22
Stelly, Werner 183, 188
Stendhal, eigentlich Henry Beyle 30
Stern, Ernst 126
Stevenson, Robert Louis 30
Stobbe, Elisabeth 134
Stobbe, Horst 111–131, 134
Stone, Rosetta 252
Storm, Theodor 29, 31
Stört, Diana 244
Strasser, Christian 257
Stras[s]burger, Egon H. 19, 23
Straub, Johannes 71
Strauß, Oscar 23
Strauss, Jos., Großantiquariat 21
Strindberg, August 28
Sturmberger, Hans 73
Susman, Margarete 138
Swift, Jonathan 234
Swinburne, Algernon Charles 234

Talbot Press 238
Talleyrand-Périgord, Charles-Maurice de 251
Tank, Kurt Lothar 71
Taschner, Ignatius 123
Taszus, Claudia 247
Temple Press 234–235, 237, 239–240
Terhorst, Bernd 32
Thoma, Ludwig 126, 128
Thornton, James 239
Tiemann, Walter 120
Timur 73
Tischler, Gregor 268
Tolstoi, Lew 28
Tremel-Eggert, Kuni 127–128
Trenker, Luis 36, 39–45
Treue, Wilhelm 73
Treuttel & Würtz, Verlag 251–252
Treuttel, Jean-George 251
Trianon-Verlag 36, 45
Trier, Walter 32

Trimborn, Hermann 73
Trinius, August 19
Trojan, Johannes 19
Trump, Georg 130
Tschichold, Jan 130
Twain, Mark 29

Ule, Otto 32
Umlauff, Ernst 229–232
Unold, Max 123
Unwin, Raymond 235
Unzer, August Wilhelm 255
Urzidil, Johannes 144
Utitz, Emil 141

Vandenhoeck & Ruprecht, Verlag 51, 55–56, 68, 77
Verlag der Deutschen Arbeitsfront 111–112, 128, 134
Verlag der Lutz'schen Kriminal- und Detektiv-Romane 22
Verwey, Albert 148
Vetsera, Maria Baroness 57
Voegelin, Eric 265
Voegels Verlag, Karl 41
Vogel, Anke 271
Vogel, Bernhard 96, 104
Vogel, Hermann 18, 26
Voigtländer, Robert, Verlag 12, 18, 21
Volk und Welt, Verlag 270
Völker, Daniela 52
Volkmann, Hans 71, 73
Voltaire, eigentlich François-Marie Arouet 252
Vulpius, Christian August 261

Wagenmann, Abraham 105
Wagner, Fritz 73
Wägner, Wilhelm 32
Walch, Hans Philipp 92
Wald, Adolf 17
Walde, Alfons 45
Wallenstein, eigentlich Albrecht Wenzel Eusebius von Waldstein 73
Wallmoden, Thedel v. 271
Walpole, Hugh 238
Walton, Izaak 234
Wand, Otto 33
Wandruszka, Adam 73
Waugh, Arthur 234
Weber, Hans von 121, 123–124
Wedekind, Frank 119, 126
Wehner, Josef Magnus 127–128, 130
Wehr, Hans 72
Weidenfeld and Nicolson, Verlag 239
Weigel, Christoph d. Ä. 103–104, 106
Weiglin, Paul 26
Weil, Gustav 19
Weinland, David Friedrich 27
Weiß, Konrad 266
Weiß-Rüthel, Arnold 183
Weisenborn, Günther, Pseudonym: Christian Munk 181, 183, 187–189, 191–193, 195, 198–199, 202, 209–210, 213–216, 218–221, 223
Weisgerber, Albert 122
Weißmann, Adolf 23

Weiss, Yfaat 143
Weizsäcker, Carl Friedrich von 55
Weller, C. A., Verlag 45
Wells, Herbert George 236
Wentzcke, Paul 71–73
Werkenthin, Julie 18
Westermann, Verlag 56
Westphal, Otto 61
Weyrauch, Wolfgang 181–186, 188, 192, 214–216
Wiegand, Willy 124
Wiese, Benno von 73
Wiesemann, Jan 254
Wiesflecker, Hermann 76
Wilde, Oscar 25–26, 31
Wilhelm I., deutscher Kaiser 12
Wilke, Arthur 33
Wilm, Hubert 122
Windisch, Hans 30
Winter, Universitätsverlag 56
Wirsing, Giselher 72
Wittgenstein, Fürst Wilhelm Ludwig 248
Wittig, Friedrich 231
Wittmann, Reinhard 112, 121, 128, 271
Wittram, Reinhard 61
Wohl, Ludwig von 22, 36, 41
Wohlbrück, Olga 37
Wolf, Gunther 76
Wolfenstein, Alfred 121
Wolff, Kurt, Verlag 121, 124, 138
Wolfskehl, Karl 120–121, 124, 127, 134, 137–138, 147–149

Wolzogen, Ernst von 119, 127
Wood, Ellen 234
Woolf, Virginia 238
Wucher, Albert 74
Wülfer, Daniel 94
Wurm, Carsten 187, 271
Würtz, Jean Godefroi 251

Zabel, Lucian 25–26, 28–29, 36
Zadek, Walter 143–145, 150
Zahn, Fritz 33, 45
Zak, Eduard 183
Zanker, Richard 209
Zarek, Otto 121
Zentralbibliothek des Reichssicherheitshauptamts Berlin 141
Zentralverlag der NSDAP Franz Eher Nachf. 128, 153–160, 166–168, 171, 173, 175–177
Ziermann, Rüdiger 52
Zille, Heinrich 32
Zillich, Heinrich 130
Zimmermann, Reinhard 68
Zipper, Albert 19
Zöberlein, Hans 154, 171
Zoff, Otto 121
Zola, Emile 31, 36
Zorn, Wolfgang 76
Zschokke, Heinrich 261
Zweig, Arnold 138
Zweig, Stefan 121

Anschriften der Autorinnen und Autoren

Prof. Dr. Hans Altenhein
Auf dem Weißgerber 7
64404 Bickenbach
hans.altenhein@t-online.de

Prof. Dr. Ingo Berensmeyer
Modern English Literature
LMU Munich
Schellingstraße 3
80799 München
ingo.berensmeyer@lmu.de

Dr. Björn Biester
Börsenverein des Deutschen Buchhandels e. V.
Historische Kommission, Geschäftsstelle
Braubachstraße 16
60311 Frankfurt am Main
biester@boev.de

Prof. Dr. Holger Böning (†)
Scharnhorststraße 26
28211 Bremen
boening@uni-bremen.de

Dr. Tobias Christ
Gutenberg-Institut für Weltliteratur und
schriftorientierte Medien
Abteilung Buchwissenschaft
Johannes Gutenberg-Universität Mainz
Philosophicum I, 03-506
Jakob-Welder-Weg 18
55128 Mainz
tobias.christ@uni-mainz.de

Prof. Dr. Jeffrey Freedman
Department of History
AAUP Chapter President
Yeshiva University
freedman@yu.edu

Dr. Roland Jaeger
Heilwigstraße 52a
20249 Hamburg
rojaeger@aol.com

Dr. Caroline Jessen
Leibniz-Institut für Jüdische Geschichte und Kultur –
Simon Dubnow
Forschungsressort »Wissen«
Goldschmidtstraße 28
04103 Leipzig
jessen@dubnow.de

Prof. Dr. Stephan Kammer
Ludwig-Maximilians-Universität München
Institut für Deutsche Philologie
Schellingstraße 3/RG
80799 München
stephan.kammer@germanistik.uni-muenchen.de

Dr. Katharina Knorr
Gutenberg-Institut für Weltliteratur und
schriftorientierte Medien
Lehr- und Forschungsbereich Buchwissenschaft
Johannes Gutenberg-Universität Mainz
55099 Mainz
kaknorr@uni-mainz.de

Charlotte Krick
Sonderforschungsbereich »Vigilanzkulturen«
Ludwig-Maximilians-Universität München
Geschwister-Scholl-Platz 1
80539 München
ch.krick@lmu.de

Dr. Christoph Links
Eintrachtstraße 7
13187 Berlin-Pankow
ch.links@christoph-links.de

Dr. des. Laura Mokrohs
Ludwig-Maximilians-Universität München
Institut für Deutsche Philologie
Schellingstraße 3
80799 München
laura.mokrohs@posteo.de

Prof. Dr. Volker Mergenthaler
Philipps Universität Marburg
Institut für Neuere deutsche Literatur
Deutschhausstraße 3
35037 Marburg
mergenth@uni-marburg.de

Prof. Dr. Clemens Pornschlegel
Ludwig-Maximilians-Universität München
Department I – Germanistik, Komparatistik, Nordistik,
Deutsch als Fremdsprache
Deutsche Philologie
Schellingstraße 7
80799 München
clemens.pornschlegel@germanistik.uni-muenchen.de

Michael Schikowski
Eckernförder Straße 16
51065 Köln
schikowski@immerschoensachlich.de

Dr. Erdmann Weyrauch
Fuhseweg 5
38312 Flöthe
erdmann.weyrauch@web.de